제3판

범죄예방환경설계
CPTED
와 범죄과학

박현호

제3판

범 죄 예 방 환 경 설 계
CPTED
와 범죄과학

박현호

제3판
머리말

　제3판에서는 2017년에 개정판을 발행한 후에 CPTED 관련 법제도와 국내외 실천 사례들을 추가한 것이 핵심이다. 이를 세부적으로 보면 다음과 같다.

　먼저 제3장 국내외 CPTED 적용 현황 파트 중 2절 CPTED 표준에서는 세계 최초로 2021년에 제정된 ISO 22341 범죄예방환경설계 지침으로서 ISO/TC 보안 및 회복력(Security & Resilience) 분과를 통해 한국(프로젝트 리더: 용인대학교 박현호 교수)이 정부 연구개발사업의 지원을 받아 4년여에 걸친 논의와 검증 과정을 거쳐 국제표준으로 제정된 내용을 상세히 다루었다. ISO 22341은 CPTED 핵심요소, 전략, 실행 프로세스, 일반원칙을 포함하고 있다. 이 중에서 CPTED 19대 전략과 실행프로세스는 도시 및 각종 시설의 계획, 설계, 관리 단계별로 범죄예방환경설계를 구현하기 위해 가시성, 영역성, 접근통제, 표적물 강화 등 구체적인 기법과 절차, 그리고 기본 원칙을 제시하고 있다. 이번에 제정, 출판된 국제표준은 경찰청과 전국 자치단체 등 공공기관에서 막대한 재정을 투입하여 추진해온 CPTED 사업과 도시재생 뉴딜, 공공디자인, 건축 관련 정책 및 산업 분야에서 즉시 활용가능할 것으로 기대된다.

　둘째, 역시 제3장 (2) 국내의 셉테드 적합성 평가체계 파트에서는 최근 몇 년간 한국셉테드학회 인증사업의 현황을 인증 건수를 중심으로 정량적으로 분석한 내용을 도표와 함께 제시하였다.

　셋째, 제3장 2. 국내 적용사례에서는 국내에서 2017년 이후 서울, 경기, 인천 등 수도권과 부산, 대전 등 비수도권 등 권역별 자치단체별로 다양하게 추진되어 온 셉테드 사업의 사례들을 자세하게 그림과 더불어 자세하게 설명하였다. 특징을 간단히 보면 2017년~2018년에는 경찰에서 범죄에 취약하거나 막연한 두려움을 유발하는 귀갓길이나 골목길을 대상으로 한 여성안심귀갓길이나 안심골목길 사업이 전국적으로 성행하던 시기이다. 골목길이나 귀갓길은 해가 내리고 어두워지는 시간의 안전이나 안전감이 중요하므로 주로 조명을 밝게 개선한 것이 핵심 셉테드 아이템이었다. 이밖에 방범CCTV 설치, 보행자의 후면이나 주위 상황을 반사판을 통해 보여주는 부착식 미러시트, 골목의 건물 간 틈새를 막아주는 구조물이나 사인, 로고젝터를 통한 홍보 메시지 전달, 안심 비상벨 등이 주를 이루고 있다. 2019년도 이후에는 4차 산업혁명 기술의 발전이 가시화되면서 국내에서도 3세대 셉테드의 적용이 다소 증가하는 경향을 보이고 있는 것으로 분석되었다. 범죄 취약 장소에 사물인터넷이나 증강현실(AR) 기술을 활용한 경보장치나 벽화 조명을 적용하여 장소 이용자들의 안전감을 극대화하고 범죄심리를 억제시키는 시도가 이루어지는 등 친환경하이테크를 특징으로 하는 3세대 셉테드로의 진화를 엿볼 수 있는 시기라 할 것이다. 아울러 공중화장실이나 각종 건물 화장실에서의 몰카 촬영 등의 성범죄를 예방하기 위해 다양한 범죄예방시설이나 디자인을 적용하는 데 투자를 집중해 왔다.

넷째, 제5장 셉테드 관련 법규 및 지침에서는 2019년에 개정된 고시[국토교통부고시 제2019-394호, 2019. 7. 24., 일부개정]의 내용을 집중적으로 소개하였다. 특히 셉테드 건축 기준이 아파트의 경우 기존 500세대 이상 규모에서 100세대 이상 규모 아파트까지로 확대되었다는 점을 설명하고 있다.

마지막으로, 제8장 section 03 방범하드웨어의 성능 기준 파트에서는 침입범죄 발생 양상 통계를 업데이트하면서 귀갓길 여성을 뒤쫓아 집에 침입하려는 장면이 담긴 이른바 '신림동 원룸 침입 사건(2019.05)' 이후 2년이 지났지만 주거침입 범죄는 감소하기는커녕 오히려 늘었다는 점을 비판적으로 기술하였다. 아울러 3절 국내의 침입 방지 하드웨어 성능시험 및 인증체계에서는 한국방범기술산업협회의 단체표준 개정 내용(2021년 10월 현재 모두 4종)을 소개하였고, 이 표준에 근거한 인증제품의 보급, 확산을 위한 주택 범죄예방 시설 무료 지원 사업이 충남 공주시에서 추진된 사례와 그 성과를 설명하였다. 더불어 그 단체표준이 국토교통부 범죄예방 건축기준 고시 개정 내용에 포함된 사항도 잘 안내하고 있다. 이밖에 부록으로 보다 상세한 내용들을 추가하였다.

제3판에서는 명성 있는 국제표준기구인 ISO를 통해 ISO 22341:2021 Security and resilience—Protective security—Guidelines for crime prevention through environmental design라는 타이틀로 셉테드 분야 국제표준이 제정된 것을 알리게 된 것이 가장 임팩트 있고, 중요한 부분이 아닐까 생각한다. 저자가 프로젝트 리더로서 그리고 워킹그룹 전문가(소위 국가대표)로서 유럽표준기구의 집요한 방해 등 난관을 슬기롭게 극복하고 이 국제표준을 제안하고 제정, 발행을 완료해 낸 것은 이를 옆에서 도와준 범죄과학연구소의 연구원들(박민진, 정지연 연구원과 오지현 인턴)과 참여기관 연구원들(KCL 안전융합기술센터 박인욱 센터장과 김효건 박사 등)의 힘이 컸으며 저자 본인으로서도 커다란 자긍심이 느껴진다.

　　코로나19 펜데믹 위기로 아직도 힘들고 우울한 나날이 지속되고 있는데 하루속히 하늘길이 열려서 국가 간 여행과 활동의 자유를 누릴 수 있기를 간절히 기원하면서 제3판의 인사말을 마치고자 한다.

2022년 2월 흑호랑이해 벽두
용인 부아산 자락에서

머리말

저자는 1990년대 중반에 경찰대를 졸업하고 치안 일선에서 경찰서 수사과 형사 반장, 방범과 주임 및 파출소장, 방범계장 등을 거치면서 범죄 수사와 예방 실무를 경험한 바 있는 일종의 실무전문가(practitioner)이다. 이후 2001년에 영국에서 석사과정 유학을 하면서 처음 접하게 된 범죄예방환경설계, 즉 CPTED(영국에서는 Design Out Crime이라는 표현을 선호함)라는 개념은 나에게는 매우 신선하면서도 충격적인 것 그 자체였다. 석사 논문작업을 위해 셉테드 담당 경찰관인 Crime Prevention Design Advisor(CPDA)와 인터뷰를 하면서 그 당시 영국 경찰이 주도하고 있던 셉테드 관련 표준들과 인증제도를 접하였고 우리나라에서는 경찰이 전혀 알거나 생각하지도 못한 과학적인 생활안전 및 범죄예방 분야의 체계화된 치안서비스를 시민들에게 제공하고 있는 모습에서 선진국의 일면을 엿보게 된 것이다.

게다가 1998년에 범죄와무질서법(Crime and Disorder Act)이 시행되면서 도시별로 범죄문제 경감을 위해 경찰과 지자체 등 공공기관 간의 파트너십 협력이 의무화되었고 이것이 영국에서 어떻게 셉테드라는 공익적 사업에 영향을 미쳤는지를 파헤쳐 분석한 내용으로 석사논문을 통과하였다. 나아가 이러한 나의 셉테드에 대한 지적 호기심은 박사과정을 이어가면서 더욱 공고해져 갔고 범죄학이나 경찰학 분야의 영미권 박사과정생들에게 당시에는 다소 무모하다고 여길 정도의 학제적 분야인 CPTED로 2006년에 박사 논문을 통과하기에 이르렀다. 사실상 순수한 사회과학이 아닌 건축학이나 설계, 도시공학적인 요소가 가미된 융합보안(convergence security) 분야 학문에의 도전은 "정말 내가 왜 하필 이런 복잡한 주제를 선택했을까?"하고 후회할 정도로 적지 않은 어려움과 도전을 받았고 수차례 포기하고 다른 일반적인 범죄학 분야 주제로 전환할까를 고민하는 순간들도 퍽 많았던 것 같다.

그러나 2014년 현재 저자는 범죄학자로서 셉테드 분야로 외국에서는 박사학위를 최초로 취득한 사실에 자긍심이 들고 최선의 선택을 했다는 생각이 들 정도로 우리나라에서는 지난 수년 간 셉테드 관련한 법규, 조례, 정부정책, 제도, 표준화, 그리고 학술연구가 가열차게 추진되며 발전하고 있다. 국내에서는 셉테드학회가 설립되어 활발하게 활동하고 있을 정도다. 그럼에도 불구하고 아직도 우리나라에는 제대로 된 셉테드 종합교과서가 없어서 답답함과 안타까움을 많이 느끼던 2011년부터 3년의 저술작업을 끝으로 본서를 출간하기에 이르렀다. 국내에서 출간된 이 분야 학술서가 없지는 않았지만 CPTED에 대한 간단한 소개, 설문조사, 해외 사례 분석에 그치고 있는 아쉬움이 컸고 한국형사정책연구원에서 시리즈로 발간되어 나오고 있는 CPTED 연구총서의 경우에도 지나치게 큰 범위와 많은 분량, 광범위한 주제, 논점과 연구조사 결과의 정리에 초점을 맞춤으로서 CPTED의 학문성을 탐구하거나 체계적이고 일관성 있는 시스템적 논리로 이해하기에 저자 개인적으로 볼 때에는 어려움이 많았다. 또 금년에 형사정책연구원에서 전국 지자체 공무원들을 대상으로 한 교육용 교재를 제작하기로 예정되어 있지만 그 내용이 어느 정도로 학술적 체계를 갖춘 내용이 될지는 미지수다.

　본 서는 세계적 학문경향에 맞추어 국내의 셉테드학회가 CPTED에 대한 학문성을 추구하는 시도를 시작한 현 시점에서 본질적 차원에서 CPTED의 범죄과학적 학문성에 대한 심도 있는 탐색 및 논의를 하고, 실용적 차원에서 국제기준을 거울삼아 보다 체계성 있는 CPTED의 범위와 실체를 제시하는 데 노력을 기울였다. 또한 이 저술은 그간의 범죄학 저술들이 다루었던 지나치게 방만한 범죄예방 접근방식이나 학문성과 체계성 면에서 부족했던 CPTED를 범죄과학이라는 새로운 학문적 정체성을 기반으로 표준화라는 실용주의적 분석 및 논의를 통해 저술의 차별성과 독창성을 확보하고자 하였다. 더불어 저자가 2004년부터 거의 10년 동안 제1저자 또는 책임연구자로 참여한 각종 셉테드 관련 연구프로젝트와 학술연구를 통해 확보한 정보와 지식도 본서를 완성하는 데 큰 보탬이 되었다.

　물론 본 서도 여전히 부족한 데가 많고 가고 노력에도 불구하고 도시 및 건축 공학이나 설계의 관점보다는 범죄학자의 입장을 더 많이 반영하는 등 흡족할 만한 수준의 균형을 이루지는 못하였다. 하지만 더 이상 미루고 추가할 여력이 없어, 미완성이나마 현재의 상태대로 시장에 일단 내 놓고자 한다. 항상 쓰면서 나름 최선을 다해 완성되는 시점에서 책이라는 것은 성취감을 느끼는 것이 인지상정이지만 시간이 흐르면서 남게 되는 여전한 아쉬움과 섭섭함은 피할 길이 없는 것 같다. 현재의 분량이 적지 않은데도 추가하고 싶은 내용이 적지 않다. 그럼에도 이렇게 아쉬운 마음은 더욱 진화될 다음 개정판을 위해서 남겨두기로 하고 이 책은 여기서 마무리짓기로 했다.

크게 보면 이 책은 총 9장으로 구성되어 있다. 제1장 서론에서는 연구의 배경에 이어 범죄과학의 개념을 소개하고, 범죄과학의 범위, 범죄과학과 전통적인 범죄학의 관계를 논하였고, 이어서 범죄과학이라는 융합보안 학문의 연구가 어떻게 세계적인 CPTED라는 실무적이고 학문적인 경향에 연계되는지, 그리고 특히 범죄에 대한 사후적 대응으로 치부되는 수사(특히 과학적 수사)라는 영역이 CPTED와 어떻게 중요하게 연결되는지를 상세히 논하고 강조하였다.

제2장에서는 CPTED의 이론적 논의가 이어지는데, 셉테드의 개념, 셉테드의 이론적 기원과 역사, 일상활동이론과 범죄패턴이론, 합리적 선택이론이라는 3가지 범주와 이론 틀을 바탕으로 종합된 상황적 범죄예방 이론과 관련 전략 및 기술을 설명하였다. 이를 위해 환경결정론(determinism)과 환경가능론(possibilism)의 비판과 논의 과정에서 합의적인 대안으로 인정받고 있는 환경개연론(probabilism)을 논하였고, Kurt Lewin의 환경결정론이 Jane Jacobs을 거쳐서 Oscar Newman의 건축학적 환경결정론에서 실증되고 이후에 Ray Jefferey를 통해 CPTED라는 개념을 탄생시킨 연원을 설명하였다. 물론 북미를 중심으로 사용되고 있는 CPTED라는 용어는 서유럽에서는 Designing Out Crime(DOC)라는 용어로 대체되어 사용되고 있다는 차이점도 부각시켰다.

제3장에서는 이러한 이론적 배경을 통해 탄생한 셉테드가 실천적으로 어떻게 적용되는지를 논하였다. 즉, 법규와 조례, 표준 및 적합성 평가체계, 공공정책, CPTED 실제 적용 사례의 순으로 논하였다. 구체적으로는 법규와 조례는 해외와 국내의 법규 및 조례를 비교적으로 논하였으며, 공공정책 파트에서도 해외와 국내의 셉테드 정책을 논하였다. 제4장에서는 이러한 실천적 적용 사례들이 범죄 안전에 어느 정도 효과를 발휘했는지에 대하여 분석하였다. 범죄와 두려움(fear)을 어느 정도 저감시켰는지에 대해 국내외 연구 결과를 분석하였는데, 부정적 효과보다는 상대적으로 긍정적 효과를 보여준 많은 연구결과들을 제시하였다. 더욱이 저탄소 정책에도 도움을 줄 수 있다는 해외 연구결과를 제시하였다.

제5장에서는 셉테드라는 범죄과학적 실천학문이 갖고 있는 한계와 문제점을 다양한 각도와 시각에서 지적하였다. 더불어 해결방안과 대안을 간략히 제시하였다. 제6장에서는 제2절에서 방범경찰관, 범죄학자, 경찰학자 등이 셉테드를 교육하거나 연

구하고 또한 실무에 적용하기 위해 반드시 알아야 하는 기본적인 도시안전 또는 안전도시의 개념을 이해하면서 안전도시를 건설하고 구축하며 유지하기 위한 건축 관련 법규와 도시계획 관련 법규에 대해 설명하고 제3절과 제4절에서 제정 또는 개정된 셉테드 관련 법령, 자치조례, 그리고 지침에 대한 자세한 내용과 그 법 개정령의 시행으로 인해 도시재정비 및 개발 사업 등이 실제로 어떠한 영향을 미치고 있는지에 대해 논하였다. 제7장에서는 위험과 위험관리의 체계를 소개하면서 위험관리의 이론적 배경과 범죄 위험평가를 논하고, 제3절에서 범죄위험평가 모델링을 위한 범죄 위험평가 체크리스트와 평가지표를 설명하였고, 제4절 평가모델에 의한 범죄위험평가의 실제에서는 CPTED 대상 지역의 지표별 평가의 사례와 호주 NSW주의 범죄위험평가 사례, 그리고 영국과 호주의 범죄위험평가체계를 비교분석한 내용을 체계적으로 논하였다.

제8장 시설환경별 CPTED 적용 기준에서는 시스템으로서의 CPTED와 관련한 일반적 원칙 및 요소, 그리고 프로세스에 대한 설명을 기초로 각 시설환경별 셉테드의 계획, 설계, 관리의 기준 등 소프트웨어 측면을 설명하고 이어 하드웨어 면에서 창호 등 건축자재나 잠금장치 등 타깃하드닝(target hardening) 기법과 직접 관련한 제품들의 방범성능 기준에 대해 설명하였다. 마지막으로 제9장에서는 다시 범죄과학에 기초하여 셉테드를 논하면서 마무리를 하고자 하였다. 이를 위해 셉테드의 학문적 그리고 실무적 현실과 실제의 모습 안에서 그 정체성을 다시 한 번 검토해보고, 셉테드라는 실용적 학문 분야가 성공하기 위하여 필요한 조건과 환경을 논하며, 마지막으로 셉테드가 지향해야 할 미래적 철학과 방향을 살펴보았다.

아무쪼록 본서를 통하여 앞으로 독자와 연구자들은 저자가 겪어온 수많은 셉테드 관련 연구와 인식 과정상의 시행착오를 최소화하면서 소위 CSI 과학수사 영역 이상으로 셉테드라는 범죄과학 학문이 알고 보면 사회안전시스템의 하나로서 절실히 필요하고, 체계적이고 매력적이며 흥미로운 분야라는 점을 공감해주기를 바라마지 않는다. 더불어 분량이 방대한 학술서의 단독저술도 생애 처음인 점을 이 분야 전문가와 연구자들께서 너그러운 마음으로 헤아려 주시기 바라며, 동시에 앞으로 본 서의 완성도가 조금이라도 향상되기 위한 귀한 지적과 조언도 머리 숙여 요청드리는 바이다.

이 책이 나오기까지 많은 사람의 인내와 노력이 있었다. 우선 오랜 연구와 집필로 인하여 항상 피곤해하는 저자를 늘 가까이서 보필하고 지원해 주신 부모님, 아내 주영이와 믿음직한 큰 딸 상미, 씩씩한 둘째 시연, 재롱둥이 막내 지안이에게 감사한다. 또한 지루한 집필과 교정 과정에서 지도교수를 처음부터 끝까지 정성으로 도와준

대학원의 문상철, 김강일 조교들에게 고마움을 표현하고 싶다. 그리고 저자의 범죄과학연구소를 거쳐가면서 연구에 동고동락한 이정덕(한라대 교수), 이도선(신라대 교수), 김태용(한국방범기술산업협회), 조준택(경찰대), 이정철, 장상우, 오경석(플로리다주립대 박사과정), 백승엽(미시간주립대 박사과정), 김효건(한국건설생활환경시험연구원), 이광채, 김동근·하태훈(국토연구원), 권경오를 비롯하여 많은 석·박사들에게 감사한 마음을 표하고자 한다. 특히 박윤규 교수님을 비롯한 용인대학교 경찰행정학과의 선배 교수님들의 배려와 격려, 그리고 한국셉테드학회의 회장님과 임원님들의 애정 어린 조언들은 저자에게 큰 힘이 되었다. 또한 어려운 출판환경과 여러 가지 무리한 부탁에도 불구하고 흔쾌히 응해주신 도서출판 박영사의 임직원 여러분과 궂은일을 도맡아 도와준 강상희·전채린 대리에게 감사의 마음을 전하고자 한다.

저를 아는 모든 분들이 항상 행복하고 행운이 함께하길 기원하며
2014년 8월에 부아산 자락 연구실에서

제목
차례

chpater 1   서론

section 01 연구저술의 배경   2

section 02 범죄과학의 개념   8

section 03 범죄과학의 범위   12

section 04 범죄과학과 범죄학(criminology)의 관계   13

section 05 범죄과학과 CPTED   17

section 06 과학수사는 CPTED와 무관한가?   20

chpater 2   CPTED 관련 이론

section 01 CPTED의 개념   26

section 02 CPTED의 이론 및 원리   28

      1. CPTED의 이론   28
        (1) CPTED의 이론적 기원   28
        (2) 상황적 범죄예방이론(Situational Crime Prevention Theory)   30
          1) 일상활동이론(Routine Activity Theory)   30
          2) 범죄패턴 이론(Crime Pattern theory)   31
          3) 합리적 선택이론(Rational Choice Theory)   33
          4) 상황적 전략과 기술   34

      2. CPTED의 원리   36

section 03 1세대 · 2세대 · 3세대 CPTED   42

chpater 3 국내외 CPTED 적용 현황

section 01 해외의 CPTED 법규 및 조례 48

1. 국제연합(UN) 48
   (1) UN 범죄예방표준(UN standards and norms in crime prevention) 48
   (2) UN 범죄예방가이드라인 핸드북(UN Handbook on the CrimePrevention Guidelines) 50

2. 영국 51
3. 미국 54
4. 캐나다 56
5. 호주 57
6. 네덜란드 58
7. 일본 58

section 02 표준 및 적합성 평가체계 59

1. 표준화의 의의 59
2. 국내외 CPTED 표준 60
3. 셉테드 적합성 평가체계 70
   (1) 해외의 셉테드 적합성 평가체계 70
      1) 일반 건축시설물의 CPTED 인정 · 인증 70   2) 주차시설의 CPTED 인정 · 인증 76
   (2) 국내의 셉테드 적합성 평가체계 81

section 03 공공정책 86

1. 해외의 CPTED 정책 86
2. 국내의 CPTED 정책 88
   (1) 행정안전부 안전도시 정책 사업 88
   (2) 여성가족부 '아동안전지도' 사업 92
   (3) 서울시 여행 프로젝트 95
   (4) 서울 동작구 '아동 · 여성보호 지역 안전망 구축' 정책 97
   (5) 중랑구의 CPTED 테마 전시회 99
   (6) 경기도의 셉테드 정책 99

section 04 CPTED 실제 적용 사례 100

1. 해외 적용 사례 100
   (1) 북미 및 남미의 셉테드 사례 100
      1) 미국의 사례 100   2) 캐나다의 사례 103
   (2) 서유럽의 셉테드 사례 106
      1) 영국의 셉테드 사례 106   2) 네덜란드의 셉테드 사례 108
      3) 덴마크의 셉테드 사례 109
   (3) 아시아의 셉테드 사례 110
      1) 호주 및 뉴질랜드의 사례 110   2) 일본의 사례 112
      3) 말레이시아의 사례 114

2. 국내 적용 사례 116
   (1) 행복도시 셉테드 117
   (2) 혁신도시 셉테드 119
   (3) 서울시 뉴타운 - A지구 122
   (4) 서울시 마포구 '소금길' 프로젝트와 강서구 중학교 셉테드 124
   (5) 부산시 셉테드 사례 127
   (6) 경기도 셉테드 사례 128
   (7) 인천 송도신도시 B초등학교 129
   (8) 2015~2016년 사례 131
   (9) 2017-2018년 사례 139
     1) 수도권 지역 사례 139   2) 비수도권 지역 사례 143
   (10) 2019-2020년 사례 144
     1) 수도권 지역 사례 145   2) 비수도권 지역 사례 149

chpater 4 CPTED의 안전 관련 효과성

section 01 범죄 및 불안감 저감 효과 152

1. 해외 연구 152
2. 국내 연구 154

section 02 CPTED의 비용효과성 159

1. 범죄경제학적 관점 160
2. 보험통계적 관점 161
3. 범죄학계의 범죄비용(crime cost) 추계 162
4. 셉테드 비용 산정 164

section 03 부수적 이익: 저탄소 정책과의 교감 169

chpater 5 CPTED의 한계 및 문제점

chpater 6 안전도시와 CPTED 관련 국내 법규 및 지침

section 01 개 관 178

section 02 안전도시란? 178

section 03 CPTED 적용 대상 법규의 틀과 내용 182

section 04 범죄예방을 직접 규정한 국내의 CPTED 법규, 조례, 지침   189

1. CPTED 관련 국내 법규   189
  (1) 국내 CPTED 법규화의 역사 개관   189
  (2) CPTED 관련 법규 및 그 내용   192
    1) 도시 관련 법규   192
    2) 건축법 개정과 53조의 2 신설과 범죄예방기준 고시   197

2. CPTED 자치조례   198
  (1) 서울시 재정비촉진조례   199
  (2) 부산광역시 범죄예방 도시디자인 조례   199
  (3) 경기도 범죄예방을 위한 환경 디자인 조례   203
  (4) 울산광역시 및 광주광역시 범죄예방 도시디자인 조례   204
  (5) 분석 및 평가   205

3. CPTED 관련 지침(Guidelines)   206
  (1) 국토교통부 지침   206
    1) 2009년 「지속가능한 신도시 계획 기준」   206
    2) 2009년 「주택성능등급 인정 및 관리기준」   207
    3) 2010년 「건축물 테러예방 설계가이드라인」   207
    4) 2011년 「LH공사 현상설계지침서 개정」   209
    5) 2013년 1월 「건축물 방범설계 가이드라인」   210
  (2) 자치조례에 의한 CPTED 디자인 가이드라인(부산시)   212

section 05 셉테드 근거 법규 개정의 현실적 영향   214

chpater 7   CPTED 안전도시 조성의 첫 단계: 범죄위험평가

section 01 개 관   220

section 02 위험, 위험관리 및 위험평가   221

1. 개요   221
2. 위험 및 위험관리의 이론적 배경   222
  (1) 위험(Risk)의 개념   222
  (2) 위험관리(Risk Management) 이론   224
    1) 위험관리의 개념   224   2) 위험관리의 과정   224
3. 범죄 위험평가   226
  (1) 위험평가와 범죄위험평가   226
  (2) 위험평가의 유형   227
  (3) 위험평가의 기법   228
  (4) 위험평가 및 기법의 선택에 영향을 미치는 요인   229

section 03 범죄위험평가 모델   230

1. 범죄위험평가 모델링 230
　　(1) 평가 모델링 접근방법 230
　　(2) 평가 대상 범죄 유형 232

2. 범죄 위험평가 체크리스트와 평가지표 233
　　(1) 체크리스트의 틀과 평가지표 233
　　(2) 평가지표의 선정 방식 233
　　(3) 종합적 CPTED 범죄위험평가의 도구 235

section 04 평가모델에 의한 범죄위험평가의 실제 236

1. CPTED 대상 지역의 지표별 평가 예시 236
　　(1) 대상 지역의 평가점수 도출 236
　　(2) 산출 위험도에 의한 위험 매트릭스 평가 237

2. 호주 NSW주의 범죄위험평가 사례 238

3. 영국 Greater Manchester의 범죄영향평가제도 244

4. 영국의 범죄영향평가(CIS) vs. 호주의 범죄위험평가(CRA) 245
　　(1) 범죄영향평가(CIS)와 범죄위험평가(CRA)의 작성 주체 246
　　(2) 보고서의 내용 250
　　(3) 범죄 데이터 253
　　(4) 종합 비교분석 254

section 05 범죄위험평가의 유용성 및 주의점 256

chpater 8 시설환경별 CPTED 적용 기준

section 01 CPTED의 일반적 원칙 및 기준 260

1. KS A 8800: 2008의 내용체계 261

2. CPTED의 범위 및 요소 262

3. CPTED의 15대 실행전략 266
　　(1) 기존 환경의 계승 267
　　(2) 혼합, 복합 개발 268
　　(3) 적절한 밀도를 유지 268
　　(4) 미관과 매력성을 유지 269
　　(5) 쉽게 파손되지 않도록 하는 충분한 강건성 269
　　(6) 공공규칙 제정 270
　　(7) 특정 취약집단에 대한 배려 271

4. CPTED의 실행 프로세스 272
　　(1) 실행 프로세스의 기준 272
　　(2) 실행 로드맵과 프로세스의 실제 279

section 02 **시설환경별 CPTED 지침 284**

1. 주거시설 285
   (1) 도입 285
   (2) 주거지역의 범죄위험평가 285
   (3) 주거지역의 셉테드 지침 289
      1) 아파트 290   2) 단독주택, 다세대, 연립주택 296

2. 상업/업무 시설 300
   (1) 도입 300
   (2) 상업·업무지역의 범죄위험평가 301
   (3) 상업·업무시설의 셉테드 지침 302

3. 학교 309
   (1) 도입 309
   (2) 학교시설의 범죄위험평가 309
   (3) 학교시설의 셉테드 지침 310

4. 공공시설(도로, 공원·녹지, 가로시설물) 316
   (1) 도입 316
   (2) 공공시설의 범죄위험평가 316
   (3) 공공시설의 셉테드 지침 317
      1) 도로 317   2) 공원 및 녹지 시설 322   3) 가로시설물 327

5. 대중교통시설 329
   (1) 도입 329
   (2) 대중교통시설의 범죄위험평가 329
   (3) 대중교통시설의 셉테드 지침 329
      1) 주차시설(지상주차장/지하·복층 주차장) 330
      2) 지하철 및 철도 역사, 열차 객실 332
      3) 버스 정류장, 터미널, 객실 336

6. 공공기관 338
   (1) 공공기관의 범죄위험평가 338
   (2) 공공기관의 셉테드 지침 339

section 03 **방범하드웨어의 성능 기준 343**

1. 개관 343

2. 외국의 침입방지 하드웨어 성능 시험 및 인증 체계 348
   (1) 영국의 SBD인증과 LPS인증 348
   (2) 네덜란드의 SKH/SKG 인증 353
   (3) 일본의 CP인증 356
      1) CP인증 개관 및 관련규정 356   2) 방범성능 기준 357
      3) 성능시험 관련 359   4) CP인증의 성과와 관련 이슈 362
   (4) 호주의 국가표준 AS5039 인증 362
   (5) 미국의 ASTM 등 인증 364
   (6) 해외 CPTED 인증체계 간 비교 366

3. 국내의 침입방지 하드웨어 성능 시험 및 인증 체계 368
4. 안산시 방범인증시설 타겟하드닝 셉테드 사례 372
5. 공주시 방범인증시설 타겟하드닝 셉테드 사례 374
6. 침입방지 성능 인증 체계 제도화의 기대효과 376

chpater 9 CPTED와 범죄과학의 미래

section 01 셉테드의 현실 380

1. 셉테드라는 학문 또는 실무 영역의 모호성: 건축/도시 vs. 범죄/경찰 380
2. 셉테드는 어느 정부부처 소관인가? 382
3. 셉테드의 공공성과 상업성 384

section 02 셉테드 성공을 위한 전제조건: 영역 간 네트워킹과 파트너십 385

1. 거버넌스 이론과 파트너십 385
2. 셉테드를 위한 치안 협력 파트너십 387
3. 지역 간 셉테드 Good Practice의 공유 388

section 03 바람직한 CPTED 미래를 위한 철학과 방향 389

1. CCTV가 필요 없는 마을 환경 조성 389
2. 2세대 셉테드가 강조하는 공동체 회복과 주민 간 유대 391
3. 상식과 아이디어의 승리 393
4. 미래 범죄과학의 역할 394

참고문헌 396

부록

1. 건축물의 범죄예방설계 가이드라인 408
2. 부산광역시 범죄예방 도시디자인 조례 424
3. 경기도 범죄예방을 위한 환경디자인 조례 428
4. 부산광역시 범죄예방환경설계(CPTED) 가이드라인 431
5. 범죄예방 건축기준 고시 443
6. 범죄예방 기본법안(권성동의원 대표발의) 450
7. 범죄예방 기반 조성에 관한 법률안(윤재옥 의원 대표발의) 454

찾아보기(영문) 457
찾아보기(국문) 460

표
차례

표 1-1	대표적인 도시위험(urban risk) 지표 비교	4
표 1-2	SOCO의 CPTED 교육 교과목 개요	22
표 2-1	범죄기회 감소를 위한 5가지 방법과 25가지 기술들	35
표 2-2	범죄 기회의 결합(The Conjunction of Criminal Opportunity)	36
표 3-1	해외의 CPTED 관련 법규 및 조례	49
표 3-2	상업시설에서의 셉테드 조명 수준	55
표 3-3	ISO 22341 표준 출간에 대한 뉴스 홍보 사례	64
표 3-4	CPTED 유럽표준화의 틀	67
표 3-5	CPTED 관련 유럽표준(EN)과 이에 대응하는 한국국가표준(KS)의 틀	68
표 3-6	셉테드 하드웨어 표준의 예	70
표 3-7	각국의 CPTED 인증 비교	75
표 3-8	국가별 주차장 인정체계 비교표	80
표 3-9	국내 셉테드 관련 인증 사례의 구분 표	85
표 3-10	안전도시 유형	90
표 3-11	범죄안전도시모델	91
표 3-12	혁신도시 CPTED 공통지침 분류표	121
표 3-13	학교에서 적용가능한 CPTED 원리 및 전략 요소	129
표 4-1	방범CCTV 설치 전후의 주민 범죄피해 경험비율의 변화	155
표 4-2	강·절도 WDQ 분석결과	156
표 4-3	국내 CPTED 연구 문헌 분석 결과	156
표 4-4	영국에서의 CPTED 비용효과성 관련연구	161
표 4-5	SBD의 효과 - 4가지 연구의 자료평가	162
표 4-6	범죄 종류별 유형 및 무형의 손실 비용(£1 : 1,900원으로 계산함)	163
표 4-7	범죄 종류별 총 비용 순위	164
표 4-8	돔카메라의 성능 대비 가격	165
표 4-9	셉테드 관련 시설물 설치 가격	166
표 4-10	전국 발생 건수 및 9개 혁신도시 입주 후 연평균 발생 건수 추계	167
표 4-11	9개 혁신도시 연간 총 범죄비용 추계	167
표 4-12	범죄피해자의 범죄 피해 신고 비율 국가 간 비교	168
표 6-1	안전건강도시 평가지표	181

표 6-2	택지개발사업 추진절차	185
표 6-3	도시관리계획수립지침 제6편 제2장	206
표 6-4	LH공사 현상설계지침의 CPTED 설계고려사항	209
표 6-5	국토교통부 건축물 별 범죄예방설계 가이드라인의 틀	211
표 7-1	범죄위험평가 세부 평가지표 체크리스트	234
표 7-2	국내외 범죄위험평가 도구의 비교	236
표 7-3	발생가능성 범주와 결과 범주 각각의 지표 값의 합계	237
표 7-4	Greater Manchester 지역과 New South Wales 주의 중요 유사점	255
표 7-5	Greater Manchester 지역과 New South Wales 주의 중요 차이점	255
표 8-1	KS A 8800: 2008의 내용 체계	261
표 8-2	CPTED 적용 3대 요소	262
표 8-3	지역유형에 따른 CPTED 범죄위험 분석 방법	263
표 8-4	CPTED 이해관계자의 분류	265
표 8-5	범주별 15대 CPTED 전략들	266
표 8-6	시흥시 CPTED 사업 로드맵의 기본 틀	282
표 8-7	시흥시 셉테드 사업 프로세스 로드맵	283
표 8-8	주거시설 침입범죄 수법	286
표 8-9	범죄위험도에 따른 방어등급 및 셉테드 반영 범위	287
표 8-10	범죄위험 평가 체크리스트 : 단독주택·다세대·다가구·연립주택(요약)	288
표 8-11	침입절도의 발생건수(2006~2019)	343
표 8-12	하드웨어 성능시험에 의한 침입저항 등급	352
표 8-13	미국 방범설비·설계기준 기본지침 현황(2008년 12월 말 기준)	365
표 8-14	창호 등 방범자재와 관련된 ASTM의 시험 기준(2008년 12월 말 기준)	365
표 8-15	각국의 하드웨어 방범 성능인증 체계 간 비교표(요약)	367
표 8-16	공주시 사업에서 설치된 방범성능인증시설	375
표 8-17	방범인증제도(SBD) 적용에 의한 방범의 경제적 이익 효과	378
표 9-1	셉테드 관련 영역별 학문 분야	381
표 9-2	교과부 학생안전지역 시범사업 선정 현황	388

그림
차례

그림 1-1	강력범죄에 취약한 도시 생활환경들	3
그림 1-2	의학 vs. 범죄과학	13
그림 1-3	자연감시 및 범죄방어 심리를 유발하는 버스정류장 디자인	18
그림 2-1	CPTED보다는 DOC라는 용어를 주로 사용하는 서유럽	27
그림 2-2	일상활동이론의 범죄행위 삼각구도	31
그림 2-3	범죄패턴이론 개념도	32
그림 2-4	시선(sightline)이 차폐된 공원(좌) vs. 시야가 개방된 공원(우)	37
그림 2-5	접근통제가 부실한 아파트 주출입구(좌) vs. 잘 된 아파트(우)	38
그림 2-6	공간과 영역의 위계	39
그림 2-7	상업시설에서 활동성을 증대하는 요소들	39
그림 2-8	다양한 함정지역(좌2) 및 동선예측원(우1)	40
그림 2-9	CPTED의 2대 핵심원리의 3가지 접근방법	41
그림 2-10	1·2세대 셉테드와 회색(중복)영역	42
그림 2-11	3세대 셉테드에 대한 UN 연구보고서	44
그림 3-1	UN 범죄예방표준과 범죄예방가이드라인 핸드북	50
그림 3-2	영국 중앙정부의 셉테드 지침(좌)과 지방정부의 셉테드 지침(우)	52
그림 3-3	키치너시에서 셉테드 심의를 위해 검토하는 도면들	56
그림 3-4	ISO 22341 최종 출판본 커버 및 웹사이트	62
그림 3-5	ISO 22341 범죄예방 및 보안을 위한 CPTED의 틀	63
그림 3-6	국제셉테드협회 뉴스레터에서 소개된 ISO 22341	66
그림 3-7	기술위원회 CEN/TC325 회의 모습 및 사이트(www.cen.eu)	68
그림 3-8	인정 및 인증체계	71
그림 3-9	2010~2013년 간 셉테드인증 신청의 현황 및 수여식	82
그림 3-10	한국셉테드학회 디자인 인증 건수 현황	83
그림 3-11	셉테드학회 건축물 셉테드 인증의 절차(디자인 및 시설)	84
그림 3-12	범죄환경 개선이 포함된 안전도시 사업	89
그림 3-13	천안시·아산시 시민안전 통합관제시스템 추진 체계도	92
그림 3-14	여성아동 안전지도 제작 사례	94
그림 3-15	여성친화적 뉴타운 건설 설계 사례	96
그림 3-16	동작구 '아동·여성 안전지도'	98

그림 3-17 경기도의 셉테드 시범사업을 위한 공간 유형들   100

그림 3-18 West Tampa의 Overlay District 구역   101

그림 3-19 West Tampa Overlay District 셉테드 조경   101

그림 3-20 West Tampa Overlay District 주차건물 셉테드   102

그림 3-21 Hartford시의 도로 교통 셉테드 사례   102

그림 3-22 Portland의 기업 본부 콤플렉스와 레크리에이션 시설의 조합   103

그림 3-23 Kitchner 시의 셉테드 교통패턴 사례   104

그림 3-24 Saskatoon시의 셉테드 벽화 사례   105

그림 3-25 Kitchner/Saskatoon시의 야간 프로젝션과 쇼핑몰 브랜딩 사례   105

그림 3-26 범죄안전 디자인이 적용된 공공시설물   106

그림 3-27 런던 지하철 승차 대기자 접근 금지 디자인   107

그림 3-28 런던 시내 버스정류장 디자인 개선 사례   107

그림 3-29 네덜란드 PKVW 인증 받은 주택단지 사례   108

그림 3-30 네덜란드 암스테르담 트램역의 셉테드 사례   109

그림 3-31 덴마크 주택단지 계단실의 장식 그림 사례   110

그림 3-32 덴마크 소규모 블록화 단지와 마을범죄예방 표지판   110

그림 3-33 Queensland주의 펜스/울타리 관련 셉테드   111

그림 3-34 Queensland주의 공공예술 관련 셉테드   111

그림 3-35 Queensland주의 복합개발 사례   112

그림 3-36 도쿄 아다치구 소재 방범우량맨션 사례   113

그림 3-37 방범우량맨션 인증 단지의 침입 범죄 및 사각지대 방지 설계   113

그림 3-38 쿠알라룸푸르에 설치된 방범디자인 요소 사례들   114

그림 3-39 쿠알라룸푸르시의 자연감시성이 높은 상업건물   115

그림 3-40 쿠알라룸푸르시의 타운 지구단위계획 계획 사례   115

그림 3-41 TAMAN TUN DR. ISMAIL 안전마을 개선 사업   116

그림 3-42 세종시 개발계획 평면도   117

그림 3-43 1-4지구 시범생활권 중심상업지역 CPTED 적용 예시도   118

그림 3-44 혁신도시 CPTED 도입 모형   119

그림 3-45 혁신도시 CPTED 지침 개발 프로세스   120

그림 3-46 혁신도시 CPTED 적용 예시도   122

그림 3-47 주변 범죄 환경도   123

그림 3-48 셉테드 설계도 예시   123

그림 3-49 서울시의 셉테드 사업지   124

그림 3-50 소금길의 방범환경 개선   124

그림 3-51 마포구 염리동, '우리골목길 우리손으로' 꽃·나무심기 사업   125

그림 3-52 공진중학교의 셉테드 개선   126

그림 3-53 부산시의 셉테드   127

그림 3-54 골목길 안전게이트 디자인과 범죄예방마을 로고 128
그림 3-55 송도신도시 B초등학교 배치계획도 130
그림 3-56 서울 동작구 골목실 셉테드 도입 전과 후 135
그림 3-57 경기도 범죄예방 환경디자인 적용 사례 137
그림 3-58 관악구 안심골목길 140
그림 3-59 동작구 상도동 안전마을 지도 140
그림 3-60 성동구 안심귀가길 및 안심통학로 141
그림 3-61 구리시 여성안심구역 및 안심귀갓길 142
그림 3-62 대전광역시 시범사업지의 안심거울길 143
그림 3-63 로보프린트가 로봇을 활용한 AR 벽화를 그린 양재천 교각 하부 147
그림 3-64 경인여대 일대 셉테드 사업 효과(위) 및 도입 전후 변화(아래 벽화 도입 후) 148
그림 3-65 충북 청주시'육거리 시장'셉테드 적용 149
그림 3-66 화장실 범죄예방환경 구축 적용 사례 150
그림 6-1 건축법제의 구성체계 183
그림 6-2 건축법과 도시계획법 184
그림 6-3 신 시가지와 기성 기사지에 대한 개발사업의 유형 186
그림 6-4 셉테드 관련 개발사업 진행절차의 차이 187
그림 6-5 건축법의 주요 내용 구성 188
그림 6-6 국내 셉테드 근거법규 192
그림 6-7 수원 세류지구 재정비 구역 215
그림 6-8 성북구 Y 구역 위성지도 및 현장주변 사진 217
그림 7-1 위험 = 발생가능성×결과(영향) 223
그림 7-2 ISO 31000의 위험원칙, 틀, 프로세스 개념도 225
그림 7-3 CPTED 범죄위험평가의 3대 요소 227
그림 7-4 위험평가 매트릭스 228
그림 7-5 Cap Index사의 범죄위험 평가 및 예측 모델 230
그림 7-6 Cap Index에 의한 특정 공간의 범죄위험도 프리젠테이션 231
그림 7-7 범죄 위험도 매트릭스 232
그림 7-8 범죄위험도에 따른 대책 232
그림 7-9 지표값 합계에 의한 위험매트릭스 블록 정의 238
그림 7-10 NSW주의 환경영향평가법 제79C조에 따른 범죄영향평가 체계도 241
그림 7-11 호주 NSW에서 활용되는 범죄위험관리 체계 242
그림 7-12 평가된 위험 수준에 따른 다양한 셉테드 기법의 활용 243
그림 7-13 위험평가 결과 적용 시 고려해야 하는 비용효과성 243
그림 7-14 Stockport 의회 유효성 체크리스트 권고내용 247
그림 7-15 GMP DFSC의 범죄영향평가 보고서 248
그림 7-16 범죄위험평가가 이루어진 개발들의 유형(건수, 총 33건) 249

그림 7-17 상업지역 개발을 위한 영향평가보고서 내의 범죄통계　253

그림 8-1 KS A 8800 범죄예방 환경설계 - 기반표준　261

그림 8-2 사회 네트워크 및 협력 방범파트너십　267

그림 8-3 주거 및 상업업무 용도 간 복합개발 사례　268

그림 8-4 도시의 밀도(인구, 차량, 주택 등)　268

그림 8-5 가로공간의 미관　269

그림 8-6 공공예술품 및 디자인　269

그림 8-7 가로공간의 강건성　270

그림 8-8 공공규칙과 규제에 의한 공공장소에서의 건전한 이용 유도　270

그림 8-9 노숙자와 그들을 위한 쉼터와 배려　271

그림 8-10 신규 도시에 적용할 CPTED 프로파일링과 범죄 매핑　275

그림 8-11 워킹그룹이 작성할 구체적인 CPTED 전략과 실시설계 가이드　276

그림 8-12 범죄로부터 안전한 도시 만들기 MOU 체결식　277

그림 8-13 CPTED 실행 프로세스 개념도　278

그림 8-14 서울시 뉴타운 CPTED 실행 프로세스　279

그림 8-15 시흥시 셉테드 사업분야　280

그림 8-16 범죄 방어등급 평가 표(예시)　287

그림 8-17 영국 SBD 공식 인증마크 및 인증받은 방범기능 도어와 창　349

그림 8-18 영국 SBD 인허가를 위한 성능시험 장면　350

그림 8-19 침입공격 시험용 공구들과 시험체　351

그림 8-20 영국 LPS인증 공식 인증마크와 인증된 방범창 및 셔터　352

그림 8-21 네덜란드의 SKG/SKH KOMO인증 마크와 성능/등급 인증서　354

그림 8-22 네덜란드 SKG/SKH 시험원에 의한 침입저항 성능시험 장면　355

그림 8-23 CP인증마크와 마크가 부착된 창문과 현관문　357

그림 8-24 CP인증을 위한 침입저항 성능 테스트 장면　358

그림 8-25 방범하드웨어의 저항 성능, 등급 및 시방에 관한 호주 국가표준들　363

그림 8-26 호주의 방범하드웨어 성능 시험표준 장면　364

그림 8-27 KS F 2637:2012 및 KS F 2638:2012　368

그림 8-28 국내 KCL 안전융합기술센터의 단체표준에 의한 침입방어 성능시험 장면　369

그림 8-29 설치 대상 가구 점검 및 시공 전후의 모습　372

그림 8-30 실제 타겟하드닝 셉테드 추진과 관계기관 방문 논의　373

그림 8-31 경찰청장 및 공주시장 매산동길 치안현장 방문　376

그림 8-32 SBD주택의 범죄감소 효과의 지속성(1999~2007년)　377

그림 9-1 「안전한 부산 만들기」 사업을 위한 업무협약(MOU)　388

그림 9-2 주민공동체의 셉테드에의 참여　393

그림 9-3 인천시 장서초등학교의 유리벽 설치로 가시성이 높은 교장실　394

서론

section 01
연구저술의 배경

section 02
범죄과학의 개념

section 03
범죄과학의 범위

section 04
범죄과학과 범죄학(criminology)의 관계

section 05
범죄과학과 CPTED

section 06
과학수사는 CPED와 무관한가?

연구저술의 배경

2005년 9월 새벽에 인천에서 침입에 의한 강간살인 사건이 발생했다. 여고 2학년생인 구모양은 자기 방에서 혼자 잠을 자다가 창문 방충망을 뜯고 침입한 범인에 의해 강간 살해된 것이다. 학교에서 성적이 뛰어난 모범생 구모양의 공부방 창문은 방범 기능이 전혀 없었으며 약간은 더운 날씨 탓에 창문을 열어 둔 채로 늦은 밤까지 공부를 하다가 잠이 들었고, 우연히 이 집 옆의 좁은 골목으로 소변을 보러 잠시 들어온 범인이 형광등을 켠 채 잠이 든 구모양을 보게 되었다. 순간 성적인 충동이 발동하였고 주택가의 좁은 골목이라서 CCTV는 없었으며, 방범시설이라고는 플라스틱 방충망이 전부인 상황에서 그가 구모양의 방에 침입하는 것을 방어하거나 방해하는 요소는 전혀 없었다. 이에 범인은 방에 침입하여 구모양을 강제로 성폭행하였고 구모양에게 얼굴이 노출된 점이 두려운 나머지 엉겁결에 그녀의 목을 졸라 살해한 것이다.

전과도 전혀 없었고 범죄성(criminality)도 높지 않은 이 범인은 결국 검거되었고, 프로필을 확인해 본 결과 만 29세의 젊은 청년으로서 부모가 생존하고 계시며 친형과 친누나가 모두 명문대에 다니고 있을 정도로 큰 가정 문제는 없었고 육군 만기 제대한 경력에 이렇다 할 정신병력도 없었다.

범죄의 원인과 요인을 프로파일링하던 저자는 창문이 방범기능이 없어서 취약했다는 점, 즉 그 주택과 구모양이 소프트타겟(soft target)이었다는 점 외에 도저히 다른 핵심적 요인을 찾을 수가 없었다. 게다가 방범성능이 어느 정도 있는 창살이나 방범방충망이나 제한 개방형 잠금장치 등 간단한 장치만 있었더라면 결코 발생하지 않았을 피해라는 생각이 강하게 들었다.

이 사건은 당시 파출소장과 방범계장을 역임한 현직 경찰공무원이었던 저자의 삶에 벽돌로 뒤통수를 치는 것 같은 큰 충격을 주었고 직무상의 무거운 책임감과 의무감이 느껴지기 시작하였다. 이 사건 이전 2000년에 영국에 유학을 가서 수년간 연구를 하면서 영국 경찰을 통해 알게 된 일이 또렷하게 클로즈업되었기 때문이다. 당시 영국 경찰은 이미 1980년대부터 꾸준히 지방자치단체 등과 범죄피해자지원(Victim Support)과 범죄안전파트십(Crime Reduction Partnership) 사업으로 침입범죄에 취약한 소프트타겟(soft target)으로서의 서민 주택에 침입방어성능이 시험·인증된 고품질의 방범창살과 잠금장치를 무료 또는 보조금 지급 형태로 설치해주어 침입이 상당히 어

려운 하드타겟(hard target)으로 개선해주는 타겟하드닝(target hardening)을 실행해 왔
고 이를 통해 획기적으로 침입범죄를 예방 및 경감해 왔다는 것을 저자가 잘 알고 있
었기 때문이다.

　　그런 연유에서인지 구모양은 심지어 꿈에도 나타나 "당신은 범죄안전을 책임지
는 사람으로서 손쉬운 예방책을 알면서도 꽃다운 나이에 내가 왜 이렇게 쉽게 당하도
록　방치하였나요?"라고 추궁하며 괴롭혀댔다. 한편 지금도 감옥에서 복역하고 있을
가해자를 두둔하고 싶지는 않지만 그 젊은 가해자처럼 범죄무경험자조차 너무 쉽게
침입을 할 수 있도록 지극히 허술하게 방범환경을 갖추어 범죄공간(offensible space)을
수없이 많이 제공하여 침입 충동을 부추기고 전과자를 양산하고 있는 우리의 정부와
경찰도 너무 후진적이지 않은가라는 항변의 목소리가 오랫동안 귀에 맴돌았다. 이에
영국이라는 치안 선진국에서 셉테드라는 분야를 집중적으로 연구하고 박사논문까지
도 그 분야로 쓴 저자로서 그 사건과 그 후에도 비슷한 상황으로 발생한 유사 사건들
을 끊임없이 접하면서 마음 속으로 구모양에게 "우리나라에서 다시는 너처럼 이렇게
쉽게 피해를 당하는 일은 없도록 제도를 만들께"라고 강한 무언의 약속을 하게 되었
다. 이 저술서는 그 약속을 지키기 위한 저자의 노력 중의 하나이다.

　　이렇게 안전(security)은 인간의 삶의 질(Quality of Life)에 직결되는 요소인 바 지
난 10년간 경찰의 공식 범죄추세 통계와 지난 30년 간 범죄 발생건수와 범죄자 검거
율 추세를 살펴보면 우리가 사는 도시 공간들이 여전히 범죄라는 위험에 상당히 다양

그림 1-1　강력범죄에 취약한 도시 생활환경들

출처: MBC뉴스, 인터넷 등 다양한 자료에서 추출하여 편집함

표 1-1 대표적인 도시위험(urban risk) 지표 비교

집계기관	연도 및 피해	사망 등 인명피해	재산피해액
경찰청	2001~2002(2년) 범죄피해	살인·치사 5,591명	2003년 강도·절도 피해 4조 4천억 신고누락 + 성폭력/살인 = 30조
소방방재청	2005년 화재피해	사망 505명	1천 713억
	2005년 재해피해	사망·실종 52명	1조 498억
도로교통공단	2005년 교통사고	사망 6,376명	9조 1천억

출처: 「치안비용 분석모델 정립 및 활용에 관한 연구」, 2004, 백상연구소; 소방방재청 소방정책본부. (2007), "2006년도 화재발생현황 분석" 및 소방방재청 중앙재난안전대책본부. (2005), "재해연보" (소방방재청 http://www.nema.go.kr/data/statistic/list.jsp 참고), 「2005 도로교통사고비용의 추계와 평가」, 2006, 도로교통공단. 이 각각의 출처에서 자료를 추출하여 저자가 재구성하였음.

하게 노출되어 있음을 보여주고 있다.[1]

연구 자료들을 살펴보면 한국의 도시공간이 범죄라는 사회적 위험에 적지 않게 노출되어 있음을 알 수 있다. 특히 <표 1-1>에서 보는 바와 같이 2003년 강도 및 절도 피해는 4조 4천억(2004년도 이후의 범죄피해액은 자료가 없음)이며, 살인·성폭력·신고 누락분 포함 시 30조 이상 추산되고, 소방방재청에서 분석한 화재나 자연재난의 피해 수준 및 빈도를 크게 초과하고 있어, 그 취약성(vulnerability)과 사회적 여파 (impact)와 관련된 심각성을 간과할 수 없다. 그런데 화재나 교통사고와 같은 재난의 관리와 예방을 위해서는 천문학적인 예산과 연구가 투입되고 있고, 보험 체계와 수많은 법규 및 표준이 마련되어 있는데 오히려 더 큰 위험으로 볼 수 있는 범죄에 대해서는 상대적으로 관심과 노력이 많이 부족하다는 것을 지적할 수 있다. 재난으로 분류된 화재에서 방화가 차지하는 비중이 작지 않다는 점 등을 볼 때 범죄는 재난에서 분리해서 볼 사안이 아니고 재난이라는 큰 범주에서 동시에 다루어야 할 것이다.

이런 점에서 범죄에 대해서도 보험통계적 접근방법(actuarial approach)과 과학적이고 체계적인 위험관리(risk management)[2]의 필요성과 중요성을 알 수 있다. 따라서 보다 실용적인 형태의 CPTED는 범죄위험의 관리이며 CPTED의 성공적인 적용을 위해서는 CPTED 전문가들이 효과적으로 범죄 관련 위험을 발견하여 그 위험을 구체적으로 측정해야 한다(Ericson & Haggerty, 1997: 23-43). CPTED는 이렇게 구체적으로

---

1 특히 대표적인 생활침해 범죄인 절도의 경우 2001년 188,812건에서 2013년 288,757건으로 약 35% 증가하였고, 성폭력 범죄의 경우 2005년 11,551건에서 2014년 29,863건으로 약 2.5배 이상 증가하였다. 다만 강도의 경우 2005년 5101건에서 2014년 1618건으로 상당히 감소한 점은 그나마 다행스럽다(대검찰청 2015 범죄분석 참고).

2 Johnston & Shearing(2003: 124)은 범죄나 교통사고, 화재와 같은 현대사회의 위험에 대한 통제 모델은 보험통계적 위험관리(actuarial risk management) 모델을 기초로 한다고 설명하고 있다.

예측된 범죄위험을 일정한 수준으로 사전에 예방하거나 관리하는 수단으로서의 역할을 하고 있다.

Cisneros(1995: 24)가 언급한 바와 같이 연구방법론적 단순성, 보다 다양한 변수에 대한 고려의 부족 등의 비판과 지적에도 불구하고 CPTED는 여전히 전 세계에서 점차 유행처럼 번지고 있는 범죄예방 접근방법이다.

이러한 범죄문제에 대한 대안으로 발전하고 있는 CPTED(Crime Prevention Through Environmental Design: 셉테드[3] — 범죄예방환경설계)는 "건축 환경의 적정한 디자인과 효과적인 활용이 범죄발생 및 범죄에 대한 두려움을 줄일 수 있고, 삶의 질을 향상시키는 학술적 그리고 실무적 접근"이다(Crowe, 2000: 46).

2005년 3월에 국내 최초로 경찰청이 셉테드추진계획(경찰청, 2005: 7)을 수립하여 시행하였고, 동년 7월과 9월 사이에 도시, 건축 관련 학자 및 경찰·범죄 분야 학자, 그리고 방범경찰이 참여하여 CPTED 가이드라인을 제작 및 배포하는 등 홍보를 강화하였고, 이후 참여정부의 국토의 균형발전 전략을 기반으로 국토교통부, 행정중심복합도시건설청, 서울시 등에서 혁신도시, 기업도시, 뉴타운 등 도시개발 사업 추진이 본격화 되면서 새로운 도시나 타운에 안전도 향상을 위해 적용할 수 있는 보다 나은 기술과 개념으로서 CPTED를 사업 범위에 포함시켰다. 더불어 지식경제부에서는 CPTED가 국제표준화하는 세계적 경향에 맞추어 국가표준화 사업을 2008년 이후 꾸준히 진행해왔다(지식경제부 기술표준원, 2008: 2 – 3).

이러한 CPTED가 2010년 3월에 한국셉테드학회가 창립되고 행정안전부 소관으로 사단법인화하면서 국내에도 이 학회를 중심으로 Community Safety and Environmental Design이라는 CPTED 내용 중심의 학술지 발간을 시작하였고, 디자인 공모전 실시, 국내 최초로 아파트 CPTED 디자인 인증평가를 하는 등 CPTED 관련 법, 제도, 정책, 기술에 대한 연구와 개발이 보다 활성화되어가고 있다. 더욱이 국토교통부에서는 2011년 이후 건축법 개정을 포함하여 CPTED 관련 법제화를 꾸준히 추진하여 왔다.

위와 같은 CPTED가 범죄대책으로서 그 중요성을 더해가는 이유는 국내외의 많은 연구들을 종합해볼 때 Cisneros(1995: 24)도 주장한 바와 같이, 많은 경우에 CPTED 프로그램들이 범죄의 감소 및 억제에 긍정적 영향을 미치고 있기 때문이다. 예를 들면, 감시기법을 활용한 CPTED프로그램의 범죄저감 효과(Steventon, 1996;

---

3 CPTED는 국제셉테드학회(ICA)에서 발음을 셉테드(septed)로 하기로 합의되어 국제적인 호칭 기준을 따라 셉테드로 부르기도 한다. 본 서에서는 편의상 셉테드와 CPTED라는 표현을 혼용하였다.

Painter and Tilley, 1999; Hillier and Shu, 2000; Cozens et al., 2003; Weisel, 2002; Cozens et al., 2003; 도건효, 1992 등), 공간 이미지 관리를 통한 범죄의 감소 간의 관계(Wilson and Kelling, 1982; Sloan-Howitt and Kelling, 1990; Spelman, 1993; Kraut, 1999; Ross and Mirowsky, 1999; Ross and Jang, 2000 등), 접근통제의 효과에 관한 연구들(Newman, 1973, 1980, 1996; Poyner, 1983; Coleman, 1985; Poyner and Webb, 1991; Atlas and Le Blanc, 1994; 박현호, 2005 등) 등이 있다. 더불어 지역 주민들의 활동의 증대 및 강화에 의한 범죄 감소사례(Poyner and Webb, 1991; Pettersson, 1997; Wekerle and Whitzman, 1995; ODPM, 2004; 강석진 외, 2005 등)도 적지 않다. 나아가 일부(CCTV감시 등) 기법들을 제외하고는 특별한 범죄전이 등의 문제를 야기하지도 않는다는 장점에 따라, 유럽연합에서는 25개 회원국들에게 공통으로 적용되는 유럽표준(EN) 제정에 CPTED가 포함되었다. 또한, CPTED는 생활안전 범죄에 대한 적절한 대책으로서 국제적으로 인정받고 있는 추세이다.

그럼에도 불구하고 CPTED가 CPTED학회를 구성할만큼 학문적으로 충분히 자리매김하기에는 CPTED의 학문적 정체성과 위치가 보다 공고해지고 분명해져야 할 것으로 판단된다. 국제셉테드협회(ICA), 유럽셉테드협회(E-DOCA)는 각각 북미와 유럽을 대표하는 CPTED 관련 단체이고 세미나를 개최하고 관련 실무자들 및 일부 학자 간에 교류와 소통의 장을 마련하고 있기는 하지만 자체적으로 학술지를 출간하지 않고 있기 때문에 순수한 학회가 아닌 협회에 불과하다. 다만 CPTED 관련 학술서는 주로 북미(Kitchen & Schneider, 2007; Crowe, 2000; Atlas, 2008 등)와 서유럽(Ian Colquhoun, 2003 등)을 중심으로 저술되어 왔으며 국내에서도 일부 경찰·정책학자와 건축학자들이 CPTED 관련 학술서 및 번역서를 발간한 바 있다(최응렬, 2006; 최영인 외, 2005; 김선필, 1995). 서구의 CPTED 학술서는 체계성과 종합성, 학문적 논의가 다소 존재한다고 분석되지만 국내에서 출간된 학술서는 CPTED에 대한 간단한 소개, 설문조사, 해외 사례 분석에 그치고 있는 아쉬움이 크다. 한국형사정책연구원에서 시리즈로 발간되어 나오고 있는 CPTED 연구총서의 경우에도 지나치게 많은 분량, 광범위한 주제, 논점과 연구조사 결과의 정리에 초점을 맞춤으로써 CPTED의 학문성을 탐구하거나 체계적이고 수미쌍관의 일관성 있는 시스템적 논리로 이해하기에는 어려움이 많다고 지적할 수 있다.

더욱이 전통적인 사회과학으로 기이 자리매김한 범죄학(criminology)의 또 다른 접근으로서 소위 범죄과학(crime science4)이라는 새로운 학계(discipline)가 유럽, 특히 영국(런던 UCL대학이 주도5))을 중심으로 범죄예방 학문의 총체로서 발전하고 있다. 즉, CPTED는 기본적으로 융합학문으로서의 학문성을 지향하면서도 경제학, 범죄학, 심리학, 지리학, 도시/건축 공학 등 사회과학과 자연과학(및 공학)의 학문 간 통섭적 연구를 통해 범죄 경감 및 안전 개선의 해결책을 개발하는 실용적 접근방법을 동시에 추구하고 있다고 해석된다. 이런 맥락에서 CPTED는 국제적으로 소프트웨어 측면(위험도 분석, 도시의 계획, 설계, 관리 프로세스)에서 그리고 하드웨어 측면(적절한 방범성능을 갖춘 조명, 방범창, 유리, 도어락 등)에서 시스템적으로 표준화(국제표준 ISO, 유럽표준 EN 등에 의한 standardization) 경향을 보이고 있어 관련 국내 정부부처의 CPTED 국가표준화(KS) 사업이 진행되고 있는 것이다.

그러한 세계적 학문경향에 맞추어 국내의 셉테드학회가 CPTED에 대한 학문성을 추구하는 시도를 시작한 현 시점에서 본 서는 앞서 언급한 바와 같이 본질적 차원(fundamental dimension)에서 CPTED의 범죄과학적 학문성에 대한 심도 있는 탐색 및 논의를 하고, 실용적 차원(pragmatic dimension)에서 국제기준을 거울삼아 보다 체계성 있는 CPTED의 범위와 실체를 제시하고자 한다.

위와 같은 맥락에서 본 서는 그간의 범죄학 저술들이 다루었던 지나치게 방만한 범죄예방(1차적·2차적·3차적 예방 또는 상황적·사회적 예방)이나 학문성과 체계성 면에서 부족했던 CPTED를 범죄과학이라는 새로운 학문적 정체성을 기반으로 표준화라는 실용주의적 분석 및 논의를 통해 저술의 차별성과 독창성을 확보하고자 하였다.

본 서는 국내외 관련 문헌 자료에 대한 수집과 분석이 중심이 되었으며 필요시 관련 분야 전문가와 교수, 학자들에 대한 면접조사를 실시하고 보다 구체적이고 실질적인 집필 내용 확보를 위해 영국, 미국, 일본 등 해외 현지 출장 조사도 병행하였다. 대면조사(face-to-face interviews) 외에 세미나, 토론회 및 포럼 자료, 학술잡지, 홍보지, 편지, 전자우편과 같은 다양한 문어적 의사소통 행위까지 포함하는 등 문어, 구어, 혹은 신호화된 언어사용을 분석하는 담론분석(discourse analysis)도 보충적으로 활용하였다.

---

4 북미에서는 crime science는 주로 법과학(forensic science) 분야를 의미하고 있다.
5 http://www.jdi.ucl.ac.uk/about/crime_science/index.php 참고

section 02
범죄과학의 개념

　　이 절에서는 새로운 패러다임으로서 범죄과학이 전통적인 범죄학과 어떻게 다른 지를 보기 위하여 과학이라는 우산 아래에 범죄의 예방(prevention)과 탐지(detection)를 통합하는 개념으로서의 범죄통제(crime control)에 대한 분명한 접근방법으로서의 범죄과학을 살펴보기로 한다.

　　BBC 크라임워치 UK라는 범죄자 공개수배 프로그램을 14년간이나 성공적으로 이끌던 유명한 여성 TV 앵커우먼 Jill Dando가 1999년 4월 26일에 그녀의 집 앞에서 범죄자에 의해 무참히 살해당한 것을 전 국민이 애도하였다. 그녀의 죽음을 추모하고 그러한 참혹한 범죄피해를 과학적으로 예방하고 경감하자는 취지에서 시민들이 자발적인 모금을 통해 약 백만파운드(한화 약 20억원)의 Jill Dando 추모기금이 모아졌고 런던 소재 University College London(UCL)에 2001년 4월 26일, 즉 질단도의 추모기념일을 맞아 질단도연구소(Jill Dando Institute)를 개소하게 되었다. 개소식에서 당시 연구소 설립 위원이었던 Gloria Laycock 교수가 몇몇 동료들과 논의하여 소장 취임 연설에서 범죄통제에 대해 기존과 다른 새로운 용어와 개념으로서 '범죄과학'이라는 용어를 제안하였다.

　　그러나 범죄과학이라는 생경한 용어는 범죄학, 사회학, 경찰학, 형사사법학 등 관련 학계의 이해관계자들로부터 다소의 오해를 불러일으켰으며, 이러한 학문분야에 대해 뜻을 같이한 사람들마저도 완전히 동의하지 않게 되는 문제가 불거지고 말았다. 이에 Ron Clarke 교수가 그 개념 및 용어에 대해 논의를 해보자고 제안하였다.

　　이런 상황에서 이후 2002년 6월에 범죄학과 경찰학에 세계적으로 명성이 있는 7명의 교수, 연구원 그리고 방송인(미국 Rutgers 대학의 Ron Clarke과 Marcus Felson 교수, Huddersfield 대학의 Ken Pease 교수, Nottingham Trent 대학의 Nick Tilley 교수, BBC 크라임워치 진행자/방송인 Nick Ross, UCL의 Gloria Laycock 교수)이 모여 논란이 된 그 범죄과학(crime science)이라는 신 학문의 개념 정의에 대해 논의하기 시작하였다.

　　Laycock 교수는 경영과학(Operational Research: OR)의 방법론을 제시하면서 범죄과학에 대해 좀 더 많은 관련 요소들을 파악 및 확인하고, 몇 년간 기다리면서 이를 검토하며, 어떻게 범죄과학이라는 신학문이 발전해 나가는지를 관찰하여 그 개념을 정립하고 좀 더 견고하게 하자고 제안하게 되었다. 여기서 OR이란 산업, 비즈니스,

공공기관 및 국방, 치안 분야에서 인간, 기계, 물자, 돈으로 이루어진 거대한 시스템의 운용상 발생하는 문제점들을 과학적인 방법으로 연구하여 해결책을 찾아내는 것을 말한다.[6]

경영과학적 접근은 본래 UCL에 범죄과학연구소를 창립하기 전인 1997년에 Leslie Wilkins가 캠브리지에서 Ken Pease, Nick Tilley 그리고 Graham Farrell 교수를 만나서 상황적 범죄예방 기술에 대한 정부와 정치적인 관심을 높이는 방안과 왜 정치적 관심을 제고하는 것이 어려운 일인지에 대해 논의하면서 제안된 것이다. 즉, Wilkins는 당시 보다 실질적으로 상황적 범죄예방을 진흥시키기 위한 조직 구성 필요성을 역설하면서 추후 범죄과학과 관련한 몇 가지 착안점을 제시하였다.

> ▸ '범죄'라는 문제는 '범죄자'의 문제로서 단순화될 수 없다.
> ▸ 매우 적은 비율의 범죄자만이 형사사법체계를 통해 처벌 및 격리된다. 물론 형사사법기관들이 범죄자의 개선교화를 촉진시키는 역할을 하고는 있으나 그 영향은 매우 미미하다.
> ▸ 유혹(temptation)을 감축하는 방법들이 범죄나 범죄자와 관련된 방법들에 비해 범죄 저감에 더 큰 효과를 가져왔다.
> ▸ 현재 영국에는 범죄자와 무관한 범죄저감 방법에 대한 대중의 관심을 제고할 조직이 없다.

이러한 역사를 거쳐서 2002년에 범죄과학에 대한 Ron Clarke의 견해는 일관성 있는 이론에 의해 개념 정의되어야 한다는 것이었다. Felson(2002)의 일상활동이론(routine activity theory), Brantingham과 Brantingham(1993)의 범죄패턴이론(crime pattern theory), Cornish와 Clarke(1986)의 합리적 선택이론(rational choice theory) 등의 이론들은 근접한 주위의 환경과 범죄의 기회 그리고 상황적 우연성이 범죄의 원인으로서 집중 및 강조하고 있다.

---

6 http://en.wikipedia.org/wiki/Operations_research. 이와 같이 경영 문제에 과학적 접근 방법을 적용하려는 시도가 여러 차례 있었으나 제2차 세계대전 이전에는 경영 과학이 하나의 학문 분야로 인식되지는 못하였다. 제2차 세계대전의 발발은 조직 관리상에 새로운 문제들을 제기하였다. 이러한 새로운 문제 해결에 체계적이고 과학적인 분석이 필요하게 되었다. 작전상 (operational)의 문제들을 분석하기 위하여 과학자들을 이용한 것은 새로운 시도로서 이로 말미암아 Operational Research(영국) 또는 Operations Research(미국)라는 단어가 나타나게 되었다. 경영자의 의사 결정 과정이 대부분 직감이나 과거의 관행에 근거하여 이루어지고 이에 따라 새로운 형태의 의사 결정 문제에 유연하게 대처하지 못하였으며 잘못된 과거의 관행이 계속 반복될 가능성이 높은데 이러한 의사결정의 과학화를 통해서 문제해결의 효율성을 높이기 위한 경영관리 과학이 OR이라고 볼 수 있다.

범죄과학의 개념은 시간이 흐르면서 진화하겠지만 현재로서는 의학과 같이 결과 중심의 것으로 여겨지고 있다. 즉, 의학이 질병을 줄이는 것처럼 범죄과학도 범죄를 줄이는 것에 관한 학문이다. 즉, 먼저 범죄가 발생하는 것 자체를 억제(Prevention, 예방)하거나 사건 발생 후 범인을 보다 신속히 그리고 확실하게 체포(Detection, 탐지)함으로써 범죄를 줄일 수 있다. 즉, 범죄과학은 범죄의 방지와 탐지라는 두 가지를 목표로 하고 있다. 또한 범죄과학은 물리학, 사회학, 생물학 그리고 컴퓨터과학 등이 상호 연계하여 범죄를 통제하는 공동 목표를 향해 달려가는 학제적 접근이다.

범죄과학의 강한 도전 중에 하나는 바로 이러한 서로 다른 학문들을 결합하는 일이다. 이러한 학문 간 융합은 영국 정부의 범죄예방에 대한 Foresight Programme(예지 프로그램)을 따라서 강하게 추진되었다. 이 프로그램은 범죄에 대해 예측하고 미래의 기술과의 관계성을 사전에 판단하기 위한 것이다. 정부보고서 Turning the Corner(2000)에서는 대학에 막대한 연구 예산을 배정하는 영국의 연구재단(Research Councils)이 융합학문 분야 연구를 재정 지원하는 방안을 고려하도록 권고하였다. 영국에서는 학문 분야별로 의학연구재단(MRC), 경제사회과학연구재단(ESRC), 그리고 공학물리학연구재단(EPSRC) 등 여러 재단들이 있으며 통상적으로는 일정한 양의 연구 예산이 개별 과제별로 정해져서 외부전문가의 심사(peer review)를 거쳐 연구제안서들 간의 경쟁입찰을 통해서 결정된다. 그러나 학제적인 연구과제를 심사할 경우에는 여러 가지로 문제가 발생하고 있다. 세계적인 수준의 공학자에게 범죄예방 연구과제에 대한 연구비 지원 심사를 의뢰하는 경우나 경제학자에게 새로 개발한 법과학 장비의 품질을 심사해달라고 의뢰할 경우 거의 필연적으로 심사에서 왜곡이나 관련 학계에 대한 부정적 인식을 초래하고 있다. 따라서 학제적 과제의 심사위원회(assessment panel)는 과제제안팀의 구성과 주제 관련 학문의 구성을 반드시 고려해야 한다. 따라서 이러한 프로세스는 관련된 모든 사람들에게 시간이 과다하게 소요되고 그러한 심사위원회는 상대적으로 각 학계를 대표하는 위원들의 수가 매우 적다는 문제가 발생한다.

범죄과학의 또 다른 특징은 범죄과학자들이 사용하는 방법론들은 자연과학의 기준과 가치를 지향한다는 점이다. 범죄과학은 이론이 명백하고 편견과 다른 외생요인들을 통제하는 정도가 투명할 경우 과학적인 방법론을 사용한다. 다만 범죄과학은 완벽성(certainty)보다는 개연성(probability)의 틀 안에서 최대한 변수들을 합리적인 수준에서 통제하면서 가설을 검증하는 적절한 방법론을 지향한다.

범죄과학은 무엇이 효과가 있는지 뿐만이 아니고, 어디서, 어떻게 그리고 언제 효과가 나고 작동이 되는지를 종합적으로 다루면서 서로 다른 맥락과 상황에서 가설을 검증하는 것을 지향한다. 그러한 상황, 매커니즘, 결과 관계(Pawson & Tilley, 1997)는 범죄와 범죄의 통제를 이해하는 데 매우 중요하고, 그 분야에서 지식베이스(knowledge base)의 필수적인 요소들이다.

비록 범죄저감이라는 결과에 주로 집중하지만 범죄과학은 범죄를 윤리적인 차원에서 다루기 위해 노력한다. 범죄를 줄이기 위해서는 팔다리를 자르거나 전두엽절제술을 하면 효과적일 수 있지만 이는 민주인권사회에서 윤리적으로 허용되지 않는다. 범죄과학자들은 인권을 침해하지 않는 효과적인 범죄탐지 및 범인식별 기술을 개발하기 위해 경찰 등 형사사법기관과 종종 같이 일한다. 범죄과학에 대한 개념을 논할 때 이 부분은 실과 바늘 같은 것이고 범죄학은 범죄과학이 활용하는 많은 학문들 중에 하나임에 틀림은 없다. 사실상 범죄학은 법과학과 함께 범죄과학에 특별히 연관성이 많은 학문이다. 즉, 범죄학은 사회과학에 뿌리를 두고 있으며, 법과학은 자연과학에 기반하고 있다. 두 학문 모두 연관성이 있을 뿐만 아니라 범죄과학이라는 새로운 접근방법에 중대한 학문들이다. 범죄과학이 지향하는 범죄 저감의 강조와 다른 과학적 접근에 집중하도록 독려하는 것은 범죄학과 법과학에 부가가치를 창출할 것이며, 두 학문을 하나의 기치(banner)와 공동의 목표로 달려갈 수 있도록 돕는 역할을 할 것이다.

결과론적으로 범죄과학은 공공정책 수립자, 실무자, 기업, 언론 그리고 일반대중을 가이드하기 위해 범죄저감 분야에서 일관성 있는 지식체계를 창출하는 것을 목적으로 하고 있다. 범죄과학은 범죄를 통제하기 위해서 기존의 과학적 접근방식과 기술을 적용하는 것이며 이를 위해 데이터, 논리, 증거, 그리고 이성적 사고라는 수단을 사용한다. 구체적으로 범죄과학은 가설을 설정 및 검증하고 그런 프로세스를 통하여 근접한 범죄 원인에 대한 현존 이론들을 심화 발전시키는 지식체계를 구축하는 것이다.

이런 맥락에서 범죄과학은 아래의 4가지 핵심적 질문을 던진다(Laycock, 2005).

> ▶ '과학은 범죄의 본질에 대해 무엇을 설명해줄 수 있는가?
> ▶ 과학은 범죄예방에 어떤 기여를 할 수 있는가?
> ▶ 과학은 범죄의 탐지 및 수사에 어떻게 기여할 수 있는가?
> ▶ 범죄 저감에 과학적 방법들이 어떻게 적용될 수 있는가?

첫 번째 질문과 관련해서 범죄 통제의 제1의 수단으로서 형사사법시스템은 사실상 효과적이지도 효율적이지도 않으며, 형사사법체계가 범죄저감만을 위해 존재하지도 않는다는 점이 지적되고 있다. 형사사법체계는 피해자, 증인의 보호 및 지원, 피의자의 사법 처리와 유죄판결을 받은 범죄자들의 격리를 포함하여 많은 다른 기능과 역할을 하고 있다. 더불어, 사회에서 금지되어야 하는 범죄행위에 대한 개념과 범위를 명확하게 규정짓는 선언적 기능도 담당한다. 그렇지만, 투자의 관점에서 보면 형사사법체계의 유지와 발전에 투입되는 공공예산과 다른 상황적 범죄저감 방식을 진흥시키는 데 투입되는 공공예산은 양적인 면에서 심한 불균형이 존재하고 있다. 즉, 보다 직접적이고 실제적으로 범죄를 저감하는 범죄예방의 과학기술에는 공공예산 투자가 상당히 미흡하다는 점이다.

범죄과학의 학문성 증진과 관련하여 영국에서는 점차 대학교육 과정에서 공식적인 교과체계 및 학위 명칭으로 사용하는 추세를 보이고 있다. 예를 들면, 영국 노썸브리아 대학교에서는 2010년부터 학부 과정으로 범죄과학 학사(BSc) 학위과정 운영을 시작하였다(www.northumbria.ac.uk 참고).

다만, 미국과 캐나다에서는 Crime Science는 주로 법과학(forensic science)으로 인식 및 이해되고 있는 경향을 보이고 있다. 즉, 범죄의 사전예방 차원보다는 사건 발생 후 범죄자에 대한 수사, 탐지, 추적을 위한 사후 대처형 과학으로서 알려져 있다. 사실상 북미에는 Crime Science라는 용어 자체를 거의 사용하고 있지 않는 것으로 분석된다.

section 03
범죄과학의 범위

범죄과학의 여러 도전적인 문제들 중에 하나는 어떻게 다양하게 흩어져 있는 학문 분야를 융합시켜서 시너지를 도출해내냐는 것이다. 범죄과학은 물리적, 사회적, 생물학적 그리고 컴퓨터과학 등 범죄의 통제에 연관된 다양한 학문 간 학제적 접근이며 따라서 이것들이 모여 소위 Crime Science가 되는 것이다. 의학(medical science)과 학제적 성격의 범죄과학의 관계를 비교한다면 <그림 1-2>와 같이 비교될 수 있다.

위와 같이 각종 연관된 과학과 기술을 활용하여 인체의 질병을 탐지하고, 분석하

그림 1-2 의학 vs. 범죄과학

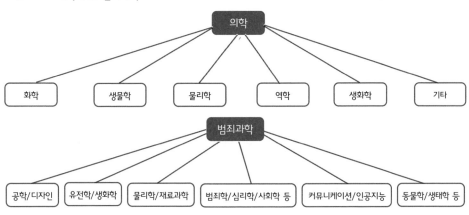

출처: Laycock, 2005

여 치유하고 예방하는 것이 의학 또는 의과학이듯 여러 관련 과학기술이 응용되어 사회적 질병인 범죄를 탐색, 탐지하고, 분석하고 억제하며 예방하는 것이 범죄과학인 것이다. 따라서 의학과 범죄과학은 서로 궤를 달리하지만 접근방법 면에서 상호 유사한 점이 발견되고 있으며, 특히나 정신병에 의한 범죄자(mentally disordered offender)의 경우에는 유전학, 정신병리학과 범죄심리학 등이 서로 유기적으로 연관되어 그러한 범죄자에 대한 정신감정, 위험성 측정, 치유 프로그램 등에 활용될 수 있다. 따라서 셉테드는 인간의 물리적 구조환경 내에서의 유전학적, 본능적 또는 이성적 범죄 의사결정 및 행동이라는 생태학적이고 동물학적인 현상 및 분석에 대해 인공지능, 물리학, 공학과 디자인 등의 과학기술을 통해 심리학적으로 억제와 단념을 유도할 것인지 또한 이를 통해 준법적이고 사회적으로 바람직한 방향으로 인식과 행동을 전환할 것인지에 대한 범죄과학적 연구 분야라고 설명될 수 있을 것이다.

section 04
범죄과학과 범죄학(criminology)의 관계

전술한 바와 같이 영국 UCL의 범죄과학연구소는 2002년 설립 이후에 지난 약 10여 년간 범죄과학이 무엇이며, 그 범위가 무엇인지에 대한 답을 찾기 위해 수많은 과학적 연구와 개발에 주력하였다. 많은 세미나와 컨퍼런스, 워크샵 등을 통해서 공공, 민간 등 다양한 분야의 이해관계자와 전문가들과의 논의와 소통을 통하여 보다 명쾌한 답을 찾아내기 위해 지속적으로 노력해 왔으며 범죄문제에 대한 과학적 해결책으로서 새로운 방법론과 연구기법 등을 제시하고 있다. 하지만 모든 과학의 역사는 아이디어들이 여러 가지 실험을 통해서 검증되지 못하여 실패하고 다른 더 나은 아이디어들에 의해 대체되듯이 범죄과학도 연관된 많은 학문적 이해관계자들과 인접한 분야의 사람들에 의한 비판에서 자유로울 수 없었다. 나아가 몇몇 범죄학자들은 격노하기까지도 하였다. 범죄과학이라는 새로운 학문적 접근에 대해 이러한 분노가 야기된 까닭은 다음과 같이 여러 가지로 제시될 수 있다.

❶ 도덕적 문제로서 범죄는 과학적 연구와 기술적 개입의 대상으로 보는 것은 적절치 않게 여겨지는 경향이 있다.

❷ 범죄자와 수사관의 행위를 포함해서, 인간의 행위는 의도적이고 많은 의미가 있기 때문에 과학적 조사에는 적절하지 않다고 여겨진다.

❸ 범죄과학자들은 불충분하게 과학적이거나 불완전한(defective) 과학성으로 접근하는 것으로 인식된다.

❹ 범죄과학은 연구비 조달(funding)과 학생 유치에서 범죄학과 범죄학의 이익을 위협할 수도 있다.

❺ 범죄과학자들은 적절하게 독립적인 자세를 취하고 비판적인 태도를 견지하기보다는 정책결정자나 예산을 쥔 기관과 공모 및 결탁하는 것으로 여겨진다.

❻ 범죄과학자들은 일반적으로 범죄와 형사사법시스템에 대해 잘못된 질문을 던지고 범죄에 대한 '뿌리'적 원인을 다루기보다는 즉각적이고 수정이 가능한 조건 및 환경들에 관심을 집중하는 경향이 있다.

❼ 범죄과학자들은 그들이 연구하는 영역과 적용하는 방법론을 당연한 것으로 받아들이는데 이것은 반성도 부족하고 무비판적인 문제가 있다.

❽ 범죄과학자들은 모체적 학문(parent discipline)인 범죄학을 배신하면서 등을 돌리고 범죄학이 하는 일과 그간에 이룩한 업적을 무시하는 것으로 인식된다.

❾ 범죄과학은 기존의 범죄학과 달리 지나치리만큼 상황적 범죄예방, 합리적 선택 그리고 일상활동이론을 편애한다.

❿ 범죄과학과 관련된 몇몇 특별한 개인들 간에 역사적으로 반론과 논박이 이어져 왔다.

이에 대해 Smith와 Tilley(2005)는 ❶과 ❷의 지적은 서로 중첩되고, ❷와 ❸의 비판은 서로 모순되며, ❹, ❺ 그리고 ❿의 지적은 단순히 악의적이고 인신공격적이며 매우 개인적인 수준의 비판이라고 분석하면서 각각의 비판점에 대해 반박 논리를 아래와 같이 펼치고 있다.

❶ 범죄과학은 어떤 행동이 범죄로 규정될 것인지, 어떤 범죄가 정책의 우선순위가 되는지, 범죄에 대응하는 방식 그리고 범죄를 하는 범죄자의 선택 등은 범죄가 도덕과 윤리의 문제라는 점에는 동의한다. 그러나 이 중에 어떤 것도 범죄 사건이나 행위의 패턴을 설명하거나 범죄를 예방하거나 탐지하는 방법론을 제시하고 있지는 못하는 경향이 있다.

❷ 인간의 의도적인 행위와 관련된 논쟁은 오랜 역사를 갖고 있는데, 범죄과학에서 핵심적인 이론인 합리적 선택이론은 잠재적 범죄자가 그들이 행동하는 상황을 어떻게 인식하고 규정하는지를 집중적으로 연구한다.

❸ 실험 및 현실주의(realist) 평가연구 지지자들 사이에 오랜 논의가 이어져왔고 이러한 접근 방식은 과학 분야에서 차별화된 개념으로서 뿌리를 내렸다. 서로에게 상대방의 연구방법이나 방식이 과학성이 떨어진다고 지적하는 부분도 없지는 않다. 그러나 서로 다른 연구방법론을 사용하다 보니 이러한 논의에서는 이질적인 생각과 견해를 가질 수밖에 없었다. 통일되고 분명한 선이 존재하기 어렵고, 특정한 방범 기술을 제외하는 경향도 없다.

❹ 범죄과학은 넓은 학문적 베이스에서 연구를 추구하는 특성으로 인해 범죄와 범죄통제 연구를 위해 인력과 예산의 범위가 확장되는 경향이 있을 수밖에 없다. 또한 연구 방법론의 엄격성과 조사의 과학기술적 성격으로 인해 장비 및 실험 등에 따른 추가 연구비가 필요한 경우도 적지 않다. 범죄학 연구과제와 경쟁하는 경우도 없지는 않으나 그런 경우는 매우 제한적이다.

❺ 범죄과학자들은 정부 정책결정자들과 결탁하지 않는다. 오히려 정책결정자들이나 실무자들이 기대하지 않거나 환영하지 않는 연구 결과를 종종 도출하기도 한다. 따라서 그러한 비판은 전혀 사실 무근이다.

❻ '뿌리가 되는 범죄의 원인'이라는 표현은 쉽지 않은 것이다. 많은 다른 범죄학자들과 대조적으로 범죄과학자들은 '기회(opportunity)'를 범죄사건뿐 아니라 범죄성(criminality)의 중대한 원인으로 지적하고 있다. 게다가 범죄과학자들은 특별히 범죄의 장기 및 단기 저감을 가능케 하는 예방적 개입 그리고 미래의 범죄기회를 선제적으로 차단하는 기술에 집중한다.

❼ 이것도 사실이 아니다. 범죄과학자들이 왜 범죄학자들보다 덜 유연하다거나 덜 비판적이라고 하는지 그 이유가 없다. 범죄과학자들은 오히려 범죄 자체의 특성에 대한 연구로 그치지 않고 범죄의 저감과 탐지라는 것을 심각하게 생각하고 그러한 목적을 달성하기 위해 노력하는 것에 가치를 둔다.

❽ 범죄과학은 범죄학을 배신한다기보다 오히려 범죄학과의 강한 연계성을 인정하고 있으며 범죄학이 그간 성취한 것들을 거부할 생각이 없다. 많은 범죄과학자들이 범죄학의 학문적 배경을 갖고 있으며 범죄학에서 발전한 이론체계로부터 연구를 하고 있는 것이다. 그렇다고

하여 범죄과학이 구체적인 영역을 갖고 있지 않다는 것이 아니라 범죄과학은 일반적으로 범죄학이 다루지 않던 많은 학문영역을 포괄하는 차별적 요소를 갖추고 있다.

❾ 사실상 현재 연구되고 있는 범죄과학은 범죄학적 아이디어들의 부분집합에 강하게 집중하며 그것도 공개적이고 투명하게 하고 있다. 물론 그러한 상태로 미래에도 머물러 있게 되지는 않을 것이며, 인지이론(cognitive theory)이나 비용효과분석(B/C)과 같이 전혀 다른 연구와 이론의 범죄과학이 향후 만들어지고 제시될 것이다.

❿ 도처에서 발생할 수 있는 연구자들 간의 충돌과 갈등은 불가피하고 범죄학자들에 의해 범죄과학에 대한 반감이 수시로 되살아날 수도 있겠지만 범죄과학이 보다 정교하게 체계를 잡게 되면 그러한 갈등이 항상 같은 방식으로 되풀이 되지는 않을 것이다.

몇몇 범죄학자들은 범죄과학자들이 한 연구를 분해하여 철저히 분석하는 것은 가능하고 오히려 권장할 일이다. 더욱이 일부 범죄과학 연구 및 연구 프로젝트들은 분명히 비판을 받아야 하는 경우도 있다. 그러나 부실한 몇몇 범죄과학 연구사례들 때문에 범죄과학이라는 학문 전체가 취약한 것으로 지적되어서는 안 될 것이다. 결국 몇몇 부실한 연구사례들을 근거로 모든 학문들이 매도당하고 거부당하게 된다면 대학교들은 문을 닫는 편이 나을 것이다.

반대로 범죄과학과 범죄학은 서로 공생(cohabitation)할 영역을 같이 찾아야 하고, 두 학문 간에 생산적인 대화의 여지를 찾아 나가야 할 것이다. 또한 범죄과학 안에서도 좋은 연구와 실무에 대한 비판, 논의를 통해 부실한 연구와 실무를 줄여 나가는 노력이 경주되어야 한다.

범죄학과 범죄과학의 관계를 이해하는 데 가장 좋은 논리는 역시 범죄과학과 의학의 관계를 생각하면 될 것이다. 즉, 의료사회학(medical sociology, 醫療社會學)[7]은 의학에 대한 이해와 의학적 담론 뒤에 있는 가정을 이해하는 학문이다. 또한 의료사회학은 그동안 너무 당연히 여겨왔던 의학적 가정들을 재검토하면서 인체를 바라보는

---

7 의료사회학의 주요 활동영역은 건강이나 질병을 둘러싼 사회적 요인과 사회적 시책에 연관된 문제의 분석과 이론화에 있다. 그 주요한 연구대상으로서는 보건이나 의료의 수요자측인 일반시민이나 환자측면의 분석, 다른 한편에서의 제공자측인 의사나 파라메디컬 스태프 및 병원, 그 밖의 의료제도나 사회보장제도의 검토 등이 있다. 오늘날에는 건강이 손상되는 원인, 또는 건강을 유지하고 증진하기 위한 대책 등, 어느 것에 있어서도 사회적 용인이나 조건은, 더욱더 크게 연관이 되고 있다. 그리고 다른 한편에서는 생존권이나 건강권의 확대와 함께 또는 WHO의 건강규정에 상징적으로 표시되고 있는 것처럼 그것을 단순히 신체적인 것만이 아니고 정신적 및 사회적인 것을 포함해서 전체적으로 이해해야 한다는 사고방식도 유력해지고 있으며, 의료사회학이 담당하는 역할이나 과제도 영역이 크다고 할 수 있을 것이다.
http://terms.naver.com/entry.nhn?docId=499768 참고.

방식에 대한 대안을 찾고, 인체의 기능이나 기능적 경험과 관련한 개입 방식을 새롭게 찾는다. 나아가 의학적 치료, 연구, 그리고 지식체계에 있어서의 권위와 권력의 패턴을 분석한다. 이러한 연구의 대부분은 전체적으로 의학적 실무, 건강의 증진, 그리고 의료 복지 개선에 유용하지만 특정한 환자를 치료하는 데 직접적인 개입을 하지는 못한다. 구체적인 질병 문제에 대해서는 각각의 차별화된 방법을 사용하는 의학과의 특정한 전문가에 의해 다루어지고, 크게 보면 차별화된 저널에 의해 출판된다. 이러한 일련의 활동과 과정이 의료사회학의 연구주제일지언정 직접 의학적 치료 분야에 참여하지는 못한다. 하지만 그들의 연구는 의학적이다. 이런 맥락에서 의료사회학과 의학은 서로 이해관계, 담론 그리고 방법론에서 다르지만 의료사회학(medical sociology)이 가치가 없다거나 의학 연구(medical research)에 가치가 없다고 말할 사람은 거의 없을 것이다. 범죄과학은 이러한 보다 직접적인 의학 연구에 상응하는 것이고 기존의 범죄학은 거시적으로 범죄와 범죄에 대한 대응을 다루는 의료사회학에 비유될 수 있다.

section 05
범죄과학과 CPTED

앞서 살펴본 바와 같이 범죄과학은 다양한 과학기술을 상호 연계하고 융합적으로 연구하여 범죄를 실질적이고 가시적으로 억제하고 탐지하여 저감(reduction)하는 것을 지향하는 융합학문이다. 범죄에 대한 이러한 새로운 과학적 접근이 도시설계, 도시공학, 건축공학, 환경심리학, 조명기술, 조경기술, 공공디자인, 공업디자인, 범죄학, 범죄심리학, 환경범죄학, 범죄지리학, 보안관리학, 기술표준 등 다양한 연관 학문들이 학제적으로 연합하여 도시 및 건축시설 공간에서 생활하는 인간들이 실질적이고 심리적으로 안전하도록 계획, 설계, 그리고 관리하는 하나의 이론 및 학문 조류(trend)인 CPTED와 매우 연관성이 깊다고 할 수 있겠다.

먼저 예방(prevention)이나 억제(deterrence) 측면에서 보면 CPTED는 잠재적 범죄인의 시각에서 범죄행위의 위험(risk)/보상(rewards)에 대한 합리적 또는 준(quasi)-합리적 계산에 따라 범죄의 상황적, 물리적 기회를 제거하거나 감소시키기 위하여 펜스, 벤치, 식재(planting), 공공예술품(public art)을 가시적(visible)이고 시각적(visual)인 공공시설 디자인으로 적용하고, 시설물 부지 주출입구와 건물의 개구부(문, 창호 등)에

그림 1-3   자연감시 및 범죄방어 심리를 유발하는 버스정류장 디자인

출처: NICP CPTED Advanced Course Manual(2008)

직접적이고 효과적인 침입 차단장치를 설치하는 등의 방법에 의해서 피해의 취약성
(vulnerability)을 완화하고 범죄를 방지하는 데 기여한다.

　　관련한 탐지(detection) 측면에서는 야간에 사물과 사람에 대해 보다 낮과 같이
자연스런 색을 연출할 수 있는 연색성(color rendering) 높은 메탈이나 LED[8] 등 백색등
(white light)을 적용하도록 유도하여 CCTV의 야간 활용도를 높임으로써 범인의 인상
착의 파악과 용의자 특정에 도움을 줄 수 있다. 다음 관련 뉴스 보도를 보면 왜 자연
감시(natural surveillance)를 돕기 위해 가시성 있는 도시와 시설물의 CPTED적 배치와
설계가 필요한지 쉽게 이해할 수 있다. CCTV 카메라를 길거리에 많이 설치해도 기본
적으로 CCTV가 감시라는 제 구실을 할 수 있도록 감시의 방해 요소가 되는 주변의
구조물(건물, 가로시설물, 표지판, 전신주, 전선, 간판 등)과 자연요소(암석, 조경수, 가로수
등), 그리고 조명이 제대로 CPTED라는 하나의 시스템 즉, 계획, 설계 및 관리되지 않
으면 제대로 방범카메라로서의 역할을 하기 힘들어진다. 또한 기대하는 수준만큼의
안전 및 방범 도구가 될 수 없는 것이다.

---

8 발광다이오드(Light Emitting Diode)란 갈륨비소 등의 화합물에 전류를 흘려 빛을 발산하는 반도체
　소자이다. LED는 컴퓨터 본체에서 하드디스크가 돌아갈 때 깜빡이는 작은 불빛, 도심의 빌딩 위에
　설치된 대형 전광판, TV리모콘 버튼을 누를 때마다 TV본체에 신호를 보내는 눈에 보이지 않는 광
　선 등을 만들 때 필요한 것이다. [네이버 지식사전] 참고.

서울 은평구에 설치된 방범용 CCTV 화면입니다. 어두컴컴한 골목길을 남성 한 명이 걷고 있지만, 형체만 있을 뿐 누군지 알아볼 수는 없습니다. 가로등 불빛이 반사돼 차량 번호판도 식별하기 어려울 정도입니다.

[인터뷰: 김규현, 서울 서부 방범용CCTV 관제센터]

"특히, 야간 같은 경우에는 화면이 불빛 등 때문에 잘 안 나오는 편입니다. 확실하게 식별이 안 되는 편입니다." 41만 화소급으로 화질이 떨어지는 데다 가로등 불빛이 반사돼 화면이 번지는 것입니다.

이처럼 CCTV 바로 옆에 가로등이 부착돼 있는 데다 표지판까지 가리고 있어 정작 야간에는 골목길의 모습이 거의 보이질 않습니다. 사정은 서울시내 다른 구청이 설치한 방범용 CCTV도 마찬가지입니다.

오히려 이곳은 가로등이 없어 골목 자체가 어두운 데다 전선이 화면을 가리고 있습니다.

출처: 방범용 CCTV 야간에는 '무용지물' [YTN] 2009-02-28 기사

반대로 해석하면 CPTED 계획, 설계, 관리 체계를 적절히 적용하여 방범CCTV를 야간에 활용하면 보다 효과적이고 효율적으로 예방과 탐지의 측면에서 야간 범죄위험에 대한 관리가 가능해질 것이다.

또한 그 이전에 유럽을 주축으로 한 비판적 CPTED 도시계획 관계자들은 많은 CCTV를 설치하는 것이 오히려 'CPTED 실패의 신호(sign)'라고 지적하고 있다(Burrell & Fischer , 2007). 조명 개선, 조경 등 자연적 설계 방식(natural design approach)이 전자적 설계보다 더욱 저비용 고효율이며 자연친화적인 경우가 많은데 그러한 자연적 CPTED가 실패했을 때 CCTV에 의존하는 것이라고 한다.

방범CCTV를 설치만 하면 범죄가 다 해결될 것이라는 일반인과 심지어는 경찰관 등 전문가에 의한 만능인식과 그릇된 신화(myth)가 이러한 길거리 CCTV에 지나치게 의존하고 기대하는 경향을 공고히 만들어가고 있는 것 같다. 물론 지나친 사회경제적 비용 때문에라도 우리가 사는 도시공간의 모든 구석구석을 CCTV가 감시할 수도 없겠지만 극단적인 수준으로 CCTV 만능주의적 올인은 자칫 심리학에서 지적하는 '방관자효과(by-stander effect)[9]'를 통해 무책임하고 무관심한 이웃과 시민으로 전락되는 위험을 안고 있을지도 몰라 신중하고 조심스럽게 또한 균형감 있게 접근해야 할 것이

라고 생각한다. Sampson과 Groves가 제시하는 '집합효율성 이론(Collective Efficacy Theory)'에 의한 지역주민과 이웃의 개입과 참여, 유대(solidarity)를 통해 범죄에 대한 자연적이고 비공식적인 사회통제(informal social control)를 하기보다는 사람들이 공식적(formal)이고 기계적인 감시와 통제에 안일하게 의존하거나 치부할 때 우리의 사회는 사실상 조금은 더 안전해지더라도 심리적으로는 여전히 불안하고 무미건조하며 메말라갈 수 있을 것이다. 바로 CPTED의 2세대(2nd Generation)[10]적 요소들이 그러한 사회적 요소들이 동시에 작용할 수 있도록 도와주는 역할을 할 것으로 기대하고 있다.

이와 같이 CPTED는 도시 및 건축시설 공간에서 발생하고 있는 각종 생활안전 침해형 범죄들에 대한 대책으로서 범죄과학의 한 중요한 분야로서 기존의 상업적 보안(commercial security)산업이나 범죄사회학이 갖고 있는 범죄문제에 대한 대안과 해결책(solution)으로서의 한계를 균형감 있게 극복하고 보다 직접적, 현실적이고 실질적이며 합리적인 방안을 상당히 구체적인 수준에서 제시하려 하고 있다고 할 수 있다.

section 06
과학수사는 CPTED와 무관한가?

과학수사란 과학적 기법을 적용하여 용의자나 범인을 찾고 조사하는 모든 수사를 과학수사라고 하는데 실무적으로는 경찰서의 과학수사팀, 지방경찰청 단위의 과학수사계 등에서 하는 수사를 과학수사라고 정의할 수 있다. 이와는 다르게 미국의

---

9 구경꾼효과라고도 한다. 방관자의 사전적 정의는 어떤 일에 상관하지 않고 곁에서 지켜보기만 하는 사람이다. 이처럼 주위에서 어떤 일이 일어났을 경우, 곁에서 지켜보기만 할 뿐 아무런 도움도 주지 않는 현상이 방관자효과이다. 방관함으로써 생기는 여러 현상 가운데서도 특히 어려운 처지에 놓인 낯선 사람을 도와주지 않을 때 흔히 쓴다. [출처] 방관자효과 [傍觀者效果, bystander effect] | 네이버 백과사전

10 Saville과 Cleveland(1997)는 저서에서 지역사회의 물리적 요소와 사회적 요소를 연결시켜 범죄예방을 강화시킬 수 있는 5가지 요소 ① 지역의 규모, 밀도, 거주지의 차별화: 휴먼스케일 개발(size of the district, density, and differentiation of dwellings: human scale development); ② 도시의 만남 공간 (urban meeting places); ③ 청년 클럽(youth clubs); ④ 거주자의 참여(residents' participation); ⑤ 거주자의 책임감(residents' responsibility))을 설명하고 있다. 또한 2세대 CPTED의 전략을 사회적 응집(social cohesion), 연계성(connectivity), 지역사회 문화(community culture), 한계역량 (threshold capacity)의 네 가지로 요약하고 있다.

NYPD의 경우, 우리의 과학수사 부서에 해당하는 부서를 범죄현장수사팀(Crime Scene Investigation Unit)으로 부르고 있으며 우리나라의 과학수사 부서에서도 CSI라는 용어가 점차 일반화되고 있는 시점이다(유제설, 2010: 360).[11] 그러나 과학수사든 일반적 수사활동이든 수사의 기본은 범죄 현장에의 범죄자(피해자) 및 행위의 특징과 패턴, 신호(signature), 수법(Modus Operandi) 등에 대한 정밀하고 체계적인 분석과 용의자의 추정과 압축, 이에 따른 검증을 위한 조사 및 확인 행위라고 정의할 수도 있다.

따라서 물론 범죄현장에 가장 먼저 접하여 현장(scene)을 보호 및 유지하고 폴리스라인(cordon)을 설치하면서 기초적인 현장조사와 분석을 하는 지구대와 파출소의 순찰팀이나 2차적으로 출동하여 정밀하게 법의학적이고 과학수사적인 증거수집과 분석, 그리고 감식(examination)을 수행하는 범죄현장수사관(Scene of Crime Officer: SOCO[12]), 국내에서는 실무적으로 경찰서 과학수사계의 과학수사요원)이 기본적인 과학수사를 수행한다. 물론 넓게 보면 주로 변사자에 대한 사인규명을 하는 검시관[13]과 주로 강력범과 연쇄범죄를 집중적으로 수사하는 범죄분석요원(profiler)도 범죄현장수사관으로 분류될 수 있다.

이러한 범주에서 CPTED가 과학수사에 연계되는 부분이 적지 않으며 그런 이유에서 실제로 호주 New South Wales(NSW) 경찰청에서는 범죄현장수사관인 SOCO를 대상으로 'Safer by Design'이라는 CPTED 교육과정을 이수케 하고 있다. 2008년 8월 저자가 NSW경찰청을 방문하여 CPTED 교육담당자 Tina Xanthos 경사를 만나서 확인한 결과 SOCO를 위한 특화된 CPTED 교육 프로그램이 운영되고 있었다.

Xanthos 경사는 SOCO들의 범죄현장에 대한 감식과 관찰, 그리고 분석을 통해 범죄가 발생한 현장의 물리적 환경과 상황, 시간, 범죄자와 피해자의 행위적 특성, 공격의 패턴과 특징 등을 파악하여 그러한 상황과 환경이 왜(why), 어떻게(how), 어떤 절차(process)로 범죄행위에 대한 의사결정에 영향을 미쳤는지를 잘 파악할 수 있으므로 범인의 탐지 및 수사와 더불어 예방 및 억제와 관련된 행동과학적인 추론, 감각,

---

11 한편 법과학(forensic science)과 범죄수사학(criminalistics)은 과학수사와 관련이 있는 학문분야(약독물학, 미세증거물 분석, 총기강선흔, 공구흔(tool mark), 지문채취, DNA 분석, 시약의 원리, 혈흔패턴, 법의학적 감정, 법정 진술, 인지면담기법 등) 전체를 의미하는 용어로 사용되고 있다.
12 영국과 스코틀랜드 등 유럽지역의 화학과 의학, 물리학 등 전공자들이 범죄를 과학기법으로 풀어내는 범죄현장수사관인 SOCO(scene of crime officer)로 활동하고 있다.
13 경찰청은 전문적인 변사체 검안으로 과학수사의 효율성을 높이기 위해 검시관을 선발하고 있는데 검시관들은 사건현장에서 감식 조사보고서를 작성하고 검안의에게 관련 정보를 제공하고 있으며, 사체를 부검할 경우 부검의에게 변사자에 대한 현장자료를 제출하고 의견을 제시한다.

표 1-2 SOCO의 CPTED 교육 교과목 개요

일차	강사	주제	시간
1일차	Gary Groves 경위	소개	2
	Gary Groves 경위	지치단체와 디자인 안전	
	Tina Xanthos 경사	CPTED와 영역성	2
	Tina Xanthos 경사	감시	
	Tina Xanthos 경사	접근통제	
	Tina Xanthos 경사	침입범죄자의 고백과 증언	
	Tina Xanthos 경사	활동 및 공간 관리	
	Andrew Mcneice	조경설계(landscaping architect)	1.5
	Tina Xanthos 경사	보안평가/위험성평가	1.5
2일차	Beth Gaudin 경사	CCTV	1
	John Fryer 교수	포렌식 서베이 사진측량(photogrammetry)	1
	Tina Xanthos 경사	건물 구조, 은행/ATM, 학교	1.5
	Tina Xanthos 경사	공공장소, 휴게시설	1
	Tina Xanthos 경사	주차장, 공중화장실, 기타	1
	Beth Gaudin 경사	조명과 CPTED	2

그리고 통찰력을 직접 발휘하도록 하거나, 그러한 분야의 경찰관이나 학계에 유용한 조언과 의견을 제시할 수 있기 때문이라는 설명이다.

SOCO를 위한 2일 간의 CPTED 교육용 교재는 'Scene of Crime Officers Resource Manual: Safer By Design'으로서 매년 수시로 교육과정을 개설하고 있으며 교과목 개요는 <표 1-2>와 같다.

특히 이 중에서 CCTV와 사진측량(photogrammetry)[14] 기술 분야는 한국의 국립 과학수사연구원에서도 CCTV 사진 판독 기술을 담당하는 부서가 있듯이 호주에서도 CCTV의 방범에의 활용이 확대되면서 CPTED 교육에서 사진측량 분야에 대한 교육을 실시하고 있는 것으로 판단된다. 이와 같은 맥락에서 언뜻 범죄예방 환경설계라는 분야는 법과학이나 과학수사 분야와는 거리가 많을 것으로 인식할 수도 있다. 그러나 합리적 선택이론과 일상활동이론의 맥락에서 범죄행위의 기회(opportunity)와 의사결

---

14 공중 사진을 사용하는 측량방법. 피사체가 지니는 모양·색 등의 정보를 사진상(寫眞像)으로 받아 목적에 따른 도면 또는 수치로 표현하는 일종의 정보처리 기술이다. 연속되는 여러 장의 사진으로 지상 물체의 평면적인 위치뿐 아니라 높이도 측정할 수 있는 데 특정이 있다. 즉 연속되는 2매의 사진상에는 피사체의 높이의 차이가 상(像)의 가로 방향의 어긋남으로 찍힌다. 이 어긋남의 크기로 높이를 계산할 수 있다. 보통 최종적인 지도의 작성까지 포함하여 사진 측량이라 말한다. [과학용어사전] http://www.scienceall.com 참고.

정(decision making)의 관점에서 보면 수사관은 범죄의 원인 중의 하나로서의 물리적, 환경적 기회가 어떻게 범죄행위의 현장에서 범인의 의사결정(물리적 공격, 1차 공격, 피해자/사체의 운반, 사체의 매장 등 일련의 행위)에 영향을 주고 받았는지에 대해 감시, 영역성, 접근통제, 활동성 등의 관점에서 좀 더 풍부하고 종합적으로 이해하게 되고 이를 통해 예방과 억제를 위한 환경 계획과 설계, 관리 측면의 대안을 찾아낼 수 있다는 점에서 CPTED는 과학수사와 깊은 연관을 맺고 있다고 생각된다.

따라서 한국에서도 생활안전이나 지구대 순찰요원들만으로 CPTED 교육대상을 한정할 것이 아니라 수사경찰과 과학수사팀원들도 교육대상에 포함시켜서 수사와 예방 간의 기능적 시너지와 협력 파트너십의 강화가 필요하다고 할 수 있다.

CPTED 관련 이론

section 01
CPTED의 개념

section 02
CPTED의 이론 및 원리

section 03
1세대·2세대·3세대 CPTED

CPTED의 개념

CPTED의 개념은 기본적으로 "적절한 설계와 건조 환경의 효과적인 활용을 통해 범죄와 범죄두려움을 감소시켜 삶의 질을 향상시키는 것(the proper design and effective use of the built environment can lead to a reduction in the fear and incidence of crime, and an improvement I n the quality of life)"이라 한다(Crowe, 2000).

건축이나 도시를 연구하는 사람들은 정도의 차이는 있지만 환경결정론자(environmental determinist)들이 많다. 사회심리학자인 Kurt Lewin은 인간의 행동은 $B=f(\text{P, E})$라는 함수로 표현하였으며, 이 인간행동의 심리학적 함수식(psychological equation of behavior)처럼 인간의 행동은 인간과 환경 간의 역동적인 상호작용의 결과라고 하였다. 즉, 인간의 행위는 건조환경에서 인간이 반응하는 하나의 기능이라고 설명하고 인간과 환경 간의 상호관계를 이해하여 그 결과인 행동을 예측하고 통제할 수 있다고 하였다(Sansone 외, 2003). 물론 이러한 환경결정론은 후에 많은 학자들에 의해 너무 극단적인 해석이라는 비판을 받아왔고 대신에 환경가능론(environmental possibilism)과 환경개연론(environmental probabilism)에 의해서 인간 행동에 대한 물리적 환경의 영향을 좀 더 다양하게 해석하게 되었는데 다만 환경가능론은 환경이 행위에 미치는 영향을 지나치게 과소평가한다는 지적을 받음으로써 Porteus(1977)이 제시한바, 환경이 인간행위에 상당히 영향을 준다는 개념인 '환경개연론'이 힘을 얻게 되었다.

이런 환경개연론적 맥락에서 더 좋은 환경(공간)이 더 좋은 사회, 더 좋은 사람을 만드는 데 일정한 기여를 한다고 생각한다. 더 나아가서 일부 건축가들은 자신의 존재이유를 설계가 갖는 사회적 의의에서 찾기도 한다. 이러한 인식에서 건축가와 계획가들은 공간과 범죄의 상관성에 일찍부터 관심을 가져왔다. 건조환경(built environment)을 잘 조성하면 범죄를 획기적으로 줄일 수 있다는 것이 그 인식의 핵심이다(김흥순, 2007).

이렇게 셉테드는 도시공간의 물리적 환경설계를 범죄 방어적인 구조로 변경 또는 적용함으로써 범죄와 범죄피해에 대한 공포심을 차단하거나 감소시켜주는 실무적 개념이다.

북미에서는 주로 CPTED라는 용어를 많이 사용하고 있으나 영국을 중심으로 한 서유럽에서는 Designing Out Crime, 즉 DOC라는 용어를 셉테드 대신 주로 사용하고 있다. 면접조사한 유럽셉테드협회 회장 Soomeren 교수에 의하면 유럽은 태생적으로 북미의 용어를 똑같이 사용하는 것을 꺼리는 경향이 있으며 서유럽에서는 미국보다 훨씬 오랜 DOC의 역사를 갖고 있고 미국의 접근방식과는 다른 방식으로 이를 발전시켜왔다고 언급하였다. 특히 유럽식 DOC의 장점은 주로 많은 비용을 투입하는 미국식 CPTED에 비해 최대한 적은 사회경제적 비용 투입으로 비용효과성을 높이려는 데 주안점을 두고 있다고 강조하였다.

나아가 영국식 셉테드는 디자인 학계에서 범죄피해에 취약한 각종 공공시설물과 하드웨어 제품(product), 예를 들면 도난에 취약한 휴대폰, 자전거와 자전거 주차대, 핸드백, 현금인출기(ATM) 주변 시설, 벤치, 클럽이나 바의 의자, 노트북, 흉기로 돌변하는 유리 술병이나 술잔, 상품 진열대 등에 대해 '방범기능 설계(Design Against Crime: DAC, www.designagainstcrime.com 참고)'를 통해 북미식에 비해 보다 다양한 형태와 범주로 폭넓게 발전해 나가고 있다. 특히 DAC 운동은 건축, 산업디자인, 엔지니어 등 기술자와 디자이너들이 디자인 실무에서 범죄 문제를 디자인 반영을 통해 줄이거나 축출하도록 노력하는 것이 '사회적으로 책임성 있는 디자인'(Socially Responsible Design)이라는 윤리적인 반성에서 시작되었다는 점에서 긍정적인 사회적 평가를 받고 있다 (Gamman & Pascoe, 2004: 9-18).[1]

미국과 문화적, 경제적, 사회적 환경이 다른 서유럽이 셉테드에 대해 다소 다르게 접근하고 해석하는 것은 어쩌면 자연스러운 현상으로 보인다. 따라서 상호 우열을 판단하는 것은 우매하고 의미 없는 일일 것이다.

그림 2-1 CPTED보다는 DOC라는 용어를 주로 사용하는 서유럽

출처: www.designingoutcrime.com

---

1 Socially Responsible Design (SRD) is to widen discussion about ethical approaches designers, architects and engineers can take in order to help 'design out' crime from society.

CPTED의 이론 및 원리

1. CPTED의 이론

셉테드와 관련된 이론들은 전통적인 범죄원인론들과는 다소 다른 접근방식과 분석 단위를 사용하여 왔다. 셉테드는 크게 보면 환경범죄학(environmental criminology) 또는 범죄생태학(ecology of crime)으로 분류되는 시카고학파의 '사회해체론(social disorganization)'이나 뒤르껭(Durkheim)의 아노미(anomie)이론에 연계성을 갖고 있다고 볼 수도 있으나 그러한 이론들에 비해서 셉테드 관련 이론들은 보다 시·공간적으로 구체적이고 제한적인 규모와 범위에 대한 연구분석을 통해 다소 실질적인 처방을 제시하고 있다. 즉, 셉테드는 범죄 관련 이론의 체계를 정립하고 그 이론에 대한 검증을 하는 것에 머무르지 않고 도시의 건조 환경에 대한 계획, 설계, 관리에 대한 실무적 기술과 가이드라인을 부단히 개발하고 제시해오고 있다. 이러한 맥락에서 셉테드는 그 이론과 학문적 정체성 차원에서 앞에서 설명한 새로운 연구사조인 범죄과학이라고 표현해도 무방하다고 할 수 있을 것이다.

(1) CPTED의 이론적 기원

CPTED의 이론사적 논의는 Jane Jacobs에서부터 시작된다. Jacobs는 1961년 'The Death and Life of Great American Cities'라는 저서를 통해 아무도 모르고 있는 다가올 도시 재개발의 비극을 예상하였다. 즉 도시재개발이 진행되면서 이들 전통적인 지역들은 파괴되었고 범죄문제가 발생하기 시작하였다는 것이다. 그녀는 디자인이 어떻게 범죄를 예방할 수 있는지를 보여주었으며, 아직도 동 분야를 연구하는 학자와 실무자들에게 있어 영웅으로 남겨져 있다(신의기 외, 2008).

Jacobs의 도시재생에 관한 연구에 영향을 받아 Jeffery(1971)는 '환경설계를 통한 범죄예방(Crime Prevention Through Environmental Design)'이라는 책을 발간하였고, 그의 책 제목이 현재 CPTED라는 용어로 사용되고 있다.

한편 건축학자인 Newman(1972)은 Jeffery의 이론, 특히 영역성에 대한 개념을 더욱 발전시켜 "방어공간이론"(defensible space theory)을 만들어냈다. 뉴먼은 주민들이 그들이 살고 있는 지역이나 장소를 자신들의 영역이라 생각하고 감시를 게을리 하지 .않으면 어떤 지역이나 장소든 범죄로부터 안전할 수 있다고 주장했는데, 이러한 주장은 정책 결정자들에게 큰 공감을 얻어 미국의 경우 공공주택을 건설함에 있어 하나의 중요한 기준으로 채택되기도 하였다(Cheong, 2008).

범죄율에 대한 환경의 효과에 관한 또 하나의 큰 발견은 Alice Coleman(Coleman, 1985)의 저서에서 찾을 수 있다. Coleman은 영국에 있는 많은 공동주택들을 조사하였고 입주민들에게 부정적인 영향을 미치는 설계적 특성을 탐구하였다. 그녀는 많은 지자체의 건축계획, 특히 고층 건물을 포함하고 있는 것들이, 전통적 건축양식에 비해 많은 설계적 결점(design disadvantages)을 가지고 있다고 밝혔다. 예를 들어, 고층 건물은 전형적으로 많은 수의 층과 ―가끔 이어졌지만― 머리 위를 지나는 통로를 가지고 있고, 각 층에 물리적 경계가 부족하며, 경비되지 않는 입구가 많다. 이러한 특성들이 조합되어 발견될 때, 그러한 큰 건물은 전통 건축물과 비교할 때 건축학적 결점을 가져온다는 것이다.

Coleman은 범죄 및 반사회적 행위들에 대한 자료를 모았고 현대적 고층 건축물들을 다른 양식의 건축물들과 비교하여 건축 양식과 범죄율·반사회적 행동 간에는 상호 관련이 있다고 결론지었다. Coleman은 물리적 환경 그 자체가 그 지역의 높은 범죄율에 대한 책임이 있다는 데에 이르렀다. 예를 들어, 형편없는 환경에서 자라는 아이들은 환경 그 자체에 의해 범죄와 파괴행위를 하도록 독려되고 낙서와 쓰레기에 의해 뒤덮여서 관리 부실로 보이는 건물들은 주민들이 생활환경을 보호하거나 자긍심을 갖지 못하게 된다는 것이다. Coleman은 나쁜 설계가 공동체의 파괴에 일조한다고 주장하면서 그러한 부정적인 특징들이 있는 지역은 주민들이 체계적인 자위방범활동을 하지 않는 경향이 커서 범죄의 수준을 더욱 증가시킨다고 강조하였다(Ainsworth, 2002).

한편 근린감시 프로그램(neighborhood watch program)을 비롯하여 현대의 많은 문제지향경찰활동(Problem-Oriented Policing: POP)2과 지역사회 범죄예방정책들이 이러한 환경범죄이론에 근거하여 시행되었는데, 그러한 정책들은 잠재적 범죄자의 범행

---

2 문제지향경찰활동은 범죄와 무질서가 발생하는 근본원인을 조사하고, 그에 대한 대안을 제시하는 것을 중요시한다. 이와 관련하여 Eck와 Spelman은 'SARA'모델이라 부르는 문제해결절차를 미국 버지니아주의 뉴포트 뉴스 경찰국에 적용하여 그 효과를 검정함으로써 이 SARA 모델이 문제지향적 경찰활동의 핵심적 요체로 정착되게 만들었다. SARA는 문제를 해결하는 과정을 크게 조사단계-분석단계-대응단계-평가단계 등 네 단계로 구분하여 각 단계를 의미하는 영어단어의 첫글자를 조합한 것이다.

동기를 변화시키기 보다는 환경적 요소의 변화를 통해 범행실행을 억제하고자 하였다. 환경범죄이론과 정책에 대한 비판은 주로 잠재적 범죄인이 환경의 변화에 비교적 쉽게 적응해간다는 측면에서 이루어진다. 즉, 물리적 환경의 변화가 실제로 접근을 통제하고 자연적 감시를 늘리며 영역성을 강화시켜 범죄를 예방하기 위해서는 물리적 환경의 변화만으로는 불가능하며 지역 주민들의 참여가 필수적인데 이 점을 간과했다는 것이다.[3]

(2) 상황적 범죄예방이론(Situational Crime Prevention Theory)

일상활동이론, 합리적 선택이론, 범죄패턴이론 등 상황이론들은 개인을 합리적 존재로 가정하고 범죄예방에 관심을 둔다는 점에서 신고전이론(neo-classical theory)이라 불린다. 이 세 가지 이론이 Clarke(1992)이 주창한 상황적 범죄예방의 중요한 이론적 배경이 되고 있다. 물론 연구의 분석단위와 범위를 보면 일상활동이론은 지역사회라는 다소 거시적인 지역을 다루고 범죄패턴이론은 상대적으로 작은 중범위의 근린주구의 규모를, 합리적 선택이론은 잠재적 범죄자 개인(offender)이라는 미시적인 단위에서 구분되고 있다.

1) 일상활동이론(Routine Activity Theory)

Cohen과 Felson(1979)의 일상활동이론은 본래 지역사회의 차등적 범죄율과 변화를 지역사회의 구조적 특성[4]의 변화가 아닌 개인들의 일상활동의 변화에서 찾고자 한 이론이었다. 즉, 전통적인 거시적 이론(예, 사회해체이론)에 따르면 구조적 특성이 개선되면 범죄율이 감소해야 하는데, 1960년대 이후 미국사회의 전반적 구조적 여건이 향상되었음에도 불구하고 범죄율, 특히 폭력범죄가 증가한 것은 그러한 거시적 이론이 잘못되었음을 보여주는 결과로서 이에 대한 반발로 일상활동이론이 생겨난 것이다. 일상활동이론은 잠재적 범죄자는 시대를 불문하고 동일한 수준으로 존재한다는 가정을 기본 전제로 두 가지 주요 명제를 제시하는데, 우선 범죄는 잠재적 범죄자가 힘 있

---

3 Merry, 1981: 397–422; Eck & Weisburd, 1995; Cheong, 2008; 강용길 외, 2010: 23–24 등
4 구조적 특성은 일반적으로 경제적 여건, 인종 구성, 주거 안정성 등을 의미하는 사회적 구조와 건물, 조경, 도로 등을 의미하는 물리적 구조를 포함하는 개념인데, 여기에서는 사회적 구조만을 뜻하는 개념이다.

는 보호자(capable guardian)에 의해 감시되고 있지 않은 적절한 피해자나 물건(suitable target)을 발견하였을 때 일어난다는 것이다. 그리고 이처럼 잠재적 범죄자, 힘 있는 보호자의 부재, 적절한 피해대상 등 세 가지 요소가 시공간적으로 동시에 일어날 수 있는 확률은 직장, 학교, 여가, 소비활동 등을 포함하는 우리의 일상활동에 큰 영향을 받는다는 것이다.

이러한 논리는 1960년대 이후 급격히 증가한 외부활동, 특히 여성의 급증한 직업활동으로 인한 범죄의 거시적 증가현상을 잘 설명할 수 있을 뿐 아니라, 외부활동이 왕성한 사람들이 범죄 피해를 당할 확률이 높은 미시적 현상에 대해서도 타당한 이론적 근거를 제시해준다. 더 나아가 최근에는 어떤 지역이 왜 범죄다발지역(핫스팟)이 되는가에 대한 설명으로 많이 이용되고 있다(Sherman & Weisburd, 1995: 625–648; Williams & McShane, 2003; 박현호 외, 2010: 45–47). 그러나 이 이론의 한계는 너무 거시적인 분석으로 인해 그 처방도 다소 추상적이고 포괄적이어서 구체적이고 가시적인 해결책을 필요로하는 지역의 상황에서는 큰 도움을 주기 어렵다고 할 수 있다.

그림 2-2 일상활동이론의 범죄행위 삼각구도

힘 있는 보호자 (capable guardian)

잠재적 범죄자　　　　　　　　　　　　　　　　　　적절한 범행대상
(motivated offender)　　　　　　　　　　　　(suitable target)

출처: 박현호외, 2010: 45–47

2) 범죄패턴 이론(Crime Pattern theory)

Brantingham과 Brantingham(1984)은 범죄에는 일정한 장소적 패턴이 있다는 범죄패턴이론(Crime Pattern Theory)을 주장하였다. 범죄패턴은 범죄자의 일상적인 행동패턴과 유사하며 우리 모두가 잠재적 범죄인임을 가정할 경우 각자 집, 직장, 쇼핑 등

여가활동 장소와 이동 경로, 이동 수단 등이 어느 정도 일정함을 알 수 있다.

범죄패턴이론은 이러한 사실에 착안하여 잠재적 범죄인은 일상 활동 과정에서 적절한 범죄대상을 찾게 되고 그들이 잘 알고 있는 지역 안에서 잘 알고 있는 이동경로나 수단을 이용해서 적당한 기회가 왔을 경우에 범행을 저지른다고 주장한다. 즉, 범죄와 연관된 사람들(피해자나 가해자)과 사물들이 어떻게 시간과 공간에서 움직이는지를 고려한다.

이 이론은 사람들이 활동하기 위해 움직이고 이동하는 것과 관련하여 교차점(nodes), 행로(paths), 가장자리(edges)의 세 가지 개념을 가지고 있으며 이러한 개념적 장소에서는 그 내부 또는 근처에서 범죄가 발생한다. 범죄인들은 개인들의 활동 교차점(집[home, 범인의 주거는 제외], 직장(work), 여흥장소[recreation])과 그러한 교차점 사이에 존재하는 범인이 선호하거나 익숙한 개인적 형틀(template) 공간 안에서 잠재적 범죄대상(potential target)을 찾는다. 그리고 사람들이 일상생활에서 갖는 행로(행동경로)는 그들이 범죄의 피해를 입는 장소와 밀접한 관련이 있다(박현호 외, 2010: 45－47).

그림 2-3 **범죄패턴이론 개념도**

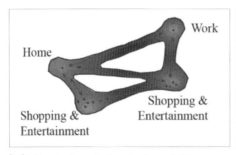 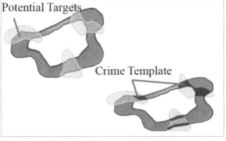

출처: Brantingham & Brantingham, 2011

직업이 없는 강력범죄자의 경우 그들이 잘 모르는 지역에까지 진출하여 적극적으로 범행대상을 물색하는 경우가 종종 있는데, 이는 예외적인 사례라 할 수 있겠다. 범죄패턴이론을 근거로 지리적 프로파일링(Geographic Profiling)이 활성화되고 있는데, 범죄자의 일상 이동경로를 추적하여 다음 범행지역을 예측고자 하는 모형이 개발되고 있어 연쇄 살인, 연쇄 강간 등 연쇄 범죄 해결에 도움을 줄 수 있다.

3) 합리적 선택이론(Rational Choice Theory)

합리적 선택이론은 합리적 인간성5을 기본 가정으로 하여 각각의 상황에 따른 잠재적 범죄자의 의사결정과정을 설명하는데, 잠재적 범죄자는 가능한 적은 비용이나 위험을 감수하고 많은 것을 취하려 한다고 주장한다. 따라서 피해자나 피해품에 대한 접근을 어렵게 하고 보호자의 수와 역량을 늘림으로써 범죄를 예방할 수 있다고 한다. 특히 잠재적 범죄자는 큰 보상보다는 작은 위험을 훨씬 더 중시하는 경향이 있기 때문에 보호자의 존재 여부가 범행여부 결정에 결정적인 영향을 미친다고 설명한다.6

Felson과 Clarke(1998)는 범행의 선택을 이해하기 위해서는 언제나 매우 구체적인 카테고리의 범죄들을 분석해야만 하는데, 그 이유는 범죄마다 제 각각의 다른 목적들이 있으며 이러한 목적들은 서로 다른 상황적인 요인들에 의해 영향을 받기 때문이다. 예를 들면, 차량 절도범은 운전을 즐기기 위한 범인(joyriders), 차량내부의 스테레오나 물건들을 훔치려는 범인, 훔친 차량을 통째로 팔거나 부속품들을 갖기 위해 분해하는 범인, 다른 범죄에 이용하기 위해 차량 절도를 하는 범인, 단순히 집에 귀가하기 위해 훔친 범인 등 여러 종류가 있다. 각각의 이러한 범인들은 서로 다른 계산법을 갖고 있다.

Cornish와 Clarke(1987: 933–948)은 범죄자들의 범행결정요소(choice structuring properties)를 제시하면서, 범죄자(특히 현금도둑일 경우)가 범죄행위를 결정할 때 고려하는 요소를 다음과 같이 분류하였다. 범죄자는 목표물의 유용성과 접근가능성, 범죄행위 당 잠재적 현금수익, 필요한 행동과 시간, 처벌의 확실성과 강도, 위험성, 필요한 계획과 자원, 필요한 폭력의 정도, 범행에 제안된 지위 등의 요소들을 고려하여 범죄행위를 결정한다는 것이다. 결과적으로 이 이론의 기본 가정은 범죄자들이 어떤 특별한 외부 요소보다는 발생하는 범죄의 기회에 반응하여 이성적이고 합리적으로 행동한다는 것이며 이러한 분석은 그러한 기회가 제거되면 범죄가 줄어들 것이라는 점을 내포하고 있다(박현호 외, 2010: 51).

---

5 물론 완전한 자유의지를 가진 인간을 가정하지 않는다. 제한된 자유의지 또는 제한된 합리성 (bounded rationality–Simon, 1957)을 가정한다.

6 범죄경제학에서는 이를 B/C이론으로 설명하고 있으며 범죄를 통한 이익(B)이 감수해야 하는 비용 (C)보다 높을 때 범죄행동을 선택하게 된다는 것이다. 여기서 범죄의 이익에는 재물의 가치, 만족감 등 범죄의 동기와 관련성이 있으며 비용에는 발각, 체포의 위험성과 기소 및 형벌의 정도, 범죄로 인한 기회비용 등이 해당된다.

4) 상황적 전략과 기술

이상과 같은 상황적 범죄예방을 구성하고 있는 이론들은 범죄발생요인을 범죄욕구, 범죄능력, 범죄기회로 구분하고, 범죄가 발생하는 상황적 요인, 특히 범죄기회를 통제하여 범죄를 예방하려는 것이다. 상황적 범죄예방은 범죄자를 고정된 기질(disposition)이나 성향을 가진 존재자로 보는 '치료 및 갱생이론'이나 '사회발전을 통한 범죄예방이론'과는 달리, 오히려 가변적인 상황적 요인(situational factor), 즉 범죄환경과 기회조건에 따라 행동하는 역동적인 존재자로 본다. 따라서 이전에는 범죄를 범죄자적 배경과 범죄자적 속성을 가진 개인에 의하여 저질러지는 현상으로 파악한 데 비하여, 상황적 범죄예방이론에서는 범죄기회가 주어지면 누구든지 저지를 수 있는 행위로 보고 있다. 즉 모든 개인을 정상적인 잠재적 범죄자로 파악하고 있다. 그러므로 상황적 범죄예방이론에서는 범죄자의 사회·인구학적 배경과 더불어 범죄자의 순간적인 동기와 의도, 분위기와 감정, 범죄행위와 관련된 도덕적 판단, 범죄기회에 대한 인지와 그 기회를 만들고 이용할 능력, 범죄행위의 위험에 대한 판단 등이 중요한 요인으로 고려된다.

Cornish와 Clarke(2003: 41-96)은 범죄를 유발할 수 있는 상황을 변경하기 위한 5가지의 주요한 방법을 제시하였다. 여기에는 ① 범죄자가 범죄를 실행하기위한 노력을 증가시키는 방법, ② 범죄자가 범죄행위 시 직면하게 되는 위험(체포 또는 발각의 가능성)을 증가시키는 방법, ③ 범죄로 인해 얻을 수 있는 보상 또는 이익을 감소시키는 방법, ④ 범죄 상황에서 범죄자의 충동을 부추기는 자극을 줄이는 방법 ⑤ 범죄행동을 합리적이거나 정당한 것이라고 변명을 못하게 방지하는 방법 등이다. 이러한 상황변경을 위한 주요한 5가지 방법은 각각의 기술들을 가지게 되는데 이를 모두 '25가지의 기술(25 Techniques)'로 분류하고 있다.

상황적 범죄예방과 연계하여 기회이론의 맥락에서 영국의 Office of the Deputy Prime Minister & Home Office(2004: 11)는 CPTED 관점에서 범죄의 원인은 매우 복잡다양하고 시간적 공간적인 차이에 따라서 변화하기 때문에 그러한 기회적 원인에 대한 상황적 통제의 중요성을 강조하고 있다. 범죄를 저지를 동기가 있으며 그러한 기질을 가진 범죄자가 범죄를 일으키기 용이한 환경과 접했을 때 발생하며 그 환경은 사람이든 재물이든 막론하고 적절한 대상(target)이 있으며, 범죄를 방어하거나 피해자를 보호해 줄 사람이나 기계가 없고, 범죄를 일으킬 잠재적 인간들이 많은 환경을 말

표 2-1 범죄기회 감소를 위한 5가지 방법과 25가지 기술들

노력의 증대 (Increasing Effort)	위험의 증대 (Increasing Risks)	보상의 저감 (Reduce Rewards)	자극의 저감 (Reduce Provocations)	변명의 방지 (Remove Excuses)
범죄대상물을 강화하라 (Hardening Targets) – 차량 운전대 자물쇠, 금고, 은행강도 예방용 스크린, 수정이 곤란한 봉인, 자동차 도난 경보장치	보호를 강화하라 (Extend guardianship) – 야간에 다수가 이동, 사용 중 표시하기, 휴대폰·귀금속·현금 등은 휴대	목표물을 감추어라 (Conceal Targets) – 주차 전용공간의 설치, 전화번호부 성별 미기재	좌절/스트레스를 줄여라 (Reduce frustration and stress) – 업무의 신속한 절차마련, 공손한 서비스의 제공, 좌석의 확대, 음악과 조명의 조절	규칙을 정하라 (Setting Rules) – 세관 신고, 건물 출입, 활동수칙제정, 임대계약에 대한 규칙의 제정
장소에 대한 접근을 통제하라 (Control access to facillities) – 주출입문 시정장치, 신분확인용 인터폰 (entry phone) 설치, 출입증 패용, 마그네틱 카드 이용 출입, 지문 또는 망막 인식 도어록	자연적 감시를 지원하라 (Assist natural surveillance) – 가로등 설치 또는 조도 개선, 방어공간적 건축물설계(defensible space architecture), 영업시간 이후 점포 실내등 점등	목표물을 제거하라 (Remove Targets) – 물품 보관소, 동전 공중전화 카드식으로 전환, 가정폭력 피해여성 보호소 (women's refuge) 설치, 탈착 가능한 카 오디오	논쟁을 피하라 (Avoid disputes) – 라이벌 축구팀의 경기 시 응원단을 분리시켜라, 술집 내의 인원을 제한하라, 고정된 택시요금을 책정하라.	경고문(안내문)을 세워라 (Post Instructions) – "주차금지", "사유재산", "캠프파이어금지", "출입통제"
출입시 검색하라 (Screen Exits) – 출입허가와 반출문서, 물품의 전자태그, 공항이나 항만에서의 물품검색, 주차장 자동 티켓 게이트, 도서관 도서 절도 감지장치(library tags)	익명성을 감소시켜라 (Reduce Anonymity) – 택시기사에 대한 ID번호 부여, 운행불편에 대한 신고카드, 교복의 착용	소유물을 표시하라 (Identify property) – 차량번호 부여, 차량부품에 마킹, 자전거 등에 형광물질로 이름 표시	감정적 충동을 줄여라 (Reduce emotional arousal) – 폭력적인 성인물을 관리하라, 경기장에서는 바람직한 행동을 촉구하라.	양심에 경고하라(Alert Conscience) – 도로변 속도 표시계의 설치, "바보만이 음주운전한다"라는 경고판 게시, 반입신고에 대한 서명
범죄자를 우회시켜라 (Deflect Offender) – 사건·사고 빈발 버스정류장 이전, 폭력 다발 술집 위치 변경, 막다른 골목 만들기 (Street closures), 낙서 많은 장소에 낙서판 비치	장소관리자를 활용하라 (Utillise Place Managers) – 차량내 CCTV 설치, 편의점 내의 종업원을 복수로 배치, 자경활동에 대한 보상	(암)시장을 관리하라 (Disrupt Markets) – 전당포의 감시, 노점상의 등록제, 광고란의 통제	동료의 압력을 중화시켜라 (Neutalize Peer Pressure) – 음주운전을 강요하는 동료의 압력에 대항하라, 교내 문제아들을 분산시켜라.	준법을 지원하라 (Assist Compliance) – 쓰레기통의 비치, 공중화장실 개선, 도서관 체크아웃
도구/무기를 통제하라 (Control Tools) – 불법총기류 관리 강화, 낙서방지 위한 스프레이캔의 판매 통제, 스마트 건(Smart Gun), 강화유리 술잔	공식적인 감시를 강화하라 (Strengthen formal surveillance) – 경찰 순찰, 경비원 순찰 활동, 무인속도 카메라, 침입경보	범죄의 이익을 차단하라 (Deny benefits) – 사용에 비밀번호가 필요한 카스테레오, 물품에 이름쓰기, 낙서 제거, 도난 휴대전화 사용정지	모방을 차단하라 (Discourage Imitation) – 파손된 물건은 신속히 복구하라, TV성인물의 수신을 차단하라, 범행방식을 다루는 방송내용은 사전에 검열하라.	마약과 술을 통제하라 (Control Drugs and Alcohol) – 음주가능연령 법에 규정, 음주측정기 활용, 종업원 개입 프로그램, 음주 없는 행사의 권장

출처: Cornish & Clarke, 2003

하며, 이를 범죄 기회의 결합(the Conjunction of Criminal Opportunity)이라고 일컫는다. 범죄예방은 이러한 원인을 조기에 억제하거나 약화시키고, 다른 곳이나 시간으로 전환하도록 조정하는 과정을 통해 그 위험성과 잠재적 심각성을 저감시키는 것이다 (<표 2-2> 참고).

　　깨어진 창문 이론(Broken window theory)도 상황적 예방을 지향하는 이론이다. 하나의 깨진 창의 방치가 주민에게 나쁜 사회심리적 영향을 미치며, 또한 건물의 창이 깨진 채로 방치된다는 것은 그 지역 주민의 존중심이나 시민으로서의 의무감이 약

표 2-2 범죄 기회의 결합(The Conjunction of Criminal Opportunity)

범죄의 원인	원인의 조정
삶의 환경에 따른 단기 영향(마약중독, 사회적인 소외, 분쟁, 실업, 빈곤, 적합하지 않은 레져 시설 등)	범죄에 대한 충동이 줄어 들 수 있는 삶의 환경으로의 개선
범죄의 기회에 대한 범죄자들의 관점 범죄에서 오는 보상과 노력, 위험성에 대한 인식	전통적인 법률시행과 상황에 따른 예방을 통한 범죄자들의 충동적 의사 결정의 강화에 의한 접근
범죄가 일어나기 쉬운 장소	가상의 피해자나 범죄자를 범죄가 일어나기 쉬운 장소에 접근하지 못하도록 함
공격받기 쉽거나 매력적이거나 도발하는 목표	목표물의 범죄에 대한 저항력의 강화 목표물의 가치를 함께 줄이거나 없앰
가치 있는 재물이나 약한 사람이 있는 외요된 공간(건물이나 자동차, 관문이 존재하는 산업단지)	외요된 공간의 보안 강화
범죄예방책은 부족한 반면, 범죄자에게 호의적이고 매력적이지 않은 보다 넓은 환경	범죄자에 대한 감시와 추적이 쉽고, 은신과 도피가 힘든 주거단지 도심, 교통 교차점의 배치를 통한 보다 넓은 환경의 설계에 의해
범죄에 호의적이지 않은 자들(거주자, 고용인, 행인, 경찰이나 준비된 경비, 감시와 개입에 대한 의지와 능력)의 부재	범죄를 방지하는 자들에 대한 개선, 동기와 권한 부여 (예를 들어 침입자의 탐지와 대처를 용이하게 하는 방어적 공간 [defensible space]의 설계; 감시의 촉진)
범죄 유발인의 존재 (부주의한 집주인, 장물아비 등)	유발자에 대한 제제, 근절, 엄중한 처벌
범죄자의 범죄성	가정이나 학교에서 아이들의 발달과정에서의 초기 행동들에서 범죄적 기질을 줄이는 것에 의해
범죄자의 범죄를 피하는 기술의 부족	범죄 예방 정보의 제공(교육이나 공격성을 줄이기 위한 인식-행동에 관한 프로그램 등)
범죄 도구의 손쉬운 입수	범죄자에 대한 범죄도구의 불허에 의해

출처: Office of the Deputy Prime Minister & Home Office, 2004

해지고 있음을 나타낸다. 깨진 창 이론은 적절히 관리되지 못하는 건물이나 지역은 범법자들에게는 좋은 활동공간이 될 수 있으며, 방치할 경우에 악순환을 통해 순식간에 건물전체 혹은 지역전체가 황폐해질 수 있음을 주장한다. 따라서 신속하고 철저하게 깨어진 창이나 낙서라는 무질서에 대한 용인의 신호(sign)를 제거하고 교체하여 말끔하게 청결하게 관리되고 관심받고 있다는 신호를 줌으로써 그러한 악순환으로 들어가는 것을 조기 방지하거나 중간에 끊는 것이 매우 중요한 것으로 본다(Wilson & Kelling, 1982: 29-38).

2. CPTED의 원리

셉테드는 다섯 가지 기본 원리를 갖추어야 한다(Moffat, 1983: 19-31). 먼저 범죄

피해를 당할 잠재적 피해자를 보호하기 위해 범죄의 구성요소인 피해자, 범죄인, 장소 (환경을 구성하는 요건)들 간의 상관성을 분석하여 일반인들에 의한 가시권을 최대화시킬 수 있도록 건물이나 시설물을 배치하는 자연적 감시(natural surveillance) 원리이다.

그림 2-4 시선(sightline)이 차폐된 공원(좌) vs. 시야가 개방된 공원(우)

출처: CPTED Guidelines for Queensland (Queensland Government, Austalia); AGIS-Action Safepolis 2006-2007 Planning Urban Design and Management for Crime Prevention Handbook
해설: 좌측의 공원은 범죄를 용이하게 해주며 이용자가 불안을 느낄 수 있으나 우측의 공원은 범죄행위가 곤란할 뿐만 아니라 이용자에게 안전감을 제공한다.

둘째는 사람들을 도로, 보행로, 조경, 문 등을 통해 일정한 공간으로 유도함과 동시에 허가받지 않은 사람들의 진출입을 차단하여 범죄목표물에 대한 접근을 어렵게 만들고 범죄행위의 노출 위험을 증대시키는 접근통제(access control) 원리이다. 물론 이는 과도한 불편을 야기하면서 사람들의 통행을 통제하자는 의미가 아니라 이용자들의 통행에 큰 불편을 야기하지 않으면서 보호대상 건물이나 공간에의 접근을 적절한 수준에서 제한하는 것을 말한다. 여러 기존의 연구들이(Xiaowen, 2006) 전반적으로 타운, 주택, 주거단지를 관통하는 가로나 출입구의 수가 많을수록, 또한 주요 도로나 공공가로에 인접한 주택가일수록, 즉 침투성(permeability), 연결성(connectivity), 접근성(accessiblity)이 높을수록 더 많은 침입절도(burglary) 등의 범죄피해를 당한다는 상식을 확인시켜주고 있기 때문에(Schneider and Kitchen 2007: 48-51) 그러한 접근성이나 침투성을 다소 통제하여 피해를 완화하자는 원리이다.

셋째, 어떤 지역에 대해 지역주민들이 자유롭게 사용하거나 점유함으로써 그들

___

7 저자가 실제로 2001~2002년도에 경찰청 CIMS분석을 해본 결과 좌측 아파트단지가 우측 아파트단지에 비하여 침입절도 및 주차장 범죄(차량털이 등)의 발생률이 압도적으로 높게 나왔다.

그림 2-5   접근통제가 부실한 아파트 주출입구(좌) vs. 잘 된 아파트(우)

해설: 좌측은 범죄자의 침입을 용이하게 해주어 입주민들이 침입범죄나 차량 도난에 쉽게 노출될 수 있으나 우측은 불법적 진입이 매우 곤란할 뿐만 아니라 입주민들을 피해로부터 방어해주는 구조를 갖추고 있다.[7]

의 권리를 주장할 수 있는 가상의 영역을 의미하는 영역성(territoriality)의 원리이다. 공간과 영역의 위계는 공적 공간(public space), 반공적 공간(semi-public space), 사적 공간(private space) 등으로 구분될 수 있다(Malone, 2001). 셉테드 원리에서 영역성이 의미하는 것은 소유자 또는 거주자 입장에서 특히 보호받아야 할 사적인 자신의 주거 영역이 침범당하지 않도록 현관의 바닥재를 달리하거나, 잔디를 심어서 방어적 완충 공간(buffer)을 형성하거나 낮은 수목울타리 식재 등을 통해 자신의 관리 및 소유 영역을 뚜렷하게 표시(clear demarcation)해 줌으로써 진입해서 변명할 이유를 제공하지 않도록 도모하자는 것이라고 볼 수 있다. 바꿔 말하면 자신 주거공간에 대한 영역성이 모호할 경우에는 일반통행인은 지름길을 찾기 위해 그 영역을 부지불식간 침입할 수도 있고 범죄기도자는 침입 후 발각되어도 헷갈려서 잘 모르고 들어간 것이라고 쉽게 변명할 수 있는 것이다.

결국 타인의 침입행위가 쉽게 또는 부지불식간에 허용할 여지가 생겨남으로써 야기될 수 있는 관리자나 소유자 자산의 손실(침입절도 등에 의한) 위험(risk)이 존재하는 것이다. Hess(2009: 121)가 언급한 바와 같이 영역성은 이러한 손실방지(loss prevention)에 기여할 수 있는 위험관리(risk management) 전략 중의 하나로 해석될 수 있다.

넷째, 공공장소에 대한 일반 시민들의 활발한 사용을 유도 및 자극함으로써 그들의 눈에 의한 자연스런 감시를 강화하여 인근 지역의 범죄 위험을 감소시키고 주민들로 하여금 안전감을 느끼도록 하는 활동성 증대(activity support)를 들 수 있다. 상업지역, 공원 등 공공장소에서 휴식, 레저, 산보, 스포츠, 담소, 독서 등 건전하고도 다양한

그림 2-6 공간과 영역의 위계

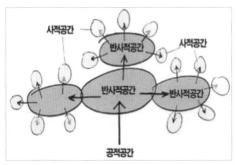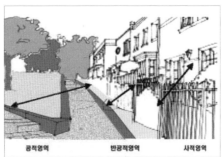

출처: 김흥순, 2007

활동을 유도하는 가로 노천 카페, 벤치 시설 등은 사람들의 야외 활동성을 증대시키는 역할을 자연스럽게 하게 된다. 이를 통해 길거리에 눈과 귀(eyes and ears on the street)가 많아지면서 자연감시성도 높아지는 것이다.

마지막으로 어떤 시설물이나 공공장소를 처음 설계된 대로 지속적으로 이용될 수 있도록 하는 유지 및 관리(maintenance and management)의 원리이다. 시나 구에서 정책을 통해 깨어진 가로등이나 낙서를 발견 후 일정 시간 내에 신속하게 교체하거나 지우는 작업 등과 처음부터 벤치나 볼라드와 같은 공공시설물이 파손에 강한 재질로 설계에 반영되는 것들은 유지관리를 위한 것이다.

이외에도 특정 장소의 이용자가 타인에 의한 관찰 가능성과 가시성이 부족한 상황에서 위험에 처해지거나 불안을 느낄 때 그 곳에서 신속히 벗어날 수 있는 빠르고 짧은 대체적 경로(alternative routes)의 다양한 확보와 잠재적 피해자의 동선에 대한 예

그림 2-7 상업시설에서 활동성을 증대하는 요소들

출처: Safer Design Guidelines for Victoria, Australia

측이 매우 분명하여 공격을 위한 잠복과 은닉이 쉬운 동선(動線)예측원(Movement predictor)의 제거, 그리고 사방이 감시의 범위를 벗어나고 타인에 의한 관찰이 크게 차단되는 함정지역(entrapment spot)의 제거 전략이 추가될 수 있다.

그림 2-8 다양한 함정지역(좌2) 및 동선예측원(우1)

 이 중에서도 특히 범죄의 기회 감소에 의한 범죄예방의 이론인 상황적 범죄예방(Clarke & Homel, 1997)에 의하면 범죄자의 범죄행위 자체의 발각의 위험도를 높이거나 범행에 요구되는 노력이나 곤란도를 배가시킴으로써 범죄기회는 감소하게 된다는 점에서 주로 잠금장치나 문, 창호 등의 방어 기능을 개선하여 범죄공격에 저항하는 대상물의 강화(target hardening)에 의한 접근통제(access control)와 감시 관찰(surveillance)의 강화가 주요 원리에 해당한다고 볼 수 있다(박현호, 2007: 189-357).
 Crowe(2000)에 의하면 기본적으로 3가지 접근방식이 있다. 그러나 CPTED는 환경의 효과적인 이용을 통해 범죄예방을 극대화하기 위하여 본질적으로 조직적이고 기계적인 전략에서 자연적인 전략으로 중점을 바꾸는 데 기여하고 있다. 이것은 있는 그대로의 환경자체를 자연적·일상적으로 이용하여 적극적인 행동을 유도함으로써 자연적 접근통제와 자연적 감시효과를 제고하려는 것이다. 조직적·기계적 전략에서 자연적 전략으로의 변경은 자연적 접근통제와 자연적 감시, 그리고 영역성 강화를 강조하는 계획으로 개발하기 위한 CPTED를 적용하는 것이다. 예를 들어 유사하게 공적 공간을 이용하고 활용하는 것을 공식적으로 통제하지 않더라도 주민들에 의해 외부인의 침입이 자연스럽게 관찰될 수 있도록 자연적 감시가 이루어지게 만들어야 한다(Crowe, 2000). 결국은 가급적 셉테드는 비용 차원을 고려할 때 자연적 접근을 시도

그림 2-9 CPTED의 2대 핵심원리의 3가지 접근방법

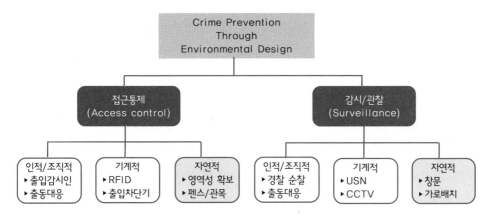

출처: Crowe(2000)를 참고하여 편집함

해야 하고, 자연적 접근 방식이 시기적으로 또는 해당 지역의 환경적 특성으로 인해 곤란하거나 불가능할 경우에 한하여 보완적으로 기계적이고 공식적/조직적 접근방식을 사용해야 하는 것이 바람직할 것으로 보인다.

이 밖에 Crowe(2000)는 셉테드를 위한 분석을 위해 물리적 공간에 대한 3-D 접근방법을 제안하고 있다. 즉, '① Designation(목적 명확화): 특정 공간에 들어서면 그 공간이 어떻게 사용될 것으로 의도되었으며 그 목적은 무엇인가? 환언하면 의도되지 않은 특정 공간과 장소가 존재함으로 인해 그 장소를 사용하는 사람들이 불필요하게 범죄피해의 위험에 노출되거나 불안을 야기하는 요소로 작용될 수 있을 것인가? ② Definition(구역 정의): 경계와 영역은 분명하며 소유 범위를 확실하게 나타내고 있는가? 환언하면 영역이 불분명하여 잘 모르는 사람들에게 혼란을 주고 있는지, 아니면 잠재적 침입자에게 침입 발각 시에 변명의 구실을 하고 있는 경계는 없는지? ③ Design(설계): 설계가 그 장소에 대한 의도된 사용과 부합하는가 아니면 충돌하는가? 주거 용도로 사용될 것을 의도했는데 상업적 요소의 배치로 주거의 평온과 안전이 위협받을 가능성은 없는가?'라는 3가지 질문에 대한 해답을 찾기 위해 분석과 평가를 통해 문제점을 찾아내서 구체적이고 맞춤식의 셉테드 지침을 도출하는 방식을 제안한 것이다.

이 밖에도 셉테드 유럽표준인 EN 14383-2에서는 셉테드의 15대 원칙과 전략을 제시하고 있는데 이는 제8장 시설환경별 셉테드 적용기준에서 자세하게 논하였다.

section 03
1세대 · 2세대 · 3세대 CPTED

CPTED 개념에 대한 논의는 크게 두 가지, 즉 물리적 환경의 개선과 변화를 중심으로 하는 1세대적 셉테드와 물리적인 요소를 넘어서 사회적·문화적 유대와 집합효율성을 강조하는 2세대적 셉테드로 구분된다. 구체적으로 1세대 셉테드란 조경, 조명, CCTV, 비상벨, 출입차단기, 잠금장치, 볼록거울 등과 같은 물리적 환경의 개선이 주가 되는 접근방법을 말하며 2세대 셉테드란 지역커뮤니티의 사회문화적 정체성 확보, 사회적 유대(social cohesion), 공동체 의식(sense of community)의 고양을 통한 비공식적 범죄통제를 유도하는 폭넓은 사회발전 프로그램 요소인 자위방범(self-policing) 순찰을 포함한 주민의 참여행정, 청소년 건전 활동의 장려 및 유도, 시민 모임 공간 확대 등의 접근을 말한다.

그림 2-10 1·2세대 셉테드와 회색(중복)영역

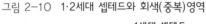

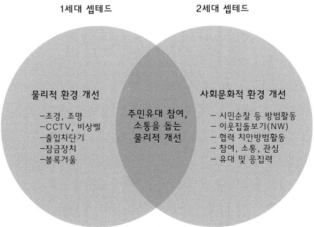

이를 좀 더 크게 보면 Welsh와 Farrington(2010)이 제시한 상황적 범죄예방(situational prevention strategies)과 지역공동체 범죄예방(community prevention strategies)의 구분과도 일맥상통하는 면이 있다고 할 수 있다. 상황적 예방이란 범죄행위의 기회를 줄이고 범행의 위험도와 곤란도를 높임으로써 범죄발생을 예방하는 개입 전략이며, 지역공동체 예방은 주거 공동체에서 범죄에 영향을 미치는 사회적 조건과 기관들, 단체들(예: 가족, 동료, 사회규범, 모임, 조직체 등) 간의 상호작용과 사회적 프로세스를

자문, 협의, 범죄예방 워크샵, 범죄안전지도 작성, 친교활동, 범죄안전마을 브랜드 사업, 전시회 및 축제, 컨퍼런스, 교육훈련 등 다양한 방법으로 개선하여 공동체 의식을 개선함으로써 범죄를 방지하는 전략을 말한다.[8]

　　주민들 간의 결속과 유대가 활성화되는 것은 여러 주체가 설득과 협의라는 과정을 거치지 않으면 쉽게 이루어지기 어려울 것이다. 먼저 이러한 사업에 대한 필요성과 중요성을 인식하는 정치적인 철학이 바탕이 되어 지자체, 경찰 등 공공기관에서 이 사업을 추진할 수 있는 기반을 갖추어야 한다. 즉 예산을 편성하고 담당 부서를 지정하여 사업을 기획하고 주민들의 동의를 구하는 등 관공서의 노력만으로는 부족하므로 예산이 부족한 부분은 지역의 기업이나 단체 등에서 후원하고 해당 지역의 주민들이 적절히 참여할 수 있도록 담당 공무원들이 주민들을 적극적으로 설득해서 공감하고 따를 때 사업이 제대로 실현될 수 있는 것이다.

　　따라서 2세대 셉테드의 방식은 크게 2가지로 볼 수 있다고 생각되는데, 그것은 주민들의 순수하게 자발적인 방식에 의한 셉테드 프로그램과 관이나 제3자의 개입을 통한 셉테드 프로그램이다. 그러나 순수하게 자발적인 경우라도 관이나 관련 시민단체에서 작은 범위 내에서라도 개입 또는 지원하지 않으면 체계성이 약한 단점이 존재할 것이다. 또한 주민들 간의 유대, 참여, 소통을 돕거나 도울 수 있는 형태의 물리적 환경 변화(예를 들면, 정자나 쉼터 등 주민 모임공간 마련, 자원방범순찰대원들을 위한 모임시설 제공, 주민들이 같이 사용하는 뒷마당의 배치)는 사회적 환경 변화에도 긍정적인 영향을 미칠 수 있기 때문에 1세대와 2세대 셉테드가 중첩된 회색영역(grey area)의 셉테드로 보아야 할 것이다. 주민 참여는 없이 관에서 예산을 지원하여 페인트 업체나 공공디자인 업체에서 담장에 직접 페인트 칠을 하거나 벽화를 그려 넣는 것은 1세대 셉테드라고 한다면 서울시 마포구 염리동의 경우처럼 주민들이 사는 집 앞 담장에 자신들이 직접 페인트 칠을 하면서 오랫동안 서로 잘 모르던 이웃주민들끼리 정다운 대화를 나누기 시작하고 즐거운 교류를 하는 상황으로 마을 환경이 개선되는 것은 회색영역 셉테드인 것이다.

　　1세대 셉테드와 2세대 셉테드를 굳이 엄격히 구분해서 설명하기는 쉽지 않을 수 있다. 단순히 수명이 다한 가로등이나 보안등 몇 곳의 전구를 교환하는 일 정도를 이

8 Welsh, Brandon C., and David P. Farrington. 2011. "Evidence-Based Crime Policy." In The Oxford Handbook on Crime and Criminal Justice, edited by Michael Tonry. New York: Oxford University Press, in press.

른바 '지역 셉테드 프로그램'이라고 보긴 어려우며, 특히 최근의 외국의 셉테드 접근
방식은 단순한 조명 개선 등 1세대적 물리적 환경 개선사업 하나만을 하기 위해서도
지자체나 경찰 등 관계기관이 주민에게 의견을 묻고, 범죄위험 관련 진단·평가 단계에
주민들이 참여하여 서로 논의하고 소통하는 과정을 거치는 경향들을 볼 때 1세대와 2
세대 셉테드를 뚜렷하게 구분하는 것이 용이치 않으며 실익도 크지 않기 때문이다.

　　한편 3세대 셉테드(the 3rd Generation CPTED)라는 개념도 제시된 바 있는데,
2011년에 UN 산하 지역범죄및형사사법연구소인 UNICRI와 미국 MIT대학이 공동연
구하여 발표한 "Improving Urban Security through Environmental Design"라는 연구
보고서에서 구체적으로 제안한 개념이다.[9]

　　그림 2-11　**3세대 셉테드에 대한 UN 연구보고서**

　　3세대 셉테드의 기본 개념은 '도시의 생활 기준을 제고하고 도시의 이미지를 사
용자－친화적이고, 안전/안심한 것으로 개선하기 위한 친환경적이고, 지속가능하며,
기술적으로 진보된 접근방법'이다. 핵심 내용은 셉테드에 친환경(에코) 디지털 하이테
크 솔루션(예: 방범기능을 하는 다용도 친환경 공공시설물이나 안전감을 높여주는 공공장소의
인터랙티브 공공미술)을 적용하는 것이다.

---

9 UNICRI(2011) Improving Urban Security through Environmental Design: New Energy for Urban
　Security.

THIRD-GENERATION CPTED Inspirations:
a green, sustainable, technologically enhanced approach to enhancing the living standards of urbanites and improving the image of the city as user-friendly, safe, and secure.

이 보고서는 사회문화적 다양성을 수용하고 공동체의 참여와 관심을 유도함으로써 집합효율성을 높이려는 사회문화적 셉테드 접근방법인 2세대 셉테드 개념을 최초 제안한 Greg Saville 박사를 통해 2013년에 리뷰되었고, 이 3세대 셉테드 개념에 대한 리뷰 결과는 매우 긍정적이었다. 자세한 내용은 Saville 박사의 개인 블로그에 게시되었다.[10] 따라서 세계의 선진화된 셉테드는 이러한 2세대 셉테드를 넘어서 친환경-하이테크기술[11] 중심의 3세대 셉테드를 향하여 꾸준히 정진하고 있는 상황으로 해석될 수 있다. 국내에서 가끔 3세대 셉테드를 '문화적 셉테드'로 명명하는 경우를 보았는데 이는 위와 같이 국제기구 UN에서 이미 어느 정도 국제적으로 합의된 3세대 셉테드인 '친환경-하이테크 셉테드'의 개념이 존재하므로 해석에 주의해야 할 것이다. 그렇지 않고 우리나라에서 누군가가 해외에 이를 문화적 셉테들로 주장할 경우 자칫 불필요하게 국제적인 논란을 야기할 수 있기 때문이다.

---

10 http://safe-growth.blogspot.kr/2013/06/3rd-generation-cptd-and-eco-friendly.html
11 3세대 셉테드는 스마트시티 조성의 개념과 연결된다고 할 수 있다. 스마트 첨단 정보통신기술(ICT)을 이용해 주요 도시의 공공기능을 네트워크화한 이른바 똑똑한 도시로서 언제 어디서나 인터넷 접속이 가능하고 영상회의 등 첨단 IT 기술을 자유롭게 사용할 수 있는 미래형 첨단도시를 일컫는다. 실시간으로 교통정보를 얻을 수 있어 이동거리가 줄고, 원격근무가 가능해지는 등 거주자들의 생활이 편리해질 뿐만 아니라 이산화탄소 배출량도 줄일 수 있다는 측면에서 친환경적이다. 스마트 시티 [smart city] (시사상식사전, 박문각)

국내외 CPTED 적용 현황

section 01
해외의 CPTED 법규 및 조례

section 02
표준 및 적합성 평가체계

section 03
공공정책

section 04
CPTED 실제 적용 사례

제3장에서는 셉테드 관련한 국내외의 법규와 조례, 표준 및 인증시스템, 그리고 공공정책을 소개하고 실제 적용사례를 다양한 사진 및 그림과 함께 분석하였다. 다만, 국내의 법규와 조례는 2013년 하반기에 집중적으로 제정 및 개정되어 이를 제6장에서 별도로 심도 있게 다루었다.

section 01
해외의 CPTED 법규 및 조례

해외의 CPTED 관련 법규와 조례는 <표 3-1>과 같이 정리될 수 있다. 전체적으로 보면 범죄와 무질서의 대응과 예방에 대해 범죄의 도시환경적 요인과 변수를 다루는 관계 기관들, 특히 시청, 구청 등 지방자치단체가 범죄의 주무 기관인 경찰과 공동으로 범죄예방을 위한 도시환경의 구축과 개선을 위해 책임을 지고 범죄환경과 위험평가 또는 영향평가(impact assessment) 조사를 하며, 그 조사에 의해 밝혀진 위협 요인들과 그 취약성 및 범죄 발생 확률들을 측정하고 이를 토대로 그러한 위험을 방지하거나 다루기 위한 해결책을 찾아 이를 실행하고 있다.

1. 국제연합(UN)

(1) UN 범죄예방표준(UN standards and norms in crime prevention)

UN 범죄예방표준은 유엔범죄예방국(UNODC)에서 유엔 회원국들이 범죄예방과 형사사법 분야에서 지난 수십 년간 동의하고 합의해 온 범죄예방의 원칙적 기준들로서 이 표준을 근거로 회원국들은 범죄예방과 형사 정책을 수립하여 이행하도록 권고되어 왔다. 이 UN 표준은 다음의 8대 기본 원칙(basic principles)을 기초로 하고 있다.

① 중앙 및 지방 정부 리더십
② 사회경제적 발전 및 통합
③ 협력 · 파트너십 거버넌스
④ 지속가능성 및 책임성
⑤ 지식 기반

표 3-1 해외의 CPTED 관련 법규 및 조례

국가	법규/조례 명칭
UN	UN 범죄예방표준(Standards & Norms) UN 범죄예방가이드라인 핸드북
영국	범죄와무질서법(Crime & Disorder Act 1998) 지속가능한 주택코드(Code for Sustainable Homes) 정부도시계획정책고시(Planning Policy Statement) 건축법 승인문서(Approved Document) Q
미국	아리조나 템페시 셉테드 조례(Ordinance) 플로리다 탐파시 셉테드 조례 빌딩(또는 계획) 코드1
캐나다	온타리오 주 도시계획법 British Columbia 건축법 개정 벤쿠버와 토론토의 주차장 CPTED 법제화
호주	환경계획평가법(EPAA) 2001 빌딩 코드(Building Code of Australia)
네덜란드	주택법 1999 건축법 2004
일본	가나자와현 '범죄없는 안전·안심 마찌쯔쿠리' 조례 관민합동회의 '건물부품의 방범성능 시험규칙' '방범우량맨션 인증사업지원 요강' 및 '방범우량맨션표준인증규정'

⑥ 인권 · 법의 지배 · 준법문화
⑦ 상호의존성(국제성 범죄 대응을 위한 국가 간, 지역 간 의존)
⑧ 배려(사회적 취약집단의 고려)

이러한 원칙을 이행하기 위한 조직, 방법, 접근(organization, methods, approaches)의 기준을 구체적으로 제시하고 있다. 먼저, 조직화 면에서 중앙정부조직에 범죄예방 주무 조직을 반드시 배치해서 거시적 방향을 주도하고 총체적인 모니터링을 하는 것이다. 또한 교육 및 역량강화(capacity-building)을 지원하며 지역 범죄예방파트너십 지원 역할을 배분하고, 지속가능성(효과적인 범죄예방 프로그램의 지속성 확보, 합리적 범죄예방 자원 배분, 예산확보, 프로그램 개발, 조정, 지역사회 참여 독려)을 확보하기 위해 노력하는 것이다. 둘째, 방법론으로는 지식 기반으로 예방 프로그램을 기획(범죄 문제, 그 원인, 위험요인과 영향에 대한 체계적 분석)하고 방범 효과에 대해 단기/중기/장기의 평가

---

1 Building Code란 주로 건물을 지을 때 필요한 최소한의 보건, 안전 등의 기준을 말하는 것이다. 빌딩코드는 건축자재뿐만 아니라 공법에 대해서도 언급하고 있는데 건축업자들은 반드시 빌딩코드에 따라 공사를 해야 하며 종목이 끝날 때마다 시에서 승인을 받아야 한다. http://en.wikipedia.org/wiki/Building_code 참고.

그림 3-1   UN 범죄예방표준과 범죄예방가이드라인 핸드북

를 지속하는 것이다. 셋째, 접근방식은 사회발전을 통한 범죄예방, 상황적 범죄예방, 조직화된 범죄의 방지라는 3대 분야를 동시에 다루면서 균형 있는 예방 전략을 접근하는 것이다.

(2) UN 범죄예방가이드라인 핸드북(UN Handbook on the Crime Prevention Guidelines)

UN 범죄예방가이드라인 핸드북은 회원국들이 UN 범죄예방표준에 있는 범죄예방과 형사사법 전략과 원칙적 기준들을 잘 준수하고 이행하는 것을 돕기 위해서 UNODC가 개발한 실무적 도구(practical tools) 중의 하나이다. 여기서 제시하는 4대 범죄예방 유형은 사회발전을 통한 범죄예방, 지역공동체중심 범죄예방, 상황적 범죄예방, 그리고 재통합을 통한 재범방지이다. 첫 번째인 사회발전(social development)을 통한 범죄예방은 지역사회에서 보건, 주거 및 고용의 개선과 소외감을 낮추고 사회 갈등을 해결하며 준법문화 교육을 통하여 가능한 유형이다. 둘째, 지역공동체 중심 (local community-based) 범죄예방은 지역공동체의 주민, 기업, 단체가 적극적으로 참여하여 범죄 문제를 발견하고, 예방 대책을 수립하여 공동으로 실천하는 방식으로서 사회적 자본과 관계망, 신뢰, 가치의 공유, 사회적 응집력을 중시하며 범죄문제가 집

중되는 도심이나 교외의 주택 개발을 통한 지역 개선이 주를 이룬다.

셋째, 상황적(situational) 범죄예방은 환경설계개선(조명, 조경, 개방적 건축물), 침입 범죄 방어를 위한 타겟하드닝(target hardening)과 접근통제, 범죄에 대한 자연감시와 전자감시(CCTV), 제품디자인, 피해재발 방지라는 범죄 기회의 회피나 감축을 통한 예방이다. 마지막으로 재통합(reintegration)을 통한 재범예방은 출소자, 비행청소년의 재범방지를 위해 직업훈련, 교육, 대안적 라이프스타일, 롤모델, 주거의 제공, 갈등 해결, 회복적 사법(피해자-가해자 중재, 가족/공동체 그룹 컨퍼런싱 등)에 의한 재범의 예방을 의미한다.

연관되는 패러다임인 "제3자 폴리싱"(Third party policing: TPP)은 범죄예방의 범위를 넓혀서, 범죄자의 환경에 영향을 미칠 수 있는 영향력을 가지고 있는 사람들의 예방활동을 포함하는 개념이다. 즉, 범죄를 통제하고 예방하는 노력을 지역공동체의 개인, 단체, 조직과 함께하고 상호 협력하는 것을 말한다. 따라서 "제3자 폴리싱" 범죄예방활동을 위해 집주인, 건물 감독관, 환경단속반, 지역사회 단체, 보험회사, 지방공무원 등의 범죄자의 환경에 영향을 미칠 수 있는 영향력을 가지고 있는 사람들을 경찰활동에 포함하는 개념이다.[2]

2. 영국

영국에서는 셉테드가 도시계획과 설계에 적극적으로 개입하게 된(intervene) 계기가 된 법안이 바로 1998년 통과된 "범죄와무질서법(Crime and Disorder Act)"이다. 이 법은 지방정부(도청, 시청 등)가 주민들이나 지역전문가들의 경험과 지식을 고려하고 해당 지역 내에서의 범죄 수준과 패턴에 대한 조사(crime audit)를 통해 범죄와 무질서 문제를 발견하고, 이를 기준으로 범죄와 무질서에 대한 종합적 전략(local crime and disorder strategy)을 수립하고, "범죄와 무질서 저감을 위한 협력파트너십"(partnership)을 형성하여 그 전략을 시행한 후 이를 검토(review)하고 다시 개선 반복(feedback)하도록 하고 있다.

특히 이 법 17조를 근거로 지역 범죄예방 전략의 구체적인 수행을 위해 지방정부의 모든 기관과 부서들이 예산 및 정책 결정과 세부전략수립에 있어서 지역 내의

---

2 김동복. 김성환(2010) 적극적 시민참여활동을 위한 Third Party Policing의 도입방안, 한국콘텐츠학회, 한국콘텐츠학회논문지 10(12).

그림 3-2　영국 중앙정부의 셉테드 지침(좌)과 지방정부의 셉테드 지침(우)

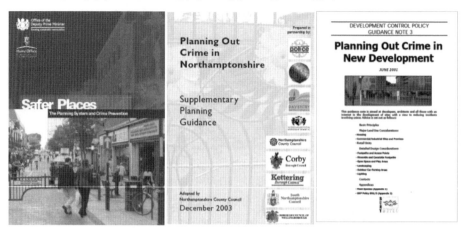

출처: ODPM (2004) Safer Places: The Planning System and Crime Prevention, London: Home
　　　Office and Office of the Deputy Prime Minister(ODPM); Northamptonshire County Council
　　　Supplementary Planning Guidance; Bury Council Development Control Policty Guidance
　　　Note, Greater Manchester

범죄와 무질서의 감축과 예방을 통한 지역사회 안전을 고려하여 적용하도록 법적인
의무를 부과하고 있다. 이 법과 지방정부법(Local Government Act 2000)의 파트 1 제4
조 제1항 지역 개발 전략 규정으로 인하여 영국 내각 부총리실(ODPM)에서 2004년 2
월 '도시계획정책안(Planning Policy Statement[PPG] 1)'에 셉테드 개념을 핵심사항으로
명시하고 그 세부시행규칙(companion guide to PPG1)으로 '보다 안전한 장소: 도시계
획체계와 범죄예방(Safer Places: The Planning System and Crime Prevention)'[3]이라는 가
이드라인 <그림 3-2>을 제작하여 전국 지방자치단체에 배포하여 이를 근거로 지
역단위로 도시계획과 설계에 셉테드를 강력히 반영하도록 하고 있다. 2003년 2월에는
'지속가능한 공동체[4] 계획(Sustainable Communities Plan)'이 발표되었는데, '도시계획을
통한 범죄의 축출(planning out crime)'을 정부의 핵심 도시계획 가이드라인인 PPG1의
중심이 되는 내용으로 삼고 있음을 분명히 하고 있다.[5] PPG1과 그 세부시행규칙을 근

---

3 http://www.odpm.gov.uk/embedded_object.asp?id=1144724에서 가이드라인을 확인하였다.
4 여기서 '지속가능한 공동체'란 사람들이 현재 그리고 미래에 살고 일하고 싶어 하는 지리적 공간을
　말한다. 현재 그리고 미래의 시민들의 다양한 수요를 충족해주면서 환경에 민감하고 높은 삶의 질
　을 제공하는 공동체이다. 기본적으로 안전하고 사회통합적으로 계획·건축되어 관리됨으로써 모든
　구성원들에게 공평한 기회와 양질의 서비스를 제공하는 공동체로서 마약, 반사회적 행위 문제, 그리
　고 범죄율이 낮으며 가시적, 효과적 그리고 공동체 친화적인 치안이 이루어지는 곳을 의미한다
　(ODPM, 2004: 8).

거로 각 지역 카운티에서는 관련 기관 및 단체들(경찰과 지자체)과의 구체적인 수평적 협의를 거쳐, 그 지역 실정에 맞게 다시 보충지침서인 'Supplementary Planning Guidance'를 만들어 이를 각 자치단체별로 하달하여 적용시키고 있다. <그림 3-2> Northamptonshire County Council이나 Greater Manchester의 Bury Council과 같이 지역특성에 맞는 셉테드 계획 지침을 작성하여 고시하는 경우를 예로 들 수 있다.

　　Greater Manchester 시의 경우에는 모든 개발 및 건축 허가 시에 CPTED 경찰관에 의한 범죄영향을 검토하도록 의무화한 바 있다(SBD Focus Corporate Magazine6). 맨체스터 경찰청(GMP)에서 운영하는 DFSC(Design for Security Consultancy) 제도를 통해 개발업체나 건축주가 지자체 도시계획과에 타운이나 규모가 있는 건축물에 대한 개발계획 승인을 신청하기에 앞서 DFCS의 전문가들을 통해서 컨설팅을 받아 작성하는 소위 '범죄영향평가검토서(Crime Impact Statement)'를 제출해야만 개발계획에 대한 승인 절차로 진행할 수 있다(Monchuk, 2011: 31-40).

　　범죄와무질서법과 더불어 인권법 1998(Human Rights Act)는 제1조에서 재물 등에 대한 개인적 소유권의 평화스런 향유, 그리고 제8조에서 가족과 가정생활을 향유할 권리를 명시하고 있어 이러한 권리가 도시계획이나 건축 설계의 부실로 침입절도나 강도 등이 발생하게 될 경우 이 법을 근거로 건축회사나 자치단체를 상대로 소송을 할 수 있게 된 점이 지방정부와 건축회사가 셉테드에 대한 큰 관심을 갖도록 한 배경이 되고 있다.

　　또한 건축법(Building Regulations)상 승인문서 Q(Approved Document Q)는 2015년 10월부터 승인문서 Q의 안전 - 주거지항목에 주택의 안전에 대한 기준이 추가되었다. 영국 최초로 신축 주택의 안전에 대한 부분이 건축법규에 포함되었으며, 이에 대한 문서가 '승인문서 Q: 안전'이다. 이를 통해서 주택의 침입 방지를 위해서 창문과 현관문은 일정 기준 이상의 침입 저항 및 방범 성능을 갖추어야 한다(방범성능인증 시설을 갖추어야 한다는 의미임).7

---

5 www.northamptonshire.gov.uk 홈페이지 참고.
6 www.securedbydesign.com 홈페이지 참고. 범죄영향평가에 대해서는 제7장에서 더 자세히 볼 수 있다.
7 http://www.planningportal.gov.uk/buildingregulations/approveddocuments/

3. 미국

1960년대부터 1990년대 사이에 급증한 범죄율로 인해 방송언론 등 미디어의 보도를 통한 사회적 문제로서 학계에서도 많은 관심을 증폭시키면서 과실이나 부주의에 의한 시설물 보안관리에 대한 법적 소송(liability lawsuits)이 한 때 법조계에 가장 큰 성장을 하였다. 전문가들에 의하면 시설물 보안관리의 법적 책임을 의미하는 이 Premises Security Liability 개념은 사람들의 범죄피해에 대한 두려움으로 인해, 더욱이 최근에는 영국과 미국에서 발생했던 테러 사건들로 인해 지속적으로 성장하면서 시설물 보안관리를 위해 주차장, 아파트 단지, 호텔, 편의점, 쇼핑몰 등에서 건축주나 건물관리자가 시설물의 개발 계획이나 설계 단계에서 테러 및 범죄 방어를 위한 CPTED를 고려하지 않을 수 없도록 하고 있다(Schneider & Kitchen: 61).

이런 경향으로 인해 아리조나 주 템페시에서는 1989년 한 경찰관이 CPTED 입법화의 필요성을 공개적으로 제기한 이후 약 6년 간에 걸쳐 시 당국과 경찰 및 건축업자들 사이에 논쟁과 협상이 이루어진 끝에 1996년 초안이 마련되고 1997년 시 건축, 개발 및 환경관련 법규에 관련조항이 신설됨으로써 현실화하게 되었다. 그 구체적인 내용을 보면, 시 조례집 제11조의 "설계 평가 조례(Design Review Ordinance)"에 4개 항의 일반적인 '환경 설계 규정(Environmental Design articles)'을 추가하게 되는데, 이 규정들은 다른 지역들은 물론 술집, 성인용품점, 당구장, 호텔 및 모텔과 편의점 등 특히 범죄가 많이 발생하는 장소들에 대한 토지 및 공간 사용을 규제하는 시 조례들과 연계되도록 만들어졌다. 그렇기 때문에, 새로운 규정들은 경찰에 이들 장소들의 범죄예방 계획에 대해 평가하고 승인할 수 있는 권한을 부여하고 있다. 새로운 CPTED 규정들은 이러한 장소들 이외에도 모든 새로운 건축과 현 건축물 가액의 50%를 초과하는 모든 증축, 개축, 개조 및 용도변경은 물론, 기존의 다세대주택을 세대별로 분할 등기할 때에도 적용된다(Tempe Police Department, 1997).[8]

이 규정들은 내부 공간, 조명, 조경, 벽과 접근통제를 위한 출입구, 표지판 설치 및 주소의 표시, 건축물 내 각 영역의 목록(directory) 게시, 감시창(vision panel)의 설치 및 주차장의 구조 등에 대한 기준과 규격들을 정하고 있다(Tempe City Council, 1997). 조명의 예를 들자면 IES조명핸드북에 따라 상업시설에서의 셉테드 조명 수준을

---

8 표창원(2003: 81 – 100)에서 재인용.

표 3-2 상업시설에서의 셉테드 조명 수준

권장 조도		
구 분	수 평	수 직
공공용지	1~5fc(10~54lux)	지면 5피트 위에서 0.5~0.8fc(5~9lux)
주차시설		
노천 주차장	포장 면에서 최소 3fc(32lux)	지면 5피트 위에서 0.3fc(3lux)
실내 주차장	포장 면에서 최소 6fc(65lux)	지면 5피트 위에서 6fc(65lux)
보도와 지면	포장 면에서 최소 6fc(65lux)	지면 5피트 위에서 0.6fc(6lux)
패스트푸드 음식점		
주차장, 보도	지면에서 최소 3fc(32lux)	지면 5피트 위에서 3fc(32lux)
드라이브 스루	지면에서 최소 6fc(65lux)	지면 5피트 위에서 3fc(32lux)
편의점		
주차장	지면에서 최소 6fc(65lux)	지면 5피트 위에서 최소 1.2fc(9lux)
보도, 비상대피공간	지면에서 최소 3fc(32lux)	지면 5피트 위에서 최소 1.2fc(9lux)
상점정면의 출입구	지면에서 최소 5fc(54lux)	지면 5피트 위에서 최소 1.2fc(9lux)

fc = footcandle

출처: IES Lighting Handbook, 2000

구체적으로 <표 3-2>와 같이 권장하고 있다.

기본적으로 템페시의 CPTED 조례는 경찰활동에 그 기반을 두고 있지만, 그 집행에 있어 매우 확고하게 다기능적(multi-disciplinary)이고 다기관적(multi-agency)인 접근방법을 택하고 있다. 이를 가장 확실하게 나타내고 있는 것이 템페시 조직 중에서 CPTED 조례 관련사항을 담당하는 CPTED課라고 할 수 있는데, 개발업무국(Development Services Department) 산하의 CPTED과에는 경찰관들이 시 건축담당 공무원, 소방공무원, 공원과 소속 공무원 및 교통국 등 기타 부서 공무원들과 함께 근무하면서 건축 및 개발계획에 대해 점검 및 평가를 하는 업무를 수행하고 있다. 시 CPTED과에 소속된 경찰관들에게는 CPTED 조례의 규정에 부합하지 않는 건축에 대해 그 작업을 중단시키거나 스티커를 발부할 수 있는 권한이 부여되어 있다는 점에서 템페시의 CPTED 조례는 다른 어느 곳과 다른 특징을 가지고 있다[9](Schneider and Kitchen, 2002: 149).[10]

또 워싱턴의 시택시(SeaTac City)의 시조례(ORDINANCE NO. 03-1033)에 의하면

9 이러한 권한은 미국 내 다른 지역들에서는 대개 건축물 감독관(building inspectors)이나 소방 감독관(fire marshals)에게 부여되어 있다.
10 표창원(2003: 81-100).

야외 조명, 지상 주차장 조명, 주차장 구조, 주유소와 편의점 설계 및 관리, 보행로, 자전거 도로, 공원의 조명, 건물의 전면, 조경, 내부 공간, 자연적 감시와 관련한 셉테드 원칙과 의무가 자세히 규정되어 있다.[11]

4. 캐나다

캐나다에서는 전국 단위의 법규는 없으며 주로 자치시 단위에서 셉테드 관련 법규가 엄격히 시행되고 있다. 온타리오주 키치너시(City of Kitchener)의 경우에는 온타리오 도시계획법(Ontario Planning Act)에 도시개발의 전제 조건으로서 도시개발계획 승인 절차로서 반드시 셉테드 적용을 의무화하고 있다. 공식 셉테드 보고서가 요구되는 정도의 개발계획일 경우에 예외 없이 개발 계획 신청서는 시청 담당자가 경우에 따라 담당 경찰관의 도움을 받아 이를 검토해야 하고, 셉테드 보고서는 자격을 갖춘 전문가에 의해 작성, 제출되어야 한다. 또한 그 셉테드 보고서는 셉테드 원칙들을 해당 개발 현장의 설계에 어떻게 반영할 것인지를 명백하게 나타내야 한다.

벤쿠버에서 첫 CPTED 강좌가 나오게 되었으며, CPTED 기본원리를 노스이스턴 B.C 타운의 설계에 적용하게 되었고 B.C주 건축법 개정도 이루어 졌다. 또한 벤쿠버와 토론토에서는 주차장 설계에 있어서 CPTED 기본원리들이 법제화가 이루어지게

그림 3-3   **키치너시에서 셉테드 심의를 위해 검토하는 도면들**

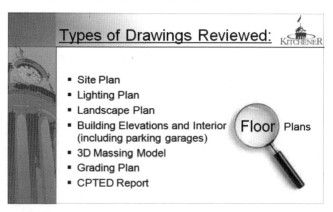

출처: City of Kitchener, 2010
해설: 사이트계획, 조명 및 조경 계획, 주차장 포함 건축물 내외부 계획, 3D모델, 그레이딩 계획, CPTED보고서

---

11 www.cityofseatac.com 홈페이지 참고.

되었다(경찰청, 2008).

5. 호주

호주의 뉴사우스웨일즈(NSW) 주정부는 2001년 4월, '환경계획평가법 제79c조
(Section 79c of the Environmental Planning and Assessment Act)'를 개정, "모든 건축설계
허가관청으로 하여금 모든 새로운 개발 신청을 평가함에 있어 반드시 범죄위험영향
(crime risk impact)을 고려하는 것을 의무화"하였다. 환경계획평가법 제79c조의 핵심내
용은 "도시개발 신청에 대하여 개발에 따른 해당 지역의 자연적, 인공적 환경에 대한
영향과 사회적, 경제적 영향(the natural and built environments, and social and economic
impacts in the locality)을 고려해야 한다."

이 법 규정을 근거로 셉테드 가이드라인(Guidelines under Section 79C of the
Environmental Planning and Assessment Act 1979)과 매뉴얼을 개발하였고, 주의 모든 지
역에서는 지방정부와 경찰, 기타 유관기관들 간의 '범죄예방을 위한 협의체'들이 구성
되어 건축설계 및 개발계획 단계에서부터 범죄예방차원의 고려를 할 수 있도록 교육,
훈련, 집행을 하고 있다. 이러한 일련의 절차가 체계적으로 진행될 수 있도록 NSW주
에서는 호주뉴질랜드 위험관리(Risk Management)표준 'ANZS 4360 : 2003'에 의하여,
범죄 위험 영향평가를 위해 물리적·사회적 환경을 구성하는 요소의 질적, 양적 분석
과 이에 대한 위험관리의 기법 적용 및 검토 그리고 환류토록 구체적인 기준을 제공
하고 있다.

위 셉테드 가이드라인은 크게 2파트로 구분이 된다. 즉, Part A에서는 교육을 받
은 경찰관과 함께 공식적인 범죄위험성평가(CRA)를 실시하는 것의 필요성을 역설한
다. Part B에서는 범죄위험도를 최소화하기 위해 계획의 수정안을 정당화하기 위해
자치단체가 활용하는 CPTED의 기본 원칙과 전략을 가이드하고 있다.[12] 즉, 제79c조
에 근거한 가이드라인은 도시계획 및 개발에 대한 범죄영향평가로 인해 도시계획자,

---

[12] The guidelines contain two parts. 'Part A details the need for a formal crime risk assessment
(Safer By Design Evaluation) to be done in conjunction with trained police, and Part B outlines
basic Crime Prevention Through Environmental Design (CPTED) principles and strategies that
can be used by consent authorities to justify the modification proposals to minimise risk.'
(DUAP 2001:2).
http://www.police.nsw.gov.au/community_issues/crime_prevention/safer_by_design 참고.

건축가, 범죄예방 전문가 그리고 설계자문위원들이 언제, 어디서, 어떻게 CPTED를 사용해야 하는지 결정하는데 도움을 주고 있다.

나아가 'CPTED 디자인 세부 매뉴얼(Companion to Safer by Design Crime Risk Assessment)'은 위와 같은 CPTED 기반 범죄영향평가를 실행하는 경찰 및 지방자치단체의 실무자들을 위한 각론적인 디자인 지침을 제시하고 있다. 이러한 과정에 따라 생산되는 범죄영향평가 결과보고서는 도시개발 허가에 대한 조건을 부과하거나 개발 신청서를 수정 또는 취소(단, 신청자는 이에 대해 법원에 이의신청할 수 있음)할 수 있는 근거로 작용하고 있다. 호주 범죄위험평가에 대한 보다 자세한 사항은 제7장에서 다루었다.

6. 네덜란드

네덜란드에서는 주택법 1999에서 모든 주택의 창, 도어는 3분 이상 침입시도에 견딜 수 있는 방범성능을 필수적으로 요구하고 있다. 이에 따라 범인들의 침입 시도가 주로 이루어지는 건물의 개구부를 중심으로 SKG(도어셋, 창문, 창틀 품질센터)/SKH(목재제품시험센터)인증 제품을 의무적으로 설치 및 사용해야만 한다.

또한 건축법 개정으로 2004년 이후에는 모든 신규건물은 PKVW기준(경찰안전주택인증, Politie Keurmerk Veilig Wonen)에 의해 건축되어야 한다. 상당히 강력한 법적인 규제이지만 네덜란드에서는 주거시설 방범의 중요성이 사회적으로 용인되고 있다고 평가할 수 있다(Jongejan, 2008: 4-6). 이러한 네덜란드의 셉테드의 자세한 인증체계는 후술하였다.

7. 일본

일본 가나자와현에서 추진한 '범죄없는 안전·안심 마찌쯔쿠리' 조례는 셉테드의 촉진 방안으로 셉테드 사업의 추진체계, 민간단체 지원, 특별주간 및 표창 수여 등을 시행하였고, 셉테드 지침이 필요한 대상(주택, 도로, 공원, 점포 등)을 설정하였으며, 범죄에 취약한 아동이나 여성 등 대상별 지침을 마련하였다. 또한 범죄 안전과 관련하여 계몽 사업의 일환으로 매년 안전·안심 마찌쯔쿠리 주간(10. 11~20)을 설정하여 범죄예방 페스티벌, 심포지엄 등을 개최하고 안전·안심 마찌쯔쿠리 공로자를 표창 및 장려상을 수여하고, 안전·안심 마찌쯔쿠리 표어와 심볼 마크에 대한 콩쿨, 안전·안심 마찌쯔쿠리 지역안전맵 콩쿨(소, 중학생부, 일반부 대상)을 개최하였다(김혜란, 2006).

section 02
표준 및 적합성 평가체계

이 절에서는 CPTED 표준화의 의의를 살펴보고, 국내외 CPTED 표준, 그리고 다소 인증이라는 명칭으로 일반인에게 익숙한, CPTED의 적합성 평가체계를 살펴보기로 한다.

1. 표준화의 의의

현대사회는 표준경쟁의 시대이며, 산업수출보다 표준 장악을 위한 국가들의 무한 경쟁이 시작되었다. 이에 따라, 표준화를 통한 국가경쟁력 제고는 이제 최우선의 과제가 된 듯하다. 이는 최근의 한미 FTA협정, 한·EU 자유무역협정의 진행과정을 통해 국가차원의 공통된 규범으로서의 표준의 필요성이 전 국민적 관심사로 대두된 점에서 잘 확인할 수 있다(김병기·길준규, 2007: 81). '표준화'란 일반적으로 사물, 개념, 방법 및 절차 등에 대하여 합리적인 기준을 설정하고 다수의 사람들이 어떤 사물을 그 기준에 맞추는 것을 의미한다.[13] 또한, 이러한 표준에 대하여 한국산업규격 KS A 3001에서는 관계되는 사람들 사이에서 이익이나 편리가 공정하게 얻어지도록 통일·단순화를 꾀할 목적으로 물체·성능·능력·동작·절차·방법·수속·책임·의무·사고방법 등에 대하여 정한 결정을 의미하며, 표준화란 이러한 표준을 정하고 이를 활용하는 조직적인 행위라고 정의하고 있다.[14] 특히 표준화를 통해 사회적인 안전, 건강, 환경 및 생명 보호 등 공익(public interest) 기능 향상을 추구할 수 있다.

영국, 덴마크, 프랑스 등은 90년대 중반부터「도시계획·건축디자인을 통한 범죄예방」프로세스 표준화를 추진하면서 유럽표준인 EN14383(도시계획과 건축디자인을 통한 범죄예방) 시리즈를 개발 및 제정해왔다.

---

[13]「국가표준종합정보센터」 www.standard.go.kr, 2008. 12. 24.
[14] 저자가 인터뷰한 기술표준원의 연구관 P에 의하면 표준은 '규격'이라는 표현으로도 많이 사용된다.

표준에는 국제표준(international standard), 유럽표준(European Standard)과 같은 지역표준(regional standard), 국가표준(national standard) 등으로 구분된다. 표준들은 제품, 프로세스, 또는 서비스의 특징을 결정한다. 이러한 특징들은 일반적으로 이익집단들 간에 자발적으로 합의된, 디자인이나 작업, 안전 기준을 결정한다. 한편, 표준은 다양한 제품들에 존재하며 서비스와 처리과정 등 시스템에 대한 기준, 즉 '시스템표준'15도 존재한다. 가장 잘 알려진 것으로는 품질 경영에 대한 국제표준인 ISO 9000이 있는데, 이것은 조직이나 기업, 처리 과정이나 프로젝트의 품질 경영에 대한 단계별 과정을 정의하고 설명한다(BRE Trust, 2005: 210). 국가표준 중 한국산업규격(KS: Korean Industrial Standards)은 「산업표준화법」에 의거하여 산업표준심의회의 심의를 거쳐 기술표준원장이 고시함으로써 확정되는 국가표준으로서 약칭하여 KS로 표시한다.

2. 국내외 CPTED 표준

CPTED 표준은 크게 시스템(서비스) 표준과 제품(성능/사양/시험) 표준으로 구분될 수 있다. 시스템 표준은 대게 절차, 프레임워크, 원칙, 체계 등을 다루며, 제품 표준은 규격, 시방이나 성능 기준을 구체화한다.

먼저 셉테드 시스템 표준 분야에서 보면 현재로서 유일하게 국제표준 ISO 22341이 있다. 세계 최초로 2021년에 제정된 ISO 22341 범죄예방환경설계 지침으로서 ISO/TC 보안 및 회복력(Security & Resilience) 분과를 통해 한국(프로젝트 리더: 용인대학교 박현호 교수)이 국가표준기술력향상사업16의 지원을 받아 4년여에 걸친 논의와 검증 과정을 거쳐 국제표준으로 제정된 것이다.

ISO 22341은 CPTED 핵심요소, 전략, 실행 프로세스, 일반원칙을 포함하고 있다. 이 중에서 CPTED 19대 전략과 실행프로세스는 도시 및 각종 시설의 계획, 설계, 관리 단계별로 범죄예방환경설계를 구현하기 위해 가시성, 영역성, 접근통제, 표적물 강

---

15 시스템 표준의 예를 들면, 국제표준화기구(ISO) 재난관리위원회는 2007년 5월 미국 올랜도에서 열린 제3차 정기 총회에서 '재난관리 가이드라인' 초안을 발표한 바 있다. 우리나라도 지진이나 해일, 풍수해 등 각종 재난 피해를 예방, 대비, 대응 및 복구하는 시스템의 유지와 응급조치 등을 국제기준에 맞춰 표준화하는 방안이 정부 차원에서 마련되고 있다. 재난 방지와 관리에 대한 표준과 마찬가지로 범죄의 예방과 대비, 관리에 대한 체계적 표준화도 가능한 것이다(황정연. (2007), "[특별기고] 재난관리 시스템 표준화"「파이낸셜뉴스」, 7. 23: 12).

16 과제명: 범죄예방시스템 국제인증에 대응한 한국형 보안·방범 환경 계획 및 설계 시스템 표준화 연구개발('17.4~'20.12.). 용인대 박현호 교수가 총괄책임자로서 연구개발을 진행하였다.

화 등 구체적인 기법과 절차, 그리고 기본 원칙을 제시하고 있다. 이번에 제정, 출판된 국제표준은 경찰청과 전국 자치단체 등 공공기관에서 막대한 재정을 투입하여 추진해온 CPTED 사업과 도시재생 뉴딜, 공공디자인, 건축 관련 정책 및 산업 분야에서 즉시 활용가능할 것으로 기대된다.

- 예시1 : 자치단체 범죄예방사업의 ISO 22341 기준 부합성 검토 및 평가분석에 활용

○ 도시의 범죄안전 인프라 구축에 관심과 투자가 적극적인 자치단체에 의 제정된 '범죄예방디자인' 조례가 크게 증가하였고 전국 셉테드 사업의 수가 2018년 1,555개소에 이름.

- 지역사회 셉테드 추진 근거 조례(범죄예방디자인 조례 등) 제정 지자체 수가 '15년 42개→'16년 148개→'17년 168개→'18년 214개로 증가함

○ 특히 충남 공주시의 경우 자치단체가 조례를 개정하여 범죄취약 가구의 주택에 범죄예방시설을 직접 무료로 설치 지원하는 CPTED혁신사업을 추진해 온 바, 공주시/공주경찰서와 협의하여 국제표준인 ISO 22341 기준의 적합성 진단 및 평가, 인증하는 사업에 활용 가능

- 예시2: ISO 22341 전략 중 Site/Target hardening(장소/표적 강화)전략에 따라 주거시설 침입범죄예방 시설은 성능인증제품으로 설치해야 함

○ 얼마 전 신림동 원룸 침입 성폭행 미수 사건의 경우 ISO 22341의 장소/표적 강화 전략 기준에 따라 원룸 공동출입구와 잠재적 피해자의 원룸 출입문과 도어락이 성능 면에서 시험 및 인증된 제품을 설치할 경우 범죄기도자의 침입 공격을 효과적으로 차단할 수 있고 사용자는 범죄로부터 보다 안전/안심의 주거환경을 누릴 수 있다.

또한 한국이 주도한 이번 국제표준 제정으로 우리나라는 보안 및 범죄예방시스템 분야 국제표준화를 주도하고, 보안산업 및 방범기기 시장을 선점할 수 있는 기반을 마련했다. 서비스 표준으로서 ISO 22341는 CPTED 분야 세계 최초의 국제표준으로서 이 분야 산업화와 응용에 다양하게 활용될 수 있는 표준으로, 향후 동 분야 국제표준의 First mover로서 나아가는 데 기여할 것으로 기대된다. 한편, 해당 분야 표준은 유럽표준기구 CEN/TC325가 기이 EN 표준을 개발하여 주도하고 있던 상황으로서 한국이 이를 내용 면에서 리스크관리(ISO 31000) 프로세스 적용, 건축물에 방범성능인증제품 적용, 6대 실행 원칙 등으로 차별화하여 ISO 제안하고 먼저 제정에 성공함으로써 우리나라의 CPTED 역량을 국제적으로 인정받았다는 의미도 크다.

그림 3-4 ISO 22341 최종 출판본 커버 및 웹사이트

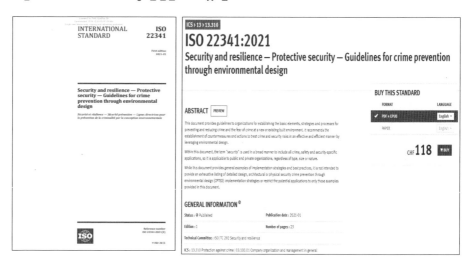

국내에서는 법무부의 '범죄예방활동 예산'은 2012년 514억에서 2019년 1,032억원으로, 경찰청의 '범죄예방 및 사회적 약자보호 예산'은 2013년 550억원에서 2019년 1,074억원으로 늘어나 약 2배 증가하고 있으며 경찰청은 50조 규모의 국토부 도시재생 뉴딜사업에 'CPTED 컨설팅' 지원을 지속('17년~)하고 있는 등 국내 CPTED 관련 사업의 확대와 함께 중앙부처의 범죄예방활동 관련 예산도 크게 증가하고 있다. 이러한 사업에 ISO 22341의 활용으로 각종 도시계획, 산업시설 물리보안인프라, 신도시 설계, 공공주택 사업, 마을 만들기, 스마트시티, 건축설계, 공공디자인, 자치경찰의 범죄예방환경 사업, 여성안심귀갓길 등 각종 범죄예방 및 보안 개선 사업의 국제적 공신력 확보에 도움될 것으로 예상된다.

이 표준은 범죄 및 보안 리스크 요인, 취약점의 원인 및 리스크 수준 등의 환경적 맥락을 이해하는 것으로 시작한다. 그 다음으로 역사적 배경을 통한 CPTED의 기초, CPTED의 4대 핵심요소(범죄 발생 장소, 리스크의 유형 및 원인, CPTED 이해관계자 및 대응책), CPTED 전략 등이 뒤따른다. 리스크와 CPTED 고려사항에 대한 더 나은 이해는 맞춤형 대응책을 더 잘 선택하게 한다. CPTED 프로세스는 감독기구의 설립을 시작으로, 성과목표 설정 및 프로젝트 팀 구성, 리스크 평가 및 리스크 처리, 처리에 대한 효과 평가, 시정조치 후 지속적인 개선을 위해 CPTED의 초기 단계로 피드백 된다. 이어

서 균형 잡힌 CPTED의 개념적 접근법, 비용효과성, 지속가능성 및 회복력, 녹색환경 (생태적) 접근법, 적응적 적용, 증거기반 접근법 등 CPTED 프로세스의 기본 원칙이 뒤따른다. <그림 3-5>은 범죄예방과 보안을 위한 CPTED의 틀을 보여준다.

그림 3-5 ISO 22341 범죄예방 및 보안을 위한 CPTED의 틀

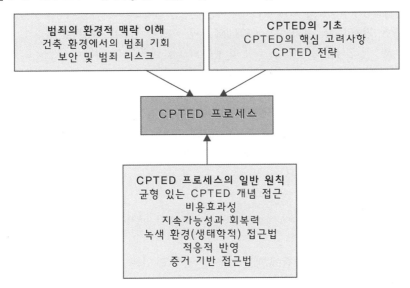

ISO 22341 표준의 구체적인 내용은 국제표준기구인 ISO의 저작권 보호를 받고 있는 바 본서에서는 모두 보여줄 수는 없으며, 전문은 ISO 홈페이지(https://www.iso.org/standard/50078.html) 또는 한국표준정보망 웹사이트[17] 등에서 열람, 구입, 확인할 수 있다.

이 표준에 대해 호주 뉴사우스웨일즈(NSW)의 주요 보안기업인 Loteconsulting (www.loteconsulting.com)의 자카리아 리쉬와 마허 마그라비 박사는 다음과 같이 ISO 22341를 소개하고 있다,

---

17 https://www.kssn.net/front/search/list.do?kwd=iso+22341

[ISO 22341:2021 – 보안 및 탄력성 – 오래 기다려 온 CPTED 국제표준]

(Zachariah Reisch and Dr Maher Magrabi)

우리는 새로운 CPTED 표준 ISO 22341:2021이 건설 및 디자인 계획 산업에 긍정적인 영향을 미칠 것이라고 믿습니다. NSW에서는 보안 위험관리에 대한 보다 표준화되고 포괄적인 접근 방식과 환경영향평가법(EP&A) 1979 4.15조에 따른 진부한 셉테드와 범죄예방 지침을 재검토할 수 있는 좋은 기회입니다. 이 표준은 CPTED에 대한 귀중한 정보를 제공하며 물리적, 사회적 CPTED 원칙과 전략을 논의하고 따라야 할 관련 예제를 제공합니다. 상당히 상세한 프레임워크 (그림 2)에서는 계획 또는 건축이 진행 중인 모든 장소와 시설에 대한 보안목표 달성을 위해 필요한 복잡한 요소들에 대한 가이드를 부여합니다. 또한, 유능한 보호자라는 용어와 표준 전반에 걸쳐 장소 및 시설 사이트 소유권 및 책임에 대한 후속 참조가 포함되는 것도 고무적이며, 경영진의 지속적인 보안 리더십이 보안 조치가 효과를 유지할 필요가 있다는 사실을 분명히 합니다. 전반적으로 이 표준은 도움이 되는 가이드이며, 우리는 이 표준에 대해 건설 및 계획, 디자인, 보안 업계의 반응이 기대됩니다.

*출처: https://www.loteconsulting.com/newsletter/newsletter−apr−2021/article−3/article−03.html

　이 밖에 ISO 22341 출간에 대한 소식을 전하고 있는 뉴스를 일부 정리해보면 아래 <표 3−3>과 같다.

표 3−3 ISO 22341 표준 출간에 대한 뉴스 홍보 사례

번호	홍보 유형	매체명	제목	홍보일
1	홈페이지 뉴스	ISO 본부	SECURITY, SOCIETY BUILDING BETTER COMMUNITIES https://www.iso.org/news/ref2620.html	2021. 01. 28
2	웹사이트 뉴스	국제셉테드협회 ICA 뉴스레터	CPTED ISO 22341 and Architecture https://cpted.net/resources/Documents/ICA%20Resources/Newsletters/The%20ICA%20Newsletter−March%202021_final.pdf	2021년 1분기호
3	온라인 magazine	영국 Professional Security Magazine	CPTED standard https://www.professionalsecurity.co.uk/products/physical−sec	2021. 02. 17

			urity/cpted-standard/	
4	웹사이트 뉴스	TC 292 전문 홈페이지 뉴스	A new standard for Crime Prevention Through Environmental Design (CPTED) just published https://www.isotc292online.org /news-archive/a-new-standar d-for-crime-prevention-throug h-environmental-design-cpted -just-published/	2021. 01. 27
5	웹사이트 뉴스	호주 Loteconsulting 뉴스레터	ISO 22341:2021 – Security and Resilience – the Long-Awaited CPTED Standard https://www.loteconsulting.com /newsletter/newsletter-apr-202 1/article-3/article-03.html	2021. 04.

　　특히 국제셉테드협회(The International CPTED Association - ICA)에서는 뉴스레터를 통해 ISO 22341의 제정을 축하하면서 "CPTED 표준 ISO 22341이 만들어짐에 따라, 현재 세계적으로 합의되고 인정된 정보를 요약하여 셉테드 서비스의 품질 기준을 유지하기 위한 정확한 지침을 제공하게 되었다. 셉테드의 실행에 대한 이 표준은 건축과 도시 계획에서 프로젝트를 안내하는 데에도 가치가 있을 것이다. 다양한 환경에서 사회적 셉테드 전략을 통합함으로써 셉테드(CPTED) 분야에서 큰 진전이 이루어졌으며, 물리적 환경을 내포할 뿐만 아니라 커뮤니티 참여 셉테드라는 두 가지 중요한 요소를 ISO 22341는 잘 통합하고 있다. 건축과 도시계획의 작업은 수십억 명의 인간이 사는 공간을 구성하는데, 그 공간은 사생활과 공공생활이 이루어지는 공간이다. 집, 쇼핑 센터, 스포츠 시설, 공원, 거리, 그리고 도로와 같은 공간들은 인간의 삶을 수용한다. 이곳은 공동체 구성원들 간의 상호작용과 삶이 탄생하는 장소이다. 셉테드 ISO 22341 표준은 셉테드의 두 영역인 물리적 환경과 사회적 환경을 명확히 정의함으로써 ISO 표준에 제공된 지침을 통해 조직된 이 두 영역의 일관성 있는 통합은 셉테드 방법론의 구현을 강화하며, 또한 많은 셉테드 실무자들이 이 표준을 통해 프로젝트 구현에 있어 그들의 지식과 전문지식을 키우고 강화하기 위해 도전해야 한다. 셉테드의 프로젝트 이행에 대한 교육과 실무 경험이 그 어느 때보다 필요한 때에 ISO 22341의 틀 안에서 물리적 건축과 사회적 환경 기반으로 셉테드 구현을 강화하는 과정에 ICA가 시행하고 있는 연수 프로그램이 큰 기여를 하고 있다"[18]라고 설명하고 있다.

---

18 https://cpted.net/resources/Documents/ICA%20Resources/Newsletters/The%20ICA%20Newsletter-

그림 3-6   국제셉테드협회 뉴스레터에서 소개된 ISO 22341

영국, 프랑스 등 서유럽에서는 90년대 중반부터 「도시계획·건축디자인을 통한 범죄예방」 분야의 표준화를 추진하면서 유럽표준인 EN14383(도시계획과 건축디자인을 통한 범죄예방) 시리즈를 제정해왔다. 일부는 제정되고 일부는 제정을 미룬 채 기술시방서(technical specification)나 기술보고서(technical report) 형태로 표준화를 위한 기술위원회(CEN/TC325)의 활동은 계속되고 있으며, 이 표준들의 구체적인 보급 및 활용을 위해 유럽연합 집행위원회(European Commission) 사법자유보안국(Directorate-Gerenal Justice, Freedom and Security)의 예산 지원으로 Action SAFEPOLIS라는 프로젝트를 추진하였다. 이 프로젝트의 결과물이 바로 '도시방범 계획 & 설계 핸드북(HANDBOOK on Crime Prevention Guidelines for urban planning and design)'이다.

이 핸드북은 CEN/TR14383-2(도시계획 및 설계를 통한 범죄예방)의 부속서인 Annex D의 해설서 및 활용자료로서 제작되었으며 셉테드 유럽표준의 보급 및 확산을 위한 사업의 일환인 것이다. 이 핸드북의 특징과 장점은 셉테드 가이드라인의 수준이 주로 북미와 기존 유럽국들이 제시한 다양한 건축물과 공공공간(public space)에

표 3-4 CPTED 유럽표준화의 틀

분야	유럽표준 및 제목	
용어	EN14383-1	CPTED 관련 용어(terminology)의 정의
원칙 및 프로세스	CEN/TR14383-2:2007	도시계획 및 설계 절차 및 시스템
CPTED 시설 계획, 설계, 관리 가이드라인	CEN/TS 14383-3	주택단지
	CEN/TS 14383-4	상가 및 오피스
	prCEN/TS 14383-5	주유소
	prCEN/TR 14383-6	학교 등 교육시설
	prCEN/TR 14383-8	차량이용 공격 등(테러)에 대응한 건축물 보호
	prCEN/TR 14383-7	대중교통 수단 및 시설

대한 단편적이고 미시적인 디자인 지침 수준을 넘어서 도시설계, 특히 계획(planning) 수준에서 거시적인 셉테드 지침을 제시하고 있으며 나아가 도시관리 전략까지도 상세하게 가이드하고 있다는 점이다.19 핸드북은 크게 4파트로 구분되어 있는데, '① 도시계획과 안전의 관계, ② 도시계획 전략, ③ 도시설계 전략, ④ 도시관리 전략'이 그것이다.

한편 우리나라는 CPTED 표준화의 구체적인 법적 근거가 아직 마련되어 있지는 않지만 서울시의 뉴타운 사업 및 재정비촉진조례의 개정으로 CPTED 적용이 도시 재정비사업에 의무화되었고, 경찰청이 국토해양부에 요청하여 CPTED의 법적인 근거를 관계 법령에 적극적으로 마련해 나가고 있다.

이러한 추세에 힘입어 범죄에 대한 표준화된 관리시스템을 기반으로 중앙·지방정부 간·부처 간 용이한 업무협조와 통합대응이 가능하도록 하고 국제표준 부합화로 CPTED를 통한 범세계적 범죄위험관리 협력 시스템에 동참하기 위해 2007년 이후 꾸준히 추진된 국내 'CPTED 국가표준화 사업'은 도시계획 및 설계 단계부터 범죄기회를 사전에 차단하는 등 표준화된 제도의 실행으로 범죄발생을 최대한 억제하려는 건전한 취지의 사업이다.

사업 추진은 용인대학교 산학협력단 범죄과학연구소(Institute of Crime Science: www.crimescience.kr)에서 2008년에 CPTED 용어체계 표준과 시스템 표준(KS A 8800: 2008 범죄예방환경설계-기반표준)을 개발하였고, 전문위원회 검토를 몇 차례 거쳐 심의위원회를 통과하면서 제정이 되었다. 이를 시작으로 동 연구소에서 2009년에는 주거

---

19 AGIS-Action Safepolis 2006-2007 Planning Urban Design and Management for Crime Prevention Handbook.

그림 3-7 기술위원회 CEN/TC325 회의 모습[20] 및 사이트(www.cen.eu)

시설 범죄예방설계(CPTED) 가이드라인(KS A 8801: 2010) 및 상업업무시설 범죄예방설계 가이드라인(KS A 8802: 2010) 표준이 개발되어 2010년 초에 전문위원회 검토와 기술표준원 공청회를 마쳤다. 또한 2010년에는 학교시설과 공원시설의 CPTED 가이드라인이, 2011년에는 대중교통시설 CPTED에 대한 연구개발이 완료되었다(박현호, 2009). 최종적으로 KS A 8800만이 제정이 되었고 8801와 8802 등의 표준안은 산업계의 완전한 합의가 이루어지지 못하여 제정되지는 못하였으나 관련 단체와 기관에 참고자료로 공개 배포된 바 있다.

표준화의 전체적인 틀에서 보면 CPTED 가이드라인에 대한 유럽표준 EN14383 시리즈를 모델로 방범환경설계의 표준이 개발되고 있으며 그 추진 체계는 <표 3-5>와 같다.

표 3-5 CPTED 관련 유럽표준(EN)과 이에 대응하는 한국국가표준(KS)의 틀

분야	EN 규격번호 및 제목		대응되는 KS 규격번호 및 제목	
용어 정의	EN14383-1	CPTED 관련 용어의 정의	KS A 8800	환경설계를 통한 범죄예방(CPTED) – 기반규격
원칙 및 프로세스	CEN/TR143 83-2:2007	도시계획 및 설계 절차 및 시스템		
CPTED 시설 계획, 설계, 관리 가이드라인	CEN/TS 14383-3	주택단지	KS A 8801	주거시설 CPTED 가이드라인
	CEN/TS	상가 및 오피스	KS A 8802	상업업무시설 CPTED

---

20 저자가 CEN/TC235 의장의 허가를 받아 국제옵서버(International Observer)의 자격으로 2차례 표준 개발 회의에 참석하였다.

14383-4			가이드라인
prCEN/TS 14383-5	주유소		가이드라인
prCEN/TR 14383-6	학교 등 교육시설	KS A 8803	학교시설 CPTED 가이드라인
·	·	KS A 8804	공원시설 CPTED 가이드라인
prCEN/TR 14383-8	차량 이용 공격 등(테러)에 대응한 건축물 방어와 보호	·	없음
prCEN/TR 14383-7	대중교통 수단 및 시설	KS A 8805	대중교통시설 CPTED 가이드라인

앞에서 설명한 바대로 원칙과 프로세스에 대한 KS A 8800표준은 제정되었으나 시설물 가이드라인 표준의 경우에는 관련 산업계에 미치는 영향이 클 수 있고 매우 다양한 이해관계자들(도시, 건축, 학계, 실무자, 지자체, 관련 정부부처)의 합의가 선행되어야 원만하게 제정이 될 수 있기 때문에 제정을 추진할 경우에는 충분히 신중한 보완과 수정이 요구될 것이다.

한편 셉테드 관련 하드웨어 표준은 국제표준, 국가 및 단체 표준으로 구분해서 볼 수 있다. <표 3-6>은 국제표준인 ISO 표준과 유럽연합의 EN표준, 국가표준인 영국표준(BS), 그리고 단체표준(LPS, ASTM)을 예시하였다. 도어, 창, 창문, 잠금장치 등 건축자재와 관련된 하드웨어 방범성능 표준들이며 이 밖에도 영국의 BSIA(영국산업협회), BRE(Building Research Establishment) 등에서는 경보기, CCTV 등 매우 다양한 방범기기 관련 국가표준 및 단체표준을 개발해왔다(박현호, 2009).

주로 선진국에서 개발된 이러한 하드웨어의 방범성능 표준화가 국내에서는 미진하여 빈곤층은 물론 중산층의 시민들조차도 최소한의 방범성능 기준을 충족하지 못한 주택에서 살면서 많은 침입 강도, 살인 등의 강력범죄 피해에 노출되어 왔고 이에 따라 표준화가 시급한 실정이다.

이상에서 CPTED의 소프트웨어 표준과 하드웨어 관련 표준들을 살펴보았는데 이러한 표준 또는 기준에 대한 내용은 제8장 '시설환경별 CPTED 적용 기준'에서 보다 상세히 다루었다.

---

21 LPS는 Loss Prevention Standard의 약어로 영국건설기술연구소(BRE) 산하 손실방지인증위원회(Loss Prevention Certification Board: LPCB)에 의하여 자체 연구 개발된 표준을 말하며, LPCB는 보안과 소방 분야에서 국제적인 명성을 가진 인증기구로 알려져 있다. LPCB에서 제안한 LPS의 상당수가

표 3-6   셉테드 하드웨어 표준의 예

표준 유형	표준의 제목
국제표준	▸ ISO 16936-1:2005 건물의 유리(Glass in building) – 강제침입 방지 판유리 (Forced-entry security glazing) –– 1항 : 반복적 볼낙하 실험 및 등급화(Part 1: Test and classification by repetitive ball drop) ▸ ISO 16936-2:2005 건물의 유리(Glass in building) – 강제침입 방지 판유리 (Forced-entry security glazing) –– 2항 : 실내 온도에서 반복적 해머, 도끼 충격 실험 및 등급화(Part 2: Test and classification by repetitive impact of a hammer and axe at room temperature) ▸ DD ENV 1627:1999. 창문, 출입문, 셔터, 침입강도 저항력, 필요조건과 등급. (Windows, doors, shutters. Burglar resistance. Requirements and classification.) ▸ DD ENV 1628:1999 창문, 출입문, 셔터, 침입강도 저항력, 정적 로딩에 대한 저항력 측정 테스트 방법(Windows, doors, shutters. Burglar resistance. Test method for the determination of resistance under static loading)
국가표준	▸ BS 3621 : 2004 절도방지 락 어셈블리 – 키 출구(Thief Resistant Lock assembly – key egress)
단체표준	▸ LPS21 1175 LPCB 인가와 침입자 저항가능 건물요소, 강화지점, 보안구역, 자연방어물의 목록화를 위한 필요조건과 실험절차(Requirements and testing procedures for the LPCB approval and listing of intruder resistant building components, strongpoints, security enclosures and free standing barriers.) ▸ ASTM 유리, 잠금장치, 도어 기준(F588 Glazing, F33 Locks, Doors)

3. 셉테드 적합성 평가체계

(1) 해외의 셉테드 적합성 평가체계

1) 일반 건축시설물의 CPTED 인정·인증

CPTED는 사회안전을 위한 시스템 중의 하나이고 그러한 시스템이 체계적으로 구축되고 운영되기 위해서는 엄격한 기준(표준)이 수립되어야 하고, 그러한 기준의 요구사항에 적합하게 운영되고 있는지를 평가 및 검증해야 한다. 인증은 그러한 평가와 검증의 중요한 방법과 도구가 된다. 그러나 가장 체계성 있고 엄격한 수준의 인증시

BS, EN, IS 등 표준으로 채택된 바 있다. LPCB 인증 프로세스는 품질 기준에 부합되도록 법률가, 보험사, 디자이너, 제조업자, 설치업자, 엔지니어, 과학자 등의 전문가 집단에 의한 제품의 분석평가와 테스트를 포함한다. 제품 인증은 세계적으로 알려진 시험소 및 연구소에 의한 테스트에 의해 이루어지며 규칙적이고 지속적인 심사에 의해 유지가 된다. 기준 심사에 통과한 제품을 LPCB에서 인증하여 'Red Book'을 통해 전 세계 지정자(specifier)들과 유저들에게 무료 배포하고 있다 (www.security-int.com 홈페이지 참고).

스템을 운영하기 위해서는 ISO표준과 같은 국제적인 기준을 준수하는 것이다. 먼저, 인정과 인증은 구별되는데, 규정된 요구사항(requirements)에 대하여 적합성평가기관이 적격한지를 공식적으로 실증하는 제3자 증명 활동을 '인정(accreditation)'이라 하고, 규정된 요구사항에 대한 제품, 프로세스, 시스템, 사람 등의 적합여부를 실증하는 제3자[22] 증명 활동을 포괄적으로 '인증(certification)'이라 한다. 여기서 건축물의 CPTED 인증은 건축물이 CPTED의 원칙에 의해 계획, 설계, 관리되고 있는지를 평가 및 실증하는 것이므로 '시스템인증'에 해당하며 건축물의 방범시설로 활용되는 도어락, 창문 등 하드웨어에 대한 방범성능을 시험하는 것이 '제품인증'에 속한다(박현호, 2011).

그림 3-8 인정 및 인증체계

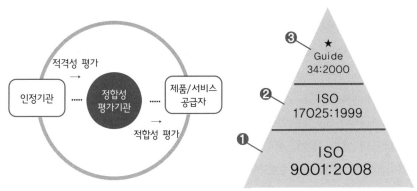

Three levels of ISO accreditation

출처: 기술표준원(KATS) 및 ISO 홈페이지(시험교정검사 기관 인정 17025 및 표준물질 생산기관의 자격에 대한 일반 요건 Guide 34)

<그림 3-8>과 같이 인정기관은 적합성평가기관(제품인증기관, 자격인증기관 등)이 국제 규격 또는 기준에 적합하게 운영되고 있는지를 평가하여 확인하고, 사후관리를 통하여 관리·감독함으로써 인증제도의 신뢰성을 유지하고 보장하는 역할을 수행하고, 적합성평가(인증)기관은 적합성평가대상에 대하여 국제규격 또는 기준에 의하여 규정된 요구사항에 적합한지를 평가하고 실증해 주는 기관이며, 인증의 유효성을 위해 지속적인 사후관리 활동을 수행한다.[23]

22 여기서 제3자란 적합성평가대상 및 그 대상에 대한 사용자와 독립적인 관계에 있는 자를 말한다.
23 한국인정원 웹사이트(www.kab.or.kr) 참고.

이러한 인증 활동을 수행하기 위해 관련된 국제 규격이 적용되는데, 예를 들어 환경경영시스템(ISO 14001)의 경우, 조직에 대한 인증규격은 ISO 14001:2004, 환경경영시스템 인증기관에 대한 인정규격은 ISO/IEC Guide 1721:2006이 된다.

특히 2010년의 CPTED 인증제도 분야의 국제적인 동향을 살펴보면, 영국의 SBD 인증제도가 세계적이며 체계적으로 발달하였고, 미국 켄터키주에서 영국의 SBD 인증제도를 벤치마킹해서 2011년 1월 현재 시범운영을 준비하고 있으며, 이와 관련하여 CPTED 인증과 관련한 교육제도구축을 위해 미국의 CPTED 인증제도를 담당하는 실무자들이 직접 영국에서 교육을 이수한 것으로 면접조사(영국 CPI 담당자 McCiness) 결과 확인되었다. 미국에서의 이러한 동향은 미전역의 대도시에서 높은 수준의 범죄율과 그에 따른 시민들의 범죄에 대한 두려움 등을 사전에 예방하기 위한 사회적 노력으로 진일보한 변화로 긍정적으로 평가할 만하며, CPTED 인증은 국제사회에서 영국이 주도하는 것을 알 수 있는 바, 우선 영국의 SBD 제도를 분석할 필요가 있고, 이후 네덜란드, 일본, 미국 그리고 호주의 인증체계를 간략히 분석하기로 한다.

영국의 Secured by Design(이하 SBD)는 영국 전역의 전국경찰지휘관협회인 ACPO24에서 내무부(Home Office)의 범죄예방국(Crime Reduction Unit)의 후원과 교통지자체부(DTLR, 현 부총리실)와의 협의하에 발기된 공식적인 CPTED 제도이다. 인증범위는 건축물의 계획, 설계, 시공에 대한 시스템인증(소프트웨어)과 창, 유리, 도어 등 제품(하드웨어)에 대한 인증제도 모두를 시행하고 있다. 하드웨어가 시스템인증의 요구사항에 필수적으로 포함되어 있기 때문에 양자는 실과 바늘처럼 불가분의 관계이다. 또한 시스템인증은 유럽표준 등을 근간으로 CPI가 자체 개발한 인증 요구사항(지침)과 국가표준(BS)을 기준으로 심사하고 있으며, 제품인증은 국제·국가·단체표준(ISO, BS, LPS)을 인용하여 시험하고 있다.

앞서 설명한 영국의 SBD와 유사하게 이를 벤치마킹하여 네덜란드에서도 '경찰안전주택인증(Politie Keurmerk Veilig Wonen, 이하 PKVW)' 제도가 1994년에 시작되어 1996년부터는 전국적으로 확대 시행하고 있다. PKVW은 CPTED의 논리대로 경찰과 지방정부, 도시계획가, 건축가, 건축업 및 주택 관련자가 참여하여 잠재적 주거침입절도, 잠재적 건물침입절도, 범죄공포를 줄이거나 예방하기 위해 표준을 만족하는 건축부품과 가이드라인을 만족하는 구조에 대해서 인증마크를 붙여, 자발적인 범죄예방을

---

24 경찰법(Police Act)에 의거하여 설치된 법적 경찰기구.

유도하고 있다.

영국과 마찬가지로 네덜란드에서도 시스템인증과 제품인증이 모두 존재하고 있는데 시스템인증 PKVW는 건축물 및 시설물의 CPTED 계획, 설계, 관리를 인증하고, 제품(H/W)인증인 SKG(도어셋, 창문, 창 품질센터)/SKH(목재제품시험센터)인증은 창, 유리, 도어, 셔터 등의 방범성능을 테스트한다. 다만, PKVW는 신규주택단지와 기존주택단지를 구분하여 인증에 대한 탄력적인 요구사항을 제시하며 특히 기존주택단지는 일반주택(소유자, 세입자), 복합단지(주택조합 등), 근린주구(지자체) 등 3가지 유형과 수준으로 인증한다.[25]

일본의 CPTED관련 인증제도에는「전국 ·방범우량맨션 · 주차장 인증제도」와,「CP 마크 제도」등이 있다. 일본의 방범우량맨션 · 주차장 인증제도는 역사적으로는 1994년 히로시마에서 처음 시도되었고(동경방범협회연합회 Sejawa의 설명) 2006년 4월에 재단법인 Better Living, 재단법인 전국 방범협회연합회와 사단법인 일본방범설비협회 등 3개 공익 법인이 경시청과 국토교통성의 지도 아래, 각 도도부현의 주택관련 공익법인과 방범 관계 공익법인이 방범우량맨션(지역에 따라 아이치현의 경우 '방범모델단지'라 명명하기도 함)의 공동인증을 위한 전국 통합의 제도적 기초로서, '방범우량맨션 인증사업지원 요강'과 이에 근거한 '방범우량맨션표준인증규정'과 '방범우량맨션표준인증기준'을 마련하였다.[26] 본 제도는 개발을 행하는 사업자 측에서 신청을 해주는 것으로 절차가 시작되는데, 신청서, 계획 당시의 체크리스트 등의 소정의 양식에 기초한 서류와 함께 대상이 되는 주택 단지의 도면 등의 필요 서류를 제출해야 한다. 주택 단지가 완성되었을 때는, 완공보고서, 완공 시 체크리스트 등의 소정의 양식에 기초한 서류를 제출해야 하며, 해당 단지가 방범우량맨션 인증을 받기 위해서는 크게 주택, 도로 및 공원, 공용시설, 유지관리 등 4개 분야로 나누어져 제시된 기준을 만족시켜야 한다.

한편, 일본의 CP 마크는 영국의 SBD 인증 마크와 같이 문, 유리창, 자물쇠 등의 건물 부품 중에서도 특히 방범성능이 높은 건물 부품에 붙여져 있는 녹색의 마크인데, 탄생배경은 2002년 11월 25일에 일본의 국토교통성 · 경찰청 · 경제산업성과 건물 부품 관련 민간단체와 함께「방범성능이 높은 건물 부품의 개발 및 보급에 관한 관민

---

25 Cetnum Criminaliteitspreventie Velligheld(CCV), The Police Marque Secured Housing, Alg Presentatie PKVW, 2011. http://www.politiekeurmerk.nl/downloads 참고.
26 재단법인 전국방범협회연합회 홈페이지 www.cbl.or.jp/info/221.html 참고.

합동회의」를 설치하고 건물에의 침입을 막기 위한 각 건물 부품의 기준 등에 대해서 검토를 거듭한 후 「건물부품의 방범성능 시험규칙」을 제정하여 방범성능 시험을 실시하였다. 이후 '침입까지 5분 이상의 시간을 필요로 한다' 등의 방범 성능이 있다고 평가된 건물 부품 15종류 약 2,300품목을 공표하고, 「방범 성능이 높은 건물 부품」의 보급을 촉진하기 위해서 「공통 호칭(방범 건물 부품)」과 「공통 표장(CP마크)」을 제정하기로 한 것이다(www.cbl.or.jp 참고).

이 밖에도 미국에서는 2010년 2월부터 영국 ACPO CPI의 제도를 벤치마킹하여 켄터키 주 Lexington 경찰청에서 Eastern Kentucky University와의 협력으로 SbD(secured by design) 제도를 시범운영하기 위한 준비를 시작한 바 있다. 영국과 마찬가지로 진행하되 우선은 계획과 설계 그리고 완공에 이르는 전 프로세스에 대한 시스템 인증을 시행할 계획으로 주요 골격은 영국의 SBD와 유사하다.[27]

미국의 일부 시경찰국에서 SBD프로그램의 일부를 적용한 적은 있으나 한 곳도 영국의 SBD만큼 종합적인 CPTED프로그램을 시행한 적이 없다는 점을 지적하면서[28] Lexington시 경찰이 미국 최초로 종합SBD 프로그램 시행을 위해 해당 자치단체에서 태스크포스팀을 구성하여 준비하고 있는 것이다.

또한 호주에서도 멜번시에서 멜번시청, 빅토리아경찰청, 시주차협회 등 민관 합동으로 방범안전주차장 인증제도(Melbourne Car Park Accreditation Scheme)를 시행하고 있다. 대상은 노외주차장(지하주차장, 주차빌딩 등)에 한하며 5개 등급제로 운영하고 있다. 자체 평가 후 개선, 인정 신청 등록, 인증심사 평가 후 인증 등급을 부여하며 인증의 유효기간은 3년으로 사후관리하고 있다. 표지판, 조명, 건축구조 등에 대한 국가표준 Australian Standard를 인용하고 있다.[29] 또한 호주에서도 AS 3555.1 등의 방범성능 건물부품 표준이 마련되어 있으며 각 주의 건축법규에 따라 공인시험기관의 엄격한 성능 및 견고성 테스트를 통해 인증된 제품을 지역적 상황에 따라 의무적으로 또는 자발적으로 사용하고 있다(www.saiglobal.com 참고).

지금까지 분석한 해외 각국의 CPTED인증체계를 비교기준에 따라 정리한 것은

---

27 미국 Eastern Kentucky University의 Paulsen 교수와의 이메일 인터뷰 조사 결과이다.
28 렉싱턴시 경찰국장 Bastin의 지역언론 인터뷰 내용이다.
   http://www.publicbroadcasting.net/wuky/news/news.newsmain/article/1/0/1703661/
   WUKY.Local.News/Lexington.Police.Want.Buildings.to.be.'Secured.By.Design' 참고.
29 City of Melbourne·Victoria Police, Melbourne Car Park Accreditation Scheme, 2009.
   www.melbourne.vic.gov.au 참고.

<표 3-7>30과 같다. 단, 미국이나 호주의 인증 사례는 그 수준과 범위에 있어서 아직 준비단계이거나 폭이 좁다는 점을 고려하여 비교대상에서 제외하고 비교적 체계가 잡히고 역사가 있는 영국, 네덜란드, 일본만을 대상으로 비교하였다.

표 3-7 각국의 CPTED 인증 비교

기준	영국 SBD	네덜란드 PKVW 및 SKG/SKH	일본 방범우량맨션 및 CP
인증로고			
역사	1989년 영국 동남부 지역에서 처음 시작	영국의 SBD를 벤치마킹하여 1996년 도입	- 1990년대 각 도도부현별로 방범모델맨션 제도 시행, 2006년에 전국통합인증기준 마련 - CP마크는 2004년 5월에 시작
인증범위	- 시스템(S/W)인증 SBD: 건축물/시설물의 CPTED 계획, 설계, 관리 인증 - 제품(H/W)인증 SBD: 창, 유리, 도어, 셔터 등의 방범성능 인증	- 시스템(S/W)인증 PKVW: 건축물/시설물의 CPTED 계획, 설계, 관리 인증 - 제품(H/W)인증 SKG/SKH: 창, 유리, 도어, 셔터 등의 방범성능 인증	- 시스템(S/W)인증 방범우량맨션/주차장 인증: 주거시설 및 주차장의 방범설비 및 이에 필요한 배치, 구조 등 인증 - 제품(H/W)인증 CP마크: 방범 성능이 높은 제품을 인증
관련법규	- Crime and Disorder Act 1998 - 정부도시계획정책고시(PPS1) - Code for Sustainable Homes: 공공주택은 의무적으로 SBD 인증을 받아야 하고, 민간주택도 일부 SBD지침 준수는 사실상 의무화	- 주택법 1999(모든 주택의 창, 도어는 3분 이상 침입시도에 견딜 수 있는 성능 요구) - 건축법 개정 2004년(모든 신규건물은 PKVW기준에 의해 건축되어야 함)	- 방범우량맨션 표준인증규정 - 방범우량맨션 표준인증규정 - 건물부품의 방범성능 시험규칙
특징	건축업자들의 상업적 이해 관계와 정부의 범죄예방 목적을 접목시킨 프로그램	신규주택단지와 기존주택단지를 구분하여 인증에 대하여 탄력적인 요구사항을 제시	경찰이 다른 기관, 단체와 파트너십 형성하여 추진, 시행
인정기관 · 인증기관	〈시스템 및 제품 인증 공히〉 인정기관은 경찰청(ACPO)/내무성, 인증기관은 CPI(비영리 법인). 단, 제품은 시험소 테스트 통과 조건부로 SBD 인증.	- 시스템인증(PKVW): 인정기관은 내무부/경찰, 인증기관은 CCV(독립적인 비영리 법인) - 제품인증: 정부에서 인정한 산하 SKG/SKH기관에서 테스트 후 인증	- 시스템인증(방범우량맨션): 경시청/국토교통성이 인정기관, 아이치현 등 7개 등록 인증기관 - 제품인증(CP): 관민합동회의(경찰청, 국토교통성/경제산업성, 민간단체)에서 시험소 테스트 통과시 인증
인증심사원	ALO/CPDA 경찰 인력이 인증심사하며 컨설팅은 민간전문가도 가능	ALO경찰관 및 민간전문가	방범협회연합회 등의 다양한 공공 및 민간전문가 합동
전문가	- 공공교육: 국립경찰혁신청(NPIA)	- 공공교육: CCV등에서 다양한 교육	JSSA(일본방범설비협회)에 의한

---

30 '박현호(2011) 한국의 CPTED 인증체계 발전방안 연구, 경찰학연구, 제11권 제2호 통권 제26호.'의 표를 편집·인용하였다.

교육	의 Designing Out Crime 코스 시험통과시 정부공인자격 인정 - 민간교육: AKA 교육서비스 회사 시험통과시 정부공인 자격인정	프로그램 제공. 시험통과시 정부공인 자격인정 - 민간교육: 몇몇 단체에서 교육코스 제공	방범설비사 자격인증(민관합동) 교육과정에서 CPTED 관련 시스템과 방범설비(CF 및 방범우량기기 RBSS)에 대한 교육 제공
인증 프로 세스	- 시스템인증: 계획, 설계, 시공 등 프로세스 인증 - 제품인증: BRE 등 공인시험소에서 테스트가 이루어져 일정 기준(예, BS7950)을 통과한 제품에 한해 CPI가 재심, 인증	- 시스템인증: PKVW위원회가 신청서를 검토한 후, 작업이 완료된 후 독립 조사관을 파견하여 적절성 검토 후 요건을 만족하면 인증 - 제품인증: 기업이 신청하면, SKG/SKH에서 엄격한 테스트 통과시 인증	- 시스템인증(방범우량맨션): 신청서류와 시설물을 심사하여 인증 - 제품인증(CP): 공인시험소에서 시험원이 드라이버, 바루(쇠지레), 버너 등의 침입공구를 사용하여 파괴침입 실험을 행하고 침입까지 5분 이상을 버텨야 인증
재인증 여부	- 시스템인증: 재인증 없으나 SBD 시설물에 하자가 생기면 인증 최소만 함 - 주차장(Park Mark)인증 및 제품인증: 주기적 재인증	- 시스템인증: 주기적 재인증 - 제품인증: 주기적 재인증	도쿄의 경우 등록 후 3년 후 갱신
인증 등급 구분	- 시스템인증: 초기에는 Gold, Silver, Bronze 등급제였으나 현재는 Pass/Fail만 있음 - 제품인증: 시험등급(class) 기준 있음	Pass/Fail	Pass/Fail
평가 기준	- 시스템인증: 유럽표준 등을 모태로 CPI 자체 인증 요구사항(지침) 기준 - 제품인증: 국제/국가/단체표준 (ISO, BS, LPS) 인용	- 시스템인증: EN, PKVW요구사항 기준 - 제품인증: 유럽표준과 국가표준인 NEN 인용	별도의 인증기준 마련 - 그러나, 국가표준인 JIS인용 여부 확인 안 됨
방범 효과	- SBD주택이 非SBD주택에 비해 범죄피해율이 1/2로 감소 - SBD 주택에서 안전감이 상대적으로 높음	- 주택침입강도가 2%에서 0.1%로 획기적으로 감소. - PKVW주택 선호도 크게 증가	방범우량맨션 (매우) 안심(74.5%) 〉일반 맨션 (매우) 안심(26.3%)

2) 주차시설의 CPTED 인정·인증[31]

　우수 방범환경 주차시설에 대한 시스템인정은 영국 Park Mark(PM)인정, 호주 멜번시 CPAS(Car Park Accreditation Scheme)인정, 뉴질랜드 Carpark+ 인정, 일본 방범우량주차장인정이 대표적이다. 인정주차장의 범위 면에서 공통적으로 기존 주차장과 신축 주차장에 관계없이 방범환경 우수 인정의 대상이 되는 주차장의 범위에 포함시키고 있다. 당연히 방범환경이 취약한 기존 주차장은 그 시설과 환경을 리모델링 등을 통해 개선히도록 유도하고 신축히는 주차장은 계획 및 설계 단계에서 비용효과가 최대화되도록 셉테드의 원리를 반영하고자 하는 것이다. 운영 주체에 있어서 공영과 민영에 관계없이, 그리고 용도에 있어서 주택용과 비주택용(상업·업무용) 모두 인정평

---

31 이 절의 내용은 저자가 책임연구자로서 참여한 '범죄과학연구소(2016) 대형마트 주차장 시설진단 척도 및 인정기준 연구, 경찰청 용역연구보고서'를 주로 요약 및 편집한 것임을 밝힌다.

가의 대상이 된다. 또한 구조상으로 지상, 지하, 복층, 기계식 등 관계없이 범죄위험에 노출되었거나 노출될 가능성이 있는 주차장들은 예외 없이 그 인정 대상에 포함되어 있다.

인정 프로그램을 주관하는 기관이 상호 차이가 있다. 즉, 영국 PM인정의 제도는 경찰청장협회인 ACPO가 여전히 소유하고 있으나 인정제도의 관리운영은 영국주차협회(BPA)의 지역관리팀에서 맡고 있는 이원적 모습을 보이고 있다. 한편 호주 멜번의 CPAS와 뉴질랜드의 Carpark+ 인정제도는 경찰과 지자체(뉴질랜드는 법무부도 참여)가 협동 사업으로 주관하는 형태이다. 범죄예방 관련 협회에서 주관하는 경우도 있는데 일본 도쿄도 방범주차장 인정은 재단법인 도쿄방범협회연합회에서 이를 주관하고 있다. 인정평가원(inspectors) 자격의 경우 크게 아래의 4가지 유형이 있다.

① 특화교육훈련을 이수하고 자격 인정을 받은 전담 경찰관(ALO/CPDA)
② 특화교육을 이수한 경찰관과 시청공무원으로 구성된 평가팀
③ 특화교육을 이수한 경찰관 1명, 시청공무원 1명, 독립적 평가심사원 1명
④ 특화교육으로 자격증을 취득한 전문가(퇴직 경찰 다수)와 위촉된 건축사

영국의 PM인정은 ①번에 해당하고, ②번은 호주 멜번시의 경우에 해당하며, ③번은 뉴질랜드의 사례이다. ④번은 일본에만 특화된 사례다. 인정심사의 절차는 크게 볼 때 아래와 같은 공통 단계를 거쳐서 인정 마크가 수여되고 있다.

① 셀프평가(self assessment)
② 인정 심사 신청, 등록, 관련 서류 제출
③ 평가심사팀 구성
④ 서류심사(document review) 및 현장심사(site inspection)
⑤ 별도의 심사위원회 개최 또는 평가심사팀의 논의에 의한 판정 결과 통보
⑥ 인정 마크(패) 또는 등록증 수여

여기서 특히 '셀프평가'는 인정을 신청하는 주차장의 관리 및 운영 주체들이 해당 주차시설에 대하여 인정마크를 획득할 정도의 준비를 갖췄는지, 그리고 인정서를 받을 수 있기 위해서 부족한 항목과 요소들이 무엇인지를 검토하고 확인하는 자기점검 단계이다.

인정갱신 면에서 영국 PM인정은 첫 번째 인정 마크는 그 유효기간이 1년이고 이후 2년(최대 3년)마다 재심사 후 갱신토록 하고 있다. 호주 멜번시는 3년마다 재심사 후 갱신하도록 하며, 뉴질랜드는 2년마다 재심사 후 갱신해야 한다. 일본 도쿄 방범우량주차장 인정은 3년마다 재심사 후 갱신토록 하고 있는 바, 평균적으로 3년 정도를 재심사 및 갱신의 주기로 규정하고 있다. 인정등급화와 관련하여 호주 멜번시를 제외한 나머지 영국의 PM인정, 뉴질랜드 Carpark＋, 일본의 방범우량주차장 인정은 모두 등급제 없이 인정의 가부, 즉 pass/fail만 판정하여 운영하고 있다. 멜번시의 경우 1성(1 Star)~5성까지 별의 수로 주차장 안전등급을 부여하고 있는데, 다소 낮은 방범환경 수준의 주차장에게도 기회를 주고 1성이라도 부여하여 조금이라도 보안 수준을 개선시켜 보려는 시와 경찰의 의도가 숨어 있다고 볼 수 있다.

인정 평가의 기준과 방식에서는 상당한 차이를 보이고 있다. 즉, 영국의 PM인정에서는 평가기준에서 관리체계(절차) 및 방범시설, 디자인이 핵심 요소이지만 체크리스트 항목 모두가 필수는 아니며 주차장의 환경 및 사정에 따라 유연한 평가가 가능하다. 반면 호주 멜번시의 인정 평가 기준은 비상대응관리, 직원/고객 서비스, 부가서비스, 물리보안 등 4개 파트로 구분하면서, 비상대응관리절차는 필수 항목(40점), 나머지는 항목별로 가중치 점수 평가를 하는데 높은 등급(5성)일수록 더 많고 강한 기준을 충족하도록 규정하고 있다는 점이 차별화된 특징이다. 한편 뉴질랜드의 Carpark＋는 평가 분야가 감시 및 보안위험도, 조명, 주차구역 설계, 접근통제, 물리보안, 표지판, 활동성, 관리 요소로 구성되어 있다. 이 중에서도 영국과 마찬가지로 관리체계(절차) 및 방범시설, 디자인이 핵심 요소이지만 체크리스트 항목 모두가 필수는 아니며 주차장의 환경 및 사정에 따라 유연한 평가가 가능하고, 낡은 기존 주차장은 모든 평가기준을 충족하지 못하더라도 한계 내에서 개선 노력을 감안하여 인정 마크를 부여하고 있다. 일본 방범우량주차장도 평가기준의 틀은 보안인력, 방범시설, 디자인 등으로 유사하고 주차장 구조, 관리실 운영, 전자감시, 출입통제, 조명, 비상시설 등의 평가항목들을 갖추고 있으나 그 평가 기준 항목들을 전부 충족해야만 인정을 하는 등 다소 경직성을 갖고 있다.

인정 심사 탈락 시 조치 측면에서 영국의 PM은 인정심사위원회의 심사 결과에 대해 1개월 이내 이의신청이 가능하며 위원회에서 이를 재심사 후 인정 여부를 최종 결정할 수 있다. 반면, 호주 멜번시의 CPAS는 등급제라서 탈락은 없으며 최하 1성이라도 받는 구조를 갖고 있다. 더불어 평가팀이 심사 결과에 대해 신청자를 불러서 논의한 후에 추후 등급 상향(예를 들면, 1성에서 2/3성 이상으로)을 위해 필요한 조치에 대한 조언을 주고 등급 상향을 유도하는 방식을 취하고 있다. 뉴질랜드에서는 인정 탈락 통보 시에 그 이유와 통과되기 위한 개선조치사항을 명시한 내용의 문서를 신청자에게 전달하도록 하고 있다. 또 첫 심사 후 6개월 이내에 개선조치가 이루어지면 이에 대한 재심사를 완료하도록 하고 있으며, 분쟁 발생 시엔 중립적인 제3의 심사평가원이 관련 과정에 대하여 재검토를 하여 평가 오류 등의 문제가 발견될 때에는 이를 시정하고 인정서를 수여하도록 충분한 기회를 부여하고 있다.

면책규정 및 벌칙 측면에서 사례들의 공통점은 대부분 인정마크의 획득이 범죄발생 제로(없음)를 보장하지 않는다는 것이 강조되고 있다는 점이다. 인정의 총괄 주관기관이 불필요한 책임부담을 떠안아서 다양한 시설에서 방범환경의 확산이라는 본래의 취지와 목적을 달성하는 데 장애가 되지 않도록 하기 위한 자연스런 면책규정인 것이다. 나아가 인정마크를 취득한 해당 시설주나 관리자들이 마크를 획득했다는 사실을 상업적으로 지나치게 확대 및 과장 광고하고 홍보하는 데 이용하거나 남용하는 것을 방지하기 위해서 주차장에 '범죄발생 제로'라고 홍보하는 것을 인정 취소 사유로 하고 있다는 점이다. 이러한 규정과 벌칙을 통해서 합리적이고 수용 가능한 수준에서 이 주차장 방범안전 인정제도를 이해하고 활용하며 접근하도록 시설주나 관리자, 그리고 주차장 이용자들을 교육시키고 그러한 바른 인식을 심어 주는 것이 중요할 것이다.

위 외국의 주차시설 셉테드 인정제도의 사례들을 비교 분석한 내용은 <표 3-8>과 같다.

표 3-8 국가별 주차장 인정체계 비교표

비교 기준	영국 Park Mark(PM) 인정	호주 멜번시 Car Park Accreditation Scheme (CPAS) 인정	뉴질랜드 Carpark+ Assessment/Accreditation 평가인정	일본 도쿄도 방범우량주차장 인정
인정 마크				
역사	1992년 경찰청장협회(ACPO)에 의해 Secure Car Park Award라는 명칭으로 시작됨	1998년 멜번시와 멜번 경찰이 협력사업으로 시작	2008년 영국의 PM과 호주 멜번시의 CPAS, NSW주의 Safer by Design 가이드를 참고하여 평가인정 가이드 개발함	2004년 재단법인 도쿄방범 협회연합회에서 방범우량주차장 인정, 등록제도로 시작
인정 주차장 범위	기축, 신축, 리모델링 공영/민영, 기계식, 지상/지하/복층 주차장 (노상주차장 제외)	기축, 신축, 리모델링 공영/민영 지상/지하/복층 주차장 (노상주차장 제외)	기축, 신축, 리모델링 공영/민영 지상/지하/복층 주차장 (노상주차장 제외)	기축, 신축, 리모델링 공영/민영 지상/지하/복층 주차장 (노상주차장 제외)
인정 주관 기관	제도는 경찰청장협회(ACPO)이 소유하되, 영국주차협회(BPA) 지역관리자들을 통해 관리됨.	멜번시와 멜번 경찰	뉴질랜드 경찰, 법무부, 지자체	재단법인 도쿄방범회연합회에서 주관
평가 심사원	특화교육훈련을 이수하고 자격 인정을 받은 ALO/CPDA 경찰관	특화교육훈련을 이수하고 자격 인정을 받은 멜번시청 공무원과 경찰관으로 구성된 평가팀	특화교육훈련을 이수하고 자격 인정을 받은 1명의 지자체공무원, 독립된 평가심사원, 1명의 경찰관으로 구성된 평가팀	위촉된 일급건축사, 방범설비사(퇴직경찰 다수) 등
평가 심사원 교육훈련	치안대학(Colleg of Policing)의 Designing Out Crime 코스. 이수 후 평가 및 시험통과 시 자격 인정	특화된 CPTED 교육 과정 이수 후 자격 인정	특화된 CPTED 교육 과정 이수 후 자격 인정	JSSA(일본방범설비협회)에 의한 방범설비사 자격인증(민관합동) 교육과정에서 CPTED 관련 시스템과 방범설비(CP 및 방범우량기기 RBSS)에 대한 교육 제공
인정 심사 프로세스	– 셀프평가 – 인정 심사 신청 및 등록 – 평가심사팀 구성 – 서류심사 및 현장심사(site inspection) – 심사 결과 통보 – 인정 마크(패) 수여	– 셀프평가 – 인정 심사 신청 및 등록 – 평가심사팀 구성 – 서류심사 및 현장심사(site inspection) – 심사 결과 통보 – 인정 등급 마크(패) 수여	셀프평가 – 인정 심사 신청 및 등록 – 평가심사팀 구성 – 서류심사 및 현장심사(site inspection) – 인정 심사 결과 통보 – 현장평가 후 1개월 이내 결과 통보	– 인정 신청 및 서류 제출 – 서면심사 – 현지조사 – 심사위원회 심사 및 판정 – 등록증, 인정패 교부
인정 갱신	첫 유효기간 1년, 이후 2년(최대 3년) 마다 재심사 후 갱신	3년 마다 재심사 후 갱신	2년 마다 재심사 후 갱신	3년 마다 재심사 후 갱신
인정 등급	등급 없이 마크획득의 Pass/Fail만 있음	1성(1 Star)~ 5성까지 별의 수로 주차장 안전등급 부여	등급 없이 마크획득의 Pass/Fail만 있음	등급 없이 Pass/Fail만 있음

심사 탈락 시 조치	인정심사위원회의 심사 결과에 대해 1개월 이내 이의신청 가능 =〉 위원회 재심사 후 최종결정	– 등급제라서 탈락은 없으며 최하 1성이라도 받음 – 평가팀이 심사 결과에 대해 신청자를 불러서 논의 후 추후 등급 상향을 위한 조치에 대한 조언을 줌	– 탈락 통보 시 그 이유와 통과되기 위한 개선조치사항을 명시한 내용을 신청자에게 전달함 – 첫 심사 후 6개월 이내에 개선조치 후 재심사 완료 – 분쟁 시엔 중립적인 제3의 심사평가원이 재검토 함	N/A
평가 기준 및 방식	– 관리체계(절차) 및 방범시설, 디자인이 핵심 요소 – 체크리스트 항목 모두가 필수는 아니며 주차장의 환경 및 사정에 따라 유연한 평가 가능	– 비상대응관리, 직원/고객서비스, 부가서비스, 물리보안 등 4개 파트로 구분. – 비상대응관리절차는 필수 항목(40점), 나머지는 항목별로 가중치 점수 평가 – 높은 등급(5성)일수록 더 많고 강한 기준을 충족해야 함	– 감시 및 보안위험도, 조명, 주차구역 설계, 접근통제, 물리보안, 표지판, 활동성, 관리로 구성됨 – 관리체계(절차) 및 방범시설, 디자인이 핵심 요소 – 체크리스트 항목 모두가 필수는 아니며 주차장의 환경 및 사정에 따라 유연한 평가 가능 –낮은 기존 주차장은 모든 평가기준을 충족하지 못하더라도 한계 내에서 개선 노력을 감안하여 인정 마크 부여	– 평가 기준에 다소 경직성 있음
주관 기관의 면책 규정	–'PM획득이 범죄발생 제로를 보장하지는 않는다' – 주차장 측에서 '범죄발생제로'라고 홍보 시 인정 취소	'CPAS 등급 획득은 범죄발생 제로를 보장하지 않으며, 주관기관은 이에 대한 법적 책임을 지지 않는다'	'인정 획득은 범죄발생 제로를 보장하지 않으며, 주관기관 및 주차장운영자는 이에 대한 법적 책임을 지지 않는다'	– 주차장 측에서 '범죄발생제로'라고 홍보 시 인정 취소

(2) 국내의 셉테드 적합성 평가체계

2010년 설립된 한국셉테드학회에서는 2010년 6월 경 국내 D건설사와의 연구용역 계약에 의해 인천 소재 3개 아파트단지에 대한 CPTED평가 연구와 인증 과제를 수행하였다. 신축 단지에 대해 일련의 계획 범위 내 설계 검토를 통해 'CPTED 범죄예방 다자인 인증' 여부를 평가하고 한국셉테드학회 명의의 공식적인 인증을 부여하게 된 것이다. CPTED인증의 국내 첫 사례로서의 의미를 부여할 수 있으며, 평가의 원칙도 자연적 접근방법, 비용효율성, 지속 가능성을 지향하며, 도시성, 도시환경 및 경관개선 그리고 범죄예방의 조화를 추구하고 CCTV의 과다 적용을 지양하는 등의 장점을 갖추었다고 판단될 수 있다(한국셉테드학회, 2010: 1–6).

셉테드학회 건축물 인증은 초기에는 디자인인증(설계단계)과 시설인증, 준공 후 시설관리인증 등 3개 분야로 구분하고자 했으나 2014년 1월 현재 여건상 디자인인증과 시설인증만을 실시하고 있다. 디자인인증의 획득 기준은 아파트 단지의 영역별(공적, 반공적, 반사적 공간)로 각 70점 이상, 단지로 영역별 합산점수와 공통 설비기준 점수의 합이 총 70점 이상으로 설정하였다.

그러나 평가기준의 한계는 인증평가를 위한 기준 개발 과정에서 평가기준을 엄격하게 과학적으로 계량화하는 것이 다소 곤란하다는 점이었다. 예를 들면, 단지 주출입구의 영역성이 충분히 확보되면 3점, 일부 확보 2점, 확보 미흡은 1점을 부여하였는데 그러한 영역성 확보와 미흡의 구분 기준이 구체적이지 못한 점이 있으며, 보행로 조명의 사각지대 여부와 관련하여 전체 보행로 면적 대비하여 95% 이상 조명 시 3점, 75~85% 미만 조명 시 1점을 부여하였으나 실제 이것을 공학적으로 측정해서 평가하는 것이 아니고 심사위원이 휴리스틱하게 주관적으로 판단하여 점수를 부여하고 있다. 다만 3명의 심사위원이 평가한 점수의 평균으로 최종 판정을 하고 있으며 셉테드 설계가 결략되거나 미진한 공간이나 부분에 대해서는 심사위원들이 중간평가 후 건설사(전기, 조경, 조명 등 설계파트)에 이를 수정 및 반영하도록 유도하고 있다. 현재로서는 범죄예방이라는 좋은 취지가 도시와 건축에 반영되도록 개발업자와 설계자들을 독려하고 유도하는 시기이고 보급하고 확산하기 위한 의도에서 가급적 인증을 성공적으로 취득하도록 최대한 건설사를 돕는 상황이며 충분히 확산되고 나면 인증의 품질을 관리하자는 것이 셉테드학회의 중론으로 생각된다.

이 밖에 이 학회의 '범죄예방 환경설계 인증에 관한 규정'에 의하면 범죄예방 시설인증의 획득기준은 공적, 반공적, 반사적 영역별로 종합점수(환산점수)가 85점 이상 최우수 등급, 70점 이상 85점 미만 우수 등급이 부여된다. 시설인증은 2013년 1월 현재 2개의 아파트 단지만 수여되었다. 현재 이 학회의 인증관련 규정이 학회 홈페이지(www.cpted.kr)에 게시되어 있으며, 국내 몇몇 대형 건설사들도 추가로 인증 평가를

그림 3-9 2010~2013년 간 셉테드인증 신청의 현황 및 수여식

출처: 한국셉테드학회 2013년 추계세미나 자료집

받고 있거나 신청을 준비하는 등 인증 신청은 증가 추세이다. 더불어 경기도 시흥시에서는 시 전체와 배곧신도시의 셉테드 적용을 위하여 셉테드학회에 연구를 의뢰한 바 있는데 이를 통해 국내 최초로 공원과 가로에 대한 가이드라인을 개발하여 인증위원회를 통해 인증평가 기준을 수립하였고[32] 최종적으로 배곧신도시의 일부 공공공간인 가로와 공원이 셉테드학회의 인증을 받게 되었다. 이로써 셉테드학회는 아파트 위주의 단위 건축시설물 외에 공공공간(공원, 주차장, 학교 등)에까지 셉테드 인증을 확대해 나가고 있다. 다만 2016년 이후 디자인 인증건수는 점차 감소하고 있는 추세에 있다. 이것은 2015년을 정점으로 수도권 미분양이 급속히 감소하고 있는 점이 셉테드 인증 수요 하락의 주 원인으로 분석된다. 시설인증 건수도 감소하고 있는데 셉테드 시설인증은 2018년 16건, 2019년 20건, 2020년 12건 내외로 집계되었다. 디자인 인증 공동주택 세대수를 분석하면 평균세대수는 1205세대로 대규모 단지의 인증이 많았으며 가장 큰 것은 송파 헬리오시티로 9510세대로 나타났다.[33]

그림 3-10 한국셉테드학회 디자인 인증 건수 현황

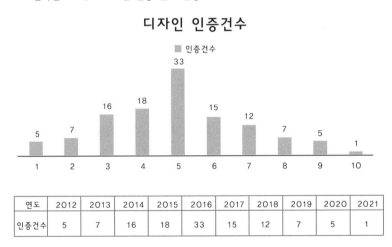

연도	2012	2013	2014	2015	2016	2017	2018	2019	2020	2021
인증건수	5	7	16	18	33	15	12	7	5	1

인증의 절차는 디자인인증과 시설인증 절차가 약간 차이는 있으나 크게 예비심사, 인증심사, 실무자 협회 및 개선사항 학회 제출, 재심사, 평가기준 점수 통과 여부

---

32 '시흥시(2013) 군자배곧신도시 살기좋은 동네 만들기를 위한 추진계획 용역 최종보고서'에서 셉테드 안전도시 분야는 용인대학교 산학협력단 범죄과학연구소가 책임연구자로 참여하였다.
33 2021년 미국/한국 범죄학 공동학술대회 자료집(2021. 10.22 줌 컨퍼런스).

그림 3-11 셉테드학회 건축물 셉테드 인증의 절차(디자인 및 시설)

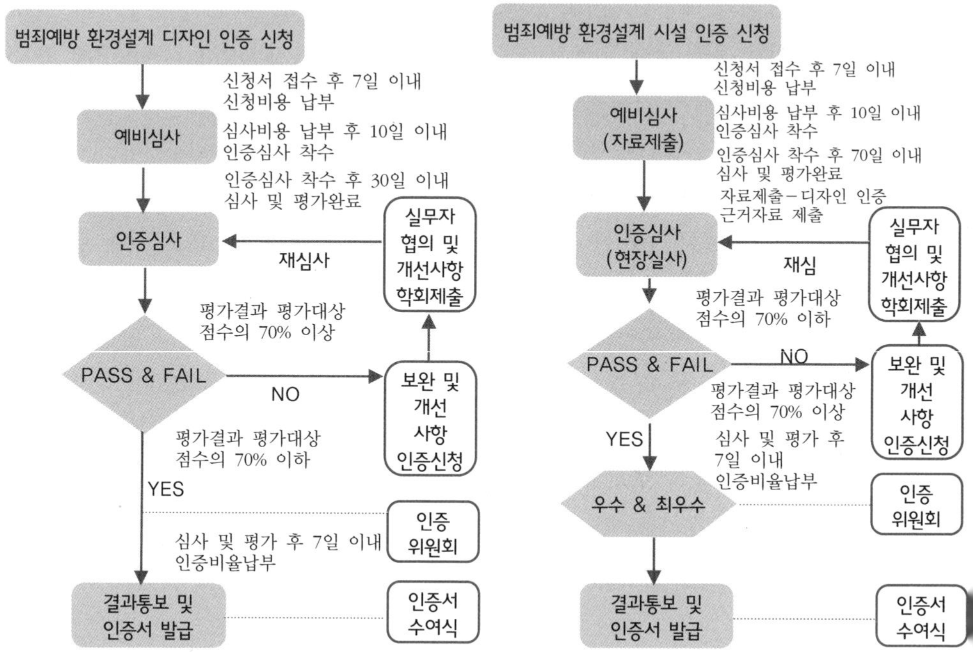

디자인 인증 절차 (왼쪽)

범죄예방 환경설계 디자인 인증 신청

→ 신청서 접수 후 7일 이내 신청비용 납부

예비심사

심사비용 납부 후 10일 이내 인증심사 착수

인증심사 착수 후 30일 이내 심사 및 평가완료

인증심사 ← 재심사 ← 실무자 협의 및 개선사항 학회제출

평가결과 평가대상 점수의 70% 이상

PASS & FAIL —NO→ 보완 및 개선 사항 인증신청

평가결과 평가대상 점수의 70% 이하

YES

심사 및 평가 후 7일 이내 인증비율납부

인증위원회

결과통보 및 인증서 발급 / 인증서 수여식

시설 인증 절차 (오른쪽)

범죄예방 환경설계 시설 인증 신청

→ 신청서 접수 후 7일 이내 신청비용 납부

예비심사 (자료제출)

심사비용 납부 후 10일 이내 인증심사 착수
인증심사 착수 후 70일 이내 심사 및 평가완료
자료제출 – 디자인 인증 근거자료 제출

인증심사 (현장실사) ← 재심 ← 실무자 협의 및 개선사항 학회제출

평가결과 평가대상 점수의 70% 이하

PASS & FAIL —NO→ 보완 및 개선 사항 인증신청

평가결과 평가대상 점수의 70% 이상
심사 및 평가 후 7일 이내 인증비율납부

YES

우수 & 최우수 ·········· 인증위원회

결과통보 및 인증서 발급 / 인증서 수여식

출처: 한국셉테드학회 2013년 추계세미나 자료집

에 따른 보완 및 개선사항 통보, 인증위원회의 최종 판정, 결과 통보 및 인증서 발급의 순으로 되어 있다.

　시작 단계임을 감안할 때 향후 인증체계가 더 다듬어지고 국토해양부, 경찰청, 행정안전부 등 정부에서 인정하고 관심과 지원이 이루어진다면 영국의 SBD인증과 같은 우수한 제도로 발전할 것으로 기대된다. 다만, 국내에서 건축물에 대한 학회의 인증 사례가 매우 드물고, 다른 선진국과 비교할 때 CPTED인증이 일면 공공안전이라는 공공사무의 성격을 갖고 있다는 점을 고려하면 관련 공공기관에 의해 인정받지 않은 상태에서 셉테드학회라는 민간단체가 자체적으로 인증 사무를 지속하는 것이 적절한지에 대해서는 다소 모호한 부분이 있어서 좀 더 논의가 필요할 것이다. 오히려 부산시와 경기도가 셉테드 인증을 추진하고 있어서 향후 셉테드학회의 건축물 인증과 어떻게 조화를 이루거나 통합이 될지 지켜보아야 할 대목이다. 발전적이고 상생적인 사회안전 인증시스템의 하나로서 셉테드 인증이 나아가기를 바란다.

　한국셉테드학회의 인증을 포함해서 현재 국내에서는 셉테드 관련해서는 강제인증은 존재하지 않고 모두 임의인증에 해당한다. 다만 국내에서는 셉테드 분야에서는 한국방범기술산업협회가 유일한 법정인증인 단체표준인증을 수행하고 있다. 한국방범기술산업협회는 2016년 8월 현재 모두 3종의 단체표준을 제정하여 법정인증을 운용하고 있다. 이 외는 모두 법적 근거가 없는 비법정인증으로서 경찰청에서 최근 몇 년 동안 시스템인증의 성격으로서 편의점방범인증, 원룸방범인증, 아파트방범인증, 방범우수주차장인증 등의 공공 임의(자율)인증을, 한국셉테드학회에서 건축물/공간 셉테드인증이라는 민간 임의인증을 수행한 바 있다. 셉테드 분야가 점차 공공성(public interest)이 커지는 점을 고려할 때 민간 분야에만 인증을 맡기고 방관할 것이 아니라 중앙정부 등 관련 공공기관이 이를 책임성 있게 맡아서 법적 근거를 구체적으로 마련하고 운영할 필요성이 크고 시급하다 할 것이다.

표 3-9 국내 셉테드 관련 인증 사례의 구분 표

구분	법정인증 (법적 근거 있음)	非법정인증 (법적 근거 없음)	
		공공인증	민간인증
강제인증	없음	없음	없음
임의(자율)인증	한국방범기술산업협회 단체표준인증 =〉 방범제품인증(법적 근거: 산업표준화법)	경찰청 =〉 편의점방범인증, 원룸방범인증, 아파트방범인증, 방범우수주차장인증 등 서울시 다세대주택 셉테드인증	한국셉테드학회 건축물/공간 셉테드인증 =〉 시스템인증

공공정책

1. 해외의 CPTED 정책

유럽연합의 Justice and Home Affairs Council of the Europe Union(2001. 3. 15 회의)에서는 '범죄를 예방하기 위한 지식 바탕 전략을 향하여'라는 EU 전문가 회의의 결론에 대한 정치적 합의를 이루어냈다. 이 회의는 다음과 같은 결론을 이끌어 냈다 (Clarke, 2001).

"환경설계를 통한 범죄예방(CPTED/DOC)은 유용하고, 효과적이고 각 전문 분야와의 협력적 방법과 통합되어, 범죄와 불안감을 예방하는 데 매우 구체적이며 실행 가능한 전략임이 입증되었다. CPTED/DOC와 관련된 최고의 실천들은 수집·평가 가능하고, 접근 가능한 것이어야 한다. 이 과정은 개념과 절차의 공통된 틀을 이용하고, 전달이 가능한 (transferable) 원칙이 밝혀져야 한다" 또한 "범죄에 대한 공포의 예방과 관련하여, 범죄에 대한 공포는 그 자체로 사회적 문제로 인식되고, 취급되어야 한다."

2001년 EU Justice and Home Affairs and the EU 전문가들에 의한 성명과 권고 사항은 "환경 설계 혹은 범죄대비 설계(CPTED/DOC)를 통한 범죄 예방 전략은 범죄와 불안감을 줄이는 데 유용하고, 매우 구체적이고, 실천 가능한 전략으로 입증되었다"(Soomeren, 2008)라는 내용은 처음 권고된 것은 아니었다. 환경설계·계획 전문가들과 범죄 전문가들 간의 공동 작업에 대한 정책 성명과 권고는 오늘날 유럽에서는 점점 더 일상화 되어가고 있다. 이러한 EU의 정책 성명과 권고는 물리적 환경과 인간 행태 사이에 상호 밀접한 관계가 있다는 가정에 근거하고 있다.

캐나다34 사스카툰시 정책(City of Saskatoon Administrative Policy)은 범죄 발생 기

---

34 캐나다의 경우 1975년 토론토 대학의 범죄학센터에서 처음으로 CPTED 워크숍이 개최된 이래, 1985 년 연방경찰인 RCMP에 의해 도시지역과 시골지역에서 범죄감소를 위한 실무적인 가이드라인 핸드북을 발간하면서 경찰에서 CPTED기법을 적용하기 시작하였다. 각 자치단체와 경찰에서는 CPTED 가이드라인과 표준안 등을 제정하고 조례로 규정하게 되었으며, 1995년 6월경 필지역(Region of Peel)에서는 건축 승인 전에 CPTED 관점에서의 검토가 행해졌으며, 이 검토는 시청 도시개발 및 건축설계 담당직원에 의해서 1차적으로 이루어지고, 다시 CPTED 전문 경찰관에게 송부되어 재검토가 이루어진다. 이처럼 자치단체와 경찰에서 CPTED에 대한 활발한 적용이 있는 반면, 연방정부 차원에서의 공공정책으로의 채택은 되지 않고 있는 실정이다. 미국과 영국에 비교하면 캐나다의 경우 CPTED의 이론과 연구에 있어서 그 공헌 정도는 미미한 수준이라고 평가되어지고 있다. 다만, 필지

회를 줄이고 시민들의 안전감 제고를 위하여 셉테드 원칙을 시 정책과 사업으로 실행하기 위해 만들어졌다(www.saskatoon.ca 참고). 그러나 이 정책은 단순한 권장사항이 아니고 기존의 도시계획과 건축계획의 허가 및 승인 과정에 셉테드의 기본원칙들이 반영될 수 있도록 셉테드심의위원회(CPTED Review Committee)의 심의를 통과해야만 최종 허가나 승인을 받을 수 있는 만큼 법규적인 파워를 갖고 있다고 해도 과언이 아니다. 공공가로, 시설, 지구단위계획이나 건축계획 등이 변경될 경우에는 변경 시마다(all Neighbourhood Concept Plans and Amendments) 셉테드심의위원회의 심의을 추가로 받아야 한다. 시공사는 셉테드심의위원회가 해당 계획에 대해 셉테드 관련 코멘트를 한 것을 반드시 계획서에 반영해야만 허가를 받을 수 있다(www.saskatoon.ca 참고). 기부채납 방식에 의해 조성한 근린공원 등 시의 소유가 될 개발행위에 대해서는 반드시 셉테드 심의를 의무화하고 있다.

알버타 주의 캘거리시에서는 도심과 교통수단 개선에 그 개념을 적용시켰으며, 브리티시 컬럼비아의 밴쿠버시에서는 수년간 경찰과 도시계획을 포함하는 공식 셉테드 프로그램을 수행해 왔다. 특히 밴쿠버의 셉테드디자인센터(The Design Centre For CPTED Vancouver)라는 비영리기구에서는 환경범죄학에 기초한 이러한 셉테드의 디자인, 컨셉과 관련한 각종 리소스를 제공하고 교육을 통한 인식 제고 노력을 지속적으로 실시하여 왔다(박현호, 2007).

영국의 경우 범죄와무질서법 제17조를 근거로 지역 범죄예방 전략의 실행을 위해 지방정부의 정책 결정에 있어서 지역 범죄안전 확보를 고려하도록 법적인 의무를 부과하고 있는바 2003년 2월에 발표한 '지속가능한 공동체 계획(Sustainable Communities Plan)' 정책에 포함된 '도시계획을 통한 범죄의 축출(planning out crime)'을 통해 셉테드 정책을 실천하고 있다. 여기서 '지속가능한 공동체'란 안전하고 사회통합적으로 계획·건축되어 관리됨으로써 모든 구성원들에게 공평한 기회와 양질의 서비스를 제공하는 공동체로서 마약, 반사회적 행위 문제, 그리고 범죄율이 낮으며 가시적, 효과적 그리고 공동체 친화적인 치안이 이루어지는 곳을 의미한다(ODPM, 2004).

싱가포르에서는 국가범죄예방위원회(National Crime Prevention Council: NCPC)가

방경찰청의 톰멕케이(Cst.Tom.Mckay)가 창립하고 현재 공동회장으로 있는 「온타리오주 CPTED협회(CPTED ONTARIO)」가 가장 활발한 활동을 하고 있으며, 매달 정기회의 개최와 매년 전국적인 규모의 컨퍼런스를 개최를 통하여 새로운 CPTED 적용사례 발표와 함께 기본이론에 대한 교육을 실시하고 있다. '경찰청(2008), 환경설계를 통한 범죄예방 방안 연구, 경찰청 국외훈련(캐나다 필지방 경찰청) 결과보고서' 참고.

싱가포르국립경찰(Singapore Police Force: SPF)과의 긴밀한 협력으로 1981년에 비영리
기구로 설립되어 중앙정부 기관, 상업 및 공업 분야, 경찰을 위원들로 구성 범죄에 대
한 대중의 인식을 제고하고, 범죄예방에 대한 자조(self-help) 정신 함양, 대중에게 범
죄예방 기술과 대책을 연구, 개발하고 자문하면서 동시에 범죄예방에 많은 조직 및
시민 구성원들의 참여를 유도하고 있다. 또는 NCPC에서는 다양한 범죄예방 캠페인,
전시회, 세미나, 워크숍 등의 활동을 전개해 왔으며, 호텔시큐리티위원회, 건설현장시
큐리티위원회, 아동청소년위원회, 주택시큐리티위원회, 상업부지시큐리티위원회 등과
같은 하부 조직을 운영해왔다. 그중에서도 특히 최근에는 건설과 부동산 분야 관련
이해관계인들 간의 파트너십을 통해 2003년도에 범죄예방환경설계 매뉴얼(CPTED
Guidebook)을 ˙개발하여 발간하게 되었다.[35]

2. 국내의 CPTED 정책

(1) 행정안전부 안전도시 정책 사업

소위 MB정부의 100대 국정과제 중에 "안심하며 살 수 있는 안전한 나라 만들기"
를 설정하여 추진하고 있으며, 이를 실천적으로 수행하기 위한 방안으로 안전도시정
책을 추진할 필요가 생겨나고 재난 및 안전관리의 현장 책임기관으로 지방자치단체의
역할과 기능이 확대되고 있으며 이에 대한 지방자치 단체의 과제를 수행하기 위한 안
전도시 정책의 도입 필요성이 제기되었다. 경제위기가 가중되고 있는 상황에서 강력
범죄 발생 등 각종 사건·사고로 인한 피해와 손실이 확대되고 있으며 이로 인해 국민
의 생명과 재산이 위협받게 됨은 물론 사회불안을 가중시켜 국민들은 이중의 어려움
에 직면하게 되었다.

MB정부의 100대 과제 중 안전관련 정책은 다음과 같다.

---

35 NCPC (2003) Crime Prevention Through Environmental Design - Guidebook, National Crime
Prevention Council, Singapore. http://www.ncpc.gov.sg/pdf/CPTED%20Guidebook.pdf 참고.

● 이명박 정부 100대 과제 ●

안심하며 살 수 있는 안전한 나라를 만들겠습니다.

▸ 과제 1. 재난관리체계를 통합하겠습니다.
▸ 과제 2. 깨끗한 물과 공기, 안전한 먹을거리를 보장하겠습니다.
▸ 과제 3. 마음 놓고 일할 수 있는 안전한 일터를 조성하겠습니다.
▸ 과제 4. 여성과 어린이가 걱정없이 다닐 수 있는 나라로 만들겠습니다.
▸ 과제 5. 교통사고를 선진국 수준으로 낮추겠습니다.

이에 지방자치단체의 역량과 안전에 대한 의지를 안전도시 정책을 통해 가시적 성과를 제고한 필요성에서 행정안전부에서는 안전도시 정책을 추진하게 되었다. 안전도시 정책의 추진은 관할 지역의 안전을 촉진할 수 있는 모든 분야를 포함하지만, 정책의 효율적 추진을 위하여, 전 지방자치단체가 우선적으로 추진하는 정책을 목표과제로 선정하였으며, 현 정부의 100대 과제 및 행정안전부의 재난·안전정책 100대 세부과제들을 포함하는 국가재난안전 정책의 관리·운영을 목표로 한다(한국행정연구원, 2009).

그림 3-12 범죄환경 개선이 포함된 안전도시 사업

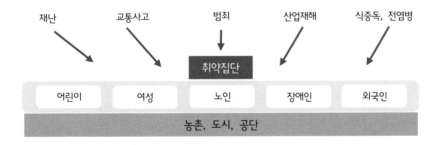

이 사업에서 위해요인 별로 안전도시 모델을 제시하면서 교통, 범죄, 재난(화재 및 풍수해), 산업재해, 보건(자살,전염병, 식중독)안전 등 위해요인을 자체적으로 발굴하고, 지자체의 특성을 고려하여 상향식의 안전도시 모델을 구성하고 있다. 안전도시 유형으로는 <표 3-10>과 같이 예시적으로 제시되었다.

표 3-10 안전도시 유형

기준	모델명	위해요인	취약집단	지역특성
위해요인	교통안전도시	교통사고	주민	도시/농촌
	범죄안전도시	5대강력범죄+성폭력	주민	도시
	화재안전도시	화재	주민	도시
	자연재해안전도시	풍수해	주민	농촌
	산업재해안전도시	산업재해	근로자	공단
	보건안전도시	전염병, 식중독	주민	도시
취약집단	어린이안전도시	교통사고/성폭력 범죄/식품사고	어린이	도시
	노인안전도시	교통사고/낙상	노인	농촌/도시
	여성안전도시	성폭력/가정폭력/범죄/ 전기안전	여성	도시/농촌
	장애인안전도시	교통사고/범죄/낙상	장애인	도시
	다문화안전도시	가정폭력/실업	외국인	농촌/공단
융합형	어린이교통안전도시	교통사고	어린이	도시
	노인교통안전도시	교통사고	노인	농촌
	여성범죄안전도시	성폭력	여성	도시
	어린이범죄안전도시	성폭력	어린이	도시
통합형	안전도시	다양한 위해요인	다양한 취약집단	도시/농촌/공단

　　물론 안전도시사업을 추진하는 지자체는 해당지역의 위해요인과 취약집단을 기준으로 자율적으로 안전도시 모델 구성이 가능하였다. 그중에서도 특히 범죄안전도시 모델의 경우 행정안전부에서는 위해요인을 5대 강력범죄(살인, 강도, 강간, 방화, 절도) 및 성폭력으로 선정하고, 취약집단은 모든 지역 주민을 대상으로 하지만, 특히 환경이 열악한 우범지역에 거주하는 저소득층 주민이 중점 관리 대상으로 하였다. 환경적 특성으로는 주로 도시, 특히 저소득층 주민들이 많이 거주하는 다세대 주택 근처를 대상으로 하는 것이 타당하다고 보았다(행정안전부, 2010).

　　범죄안전도시의 구성요소로는 <표 3-11>과 같이 운영시스템, 주민참여, 인프라, 프로그램을 제시하였다. 행정안전부가 치안의 책임을 공유하기 위해서 이러한 사업모델을 제시하는 것은 나름 의미 있는 것으로 해석될 여지는 있다. 그러나 이러한 모델과 체계는 앞서 설명된 바와 같이 구체적인 CPTED 전략과 실행의 절차와 가이드라인이 없이는 매우 형식화될 수밖에 없다. 특히 방범CCTV 및 관제센터 설치는 지나치게 전자감시 일변도의 방범 대책일 뿐만 아니라 노후 보안등 교체는 자치단체에서 일반적으로 당연히 시행하는 일반 업무의 불과하여 특별히 지구단위와 타운 전체

표 3-11 범죄안전도시모델

구성 요소		주요 특성 및 사례
운영시스템		▶ 안전도시협의회산하 분과위원회(예, 범죄안전도시협의회) 구성 ▶ 지방자치단체, 경찰청, 자율방범연합회 등 지역 민간단체의 긴밀한 협조를 바탕으로 추진되어야 함
주민참여		▶ 자율방범연합회와 같은 민간단체/주민의 참여가 반드시 필요 ▶ 지역주민간 연락 및 연계체제 구축 필요
인프라		▶ 빈집/폐가 정비사업 ▶ 밤길 안전을 위한 노후 보안등 교체 및 CCTV확충 ▶ 주민안전 관제센터 구축(천안시)
프로그램	기본사업 (필수)	▶ 안전통계관리사업 ▶ 안전도시포럼운영사업 ▶ 지역주민 안전교육 전문가 양성 사업
	특화사업 (선택)	▶ 범죄안전지도 작성: 정부기관과 지역주민이 함께 참여하여 지역의 범죄위험지역을 표시하는 안전지도 작성 ▶ 지역순찰 및 감시활동: 자율방범단/안전파수꾼/안전지킴이 사업 ▶ 성폭력예방교육

를 아우르는 거시적인 수준의 CPTED나 방범창 개선과 같은 미시적인 CPTED에 대한 언급이 전혀 없어 아쉬운 부분으로 지적될 수 있다.

물론 사업을 시행하는 지자체에서 창의적으로 그러한 부분을 검토하고 다룰 수는 있겠으나 CPTED에 대한 지식과 정보가 거의 없는 자자체 담당자나 부서에서 제대로 된 실질적 CPTED 안전도시 사업을 할 수 있을지 의문스럽다.

범죄안전도시 모델로는 천안시·아산시가 시민안전 통합관제센터 구축사업의 우수사례로 선정되었다. 광역화·기동화·지능화되는 범죄환경에 대처하기 위한 영상전자감시 시스템을 구축하였는데, CPTED 개념을 도입하고 관제 CCTV를 이용하여 천안·아산의 112 신고 센터와 무선지령망을 통합 운영하고, 2개 시 전역을 24시간 화상순찰하는 체계이다. 총 18억원의 사업비를 투자하여 이동물체 자동추적 시스템, 수배차량 자동검색 시스템을 갖추었으며, 491대(천안시 278대, 아산시 213대)의 감시카메라가 근무인원(21명경찰 12명, 모니터 인력9명)에 의해 24시간 영상 관제되고 있다. 이를 통해 총 2,371건(검거 384, 자료활용 1,987)의 수사실적과 총 1,425건(열람 595, 제공 830)의 영상자료 제공실적, 관계자 벤치마킹에 404회(7,238명) 참여하는 성과를 달성하였다(행정안전부, 2010).

문제는 3억 1천 2백만 원의 연간 관리예산이다. 물론 그나마도 두 개의 도시가 통합하여 관제센터를 구축하였기에 상대적으로 각 시가 개별적으로 센터 및 시스템을 구축했을 경우와 비교하면 구축 비용을 상당히 감축시킨 것을 긍정적으로 평가할 수

그림 3-13 천안시·아산시 시민안전 통합관제시스템 추진 체계도

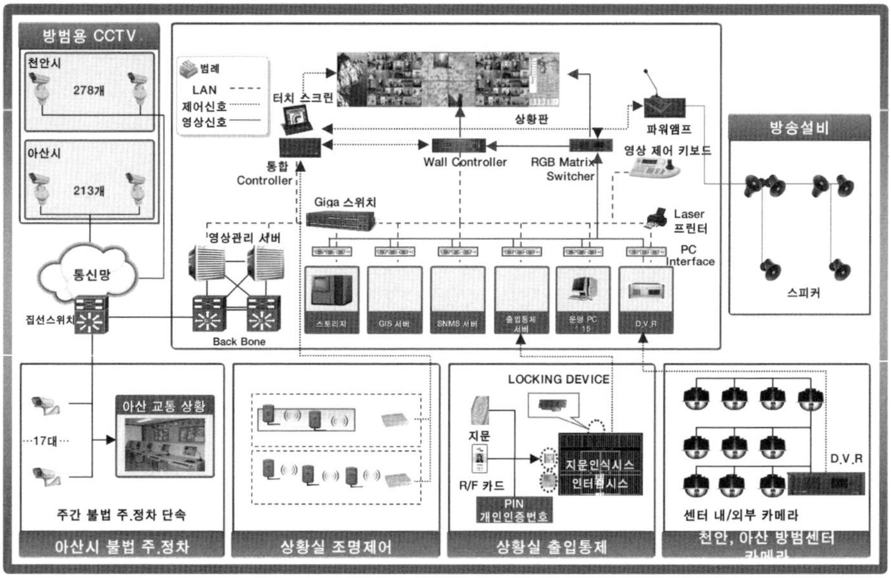

있으나[36] CPTED의 기본 방향인 비용효과성 면에서 모니터 요원 인건비, 시스템 유지 관리비, 전력요금 등 매년 소요되는 유지 관리비의 부담은 그만큼의 가시적 효과를 가져왔다고 판단하기에는 이르다고 본다. 더욱이 전자영상 감시에만 지나치게 의존하는 것이 과연 바람직한 지에 대해서는 성찰과 검토가 지속 요구될 것이다.

(2) 여성가족부 '아동안전지도' 사업

여성가족부는 아동들이 학교 주변 통학로 환경을 직접 현장 조사해 위험요소 및 안전요소를 표시하는 '아동안전지도'를 만드는 전국적으로 표준화된 절차와 방법에 통일된 작성기준을 제시하는 표준매뉴얼을 개발 완료해 배포할 예정이다(www.welfarenews.net 참고).

'아동안전지도'란 동(洞) 또는 초등학교 단위로 아동의 이동 동선을 따라 재개발 철거지역, 성범죄자 거주지, CCTV 설치지역, 아동안전지킴이집, 상담소 등 우범지역

---

36 천안시 + 아산시 + 천안경찰서 + 서북경찰서가 4자간 행정협약을 체결하여 치안문제 공동 해결에 협력하였고 이를 통해 예산절감 및 효율적 치안행정을 견인하였다.

방범 인적·물적 인프라 및 정보를 표시한 지도로서, 안전하게 등하교를 할 수 있는 길을 선정·제시하고 성범죄 발생위험 환경요인 사전 차단 및 아동 교육자료로 활용하는 등 지역사회 여성아동 안전망 구축을 위한 기본 도구로 활용된다.

실제로 여성가족부가 지도를 제작한 후 실시된 아동안전지도의 범죄예방 효과성 분석에서 응답 아동의 91%가 아동안전지도를 제작해 본 후 범죄에 대한 경각심이 높아졌으며, 94%의 응답 아동이 아동안전지도 제작 경험을 통해 학교 주변 통학로의 위험공간을 더 잘 파악하게 되었다고 응답했다(www.welfarenews.net 참고).

이번 '아동안전지도 표준매뉴얼'은 그 역할이 중요해진 '아동여성보호 지역연대'의 주요사업으로 선정되어 전국적으로 통일된 안전지도 작성지침의 도입 필요성에 따라 그간 연구용역으로 준비해 온 것으로, 16개 지역연대 모범지역과의 아동안전지도 제작 시범사업 실시 등 사전준비절차와 병행하면서 국내외 사례분석을 통해 일선에서 아동이 안전지도를 직접 제작할 수 있는 표준매뉴얼을 개발하게 된 것이다.

이번에 개발된 '아동안전지도 표준매뉴얼'은 안전지도제작 지도자 및 아동을 대상으로 한 '교육매뉴얼'과 이를 바탕으로 지도자의 제작지원을 위한 '지도 편집제작 매뉴얼'로 구분된다. '교육매뉴얼'은 지도제작의 사전조사 단계부터 범죄예방 및 취약 공간 판별법에 대한 교육, 현장조사 및 지도제작 단계에 이르기까지 아동안전지도 제작을 위한 모든 지침을 제공한다. '지도편집제작 매뉴얼'은 아동안전지도 지도자를 대상으로 한 매뉴얼로서 현장조사용 지도 만들기, 아이콘 배치, 용도에 따른 출력단계에 이르기까지 아동들이 만든 지도를 편집 가공하여 휴대용 지도로 만들거나 웹페이지에 게시하기 위해 필요한 모든 지침을 제공한다. 여성가족부는 아동안전지도 표준매뉴얼은 시도(시군구), 지역교육청 등에 배포되어 지역 내 초등학교를 기준으로 아동의 동선에 따른 안전한 환경으로 안내하는 길잡이 역할을 하는 교육지침으로 역할과 함께, 아동여성보호 지역연대의 아동안전 인프라 균형배치, 아동보호 사각지대 해소 등 성폭력 피해 위험 환경요인 사전 제거 등을 위한 지역 내 다양한 예방활동에 활용되고 있다.

그러나 2010년에 4억 8,000만원을 들여 16개 지역에서 추진한 이 여성가족부의 아동안전지도 사업은 성범죄자 거주지와 재개발 철거지역 등 아동의 안전을 위협할 수 있는 중요한 정보가 누락(다만 대전시 대덕구의 경우 성범죄자가 지역에 몇 명이 거주하는지를 첨부함)되는 등 부실하고 성급하게 작성되어 근본적인 대책보다는 땜질식처방과 전시행정을 하면서 예산을 낭비하고 있다는 지적을 받은 바 있다.[37]

그림 3-14　여성아동 안전지도 제작 사례

출처: (왼쪽 위)연합뉴스 [2011-11-10], (오른쪽 위) [2011-11-17] 보도 자료, (왼쪽아래) 충북일보 [2013-10-17] 보도자료, (오른쪽 아래) 담양인권지원상담소 블로그

　　따라서 안전지도 사업의 원래 의도와 시민들의 기대에 부응하기 위해서는 앞으로 안전지도 제작의 기획, 범위, 입력할 콘텐츠와 그 내용의 신속하고 정확한 업데이트가 사업 성공의 가장 중요한 요소라고 할 수 있다. 또 전국적으로 자치단체별로 안전지도 제작 사업을 강력하게 추진하다보니 초등학교 겨울방학 직전까지 초등학생들을 현장에 데리고 나가서 지도를 제작하고 있는데 (물론 범죄는 계절에 관계없이 발생할 수 있으나) 추운 날씨, 교통사고, 낙상 등과 같은 사고에 노출되는 사례도 지적되고 있다.[38]

　　친환경 그린맵 제작 사업과 겹치는 부분도 있으므로 일년을 4분기로 나누어 ① 3~5월: 아동안전교육 및 지도제작 (학교), ② 6~8월: 제작된 지도를 가지고 환경 개선 사업 (지자체), ③ 9~11월: 그린맵 지도제작 (학교) 또는 아동안전지도 제작과 병행, ④ 12~2월: 제작된 지도로 환경개선 사업 시행(지자체)과 같은 형태로 사업을 추

37 내일뉴스(2011-10-18) : 민주당 최영희 의원은 여가부로부터 제출받은 16개 지역의 '아동안전지도' 시범사업을 분석한 결과 성범죄자 거주지·재개발 철거지역 등 위험지역이 누락돼 있다고 밝혔다.
38 아동안전지도 제작 교육 및 활용을 위한 정보커뮤니티 사이트
　　http://cafe.naver.com/safetymap.cafe?iframe_url=/ArticleRead.nhn%3Farticleid=62& 참고.

진하는 방안이 적절하다고 볼 수 있다. 또한 그러한 예산으로 방범CCTV라도 한 대 더 설치하는 것이 효율적이라는 지적도 있다. 하지만 CPTED의 가장 중요한 첫 단계가 지역에 대한 위험조사이고 가시성 있는 홍보가 필요하기 때문에 안전지도 사업은 전국 단위에서 일괄적이 아니라면 선택적으로 시행하더라도 여전히 필요하며 보다 적극적인 대시민 인식 제고를 위한 홍보의 강화가 요구될 것이다.

(3) 서울시 여행 프로젝트

여성정책은 경제, 사회, 문화 모든 분야에서 여성의 지위와 권익을 향상시켜 양성이 평등한 사회를 이루는 것을 목표로 한다. 이러한 목표실현을 위해 서울시는 2003년부터 「서울여성정책 4개년 계획」을 수립, 맞벌이 부부의 육아문제 해결을 위한 사업을 중점과제로 하여 ① 양성평등 촉진 및 사회참여 확대 ② 여성인적자원의 개발 및 지원 ③ 여성·가족의 복지증진 ④ 보육서비스 수준 향상 ⑤ 아동복지 증진 및 어린이 안전향상 등 5개 분야로 나누어 체계적으로 추진하였다. 또한, 2006년 7월 민선 4기에 접어들면서부터 여성들이 자신의 능력을 마음껏 발휘할 수 있도록 "여성이 행복한 도시 프로젝트"를 여성정책의 핵심프로젝트로 정해 양성평등 및 보육문제뿐만 아니라 교통, 도시계획, 주택, 문화, 산업 등 시정 전 분야에 여성의 경험과 시각을 반영하여 여성과 남성이 다함께 행복한 서울을 만들어 나가기 위해 주력하고 있다.

여행 프로젝트는 몇 가지 특징을 가지고 있다. 먼저, 서울을 여성이 행복한 도시로 만들기 위해 한정된 재원을 감안하여 시정 각 분야에서 최우선 과제를 선발하여 구체적·실천적인 내용을 담은 실행 계획이다. 실행 계획이다 보니 포함되고 추진되어야 할 사업들이 재원과 시간 등의 이유로 제외되었다. 두 번째, 서울을 여성이 행복한 도시로 만든다는 비전을 달성하기 위해 여성정책의 지평을 교통·도시계획·주택·도로 등 시정 전 분야로 확대한 종합계획이다. 여기에는 여성의 시각과 경험을 미리 반영하는 예방적 계획의 성격도 함께하고 있다. 마지막으로 여행 프로젝트는 중기 연동계획이다. 서울을 여성이 행복한 도시로 만들기 위해서는 중·장기적인 관점에서 여성들을 행복하지 못하게 하는 여러 요인들의 원인과 향후 변화를 예측하고 거기에 부합하는 대책을 제시해야 한다. 행정 환경이 급변하기 때문에 정책의 실효성을 담보하기 위해 지속적으로 추진 실태를 점검하고 그 결과를 피드백 하여 그 내용과 방법 등을 매년 수정·보완해 나가는 중기 연동 계획인 것이다(서울시, 2008).

여행프로젝트의 입안에 앞서 정책 방향과 수요를 위한 인터넷 조사를 실시하였다. 응답한 시민은 남성이 1,067명, 여성이 1,377명으로 모두 2,444명이었다. 서울시민의 61%는 도시생활에서 불안을 느끼고 있는 것으로 나타났다. 응답자 중 불안을 느낀 적이 없는 경우는 39%에 불과하며 도시 안전 확보가 필요한 것으로 나타났다. 불안에 대한 성별 차이가 있어 남성(55%)보다는 여성(65.6%)이 더 불안을 느끼는 편이었다. 서울의 야간 위험에 대한 문항에서도 응답자의 2/3 정도(67.3%)가 위험한 편이라고 응답하였으며 역시 남성보다는 여성이 야간 위험을 더 많이 느끼고 있었다(서울시, 2008). 서울시는 이와 같은 생활 속 불편사례와 여론조사 결과를 토대로 하여 시정 각 분야별로 '여성이 행복한 도시'를 만들기 위한 추진과제를 발굴하여 2010년까지의 4개년 실행계획인 '여행 프로젝트 2010'을 수립하였다.

이러한 정책사업의 일환으로 서울시는 전술한 뉴타운 CPTED 설계를 통한 여성 친화적 아파트 단지를 조성함으로써 보다 쾌적하고 안전한 주거공간을 조성을 도모해 왔다. 예를 들면 지하주차장에 동선추적 CCTV와 조명장치 설치 등을 통해 안전을 강화하고, 어린이놀이터는 접근성이 좋고 개방된 장소에 배치함으로써 놀이터가 우범화되는 것을 방지하도록 설계하는 것 등이다. 2008년 4월 완공한 은평뉴타운 1지구에 CPTED 설계를 반영하였고, 3차 재정비촉진계획에 확대 반영하였다.

그림 3-15 여성친화적 뉴타운 건설 설계 사례

〈 선큰주차장 〉 〈 사각지대 CCTV 〉 〈 창문없는 벽면 배관 〉

〈 투시형 E/V 〉 〈 3방향 조명 〉 〈 침입자 인체감지기 〉

출처: 서울시, 2008

또한 도시의 고밀화·혼잡성·익명성으로 여성과 약자를 대상으로 하는 범죄발생 빈도가 급속히 증가하고 있으므로 은폐지역과 위험요소를 사전에 차단하는 CPTED 원칙에 따른 조경설계 기준과 매뉴얼을 2008년 8월 제정하여 공원, 광장, 도로 등 공공시설의 조경설계·시공·관리에 적용하고 있다. 더불어 지하철역 및 지하도 상가 여성화장실 앞에 총 264대의 CCTV와 2,515개의 비상벨을 설치 완료하였다.

그러나 2010년 UN 공공행정상 대상을 수상한 혁신사례로 인정을 받은 여행프로젝트(김태균, 2011)는 과도하게 주택, 도로 등 공간·시설의 하드웨어적 영역에 집착하였다. 도시를 여성 친화적으로 만드는 것은 중요한 문제이나 실제로 여성이 행복함을 느낄 수 있는 도시를 만들기 위해서는 시민과 기업 등의 의식과 문화의 변화가 따라야 할 것이다. 사업 내실화를 위해서는 앞으로 생활문화적인 측면에서 보완되고 발전해야 할 것이다.

(4) 서울 동작구 '아동·여성보호 지역 안전망 구축' 정책

동작구는 서울에서도 선도적으로 아동·여성보호 지역 안전망 구축에 적극적인 편으로 평가된다. 동작구는 지난 2010년 8월에 전국 지자체 가운데 서울시 자치구로는 유일하게 아동·여성보호 지역연대 모범운영 지역으로 선정됐다. 지역연대 모범운영지역 선정은 여성가족부와 행정안전부, 교육과학기술부, 보건복지부, 경찰청 합동으로 전국 시군구의 지역연대 운영상황을 평가해 모범운영지역으로 동작구를 비롯해 16개 지자체가 선정됐다.

동작구는 관계 중앙부처와 함께 지역사회 아동과 여성 안전을 위한 MOU(양해각서)를 체결하고, 이 협약을 통해 최근 잇따른 아동 성폭력 범죄 대응을 위한 중앙부처 및 지자체 간 상호협력체계 구축 등 본격적인 지역사회 안전망 구축사업을 추진하고 있다.

이와 함께 등하교길 도우미제도 운영과 성폭력 위험 환경요인 제거를 위한 지역주민단체와의 연대 및 예방교육, 캠페인 등 각종 성범죄 예방사업을 활발히 실시할 계획이다. 한편 동작구는 지난 2008년도에 '동작구 아동·여성보호 지역연대'를 발족해 현재 아동·여성관련 시설 및 의료기관, 교육기관, 경찰서 등 유관기관 소속 위원 25명이 활동 중이며 아동안전지킴이 활동, 온라인 카페 운영, 성폭력 예방 및 대처방안 매뉴얼 제작 등을 추진해왔다.

특히 2011년에는 지역거주자인 아동과 여성의 시각으로 지역환경의 위험 요소를 파악, 아동여성의 안전과 관련한 지역 사회의 인적, 물적 인프라를 종합적으로 집적하여 지도상에 표기하는 '아동여성안전지도'를 제작 완료하여 7월경부터 서비스 시행에 들어갔다.

'아동·여성 안전지도'에는 유흥업소, 재개발지역 공가, 학교 주변 성범죄 발생지, 어두운 골목길 등 위험한 지역과 도움을 요청할 수 있는 주변 경찰서 등이 표시되어 있다. 기존 지도와는 달리 위험요소 및 안전요소, 통계 분석자료, 사진 등을 GIS 웹 시스템으로 구축하여 인터넷, 스마트폰을 이용하여 위험정보를 실시간으로 검색 가능한 것이 특징이다.

또한 지도제작을 위해 조사한 위험요소 및 취약지역 데이터 등은 범죄 위험지역에 대한 우선 환경개선 작업에도 큰 도움이 될 것으로 보인다. 동작구 아동·여성 안전지도는 지난해 여성가족부로부터 아동·여성 보호 지역연대 모범지역으로 선정되어 국비와 시비 보조를 받아 전국 최초로 제작되었다. 대방동, 신대방2동, 상도3동, 상도4동 등이 지도제작 시범지역으로 선정되었으며 해당 지역의 위험요소를 추출하고 데이터화하여 지난달 말 안전지도 제작을 완료하였다. 안전지도 제작완료 보고회를 개최한 이후 구청 홈페이지에 지도를 게재하였다.[39]

그림 3-16   동작구 '아동·여성 안전지도'

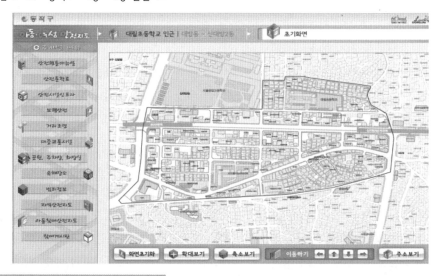

39 시민일보 [2011.12.15] 보도 내용.

(5) 중랑구의 CPTED 테마 전시회

중랑구는 중랑구청 1층 로비에서 오는 2011년 1월 10일부터 14일까지 아동과 여성이 안심하고 생활할 수 있는 환경조성을 위해 중랑구 여성단체연합회와 연계한 CPTED 전시회를 개최하였다.

구에서는 안전한 거주환경에 대한 구민의 요구가 높아지는 상황을 반영하여 「아동과 여성이 안전한 중랑구 만들기」 사업의 일환으로 범죄예방환경설계 전략, 즉 CPTED를 소개하는 자리를 마련하였다. CPTED 전시회에서는 CPTED의 개념과 해외 및 국내 적용사례, 주민참여방법안내, 의견 게시판 설치를 통해 CPTED 전략의 필요성을 소개하고 참석자들과 함께 공유하였다(www.hg-times.com 참고).

(6) 경기도의 셉테드 정책

경기도는 2012년 4월 전국을 떠들썩하게 했던 수원시 오원춘 사건 발생을 계기로 셉테드 정책을 수립하여 시행하고 있다. 이를 위해 경기개발연구원을 통하여 거주민들의 범죄 피해와 두려움 조사를 시행하였고 취약 지역 주민설문 실태 조사를 2013년 3월과 4월 사이에 4개 지역(시흥, 성남, 수원, 고양) 200여 명을 대상으로 실시하여 거주지역의 범죄피해 여부와 두려움 정도, 그리고 범죄예방을 위해 가장 시급한 것에 대한 인식을 확인하였다.

이를 통해 2013년 12월 1일자로 「경기도 CPTED 조례」를 제정하였고 이를 근거로 조례 관련한 지침과 시행규칙을 마련하였다. 이를 통해 시·군 취약지력 '함께 만들어 가는 CPTED 적용마을 시범사업'과 안전한 마을만들기 도지사 인증제를 추진한 바 있다. 2014년도에 우선 추진하기 위한 사업 예산 20억원을 확보하였고 지역별로 공간 유형별 시범지역을 선정하여 2015년부터 본격적으로 범죄예방 환경디자인 시범사업을 추진하고 있다. 2015년에는 평택시와 시흥시의 저소득층, 외국인 밀집지역으로 시범사업을 선정하여 2016년 여름에 사업을 완료하였다. 시범사업 선정을 위한 현장실사를 통해 시 공무원, 관할 경찰, 통반장 등 지역주민이 합심하여 환경디자인 개선사업을 추진하면서 도내 구도심, 원룸·다세대 밀집지역, 여성 안심취약지역 등에 거주하는 주민이 안전하게 생활할 수 있도록 하고 사업을 지속적으로 확대할 계획이다.

그림 3-17 경기도의 셉테드 시범사업을 위한 공간 유형들

골목길, 이면도로 등의 보행공간   소형점포 밀집지역   재개발사업지로 인한 슬럼화 지역   외국인근로자 밀집지역

section 04

CPTED 실제 적용 사례

셉테드 관련 국내외 법규, 정책, 표준 등에 대해서는 상세하게 전술하였으며 본 절에서는 그러한 법제도와 정책에 의해 추진되었던 국내외의 셉테드의 실제 사례를 주로 사진과 그림 등 일러스트 방식을 통해 제시하면서 그 배경, 특징, 장·단점 등을 설명하였다. 하지만 완공 후의 셉테드 시설이나 지구만을 제시하기에는 실제 사례(특히 사진)가 많지 않아 셉테드를 적용한 설계(안)도 포함하였다.

1. 해외 적용 사례

(1) 북미 및 남미의 셉테드 사례

1) 미국의 사례

인구 34만 명의 플로리다 Tampa시(Tampa Metro의 경우 약 3백 39만 명)는 District 내에서의 개발 제안된 토지사용(land use) 변경에 관한 타운의 관심과 우려를 반영할 수 있는 Overlay District,[40] 즉 개발제한 요구사항을 통해 도로, 단지의 규모, 건물의 전면,

---

40 Overlay District란 경관, 근린, 역사적 보존, 야생 동물의 이동로의 보호, 범죄안전 등과 같이 특별한 배려가 필요한 주민 관심 지역을 설정하고 그러한 배려를 반영하기 위해 기존 조닝 지역에 추가되는 건축/도시 개발 제한 요구사항(an additional zoning requirements)을 의미한다. An overlay district is a common tool for establishing development restrictions, or extending development incentives, on land within a defined geographic area or characterized by specific physical features or site conditions. Adopted as part of a zoning bylaw, overlay districts are superimposed over one or more underlying conventional zoning districts in order to address

그림 3-18 West Tampa의 Overlay District 구역

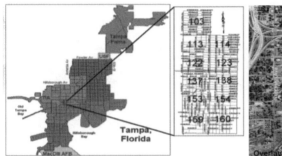

출처: NICP(2010) Implementing CPTED into Planning & Zoning: Overlay District, NICP CPTED Training Conference, November 9-11, Crown Plaza San Antonio Riverwalk San Antonio, Texas.

셋백(setback), 조경 및 가지치기, 잔디 배치, 주택의 배치, 조명, 공개공지 등에 대한 셉테드 설계 반영을 요구할 수 있다. <그림 3-18>은 West Tampa의 Overlay District 구역을 표시한 것으로 표시된 구역에서는 셉테드 관련 개발 제한 요구사항을 공동체의 이해관계인들이 협의를 통해 정해서 셉테드의 원칙과 철학을 반영할 수 있다.

예를 들면 <그림 3-19>+(좌)와 같이 셉테드 조경 관련한 요구사항은 교목과 관목의 높이에서 61cm~183cm 사이에 가지와 잎으로 가려지지 않도록 해야 한다는 것이다. (우)에서는 이러한 셉테드 조경 요구사항이 반영되어 '자연 감시'의 원칙 면에

그림 3-19 West Tampa Overlay District 셉테드 조경

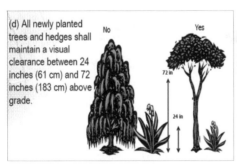

출처: NICP(2010)

---

areas of community interest that warrant special consideration such as historic preservation, or protection of a particular resource such as wildlife corridors.

http://www.smartgrowthvermont.org/toolbox/tools/overlaydistricts/ 참고.

그림 3-20 West Tampa Overlay District 주차건물 셉테드

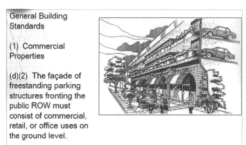

서 시각적 방해가 없이 유지되고 있는 해당 지구의 가로 및 공원의 실제 모습이다.

또한 상업 주차건물의 경우 <그림 3-20> (좌)와 같이 지상 1층에는 반드시 보행로를 정면으로 바라보도록 상업시설, 소매점, 업무용 시설을 배치하도록 요구하고 있다. (우) 그림은 이러한 자연감시와 건축물의 가시성 원칙을 반영하여 실제 개발된 사례이다.

70년대 코네티컷 주 Hartford시에서는 2개의 지역에서 '주거지역 범죄통제 프로젝트(Residential Neighborhood Crime Control Project)'를 수행하면서 교통패턴을 변화시

그림 3-21 Hartford시의 도로 교통 셉테드 사례

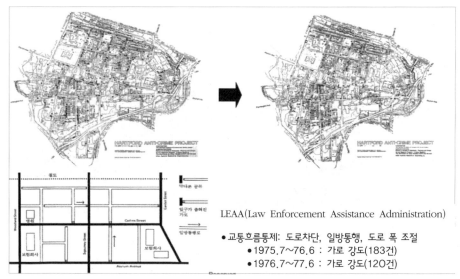

출처: 박현호·이경훈, 2007

그림 3-22 Portland의 기업 본부 콤플렉스와 레크리에이션 시설의 조합

출처: Safe Growth and CPTED in Saskatoon, 2010

키기 위해 도로를 일부 폐쇄하고, 일부는 좁히고 주민공동체 단체를 결성하여 공동체 의식을 개선하고 경찰과 공동체 간의 관계를 개선하는 등의 노력을 병행함으로써 1년 동안 가로 강도를 183건에서 120건으로 저감시키는 데 성공한 것으로 보고되었다 (National Crime Prevention Institute, 1986).

<그림 3-22>에서는 Oregon 주 Portland 시의 나이키(NIKE) 본사 단지가 축구장, 테니스 코트, 보행로와 같은 레크리에이션 시설들과 조화롭게 배치되고 회사 직원들에게 부가가치가 된 사례를 보여주고 있다. 본사 건물에 인접한 이 레크리에이션 시설들은 이 지역을 전반적으로 주중 그리고 주말까지도 활기차게 만들고 인근 지역 주민들에게도 개방되어 주변 지역과 강한 연계성(stronger connection)을 창조하며 모든 사용자들에 의해 자연감시성을 배가시켜주고 있다(Safe Growth and CPTED in Saskatoon, 2010).

2) 캐나다의 사례

온타리오 주 Kitchner시의 도시계획은 온타리오도시계획법에 의해 셉테드 적용이 필수 전제 조건으로서 <그림 3-23>은 키치너시의 한 근린지구에서 도로의 연결성(connectivity)을 해치지 않으면서 무단 접근을 합리적으로 제한하기 위해(The

그림 3-23 Kitchner 시의 셉테드 교통패턴 사례

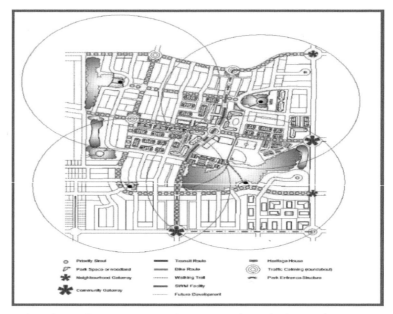

출처: City of Kitchner Urban Design Manual 7.0 CPTED (www.kitchener.ca)

street network should be designed to limit access without disconnecting one area from another) 주요 도로축선, 보행축, 공원 입구 시설, 교통정온화, 환승 루트, 커뮤니티 게이트웨이 등을 설계한 사례이다. 이 설계 사례는 지구를 무단 통과하는 루트를 최소화하는 것을 강조하고 있으며(Streets should be designed to discourage cut-through traffic) 과속을 방지하고 도주 차단 및 방해를 위해 교통정온화 기법을 적용하고 있다. 또한 모든 가로는 양쪽으로 보행로를 배치하고 있으며 이 지구로 들어오는 사람들의 인식력을 높이기 위해 게이트웨이마다 조경에 의해 상징적 문주(gateway features such as a columned entrance with landscaping to clearly define the entrance to a subdivision)를 설치하며 공공보행로는 길이를 제한하고 주위 건물과 가로에서 잘 보이는 곳에 배치하고 있다.[41]

오랫동안 비어 있는 건물 벽면이 오히려 격리감을 주고 영역성을 감소시킨다고 판단하여 <그림 3-24>와 같이 Saskatoon시는 지역 예술가와 주민들이 하계 프로그램을 통해 제작한 뮤럴(mural) 벽화를 통해 보다 매력적인 경관과 공공디자인을 창

---

41 City of Kitchner Urban Design Manual 7.0 CPTED. www.kitchener.ca 참고.

그림 3-24 Saskatoon시의 셉테드 벽화 사례

출처: Safe Growth and CPTED in Saskatoon, 2010

그림 3-25 Kitchner/Saskatoon시의 야간 프로젝션과 쇼핑몰 브랜딩 사례

출처: City of Kitchener(2010) Implementing CPTED in the Site Plan Process; Safe Growth and CPTED in Saskatoon (2010), Crime Prevention Through Environmental Design Guidelines

조해낼 수 있으며(좌측), 아이들이 방과 후에 자전거를 타고 노는 공간들의 바닥을 예술가 등과 함께 청소하고 페인트 칠을 돕는 행사 등에 참여하게 함으로써 그러한 공간을 더 많이 사용하고 보존하는 경향을 갖게 된다고 강조한다(우측).[42]

---

42 Safe Growth and CPTED in Saskatoon (2010), Crime Prevention Through Environmental Design Guidelines: An Illustrated Guide to Safer Development in Our Community. City of Saskatoon. www.saskatoon.ca 참고.

<그림 3-25>에서 Kitchner시는 야간에 건물 벽면에 레이저 비디오 프로젝션 광고를 허용함으로써 공간의 이미지와 정체성을 보다 매력적이고 분명하게 브랜딩(distinctive branding)하고, 영역성을 제고하며 건축물에 미적인 가치를 부가해주고 있다(City of Kitchener, 2010). 또한 오른쪽 Saskatoon시의 쇼핑몰 브랜딩 사례는 눈에 쉽게 띄는 로고, 컬러 선택, 깃발, 싸인 등을 적용하여 해당 상업 지구의 이미지와 정체성을 확보하여 영역성과 미적 매력을 갖추고 있다(Safe Growth and CPTED in Saskatoon, 2010).

(2) 서유럽의 셉테드 사례

1) 영국의 셉테드 사례

정부 디자인위원회(Design Council)의 후원하에 각종 공공시설물과 하드웨어 제품(product)에 대한 '방범기능 설계(Design Against Crime: DAC)'를 추진하고 있는 영국의 DAC 운동은 건축, 산업디자인, 엔지니어 등 기술자와 디자이너들이 디자인 실무에서 범죄에 대한 잠재적 피해 대상이 사람과 재물에 대한 저항력과 방어력을 높여 보다 사회적으로 책임성 있게 디자인(Socially Responsible Design: SRD)하려는 범사회적 노력이다.

그림 3-26 범죄안전 디자인이 적용된 공공시설물

해설: (좌) 런던 Camden Borough에서 낙서, 광고물 부착, 스케이트보딩, 노숙인 눕기, 오물투기 등의 무질서 행위를 방지할 수 있는 기능과 재질로 설계된 벤치; (우) 런던 Hammersmith 상업지역에서 가시적인 도료로 현금인출기 사용자의 영역성을 표시하여 범죄자에게 심리적 장애물로 인식되도록 디자인한 DAC 사례.
출처: Design Council, 2011

그림 3-27 런던 지하철 승차 대기자 접근 금지 디자인

출처: Strutton, 2010

<그림 3-27>은 런던의 지하철 객차 출입구 앞 플랫폼의 하차 승객을 위한 승차 대기 승객의 접근 금지 존을 표시한 교통시설 셉테드 디자인 사례이다. 하차할 승객들을 위해 승차 대기를 하는 승객들이 공간을 양보하라는 분명한 메시지가 전달될 수 있도록 디자인되었다. 하차 승객과 승차 승객 간의 충돌(conflict)에 의한 범죄공격의 촉발을 방지할 수 있는 기능을 할 수 있다.

<그림 3-28>은 가시성 저하와 구조적 약화로 인해 낙서와 반달리즘에 시달리던 런던의 시내 버스정류장을 개선한 사례이다. 지붕 부위는 올라가서 훼손하지 못하도록 둥근 아치형으로 설계하였고 사방을 파손에 강하고 가시적인 투명 강화플라스틱

그림 3-28 런던 시내 버스정류장 디자인 개선 사례

출처: Design Council, 2011

재료로 설치하여 많은 손실을 방지하고 있다.

2) 네덜란드의 셉테드 사례

전술한 네덜란드의 PKVW 인증의 요구사항으로서 주거지역에의 접근을 제한하기 위해 500가구 이내의 주거지역의 경우에는 <그림 3-29>와 같이 상징적 게이트를 갖춘 출입구가 2개 이하, 500가구 이상의 주거지역은 최대 4개의 출입구를 갖추어야 한다. 우측의 건물 사례는 가시성이 현저히 높은 건물 주동 출입구를 보여주고 있다.

2008년 3월에 면접조사를 실시한 유럽셉테드학회장 Paul Van Soomeren의 도움을 받아 <그림 3-30>의 암트테르담 트램역을 방문하였으며 최근의 셉테드 기

그림 3-29   네덜란드 PKVW 인증 받은 주택단지 사례

출처: The Police Marque Secured Housing, PKVW

법이 적용된 사례로 소개를 받았다. 우측 하단에 언덕 위의 살짝 튀어 나온 건물의 경우 셉테드 전문가에 의해 언덕 아래 트램역을 쉽게 내려다볼 수 있도록 배치 및 설계하였다고 한다. 또 트램으로 내려가는 계단과 승강기가 매우 가시적이고 투명하게 설계되었으며, 계단 아래도 충분히 보일 정도의 디자인이 적용되었으며 트램 정류장은 시각적인 방해요소가 거의 없이 충분한 가시성을 확보하고 있는 잘된 사례라고 판단된다.

그림 3-30   네덜란드 암스테르담 트램역의 셉테드 사례

출처: 2009년 현지 답사하여 직접 촬영

3) 덴마크의 셉테드 사례

　정부에 덴마크범죄예방위원회(Danish Crime Prevention Council)를 운영하고 있는 덴마크는 '범죄예방의 날'을 지정하고 있을 정도로 셉테드를 포함한 범죄예방 환경 조성에 열정이 높다.[43]

　<그림 3-31>과 같이 덴마크의 한 주거단지 건물의 계단실에 적용된 장식 그림들은 낙서와 훼손을 방지하고 주민들이 그러한 격리되고 잘 사용하지 않아 버려지는 공간들에 관심을 갖고 책임감을 느끼게 해주며 마치 집에 있는 편안한 기분을 느끼게 하는 기능을 한다.

　<그림 3-32>는 주택 단지의 휴먼 스케일(human scale) 적용을 위해서 큰 규모의 단지를 작은 규모로 구역(division)을 만들어 주면 주민들이 자신의 구역에 더 큰 애착을 느끼게 만든다. 또한 마을 곳곳에 범죄예방 공동노력을 독려하는 로고 표지판을 설치하여 이를 독려하고 있다.[44]

---

43 http://www.uhms.hr/datastore/filestore/19/AKN_Croatia－danish_crime_prevention_day.pdf
44 유럽표준 EN14383에 의하면 휴먼스케일의 구역은 4047 평방미터 당 10~30개의 주택을 권장한다.

그림 3-31 덴마크 주택단지 계단실의 장식 그림 사례

출처: Danish Crime Prevention Council, 2002

그림 3-32 덴마크 소규모 블록화 단지와 마을범죄예방 표지판

출처: Danish Crime Prevention Council, 2002

(3) 아시아의 셉테드 사례

1) 호주 및 뉴질랜드의 사례

<그림 3-33>에서 좌측의 하얀색 펜스는 빛을 반사시켜 관찰자가 펜스 뒤에 있는 사물을 보기 힘들게 하지만 우측의 짙은색 펜스는 관찰자가 내외부의 상황을 인식함이 보다 용이한 특성이 있다. 따라서 하얀색 펜스는 통제와 프라이버시가 중요시

그림 3-33 Queensland주의 펜스/울타리 관련 셉테드

출처: Queensland Government, 2007

그림 3-34 Queensland주의 공공예술 관련 셉테드

출처: Queensland Government, 2007

되는 장소에 적용할 수 있으며, 짙은색 펜스는 공공시설 및 공간에서 펜스를 설치할 때 고려하도록 권장하고 있다.

<그림 3-34>와 같이 바닥면과 벽면에 적용된 공공예술(public art) 사례는 앞서 캐나다의 사례와 같이 해당 지역에 대한 주민들의 자부심(pride)을 고취하고 장소의 시인성(legibility)을 높여주고 있다. 미적인 아름다움과 매력성으로 이용자들이 쉽게 애착을 갖게 해준다.

Brisbane에 소재하는 Kelvin Grove Urban Village <그림 3-35>는 그리드(grid)의 양호한 연계성으로 인해 기존의 근린주구 가로에 연결이 되어 있고, 차량의 출입을 허용하지만 보행자 중심의 가로를 지향하고 있으며, 대학건물과 다른 기관 건물들이 근린 속으로 혼합되는 복합용도로 사용되고 있다. 또 인근 건물에서 공공공간들(public realm)이 충분한 자연감시를 확보하고 있고, 쇼핑도 주요 가로를 중심으로

그림 3-35 Queensland주의 복합개발 사례

출처: Queensland Government, 2007

집중되어 있다.

2) 일본의 사례

2010년 12월에 도쿄 아다치구에 있는 방범우량맨션 인증을 받은 공동주택을 현지 직접 방문하여 관찰한 바, <그림 3-36>과 같이 주동 출입구(좌측 상단)는 전면을 모두 유리로 설계하여 매우 가시적이었으며, 단지 주민이 공동 이용하는 자전거 보관소(우측 상단)는 안전하게 시정되었고 투시형 설계로 내부가 보이도록 하여 통행인에 의한 자연감시가 가능하도록 하였다. 건물 앞 보행로에 배치한 석조 볼라드(좌측 하단)는 무단 주차를 방지하여 침입범죄자들이 차량을 건물 바로 옆에 주차해두고 재물 절취 후 싣고 신속히 도주하는 것을 방지해준다. 마지막으로 단지 내 주차장을 비

그림 3-36   도쿄 아다치구 소재 방범우량맨션 사례

출처: 2010년 도쿄 현지 방문 촬영 사진

그림 3-37   방범우량맨션 인증 단지의 침입 범죄 및 사각지대 방지 설계

隣接建物経由の侵入対策

雨どい経由の侵入対策

隠れられる隙間を封鎖

출처: 2010년 독립행정법인 건축연구소의 키미히리 히노 박사 제공

추고 있는 카메라와 보안센서등, 그리고 견고한 투시형 출입 게이트(우측 하단)는 주차장에서 발생하는 차량 관련 범죄와 주동 내 무단 진입을 방어해준다.

<그림 3-37>은 방범우량맨션 인증을 받은 단지의 침입 범죄 및 건축물 사각지대 방지를 위한 디자인 사례이다. 좌측 사진은 옆 건물에서 이격 거리가 짧아서 건너 들어오는 침입을 방지하기 위해 격자 철망을 적용하였고, 가운데 사진은 우수관을 타고 오르는 것을 방지하기 위해 가시철사를 두른 형태이며, 우측의 게이팅(gating)은 건물에 있는 은신 가능한 사각지대를 아예 접근이 불가능하도록 막아 놓은 디자인 요소이다. 그 나름의 침입 범죄의 방지를 위한 디자인 아이디어로서 평가해줄 수 있겠다. 그러나 방범이라는 기능성에 치중하다보니 미적인 요소에 대한 배려가 다소 부족한 것이 아쉬움으로 지적될 수 있을 것이다.

3) 말레이시아의 사례

연방정부 주택지방정부부에서 추진하고 있는 2010년 이후 추진해 온 Safe City 프로젝트를 통해 쿠알라룸푸르시를 중심으로 여러 셉테드 요소들이 적용되어 왔다. <그림 3-38>은 시내 곳곳에 설치된 방범 반사경, 투시형 건물, 방범비상벨(경광등 및 경보기 장착) 등에 대한 사례이다.

그림 3-38 쿠알라룸푸르에 설치된 방범디자인 요소 사례들

출처: Federal Department of Town and Country Planning, Ministry of Housing and Local Government Malaysia, 2010

<그림 3-39>는 쿠알라룸푸르시에 설계된 자연감시성은 높은 상업건물 사례로서 계단실에 매우 가시적으로 밖에서 안이 잘 보이며, 선큰 형태의 지하 공간은 높은 자연채광 수준을 확보하고 있다.

그림 3-39 쿠알라룸푸르시의 자연감시성이 높은 상업건물

출처: Federal Department of Town and Country Planning, Ministry of Housing and Local
Government Malaysia, 2010

<그림 3-40>의 경우 근린주구(neighborhood)의 크기는 중심에서부터 400미터
를 초과하지 않도록 하여[45] 보행자들의 접근성과 이용성을 최대화하고 있고 보행로는
집중화하여 보행자의 안전성을 높여주고 있다.

그림 3-40 쿠알라룸푸르시의 타운 지구단위계획 계획 사례

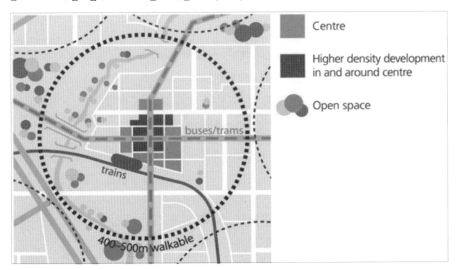

출처: Federal Department of Town and Country Planning, Ministry of Housing and Local
Government Malaysia, 2010

45 Neighbourhood size with walking distance 400 meter from neighbourhood centre

그림 3-41 TAMAN TUN DR. ISMAIL 안전마을 개선 사업

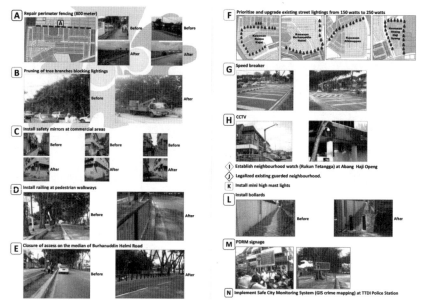

2011년에는 TAMAN TUN DR. ISMAIL(706에이커, 6,500세대, 33,000명) 안전마을 액션플랜에 의하여 범죄 불안감이 많은 마을에 경계 펜스 설치, 조명을 방해하는 수목의 가지치기 및 제거, 반사경 설치, 보행로 안전난간 설치, 가로등 조도 개선, 교통 정온화, CCTV 추가 설치 및 통합관제센터 구축, 이웃감시 구역 설정, 보안등 추가 설치, 볼라드 설치, 표지판 개선 등을 실시하였고, 프로젝트 시행 전후 범죄 불안감과 안전 만족도를 조사하였다. 200명의 주민 설문 결과 조성 후에 안전도와 만족도가 크게 개선되는 성과를 보였다(<그림 3-41>참조).[46]

2. 국내 적용 사례

다음 국내 사례들은 저자가 실제로 연구책임자 또는 공동연구자로 프로젝트에 참여했거나 자문위원으로서 참여한 사례들이다.

---

46 2016년 11월에 말레이시아 주택건설부(http://www.townplan.gov.my) 담당 공무원으로부터 이메일 로 받은 셉테드사업 성과 보고서 참고.

(1) 행복도시 셉테드

2030년까지 단계적으로 진행되는 행정중심복합도시(세종시) 건설 과정 중, 첫마을 사업(2-3생활권)과 행정중심타운(1-5생활권)에 이어, 2015년에 완공을 목표로 1-2지구와 1-4지구 시범생활권을 계획한 바 있다. 1-2지구와 1-4지구 시범생활권 지구단위계획(이하 시범생활권 계획)을 통해 행정중심복합도시 전체에 적용할 계획의 목표와 전략을 설정하고, 이에 따른 부문별 계획을 수립하여 기존의 지구단위계획의 내용과 절차측면에서의 혁신을 통해 품격 높은 도시이미지 구축과 실현성을 제고하고자 하였다. 이에 2007년도에 시범생활권 계획 과정의 일환으로 진행하는 6개 부문(경관계획, CPTED, 장벽 없는 도시구축, 생태환경도시, U-City, 폐기물관로 수송시스템) 상세계획 중 셉테드에 대한 설계개념을 연구하여 지구계획에 반영한 바 있다. 물론 상당 부분의 셉테드 계획안들이 추후 변경되었으나 세종시라는 거의 최대 규모의 도시 개발 계획에 셉테드가 국내에서 반영된 최초의 사례라고 평가할 수 있을 것이다.

<그림 3-43>의 1-4지구 시범생활권 중심상업지역 CPTED 적용 사례를 보면 중심·일반상업지역은 유동인구가 많고 상주인구는 적어 거주민에 의한 자연적 감시는 기대하기 어려운 반면, 주택가에 비해 거리의 활력도가 높은 특성을 지니고 있다.

그림 3-42 세종시 개발계획 평면도

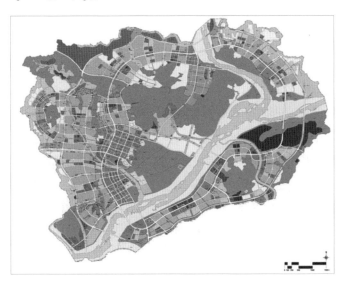

출처: 행정중심복합도시건설청 홈페이지 www.macc.go.kr

그림 3-43 1-4지구 시범생활권 중심상업지역 CPTED 적용 예시도

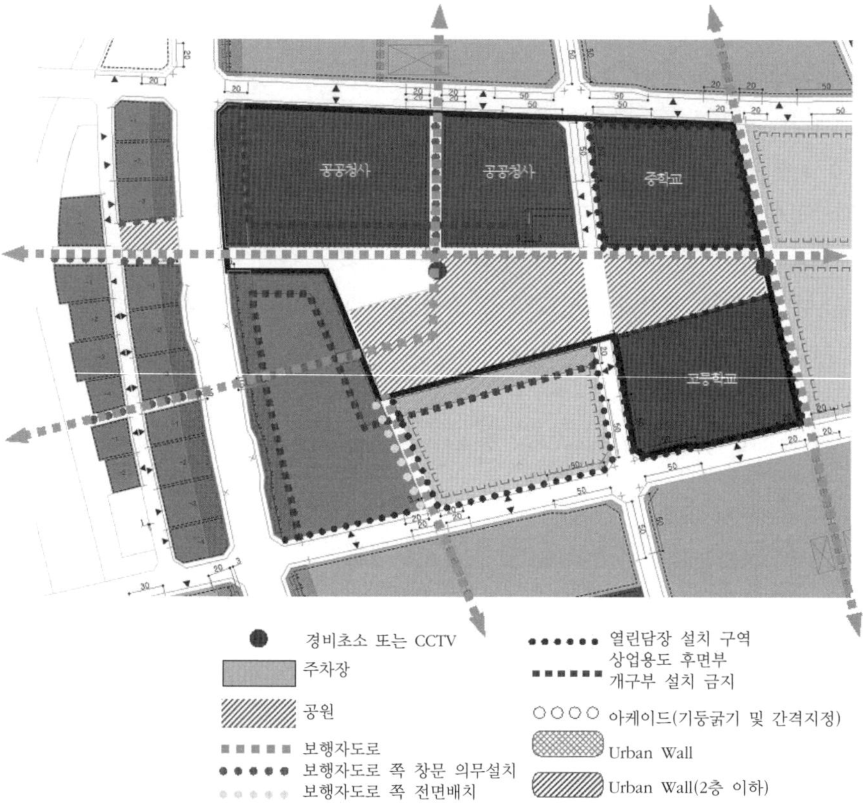

출처: 한국도시설계학회, 2007

또한 외부인의 출입이 잦은 상업지역의 특성상, 건물 내부에서 외부로의 감시와 함께 외부에서 내부로의 감시도 병행토록 하고 있다. 많은 상업건물에서 가로에 면하는 벽면을 유리로 하는 등 투시성이 높을 것으로 생각되지만, 현실적으로는 쇼윈도우, 간판, 유리창광고, 선팅, 인테리어 등으로 인하여 투시성이 상당히 낮기 때문에 가로변 및 상점건물전면부의 정비와 지속적인 유지관리를 강조하고 있다. 이를 위해 어번월, 아케이드 등에 대해 가시적인 식재 및 조경, 건물 전면부 디자인(셔터, 유리 등), 간판, 조명, 주차장, CCTV, 경비초소 등의 셉테드 요소를 제시하였다. 또한 투시형 담장 설치구간과 상업용도 건물 후면부의 개구부 설치를 금지토록 하였다.

(2) 혁신도시 셉테드

혁신도시는 혁신도시건설지원특별법에 의해 추진되고 있으며 공공기관 지방이전을 계기로 지역의 성장 거점지역에 조성되는 미래형 도시로서 이전된 공공기관과 지역의 대학, 연구소, 산업체, 지방자치단체가 협력하여 지역의 새로운 성장 동력을 창출하는 기반이 될 것으로 기대된다.

혁신도시 계획인구는 약 2~5만명으로 단계별 개발을 계획하여 2007년 이래 추진되고 있다. 부산, 대구, 광주·전남, 울산, 강원, 충북, 전북, 경북, 경남, 제주, 충남 등 총 11시의 지역에 혁신도시가 건설되고 있다.

국토해양부 산하 토지공사와 주택공사는 혁신도시의 범죄발생 저감을 위하여 지구단위계획 차원에서의 대응 방안을 마련하고 9개 혁신도시에 셉테드 계획 가이드라인을 개발한 바 있다. 이를 위하여 국내 도시범죄 발생현황, CPTED의 개념과 원칙을 정리분석하고, 혁신도시의 주거·상업·업무지역 및 공공시설지역 등 방범환경설계 안전한 도시 구현을 위한 구체적인 CPTED 설계지침을 제시하였다. 특히 기존 방범 CCTV 시스템 일변도의 전자적 도시방범 접근방법을 탈피하여 자연적 설계기법(natural design approach)을 중심으로 기계적 설계기법(mechanical design approach), 나

그림 3-44 혁신도시 CPTED 도입 모형

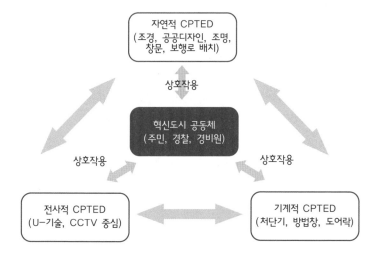

출처: 범죄과학연구소, 2009

그림 3-45 혁신도시 CPTED 지침 개발 프로세스

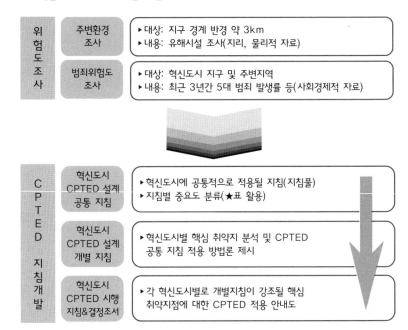

위
험
도
조
사

| 주변환경 조사 | ▸대상: 지구 경계 반경 약 3km
▸내용: 유해시설 조사(지리, 물리적 자료) |

| 범죄위험도 조사 | ▸대상: 혁신도시 지구 및 주변지역
▸내용: 최근 3년간 5대 범죄 발생률 등(사회경제적 자료) |

C
P
T
E
D

지
침
개
발

| 혁신도시 CPTED 설계 공통 지침 | ▸혁신도시에 공통적으로 적용될 지침(지침풀)
▸지침별 중요도 분류(★표 활용) |

| 혁신도시 CPTED 설계 개별 지침 | ▸혁신도시별 핵심 취약지 분석 및 CPTED 공통 지침 적용 방법론 제시 |

| 혁신도시 CPTED 시행 지침&결정조서 | ▸각 혁신도시별로 개별지침이 강조될 핵심 취약지점에 대한 CPTED 적용 안내도 |

출처: 범죄과학연구소, 2009

아가 공공디자인 설계기법(public design approach)을 동시 구현하는 한 차원 높은
CPTED 기법 적용을 시도하였다.

혁신도시는 KS A 8800 셉테드 기반표준의 프로세스에 의해 공통 및 개별
CPTED 설계지침이 개발되었다. 즉, 먼저 현장조사 및 관련 지도 등을 통해 주변환경
조사를 실시한 후 최근 3년간 5대 범죄 자료를 경찰청에서 받아 이를 범죄의 원인 변
수들(소득수준, 청소년 비율, 실업률, 유동인구 비, 외국인 거주 비율 등)과 함께 탐색하여 각
혁신도시별 범죄위험도를 분석하였다. 이를 통해 각 혁신도시별 범죄위험도에 비례하
는 각각의 CPTED 공통 및 개별 지침을 중요도를 표시하였으며, 특히 각 혁신도시별
로 상대적으로 범죄에 취약한 지점(vulnerable hotspots)을 찾아서 취약지점에 대한
CPTED 적용 안내도를 작성하여 관계자들의 이해를 도왔다.

혁신도시 CPTED 지침이 적용될 지구단위계획 및 용지계획별 시설과 공간은
<표 3-12>와 같이 정리되었다. 혁신클러스터지역, 주거지역, 상업 및 업무지역, 공
공시설, 학교시설로 지구단위계획 수준에서 대분류하였고, 하부 레이어에서는 혁신클

표 3-12 혁신도시 CPTED 공통지침 분류표

지구단위계획			용지계획	분류
I	혁신 클러스터 지역	1	공공기관	① 출입구(단지 및 주동) ② 조경 ③ 조명 ④ 건물 디자인 ⑤ 배치 ⑥ 가로 ⑦ 표지판 ⑧ 주차장
		2	산·학·연 용지	
II	주거지역	1	아파트	① 출입구(단지 및 주동) ② 조경 ③ 조명 ④ 건물 디자인 ⑤ 옥상 ⑥ 공용공간(계단 및 승강기) ⑦ 창문 ⑧ 배치 ⑨ 경계부 ⑩ 공공시설 ⑪ 상가 ⑫ 주차장 ⑬ 기타
		2	단독·연립주택	
		3	주상복합 건물	
III	상업/업무 지역	1	중심 상업/업무 지역	① 출입구 ② 조경 ③ 조명 ④ 건물 디자인 ⑤ 건물 경계부 ⑥ 간판 ⑦ 주차장 ⑧ 주유소 ⑨ 편의점 ⑩ 기타
		2	근린생활시설	
IV	공공시설	1	도로	① 조경 ② 조명 ③ 도로선형 ④ 보차 경계 ⑤ 교차로 ⑥ 보행자 전용도로 ⑦ 지하도 ⑧ 육교 ⑨ 횡단보도 ⑩ 교량
		2	공원·녹지	① 출입구 ② 조경 ③ 조명 ④ 공원녹지 경계부 ⑤ 벤치 및 조형물 ⑥ 표지판 ⑦ 방범시설 ⑧ 기타
		3	가로 시설물	① 전신주 ② CCTV ③ 조형물 ④ 안내표지판 ⑤ 공중화장실 ⑥ 정류장
V	학교시설		N/A	① 출입구 ② 조경 ③ 조명 ④ 건물 디자인 ⑤ 계단 및 승강기 ⑥ 화장실 ⑦ 옥상 ⑧ 경계부 ⑨ 교내 주민이용시설 ⑩ 주차장 ⑪ 방범시설

출처: 범죄과학연구소, 2009

러스터 지역 안에 공공기관, 산학연 용지를 주거지역에 아파트, 단독/연립주택, 주상복합건물을, 상업 및 업무지역에는 중심 상업/업무지역과 근린생활시설로 구분하였다. 공공시설은 도로, 공원·녹지, 가로시설물로, 학교시설은 별도의 용도계획 없이 적용하였다.

이러한 공통지침을 D시의 중심 상업·업무지역의 셉테드 계획에 적용한 예를 <그림 3-46>에서 보면 중심 상업지역 및 업무지역은 주, 야간 이용자가 많고, 특히 야간에 발생할 수 있는 음주, 폭력 등의 요소와 인접한 근린공원에서의 절도 및 폭력범죄를 예방하기 위해 취약구간에 방범용 CCTV를 설치하여 잠재적 범행의 기회를 억제하고, 문제 발생 시의 신속한 해결을 도모할 수 있도록 한다. 주간에는 보행축을 중심으로한 전면 유리형태로 설계를 권장하여 자연적 감시를 도모하고, 1층에는 개방형 구조로 설계하여 내·외부의 가시성을 극대화시킨다. 근린생활시설용지와 인접한 단독·연립주택 경계부에는 투시형 담장을 계획하여 외부인의 접근통제를 도모하고, 자연적 감시역량의 기능을 증대시키도록 강조하였다.

그림 3-46 혁신도시 CPTED 적용 예시도

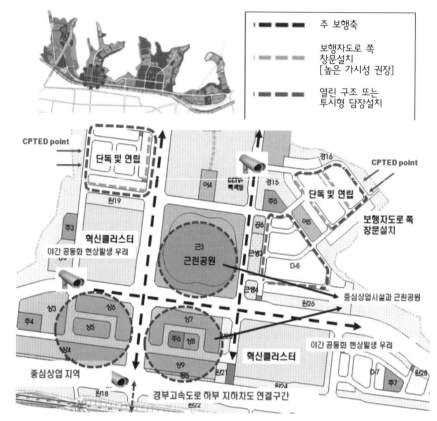

출처: 범죄과학연구소, 2009

(3) 서울시 뉴타운 – A지구

뉴타운으로 지정된 A지구는 사업시행 인가 조건으로서 시 조례에 의해서 셉테드 지침을 의무적으로 반영하도록 하고 있다. 이에 따라서 지침서에 나온 바와 같이 ① 계획서, ② 주변환경도, ③ 영향범위도, ④ 범죄예측 내용, ⑤ 셉테드 설계도를 제출하도록 하고 있다(서울특별시 균형발전본부, 2009).

계획서에는 ① 주변환경, ② 여건 및 현황 분석, ③ 셉테드 설계 기본방향 및 구상, ④ 촉진지구 주변(반경 3km) 환경조사서, ⑤ 촉진지구 및 주변지역에 대한 최근 3년간 범죄발생 현황 조사서, ⑥ 주변환경에 의한 촉진지구의 범죄영향범위 조사서,

그림 3-47 주변 범죄 환경도

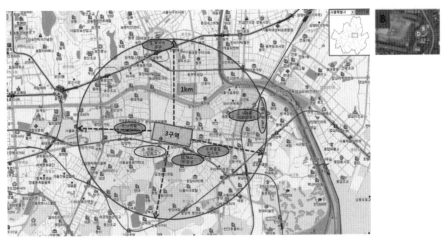

출처: 가상의 시나리오를 가지고 만든 시뮬레이션 일러스트

그림 3-48 셉테드 설계도 예시

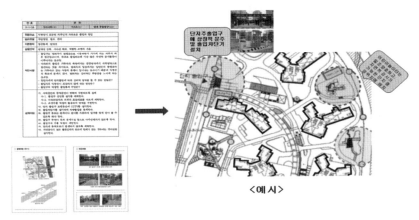

해설: 좌측 상하는 서울시 지침이며 우측 그림은 이를 설계도에 반영한 예시이다.

⑦ 촉진지구 토지이용계획 특성 분석 등이 포함되어야 한다.

　　주변 환경도는 <그림 3-47>과 같이 역세권 주변, 상권 활성화지역, 초중학교, 유흥업소 밀집지역 등을 예상 핫스팟(hotspot)으로서 예시적으로 표현할 수 있다.

　　이에 따른 셉테드 설계도는 각 기본도서마다 서울시의 지침서를 반영하여 공간, 시설 요소별로 반영하는 방법을 활용할 수 있다.

(4) 서울시 마포구 '소금길' 프로젝트와 강서구 중학교 셉테드

서울시는 2012년 10월 마포구 염리동에 셉테드를 적용한 '소금길' 사업을 시행하였다. 과거 이 일대가 소금장수들이 많이 산 곳이란 특징을 살린 이름이다. 1.7㎞의 산책코스로 꾸민 소금길에 있는 노란색 전봇대에 1~69번의 번호와 소금길이라는 이름으로 표지판을 붙인 뒤 소금을 테마로 한 벽화들을 그려 넣었다. 아울러 전봇대마다 발광다이오드(LED) 번호 표시등, 공한지 쉼터 등을 설치했다.

그림 3-49 서울시의 셉테드 사업지

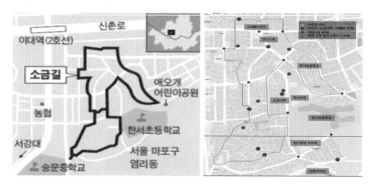

특히 범죄가 발생했을 때 도움을 주는 '소금지킴이집'도 6곳을 만들었다. 소금지킴이집은 위험한 상황에서 도움을 요청할 수 있도록 비상벨과 CCTV를 갖추고 있다.[47] 골목은 알록달록하게 색칠돼 있었고, 골목 중간중간엔 비상벨이 있었다. '스트레칭', '계단 오르내리기' 같은 운동 방법도 곳곳에 적혀 있다.

그림 3-50 소금길의 방범환경 개선

출처: 머니투데이[2013.0625] 보도자료

---

47 머니투데이[2013.06.25] 범죄예방 효과있다는 서울 마포 소금길 가보니…[밤길 무서운 여성들 <4>]범죄예방디자인 한계-주변지역으로 범죄 전이 우려.

형사정책연구원이 지역 주민을 대상으로 설문 조사한 결과 '자신이 범죄 피해를 당할 것 같다'는 두려움은 소금길이 생긴 이후 두 달 만에 9.1% 감소했다. 가족에 대한 범죄 피해 두려움도 13.6% 줄었다. 경찰 지구대 신고 전화도 30%가량 줄었다. 반면 동네에 대한 애착은 13.8% 증가했다. 서울시가 소금길과 함께 범죄예방디자인을 적용했던 서울 강서구 공진중학교도 범죄 두려움이 3.7% 하락했다. 서울시는 이러한 사업의 성공의 바탕으로 2013년 이후 범죄예방디자인을 서울 전역으로 확대 적용하고 있다.

이러한 염리동 사업의 성공 배경에는 담당 서울시 공무원들의 헌신적인 노력(주민들 설득, 자기 집 담장 페인트칠을 위한 주민 참여의 유도 등), 일부 기업의 페인트와 방범CCTV의 기부, 공공예술인들의 재능기부, 해당 지역 주민들의 적극적인 참여가 자리 잡고 있었다. 이를 통해 서울시 담당자 인터뷰 조사에 의하면 지난 몇 년 동안 대화도 없던 이웃 주민들 간에 자기 담장 페인트칠 작업을 시작하면서 서로 인사도 나누고 이야기꽃도 피우는 등의 공동체 유대와 교류가 증가하였다고 한다.

나아가 2013년 3월부터는 최근 범죄예방디자인을 도입한 소금길 조성으로 밝고 화사한 분위기로 변신 중인 가운데 염리동에 이 골목길 녹화사업까지 연계하면 더욱 효과적일 것이라는 이유에서 마포구 염리동 21-189호 일대에 꽃길이 조성되었다. 이 사업도 역시 주민 스스로 골목길에 꽃과 나무를 심어 골목길 환경을 개선하고 생활주변을 녹화해 이웃 간의 만남과 소통의 기회를 확대하고자 하는 것이다. 마포구와 마포구민을 대상으로 선정한 주민 조경전문가, 주민들이 한데 모여 골목길 녹화계획을 세우고 실질적인 조성작업에도 다 함께 참여했다. 2세대 셉테드가 주장하는 공동체의 집합효율성을 증대하기 위한 유대와 교류가 증가하는 성공적 사례로 해석될 수 있다.

그림 3-51 마포구 염리동, '우리골목길 우리손으로' 꽃·나무심기 사업

출처: 에코데일리[2013.09.16.] 보도자료

다른 시범구역인 강서구 가양동 공진중학교는 영구임대아파트 4,400여 가구가 살고 있어 저소득 소외계층 학부모 비율이 상대적으로 높다. 이에 서울시는 학생들이 학교를 즐기는 공간으로 느낄 수 있도록 교내 사각지대에 감시용 CCTV가 아닌 즐길 수 있는 동영상 카메라를 달았는데 CCTV가 없던 사각지대에는 동영상카메라 8개가 설치되어 학생들의 움직임은 통행이 잦은 현관 입구의 '소통의 벽'과 교무실에도 송출된다.

다양한 포토샵 처리로 감시가 아닌 자연스러운 관찰을 유도했다. 회색 페인트칠이 벗겨진 채 방치되어 오던 건물 외벽에는 등산 암벽을 설치하고 스피커와 무대를 마련하는 등 학생들이 놀 수 있는 공간을 만들어 학생들이 즐겁게 꿈을 펼칠 수 있는 공간으로 개선되었다. 학교 내 다른 사각지대는 샌드백 등의 운동시설을 설치한 '스트레스 제로 존'을 마련했다. 밋밋하던 복도와 계단은 디자이너들의 그림으로 채워졌다.

그림 3-52　공진중학교의 셉테드 개선

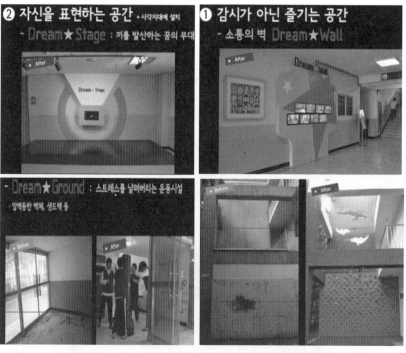

출처: 한국셉테드학회 2012년 추계세미나 자료집

(5) 부산시 셉테드 사례

저자가 자문에 참여한 바 있는 부산시는 2013년 7월에 부산일보사, 부산디자인센터 등과 함께 부산지역 셉테드 추진을 위해 부산시가 셉테드 도입 종합추진계획을 확정하면서 시작되었다. 종합추진계획은 셉테드의 개념을 부산 전역에 널리 확산시키고, 단기 및 중·장기적으로 셉테드를 체계적으로 적용하기 위한 세부사업을 추진하기 위해 마련됐다. 부산시는 '선진형 안전시스템 셉테드 도입, 시민안전 최우선'을 목적으로 한 종합추진계획에 따라 조직 개편을 통해 셉테드 적용의 컨트롤 타워 역할을 담당할 부서인 안전총괄과를 설치하였다.

또 부산디자인센터와 공동으로 셉테드사업의 효율적 추진을 위한 TF(태스크포스) 팀과 셉테드 적용의 종합적 자문기구인 도시안전디자인포럼을 발족하였고 포럼에는 부산시, 부산시교육청, 부산지검, 부산지방경찰청, 부산디자인센터, 시민·사회단체 등 다양한 기관단체들이 참여하고 있다. 이와 함께 부산시교육청, 부산지검, 부산지방경찰청과 '안전한 부산 만들기 협약'을 맺고, 기관별 세부과제를 추진하였다.

특히 부산시와 부산디자인센터는 8개월간 서·사하·북·사상구의 범죄 취약지역 4곳을 선정, 이 지역을 대상으로 셉테드 시범 사업을 실시하였다. 스토리텔링식 도시환경 디자인 등을 적용, 범죄 발생 우려가 높은 환경을 미리 제거하는 방식으로 추진하였다.

또한 동년 7월에 '부산시 셉테드 가이드라인'을 수립하였고 2014년 1월 현재 일정 규모 이상의 건축물 건립 심의에 반영해 나가고 있다. 동년 10월에 부산시 범죄예방 도시디자인 조례도 제정, 셉테드 가이드라인을 법제화하였다. 2014년에는 경우 2억여 원의 예산을 들여 범죄 취약지구 현장조사 등을 통해 부산 맞춤형 셉테드를 개발·적용키 위한 마스터플랜을 수립하고 셉테드 기술 등을 전담 개발하는 도시안전디

그림 3-53 부산시의 셉테드

출처: 연합뉴스[2014-01-16] 보도자료 외

자인연구실을 설치하며 셉테드인증시스템을 구축해 전국적인 인증 사업을 실시할 계획이다. 나아가 부산시는 2015년부터 셉테드, 방범 등 다양한 범죄 예방책과 기술을 전시하는 '도시 안전 박람회'를 개최해 부산을 셉테드 중심 도시로 정착시키고 장기적으로는 동부산관광단지, 문현금융단지 등 대규모 사업장에 셉테드 가이드라인을 엄격히 적용해 안전공간으로 조성하는 '부산 세이프티 빌리지' 사업도 실시키로 했다.[48]

(6) 경기도 셉테드 사례

경기도는 셉테드 가이드라인 개발을 2013년 7월에 마치고 골목길별로 적절한 조명, 담장의 도색, 공터 등 유휴공간에 적당한 체육시설·휴게공간 등을 제시해 자연스럽게 범죄 감시자 역할을 할 수 있도록 했다. 또 범죄심리를 원천 차단할 수 있는 각종 기기의 도입을 통해 골목길 내부 상황정보를 제공하는 '안전게이트', CCTV가 항상 작동하고 있다는 사실을 인식할 수 있는 '점멸식 CCTV', 휴대폰과 컴퓨터로 마을을 보고 지킬 수 있는 '주민감시형 IP CCTV' 등을 권장하였다.

경기도는 수원 매산동과 평택 신장동 등 구도시 주거정비사업 대상지 8곳에 셉테드 가이드라인을 시범적용할 예정이다.

또 시·군이 관련 조례를 마련해 셉테드를 반영할 수 있도록 유도하고 셉테드가 적용된 마을은 '경기도지사 안전마을'로 인증할 계획이다.

그림 3-54 골목길 안전게이트 디자인과 범죄예방마을 로고

출처: 포커스 온(경기도 통) [2013.12.12.] 보도자료

---

48 부산일보[2013−07−09] 부산시 '셉테드 종합추진계획' 확정, 본격 적용.

　　이를 위해 2013년 11월 말 '경기도 범죄예방을 위한 환경디자인 조례'를 제정했다. 이에 따라 2014년 1월부터 도와 시·군에서 신축하는 건축물이나 경기도 건축위원회 및 도시계획위원회 심의 대상 사업은 범죄예방을 위한 환경디자인 심의를 받고 있다.

(7) 인천 송도신도시 B초등학교

　　해당 초등학교 계획대지는 송도신도시 국제화복합단지 내, A대 국제캠퍼스 전면에 위치하면서 인근에 상업용지, 공동주택, 공공시설, 운동장, 어학당 등이 배치되었다. 계획대지 주변에서는 미래적으로 신도시의 전형적 특성인 커뮤니티의 익명성으로 인해 반사회적 공격성향이 예측되었다. 인근 공단 주변의 저소득, 하위 계층의 비행청소년, 전과자, 우범자 등이 상대적으로 소득수준이 높은 송도신도시 주민과 아동을 상대로 한 사회불만 표출형 및 묻지마식 증오범죄(hate crime)형 공격을 예상 시나리오로 볼 수 있다.

　　발생 가능 범죄 유형으로는 초등학교 내외의 아동 납치유괴, 인근 중학교 학생들에 의한 초등생 폭행·갈취·성폭행, 학교 부지 및 건물 내 무단 침입행위, 학생·교사·재물을 상대로 한 강도 및 절도, 성추행 등이 있다.

　　이에 대응하여 학교에서 적용가능한 셉테드의 원리와 전략 요소들은 <표 3-13>과 같이 요약될 수 있다.

　　이 초등학교의 경우 보행자 주진입구쪽의 3열 식재 테마형가로와 부진입구가 있는 대응형가로에서 주민이나 이용자들로부터의 자연감시가 충분히 발생할 수 있도록

표 3-13 학교에서 적용가능한 CPTED 원리 및 전략 요소

CPTED 원리 및 전략		실천 내용
하드웨어	가시성	CCTV, 조경, 조명, 건물의 배치 및 디자인 등
	접근통제	경비실 설치, 차단기, 카드인식 출입통제, 비상벨·전화 등 방범시설
	영역성 강화	전이공간, 바닥포장, 조경 등
	활동성 강화	일상 활동의 활성화를 통해 공간이용에 의해 주변을 자연스럽게 감시
	명료성 강화	각 공간 및 시설이용을 쉽고 명료하게 안내하는 표지판 설치
소프트웨어	유지관리	주기적, 체계적이고 신속한 유지 관리
	운영 프로그램	교육훈련, 사건기록유지, 상담, 기획 등

식재 및 조경 계획이 제시되었다. 또한 무단 침입을 방어하고 학교 영역을 분명히 하기 위해 주/부출입구를 제외한 영역선에 담장이나 울타리가 설치되도록 하였다.

지하주차장 출입구의 경우에도 보행자가 무단 침입의 통로로 악용하지 못하도록 가급적 행정실, 경비실, 교무실 등으로부터 자연감시가 용이한 곳으로 배치하고, 곤란할 경우에는 CCTV 감시로 보완이 되도록 하였다.

지하주차장에서 승강기 홀로 진입하는 출입문은 전자인식카드 소지자에 한하여 이용가능토록 하고 방문객은 반드시 행정실이나 경비실을 경유하여 캠퍼스 부지 내로 접근토록 통제할 것을 권장하였다.

비오톱(Biotope)[49]의 경우에도 다층식재로 인해 행정실, 교사건물, 경비실, 운동장 등으로부터 자연감시성이 방해받지 않도록 밀식을 지양하고, 이용자의 시야선이 살도록 수고·지하고를 유지하도록 권고하였다. 또한 건물은 가급적 자연감시가 용이한 투명창을 곳곳에 적용하되 곤란한 사각지대에는 반드시 CCTV 감시장치를 배치할 것을 강조하였다.

그림 3-55 송도신도시 B초등학교 배치계획도

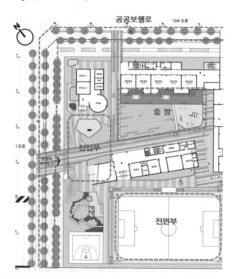

출처: B초등학교 설계 엔지니어링 회사 관계자 제공

---

49 비오톱은 그리스어로 생명을 의미하는 "비오스(bios)"와 땅 또는 영역이라는 의미의 "토포스(topos)"가 결합된 용어로 인간과 동식물 등 다양한 생물종의 공동 서식장소를 의미한다. 비오톱은 야생생물이 서식하고 이동하는 데 도움이 되는 숲, 가로수, 습지, 하천, 화단 등 도심에 존재하는 다양한 인공물이나 자연물로 지역 생태계 향상에 기여하는 작은 생물서식공간이다. [네이버 지식사전] 참고.

(8) 2015~2016년 사례

서울시 마포구 염리동의 소금길 사업의 성과가 홍보되고 주민들의 호평이 이어지면서 2015년부터는 전국의 많은 자치단체들이 셉테드 조례를 제정하면서 바야흐로 셉테드 광풍이 전국을 휘감는 추세를 보였다고 해도 과언이 아닌 듯하다. 셉테드 사업을 주관하는 공공 기관도 점차 다양화되는 추세를 보이고 있다. 2015년 이후 관련 부처인 국토교통부, 행정자치부, 국민안전처에서는 방범 및 방재 등 안전도시 및 마을 조성 관련 사업에 수백억 원을 투입하여 왔고 그리고 경찰청뿐만이 아니라 법무부도 범죄예방정책국을 중심으로 법질서 선진화를 목표로 2015년 이후 매우 적극적으로 전국 단위로 몇 개의 시범지역을 선정하여 다양한 셉테드 사업을 추진해 왔다. 셉테드가 유행도 대유행세를 타고 있는 것이다. 지난 2~3년간 전국적으로 셉테드 관련 사업에 정부 및 지방에서 천억 대의 예산을 쏟아 붓고 있다는 말이 회자되고 있을 정도이다.

먼저 서울시가 2014년부터 우범지대에 디자인을 입혀 환경을 개선, 강도나 성폭력 같은 범죄를 예방하는 내용의 '범죄예방디자인(CPTED)'을 2016년에는 금천구 가산동 등 6곳에 추가로 조성 완료했다. 이로써 범죄예방디자인 적용 지역은 서울 시내 총 10곳으로 늘어났다.[50] 서울시는 앞서 4곳 ▲마포구 염리동('15. 12. 18 재건축 관리처분인가 고시, 현재 주민이주 진행 중) ▲관악구 행운동 ▲중랑구 면목동 ▲용산구 용산2가동 4곳에 범죄예방디자인을 조성했다. 새로 조성된 6곳은 ▲금천구 가산동(소공장 밀집지역) ▲강북구 삼양동(공·폐가 상존지역) ▲노원구 상계3·4동(외지인과 갈등지역) ▲동작구 노량진1동(고시촌 지역) ▲성북구 동선동(여성 1인가구 밀집지역) ▲양천구 신월3동(주취폭력 빈번지역)이다.[51]

서울시는 6개 각 지역의 사정을 잘 아는 주민, 자치구와의 협업으로 지역 현황을 진단·분석하고 시설물 설치 및 유지관리 계획을 세우고 프로그램을 활성화하는 등 특성에 맞는 디자인을 개발해 적용했으며 주민들이 지속적으로 공동체 활동을 이어갈 수 있도록 커뮤니티 공간 '지킴마루'를 조성했다. 이 과정에서 범죄예방 효과를 극대화하기 위해 주민들이 마을에 대한 애착을 갖고 주민들 간 결속력을 높이기 위한 제2세대 셉테드 노력도 병행했다. 특히 추가 조성 지역들이 이처럼 소공장 밀집지역, 외

---

50 http://www.cctvnews.co.kr/news/articleView.html?idxno=53963. 2016.08.06. 기사.
51 http://www.cctvnews.co.kr/news/articleView.html?idxno=53963. 2016.08.06. 기사.

지인과의 갈등지역, 여성 1인 가구 밀집지역 등 범죄 취약지역들로서 시는 범죄예방 디자인이 효과를 극대화하는 동시에 지역 문제까지 해결할 수 있도록 주민공동체의 자생적 활동도 지원해 나간다는 계획이다. 실제 한국형사정책연구원을 통해 기존 4곳의 범죄예방 효과를 조사한 결과, 중랑구 면목동을 제외한 3개 지역에서 112 신고 건수가 줄었으며 면목동도 서울시 전체 평균과 비교하면 낮은 것으로 나타났다. 특히 용산구 용산2가동의 경우 강도, 성폭행 같은 중요범죄가 22.1%나 감소했으며 폭력 등 기타범죄도 12.9%나 줄어 가장 큰 폭의 감소율을 보였다. 기존에 조성됐던 4개 지역에서 주민 호응과 효과가 높았던 CCTV 및 비상벨 도색, 현관문 미러시트(외부인 침입 확인), 주차장 벽면 반사띠(필로티 주차장에 숨은 사람인지) 등은 6개 지역에 기본 아이템으로 공통 적용했다.

서울시는 2016년에도 5곳(▲서초구 반포1동 ▲성동구 용답동 ▲송파구 마천2동 ▲구로구 가리봉동 ▲중구 신당동)에 범죄예방디자인을 확대 적용할 계획이다. 아울러 신규 조성 6곳을 포함해 조성 완료된 총 10개 사례를 사례집으로 발간 예정이다. 서울시의 특색 있는 셉테드 적용은 다음과 같다.

- 주택과 영세 소공장이 혼재돼 있어 야간에 인적이 드문 금천구 가산동은 야간에 폐쇄된 공장과 막다른 길 앞에 고보조명(조명에 필름을 붙여 바닥 등에 문자를 비추는 것)을 설치하고 바닥라인을 도색하는 등 범죄의 접근을 막고자 했다.
- 너무 어두워서 잘 보이지 않던 좁은 골목길에는 선으로 연결된 LED 조명을 설치하고 걸어가는 동안 클래식 음악을 내보내 보행자에겐 심리적 안정, 범죄자에겐 심리 위축 효과를 내도록 했다. 필립스 라이팅코리아에서 5천 5백만 원 상당의 LED 조명을 후원해 공공과 민간기업, 주민의 협력 거버넌스로 추진됐다.
- 흉물스럽게 방치됐던 공·폐가는 우선 안전 가림막을 설치해 마을 게시판이나 주민 갤러리 등으로 활용하고 향후 서울시의 '빈집 살리기 프로젝트'와 연계해 리모델링 후 어르신, 청년 등에게 저렴한 임대주택으로 공급될 예정이다.
- 개발이 지연되면서 노후화·슬럼화되고, 불암산 아래 있어 둘레길을 찾는 등산객들의 통행이 잦은 노원구 상계 3·4동은 외부인들이 길을 헤매다 주민 주거지역으로 들어가 갈등을 빚는 일을 막기 위해 '4단계 게이트 시스템'을 도입했다. 게이트 도색, 출입금지사인, 비상부저 등으로 주민 주거지역을 보호하는 내용이다. 둘레길로의 동선을 명확히 인지할 수 있는 유도 사인도 곳곳에 설치했다.
- 쓰임 없이 방치됐던 건물 지하 주차장은 방과 후 활동을 지원하는 작은 도서관과 주민 휴식

공간을 갖춘 커뮤니티 공간 '가산동 지킴마루'로 탈바꿈했다. 여기에는 금천구 CCTV통합관제센터로 바로 연결되는 IP카메라와 비상시 SOS를 요청할 수 있는 비상벨도 설치돼있다

(아래 그림 출처 http://blog.naver.com/kwak2321/220723945715)

- 주민들이 가장 많이 이용하는 계단이지만 노후화돼 노인 낙상사고가 잦았던 마을계단은 자연 감시가 가능할 수 있도록 중간마다 쉼터를 설치해 어르신들이 안전하게 이용할 수 있게 하고 계단을 비추는 조명과 고보조명 등을 활용해 야간에도 밝고 안전하게 이용할 수 있도록 개선했다.

- 고시원 밀집지역인 동작구 노량진1동은 주민과의 갈등 요인이었던 노상흡연 문제를 해결하는데 방점을 뒀다. 흡연구역을 별도로 설정, 바닥도색과 표지판 등으로 안내하고 재떨이를 함께 설치해 흡연자와 비흡연자를 동시에 배려할 수 있도록 하는 내용이다.

- 고시촌 진입 안내 사인과 에티켓 사인을 곳곳에 부착하고, 계단 탁자 등 휴게시설을 신설해 휴식 및 스트레스 해소 공간으로 사용하도록 했다.

- 여성 1인 가구 거주 비율이 높은 성북구 동선동은 옹벽과 바닥에 조명을 연속적으로 설치해 어두웠던 골목길을 밝히고, 곳곳에 설치된 안전 확성기는 버튼을 누르면 경찰이 출동하기 이전에라도 위급 시 이웃에게 큰 목소리로 도움을 요청할 수 있다.

- 주택과 주택 사이 좁은 공간에 외부인이 침입하지 못하도록 펜스를 추가로 설치하고 노란색으로 도색해 눈에 잘 띄도록 했다(영국의 Alleygating에서 착안한 것으로 판단됨).

- 폐가가 많아 시각적으로 무질서했던 강북구 삼양동은 유휴공간을 텃밭으로 개선, 아이들의 체험학습 공간으로 활용했다. 젊은 맞벌이 가정 비율이 높아 낮 시간대에 혼자 집에 있는 아

이들이 많다는 점에서 조성된 공간. 텃밭 옆에는 주민 커뮤니티인 '삼양동 지킴마루'를 설치해 지역 공동체 활동 및 방범 활동 거점으로 운영될 예정이다.

(아래 그림 출처 http://news.donga.com)

■ 양천구 신월3동은 중앙에 있는 경인어린이공원에 취객이 몰리면서 주민들과의 갈등으로 잦은 민원이 발생하던 곳이다. 이곳에 트랙을 조성하고 음주공간이 됐던 벤치 대신에 운동기구, 놀이기구 등을 설치해 아이들과 주민들이 편하게 이용할 수 있도록 했다.

(그림 출처 http://blog.seoul.go.kr/220779681183)

■ 제 기능을 못하던 방범초소를 없애고 컨테이너를 활용한 '신월동 지킴마루'를 설치했다. 특히 공간 구성을 주민과 함께 고민, 엄마와 아이들을 위한 커뮤니티 공간으로 만듦으로써 놀이터에서 노는 아이들을 보면서 자연스럽게 공원을 감시할 수 있을 것으로 기대된다.

*출처: CCTV News [2016.08.06. 일자] 서울시, 가산동 등 셉테드 6곳 추가 조성 완료.cctvnews.co.kr의 내용을 기초로 편집 및 정리했음.

서울시에서도 자치구 중에 동작구 등이 특히 자체적인 셉테드 투자를 적극적으로 하는 것으로 보인다. 동작구의 경우 구청장 취임 초부터 범죄 예방 디자인 도입을 핵심공약으로 내세워 마을 곳곳의 위험요소 차단에 힘써왔다. 동작구는 정책적으로 범죄율을 줄일 수 있다고 판단하고 곳곳에 범죄 예방 디자인 사업을 의욕적으로 도입하기 시작했다. 우선 범죄 예방 디자인 전담팀을 구성하고 환경설계를 이용한 범죄예방 기법인 셉테드(CPTED) 관련 조례를 마련했다. 지난해 소규모 건축물과 150세대 이상 신축 공동주택에 적용할 '소규모 건축물 범죄예방설계 세부기준'과 '주택사업지 범죄예방환경설계 적용 가이드라인'을 잇따라 만들었다. 이를 바탕으로 동작경찰서 범죄예방진단팀과 협업활동을 펼치면서 동별 범죄 현황과 취약지역을 파악하고 사업 우선순위를 정해 안전마을을 조성하고 있다. 지금까지 9개 지역에 안전마을 시스템을 도입했으며 2018년까지 15개 동 전역으로 확대할 계획이다. 특히 서울시와 함께 가스배관을 이용한 절도를 막기 위해 스파이더범죄 예방마을 3곳을 조성하고 여성 안전용 안심 거울길도 5개 구간에 설치했다. 이런 시도는 범죄율 감소로 이어졌다. 서울지방경찰청에 따르면 올해 1분기 동작구의 주요 5대 범죄 발생률은 전년 동기 대비 28% 줄었다. 서울시 자치구 가운데 가장 큰 감소율을 보였다. 5대 범죄 중 주민 체감도가

그림 3-56 서울 동작구 골목실 셉테드 도입 전과 후

서울 동작구 신대방1동의 한 골목길(왼쪽)이 셉테드 도입 이후(오른쪽) 깔끔하게 변했다. 동작구청 제공

높은 절도 범죄는 40% 넘게 줄었다. 특히 신대방1동 '다누리 안심마을'의 경우 범죄예방 디자인 적용 전후를 비교해봤더니 6대 범죄가 35.7%, 112 신고가 31.6% 감소한 것으로 나타났다. 동작구는 범죄 예방 인프라뿐 아니라 인적 네트워크 구축에도 집중하고 있다. 안전 커뮤니티인 '마을안전 봉사단'이 대표 사례다. 마을안전 봉사단은 주민이 독자적으로 활동하는 자율조직으로 동작구 범죄예방 사업의 든든한 파트너다. 지역 주민이 수시로 동네를 순찰하며 위험요소를 사전 차단하는 역할을 한다. 동작구는 범죄 예방 사업을 체계적으로 추진하기 위해 '범죄 예방 디자인 기본계획'을 수립하였다. 기본계획은 지역별 범죄 현황 분석부터 맞춤형 가이드라인, 중·장기 확산 전략까지 총망라한 범죄예방 마스터플랜이다.[52]

경찰청 등에 따르면 올해 서울 자치구 25곳 중 21곳이 셉테드 사업을 벌이고 있다. 동작구가 가장 많은 5건(전체 예산 15억 6,000만원)을 진행하고 있다. 동작구는 2014년부터 서울시 자치구 중 유일하게 범죄예방 디자인팀을 운영하고 있다. 셉테드 예산 규모는 종로구(92억 5,000만원)가 가장 크다. 종로구는 2016년 말까지 창신·숭인 일대 골목길에 셉테드를 추진할 바 있다. 폭 4m 미만의 좁은 골목 사이로 오래 된 봉제공장과 상점이 빼곡히 들어서 범죄 위험이 높았다. 어두운 골목길에 비상벨과 태양광 조명등, 반사 시트 등을 설치한다.[53]

경기도는 2015년부터 범죄예방 환경디자인 시범사업을 추진하고 있다. 지난해에는 평택시와 시흥시의 저소득층, 외국인 밀집지역으로 범죄예방 환경디자인 시범사업을 선정하여 사업을 추진하여 완공되었다. 2016년 범죄예방 환경디자인 시범사업 대상지로는 뉴타운사업 해제지역인 의정부시 가능동과 노후 주택이 밀집되고 기반시설이 취약한 포천시 신읍동을 최종 시범사업 지역으로 선정했다. 이들 지역은 범죄가 빈번하고 생활환경이 취약한 지역으로, 대상지는 시군 공모를 통해 희망지역을 신청받아 안전취약수준, 주민참여의지, 사업내용의 타당성, 표준모델로의 발전가능성 등 선정기준에 따라 전문가로 구성된 선정위원 서면평가와 현장실사를 통해 주거환경이 취약하고 범죄예방이 시급한 지역을 선정했다. 2016년 시범사업은 도비 3억 6천만 원을 포함하여 시비 등 1개소 당 약 4억5천만 원을 투입할 계획을 수립한 바 있다. 대상 사업지에는 낡은 담장 개선, 골목길 조명 확충, 방범용 CCTV 및 비상벨 설치, 공원·공터·빈집 정비, 주민 커뮤니티 공간 마련 등을 통해 골목길 사각지대를 개선하고 자

---

52 [출처: 중앙일보] [범죄예방 대상] 동작구, 안전마을 시스템, 주민 주도하는 안전 커뮤니티 활성화.
53 한국경제신문 참고 http://www.hankyung.com/news/app/newsview.php?aid=2016093099201.

연적 감시기능을 강화하여 범죄를 사전에 차단할 수 있도록 환경디자인이 개선될 전 망이다. 시범사업은 해당 지역별로 주민 및 경찰서 등 관계기관 의견 수렴, 환경특성 분석을 통해 기본설계를 마련하여 추진된다. 특히 2016년부터는 설계단계부터 공사까 지 전 과정에 지역주민이 참여하고 셉테드 전문가 자문을 받도록 해 사업 완성도와 효율성을 높이도록 할 계획이다.[54] 주민 참여형의 2세대 셉테드가 좀 더 활성화되어 보여주기식 전시행정 위주보다는 보다 실효성 있고 주민 만족도를 높이는 방향을 나 아가기를 기대해 본다.

완공된 경기도의 셉테드 적용 사례는 다음과 같다.

그림 3-57 경기도 범죄예방 환경디자인 적용 사례

좌) 안양시 시범사업 (2014년 12월 완공) 출처 http://train4world.tistory.com/6726
우) 고양시 시범사업 (2015년 3월 완공) 출처 http://train4world.tistory.com/6726

수원시의 경우 수원시는 '안심귀가 큐알캅 서비스'[55]를 비롯해 다양한 안전관련 정책을 내놓고 있지만 가장 대표적인 것이 '워킹 스쿨버스(Walking School Bus) 사업' 이다. 워킹 스쿨버스는 어린이의 교통안전을 위해 초등학생의 등·하교 시간에 초등

---

54 경기도 군정 시정 소식 2016. 02. 07 http://blog.daum.net/tcinfor/6105648 참고.
55 여성과 어린이 등 사회적 약자가 밤 늦게 귀가할 경우 관내 대학생 등으로 이뤄진 '로드매니저'들이
집까지 안전하게 데려다주는 제도다. 이 사업도 2015년 시행했다.

학생들과 보행안전지도사가 동행하는 프로그램이다. 보행안전지도사는 지원자에 한하며, 전문적인 교육을 받은 뒤 보행안전지도를 할 초등학교 주변을 분석 후 보행 안전지도(보행동선)를 만들도록 하고 있다. 수원시는 올해부터 시범적으로 8개 학교에 워킹 스쿨버스를 운영해 모니터링한 뒤 수원시 전 초등학교로 확대할 계획이다. 수원시는 셉테드 사업 마스터 플랜을 수립하고 올해부터 2019년까지 4개년에 걸친 사업에 들어갈 예정이다. 2016년 하반기나 2017년 초에 실제 사업에 착수할 것으로 전망되며 관련 사업으로 공공 건축물의 범죄예방 설계, 안전마을 만들기 등을 7~8곳에 진행하고 있으며, 예산이 들어가지 않는 안전 프로그램과 안전 시스템의 제도화나 캠페인 등도 추진할 방침이다.[56] 택배기사 사칭 범죄를 예방하기 위해 주민센터에 무인택배 보관함을 설치한 '여성 안심 무인택배 서비스'와, 열악한 주거환경에 거주하는 18~65세 여성가구 및 여성 한부모 가족을 대상으로 민간 보안업체가 24시간 방범활동을 해주는 '우먼하우스 케어 방범서비스'도 시행 중이다.[57] 하지만 저자가 다양한 경로로 확인해 본 결과 전자경보시스템을 구축한 우먼하우스케어나 홈방범 서비스를 받고 있는 주민들의 만족도가 결코 높지 않았다. 반려견 등으로 인해 툭하면 오경보가 울려 대서 많이 불편하고 집에 있을 때는 해제해야 해서 무방비 상태에 노출되며 필요가 없어서 2년간 출동한 사례도 거의 없다는 것이다.

　또한 다양한 주체가 범죄안전을 위해 노력하는 점은 칭송을 받아 마땅하나 지적하고 싶고 우려스러운 점은 혈세가 대규모로 투입되는 사업들인 만큼 제대로 체계적인 된 범죄위험평가를 통해 비용효과적이고 실효적인 아이템을 발굴하여 소위 Risk Management, 즉 위험관리를 해야 하는데 너무 '보여주기'식 전시행정성 사업들이 대다수라는 점이다. 특히 천편일률적으로 감시카메라 설치, 벽화와 그림 그리기 사업이 너무 많은데 유지관리 비용이 추후 큰 논란거리가 될 게 뻔하다. 몇 년 지나면 다 벗겨지거나 지워져서 다시 칠해야 하는데 그 비용을 과연 꾸준히 감당할 수 있을까? 더욱이 차기 선거를 의식한 자치단체장들이 눈에 확연히 보이는 이런 사업을 통해서 표를 얻기 위한 의도가 다분하다는 평도 주위에 많이 들린다.

　통계를 보면 영국은 2015년 현재 공공 CCTV가 약 10만대[58]이고 우리나라는 방

---

56 보안뉴스 2016−09−05 http://www.boannews.com/ 참고.
57 세계일보 2016−12−30 기사 http://www.segye.com 참고.
58 https://www.theguardian.com/world/2015/jan/06/tony−porter−surveillance−commissioner−risk−cctv−public−transparent. The Guardian. UK public must wake up to risks of CCTV, says surveillance commissioner.

범CCTV만 15만대[59]를 넘어섰다. 우리나라가 이미 세계에서 인구 대비 공공 감시카메라를 가장 많이 설치한 극한감시사회가 되었다. 영국은 정부 카메라감시커미셔너(Surveillance Commissioner)가 우리보다 공공 CCTV가 인구 대비 더 적게 설치되어 있는데도 비효율적인 운용, 과도한 고성능(번호판인식, 안면인식 등) 카메라의 설치 및 유지 비용, 감시사회에 따른 인권 및 개인정보 침해 문제를 지적하면서 전자감시 위주의 도시관리의 위험성을 지적하고 무절제한 설치 등을 자제토록 요청하고 있다.[60] 이런 추세에 우리나라는 무작정 추가 설치에만 열을 올리고 막대한 예산을 끝도 없이 쏟아 붓고 있는 듯한 형국이다. 상당히 위험한 발상들이고 따라서 범죄 안전과 범죄 피해자의 보호를 위해 보다 정교하고 다양한 셉테드 대책이 요구된다고 할 수 있다.

(9) 2017-2018년 사례

2017년~2018년에는 경찰에서 범죄에 취약하거나 막연한 두려움을 유발하는 귀갓길이나 골목길을 대상으로 한 여성안심귀갓길과 안심골목길 사업이 전국적으로 성행하던 시기이다. 골목길이나 귀갓길은 해가 지고 어두워지는 시간에 안전이나 안전감이 더 중요하므로 주로 조명을 밝게 개선한 것이 핵심 셉테드 아이템이었다. 이밖에 방범CCTV 설치, 보행자의 후면이나 주위 상황을 반사판을 통해 보여주는 부착식 미러시트, 골목의 건물 간 틈새를 막아주는 구조물이나 사인, 로고젝터를 통한 홍보 메시지 전달, 안심 비상벨 등이 주를 이루고 있다.

1) 수도권 지역 사례

서울 관악구는 2017년에 범죄예방디자인을 적용한 안심골목길 9곳을 조성하였다. 안심골목길에 적용한 셉테드는 골목길 벽면을 밝게 도색하고, 고보조명(조명에 필름을 붙여 문구나 그림을 바닥에 비추는 시설)을 설치해 밝은 환경을 조성하는 등 주변 환경설계를 통해 범죄 발생의 가능성을 낮추고, 주민 불안감을 해소하였다. 또한 범죄두려움 지도를 제작하여 이를 토대로 안심골목길 안정 솔루션을 개발해 활용했다. 봉천과 신림 지역 특성에 맞게 방범모듈과 CCTV가 잘 보이도록 한 특화 디자인, 범죄심리를 위축시키는 미러시트, 틈새공간 진입금지사인을 설치해 주민들이 안심하고 다닐

59 치안정책연구소(2016) 2016 치안전망, 국립경찰대학.
60 https://www.theguardian.com.

수 있게 했다.

그림 3-58   관악구 안심골목길

출처: https://www.news1.kr/articles/?3186515

한편 동작구는 전국 최초로 범죄예방디자인 전담팀을 구성하여 서울시 최초로 CPTED 관련 조례를 마련했다. 2015년 소규모 건축물과 150가구 이상 신축 공동주택에 대한 소규모 건축물 범죄예방설계 세부기준과 주택사업지 범죄예방환경설계 적용

그림 3-59   동작구 상도동 안전마을 지도

출처: http://news.heraldcorp.com/view.php?ud=20171107000153

가이드라인을 차례로 만들었다. 이를 토대로 동작경찰서 범죄예방진단팀과 협업해 동별 범죄현황과 취약지역을 파악하고 사업 우선순위를 정해 안전마을을 조성해왔다. 그 결과 범죄율이 크게 떨어졌으며 경찰청 주관 제1회 대한민국 범죄예방대상에 자치구로는 유일하게 선정되기도 했다. 이후 2017년 추가적으로 상도1, 2동과 사당1동, 대방동, 신대방2동에 안전마을이 들어섰다.

영등포구는 2018년에 여성이 더욱 안정하고 살기 좋은 도시를 만들기 위해 전국 최초로 여성안심 빅데이터 CPTED 협업플랫폼을 구축했다. 여성안심 빅데이터 CPTED 협업플랫폼은 영등포경찰서, KT 등으로부터 범죄 데이터, 야간 여성 유동인구 데이터, 여성 1인 가구 데이터, 여성안심 스카우트 경로 데이터, 여성안심 시설물 정보, 기존 정책데이터 등 데이터를 수집 및 활용한다. 이를 입체적으로 분석해 주로 관리지역 및 안전지역을 도출하고 보다 세밀한 범죄 예방 정책 및 구민체감 정책을 수립하였다. 아울러 침입범죄 다발지인 여성 1인 가구 중심으로 주요 대상지를 선정해 중점 관리하고, IoT 기반 문열림 센서를 보급해 안전성을 높이는 정책을 확대 추진하였다.[61]

성동구는 안전한 등굣길을 위해 2018년도에 행현초등학교 입구부터 아파트 입구까지 총 150m에 이르는 길을 주간, 야간 모두 안전하게 이동할 수 있도록 셉테드를

그림 3-60 성동구 안심귀가길 및 안심통학로

출처: http://www.siminilbo.co.kr/news/articleView.html?idxno=580978

61 https://newsis.com/view/?id=NISX20181204_0000492275&cID=10201&pID=10200.

적용해 행현초 안심통학로 느림길을 조성했다. 느림길이 조성된 통학로는 본래 사각지대와 노후된 옹벽, 어두운 조명 등으로 인해 불안감이 컸던 지역이다. 끊어진 보행로, 불법주차와 과속 차량으로 인해 안전사고에 주의가 필요한 곳으로 학생들이 등교하기에도 일반 주민들이 이동하기에도 위험한 길이었다. 따라서 성동구 주민참여예산으로 선정 되어 차량은 천천히 사람을 살피고, 사람은 천천히 풍경을 살피며 모두가 천천히 안전을 누리는 길이 될 수 있도록 느림길을 조성하였다. 주요 시설물은 높고 노후된 옹벽에는 느림길을 상징하는 LED 조명이 설치된 조형물, 안전한 보행환경 조성을 위해 보행로가 단절된 구간 연결, 급경사 지역과 차량진출입 구간, 횡단보도 야간 인지강화 시설을 적용했다.

경기도 구리시는 여성안심구역 및 안심귀갓길 일대의 범죄를 예방하고, 시민 안전을 확보하여 쾌적한 도시환경을 조성하고자 2017년 9월에 추진한 셉테드 개선사업을 완료했다. 시각화 된 동행길 프로젝트는 범죄에 취약한 여성안심구역에 위급 상황 시 비상벨 위치와 번호가 식별이 가능하도록 조명을 11개소 설치하였고, 어두운 골목길에는 로고젝터라는 LED홍보장치로 범죄예방을 위한 구역별 메시지를 주어 12개소

그림 3-61 구리시 여성안심구역 및 안심귀갓길

출처: https://ilyo.co.kr/?ac = article_view&entry_id = 272306

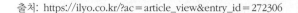

에 설치 완료했다.

경기도 의왕시는 각종 도시개발 및 정비, 건축 허가 등 사업 초기부터 셉테드를 통해 시민을 위한 안전한 도시환경을 조성하기 위해 협약이 추진되었다. 협약서에는 의왕시 셉테드 사업 경찰관 참여 정례화, 도시정비 사업 및 도시개발사업 설계 시 경찰서 의견 반영, 상호 발전과 우호 증진을 위한 정보 교환, 교류 등의 내용이 포함돼 있다. 백운밸리, 장안지구 등 대규모 도시개발사업이 지속 추진됨에 따라 변화하는 도시환경에 대비한 안전한 도시환경 조성을 위해 2017년도에 협약을 체결했다.[62]

2) 비수도권 지역 사례

대전광역시는 2018년도에 시범사업 2곳(대화동 주택지, 둔산동 소공원)에 시비 3억 원을 투입해 선도 사업으로 우선 시행하였고 이어 후속으로 국비 4억 원을 투자해 연계사업을 추진하였다. 세부내용을 보면 대화동 주택지에 CCTV, 안심벨, 반사거울, 안심등, 안심길, 그림자 조명을 설치하고 공·폐가를 정비하였다. 또 둔산동 윗둔지미어린이공원에는 공중화장실, 안심벨, 조명볼라드, 노숙방지의자, 방범안전등, 투수블럭 교체 등을 설치하였다.

그림 3-62 대전광역시 시범사업지의 안심거울길

출처: http://www.nocutnews.co.kr/news/5081058

62 https://ilyo.co.kr/?ac=article_view&entry_id=267945.

충청북도 청주시는 흥덕구 가경동 시외버스터미널 유흥가와 청원구 오창읍 구룡리 원룸밀집지역을 대상으로 셉테드 우선 사업 기본 및 실시설계 용역을 추진했다. 유흥가 및 원룸밀집지역 이미지 개선을 위한 안전마을 브랜드 개발, 범죄유형에 적합한 셉테드 시설도입, 노후되고 방치된 경관에 대한 환경개선, 주민참여 프로그램 개발 및 사후 유지관리 방안 등이다. 한편 충주시는 2016년부터 지역이나 시설의 물리적 환경요인을 분석하여 범죄취약요소를 파악함으로써 예방대책을 수립하고 지자체·민간과 긴밀한 협업을 유도하는 범죄예방진단팀(CPO)을 운영하고 있었다. 셉테드 기법을 활용, 사회적 약자 보호 활동을 강화하기 위해 여성안심구역 및 안심귀갓길에 대한 재정비를 실시하고 충주시청, 충북해바라기센터 등 유관기관과의 협업을 통해 범죄취약장소 CCTV증설, 여성안심부스 설치, 마을안심지도 제작 등 충주시민의 안전을 위해 최선을 다하고 있다.

울산광역시 울주군이 도입하는 새로운 개념의 관광 특화 범죄예방 환경디자인은 관광·역사·문화를 융합해 관광중심형 셉테드, 범죄중심형 셉테드, 소프트웨어사업으로 세분화된다. 관광중심형 셉테드는 언양 읍성 둘레길과 알프스시장 테마거리·불고기 테마거리·인문학 테마거리·태화강변산책로를 중심으로 직관적 시계방위시스템을 도입해 관광 활성화를 통해 범죄를 예방하였다. 범죄중심형 셉테드는 안정통학로와 개방공간, 자연감시강화, 외국인 인식개선, 안전귀갓길, 시장불안감해소 등으로 진행된다. 소프트웨어사업은 언양 읍성 둘레길 해설관광과 범죄예방 공동체 형성 및 운영을 활성화하고, 홍보계획 수립과 홍보자료, 사업추진단계 기록, 동영상 제작 등으로 진행된다. 이번 사업은 셉테드와 문화재와 관광 등을 연계한 전국 최초의 사례로, 새로운 셉테드 사업으로서 기대가 크다.

(10) 2019-2020년 사례

2019년도 이후에는 4차 산업혁명 기술의 발전이 가시화 되면서 국내에서도 3세대 셉테드의 적용이 다소 증가하는 경향을 보이고 있는 것으로 분석되었다. 범죄 취약장소에 사물인터넷이나 증강현실(AR) 기술을 활용한 경보장치나 벽화 조명을 적용하여 장소 이용자들의 안전감을 극대화하고 범죄심리를 억제시키는 시도가 이루어지는 등 친환경하이테크를 특징으로 하는 3세대 셉테드로의 진화를 엿볼 수 있는 시기라 할 것이다. 아울러 공중화장실이나 각종 건물 화장실에서의 몰카 촬영 등의 성범죄를 예방하기 위해 다양한 범죄예방시설이나 디자인을 적용하는 데 투자를 집중해 왔다.

1) 수도권 지역 사례

서울 용산구는 지난 2015년 서울시 도시재생 활성화 지역으로 지정되어 '남산 아래 첫 마을'로 불리는 해방촌 일대에 안전한 생활환경 조성사업을 추진하였다. 2019년에 용산구는 최근 수년간 지역 내 범죄 신고 건수가 지속적으로 증가하고 고지대에 위치한 노후 주택가 특성상 낙상 등 안전사고가 빈번하여 범죄 발생률을 낮출 수 있도록 해방촌 범죄예방디자인(CPTED) 공사를 발주하여 비상등, 반사경, 경광등으로 구성된 방범통합모듈과 전신주 활용 길찾기 시스템, 화재 예방 '보이는 소화기'를 마을 곳곳에 설치하고 내년까지 골목길 녹화사업을 진행하는 동시에 해방촌을 남산과 용산공원을 잇는 '마을흔적여행길'과 '역사흔적여행길', 그리고 마을의 옛이야기를 전하는 '역사흔적' 옹벽을 설치하여 주민 참여형 친환경 마을로 조성해 나가고 있다.[63] 용산구는 이어 국토교통부가 고시하는 기준(건축법 제53조의2, 제61조의3)과 별도로 지역 내 소규모 주거용 건축물에 대한 범죄예방환경설계강화를 위해 '소규모 건축물 범죄예방설계 세부기준(안)'을 자체적으로 마련하였다. 그 세부기준은 △무인택배함 또는 방범용 CCTV 설치 △내부 투시형 승강기 또는 글라스도어 승강기 설치 △건축물 출입문 및 주차장 기둥에 미러시트, 반사경 설치 등을 아우른다. 이러한 용산구의 건축 설계 강화는 1인 여성 가구를 비롯한 주민 모두가 안심하고 생활할 수 있도록 적극 나서며 향후 신축건물 건축허가 시 셉테드 반영 여부를 확인하고 사용승인 시 관련 공정이 제대로 이뤄졌는지를 살핀다.[64]

서울시 영등포구는 여성 1인 가구 대상 범죄 예방을 위해 2019년도에는 객관적이고 과학적인 빅데이터를 활용한 '여성 안심 빅데이터 범죄예방환경설계 플랫폼'을 더욱 강화하였다. 영등포구는 2018년에 최초로 구축한 여성 범죄 예방을 위한 도시환경설계 시스템은 범죄에 관한 빅테이터를 기반으로 범죄 취약지역과 안전지역을 도출하여 관할 경찰서와 협업하는 식으로 기존에 운영하던 여성 안심 귀갓길을 재정비하고, 여성 1인 가구에 '사물인터넷(IoT) 문 열림 센서'를 200여 개를 설치하였다. 구는 지금까지의 분석 경험을 토대로 여성 1인 가구 거주지와 야간 여성 유동인구 정보, 범죄 발생률 등의 데이터를 포함하도록 여성 안심 빅데이터 플랫폼을 업그레이드 하

63 http://www.munhwa.com/news/view.html?no=2019010701071327099001.
64 http://news.heraldcorp.com/view.php?ud=20190222000355.

였으며 CCTV 위치도와 보안등 현황, 노후 주택 등의 정보도 추가 분석해 '범죄 안심마을 빅데이터 플랫폼'도 구축하였다. 범죄 안심마을 빅데이터 플랫폼을 기반으로 신고가 많은 지역이나 실제 침입범죄가 발생한 지역을 중심으로 비교·분석하고 안심마을 시범 대상지를 선정할 계획이다. 안심마을 대상지는 노후 주택에 강화 방범창과 창문 이중장치 등 방범 강화 장치를 설치하고 주변 지역에 CCTV 등을 확충하는 한편 순찰을 강화하였다. 전반적으로 영등포구는 4차 산업혁명 시대에 맞춰 과학적 기법으로 여성이 살기 좋은 안심 도시를 만드는 것을 목표로 두고 있다.[65]

서울시 중랑구는 노후 공원의 시설을 개선하기 위해 샛별어린이공원과 오거리공원에는 셉테드 디자인을 적용해 공원 내 사각지대를 없애고 야간 조도를 개선해 샛별어린이공원은 그 안전성을 인정받아 공원 112신고건수가 2018년 월 평균 11.5건에서 시설개선 후 2019년 8월까지 월평균 6.3건으로 절반 가까이 감소하는 효과가 나타났다고 설명했다. 아울러 구는 공원이 꾸준히 안전한 공간으로 유지되도록 중랑경찰서와 양해각서(MOU)를 체결하고 적극적인 범죄예방 활동도 펼쳤다. 이 같은 노력에 따라 2018년 월평균 10여 건에 달하던 공원에서의 112 신고 건수가 2019년 8월에는 5건으로 절반 이상 줄어들기도 했다.[66]

종로구는 지난 2017년 '유니세프 아동친화도시'인증을 획득한 이래 그 일환으로 배화여중고 일대를 대상지로 한 '학교 주변 안전환경 조성사업'을 착수해 지역 주민과 학생들로부터 큰 호평을 받았다. 종로구는 배화여자중고등학교 주변 202곳을 대상으로 범죄예방시설물을 설치해 학생들의 주요 통학로에는 도로명주소 도로명과 안전볼라드 설치, 학교 정·후문 인지성 개선, 사직골 쉼터 재설치 등의 공사를 시행했으며 학교 뒤편 주택가에는 출입문 미러시트와 사각지대 반사경 등을 설치해 주택가 안전 또한 도모하였다. 이후 구는 디자인 분과위원회를 만들어 지속적으로 학교 주변 문제점을 발견해 문제 해결방안에 대한 아이디어를 제안하고 방범 시설물 설치 후 사업에 대한 긍정적인 평가를 얻었다.[67]

서초구가 범죄예방환경설계 일환으로 시행한 '서초 어번캔버스'사업은 '2020 대한민국 국토대전 시상식'에서 한국공공디자인학회장상을 받았다. 특히 양재천교 교각 하부와 고속터미널역 연결 지하보도에 로봇을 활용한 증강현실(AR) 벽화를 그려 주민

---

65 https://view.asiae.co.kr/article/2019070808044704360.
66 http://www.munhwa.com/news/view.html?no=2019110101071503025001.
67 http://www.munhwa.com/news/view.html?no=2020012001031427099001.

들이 소통할 수 있는 갤러리 공간을 만들고 이를 AR 애플리케이션인 '서초어번 AR'을 통해 휴대폰에 AR이 적용된 움직이는 이미지와 배경으로 사진 촬영이 가능하도록 하였다. 이로서 양재천교 교각하부는 AR 벽화뿐만이 아닌 프로젝션 매핑과 벤치를 설치해 갤러리와 연계된 공간을 조성하고 야간에 볼거리가 없고 음침했던 곳을 영상과 자연이 자연스럽게 어우러지는 휴식장소로 재탄생시켰다.

그림 3-63 로보프린트가 로봇을 활용한 AR 벽화를 그린 양재천 교각 하부

출처: https://www.etnews.com/20200722000044#

경기도 안산시는 '안산 2020년 방범 CCTV 설치 계획'에 따라 아동·청소년 성범죄자 예상 거주지의 반경 1km 이내에 CCTV 148대를 추가 설치하는 안을 발표하였다. 해당 CCTV 설치안은 아동·청소년을 대상으로 2회 이상 성범죄를 저지른 전과자 40명의 거주지 반경 1km 내 CCTV를 설치하여 셉테드 전문가들과 함께 직접 현장을 살피는 셉테드의 일환으로 성범죄자들의 재범을 막을 수 있는 근본적인 환경 개선에 중점을 두었다. 이 외에도 관련하여 경찰이 내놓은 '조두순 출소 대비 재범 방지를 위한 관리방안'에는 △조두순 주거지 반경 1km 내 여성안심구역 지정 △CCTV 증설 △전담 보호관찰관 지정 △관할 경찰서 특별대응팀 편성 등이 담겨 있다.

한편 인천광역시 계양구 경인여대 일대 골목길 환경 개선이 완료된 2019년에 5대 강력 범죄 발생률은 직전 동기 대비 37.5%, 전체 범죄 발생률은 14.2% 줄어든 것으로 나타났다. 사업 완료 직후 경인여대 학생들을 대상으로 진행한 설문조사에서는 응답자 중 절반 이상이 셉테드 설치물을 통한 지역 환경 개선에 "만족한다"고 답했으며 과거 밤길 귀가 중 이상한 남성이 쫓아온다는 학생들의 신고가 셉테드 사업 이후

그 신고 건수가 현저히 줄어들었다.

그림 3-64 경인여대 일대 셉테드 사업 효과(위) 및 도입 전후 변화(아래 벽화 도입 후)

경인여대 일대 셉테드 사업 전후 범죄 발생 추이 (단위: 건)
- 전체 범죄 ■ 5대 범죄(살인·강도·강단·절도·폭력)

사업 완료 전(2017년 10월~2018년 9월)
64 126

사업 완료 후(2018년 10월~2019년 9월)
40 108

범죄 감소율(%) 37.5 14.2

경인여대 일대 셉테드 사업 만족도 조사 (단위: %)

매우 불만족 4
불만족 4
무응답 3
매우 만족 23
보통 26
만족 40

출처: http://www.segye.com/newsView/20191108511472?OutUrl=naver

이어서 인천시는 시민들의 체감안전도를 높이고 부정적인 도시 이미지를 개선하기 위해 범죄예방도시디자인(CPTED) 종합계획 수립 용역에 착수하였다. 인천시는 경찰청과 업무 협업을 통해 범죄관련 빅데이터를 통계 분석해 안전지도와 두려움지도를 제작하고, 시민디자인단과 함께 인천 전역을 대상으로 사업대상지를 발굴, 단계별로 셉테드 CPTED 추진계획을 수립할 방침이다. 세부적으로는 구역별로 특성이 다른 시민들의 범죄 불안감 해소를 위해 적절한 디자인과 효과적인 공간 구성 아이디어가 담긴 공통·신도시형·원도심형 맞춤 가이드라인을 제시할 예정이며 상반기 중 사업 대상지를 선정해 방범인증시설 설치 지원 사업, 안전·안심마을 조성사업 등 2022년까지 범죄예방도시디자인 후속사업을 지속적으로 추진할 계획이다.[68]

---

68 http://news.kmib.co.kr/article/view.asp?arcid=0924118086&code=11131411&cp=nv

2) 비수도권 지역 사례

충청북도 청주시는 지난 2014년 청주시·청원군 통합시 출범과 함께 '청주시 범죄예방환경설계 가이드라인'을 제정한 데 이어 '청주시 범죄예방환경설계 조례'를 만들고, 이후 범죄 발생 가능성이 큰 곳을 대상으로 한 셉테드 사업의 일환으로 범죄 발생 현황과 공간 특성을 고려한 ▶옹벽 벽화 및 휴게공간 조성(자연 감시 기능 강화) ▶보행 안심 거리 및 도로 공간 분리(공간 활용성 증대) ▶방범초소, CCTV, 경관 조명 설치 ▶안심 거울, 방범용 가스 덮개, 주차장 반사 시트 설치 등을 설치하였다. 청주시는 특히 '육거리 시장'시범사업에 대한 시민 만족도 설문조사 결과 사업시행 후 범죄에 대한 두려움이 69% 감소한 것으로 조사됐으며 또한 경찰서 범죄 안전 진단 결과 살인·강도·절도·성범죄·폭력 등 5대 강력 범죄 발생 건수가 사업 시행 전 대비 45% 줄어든 것으로 분석됐다.

그림 3-65 충북 청주시'육거리 시장'셉테드 적용

* 육거리시장 범죄를 줄이기 위해 아케이드에 실시간 모니터링 시스템을 설치하고(위) 정문쪽 광장 도로를 재정비(아래)
  출처 https://www.joongang.co.kr/article/23617724

경남 거창군은 각종 범죄와 안전사고 걱정없이 학교에 다닐 수 있도록 '학교 안심길'을 조성하는 데 앞장섰다. 거창군은 통학로에 스마트 가로등 5개, 방범용 CCTV 16대 등 방범 시설물 설치를 통해 불안 요소를 제거했다. 전북 정읍시의 엄마 순찰대 '마미캅'은 학교별 지형·환경 등 특성을 고려해 차별화된 순찰 활동을 벌이며 경찰서 범죄예방팀(CPO)과 협력해 후미진 골목길 가로등 조도를 개선하는 한편 CCTV 설치가 필요한 장소도 꾸준히 모색하고 있다. 전북 군산시는 지역 내 거주하는 외국인 30여 명으로 구성된 군산 외국인자율방범대는 심야 순찰, 여성 안심 귀가 서비스 등의 활동을 하고 있다. 이와 같은 군산시의 셉테드 활동이 외국인 노동자 또한 공동체의 일원으로 녹아들고 있다는 긍정적인 평가를 받았다.

대구광역시 동구에 위치한 대구경북디자인센터는 지난 2014년부터 안전한 대구를 만들기 위해 대구시·대구지방경찰청 등과 함께 주민 참여형 안전 만들기 사업을 진행해 왔으며 대표적 사업으로는 전신주 안전번호, 아동·여성 사회적 약자를 위한 안심길 조성 등이 있다.

이 외에도 전반적인 국내 셉테드 사업에는 지난 국토교통부에서 제시한 500가구 미만 아파트 '범죄예방 건축기준(2019년)' 적용 의무화와 저소득 1인 가구를 위한 '2020년 환경설계를 통한 범죄예방' 정책안 발표, 그리고 '텔레그램 n번방 사건'과 관련해 교육부에서 발표한 '2020년 성 평등 교육환경 조성 및 활성화 기본 계획'을 통해 디지털 성범죄 피해자를 지원할 수 있는 셉테드 사업에 민·관·학이 더욱 협조할 것으로 보인다. 또한 경찰청에서 발표한 여성안전 종합치안대책에는 여성범죄 안심환경 조성을 위해 조명과 비상벨, 블랙박스, 미러시트(안심거울) 등을 설치하고 여성 대상 범죄만 전담할 수 있는 생활안전국 내에 '여성안전기획관'도 신설하였으며, 최근에는 공중화장실 셉테드 사업을 추진해 남성 칸과 여성 칸의 분리 배치, 남자화장실에도 비상벨을 설치하여 불법촬영, 틈새로 훔쳐보기, 뒤에서 따라 붙기, 추행 등의 범죄 문제를 개선하고 있다.

그림 3-66 화장실 범죄예방환경 구축 적용 사례

*안심거울, 부스 가림막, IoT 비상벨(이상음원감지)

chpater 4

CPTED 안전 관련 효과성

section 01
범죄 및 불안감 저감 효과

section 02
CPTED의 비용효과성

section 03
부수적 이익: 저탄소 정책과의 교감

section 01
범죄 및 불안감 저감 효과

1. 해외 연구

많은 외국의 연구결과들에서 셉테드 원칙 적용이 범죄 및 불안감 저감 효과를 보여주고 있으며 부정적 결과보다는 긍정적 결과를 보이는 연구들이 압도적으로 많은 것으로 파악되었다. 물론 정부, 지방자치단체, 지역 커뮤니티, 주거단지, 기업, 단체, 개인 등 다양한 수준과 영역에서 추진되거나 실험되어 온 순수한 또는 부분적 셉테드 프로젝트들이 공통적으로 성공적이고 긍정적인 성과와 결과를 때로는 의도적으로 때로는 비의도적으로 도출해 온 부분도 존재할 것으로 판단된다. 그러나 주로 학술적으로 일정 수준 엄격성을 갖춘 연구 보고서와 학술논문들의 분석 결과들의 상당 부분은 긍정적인 효과를 보여주여 주고 있다고 할 수 있겠다.

Brown과 Bently(1993)는 범인들이 스스로의 범죄행위의 위험성을 평가할 때 영역성(territoriality)을 고려한다는 점을 발견하였으며 영역성은 또한 범죄에 대한 공포심에 영향을 미친다는 다수의 연구결과가 있었다(예를 들면, Brown and Altman, 1983; Taylor et al., 1985; Taylor, 1988; Brown and Perkins, 1992; Perkins et al., 1992; Perkins and Taylor, 1996; Brown, 2001 and Ratcliffe, 2003). 감시 기법을 활용한 범죄예방 전략의 범죄 감축 전략으로서의 긍정적 효용성에 대한 연구들(Pascoe, 1993; Steventon, 1996; Painter and Tilley, 1999; Hillier and Shu, 2000; Cozens et al, 2001; Weisel, 2002; Cozens et al., 2003)과 공간에 대한 이미지 관리 유지의 범죄 기회 감소 간의 관계에 대한 여러 연구들(Wilson and Kelling, 1982; Sloan-Howitt and Kelling, 1990; Spelman, 1993; Kraut, 1999; Ross and Mirowsky, 1999; Ross and Jang, 2000)도 셉테드 원리들의 효과성을 실증하였다. 접근 통제에 관한 연구들(Newman, 1973, 1980, 1996; Poyner, 1983; Coleman, 1985; Poyner and Webb, 1991; Atlas and Le Blanc, 1994)도 접근 통제적 설계(특히, 주거 단지에서 보행자들의 접근 통제의 부재)와 범죄율 간의 상관성을 보여주었다. 더불어 시·공간적인 관점에서의 지역 주민들의 활동의 증대 및 강화에 의해 범죄가 감소한 연구사례(Poyner and Webb, 1991; Pettersson, 1997; Wekerle and Whitzman, 1995; ODPM, 2004)도 적지 않다(박현호, 2007 재인용).

백택학구(白澤學區)를 포함한 아이찌 현의 31개 전체 방범모델도로 설정지구에서의 범죄동향은 명백하게 감소경향을 보였다. 예를 들면 1983년에 설정된 방범모델도로의 학구에서는 1983년부터 1985년의 3년 간 8%(218건)나 범죄가 감소했다. 또한 1984년에 설정된 지구에서도 1084년부터 1985년에 걸쳐 7%(152)건 감소했다. 이러한 감소경향은 방범모델도로에서의 범죄발생 동향을 보면 더욱더 명백하게 나타나고 있다. 1983년에 설정한 방범모델도로에서는 1983년부터 1985년에 무려 50%(146건)나 범죄가 감소하였다. 또한 1984년에 설정한 지구에서도 1984년부터 1985년에 17%(40건)나 감소하여 범죄발생의 억지에 효과가 있었다(최응렬, 2006).

　　반면 방범과 셉테드의 부작용으로 우려되는 작용되는 범죄의 전이현상(displacement: 소위 풍선효과)은 많은 선행연구들(예를 들면, Gabor, 1990; Eck, 1993; Hesseling, 1994; Cromwell, 1991)에 의하면 종종 발생[1]하는 것은 사실이나 우려할 만한 수준이 아니며 특히 침입절도범죄의 경우 대부분의 연구들(Spickenheuer, 1983; Forrester, Chatterton and Pease, 1988; Schneider, 1988; Lindsey and McGillis, 1988; Pease 1991)에서 전이의 증거가 발견되지 않았다. 이런 맥락에서 Town(1996)은 줄어든 범죄의 수는 대부분 전이된 범죄의 수를 크게 초과하여 범죄예방의 순이익(net gains)을 창출한다고 강조하였다. Wiles와 Costello(2000)의 연구에 의하면 침입절도를 위해 범인들이 자신들의 주거지 주변에서 벗어나 이동한 평균 거리는 1.8마일이었다는 점 또한 일반적으로 인식되고 있는 범죄의 지리적 전이현상에 대한 오해를 풀어주고 있다. 사우디아라비아에서 Alkahtani(1996)의 전이현상 연구에서도 유사한 결론을 발견하였다. 다만, Clarke(1992)은 전이연구는 범죄자들에게 직접 물어서 확인하는 것이 가장 정확하다고 지적하면서 조사대상 범인들의 응답에 있어서의 부정확성이나 거짓, 체포되지 않고 활동 중인 범죄자들에의 접근 등 전이현상에 대한 연구에 적지 않은 한계가 있음을 지적하여 이에 대한 결론은 크게 우려할 수준은 아닌 것을 분명하나 명쾌한 결론은 쉽지 않아 보인다.

　　한편 셉테드의 기계적 감시 원리(mechanical surveillance)가 긍정적 효과를 발휘한 사례는 많은 편이다. 일본에서는 강력범죄율이 매우 높은 도쿄 가부키조 유흥가에서 GIS와 범죄전이가중치 지수방식(the weighted displacement quotient approach)[2]을 활용

---

1 보다 심각한 수준으로 전이되는 경우보다 경미한 범죄로 전이(benign displacement)되는 경향을 보였다.
2 'Bowers & Johnson, 2003'의 이론을 적용한 것으로 CCTV 설치로 인한 즉각적인 지리적 전이현상 발생 여부를 확인하기 위한 기술이론이다.

하고 준실험설계에 의한 연구를 통해 통제지역 및 버퍼지역과 관련한 방범CCTV 프로그램의 효과를 계량적으로 분석한 CPTED 연구를 수행한 바 있다(Harada 외, 2004) 일본에서도 한국과 마찬가지로 도심지 방범취약지를 중심으로 강력범죄와 외국인 범죄가 최근 꾸준히 증가해오자 기계적 개념의 CPTED 기술을 점점 더 많이 적용하고 있는 양상을 보이고 있다. 하라다 등의 연구 분석한 가부키조에서는 2002년 3월 방범 CCTV 프로그램 실시 이후 공식범죄 수가 실험지역(experimental area)에서 22% 감소하였고, 카메라를 단 실험지역 주변 50~100 반경 이내의 버퍼지역(buffer area)에서는 9% 감소, 비교대상지역인 통제지역(control area)에서는 11% 하락하는 등 전이효과와 같은 부정적인 영향을 미치지 않은 채 전반적으로 긍정적 효과를 보였다. 방법론적으로는 실험지역에서 방범CCTV 운영 1년 전과 1년 후의 범죄들을 지오코딩(geocoding)하여 버퍼지역/통제제역과 비교분석하였는데, 결과는 절도가 가장 큰 감소를 보였으나 범죄의 종류별로 다양하게 나타났다. 이 연구를 통해 50미터 존에 대한 설명이 분명지지는 않았으나 범죄발생에 대한 지오코딩은 지리적으로 부분적인 CCTV 카메라 커버리지(coverage)를 가진 경찰순찰구역(beats)에 범죄의 수를 합산하는 많은 연구에 큰 이점을 제공하였다고 분석되었다.

2. 국내 연구

국내에서도 건축학자, 도시공학자, 경찰학자, 범죄학자 등이 셉테드 관련 학술연구를 수행한 바 있다. 연구대상은 2008년까지는 아파트 공동주택이 대부분이었으나 2009년 이후 단독주택지, 공원, 조명, 학교, 가로 건축물 등으로 다양화되는 경향을 보였다. 연구방법은 공간분석 프로그램(GIS, space syntax[3])이나 현장조사 및 정량적 안

---

3 공간통사론(space syntax)이란 공간의 배열에 대해 분석하는 일련의 기술과 이론들을 의미한다. 이는 영국 런던에 위치한 UCL Bartlett의 Bill Hillier 교수와 Julienne Hanson 교수에 의해 1970년대 말에서 1980년대 초에 걸쳐 고안되있다. 애초에 목적은 건축가들이 그들의 니자인이 초래할 사회석 효과에 대해 시뮬레이션을 해보기 위한 도구로서 개발되었다. 주요 개념은 공간들이 요소로 분할될 수 있으며, 선택에 따른 네트워크로 분석되어 각 공간 간의 통합성과 상대적 연결성을 표시한 그래프와 지도로 재현될 수 있다는 것이다. 이는 공간에 대한 3가지의 기본적 개념(isovist, axial space, convex space)에 기초를 두고 있다. 이러한 요소들로부터 특정한 공간이 얼마나 통행에 적합한지를 정량화하여 기술할 수 있으며 이는 길찾기의 중요도가 높은 박물관, 공항, 병원 등의 설계에 유용하게 사용될 수 있다. 또한 공간통사론은 공간의 배치와 범죄, 교통량, 단위면적당매출량 등의 사회적 효과 간의 관계를 예측하는 데 있어서도 유용하게 사용되어왔다. http://www.spacesyntax.org/ 참고.

전진단를 통한 통계 분석, 준실험적 설계(quasi-experimental design) 및 범죄전이값 (Weighted Displacement Quotient: WDQ) 계측에 의한 CCTV의 범죄전이 및 이익확산 효과 분석 등 다양하게 변화되고 있는 양상을 보인다. 이 중에서도 특히 통제지역과 시험지역을 설정하며 MSMS 3급 이상의 과학적인 엄격성을 갖추고[4] 실험된 실행연구 (action research) 사례가 국내에는 거의 없다고 해도 과언이 아니다.

준실험설계 연구사례인 부천시의 CPTED연구[5](준실험: 실험지역과 통제지역을 일정 기간 전후 변화를 분석)에서는 방범CCTV의 효과성이 과학적인 연구설계와 조사방법[6]에 의해 일정 부분 검증되었다. <표 4-1>은 부천시 연구에서 효과를 1차 분석한 것이다. 더불어 범죄에 대한 두려움과 염려 수준도 CCTV 설치 후 의미있는 감소를 보인 것으로 나타났다. 방범 CCTV의 효과성에 대한 인식과 설치에 대한 찬성도 또한 오히려 설치 후 개선 및 상승되었다.

표 4-1 방범CCTV 설치 전후의 주민 범죄피해 경험비율의 변화[7]

피해 경험한 범죄	실험지역		통제지역		통계적으로 유의미한 차이 발생 유무(*)	
	설치 전 (Before)	설치 후 (After)	설치 전 (Before)	설치 후 (After)	시범지역	비교지역
침입 절도	18.8%	11.6%	15.7%	15.0%	*	
침입 강도	5.1%	1.8%	3.5%	2.6%	*	
길거리 치기범	14.8%	7.9%	10.0%	6.8%	*	*
노상 강도	9.3%	4.4%	5.5%	3.3%	*	*

출처: 이민식·박현호, 2008: 263-392

---

4 메릴랜드 과학조사방법 스케일(MSMS) Level 3는 통제지역과 실험지역을 두고 프로그램의 이행 전후 일정 기간의 범죄 변화를 측정하는 준실험적 설계(quasi-experimental design)를 말한다.
5 이민식·박현호(2008: 263-392).
6 사전조사(pretest)는 2005년 6월 말~7월 중 (약 3주), 사후조사(posttest)는 2007년 6월 말~7월 중 (약 3주) 실시하였으며 표본추출(sampling)과 설문조사는 부천시 관할 동사무소의 협조를 받아 조사대상 지역들로부터 가구들을 무작위 추출한 후, 지역별 동 행정관리자인 사무장의 지휘로 해당 구역의 통·반장이 가구를 개별 방문하여 각 가구별 10대 이상 가구원 1명을 무작위로 조사하였다 (상주인구가 아닌 해당지역 상인 등의 경우는 조사에서 제외됨). 이를 통해 시범지역 3개 동에서는 사전조사 1,122가구, 사후조사 478가구가 조사되었으며, 비교지역 3개 동에서는 사전조사 1,773가구, 사후조사 1,301가구가 조사 완료되었다. 조사대상 표본은 시범지역과 비교지역 경계 내에 속한 전체 가구의 약 20~30%이다.
7 SPSS를 활용한 Chi 검정과 t-test를 활용, 유의도는 p<.01, 길거리 치기범이란 소매치기, 들치기, 날치기 등 치기배에 의한 범죄를 의미한다.

표 4-2 강·절도 WDQ 분석결과

구분	실험구역 범죄증감율 (A')		완충구역 범죄증감율 (B')		WDQ		비고
		등식		등식		등식	
C1 지역 대비	−0.381	A' < 0 (감소)	−0.141	B' < 0 (감소)	0.370	0 < WDQ < 1	직접적 효과 >
C2 지역 대비	−0.470	A' < 0 (감소)	−0.192	B' < 0 (감소)	0.409	0 < WDQ < 1	확산효과 > 전이효과

출처: 박현호 외, 2011

더불어 광명시에서 이루어진 준실험설계 연구에서도 CCTV는 긍정적인 효과를 보였다. <표 4-2>는 통제구역 대비 실험구역 및 완충구역의 강·절도 발생률과 WDQ 분석결과를 나타낸 것이다. 실험구역(A')의 범죄증감율을 보면, 통제구역을 C1 으로 설정했을 때(−0.381)와 C2로 설정했을 때(−0.470)의 분석값 모두 −1<A' < 0 범위 내에 위치하였다. 따라서 통제구역에 따른 해석의 차이와 상관없이, 실험구역 내에 설치된 CCTV가 강·절도 감소에 긍정적인 효과(범죄예방효과)를 미친 것으로 판단할 수 있다. 이와 함께 완충지역에서도 강·절도 범죄의 발생률도 감소(B' < 0)하였는데, 이는 이 지역의 강·절도 감소율이 통제구역(C1, C2)의 강·절도 감소율보다 크다는 것을 말한다. 따라서 완충구역(B)에는 CCTV로 인한 범죄의 전이효과가 아니라, CCTV 로 인한 범죄통제 이익의 확산효과가 발생하고 있다고 할 수 있다.

<표 4-3>은 이 밖의 CPTED 관련 연구사례들을 종합하여 정리한 것이다.

표 4-3 국내 CPTED 연구 문헌 분석 결과

변수	저자(연도)	내용	결론
주동형태와 범죄율	최윤경(1993)	▶ 범죄율은 복도형과 계단실형 간에 차이 없음	혼합적
	장순익(1997)	▶ 복도형에서 계단실형에 비해 범죄발생률이 높음	
주호규모 (평형)과 범죄율	최윤경 (1993)	▶ 유보적: 자동차 관련 범죄는 대형평형이 소형평형에 비해 높은 범죄율 보이나 이는 주호 규모가 증가할수록 자동차 보유율이 높아지기 때문인 것	상관성 있음
	민병호 외 (1992) 도건효(1992) 장순익(1997)	▶ 대형 평형이 소형평형에 비해 범죄발생률 낮음	
감시기회와 범죄율/공포	임승빈 (1992)	▶ 주동의 가운데 위치한 주호에 비해 주동 양끝 주호들의 범죄피해율이 높음 (주동 주변 시재로 인한 시선 연결 차단 때문)	상관성 높음
	도건효 (1992)	▶ 주호나 경비실에서 엘리베이터 홀에 대한 시선연결이 좋을수록 범죄피해 감소하고 성범죄 역시 시선연결이 나쁜 주동내 시각적 사각지대에서 높게 나타남	
	민병호 외 (1992)	▶ 공원, 휴식공간, 놀이터, 보도, 주차장에 대한 경비실의 시선연결이 좋을수록 전체 범죄 및 비침입절도 발생률 낮음	
	박현호 (2005)	▶ 아파트 주차장의 설계 구조(지하/지상)는 주차장 이용 주민들의 안전 인식에 영향을 미침. 지하주차장에서 지상보다 더 많은 공포심을 갖으며 특히 여성은 남성보다 약 2.5배의 불안을 느낌	
	박성민 신재억	▶ 주거지 가로변의 창호면적과 노상범죄의 상관관계에 관한 연구	

	(2005)	▶주택입면의 창호면적을 변화시킴으로서 노상범죄율 저감 가능(노상에서 인지가능한 창호의 양이 많으면 범죄확률이 적다)	
보안설비와 범죄율	도건효 (1992)	▶방범창 등 창호침입방지 장치를 한 세대와 하지 않은 세대 비교 ▶미약하나마 침입방지 장치를 한 세대가 유의미한 관련 있음	범죄율 및 불안 인식과 상관성 높음
	김영 등 (1986)	▶강남지역 5개 단지 150세대 주민 설문: 범죄발생 원인은 관리자 소홀 (41.9%), 개폐장치(34.6%)	
	박영경 (1992)	▶방범을 위해 건축사들은 자연감시 유도나 영역성 강화를 가장 중시하나 거주자들은 하드웨어 강화나 방범 설비 도입 등 보안설비를 더 중요시 함	
	장순익 (1997)	▶대부분의 거주자가 현관문의 부가적 잠금장치 설치, 자동경보장치 (21.9%), 직통비상벨(14.2%) 등을 설치하여 실제 침입절도발생률은 적지만 공동주택이 범죄로부터 안전하지 않다고 인식함	
	박현호 (2005)	▶아파트 주민들은 접근통제가 범죄/공포심 감소에 가장 효과적(effective) 인 반면 경비원 등 순찰은 가장 비용효과적(cost-effective)인 것으로 인식함	
단지규모와 범죄율	민병호(1992) 최윤경(1993) 장순익(1997)	▶단지규모가 작을수록 범죄율이 낮아지며, 클수록 높아짐	단지규모가 범죄율에 영향 줌
	박창석(1992)	▶단지규모가 클수록 오히려 범죄발생이 감소	
밀도와 범죄율	임승빈 외 (1992) 최윤경(1993)	▶건폐율이 높을수록(저층형이 많이 배치될수록) 범죄발생이 증가함	상관성 있음
	이영웅 권오은 (2001)	▶건축밀도가 높은 곳일수록 범죄율 높음 (1,000명당 범죄건수, 동별 데이터 기준)	
	강준모 권태정 (2002)	▶고밀주거단지 내 범죄발생장소의 공간적 특성에 관한 연구 ▶이격된 공간일수록, 단지의 출입구에 가까 울수록 범죄율이 높음 (통계적 유의성 낮음)	
단지 내외 인접 대규모 시설물과 범죄와의 관계	백은주 (1991)	▶범죄에 대한 불안감의 이유: 주민들의 감시 부족, 범죄 발생 소문, 외부인에 대한 통제 부족	상관성 있음
	장순익(1997) 임승빈 외 (1992) 도건효(1992)	▶임승빈: 상업지역과 접하고 있는 단지, 야산에 인접하거나 단지 내 녹지가 있는 경우 높은 범죄율 보임 ▶도건효: 단지 내 대규모 시설이 전체 범죄발생률과 관계가 있음	
조명과 범죄율 또는 안전성	민병호 외 (1992)	▶단지 내 조명이 양호할수록 범죄율이 낮아짐	단기적 효과와 장기적 효과에 차이 있음
	최윤경 (1992)	▶단위 면적당 가로등 수가 많을수록 자동차 관련 범죄율 증가하나 주동외부 범죄율은 감소	
	김진선 (2005)	▶도시공원의 야간이용과 조명의 적합성 모형 ▶조명이 야간이용에 미치는 최대 요인은 접근성 측면에서의 이용기회의 증대 ▶이용만족도는 이용성, 안전성이 클수록 증대	
관리 특성과 범죄율	김영 등 (1986)	▶강남지역 5개 단지 150세대 주민 설문: 범죄발생 원인은 관리자 소홀 (41.9%)이 주	상관성 있음
	장순익 (1997)	▶경비실에서 외부인 출입통제가 양호할수록 범죄율 감소	
	최윤경(1993)	▶경비원의 인구밀도는 범죄율과 상관성이 거의 없음	
	김영 등 (1987, 1988)	▶저소득층 아파트의 반달리즘에 대한 실태조사: 단지 유지관리가 불량할수록 반달리즘 피해가 심함	
	도건효 (1992)	▶자전거 도난의 경우 단지의 유지관리와 약간의 관련성 있음	
단지 외부공간에서의	강석진 외(2005)	▶단지 외부공간(보행 및 산책로와 어린이 놀이터, 녹지공간)의 이용, 주민 간 교류와 만족도가 높을수록 불안감/범죄피해율 감소	물리적 환경요인이

주민 간 교류 및 시설물 이용 등 외부공간의 활성화와 범죄율/불안감		‣ 조경수목 식재 관리와 야간 조명 불량하고 어린이놀이터가 외진 곳에 위치한 단지는 외부공간 이용, 교류와 만족도가 낮고 불안감/범죄피해율도 높게 나타남 ‣ 안전한 방범환경 조성을 위한 주민 요구: 방범설비(CCTV나 거울) 강화(26.7%), 순찰의 강화(17.1%), 취약개소 야간 조명 확충(12.1%), 주민 참여 방범프로그램 실시	외부공간 활성화와 근린관계라는 매개변수를 통해 범죄율/불안감에 영향 줌
	김홍식 (2000)	‣ 근린공원에서의 방어공간 형성에 관한 연구	
	강석진 (2005)	‣ 공동주택단지 외부공간을 중심으로 한 안전한 생활환경 조성방안에 관한 연구 ‣ 근린관계 및 외부공간 활성화와 범죄불안감을 중심으로	
피해경험과 해당 장소에서의 두려움	박현호 (2005)	‣ 단지 주차장에서 주민의 과거 범죄피해 경험 유무 및 횟수와 불안감 정도 간에 약한 상관관계 존재함	상관성 있음
	이경훈 (1998)	‣ 환경특성과 범죄의 두려움간의 관계에 대한 이론적 모델: 범죄불안감에 근거한 공간계획을 다룸	
	최열 임하경 (2005)	‣ 초고층아파트 공동공간의 범죄불안감 특성 분석 ‣ 피해경험과 장소에 대한 불안감에 초점(녹지공간에 대한 새로운 접근 필요) ‣ 주거환경 통제에 따른 장소별 범죄 불안감의 연관성(접근도로가 가장 불안감 높음)	
	김흥순 (2007)	‣ 비성별적(非性別的) 도시의 모색 ‣ 도시환경요소가 주는 잠재적 범죄위협에 대한 여성인식의 고찰	
단독주택지역 범죄발생과 환경특성에 관한 연구	정무웅 김선필 (1997)	단독주택지의 주택비율이 높으면 주택침입범죄의 비율이 낮아짐 관통도로가 형성되면 범죄율이 높아짐	상관성 있음
	김정섭 (2006)	‣ 주거지역 범죄율과 공간특성과의 관계 분석	
	강석진 이경훈 (2007)	‣ 수도권 단독주택지 근린관계 활성화를 통한 방범환경조성 연구 ‣ 방범시설적 측면에서 주민들은 방범초소, 경찰순찰, 조명시설(개수와 밝기가 중요) 강화를 원함 ‣ 토지용도의 혼합은 피할 수 없으나 주거지역과 인접해서 유흥시설, 모텔촌 등 외부인 출입이 잦고 감시가 소홀해질 수 있는 공간 및 시설을 이질적으로 혼합배치하는 것은 범죄불안감 증대에 기여	
공간구문론을 이용한 범죄취약공간 해석에 관한 연구	최재필 이기완 (2002)	‣ 아파트단지에서 공간통합도와 범죄율 상관도: 어느 정도 통계적 상관도가 존재	상관성 있음
	장동국 (2004)	‣ 공간구문론에 의한 주거지역의 공간침입범죄 해석에 관한 연구 ‣ 보행량이 많으면 주거침입 감소하나, 교통량과는 상관없음 ‣ 공간구문인자와 상관관계 어느정도 존재 ‣ 오피스〈아파트〈근린상가〈저층주택	
시각적 접근과 노출 모델을 이용한 범죄취약공간 해석에 관한 연구	최재필 이기완 (2002)	‣ 아파트단지에서 시지각노출과 범죄율 상관도 ‣ 통계적으로 큰 차이를 찾기 어려움	상관성 미약
GIS를 활용한 도시 범죄의 공간패턴분석	황선영 황철수 (2003)	‣ GIS자료 분석에 필요한 기법정리, 성북구의 위험spot 도출 ‣ 범죄율과 지역특성 간의 회귀분석	범죄발생이 토지용도와 공간적으로 일정한 패턴 형성
	최현아 (2003)	‣ 범죄의 공간적 분포특성에 관한 연구: 서울시의 영등포구를 사례로 ‣ 지하철역, 상가, 경찰서, 유흥업소, 주간선도로를 중심으로 거리에 따른 영향분석 ‣ 상업지역 〉 주거지역 (범죄유형별 차이존재)	
	박명규 (2003)	‣ GIS의 공간분석을 활용한 범죄예측지도의 구현: 서울시 성북구를 사례로 ‣ 건물층수와 범죄율: 상관관계 높음(그러나 상업업무지역은 상관관계가 낮음)	

토지이용과 범죄	이현희 (2000)	▸녹지율과 범죄율: 상관관계 존재 ▸GIS를 이용한 범죄분석: 유흥업소는 폭력 범죄와 상관관계 높으며 일인가구와 높은 상관관계, 청소년 비율과 정의 관계, 교육수준과 부의 관계	토지이용 계획, 용적률과 범죄율의 상관성 있음
	시정개발연구원 (2004)	▸서울시 범죄발생의 도시계획적 함의 ▸유동인구수와 유흥업소수는 정(+)의 관계 ▸주택연상면적, 개발제한구역은 부(−)의 관계	
	김현정 (2004)	▸도시내 공원녹지공간이 범죄에 미치는 영향 ▸도시자연공원의 면적이 증가할 경우 범죄 감소	
	김동근 윤영진 안건혁 (2006)	▸서울시 성동구, 금천구, 동작구, 관악구의 범죄신고자료를 바탕으로 4,000여 개의 지역속성자료를 구축하여 토지이용행태와 도시범죄밀도의 상관관계를 분석 ▸토지이용의 강도를 나타낼 수 있는 용적률과 범죄패턴 간에는, 토지의 용적률이 높지 않은 경우에는 비례하여 증가하다가, 용적률 200%를 전후하여 점차 증가추세가 둔화하는 경향	
학교 시설 셉테드	강은영 외(2010)[8]	▸학교 시설 요소에서 범죄 발생 장소와 미발생 장소 간 유의미한 차이는 없음 ▸그러나 자전거 거치대, 쓰레기장 등 후미진 곳과 담장의 경우 범죄가 발생한 곳과 그렇지 않은 곳의 안전진단 점수 차이가 발생	학교시설 중 후미진 곳과 범죄안전도 간에 관계 있음
CCTV 범죄전이	이민식, 박현호 (2008)	▸준실험설계에 의한 CCTV 설치 전후의 효과 ▸실험지역, 통제지역 모두 범죄피해 응답률 감소	CCTV 설치는 강절도 범죄를 저감시킴
	박현호 외(2011)[9]	▸준실험설계에 의한 CCTV 설치 전후의 효과 분석 ▸실험지역 강도, 절도 47.4% 감소(경찰통계)하였고, 풍선효과(전이현상)는 통제지역 및 인접지역에서 발생하지 않았으며 방범효과의 확산 가능성 확인	

출처: 박현호(2007: 56)의 <표 5.1.1>을 다른 연구사례들을 추가로 분석하여 보강함.

section 02
CPTED의 비용효과성

범죄는 예방될 수 있음에도 불구하고, 예방 비용이 편익을 넘어설 수 있다는 것이 그럴듯하기 때문에, 범죄 예방의 비용편익분석은 필요하다. 공적, 사적 자원이 부족하다면, 비용효과분석[10]은 다양한 예방 프로그램들 중에서 합리적이고 경제적인 선택을 도울 수 있다.

비용편익분석은 응용사회연구에서 진화하였듯이 평가의 한 형식이다. 이론적으

8 강은영 외, 2010.
9 박현호 외, 2011.
10 유사한 비용들과 정책 옵션의 결과를 비교하는 것을 용인하는 비용편익분석의 변형.

로, 그것은 거의 틀림없이 현재 이용 가능한 가장 복잡한 평가의 한 형식이다.[11]

비용편익분석의 주된 목적은 다른 평가 양식과 마찬가지로 정책입안자에게 유용한 정보를 제공하는 것이다. 그 정보는 현재의 정책을 평가하고 정제하는 데, 혹은 새로운 정책을 만드는 데 사용된다. 비용편익분석은 철학과 관점의 평가로부터 전략, 정책, 전술, 구체적인 활동, 혹은 이 모든 것들이 특정한 환경에 적용되어 나타나는 조합의 방식에 이르기까지 각기 다른 수준에 초점을 맞출 수 있다. 그러나 범죄 예방 노력이 통상적으로 구체적인 범죄 유형과 정황에 맞춰져야 하기 때문에, 비용편익분석이 요구하는 대로 범죄예방 적용의 이론적인 스펙트럼이 무한할 수 있다. 따라서 범죄 통제 정책을 알리는 목적에서, 비용편익분석을 통한 평가가 유용하게 지식의 다양한 분야를 알릴 수 있다. 이것은 거시적 수준의 사회 정책의 평가를 위한 경제적 도구로 발달된 비용편익분석의 사실과 관련이 있다. 그러나 범죄예방과 관련된 적용은 우선적으로 미시적 연구 혹은 프로젝트의 수준이었다. 범죄 예방은 명확한 거시적, 미시적 효과를 가지고 있다(Roman & Farrell, 2002: 56-57).

1. 범죄경제학적 관점

범죄의 예방의 효과성을 검증하고 이해하기 위해 이론적 준거로 사용되는 범죄경제학적 모델은 Becker(1968)가 대표적이다. Becker(1968) 이후에 범죄경제학적 모델은 일반적으로 가격과 위험을 동등하게 생각하는 범죄 모델이다. 그러나 현재의 모델은 처벌보다 범죄의 예방을 위한 모델이다. 위험측정(risk assessment)과 피해자 잉여(Victim Surplus)와 가해자 잉여(Offender Surplus) 개념은 범죄에 대해 현대의 예방적 접근방법이 어떻게 과거의 처벌적 접근방법과 다른지를 설명해준다. CPTED 기법에 의한 범죄예방 개입(crime prevention intervention) 측면에서 사회는 만약 개입이 피해자 잉여와 범죄자 잉여에서 순감소를 야기하거나 혹은 전체 잉여에서 순감소를 보이는 곳에서 증가와 감소의 결합을 야기할 때 사회적 실익을 경험한다(Roman & Farrell, 2002: 56-57).

정부가 개입하여 범죄를 예방하기 위한 적절한 조치를 취했을 경우를, 예를 들면

---

11 그러나 많은 경우에 관련 정보의 결핍 때문에, 작은 프로젝트를 위해 필수적인 자료를 수집하는 데 있어서 드는 조사비용, 좋은 비교 그룹을 만드는 데 생기는 전통적인 장애물들이 그러한 조사분석을 곤란하게 하는 측면은 있다.

범죄(강도, 폭행, 성추행 등) 피해가 빈번하던 한 골목길에 출입게이트를 설치하여 접근을 통제하면서 주민들만 이용하도록 환경설계를 변화시키는 것을 생각해볼 수 있다. 즉, 범죄를 저지르는 것이 더 어려워진 것(기회의 감소)이고, 범죄의 양이 감소했다는 것이다. 가해자 잉여와 피해자 잉여가 모두 줄어들었으므로, 이는 사회 전체에 이득(benefit)이 된다고 할 수 있다.

2. 보험통계적 관점

한편 이와 같은 범죄경제학적 관점과 달리 CPTED 비용효과성 연구의 산업 실무적 사례는 영국 Association of British Insurers(ABI: 영국보험자협회)에서 CPTED 인증제도인 SBD의 비용효과성 분석보고서(Securing the Nation: www.abi.org.uk 참고)에서 발표된 내용으로 <표 4-4>와 같다.

<표 4-4>에서 한화로 연간 120만원의 CPTED 업그레이드 비용을 투자하였을 때, 침입절도 1건의 평균 발생비용이 600만원임을 감안하면 480만원의 이익이 발생한다. 이는 CPTED가 비용효과적인 모델로서 갖는 가치를 가장 단순하고 명료한 예로서 설명한 것이다.

표 4-4 영국에서의 CPTED 비용효과성 관련연구

주요 연구 결과	내 용
CPTED 업그레이드 비용	1가구당주택(단독, 연립, 빌라)에서 추가 비용은 최소 £480(약 90만원), 주택의 종류를 총 망라해서 평균 £630(120만원) 비용으로 개선 가능
침입절도 1건의 평균 발생비용	£3,300(약 600만원)
침입절도 방지를 통한 사회적 비용 저감효과	연간 한화 43조원, 20년간 860조원 순 절감
법적규제	지속가능안전건축법(Sustainable & Secure Buildings Act: SSBA) 시행으로 민간 주택개발 사업에서의 방범안전의 개선과 적용이 규제되고 강화됨
보험할인	SBD 기준으로 주택 리모델링이나 보수시 보험료의 일부를 할인해 줌

출처: ABI, 2006: 23

이미 CPTED 인증제도로 가장 선진화된 모델을 운영하고 있는 영국은 SBD 적용을 통해 상당수준의 비용을 절감하고 있음을 알 수 있다. <표 4-5>는 영국의 SBD에서 보안조치의 도입으로 인한 절도범죄비율이 26%~75%만큼 감소한 연구결과이다. 대상 연구는 "글래스고우 주택조합의 2005년 글래스고우 지역의 SBD 평가"와 "2000

표 4-5 SBD의 효과 - 4가지 연구의 자료평가

연구	자산의 수	절도 감소
Glasgow 주택조합[12]	11,500개의 문과 7,500개의 창문	75% 감소 - 2003년 16건에서 2004년 4건으로 감소
West Yorkshire[13] (신 건축 주택)	660개의 주택단지 - 25 SBD 522개의 주택단지 - 25 SBD 미 설치	SBD를 설치한 주택 단지인 경우 50% 절도감소 및 42% 차량관련 범죄감소
West Yorkshire[14] (재수리 주택)	2곳의 주택 단지	각각 67%, 54% 절도감소
Gwent 경찰서 연구[15]	9,173 개의 자산 - SBD 설치 18.3%, - SBD 미 설치 81.7%	도난과 차량관련 범죄 40% 감소, 범죄 피해 25% 감소

출처: ABI, 2006: 23

년 내무성의 웨스크 요크셔 지역의 SBD 평가", "2000년 내무성의 웨스크 요크셔 지역의 SBD 평가", "사우스 웨일즈 그웬트 지역 SBD 조치 평가"이다.

이 분석은 설치비율의 조합과 절도발생율의 조합을 이용하여 보안특성 도입이 한 가구당 미치는 연간 이익을 산출할 수 있다.

3. 범죄학계의 범죄비용(crime cost) 추계

범죄비용을 구분하고 추정하는 방법은 여러 가지가 존재한다. 이러한 방법들 가운데 범죄전문가들에게 일반적으로 널리 알려진 2가지 방법을 살펴본다. 먼저 범죄관련 손실비용을 범죄피해비용(재산피해+인적피해), 범죄예방비용(민간차원의 범죄예방비용), 법집행기관 투입비용으로 나누는 방법이다. 예를 들어 최근 강호순과 같은 연쇄살인범의 경우에도 일반적으로 피해자의 재산 및 인적피해만 생각하지만, 이러한 범죄를 예방하기 위한 수백 대의 CCTV와 같은 방범 시설의 추가 설치, 범죄자를 체포하여 형집행하기까지의 비용을 감안해본다면 추정치 이상의 비용이 필요하다고 할 수 있다. 물론 이러한 것에 유가족과 국민들이 받은 심리적 비용까지 추가한다면 생각 이상의 손실이 발생함은 충분히 짐작할 수 있다.

---

12 Glasgow Housing Association: Evaluation of Secured by Design Installations in GHA Communities, 2005.
13 Home Office, 2000.
14 Home Office, 전게서
15 An Evaluation of the Secured by Design Initiative in Gwent, South Wales (미발간 내부자료).

표 4-6 범죄 종류별 유형 및 무형의 손실 비용(£1 : 1,900원으로 계산함)

범죄 종류	건당 평균 범죄비용(£)	건당 평균 범죄비용 원화 환산(원)
살인	1,100,000	2,090,000,000
상해(중상/경상)	18,000	34,200,000
폭행(협박/공갈 포함)	540	1,026,000
성폭력(강간/추행)	19,000	36,100,000
강도	4,700	8,930,000
절도16	2,683	5,097,700
손괴	700	1,330,000

출처: Brand & Price, 2000

둘째, 유형적 손실(tangible cost)인 재산피해, 의료비용, 경찰서비스비용, 생산성 손실과 무형적 손실(intangible cost)로 나누는 방법이 있다(Miller 외, 1996). 특히 무형적 손실(intangible cost)에서 고통, 고난, 삶의 질 저하는 경제적으로 환산되기 어렵지만 실제로 존재하며, 피해자들은 이를 극복하기 위해 많은 비용을 지불하고 있다.

또한 영국 내무성(Home Office) 연구는 위와 같은 범죄비용에 관한 선행연구를 종합적으로 메타분석하여 범죄 종류 별 유형 및 무형의 손실 비용을 <표 4-6>과 같이 제시하였다(Brand & Price, 2000). 본 연구는 이것을 근거로 범죄비용과 CPTED 적용을 통한 범죄예방 이익을 계산하였다.

이와 같은 범죄로 인한 고통, 저하된 삶의 질 등에 대한 금전적 가치 환산방법에 대한 국내 연구는 많지 않다. 가장 최근에 형사정책연구원에 이루어진 범죄비용 연구에서 종합된 범죄별 비용은 <표 4-7>과 같다. 이 연구에 따르면 2008년 강력범죄와 재산범죄의 총사회적비용은 158조 7,293억원으로 국내 선행연구의 결과와 대략 5배 이상 차이가 난다. 이것은 2008년 국내 GDP 977조 7,865억원에 약 16.2%에 해당하며 국민 1인당 약 326.5만원을 범죄의 사회적 비용으로 부담하는 것으로 추정된다.

다만 아쉬운 것은 국민의 주거 생활안전 환경과 밀접한 범죄인 주거침입 범죄 등 침입범죄는 자료의 미비로 제외되어 있다는 점인데 경찰에서 앞으로는 침입범죄에 대한 통계를 중요한 민생치안 지표(index)로 삼아 다루어야 할 것으로 본다.

---

16 침입절도, 차량절도, 소매치기, 날치기, 자전거절도, 단순 절도 등을 포함한 전체 절도 비용을 평균으로 환산한 것이다.

표 4-7 범죄 종류별 총 비용 순위

순위	범죄별 총비용		개별 범죄 1건당 평균비용 (암수포함)	
	범죄	비용	범죄	비용
1	약취유인	28,658,197,702,816	약취유인	85,039,162,323
2	강간	28,561,857,216,870	살인	17,319,264,667
3	살인	19,397,576,426,611	방화	3,689,449,903
4	절도	14,490,387,186,600	체포감금	2,739,315,912
5	사기	9,594,309,005,326	강간	217,208,694
6	상해	8,116,920,198,291	공갈	212,084,576
7	방화	7,179,669,511,523	배임	52,460,989
8	협박	6,094,843,631,744	강도	45,875,868
9	폭행	5,220,943,830,101	협박	41,932,189
10	강도	5,026,756,483,671	위조	35,999,020
11	배임	4,822,056,765,862	장물	26,522,345
12	체포감금	4,404,819,986,201	상해	22,066,382
13	위조	4,337,701,960,150	횡령	15,443,216
14	횡령	4,254,992,201,428	손괴	11,188,319
15	공갈	3,629,827,511,235	사기	10,846,644
16	손괴	2,967,220,442,352	폭행	9,429,124
17	장물	1,971,220,245,531	절도	1,931,622
	합계	158,729,300,306,312	평균	15,057,809

출처: 박경래 외, 2010

이러한 범죄비용을 감소시키기 위한 방법은 범죄를 예방하는 것이다. 이를 통한 경제적 이익은 단순한 금전적 손실방지와 더불어 안전한 생활을 보장하여 삶의 질적 향상을 도모할 수 있도록 할 것이다. 범죄예방의 한 축이 범죄예방환경설계(CPTED)라 할 수 있다. 모든 범죄를 예방하는 것은 결론적으로 불가능하지만 범죄의 예방을 통해 범죄발생의 기회와 확률을 감소시킬 수는 있다. 이를 통한 비용절감은 범죄예방환경설계(CPTED)의 경제성을 입증하는 것이며 동시에 국민의 범죄에 대한 공포심을 줄여 사회경제활동에도 기여할 것이다.

4. 셉테드 비용 산정

CPTED 설계를 위한 시설물 비용을 산정하는 것은 가격의 변동, 기술의 변화 등 많은 변수로 인해 쉽지 않은 것이 현실이다. 예를 들면 <표 4-8>와 같이 방범

CCTV용 돔카메라의 가격은 2009년 2월경에는 <표 4-8>와 같았다. 그러나 2014년 현재는 카메라 가격의 전반적인 하락과 원천기술 고도화에 따른 성능 향상으로 성능 대비 가격이 크게 변화하였다. 따라서 그러한 점을 고려하여 CPTED 비용 산정이 이루어져야 합리적이다.

또한 셉테드 관련한 시설과 구조물 설치 비용을 조사한 바 있다. <표 4-9>는 2009년도 10월 경에 출입문, CCTV, 승강기, 계단실, 펜스 등 관련 기업과 웹사이트를 전화 또는 인터넷 검색 등을 통해 시장 가격 조사를 한 것이다. 그러나 조사된 가격 비용들은 부정확하거나 대략적일 뿐만 아니라 엘리베이터 홀 유리, 계산실 쪽 창문과 전면 유리를 설치했을 때의 비용은 산정 자체가 곤란하였다. 이와 같이 셉테드의 비용효과성 또는 경제성을 추산하는 것을 결코 용이한 일이 아니라고 볼 수 있다.

그럼에도 불구하고 셉테드의 경제성 분석은 다른 사회적 방범 프로그램의 비용과 비교했을 때 범죄 안전도를 높이기 위해 과도한 비용을 지불하는 것이 사회적으로 수용되기 곤란한 측면이 있으므로 셉테드의 활성화를 위해서도 중요한 부분이라는 점

표 4-8 돔카메라의 성능 대비 가격[17]

구분	P사	E사	SN사	S사
모델명	BB-HCM581	AXIS214PTZ	SNC-RX550N	SPD-3750
실물 사진				
크 기	140×123×123	179×152×157	230×160×160	243×155×155
야간 화질	우수	보통	보통	보통
구동부	보통	보통	우수	보통
줌배율	광학21배	광학18배	광학26배	광학37배
화소수	38만 유효화소	38만 유효화소	38만 유효화소	38만 유효화소
IPv6 지원	지원	불가	불가	불가
가 격 (2009/2/23)	250만원 (평균가)	260만원 (평균가)	400만원 (평균가)	150만원 (평균가)

17 저자가 2010년 2월에 국내의 몇몇 기업에 요청하여 가격 정보를 받아 정리한 표이다.

표 4-9 셉테드 관련 시설물 설치 가격

원가조사항목(1)		비교항목	가격
출입문		출입통제장치가 설치된 자동출입문	자동문 및 출입통제 장치 포함 4,000,000원
CCTV		실외 CCTV 설치비용(1대당)	1,100,000원 (주장치 제외)
		지하주차장 CCTV 설치비용(1대당)	400,000원 (주장치 제외)
		지하주차장 볼록거울 설치비용(1개당) 1,000mm	140,000원 (지주 제외)
승강기		일반 엘리베이터	15 stop 기준 15인승 42,000,000
		투명창 엘리베이터	방범투명창 추가시 :80,000원/층당
		엘리베이터홀 유리	산정 곤란
계단실		계단실 쪽창문	산정 곤란
		계단실 전면유리	산정 곤란
울타리(펜스) www.idjfence.co.kr 참고		창살형 펜스 [ⓗ1800×ⓦ2000]	1 경간당 자재비 207,044
		D형 메쉬스틸펜스 [ⓗ1800×ⓦ2100]	1 경간당 자재비 139,390원
		친환경 목재펜스-격자형	1경간당 자재비 270,000원

표 4-10 전국 발생 건수 및 9개 혁신도시 입주 후 연평균 발생 건수 추계[18]

범죄	2007년 총인구(명)	2007 범죄(건수)	9개 혁신도시 예상 수용 인구 계(명)	연평균 발생 범죄 예상(건수)
살인	49,194,085	1,124	247,982	5.7
상해(중상/경상)	49,194,085	93,178	247,982	469.7
폭행(협박/공갈 포함)	49,194,085	162,281	247,982	818.0
성폭력(강간/추행)	49,194,085	13,634	247,982	68.7
강도	49,194,085	4,470	247,982	22.5
절도[19]	49,194,085	212,530	247,982	1,071.3
손괴 (criminal damage)	49,194,085	38,581	247,982	194.5
계		489,224		2,455.9

표 4-11 9개 혁신도시 연간 총 범죄비용 추계

범죄	연평균 발생 범죄 예상(건수)	건당 평균 범죄비용	9개 혁신도시 연간 총 범죄비용
살인	5.7	2,090,000,000	1,913,000,000
상해(중상/경상)	469.7	34,200,000	16,063,740,000
폭행(협박/공갈 포함)	818.0	1,026,000	839,268,000
성폭력(강간/추행)	68.7	36,100,000	2,480,070,000
강도	22.5	8,930,000	200,925,000
절도	1,071.3	5,097,700	5,461,166,010
손괴(criminal damage)	194.5	1,330,000	258,685,000
계	2,455.9		26,958,169,019

은 부인할 수 없을 것이다.

혁신도시 CPTED 연구(범죄과학연구소, 2009)에서 다소나마 경제성 분석을 시도한 바 있는데, 이를 위해 대검찰청 범죄분석(2008) 자료를 토대로 2007년 한 해 동안 발생한 총 범죄 건수를 조사하였고, 이를 토대로 전국 인구수 대비 9개 혁신도시의 총 수용인구수(약 247,000명)를 대비하여 미래적으로 9개 혁신도시에서 발생할 연평균 범죄 발생 건수를 <표 4-10>과 같이 추산하였다.

또한 총 인구 대비 9개 혁신도시의 범죄비용을 범죄종류별로 영국 Home Office

18 대검찰청 범죄분석(2007); 2007년 총인구(통계청 주민등록인구 현황); 손괴는 방화범죄를 포함; 연평균 발생 범죄 예상(건수)는 총인구 대비 발생 건수를 혁신도시 수용인구 수로 대비하여 추산한 것이다.
19 침입절도, 차량절도, 소매치기, 날치기, 자전거절도, 단순 절도 등을 포함한 전체 절도 비용을 평균으로 환산한 것이다.

표 4-12 범죄피해자의 범죄 피해 신고 비율 국가 간 비교

범죄 종류	영국	한국	차이
강도	53%	31%	22%
차량절도	97%	70%	27%
차량털이	47%	10%	37%
침입절도	87%	35%	52%
침입기도(미수)	49%	23%	26%
자전거 절도	50%	5%	45%
손괴(방화 포함)	31%	10%	21%

출처: Park, Hyeonho (2005) Defensible Parking Facilities for High-rise Housing: A Study of South Korea, Doctoral thesis, University of Portsmouth. UK.

의 범죄비용 모델을 근거로 환산한 결과 9개 혁신도시에 매년 평균적으로 발생할 범죄 비용은 살인 약 119억 원, 상해 약 160억 원 등 총 372억 원으로 추산되었다.

그러나 이 추계는 범죄피해 신고를 하지 않아 누락된 소위 암수범죄(暗數犯罪: dark figure of crime)를 제외한 것이다. 아래 박현호(2005)의 연구에 의하면 영국에 비해 한국의 시민들은 범죄 피해를 당하고도 신고를 많이 하지 않아 신고율이 상대적으로 많이 떨어진다. <표 4-12>에 의하면 한국 시민의 범죄피해에 대한 평균 신고율은 26.2%에 불과하다. 물론 살인, 성폭행, 상해, 폭행 등 대인범죄(personal crime attack)가 제외된 조사 결과이지만 살인, 상해를 제외한 (성)폭행 등의 신고율은 상대적으로 더 저조하다고 볼 때 전체 범죄의 평균 신고율은 30%를 넘기 힘들 것으로 추정된다.

따라서 약 70%에 달하는 범죄가 신고 되지 않은 채 누락되어 암수로 남게 되는데 이를 포함하여 9개 혁신도시에 발생할 연평균 범죄의 비용을 계산하면 372억 원을 30%로 하고, 이를 100%로 환산하면 약 1,240억 원으로 추산될 수 있다.

이러한 과정을 거쳐서 아래와 같은 혁신도시 CPTED의 범죄예방 비용효과성 (Benefit and Cost, B/C) 분석 모델이 제시될 수 있다. KS A 8800: 2008(범죄예방환경설계 -기반표준) 및 유럽표준 EN 14383-2(도시계획 및 설계를 통한 범죄예방)을 근거로 CPTED표준절차를 적용한 9개 혁신도시에서 CPTED표준절차를 적용하지 않은 기존 도시에 비해 살인, 강도 등 7종의 범죄를 미래적으로 매년 약 30%(소극적 목표치)~70%(적극적 목표치)씩 저감한다고 볼 때 범죄의 순예방이익(net prevention benefits) 규모는 암수범죄 감안 시 1,240억 원의 약 30~70%(372~868억 원)에서 CPTED투입비용을 공제한 액수가 된다. 그러나 이것은 단 1년간의 순예방이익이며 예방효과 지속 기간을 약

5~10년으로 볼 경우 그 이익은 더욱 큰 규모가 될 것으로 추정된다.

> ## 저감 범죄비용(RCC)-CPTED비용(CC)=순예방이익(NPB)
>
> ‣ RCC = Reduced Crime Cost
> ‣ CC = CPTED Cost
> ‣ NPB = Net Prevention Benefit

물론 이러한 경제성 분석은 다른 많은 인구사회학적 변수들과 경제적 변수들을 제외한 단순한 산술적 분석에 불과하여 부족함이 많다. 하지만 지나치게 복잡한 통계학적, 수학적 계측들은 셉테드라는 프로그램에서는 이해관계인들의 몰이해를 초래하거나 자칫 계측 자체가 불가능한 수학적 도그마에 빠질 수 있다는 문제점들이 지적되고 있다. 반면에 이렇게 다소 단순화된 계측이 관계자들의 이해를 쉽게 돕고 실천 역량을 높여준다는 주장이 있다(ABI, 2006: 23). 따라서 셉테드의 비용효과성은 기본적으로 복잡한 연산식을 사용하더라도 이해관계인에 대한 설명은 이렇게 단순화된 모델을 사용하는 것이 보다 현실적이고 설득력이 있을 것으로 판단된다.

section 03
부수적 이익: 저탄소 정책과의 교감

Loughborough University의 Ken Pease 교수 연구팀이 Home Office 통계와 국제에너지기구(International Energy Agency)의 공식을 적용하여 범죄저감과 저탄소의 관계를 최근 연구한 결과에 의하면 범죄가 감소(예방)되는 주거환경의 조성으로 탄소 배출을 획기적으로 감축할 수 있다. 그 연구결과에 의하면 영국에서는 공식적으로 기록된 수의 범죄에 의하여 매년 6백만 톤의 CO_2를 배출하는 것으로 나타났다. 이것에 신고되지 않은 범죄의 암수(dark figure)에 의해 1백만 톤이 추가되고, 범죄 두려움으로 인한 이사비용(한 영국의 은행에서 고객이 타 지역으로 이사하는 주된 이유를 물은 설문에서 범죄의 두려움을 가장 큰 이유로 응답한 것에 착안함)으로 6백만 톤이 추가적으로 배출되었다. 따라서 영국에서는 매년 총 1천 3백만 톤의 탄소 배출이 범죄에 의해 발생하고 있으며 이것은 대서양 횡단 항공기가 3백 6십만 회를 비행할 때의 탄소 배출량과 같고, 이만큼의 탄소를 제거하기 위해서는 5백 3십만 그루의 나무를 심어야 하는 것으로 조사되었다(영국 CPTED 인증회사인 ACPO CPI[www.securedbydesign.com]에서 제공한 자료 인용).

이와 관련하여 Farrell과 Ken Pease(2009)에 의하면 영국에서 방범성능을 갖춘 SBD인증 주택의 효과는 21년 간 Rachel Armitage와 Leanne Monchuk에 의해서 독립적으로 분석평가되었다. 1999년에 요크셔에서 이루어진 연구에 대해 다시 2009년에 재검증을 한 결과에 의하면 1990년대에 건축된 SBD주택의 방범효과(일반 주택에 비해 50% 낮은 침입범죄 피해율)는 2009년에도 지속되었고, 특히 가장 최근에 건축된 SBD주택은 일반주택보다 65% 낮은 피해율을 기록하였다. 이러한 방범성능 향상에 의해 감축되는 탄소 배출량은 국내의 저탄소 정책(green policy)과 연관성이 매우 큰 것을 알 수 있다.

다음은 침입절도 범죄 발생으로 인한 탄소 배출의 메커니즘을 나타낸 것이다 (Farrell & Ken Pease, 2009).

침입절도 범죄 발생으로 인한 탄소 배출의 메커니즘(Mechanism)

침입절도 1건 - 2.5톤의 CO_2 배출; 연간 49,757톤 배출

▶ 침입절도 발생 → 침입 시 깨진 유리창을 치우기 위한 차량 운행으로 탄소 배출 → 새 유리창으로 갈아 끼우기 위한 운행으로 탄소 배출 → 도난당한 물건들을 다시 구입하기 위해 상점에 갈 때 탄소 배출

CPTED의 한계 및 문제점

셉테드에 대한 여러 가지 비판과 지적이 존재해 왔다. 특히 많은 학자들과 전문가들은 CPTED의 계획 및 설계 적용상의 한계점과 주의할 점들을 지적하고 있다.

첫째, 셉테드를 하나의 완성품(complete product)으로 보는 시각은 위험하다는 점이다. 범죄라는 위험은 생애주기(life cycle)가 있는 하나의 생명체로서 시간의 흐름에 따라 유동적으로 변화하기 때문에 위험관리(risk management)로 인식해야 한다고 강조한다(ODPM, 2004: 7). ISO 31000[1]이 권장하는 원칙과 프레임워크, 그리고 프로세스를 준수해야 한다. 즉, 미래적으로 예측되는 위협에 대해 모든 의사결정 과정에서 중요한 요소로 고려하며, 최상의 범죄 정보에 기초하여 체계적, 구조적, 시의적으로 이를 분석하고, 여러 가지 사회경제적, 인구학적, 지역적 변수들을 검토하고, 투명하고 폭넓게, 역동적으로 변화에 대응하며, 지속가능성 있게 리스크 관리를 해야 한다는 원칙 아래 리크스 관리의 프레임워크를 설계 및 실행하고, 이를 검토하면서 지속적으로 그 프레임워크를 발전시켜 나간다는 틀을 가지고, 리스크 관리 프로세스를 준수해야 한다. 때문에 공동체의 범죄 안전지도 사업도 주기적인 업데이트를 통해 범죄 생애주기에 맞춰주는 것이 필수적일 것이다.

둘째, 뉴어바니즘[2]이 지향하는 개방성(openness)과 무장애(Barrier Free)와 같은 접근성(accessibility)이 접근통제라는 셉테드의 중요한 원칙과 충돌되는 상황이 적지 않으며 이에 대한 해결책을 찾기도 쉽지 않다는 점이다. 앞으로 보다 정교하고 세련된 셉테드가 지향해야 할 목표 중의 하나일 것이다.

셋째, 국내에서 셉테드에 대한 과학적 실증 연구가 아직도 많이 부족한 점이 문제이다. 특히 실험지역과 통제지역을 설정한 실험적인 실행연구(action research)의 부족은 국내만의 문제라기보다는 전 세계적인 문제로 지적될 수 있다. 특히 국내에서는 대부분이 아파트에 대한 연구이며 이마저도 실험연구가 아니라 아파트 주민들에 대한 인식조사 연구가 대부분이다. 실험연구가 시간과 노력이 매우 많이 요구된다는 점이 한계로 볼 수 있으나 그럼에도 불구하고 보다 많은 실험적 연구가 필요하다고 본다.

넷째, 지금도 방범에 대해 지나친 CCTV 의존 현상이 존재하고 있다. 특히 경찰은 셉테드는 CCTV라고 인식할 정도로 셉테드의 기본적인 원칙과 철학에 대한 인식

---

1 ISO 31000 Risk Management.
2 미국에서 시작된 새로운 도시계획운동으로, 무질서한 시가지 확산 등으로 빚어진 도시문제를 진단한 뒤 새로운 도시적 삶을 위한 대안을 모색해보자는 취지에서 시작되었다. 도시문제의 해결방법으로서 공공 공간의 부활, 보행자 위주의 개발, 도심 활성화 등을 주장한다. [출처 뉴어바니즘 New Urbanism, 네이버 백과사전].

이 부족한 편이다. 마치 CCTV를 범죄에 대한 만병통치약으로 보는 경향이 특히 방송과 언론을 통해 범사회적으로 강한 편인데 유럽에서는 CCTV가 많이 존재하는 곳은 안전이 성공한 곳이 아니라 오히려 셉테드 실패의 신호(sign)로 인식되는 경향이 늘어가고 있다(Burrel & Fischer, 2007). 그만큼 CCTV가 무거운 사회적 비용 부담으로 작용하고 있기 때문이다. 이제 우리 사회도 CCTV에 대한 기대만큼이나 CCTV로 인한 각종 사회경제적 비용부담에 대해서도 신중하게 검토하고 조명 등 대안적 셉테드에 대한 논의가 더욱 필요하다고 할 수 있다.

다섯째, 갇힌 커뮤니티(gated community)의 증가로 이웃 간에 교류가 단절되거나 차단되는 상황이 빈번해지고 있다. 아파트 단지의 대형화, 고급화, 차별화에 따라 인근 근린공원을 이용하는 주민들이 편리하게 이용하던 단지 보행로는 단지 입주민들의 항의로 높은 펜스와 전자출입장치를 통해 통제하기 시작하였고 이웃과의 접촉은 점차 줄어들고 있다. 극한의 보안을 강조하는 초고층 주거시설이 증가하고 있으면서 지역 공동체의 결속력 제고를 통한 범죄의 비공식적 사회통제(2세대 셉테드의 방향) 기재는 점차 기대하기 어려운 지역들이 많아지고 있다. 범죄 문제는 경찰과 사법기관이라는 공식적 통제 기제에만 의탁하는 살벌한 사회를 원치 않는다면 지역공동체의 결속력을 높여주는 도시개발에 대한 연구가 더 많이 필요할 것이다.

마지막으로 셉테드의 눈에 보이는 범죄감소 효과와 결과뿐만 아니라 셉테드 시행이 실패할 경우에도 실패의 원인을 찾아야 방범효과성을 보다 치밀하게 높여줄 수 있다는 점을 간과해서는 안 된다. 특히 CCTV 효과성 관련 평가 연구 결과는 일정하지 않고 대부분 혼재된 양상을 보이고 있다. Pawson과 Tilley(1994: 291 – 306)는 이 점이 방범실무가들을 위한 평가 연구의 효용성을 크게 해하고 있다고 지적하면서 평가의 초점이 거의 대부분 변화를 가져온 과정이나 메커니즘보다는 오직 결과(범죄율이 변하였는가?)에 있어 왔기 때문이라고 하였다. 기존의 사회과학적 연구는 구체적인 예방 전략이 어떤 특정한 상황에서 범죄를 감축시켰는지에 대한 분석이 주가 되었으나 왜 그러한 전략이 그러한 효과를 가져왔는지에 대한 대답을 주지는 않았다. 즉, A장소에서 효과가 있는 방범 기법이 왜 B장소에서는 효과가 있지 않았는지에 대한 연구는 이루어지지 않았다. Pawson과 Tilley에 의한 사실주의적 평가연구(realistic evaluation)는 단순히 결과보다는 특별한 결과를 양산하는 과정에 관심을 집중시킨 연구 분석 방법으로 상황(Context), 메커니즘(Mechanism), 성과(Outcomes)의 3가지 요소를 강조하면서 CMO이론을 주창하였다. 상황(Context) 요소는 평가대상인 특정한 방범기법의 구체적 특징을 의미하며 이러한 특징이 어떻게 연구의 결과에 영향을 미치는지에 대한 분석이 핵심이다. 예를 들면, CCTV 시스템의 기술적인 정교성, 시스템의 구성과 설치 위치의 설정, 한 지역의 물리적 사회적 구성, 지역 토지 이용 유형 등이 그러한 특징이라고 볼 수 있다. 그러한 상황을 구체화함으로써 서로 다른 평가분석들 사이에 보다 체계적인 비교를 가능하게 할 뿐 아니라 상이한 상황에 의해 유발된 특별한 메커니즘을 이해하는 데 도움을 준다.

메커니즘 요소와 관련해서는 CCTV 예방 감시의 상황에서 Pawson과 Tilley는 아래와 같이 몇 가지 범죄 예방과 감축의 메커니즘을 설명하였다.

- 효과적 배치(Effective deployment): CCTV는 경비원이나 일선 경찰관들을 보다 효과적으로 출동 및 배치시킴으로써 거리에 보다 집중된 순찰을 가능하게 하여 잠재적인 범행을 저지할 수 있다.
- 감시와 관심 증대(Nosey parker): CCTV는 일반인들에 의한 한 지역의 방문 및 이용을 증대시켜 범인이 체포될 리스크를 높임으로써 자연적 감시(natural surveillance)를 강화한다.
- 적극적인 시민(Active citizen): CCTV에 의해 어떤 상황이 감시 관찰이 되고 이에 따라 경찰이 도와줄 것이라고 믿으면 어떤 문제에 대해 시민들의 개입과 관심이 많아질 것이다.
- 함정에 걸림(You've been framed): CCTV는 잠재적 범인들이 관찰되고 체포되어 처벌될 우려를 증대시킬 수 있다.
- 범행 중 체포됨(Caught in the act): CCTV는 범인을 실제로 체포하는 데 도움을 주고 범행을 제거하거나 중단하게 하기 때문에 현재의 범행과 미래의 범행 계획을 차단할 수 있다.
- 주의 환기(Appeal to the cautions): CCTV 카메라의 존재와 그 존재의 표시는 잠재적인 범죄 피해자들이 좀 더 주의를 하도록 환기시킨다.

분명한 것은 어떤 상황하에서 하나 이상의 메커니즘이 범죄를 감축할 수 있도록 작동된다는 것인데 어떤 메커니즘이 발동될 기회는 바로 개별적 상황에 의해 결정된다. 가령, 범행을 저지하는 '함정에 걸림' 메커니즘은 범인들이 그 카메라가 잠재적으로 그들을 감시하고 있다는 점을 인식해야만 작동한다. 이러한 CMO이론을 CCTV 외에 방범조명이나 공공디자인, 건축물설계, 조경, 영역성 등의 셉테드 요소들에게도 적용하여 그 방범 메커니즘과 성과 간의 역학관계를 재조명해보는 것은 앞으로 중요한 연구 분야가 될 것으로 판단된다.

안전도시와 CPTED 관련
국내 법규 및 지침

section 01
개관

section 02
안전도시란?

section 03
CPTED 적용 대상 법규의 틀과 내용

section 04
범죄예방을 직접 규정한
국내의 CPTED 법규, 조례, 지침

section 05
셉테드 근거 법규 개정의 현실적 영향

section 01
개 관

　'제3장 국내외 셉테드 적용 현황'에서 정부의 안전도시 정책에 대하여 간략하게 설명하였다. 이 장에서는 제2절에서 방범경찰관, 범죄학자, 경찰학자 등이 셉테드를 교육하거나 연구하고 또한 실무에 적용하기 위해 반드시 알아야 하는 기본적인 도시안전 또는 안전도시의 개념을 이해하면서 안전도시를 건설하고 구축하며 유지하기 위한 건축 관련 법규와 도시계획 관련 법규에 대해 설명하고 제3절과 제4절에서 제정 또는 개정된 셉테드 관련 법령, 자치조례, 그리고 지침에 대한 자세한 내용과 그 법령의 개정령의 시행으로 인해 도시재정비 및 개발 사업 등이 실제로 어떠한 영향을 미치고 있는지에 대해 논하고자 한다.

section 02
안전도시란?

　셉테드 차원에서 안전도시란 무엇인가? CPTED를 적용하는 범위는 어디서 시작하는 것이 적절할까? 서울시나 부산시, 인천시 등 도시 전체를 대상으로 CPTED를 계획하는 것이 타당하거나 적절한가? 아니면 행정동이나 마을단위(통반이나 부락 등)로 작은 규모에 적용하는 것이 타당한가? 셉테드는 건축물을 대상으로 하는 것만을 의미할 것인가? 등 셉테드의 적용 범위에 대해 우리는 많은 의문을 갖고 있으며 실제로 셉테드 실무자들조차도 이에 대해 명쾌한 답을 주지 못하고 있는 실정이다. 당연한 것이 건축사는 건축사대로, 경찰은 경찰대로, 도시계획가는 도시계획가대로 셉테드의 적용범위에 대해 강조하는 분야가 다르고 또한 중점적으로 보는 범위와 내용이 다르기 때문이다.

　그러나 21세기 들어서 삶의 질과 범죄는 국내외적 관심사이며 건조환경(built environment)에서의 공공안전을 확보하기 위해 안전한 도시공간을 계획하고 설계하는 기법의 중요성은 누구나 공감하는 요소이다. 그렇다면 어떠한 도시환경하에서 사람들은 안전하거나 안전하다고 느끼는 것이며, 안전을 위협하는 범죄나 반사회적 이상행동은 어떠한 도시환경에서 실행되거나 실행이 억제되는가 하는 것은 도시안전에 매우 중요한 요소이다.

범죄 예방에 대한 UN의 가이드라인은 잘 계획된 안전도시 개념의 범죄예방 전략이 범죄와 범죄 피해자화를 예방하면서 또한 지역사회의 안전을 촉진하고 국가의 지속가능한 발전에 기여할 수 있다는 명확한 증거를 제시한다. 효과적이고, 책임감 있는 범죄 예방은 모든 시민의 삶의 질을 향상시킨다. 이것은 범죄로 인한 다른 사회적 비용뿐 아니라 공식 형사 사법체제와 관련된 비용을 절감할 수 있다는 측면에서 장기적인 혜택을 제공한다. 범죄 예방은 범죄 문제를 인간적이고 보다 비용효과적으로 접근할 수 있는 기회를 제공하는 것이다(Gill, 2003).

1993년에 발표된 Congress for a New Urbanism을 통해 뉴어바니즘[1]을 반영한 새로운 도시를 만들기 위한 1~27조의 내용 중 21조가 안전한 도시를 만들기 위한 내용을 담고 있다. 뉴어바니즘 헌장(The Charter of New Urbanism)은 1조에서 27조까지 있고 이 중 21조 내용인 안전한 도시를 만들기 위한 내용이 명시되어 있다.

그 내용은 "어떤 도시장소를 활성화시키느냐 못하느냐는 안전과 보안에 달려 있다. 가로와 건물의 설계는 안전한 환경을 강화해야 하지만, 접근성이나 개방성을 대가로 해서는 안 된다(The revitalization of urban places depends on safety and security. The design of streets and buildings should reinforce safe environments, but not at the expense of accessibility and openness.)"이다. 이어 안전한 공간을 만들기 위한 일곱 가지 속성(Seven qualities of safe spaces)을 다음과 같이 강조하고 있다.

① 사람의 존재(Human Presence)
② 친화성(Congeniality)
③ 인간적 보호(Humane Protection)

---

1 북미의 개발원칙을 체계적으로 변화시키는 것을 목적으로 1993년 10월 버지니아주 알렉산드리아에서의 모임에서 비롯되었다. 공공정책, 개발행위, 도시계획과 설계를 이끌고자 하는 뉴어바니즘 헌장(27개조)에서 기본원칙을 알 수 있는데 크게 3가지의 권역(대도시권 및 시가지규모차원, 근린주구차원, 개별건축물차원)으로 나눠 접근하고 있다. 기본적인 원칙사항으로서 근린주구는 용도와 인구에 있어서 다양하여야 하며, 커뮤니티 설계에 있어서 보행자와 대중교통을 중요하게 다루며, 복합적인 토지이용을 추구하여야 한다. 또한 도시와 타운은 어디서든지 접근이 가능하면서 물리적으로는 공공공간과 커뮤니티 시설에 의해 형태를 갖추면서 도시적 장소는 그 지역의 역사와 문화 등 지역적 특성과 관행을 존중하도록 강조하고 있다. 그리고 뉴어바니즘의 운동을 체계적으로 전개시키기 위하여 순수 전문가 조직체가 아닌 서로 다른 분야의 설계전문가와 공공 및 민간의 정책결정권자, 도시설계나 도시계획에 관심을 가지는 시민들의 연합체로서의 뉴어바니즘 협회도 구성되어 있다. 서울도시계획 포털 http://urban.seoul.go.kr에서 인용.

④ 가시성, 조명, 개방성(Visibility, Light, and Openness)

⑤ 질서(Order)

⑥ 연결(Connections)

⑦ 가독성(Legibility)

이 요소들은 가시성, 영역성, 활동활성화를 강조하는 셉테드의 원칙들이 충분히
녹아들어가 있다. 나아가 유럽도시헌장(European Urban Charter)은 유럽 도시들의 시민
들의 기본권으로서 '범죄, 비행 그리고 공격행위로부터 가능한 안전하고 평온한 도시
(a secure and safe town free, as far as possible, from crime, delinquency and aggression")'
를 규정하고 있다. 안전도시라는 이 기본권의 취지는 전 유럽에 걸쳐 많은 국가 단위
그리고 지역 단위의 범죄 감소 프로그램에 각인되어 있다.

더불어 유럽평의회의 유럽지방자치단체총협의회인 CLRAE에서 개최된 총회의 최
종 선언문(1997)에는 다음과 같이 기술되어 있다:

"유럽의 범죄, 범죄에 대한 두려움, 도시 불안은 대중에게 영향을 미치는 중대한 문제다. 그리
고 이들에 대해 만족할 만한 해결책을 찾는 것이 시민 평화와 안정성의 주요 핵심 중 하나이다."

이 회의에서의 첫 번째 제안은 다음과 같았다:

"유럽의 지방 및 지역 당국들은 끊임없이 대중과 함께하는 총체적 도시 범죄 감소 계획을
발전시켜야 한다. 대중의 참여 속에 범죄 감소는 지역 당국의 책임이 여러 측면에서 하나의 정
책으로 포함된다. 그러한 계획은 범죄의 본질과 유형에 대처할 수 있고, 목표화하고, 시간에 따
른 행동계획을 세우고, 실행을 위한 제안을 하고, 광범위한 최근 통계와 범죄위험평가 및 진단
에 근거하여 정의되어야 한다."

이런 관점에서, CLRAE는 경찰과 도시 및 건축 설계 전문가와의 협의를 장려하
고, 특히 경찰관들이 범죄와 건축환경 간의 관계에 대해 조언을 할 수 있도록 훈련받
아야 함을 강조하였다.[2]

Colquhoun(2004)이 강조한 바와 같이 Sustainability(지속가능성) 차원에서 안전도

---

2 Council of Europe's Congress of Local and Regional Authorities of Europe (CLRAE; 1997)

표 6-1 안전건강도시 평가지표

평가 부문	평가항목	평가지표	평가방법	평가기준	비고
600 안전·건강 도시 (100점)	610 안전도시 (50)	611 자연재난 예방 및 저감 실적(15점)	- 재난위험지역 예방 정비 실적율 (6점) - 재난 예·경보시스템 구축율(3점) - 재난 관련 인력 및 장비확보율(6점)	표준화점수 (Z-score) 로 산정	정량
		612 인적재난 예방 및 저감 실적 (15점)	- 인적재난발생 피해액 경감율 (5점) - 재난안전관리계획 집행 비율(5점) - 사고다발지점 정비비율(5점)	표준화점수 (Z-score) 로 산정	정량
		613 도시안전을 위한 대책 및 실적 (20점)	- 주거지역 면적당 보안등 및 가로등 비율(5 점) - 재난 대책 기금확보율(5점) - 특정관리대상시설물에서의 재난 위험시설물 비율(5점) - 스쿨존 설치 비율(5점)	표준화점수 (Z-score) 로 산정	정량
	620 건강도시 (50점)	621 보건의료 증진 실적 (25점)	- 1,000인당 병·의원 및 병상 비율(8점) - 1,000인당 의료 관련 인력 비율(7점) - 1,000인당 질병 예방 및 증진 관련 예산 비율(5점) - 어린이 및 노인 1,000인당 예방접종자 비율(5점)	표준화점수 (Z-score) 로 산정	정량
		622 사회복지관련 투자 실적 (15점)	-1,000인당 지자체 사회복지시설 정비실적율(5점) -1,000인당 사회복지비지출비율(5점) -보건교육평균실적율(5점)	표준화점수 (Z-score) 로 산정	정량
		623 환경오염 예방 및 저감노력 실적 (10점)	-생활폐기물 중 재활용 비율(5점) -1,000인당 환경오염물질 배출업소비율(5점)	표준화점수 (Z-score) 로 산정	정량

시 전략에 포함된 모든 활동들은 의도된 지속가능한 효과를 위해 단기 실행과 모든 참여자로부터 장기적이고 지속적인 투자와 통합 노력이 융합되어야 한다. 안전 계획을 이행하기 전, 그리고 이행 중, 이행 후의 적절하고 명확한 증거에 입각한 평가를 통해 성공은 측정 가능하고 최대한의 효과를 이루기 위해 수정도 가능해야 한다. 범죄와 관련된 문제를 대상으로 하는 어떤 전략이라도 ISO9000과 같은 품질관리 접근방법 (quality management approaches)에 차용되는 '계획, 실천, 검토, 조치(Plan, Do, Check, Act)' 사이클을 사용하는 기초에 의해 평가되고 향상(upgrade)되기 때문에 매우 역동적일 수밖에 없다. 이를 위해 범죄예방을 위해 유엔가이드라인 또는 ENV 14383-2와 같은 TC325의 유럽표준3이 활용될 수 있다.

---

3 이는 질 주기 접근방법(quality circle approach)에 근거한다.

이러한 측면들을 종합해 볼 때 셉테드 차원에서의 안전도시는 범죄로부터 실질적이고 심리적으로 안전하고 또한 충분히 안전하게 느낄 수 있는 건조 공간환경들이 일정한 기간 및 프로세스 사이클에 의해 계획, 설계, 유지 및 관리되어 범죄안전의 효과가 오랫동안 지속되는 건축물, 시설물 그리고 마을의 총합이라고 규정할 수 있을 것이다.

물론 국내에서도 국토해양부 주관 "살고 싶은 도시만들기"의 평가의 7개 부분별 영역 중 안전·건강도시영역에 안전도시를 만들기 위한 지표가 <표 6-1>과 같이 포함된 바 있다.

그러나 CPTED의 개념을 적용하여 평가할 수 있는 항목은 "도시안전을 위한 대책 및 실적" 항목 중 주거지역 면적당 보안등 및 가로등 비율뿐이어서 이에 대한 개선이 시급한 실정이었다.

section 03
CPTED 적용 대상 법규의 틀과 내용

셉테드와 관련이 되는 국내 법규의 틀은 크게 볼 때 도시계획법, 그리고 도시설계와 도시를 구성하는 건축물과 시설물에 대한 계획 및 설계, 그리고 관리 기준을 다루는 법으로 구분하여 볼 수 있을 것이다.

건축은 인간 생활의 기본요소를 이루는 것으로, 인간 생활을 담는 그릇이며 한 시대를 비추어볼 수 있는 거울이라 할 수 있다. 또한 건축과 그에 부속된 토지는 동서고금을 막론하고 재산권 형성의 중요한 수단으로 작용하였기 때문에 여러 관점에서의 다양한 법률문제들이 개입하게 된다. 건축에 관련된 법률문제를 위계적 관계성 차원에서 분류한다면, 건축에 관계된 일반 개인 간의 문제를 다루는 사법(私法)과 건축으로 인한 개인의 이익과 공익의 문제를 다루는 공법(公法)으로 구분할 수 있는데, 건축법제를 구성하는 핵심은 민법 등의 사법보다는 건축법 등의 공법이라는 점을 세 번째로 이해해야 할 것이다. 마지막으로 '숨어있는 건축법'들이 존재함을 인식해야 한다. 이는 건축이 개별 건물에서 토지의 개발, 도시기반시설의 설치 등으로 확대됨에 따라 대규모의 환경변화로 인한 범죄문제 등 제반 영향에 대한 안전 검토가 필요하게 되었고, 다른 한편으로는 다양한 계층의 사용자들이 등장함에 따라 이들을 위한 사회복지

그림 6-1 건축법제의 구성체계

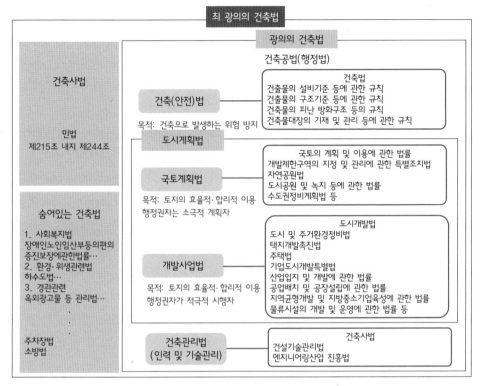

출처: 범죄과학연구소, 2011

차원의 고려가 필요하게 되었기 때문이다(윤혁경, 2007).

　　건축법 측면에서 볼 때 일반법과 전문법, 직계 법과 방계 법들이 유기적이고 복합적으로 연계되어 최광의(最廣義)의 건축법제를 구성하게 된다. 결론적으로 건축법제란 '도시 공간환경 구성에 관계되는 모든 법률의 총체'로 정의할 수 있다(범죄과학연구소, 2011).

　　도시계획법과 건축법이 셉테드를 실행하는 데 관련된 핵심적인 법제로 판단된다. 이 두 법률은 공통적으로 도시환경을 구성하는 기본요소인 건축물을 대상으로 하며 건축행위를 위한 허가요건 및 허가절차에 관한 규정을 다루고 있는데 건축법은 건물에 대한 개별 건축행위에 관해 다루는 반면, 도시계획법은 건물의 기반이 되는 토지의 성격에 관해 규정하고 있다. 즉, 건축법은 개별 건축행위로 인하여 발생 가능한 위험(범죄 등)으로부터 이용자들을 보호하고 안전을 지키는 것을 주요 내용으로 한다.

반면 도시계획에 관한 법률은 다시 토지의 효율적이며 합리적 사용을 목적으로 건축물의 허가요건을 규정하고 있는 「국토의 계획 및 이용에 관한 법률」과 행정주체가 도시의 질서에 적극 개입하여 시행하는 「개발사업법」으로 구분된다.

이 중에서 신도시를 만들기 위해서는 택지개발촉진법에 따른 택지개발사업을 한 후, 토지를 매각하여 신도시를 조성하는 과정이 요구되는데 <표 6−2>에 나오는 일련의 과정에서 기본계획수립, 개발계획수립, 지구단위계획수립 및 실시계획과 같은 각각의 과정에 경찰, 범죄전문가 등 다양한 이해관계인들이 참여하여 범죄로부터 안전한 도시를 만들기 위한 개념과 노력이 구체적으로 반영되어야 할 것이다.

이러한 절차 내에서 주요 이해관계인이자 기관인 경찰이나 셉테드 전문가들의 참여가 필요한데 관계기관 협의, 중앙 및 시·도 도시계획위원회 심의, 주택정책심의위원회 심의 등에 참석하여 셉테드가 실질적이고 체계적으로 계획 단계에서 적용되도록 조언하고 자문할 수 있는 근거가 마련되거나 관계 기관에서 이를 적극 독려해주어야 한다. 특히 셉테드는 계획 및 설계 단계에서 추진되고 적용될 때 가장 비용효과성이 높다는 명제를 감안할 때 더욱 그 필요성을 강조할 수 있다.

앞서 살펴본 바와 같이 도시는 가로, 공원, 공중화장실, 가로등, 방범CCTV 등 많은 공공장소와 공공시설물로 구성되어 있기 때문에 공공이 셉테드의 실천에 중요한 주체이다. '개발사업법'은 토지의 합리적이고 효율적 이용을 전제로 하는 도시계획법의 범주에 속하지만 '도시계획법'과는 달리 공공이 계획 및 사업의 주체로서 적극적인 개입을 하기 때문에 셉테드 분야에서는 매우 중요한 법이라고 할 수 있겠다. 도시계획법에서는 토지이용계획 수립(용도지역 지정)을 주요한 역할로서만 기능하는 데 비해, 개발사업법에서는 사업 시행자로서 신도시 개발이나 기존 시가지 재정비사업에 주체로서 참여한다. 구체적으로 개발사업법은 재건축·재개발과 같은 정비 사업시행을 위

그림 6−2 건축법과 도시계획법

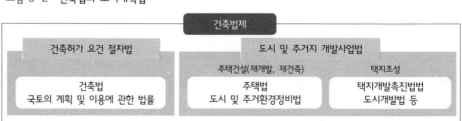

출처: 범죄과학연구소, 2011

표 6-2 택지개발사업 추진절차

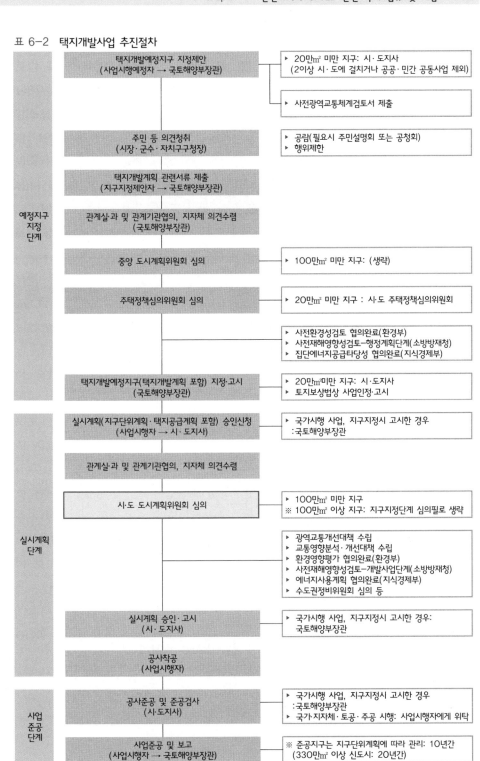

그림 6-3 신 시가지와 기성 기사지에 대한 개발사업의 유형

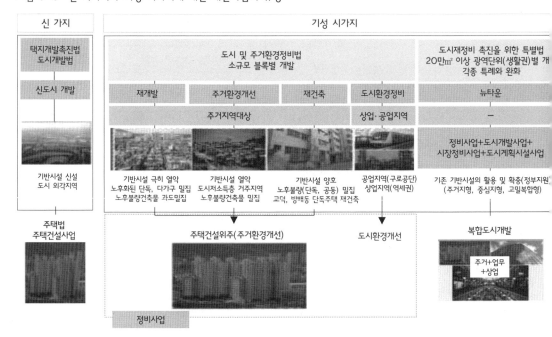

출처: 범죄과학연구소, 2011

한 「도시 및 주거환경정비법」, 신도시개발을 위한 「도시개발법」 및 「택지개발촉진법」,
뉴타운 개발을 위한 「도시재정비 촉진을 위한 특별법」, 주택건설사업을 위한 「주택법」
등으로 구성될 수 있다. 이를 <그림 6-3>에서 보면 신 시가지와 기성 시가지에 대
해 적용할 수 있는 다양한 개발사업들을 보여주고 있다. 셉테드가 신 시가지 조성에
적용되는 것이 비용효과성이 높은 것은 사실이나 일반적으로는 기존 시가지의 마을과
건축물(특히 낙후되고 저소득층이 밀집한 지역)이 범죄 피해가 더욱 심각하므로 기존 시
가지도 셉테드 적용의 중요한 대상이다.

개발사업 진행절차 면에서 셉테드와 연관된 건축 법제를 그 목적에 따라 분류한
다면 개별 건축행위 기반의 건축법제와 토지의 효율적 사용을 목적하는 도시계획법제
로 구분할 수 있다. 도시 및 주거환경 정비사업 법제는 양자의 성격을 모두 포함하고
있다. 순서상 대지조성이 선행되고 이후에 주택을 건설하게 되는데 사업의 종류별로
각 개별법에 근거를 두고 시행된다. 신도시개발사업에서는 대지조성(택지개발)은 택지
개발촉진법이나 도시개발법을 근거로 하되, 조성된 대지에 아파트를 건축하는 기준은

그림 6-4 셉테드 관련 개발사업 진행절차의 차이

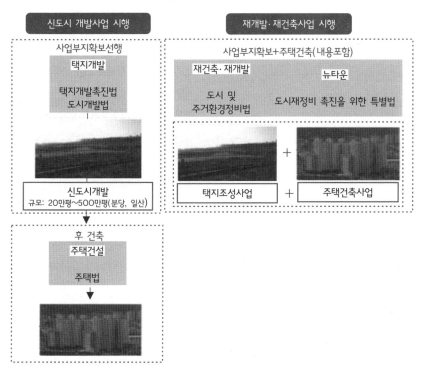

출처: 범죄과학연구소, 2011

주택법이 되기 때문에 대지조성과 건축이 별도의 개별법에 의해 진행된다. 반면 기성
시가지를 대상으로 하는 재건축·재개발이나 뉴타운 개발의 경우는 그 근거법에 택지
조성뿐 아니라 주택건설을 위한 규정까지 갖추고 있어 통합적으로 진행된다. 따라서
특히 범죄위험도가 일반적 그리고 상대적으로 높은 지역을 대상으로 하는 재건
축, 재개발, 뉴타운 사업에는 서울시의 경우 2010년 1월 이후에 도시재정비촉진조례
개정을 통해 셉테드가 서울시의 모든 뉴타운 사업과 소규모 재개발, 재건축에 적용토
록 하고 있어 다소 실효성이 기대된다.
셉테드와 특히 관련성이 깊은 건축법은 건축물의 대지·구조 및 설비의 기준과
건축물의 용도 등을 정하여 건축물의 안전·기능·환경 및 미관을 향상시킴으로써 공
공복리의 증진에 이바지하고자 하는 법규이다. 건축법은 건축물과 대지에 관해 규정
하는 기본법으로서 도시적 차원에서의 건축물군의 합리적인 관계설정과 개별건축물
의 공간구성을 규율하기 위하여 행정기관과 건축주의 권리 및 의무조항을 규정하고

그림 6-5 건축법의 주요 내용 구성

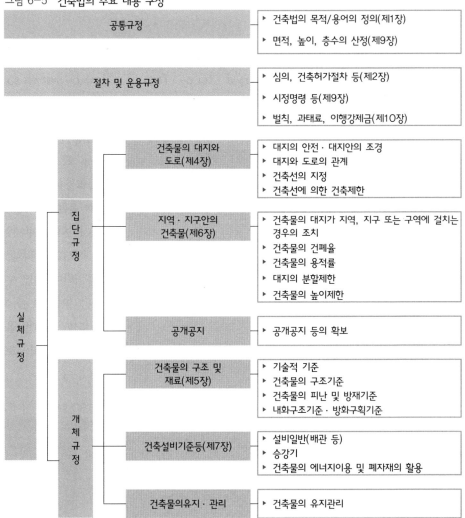

세부적으로 개별건축물의 대지조건·구조·설비·용도 등에 관한 기준을 제시함과 동시에 도시계획적 차원의 지역·지구·구역의 특성을 고려한 건축물 군에 관한 기준을 규정한 것이다. 여기서 특히 건축법이 건축물의 안전 향상에 기여하는 법이라는 점이 핵심인데 외국(영국, 네덜란드, 미국, 호주, 일본 등)의 경우 건축법제에 현관문이나 창문 등 개구부에 침입범죄를 방지하기 위한 기준이 포함되고 있는데 현재 우리나라의 건축법에도 침입범죄 등 범죄 안전을 다루는 기준이 조속히 마련되고 적절한 범위에서

의무화되어야 할 것이다.

<그림 6-5>와 같이 건축법이 다루는 내용들의 상당 부분들이 셉테드와 관련성이 있다. 대지 안 조경(조경으로 인한 시각적 차폐의 지양), 대지의 안전, 대지와 도로(셉테드 도로패턴), 건축선(감시 사각지대를 야기하는 지나친 건물 후퇴[setback]의 제한 등), 건축물의 구조 및 재료(방범창, 방범문 기준), 배관(침입에 이용되는 가스배관의 방범덮개 등), 승강기(내부에서의 성추행 등 방지를 위한 승강기 문의 뷰패널 설치. 단, CCTV는 '주택건설 기준 등에 관한 규정' 개정으로 의무화됨), 건축물의 유지관리 등 셉테드의 주요내용을 상당 부분 다루고 있다.

물론 건축물에 적용할 셉테드의 구체적인 기준이 별로 없고 있어도 과학성 측면에서 논쟁이 많기 때문에 앞으로 셉테드의 실질적 적용을 위해서는 이러한 법규에 적용할 기준이 보다 체계적이고 과학적으로 마련되는 것이 시급하다고 볼 수 있다. 그 상세한 기준에 대해서는 후술할 제8장 시설 환경별 CPTED 적용 기준에서 자세히 다루었다.

section 04
범죄예방을 직접 규정한 국내의 CPTED 법규, 조례, 지침

1. CPTED 관련 국내 법규

(1) 국내 CPTED 법규화의 역사 개관

경찰청에서는 2005년 이후 CPTED의 입법화 노력을 지속 경주해왔다. 당시에는 경찰청이 국가 셉테드 사업의 법적 기초가 되는 모법으로서의 개별법을 의원입법이나 정부입법 형태로 추진한 바 있으나 셉테드의 사무 성격이 국토의 이용 및 개발, 계획, 건설, 교통, 시설 관리 등 주로 당시 국토해양부 소관 업무가 대부분인 점 등 경찰청이 직접 단독으로 추진하기에는 난관이 너무 많았다. 따라서 경찰청은 관련 정부부처인 국토해양부에 협조를 구하여 셉테드 관련 법적 근거와 내용을 마련하고자 시도한 것이다.

이에 경찰청은 국토해양부에 CPTED 제도화 관련 법령 개정을 1차로 공식 요청('10. 7월)하였으며, CPTED 적용 의무화를 위해 관련법령(6개)에 '범죄예방' 규정 삽입을 추가로 요청하였다. 이에 국토해양부에서는 관계 법령의 개정 관련 검토 의견서를 경찰청에 회신('11. 2월)하였으며, 그중 수용 의견(3개)을 보인 것이 국토기본법 시행령, 국토의 계획 및 이용에 관한 법률 시행령, 도시개발법 시행규칙이었으며, 중장기 검토 의견(3개)은 도시 및 주거환경 정비법, 도시재정비 촉진을 위한 특별법, 건축법이었다. 중장기 검토 의견을 회신한 이유는 다음과 같다.

● 중장기 검토 사유 ●

▸ 「도시 및 주거환경 정비법」은 단지조성에 기본이 되는 사항만을 규정하고 있어 범죄예방 설계기법을 직접 반영하는 데 한계가 있음
▸ 「도시재정비 촉진을 위한 특별법」은 토지계획 등 기본사항만을 규정하고 있어 구체적인 설계기법을 의무화하기 곤란함
▸ 「건축법」은 건축에 관한 일반법으로 소규모 건축물을 포함한 모든 건축물에 적용되므로 구체적인 설계기법을 의무화하기 곤란함

이에 경찰청에서는 '중장기 검토 법령'에 대한 재검토를 요청('11. 3월)하였고, 국토해양부는 '중장기 검토 법령'에 대한 재검토 의견 회신('11. 7월)을 보다 긍정적으로 보내왔다. 즉, 수용 의견(2개)은 도시 및 주거환경 정비법, 도시재정비 촉진을 위한 특별법을 개정하는 것이었고, 여전히 중장기 검토 의견(1개)을 보인 것은 건축법이었는데, 이는 모든 건축물에 적용되는 고착화된 법규 개정보다는 '설계지침' 등으로 유연하게 보완할 필요가 있기 때문이었다. 이와 같이 경찰청의 적극적인 CPTED 관련 입법 의지가 법규화에 어떤 영향을 미치는지 확인시켜주는 구체적인 사례로 평가할 수 있다. 또한 이는 소위 제3자 경찰활동(Third Party Policing: TPP)[4]의 전략으로서 범죄의 원인(주거, 도시 환경 등)을 다룰 수 있는 정부부처나 자치단체에 범죄예방을 위한 법규 마련이나 전략과 방법을 활용하도록 독려하고 유도하여 실제로 범죄를 저감시키는 선진적 치안 전략으로 해석될 수 있다.

국토해양부가 경찰청의 요청을 수용하여 실제로 개정된 사례는 제일 먼저 '국토의 계획 및 이용에 관한 법률 시행령'으로서 개정이 완료('11. 7. 1 공포·시행)되었다.
나아가 '도시 및 주거환경 정비법' 및 '도시재정비 촉진을 위한 특별법' 각각의 법

---

4 Third-party policing은 어떠한 조직 혹은 비범죄자 예를 들어 공공 주택 기관, 재산 주인, 부모, 건강과 건물감시자 그리고 사업가들을 주체로 하여 범죄를 예방하거나, 범죄 문제를 줄이는 것에 대하여 책임을 지게 하는 경찰노력으로 정의된다. Buerger & Mazerolle(1998: 301-328)을 참고.

● 도시재정비 및 주거환경정비법 제정안유 ●

제99조(범죄예방) 시장·군수·구청장은 제16조제3항에 따라 재정비촉진계획이 결정·고시되
거나 제6조제8항에 따라 정비계획이 고시된 때에는 관할 경찰서장에게 통보하여야 하며,
해당 사업구역의 주민 안전 등을 위하여 다음 각 호의 사항을 경찰청장 또는 경찰서장에
게 요청할 수 있다.
 1. 순찰강화
 2. 순찰초소의 설치 등 범죄예방을 위하여 필요한 시설의 설치 및 관리
 3. 그 밖에 주민의 안전을 위하여 필요하다고 인정하는 사항
 ※ 제16조제3항 : 시·도지사 또는 대도시 시장은 재정비촉진계획을 결정 또는 변경하는 경
   우에는 이를 지체 없이 해당 지방자치단체의 공보에 고시하여야 하고, 대도시 시장은 이
   를 도지사에게 통보하여야 한다.
 ※ 제6조제8항 : 시·도지사 또는 대도시의 시장은 정비구역을 지정하거나 변경 지정한 경우
   에는 그 내용을 해당 지방자치단체의 공보에 고시하고 국토해양부장관에게 보고하여야
   하며, 관계서류를 일반인이 열람할 수 있도록 하여야 한다.

률에서 범죄예방계획이 포함된 도시·주거환경정비 기본계획 또는 재정비촉진계획의
수립을 요구하였으나 기존 2개 법률을 통합하여 「도시재정비 및 주거환경정비법」이
제정되어, '범죄예방' 규정 신설을 추진('11. 8. 12 입법예고)한 바 있다.

그러나 이 입법예고 안은 경찰이 일상적으로 실천하고 있는 방범순찰과 방범
CCTV 등 단순한 방범시설이나 활동에 국한하고 있어 경찰청이 전문가 자문의견을
수렴(저자가 자문위원으로 참여함)하여 CPTED가 기존 도시나 타운 재정비에 보다 실질
적으로 반영될 수 있도록 '① 범죄영향평가, ② 셉테드 계획/설계, ③ 도시계획위원회
등에의 셉테드 전문가 참여' 등에 대한 의견을 공식적으로 전달하였다. 그러나 안타깝
게도 그러한 셉테드 전문가들의 의견이 제대로 반영되지 않은 채 '도시 및 주거환경
정비법' 및 '도시재정비 촉진을 위한 특별법' 각각의 법률에서 2011년 5월 30일에 범
죄예방 노력 의무를 형식적으로 포함한 내용으로 개정됨으로써 각각 방범순찰이나 범
죄예방 시설의 설치 및 관리와 사업시행기관 동안의 범죄예방대책만이 선언적으로 추
가되었다.

더불어 국토기본법 시행령에서 제5조(도종합계획의 수립 등) ② 법 제13조제1항제
7호에서 "대통령령이 정하는 사항"으로 제3호 '재해의 방지와 시설물의 안전관리에
관한 사항'과 더불어 제2항 제3의2호로 '범죄예방(또는 주민안전)에 관한 사항'을 추가

할 것을 요청하였다. 즉, 도지사가 도종합계획 수립 시 '범죄예방에 관한 사항'이 추가되어, CPTED 적용이 의무화된 것이다.

(2) CPTED 관련 법규 및 그 내용

1) 도시 관련 법규

도시계획에 관련된 국토해양부 소관 5개 법령이 개정된 바 있다. 먼저 2011년 7월부터 2012년 5월 사이에 개정된 4개 법령의 기본 틀은 <그림 6-6>과 같다.

이를 보다 자세히 살펴보면 먼저 '국토의 계획 및 이용에 관한 법률 시행령'('11. 7. 1 공포·시행)의 경우 다음과 같이 범죄예방이 추가되었다. 즉, 특별시장·광역시장·시장이 수립하는 도시기본계획의 방향 및 목표 달성에 '범죄예방에 관한 사항'을 추가함으로써 CPTED 적용을 의무화한 것이다. 따라서 도시기본계획을 수립할 때는 항상 범죄

그림 6-6 **국내 셉테드 근거법규**

→ 국토의 계획 및 이용에 관한 법률 시행령(2011. 7. 1 개정)
제15조 (도시기본계획의 내용)
▸ 제5호 방재·안전 및 범죄예방에 관한 사항 → 도시 및 주거환경 정비법(2011. 5. 30 개정)
제28조의2(정비구역의 범죄 예방)
▸ 시장·군수는 제28조제1항에 따른 사업시행인가를 한 경우 그 사실은 관할 경찰서장에게 통보하여야 하며, 사업시행 인가 후 정비구역 내 주민 안전 등을 위하여 다음 각 호의 사항을 관할 지방경찰청장 또는 경찰서장에게 요청할 수 있다. 제2호 순찰 초소의 설치 등 범죄 예방을 위하여 필요한 시설의 설치 및 관리
제83O조(사업시행계획서의 작성)
▸ 사업시행자는 제4조제5항에 따라 고시된 정비계획에 따라 다음 각호의 사항을 포함하여 사업시행계획서를 작성하여야 한다. 제4의2호 사업시행기간 동안의 정비구역 내 가로등 설치, 폐쇄회로 텔레비전 설치 등 범죄예방대책 → 도시재정비 촉진을 위한 특별법(2011. 5. 30 개정)
제9조(재정비촉진계획의 수립)
▸ 제1항제13의2호 재정비 촉진사업 시행기간동안의 범죄 예방 대책
제3O소의3(재성비속신시₊의 범죄예방)
시장·군수·구청장은 제12조제1항 및 제3항에 따라 재정비촉진계획이 결정·고시된 때에는 그 사실을 관할 경찰서장에게 통보하여야 하며, 재정비촉진사업이 시행되는 경우에는 재정비 촉구 구역의 주민 안전등을 위하여 다음 각 호의 사항을 관할 지방경찰청장 또는 경찰서장에게 요청할 수 있다. 제2호 순찰초소의 설치 등 범죄예방을 위하여 필요한 시설의 설치 및 관리 → 국토기본법 시행령(2012. 5.30 개정)
제5조(도종합계획의 수립 등)
▸ 제2항제3의2호 범죄 예방에 관한 사항

예방에 관한 사항을 포함시켜서 셉테드의 방향과 달성 목표를 포함하여 거시적인 계획이 수립되어야 하는 것이다. 그러나 2012년 4월 10일자로 '도시기본계획'이라는 제목이 '도시·군 기본계획'으로 개정됨으로써 도시와 도농복합, 군단위의 농촌지역에까지 범죄예방에 관한 사항이 포함됨으로써 보다 전국적이고 균형적인 셉테드의 적용이 가능해졌다. 다만 2015년 7월에 개정되어 5호(범죄예방에 관한 사항)는 삭제되었으나 이는 불필요해서가 아니고 타 법령과의 중복을 피하기 위함이었다.

'도시 및 주거환경 정비법'에서는 당시 제28조의2(정비구역의 범죄예방)와 제30조(사업시행계획서의 작성)를 통해 시에서 환경정비를 할 때 사업시행 기간 동안에 정비구역에 공가나 폐가 그리고 버려진 공간들이 다수 발생함에 따른 여러 가지 범죄위험요소들에 대한 대책들을 수립 및 시행하도록 의무화한 것이다.

이후 제28조의2(정비구역의 범죄예방)와 제30조(사업시행계획서의 작성)는 아래와 같이 제52조와 제130조로 개정되었다.

제52조(사업시행계획서의 작성) ① 사업시행자는 정비계획에 따라 다음 각 호의 사항을 포함하는 사업시행계획서를 작성하여야 한다. <개정 2018. 1. 16., 2021. 4. 13.>
 1. 토지이용계획(건축물배치계획을 포함한다)
 2. 정비기반시설 및 공동이용시설의 설치계획
 3. 임시거주시설을 포함한 주민이주대책
 4. 세입자의 주거 및 이주 대책
 5. 사업시행기간 동안 정비구역 내 가로등 설치, 폐쇄회로 텔레비전 설치 등 범죄예방대책

제130조(정비구역의 범죄 등의 예방) ① 시장·군수등은 제50조제1항에 따른 사업시행계획인가를 한 경우 그 사실을 관할 경찰서장 및 관할 소방서장에게 통보하여야 한다. <개정 2021. 8. 10.>
② 시장·군수등은 사업시행계획인가를 한 경우 정비구역 내 주민 안전 등을 위하여 다음 각 호의 사항을 관할 시·도경찰청장 또는 경찰서장에게 요청할 수 있다. <개정 2020. 12. 22.>
 1. 순찰 강화
 2. 순찰초소의 설치 등 범죄 예방을 위하여 필요한 시설의 설치 및 관리
 3. 그 밖에 주민의 안전을 위하여 필요하다고 인정하는 사항
③ 시장·군수등은 사업시행계획인가를 한 경우 정비구역 내 주민 안전 등을 위하여 관할 시·도 소방본부장 또는 소방서장에게 화재예방 순찰을 강화하도록 요청할 수 있다. <신설 2021. 8. 10.>

'도시재정비 촉진을 위한 특별법'의 경우도 위의 도시주거환경정비법과 유사하게 재정비촉진 사업 시행기간 동안에 사업지역의 공공공간과 공폐가에 대한 방범환경 관리를 의무화하였다.

제9조(재정비촉진계획의 수립) ① 시장·군수·구청장은 다음 각 호의 사항을 포함한 재정비촉진계획을 수립하여 특별시장·광역시장 또는 도지사에게 결정을 신청하여야 한다. 이 경우 재정비촉진지구가 둘 이상의 시·군·구의 관할지역에 걸쳐 있는 경우에는 관할 시장·군수·구청장이 공동으로 이를 수립한다.

1. 위치, 면적, 개발기간 등 재정비촉진계획의 개요
2. 토지 이용에 관한 계획
3. 인구·주택 수용계획
4. 교육시설, 문화시설, 복지시설 등 기반시설 설치계획
5. 공원·녹지 조성 및 환경보전 계획

----

12. 기반시설의 민간투자사업에 관한 계획(필요한 경우만 해당한다)

<u>13의2. 재정비촉진사업 시행기간 동안의 범죄예방대책</u>

제30조의3(재정비촉진지구의 범죄 예방) 특별자치시장, 특별자치도지사 및 시장·군수·구청장은 제12조제1항 및 제3항에 따라 재정비촉진계획이 결정·고시된 때에는 그 사실을 관할 경찰서장에게 통보하여야 하며, 재정비촉진사업이 시행되는 경우에는 재정비촉진구역의 주민 안전 등을 위하여 다음 각 호의 사항을 관할 시·도경찰청장 또는 경찰서장에게 요청할 수 있다. <개정 2013.7.16>
<u>1. 순찰 강화</u>
<u>2. 순찰초소의 설치 등 범죄예방을 위하여 필요한 시설의 설치 및 관리</u>
<u>3. 그 밖에 주민의 안전을 위하여 필요하다고 인정하는 사항</u>
[본조신설 2011.5.30]

그러나 문제는 도시재정비촉직특별법의 경우 그 규정들이 구체성이 너무 떨어져서 매우 형식적인 대책수립과 실천으로 이어질 수 있다는 점이다. 112신고 출동이 매우 잦은 도심의 경찰만 지나치게 의존하려는 의도를 가진 규정으로서 방범진단을 통해 체계적인 대책을 마련하기 위한 범죄위험평가 및 분석이라는 중대한 절차가 누락되었으며 방범CCTV, 보안등, 경비원 고용, 이주 후 주택 안에 남은 가구나 이불 등 사람의 거주를 위한 물건의 수거 및 폐기 등과 같은 보다 실질적이고 구체적인 내용이 추가되어야 할 것이다.

국토기본법 시행령에서 제5조(도종합계획의 수립 등) ② 법 제13조제1항제7호에서 "대통령령이 정하는 사항"에 해당되는 제3의2호 '범죄예방(또는 주민안전)에 관한 사항'을 통해, 예를 들어 경기도는 도지사가 도종합계획 수립 시 '범죄예방에 관한 사항'을 추가해야 한다.

> 제5조(도종합계획의 수립 등) ① 법 제13조제1항 각 호 외의 부분 단서에서 "대통령령으로 정하는 도" 란 「수도권정비계획법」 제4조에 따른 수도권정비계획이 수립되는 경기도와 「제주특별자치도 설치 및 국제자유도시 조성을 위한 특별법」 제140조제1항에 따른 종합계획이 수립되는 제주특별자치도를 말 한다. <개정 2006.6.29, 2007.12.28, 2012.5.30>
> ② 법 제13조제1항제7호에서 "대통령령으로 정하는 사항"이란 다음 각 호의 사항을 말한다. <개정 2012.5.30>
> 1. 주택·상하수도·공원·노약자 편의시설 등 생활환경 개선에 관한 사항
> 2. 문화·관광기반의 조성에 관한 사항
> 3. 재해의 방지와 시설물의 안전관리에 관한 사항
> <u>3의2. 범죄예방에 관한 사항</u>
> 4. 지역산업의 발전 및 육성에 관한 사항
> 5. 재원조달방안 등 계획의 집행 및 관리에 관한 사항

또한 국토해양부는 2012년 9월에 공원조성계획 시 범죄예방계획수립을 의무화하고, 도시공원의 범죄예방 안전기준 마련을 주요내용으로 하는 「도시공원 및 녹지 등에 관한 법률 시행규칙」(이하 도시공원법) 개정안을 입법예고했다. 그간 공원 내 시설물의 안전기준은 마련되어 있었으나, 방범 기준이 없어 지자체는 공원 안에서 발생하는 범죄를 사전에 차단하는 데 어려움이 있었다.

이에 대응하여 개정 「도시공원법 시행규칙」이 2012년 12월 11일 발효되면서 공원조성계획 시 셉테드 기법을 의무적으로 적용하게 되었다. 이에 따라 공원 내 대부분의 공간을 외부에서도 볼 수 있도록 설계하고, CCTV(폐쇄회로)는 야간에도 활용할 수 있도록 조명과 함께 설치하는 등 계획 단계부터 범죄를 사전에 예방할 수 있게 되었다.

관련 조문을 살펴보면 먼저 제8조 제3호에서 범죄 예방 항목을 다음과 같이 명시하였다.

> 이후 제8조는 아래와 같이 개정되었다.
>
> 제8조(공원조성계획의 수립기준 등) 법 제16조제1항에 따라 도시공원이 위치한 행정구역을 관할하는 특별시장·광역시장·특별자치시장·특별자치도지사·시장 또는 군수가 도시공원의 조성계획(이하 "공원조성계획"이라 한다)을 수립하려는 때에는 다음 각 호의 사항을 종합적으로 고려해야 한다. <개정 2010. 6. 30., 2012. 12. 11., 2021. 4. 2.>

---

1. 법 제5조의 규정에 따른 공원녹지기본계획의 내용이 반영되어야 하고 녹지공간배치 등과 연계성
   이 있어야 하며 해당공원의 기능이 수행되도록 할 것
2. 세부적인 공원시설 설치계획에 대하여는 주민의 의견이 최대한 반영되도록 할 것
3. 공원조성계획에 다음 각 목의 사항이 포함되도록 할 것
   가. 개발목표 및 개발방향
   나. 자연·인문·관광환경에 대한 조사 및 분석 자료
   다. 필지별 토지 소유 및 이용현황
   라. 공원조성에 따른 토지의 이용, 동선(動線), 공원시설의 배치, 범죄 예방, 상수도·하수도·쓰
       레기처리장·주차장 등의 기반시설, 조경 및 식재 등에 대한 부문별 계획

또한 제10조 제2항에서는 다음과 같이 범죄예방을 위한 도시공원의 계획·조성·
관리 의무를 부여하고 있다. 제1호는 자연감시와 가시성의 확보인데 이를 위해서는
가지치기 등 교목과 관목 등 수목의 높이를 관리해야 하며, 제2호는 공원 구역으로의
출입에 대한 적절한 통제를 규정하고 있고, 제3호는 다양한 이용자들이 공원에서 건
전한 활동이 활성화될 수 있도록 놀이시설, 운동시설, 휴게시설 등을 설치하도록 하는
것이며, 제4호는 적절한 표지판 및 경고 싸인(signage)을 설치하여 불법적 행위를 억
제하려는 것이고, 마지막으로 제5호는 공원 내 시설들이 쉽게 파손되지 않도록 파손
에 강한(vandal-resistant) 재료를 사용한 시설을 설치하도록 안전한 환경이 지속적으
로 유지될 수 있는 디자인을 의무화하고 있다.

제10조(도시공원의 안전기준)
② 공원관리청은 도시공원에서의 범죄 예방을 위하여 다음 각 호의 기준에 따라 도시공원을 계획·조성·
   관리하여야 한다. [신설 2012.12.11]
1. 도시공원의 내·외부에서 이용자의 시야가 최대한 확보되도록 할 것
2. 도시공원 이용자들을 출입구·이동로 등 일정한 공간으로 유도 또는 통제하는 시설 등을 배치할 것
3. 다양한 계층의 이용자들이 다양한 시간대에 도시공원을 이용할 수 있도록 필요한 시설을 배치할 것
4. 도시공원이 공적인 장소임을 도시공원 이용자에게 인식시킬 수 있는 시설 등을 적절히 배치할 것
5. 도시공원의 설치·운영 시 안전한 환경을 지속적으로 유지할 수 있도록 적절한 디자인과 자재를 선정·
   사용할 것

그러나 서울경제(9.11자) 등 언론에서 '범죄예방기준이 모호하고 일부는 범죄예방
과 관련이 없으며 지자체에 일임되어 탁상공론 정책'이라는 비판과 지적이 되었다. 이

에 대해 국토해양부는 도시공원법 시행규칙 개정안에 반영한 범죄예방기법(CPTED)은 공원 건축물, 시설물 배치 시 범죄예방을 고려한 가이드라인을 제시한 것이며 보다 구체적인 사항은 공원세부기준지침(훈령)을 개정하고 있다고 답변했다. 더불어 앞으로 공원관리권자인 시장·군수가 동 규칙과 지침을 근거로 공원 특성과 환경에 따라 세부 조성계획을 세워서 관리하게 된다고 설명하였다. 셉테드는 다양한 지역적 특성과 환경에 의해 적용 방법과 범위가 결정되는 것이 합리적이라는 점을 강조하였다고 볼 수 있으나 구체적인 훈령이 조속히 마련되어야 이에 대한 혼란이 감소할 것으로 판단된다.

2) 건축법 개정과 53조의 2 신설과 범죄예방기준 고시

2013년 이노근 국회의원 등이 건축물의 범죄예방설계 규정을 포함하여 제출한 건축법일부개정법률안이 국회를 통과하여 2014년 11월부터 시행되고 있다. 제3장에서 살펴본 바와 같이 미국와 유럽을 포함한 선진국에서도 셉테드에 관한 건축 관련 법규화가 부분적으로 진행되어 온 것은 사실이나 건축물에 대한 포괄적인 셉테드 차원의 규제가 이루어진 경우는 거의 없다는 점을 고려할 때 우리나라를 넘어 세계 범죄예방환경설계 분야의 역사상 획기적인 일로 평가될 수 있다.

건축법 개정으로 아래와 같이 '제53조의2(건축물의 범죄예방)'가 신설됨에 따라 건축물의 범죄예방을 위하여 공동주택, 전시관 등 일정한 용도·규모에 해당하는 건축물은 설계 단계에서 국토교통부장관이 고시하는 범죄예방 기준을 반영하여야 한다.

> 제53조의2(건축물의 범죄예방) ① 국토교통부장관은 범죄를 예방하고 안전한 생활환경을 조성하기 위하여 건축물, 건축설비 및 대지에 관한 범죄예방 기준(이하 "범죄예방 기준"이라 한다)을 정하여 고시할 수 있다.
> ② 대통령령으로 정하는 건축물은 제1항의 범죄예방 기준에 따라 건축하여야 한다.

국토부가 2013년 1월부터 범죄예방설계 가이드라인을 마련하여 시행해 오다가, 건축법 시행령 제61조의3 규정에 따라 2015년 4월 1일에 국토교통부장관이 「범죄예방 건축기준」(부록 5 참조)을 고시하였다. 그러나 그 세부기준들이 엄격한 수치들로 규제를 하기에는 여전히 모호한 경우(예: 조경수의 수고 1미터~1.5미터 이내, 건축물의 수목으로부터의 이격 거리 1.5미터, 자연감시가 가능하도록 창호를 설치 등)가 많고 건축설계 실무가와 학계에서 이견이 많아서 2016년 여름에 위원회를 구성하여 고시 개정을 추진하였고 이후 2019년에 [국토교통부고시 제2019-394호, 2019. 7. 24., 일부개정.] 개정 고시가 발표되었다.

특히 원 고시에서 영국 SBD나 네덜란드 KOMO인증 사례와 같이 건축물 침입범죄는 지속적으로 증가추세에 있고 시민들이 가장 두려워하는 범죄에 해당하므로 침입저항 성능을 갖추어 공인시험기관의 시험을 통과하고 전문협회를 통하여 인증마크를 획득한 창호, 방범창살, 잠금장치 등의 방범인증시설 제품 설치를 의무화하는 내용(제10조[100세대 이상 아파트에 대한 기준], 제11조[다가구주택, 다세대주택, 연립주택, 100세대 미만의 아파트, 오피스텔 등에 관한 사항], 제12조[문화 및 집회시설·교육연구시설·노유자시설·수련시설에 대한 기준] 공통 1. 창호재는 별표 1의 제1호의 기준에 적합한 침입방어성능을 갖춘 제품을 사용한다. 2. 출입문은 별표 1의 제1호의 기준에 적합한 침입방어성능을 갖춘 제품을 설치한다.[단, 제11조 다가구, 다세대 등 주택은 세대 출입문에 한하여 침입 방어 성능을 갖춘 제품의 설치를 권장한다.])을 포함하였다.

이와 관련한 상세한 내용은 제8장 Section 03(방범하드웨어의 성능 기준)에서 다루었다.

2. CPTED 자치조례

입법조사처에 따르면 현재 셉테드 관련 조례를 제정한 지자체는 광역지자체 10곳, 기초지자체 52곳이다. 부산은 기초단체 14곳, 경북 7곳, 서울 5곳에 이른다.[5] 그러나 지방자치단체들이 앞 다퉈 도입하고 있는 '범죄예방디자인'(CPTED·셉테드)의 실효성을 높이기 위해 우후죽순격의 조례 제정보다 단일법 제정이 시급하다고 진단하고 있다.

국회입법조사처의 '셉테드를 활용한 안전한 지역만들기 현황과 과제'에 따르면 국내에는 19대 국회에 셉테드 원리를 적용한 관련 법안이 상정되어 계류 중이지만 보완해야 할 사항이 많은 실정이다. 셉테드 관련 법률에 지자체별 특성에 따라 조례를 제정할 수 있도록 근거조항을 둘 수도 있다고 제안했다. 국가경찰제도 아래 범죄예방은 국가사무지만, 지역 내 범죄예방환경 조성은 지방자치사무로 볼 수 있다는 것이다. 이밖에 인증제도 마련 필요성도 제기됐는데 현재 학회 등 민간에서 운영하는 인증제도와 지자체 자체 인증제도가 있으나 공신력이 낮다고 지적하면서 입법조사처는 국민이 신뢰할 수 있는 인증기준의 마련과 인증기관 선정에 대한 논의가 필요한 시점이라

---

5 뉴스1. [2016-05-11 기사] 우후죽순 '범죄예방디자인'…"단일법 제정 시급" 입법조사처 보고서 "경찰-지자체 협력 제도화 필요" http://news1.kr/articles/?2658082

고 강조하고 있다.6

　이러한 조례의 법적 근거를 명확히 하기 위해서 법무부에서는 권성동 의원 대표발의(2016.11.9.) 형태로 '범죄예방 기본법안'(부록 6 참조)을, 경찰청에서는 윤재옥 의원 대표발의(2016.7.27) 형태로 '범죄예방 기반 조성에 관한 법률안'(부록 7 참조)이라는 명칭으로 국회에 각각 상정되어 있다. 물론 보다 좋은 입법을 위해 기관 간, 국회의원 간 경쟁하는 것은 바람직하다. 하지만 기관 간 협력과 협의가 불가피한 사안에 대하여 상호 진정성 있게 충분한 논의 없이 중복되어 평행선을 달릴 경우 자칫 국력 낭비요소가 될 수 있기 때문에 이해관계가 있는 기관 간에 자주 만나서 상호 존중의 태도로 서로의 업무를 구분하고, 분담하며 체계를 갖추는 성숙한 입법적 파트너십 노력이 중요하다고 할 것이다.

　다음 내용은 현재까지 셉테드 관련 조례를 제정한 몇몇 지자체의 사례를 예시적으로 제시한 것이다.

(1) 서울시 재정비촉진조례

　서울시에서는 2010년도에 뉴타운지구(26개소), 균형발전촉진지구(9개소)가 개발되고 있었으며, 뉴타운사업은 1지구당 50만 제곱미터 이상이 되어 단순히 주거환경을 정비하는 차원을 넘어 다양한 세대와 계층이 더불어 살 수 있는 공동체적 생활환경을 조성하는 사업임에도 도시개발 후 만들어지는 공간에서 발생하는 범죄와의 관련성에 대한 고려가 전무한 실정이었다.

　이러한 문제점을 개선하고자 서울시에서는 2008년도에 공무원 자체용역으로 "범죄예방 환경설계 지침"을 개발하여 2009년 3월 1일부터 시행하고 있으나 의무 사항이 되지 못하여 활성화가 되지 못하였으나 2010년 1월 7일자로 '도시재정비촉진조례'의 개정(아래와 같이 제4조 제4호에서 규정함)으로 법령이 뒷받침을 하게 되어 범죄예방 환경설계 지침이 모든 뉴타운에 적용됨은 물론 서울시에서 추진하는 재개발 및 재건축에도 확대 적용되고 있다.

(2) 부산광역시 범죄예방 도시디자인 조례

　부산시에서는 도시경관담당관실에서 주도하여 2013년 10월 30일자로 「부산광역

6 http://news1.kr/articles/?2658082

제3장 재정비촉진계획의 수립 및 결정

제4조(재정비촉진계획에 포함되어야 하는 사항) 영 제8조제6호에서 "그 밖에 시·도의 조례가 정하는 사항"이란 다음 각 호의 사항을 말한다.

1. 광고물 관리계획
2. 폐기물 처리에 관한 계획
3. 친환경건축물에 관한 계획
4. 환경설계를 통한 범죄 예방에 관한 계획 <신설 2010.1.7>
5. 기존 수목의 현황 및 활용계획 <신설 2010.1.7>
6. 무장애 생활환경에 관한 계획 <신설 2010.1.7>
7. 유비쿼터스에 관한 계획 <신설 2010.1.7>

시 범죄예방 도시디자인 조례」(부록 2 참조)를 제정하였다. 조례 제1조(목적)에서 '이 조례는 시민들이 각종 범죄로부터 안전한 도시환경에서 생활할 수 있도록 건축물 및 도시공간에 범죄예방 도시디자인을 적용하는 데 필요한 사항을 규정함을 목적으로 한다'라고 규정하고 있어서 셉테드의 일반적 목적에 부합하고 있다. 제2조(정의)에서는 "범죄예방 도시디자인"이란 시민의 안전을 위협하는 범죄를 사전에 차단하거나 감소시키기 위하여 건축물 및 도시공간을 범죄에 방어적인 구조로 변경·개선하는 것으로 용어정의하고 있다. 또한 "공공기관"이란 부산광역시 및 「지방공기업법」에 따라 시가 설립한 공사·공단을 말한다고 정의하였다.

제3조(기본원칙)에서는 다음과 같이 셉테드의 5대 원칙인 자연적 감시, 접근통제, 영역성, 활동성 강화, 유지관리를 제시하고 있다.

---

1. 자연적 감시가 가능하도록 건축물 및 도시공간을 배치하고, 조경 또는 조명 등을 통하여 부족한 부분을 보완한다.
2. 건축물 및 도시공간의 출입구, 울타리, 조경 및 조명 등을 적절히 배치하여 접근통제가 가능하도록 한다.
3. 도시공간을 지역주민이 자유롭게 사용하거나 점유할 수 있게 하는 등 영역성을 강화한다.
4. 지역주민의 교류 증대를 통한 활동성 강화를 위하여 복지시설, 공원, 휴게시설, 상가 등을 유치 또는 배치한다.
5. 건축물 및 도시공간의 지속적인 유지·관리를 통하여 쾌적한 환경을 조성한다.

제4조(책무)에서 시는 범죄예방 도시디자인 추진을 위하여 필요한 제도와 여건을 조성하고 이를 위한 시책 추진 및 예산을 확보하는 것을 의무화하고 있다. '국토의 계획 및 이용에 관한 법률 시행령' 제15조 제5호에서 '도시·군 기본계획'에 범죄예방에

관한 사항을 포함시킴으로써 가능해진 조항으로 판단된다. 나아가 시는 공공기관, 구·
군 및 기업 등에 제6조에 따른 범죄예방 도시디자인에 대한 기준 준수 및 관련 시책
에 참여하도록 권장하여야 한다고 규정하여 셉테드는 자치단체 단독으로 실현할 수
없고 관련 타 공공기관(경찰청, 교육청, 소방국 등)이나 기업, 기타 단체 등이 파트너십
을 발휘하여 협력해야 가능한 사업이라는 점을 상기하고 있다. 다만 의무적인 참여가
아닌 권장에 그쳐서 형식적인 참여와 협력에 그칠 수 있는 한계도 보여주고 있다고
판단된다.

　　제5조(기본계획의 수립·시행 등)에서는 ①항에서 부산광역시장은 안전한 도시환경
조성을 위하여 다음 각 호의 사항이 포함된 부산광역시 범죄예방 도시디자인 기본계
획을 5년마다 수립·시행하여야 한다고 규정한바, 셉테드가 예산 사업으로서의 재원
및 기타 필요사항 등 자원(resources)을 확보하는 것을 명확히 하고 있다. 다른 사회시
스템의 구축과 유지관리에 돈이 필요하듯이 범죄안전이라는 공익도 투자 대상임을 분
명히 하고 있는 것이다. 이는 셉테드가 국방, 범죄안전(치안, 즉 policing), 보건, 의료,
후생, 교육 등 국민 일상의 생활에 필수불가결한 모든 공공적 성격을 띤 자본시설을
포함한 사회간접자본(social overhead capital)의 투자로 해석될 수 있을 것이다.

---

1. 기본계획의 목표와 방향
2. 제7조에 따른 범죄예방 도시티자인 추진사업에 관한 사항
3. 범죄예방 도시디자인 추진을 위한 재원 조달에 관한 사항
4. 그 밖에 범죄예방 도시디자인 추진을 위하여 필요한 사항

　　제2항과 제3항에서 시장은 기본계획을 효율적으로 추진하기 위하여 시행계획을
해마다 수립·시행하여야 하고 기본계획과 시행계획을 효율적으로 수립·시행하기 위
하여 셉테드의 현황과 실태 등에 대한 조사를 실시할 수 있도록 규정하였다. 계획이
적절히 실천되었는지 조사하여 평가하기 위한 것이다.

　　제6조(범죄예방 도시디자인에 대한 기준)에서는 시장은 범죄예방 도시디자인에 대한
기준을 정할 수 있으며 그 기준은 시보 및 시 인터넷 홈페이지에 공고하도록 하였다.
제7조(범죄예방 도시디자인 추진사업)에서 시장은 범죄예방 도시디자인 추진을 위하여
다음 각 호의 사업을 추진할 수 있다.

　　즉, 부산시는 인증사업, 시범마을조성사업, 도시디자인연구실 설치, 박람회 개최

> 1. 기본계획에 따른 연차별 개선사업
> 2. 신도시조성사업, 도심재생사업, 각종 공공시설 설치 및 환경개선사업과 병행한 안전시범마을 조성사업
> 3. 범죄위험도 저감을 위한 범죄예방 도시디자인 인증시스템 구축사업
> 4. 범죄예방 도시디자인 기술연구를 통한 지식기반 구축 및 활용을 위한 범죄예방 도시디자인 연구실 설치사업
> 5. 범죄예방 관련 산업 확대를 통한 지역경제 활성화를 위한 도시안전디자인 박람회 개최 사업
> 6. 그 밖에 시장이 필요하다고 인정하는 사업

등 상당히 규모가 있는 사업들을 규정하고 있다고 판단된다. 제8조(범죄예방 도시디자인 위원회의 설치)에서 시장은 범죄예방 도시디자인 추진을 위한 부산광역시 셉테드 위원회를 두고 기본계획의 수립·변경 사항, 셉테드 기준의 수립·변경 및 적용에 관한 사항, 셉테드 추진을 위한 제도 개선 사항 등을 심의할 수 있도록 하였다. 또한 기존의 부산광역시도시디자인위원회를 셉테드 위원회로 간주할 수 있도록 하여 위원회의 남설과 중복을 피하고 있는 것으로 보인다.

제9조(협력체계 구축)에서 시장은 범죄예방 도시디자인 추진을 위하여 부산광역시 교육청, 부산지방검찰청, 부산지방경찰청 등과 상시적인 협력체계를 구축하여야 한다고 규정하고 있다. 그러나 교육청과 검찰·경찰 등 수사기관만 협력기관으로 명시하고 있는 것은 문제가 있으며 형사사법기관들을 포함시킬 경우라면 보호관찰소와 교도소도 포함되어야 하며 방화 범죄의 예방 차원에서는 지역 소방본부도 포함시키는 것이 논리적이라고 판단된다.

제10조(위탁)에서는 시장이 제7조에 따른 범죄예방 도시디자인 추진사업을 효율적으로 추진하기 위하여 사무의 일부를 관련 업무를 수행하는 비영리법인이나 비영리 민간단체에 위탁할 수 있으며 사무를 위탁하는 경우 필요한 경비를 예산의 범위에서 지원할 수 있다고 규정하였다.

제11조(교육 및 홍보)에서 시장은 공공기관, 시가 출자·출연하거나 보조금을 교부하는 기관·단체·법인 등에 셉테드 추진을 위한 교육을 실시하도록 노력하여야 한다고 명시하였는데 교육이 전문성 제고와 공감대 형성에 필요한 부분이므로 '실시해야 한다'라고 수정되어야 할 것이다. 또 시장은 셉테드 사업을 위하여 우수사례 등을 시보나 시 인터넷 홈페이지 등을 통하여 홍보할 수 있다고 규정한바, 셉테드가 보급 및 확산되도록 공보에 노력하고 있음을 엿볼 수 있다. 나아가 제12조(포상)에서 시장은 범죄예방 도시디자인 추진에 기여한 공적이 뚜렷한 기관·단체 또는 개인에게 「부

산광역시 포상 조례」에 따라 인센티브를 주어 부산시가 셉테드가 진흥될 수 있는 여건 조성에 힘쓰고 있을 것으로 판단된다.

(3) 경기도 범죄예방을 위한 환경 디자인 조례

경기도는 기획조정실 정책기획관 디자인담당관실이 주관하여 경기도 '범죄예방을 위한 환경 디자인' 조례(부록 3 참조)를 2013년 11월 11일자로 제정하였다. 제1조(목적)는 부산시와 거의 동일하다. 제2조(용어의 정의)에서 범죄예방 도시디자인 대신 "범죄예방 환경 디자인"이라고 명명하고 있으나 그 정의는 대동소이하다. 제2호에서는 "범죄예방 환경 디자인 기준"이란 범죄예방 환경 디자인 기본원칙을 구현하기 위한 방안을 구체화시켜 제시한 지침을 말한다고 규정하였다. 부산시와 달리 제3조에서 '적용범위'를 규정하면서 ①항에서 다음 각 호에 사업에 대하여 이 조례를 우선 적용하도록 노력하여야 한다고 규정하였다. 경기도 전체의 신도시와 구도심에 재정비, 신규 개발 모두에 적용하는 포괄적인 범위에 해당한다고 볼 수 있다.

---
1. 경기도 및 도내 시·군이 시행하는 건축 또는 공간 조성 사업
2. 도 및 도내 소속 시·군이 위탁하여 운영하는 건축물 또는 공간
3. 도 및 도내 시·군의 재정이 전부 또는 일부 지원되는 건축물 또는 공간
4. 그 밖에 도 및 도내 시·군, 공공기관에서 시행하는 신도시 및 도심재개발사업, 주거환경개선사업, 각종 공공시설물 설치 및 환경개선사업 등
---

②항에서 도지사는 「경기도 건축 조례」 제5조에 따른 건축위원회와 「경기도 도시계획 조례」 제7조에 따른 도시계획위원회의 심의대상 사업에 셉테드 기준이 적용될 수 있도록 노력하여야 한다고 정하고 있다. 또한 제4조(범죄예방 환경 디자인의 기본원칙)는 부산시와 유사하며 제5조(기본책무)는 시책사업 추진, 예산 확보 및 참여 유도는 같은 맥락이지만 부산시보다 다소 구체적으로 다음과 같다.

> 1. 범죄예방 환경 디자인 사업의 추진과 확산(홍보)
> 2. 범죄예방 환경 디자인 사업을 위한 관계기관, 개발사업자 등의 참여와 협력
> 3. 범죄예방 환경 디자인 사업을 위한 주민참여와 협력유도
> 4. 범죄예방 환경 디자인을 위한 각종 사업에 대하여 기술과 예산의 지원 등
> 5. 그 밖에 범죄로부터 안전한 환경 조성에 필요한 사항

제6조(종합계획의 수립)에서 도시자가 셉테드 종합계획을 수립하여 범죄안전 환경 조성에 노력하는 것을 의무화하였다. 제7조(범죄예방 환경 디자인 기준)는 부산과 동일하나 제7조 셉테드 심의위원회의 자문과 심의 내용은 도의 셉테드 종합계획과 기준, 셉테드 사업에 대한 자문, 셉테드 공모사업의 심의 등으로 약간의 차이가 있다. 제9조(관계기관 등의 협조)에서도 '도지사는 범죄예방 환경 조성사업의 원활한 추진을 위하여 도내 시장·군수, 공공기관의 장, 개발사업자, 유관기관 등에게 자체 범죄예방 환경 디자인 종합계획 수립이나 설계 등을 실시하도록 요청할 수 있다'고 규정하여 경기도는 거시적인 종합계획을 수립하고 산하의 시, 군 및 관련 기관들이 이를 따라서 상세한 계획 및 설계를 진행토록 유도하려는 뜻을 비치고 있다.

제10조(범죄예방 환경 디자인 대상사업 등의 협의)에서는 다음과 같이 주로 부서 간 협력(inter-departmental partnership)을 유도하는 규정들로 구성되어 있다. 즉, 셉테드 총괄부서와 관련 부서가 부서이기주의로 인해 서로 업무를 협의하고 조율하는 데 있어서 잡음이나 갈등을 최소화할 수 있도록 이를 명문화한 것이다.

> ① 도의 각 부서의 장은 제3조제1항 각 호에 해당하는 범죄예방 환경 디자인 대상에 대한 사업계획을 수립한 때에는 도의 디자인 업무를 총괄하는 부서의 장(이하 "총괄부서의 장"이라 한다)과 협의하여야 한다
> ② 공공기관의 장은 제3조제1항제4호에 해당하는 범죄예방 환경 디자인 대상에 대한 사업계획을 수립한 때에는 도지사에게 이를 통보하여야 한다.
> ③ 도지사와 총괄부서의 장은 필요한 경우 도의 각 부서의 장 또는 공공기관의 장에게 범죄예방 환경 디자인 대상 사업에 대한 시정·권고 등을 요청할 수 있다.

(4) 울산광역시 및 광주광역시 범죄예방 도시디자인 조례

울산광역시의 셉테드 조례는 전반적으로 보면 부산시의 셉테드 조례와 대동소이하다. 문구 하나까지 거의 유사하여 부산시 담당부서 간에 서로 협조를 받아 벤치마

킹 형태로 급조한 조례로 보인다. 다만, 제7조(범죄예방 도시디자인 추진사업)의 경우 시
장은 범죄예방 도시디자인 추진을 위하여 '1. 기본계획에 따른 연차별 개선사업, 2. 각
종 공공시설 설치 및 환경개선사업과 병행한 안전시범마을 조성사업, 3. 범죄예방 도
시디자인 기술연구 사업, 4. 그 밖에 시장이 필요하다고 인정하는 사업'을 추진할 수
있다고 규정하여 약간의 차이를 보이고 있다. 광주광역시는 가장 최근인 2014년 4월
에 조례안이 통과되었는데 부산광역시와 울산광역시 등 기존의 셉테드 조례를 조합하
여 작성된 것으로 보이며 구조와 내용도 매우 유사하여 큰 차이는 없다.

(5) 분석 및 평가

셉테드에 대하여 부분적으로만 규정한 서울시의 재정비촉진조례를 제외한 부산
시, 경기도, 울산시의 셉테드 조례들은 모두 셉테드를 도시기본계획에서 핵심사항으
로 정하고 상당히 구체적으로 셉테드를 규정하고 있다는 공통점이 있다. 목적, 개념의
정의, 셉테드의 기본원칙, 책무, 셉테드의 기준, 셉테드종합계획 수립, 추진사업, 셉테
드 위원회의 설치 및 운영, 협력체계가 4개 조례에서 공통적으로 나타났다. 다만, 부
산시는 추진사업에서 도시안전디자인 박람회 개최 사업과 셉테드 연구실 설치를 구체
화했다는 점, 그리고 사업의 위탁과 교육, 홍보, 그리고 포상 규정이 있다는 점이 보
다 적극적인 부분으로 평가할 수 있다. 한편 1,200만이 넘는 인구를 가진 광역자치단
체인 경기도의 경우 350만명의 부산시에 비하여 그 조례의 내용이 산하의 7개의 시와
11개 군 기초자치단체를 두고 있어서 규정이 불가피 선언적인 수준인 한계를 갖고 있
다. 경기도는 직접적인 셉테드 사업보다는 주로 산하 18개 행정구역들이 자치적이고
자율적인 셉테드 사업을 적극적으로 실천하도록 지원하고 유도하는 역할이 더 크기
때문일 것으로 판단된다.

3. CPTED 관련 지침(Guidelines)

(1) 국토교통부 지침

1) 2009년 「지속가능한 신도시 계획 기준」

2009년에 국토해양부에서 마련한 "지속가능한 신도시계획지침"에 따르면 제6장에 재해 및 범죄예방을 위한 계획기준이 있으나, "도시관리계획수립지침" 제6편 제2장을 준용한다."고 되어 있다. 제6편 경관 및 안전계획, 제2장 안전계획, 제3절 방범계획은 아래와 같으며 내용에 있어서도 안전한 도시를 건설하기 위한 세부적인 내용이 부재하였다. 주로 유흥업소 등 유해환경시설을 별도의 구역으로 지정하여 관리하고 청소년 여가 및 놀이시설의 충분한 확보, 인적이 드문 버스나 전철 노선의 회피, 방범초소 설치와 조도 확보 정도에 그치고 있다. 따라서 이 당시에는 국토해양부에서 셉테드에 대한 인식과 지식이 매우 부족하여 선언적이고 다소 형식적인 수준에 그쳤다는 것을 확인할 수 있다.

표 6-3 도시관리계획수립지침 제6편 제2장

제3절 방범계획
6-2-3-1. 도시관리계획수립에 있어 각종 범죄 유발가능성이 있는 환경요소를 제거하고 밝고 명랑한 생활환경을 조성하여 주민의 공동체 의식을 고양하며, 인간성을 유지 회복시킴으로써 범죄를 예방할 수 있도록 계획하여야 한다.
(1) 일반기준
① 유흥업소 및 기타 유해환경시설이 밀집된 곳은 위락지구로 지정하고 시가지 전역에 확산되지 아니하도록 하여 주민 생활의 쾌적성이 보호되도록 한다.   ② 학교 도서관 등 학교주변지역에는 교육환경을 저해하는 시설이 입지하지 아니하도록 적정한 지구를 설치하거나 행정적 조치계획을 수립한다.   ③ 청소년들이 자연과 더불어 생활할 수 있는 학습 놀이 운동 및 여가공간을 충분히 확보한다.   ④ 이웃과의 공동체 의식을 고취할 수 있도록 각종 도시계획시설을 공개하여 주민들이 쉽고 편리하게 이용할 수 있도록 계획한다.   ⑤ 주민통행로는 각종 시설의 입지, 버스나 전철이용의 편의성 등을 면밀히 검토하여 계획을 수립하여 인적이 드문 노선이 생기지 않도록 하고, 불가피한 경우에는 방범초소 등을 설치할 수 있는 공지를 마련하고 충분한 조도가 확보되도록 조명시설을 하여야 한다.
(2) 토지이용계획
유흥업소가 시가지 전역에 확산되지 아니하도록 근린생활중심지는 준주거 지역으로 계획하고 상업 업무기능이 집중되는 도심지 지구중심지 등에 한하여 상업지역으로 계획하며, 용도지역 용도지구의 지정계획 시 방범계획의 관점에서 관계기관과 상호 협의하여야 한다.

2) 2009년 「주택성능등급 인정 및 관리기준」

국토해양부의 '주택성능등급 인정제도'는 「주택건설기준 등에 관한 규정(이하 "주택건설기준"이라 한다)」 제59조제3항 및 제59조의2제3항의 규정에 따른 주택성능등급의 인정기준, 평가방법 및 절차 등과 주택성능등급 인정기관(이하 "인정기관"이라 한다)의 지정에 필요한 사항에 대하여 정함을 목적으로 한다. 또한 이는 소비자 보호와 더불어 소비자의 주택선택의 용이성제공 및 주거환경의 개선, 나아가서는 기업의 기술개발을 유도하기 위하여 주택의 성능요소별로 객관적인 기준에 따라 등급을 표시하는 제도이다.[7] 국토해양부의 인정을 받은 LH연구원, 한국건설기술연구원 등 총 5개의 인증기관(모두 공공기관)에서 성능등급 평가를 수행하고 있다.

특히 2009년 12월 22일 국토해양부고시 제2009-1191호에 의해 주택성능등급 평가 범위에서 생활환경 등급 범주에 기존에 없던 방범안전 성능 기준이 마련되었다. 방범안전 기준은 방범안전 콘텐츠와 방범안전 관리시스템으로 구분되어 성능등급이 별 하나(★)부터 별 넷(★★★★)까지로 구분된다. 예를 들면 방범안전 콘텐츠는 구체적인 평가기준에 의하고 평가 방법은 콘텐츠 시나리오를 평가하고, 관련 기기·설비의 사양 및 관리소 대응 시스템을 설계도서, 관련 기기·설비 내역서(설명서)로 평가한다. 현재 주택법 제21조의 2 등을 근거로 주택성능등급인정제도는 2013년 7월 현재 녹색건축인증으로 통합되어 시행되고 있다(국토교통부 홈페이지 www.molit.go.kr 참고).

3) 2010년 「건축물 테러예방 설계가이드라인」

국토해양부는 테러에 취약한 다중이 이용하는 건축물에 대한 테러예방 활동을 강화하기 위하여 "건축물 테러예방 설계가이드라인"을 마련하였으며, 2010년 4월 1일부터 시행하고 있다. 가이드라인은 건축물 설계단계에서부터 테러로 인한 피해를 예방하고 피해를 최소화 할 수 있는 건축물의 설계를 유도하기 위한 것이다.

가이드라인 주요내용은 다음과 같다.

---

7 국토교통부 홈페이지 www.molit.go.kr 참고.

① (적용대상) 바닥면적 20,000㎡ 이상인 극장, 백화점 등 다중이용 건축물과 50층 이상인 초고층 건축물
② (대지 및 배치계획) 건축물이 건축되는 대지는 가급적 주변지역 보다 높게 조성하여 감시가 용이하게 하고, 대지 경계에는 조경수 등을 식재하여 폭발물을 적재한 차량이 돌진하여 건축물과 충돌하는 것을 방지하도록 계획
③ (건축 및 실내계획) 건축물의 형태 및 구조는 폭발로 인한 피해가 최소화되도록 계획하고, 건축물 로비 등 다중이 이용하는 공간과 보완이 요구되는 공간은 분리하여 배치하도록 계획
④ (피난 및 설비계획) 건축물의 주요한 부분에서는 2방향으로 피난이 가능하도록 계획하고 공기 흡입구는 3m 이상 높이에 설치하여 외부 침입방지 및 유해가스 유입을 방지하도록 계획

가이드라인은 공사입찰·발주, 설계평가, 기존 건축물 성능평가 및 건축위원회에서 설계심의를 할 때 활용되며, 앞으로, 건축물의 테러예방 설계에 대한 인식 전환과 함께 다중이용 건축물의 안전성이 확보될 것으로 기대된다.[8]

다음은 이에 대한 예시도와 설명이다.

(대지조성) 건축물의 대지를 주변지역보다 가급적 높게 조성 〈해설〉 ▸ 대지경계에서 폭발 발생시 건축물에 미치는 피해 최소화 및 감시용이 ▸ 차량속도를 감속시키는 장애물 역할	
(장애물 구축) 대지 주변에 볼라드, 플랜트 박스, 혹은 조경수를 식재하여 연속적인 장애물이 구축되도록 계획 〈해설〉 ▸ 폭발물을 적재한 차량이 돌진하여 건축물과 충돌하는 것 방지	

출처: 국토해양부, 건축물 테러예방 설계가이드라인 마련, 2010. 1. 7일자 보도자료

8 국토해양부(2010) 건축물 테러예방 설계가이드라인 마련, 1. 7일자 보도자료.

4) 2011년 「LH공사 현상설계지침서 개정」

한국토지주택공사(LH공사)에서는 2011년 9월을 기하여 모든 공공주택개발 사업에 CPTED 현상설계지침을 고시하였는데 상대적으로 범죄에 취약한 서민층 공공주택의 방범성능과 환경이 개선될 것으로 전망된다. 현상설계 공모지침서는 설계평가기준으로 CPTED 계획 평가(중점심사분야, 최대 3점)가 추가되었고 이에 따라 제출도서는 CPTED 계획도 1매가 추가되었으며, 지구별 설계지침에서 건축물 및 외부공간은 환경설계를 통한 범죄예방 기법을 적용하여 안전하고 쾌적한 주거환경을 조성할 수 있도록 계획하고, 여성 및 약자(유아, 고령자 등)가 안전하게 이용할 수 있고, 자연적 감시가 용이하도록 외부 공간 및 환경을 조성하며, CPTED 기법적용 시 "CPTED 설계고려사항"을 참조하여 계획하되 총 공사비는 목표 공사금액을 초과하지 않도록 하고 있다.

CPTED 설계고려사항은 <표 6-4>와 같다.

표 6-4 LH공사 현상설계지침의 CPTED 설계고려사항

구분	설계고려사항
단지 주출입구	▶주출입구 통로는 관목이나 잔디 등을 사용하여 입구를 쉽게 알아볼 수 있도록 함
	▶출입구 주변에 잠재적 범죄 유발자가 이용할 수 있는 휴게시설이 없도록 계획
단지	▶단지외곽은 조경이나 울타리 등으로 거주자의 영역감을 증진
	▶보행자 통로는 도로와 다른 포장재료나 색깔 사용
	▶보행자 안전을 위해 인도는 도로를 따라 설치
주동 출입구	▶각 주동의 출입구로 들어가는 통로 주변은 높이가 낮은 관목을 중심으로 식재하여 출입자가 쉽게 관찰되도록 함
	▶출입문, 정원, 지상주차장, 공동출입구, 계단 조명설치
	▶출입문 가는 통로에 유도등 설치
	▶출입구 통로는 관목이나 잔디를 사용하여 입구임을 인지할 수 있도록 함
경비실	▶경비실 각 시야방향으로 시야차단 장애물 등이 없도록 계획
	▶가급적 어린이놀이터를 감시할 수 있는 위치에 경비실 설치
건축물	▶조경은 건축물과 일정간격을 두고 식재(창문을 가리거나 나무를 타고 침입할 수 없도록 함)
	▶건물 외벽 디자인시 침입 용이하게 하는 요소나 시설 지양
지하주차장	▶지하주차장 출구 주위는 자연적 감시가 가능하도록 조경수 식재지양
	▶지하주차장 출입구 조명시설 설치
	▶70룩스의 조도 유지 (주차장법)
	▶주차구획선 위 천장에 조명설치로 주차된 차를 쉽게 인식할 수 있도록 할 것

	▶ 지하주차장 기둥과 벽면을 가급적 규칙적으로 배열
	▶ 지하주차장 채광을 위하여 선큰이나 천창 활용 가능
부대복리시설 등	▶ 어린이놀이터는 자연스러운 감시가 이루어질 수 있도록 통행이 많은 장소 또는 각 주호에서 내려다 볼 수 있는 곳에 배치
	▶ 운동시설, 편의시설은 주민들의 활동성을 높일 수 있는 위치에 계획하고 이용성이 떨어져 우범지대가 될 우려가 있는 곳은 지양
부대복리시설 등	▶ 단지내 상가 주차장은 아파트 주차장과 분리 운영
	▶ 단지내 상가 주출입구는 아파트단지를 경유하지 않고 출입하도록 계획
	▶ 단지내 유치원(보육시설 포함) 출입구는 아파트 단지를 통하여 출입
	▶ 자전거 보관대는 주동 주출입구 근처에 계획
	▶ 주동 주변에는 자연감시를 위하여 옥외 벤치 등 입주민의 활동과 휴식공간을 마련
	▶ 정자와 벤치 설치로 이웃주민이 모이고 활동할 수 있는 공간 고려
복도	▶ 복도식아파트의 경우 가급적 복도를 굴곡없이 직선으로 계획
조경	▶ 수목식재시 일정간격 유지하여 숨을 장소나 함정지역 생기지 않도록 함
	▶ 수목이 시야를 가리거나 조명을 가리지 않도록 함
	▶ 공적인 장소와 사적인 장소 사이를 분명하게 구별하고 정해진 장소로만 출입하도록 울타리나 조경 설치
	▶ 인접한 곳에는 비슷한 수종을 식재하여 형태나 크기 등의 일관성을 유지해야 하며 같은 블록에서는 가능한 같은 수종을 식재
조명	▶ 그늘진 곳, 움푹들어간 곳, 보이지 않는 곳의 조명 연결이 끊기지 않도록 할 것
	▶ 산책로 주변 유도등이나 보행등 설치로 공원 이용자들의 불안감 해소
	▶ 유입공간, 표지판, 출입구 조명 충분히 밝혀 사람들을 인도

5) 2013년 1월 「건축물 방범설계 가이드라인」

국토해양부(당시 장관 권도엽)는 국민들이 "안심하고 살 수 있는 안전한 나라 만들기"의 일환으로, "건축물 범죄예방설계 가이드라인"(부록 1 참조)을 마련하여 2013년 1월 9일부터 시행하고 있다. 가이드라인은 건축물의 복잡·다양화로 건축물 안에서 범죄가 늘어나고 있는 추세로 특히, 단독주택·공동주택이나 고시원 등에서 사회 약자나 저소득층을 대상으로 범죄가 크게 증가함에 따라, 안심하고 생활할 수 있는 건축 환경을 조성하기 위해 건축물 설계단계에서 범죄예방설계기법을 반영하도록 마련한 것이다.

가이드라인은 최근 범죄가 많이 발생하거나 발생이 우려되는 단독주택, 공동주택(500세대 이상), 문화 및 집회시설·교육연구시설·노유자시설·수련시설·관광휴게시설, 편의점, 고시원·오피스텔을 대상으로 범죄자가 쉽게 침입할 수 없도록 외부와 단

표 6-5 국토교통부 건축물 별 범죄예방설계 가이드라인의 틀

건축물	항목	세부기준
공동주택	단지 출입구	▶ 자연 감시를 원칙, 영역위계 명확화, 조명의 연속성
	담장	▶ 자연 감시를 고려한 투시형 담장 설치 ▶ 울타리는 1.5m 이내의 사계절수종 식재
	부대시설	▶ 주민공동시설은 주민활동을 고려, 가급적 중앙에 배치 ▶ 어린이 놀이터는 통행이 많은 곳에 배치, 폐쇄회로 텔레비전 설치
	경비실	▶ 출입 감시가 필요 지역에 배치, 고립지역에 대한 방범 모니터링 시스템 구축
	주차장	▶ 썬큰, 천창 설치 권장, 가시권 확보를 위한 주차구획, 비상벨 설치, 방문자 주차장 구분, 출입구쪽 여성주차장 배치, 눈부심 방지 조명 설치
	조경	▶ 자연 감시가 용이하고, 숨을 공간이 없도록 계획 ▶ 주거 침입이 없도록 건물과 나뭇가지 사이를 1.5m 이상 이격
	주동 출입구	▶ 영역성이 강화되도록 색채, 조명 등 계획, 야간에 식별 가능한 조명 설치 등
	승강기, 계단	▶ 승강기 출입구의 시인성 확보, 내부 투시형 승강기 설치, 계단실 및 승강기실 앞에 폐쇄회로 텔레비전 설치
	문 / 창호	▶ 현관문 이중 잠금장치 설치, 신문/우유투입구 설치 제한, 옥상 비상구에 폐쇄회로 텔레비전 설치
	설비(배관)	▶ 옥외 설비시설은 창문과 1.5m 이격, 배관은 통행이 많은 곳에 사람이 접근할 수 없는 구조로 설치
단독주택	출입구, 창문	▶ 대문은 도로·통행로에서 직접 볼 수 있도록 계획 ▶ 창문은 시계성 확보를 고려 계획
	설비	▶ 옥외설비시설은 창문과 1.5m 이격 ▶ 전기, 가스 등 검침용 기기는 주택 외부에 설치
	조명	▶ 주택의 좌우뒤편에 보안등(燈) 설치 ▶ 출입문으로 가는 통로에는 유도등의 설치를 권장
일반건축물 (문화 및 집회·교육연구·노유자·수련·관광휴게시설)	출입구	▶ 외벽 안쪽에 출입구를 두는 경우에는 둔각으로 계획 ▶ 상업 / 업무용 건물의 출입문창문은 침입 방어 성능 제품 사용
	주차장	▶ 주차구획은 사각지대가 없도록 계획, 차로 / 주차구획 감시용 폐쇄회로 텔레비전 설치, 비상벨 설치
	조명	▶ 지하주차장은 눈부심 방지용 조명 설치 ▶ 10m 거리에서 야간에 식별 가능한 조도 확보 ▶ 주차장 또는 진출입의 벽/천장은 반사용 페인트 등
상가(편의점)	배치	▶ 건물(점포) 정면은 시야가 확보되도록 배치
	출입구, 창문	▶ 창문 / 출입구에 시선을 감소시키는 필름, 광고물 등 설치 금지, 카운터는 외부 시야가 확보된 위치에 계획
	부대시설	▶ 출입구 및 카운터에 폐쇄회로 텔레비전 시스템을 계획 및 보안시설 표지판 설치 ▶ 관할 경찰서와 연결 가능한 무음 경보시스템 설비 구비
준주택 (고시원, 오피스텔 등)	출입구	▶ 무인출입통제시스템 또는 경비실 설치 ▶ 폐쇄회로 텔레비전 시스템 설치 ▶ 출입문은 외부 침입 방어 성능 제품 사용
	내부계획	▶ 다른 용도와 복합 설치 시 별도 출입구 설치 권장 (오피스텔은 오피스텔 건축기준에 따름)

절된 외벽구조(수공간, 선큰 등) 계획, 옥외 배관 덮개 설치, 일정높이(1.5m) 이하의 수목식재 계획 등 건축물의 내·외부 설계기준을 제시하고 있다. 특히, 공동주택의 경우에는 주출입구에 바닥 레벨, 재료 등을 차별화하여 내·외부 영역을 구분하고, 담장은 자연 감시를 고려하여 투시형 담장을 설치하고, 어린이놀이터 등 부대시설은 안전성 확보를 위해 가급적 주민이 상시 감시 가능한 단지 중앙에 배치하고, 경비실에 방범 모니터링 시스템을 구축하도록 하고 있다. 또한, 지하주차장은 자연 채광이 가능하도록 선큰, 천창을 설치하고, 방문자나 여성주차장을 구분하며, 유사시를 대비하여 비상벨을 일정간격으로 설치하도록 하고 있다. 이를 표로 요약하면 <표 6-5>와 같다.

이 가이드라인은 공사입찰·발주, 설계평가나 건축위원회의 설계 심의를 할 때 활용되도록 하였다. 이 가이드라인에 저자는 자문위원으로 참여하여 "건축물의 문과 창문, 방범창살, 잠금장치, 경첩 등이 침입방어 성능을 갖춘 인증제품을 설치한다"라는 규정을 삽입하도록 주장하였고 실제로 그대로 반영되었다. 건축물, 특히 주거시설의 경우 대부분의 주민들이 침입범죄를 가장 우려하고 두려워하고 있는데 이를 방지할 하드웨어들의 성능 인증이 전혀 없는 상황인 점을 고려하여 그러한 인증기준과 시험 및 인증된 제품의 보급과 확산이 조속히 실현되는 것을 적극적으로 독려한 것이다. 침입 방어 성능 기준에 대하여는 제8장에서 자세히 논하였다.

(2) 자치조례에 의한 CPTED 디자인 가이드라인(부산시)

부산시의 셉테드 조례(부록 4 참조)에 의해 2014년 1월에 부산광역시 범죄예방환경설계(CPTED) 가이드라인이 마련되었다. 그 골자를 보면 다음과 같다. 국토교통부의 가이드라인과 비교하면 부산시 지침의 경우 상가, 준주택, 일반건축물은 제외되었다. 다음과 같이 아파트, 단독, 다가구, 다세대 주택 등 주거시설만을 다루고 있다. 다만 부산시 특성을 반영하기 위하여 노력한 흔적들이 보인다.

Ⅰ. 총   칙
1. 목   적
2. 적용대상
 2.1. 아파트단지 2.2. 단독, 다가구, 다세대주택 등으로 구성된 주거단지
3. 적용범위
4. 용어의 정의

Ⅱ. 일반적 범죄예방 설계기준
 1. 범죄예방 설계기준 적용 사전검토사항
 2. 자연감시를 위한 설계기준
 3. 영역성 확보를 위한 설계기준
 4. 접근통제를 위한 설계기준
 5. 활동의 활성화를 위한 설계기준
 6. 유지관리를 위한 설계기준

Ⅲ. 아파트단지 설계기준
 1. 단지외부 공간
  1.1. 단지 출입구   1.2. 공원 및 녹지
 2. 부대시설
  2.1. 주차장   2.2. 경비실(관리사무소)   2.3. 담장   2.4. 옥외배관
  2.5. 승강기
 3. 복리시설
  3.1. 어린이 놀이터   3.2. 유치원(보육시설)   3.3 주민운동시설
 4. 주   동
  4.1. 주동 출입구   4.2. 복도·계단   4.3. 세대 내부
 5. 기   타
  5.1. 자전거 보관소   5.2. 분리수거장

Ⅳ. 단독, 다가구, 다세대주택 등으로 구성된 주거단지 설계기준
 1. 주택주변
 2. 출입구 및 창문
 3. 옥외 배관 등
 4. 조   명
 5. 담   장
 6. 골 목 길
 7. 주 차 장

　　부산시청 셉테드 담당자와의 인터뷰 조사를 통해 확인한 결과 부산시 제36차 공공디자인 워킹그룹 워크숍에서 참여한 관계자들은 국토교통부 가이드라인의 경우 적용대상이 한정되어 있어서 여기에 들어가지 않는 기준은 어떻게 해야 하는지 고민하였고, 건축법의 분류처럼 주거지역, 공업지역, 상업지역으로 용도별 또는 지역별 규제가 들어가야 된다는 의견을 보였다고 한다. 또한 적용대상을 크게 바꾸어 분류하여 주택부분만 가져가 △공동주택(신규, 기존) △단독, 다가구, 다세대주택 등으로 구성된

재래식 주거단지(산복도로 등)로 분류하기로 하였는데 그 이유는 부산시민들이 거주하는 주택이 가장 중요한데 65%를 차지하는 공동주택과 단독, 다가구 주택 등 도시생활 주택이 다 포함되어야 하기 때문이었다.

부산시는 부대시설과 복리시설의 명확한 구분을 통해 국토해양부의 선언적 의미인 가이드라인과 차별적인 계획안 수립이 더욱 효과적이고 체계적이라고 판단하였다. 더불어 이 지침에 의해 설계자들이 위원회 심의를 받으러 올 때 지침의 일반적인 원칙에 나타난 부분의 반영 여부를 표기하여 오도록 하였다. 그리고 앞으로 시민들의 호응이 중요하므로 가이드라인을 이해하기 쉽도록 만화 형태의 팸플릿으로 제작하여 시민들에게 배부할 계획이다. 또 가이드라인의 제목 '범죄예방을 위한 환경디자인'의 용어가 조심스러운 면이 여전히 있는데 이는 시민들이 시범사업을 시행했을 때 우리 마을이 범죄가 많이 일어나는 지역인가 하는 불안심리를 야기할 수 있기 때문이라고 설명하였고 보다 나은 제목으로의 개정을 검토 중이라고 한다. 저자도 부산시 셉테드 사업 추진위원으로 참여하면서 그 점을 강조하였는데 범죄환경디자인 사업을 하더라도 범죄라는 용어를 사용하면 해당 지역의 주민들은 불필요하게 과도한 불안감을 갖거나 오해를 할 수도 있기 때문에 시범사업의 구체적인 타이틀은 범죄라는 용어 대신 일반적인 용어 '안전친화 마을(Safe Town)' 등의 용어로 순화할 것을 주문하였다. 아무리 좋은 취지의 사업이더라도 주민들이 호응하지 않으면 사업 추진도 어렵고 참여도 부진하여 성과를 내기 어렵기 때문인 것이다. 아직 범죄라는 용어에 문화적으로 불편감을 많이 느끼는 우리사회의 특성상 다른 도시들도 셉테드 사업을 할 경우에는 사업의 명칭에 범죄라는 용어는 사용을 최대한 피하고 보다 주민친화적이고 편안한 인상을 주는 명칭을 사용하는 것이 바람직하다고 생각한다.

section 05
셉테드 근거 법규 개정의 현실적 영향

실제로 도시 및 주거환경정비법, 도시재정비 촉진을 위한 특별법 등에 의하여 사업시행인가 신청 시 범죄예방대책을 고려하라는 법적 근거가 다음과 같이 생겨나면서 불가피하게 2013년 2월 성북구의 Y구역 주택재건축정비사업을 시행하던 시행사가 정비사업조합을 위해서 범죄예방대책 계획을 수립하고 발표하였다. 이는 도시 및 주거

그림 6-7 수원 세류지구 재정비 구역

출처: cafe.naver.com/joyfulcity/418 참고

환경 정비법(이하 도시정비법) 제28조 2(정비구역의 범죄예방)에서 '2. 순찰초소의 설치 등 범죄예방을 위하여 필요한 시설의 설치 및 관리'와 '3. 그 밖에 주민의 안전을 위하여 필요하다고 인정하는 사항'이라는 항목과 이 제30조 4의 2(사업시행계획서의 작성)에서 '4의 2, 사업시행기간 동안의 정비구역 내 가로등 설치, 폐쇄회로 텔레비전 설치 등 범죄예방대책'이라는 항목, 그리고 도시재정비 촉진을 위한 특별법(이하 도촉법) 제30조의 3(정비구역의 범죄예방)에서 '2. 순찰초소의 설치 등 범죄예방을 위하여 필요한 시설의 설치 및 관리'와 '3. 그 밖에 주민의 안전을 위하여 필요하다고 인정하는 사항'이라는 규정이 탄생하기 전에는 고민할 필요가 거의 없던 부분이다.

물론 이와 더불어 2010년 2월 24일 부산광역시 사상구 덕포동에서 집안에 있던 예비 중학생을 납치·성폭행·살해하고 유기한 이른바 김길태 사건이 발생하고 나서 서울시에서 「정비사업 구역 내 공가 관리 특별대책 시행」(2010.03.22.)으로 정비사업 구역 내 자치구 및 관할 경찰서와 조합이 공조(세부실행계획 수립하여)하도록 하였다.

또 공가 관리가 부실한 조합에 대해서는 행정상 불이익 조치를 하기로 한 시의 강력한 의지가 있었고, 이를 위해 관할 자치구에 특별조치 방안을 시달하여 세부시행계획을 수립토록 하였다. 실행 후에 관리실태를 점검하여 문제점이 도출될 경우에는 제도적 장치를 마련키로 한 것이 보다 구체적인 셉테드 계획을 수립하도록 유도한 계기가 된 것은 사실이지만 이러한 공가 관리 특별 대책 안에 아래와 같은 구체적인 범죄예방 대책이 포함된 것은 바로 개정된 도시정비법과 도촉법에 그러한 법적 근거가 탄생한 것에 기인한다고 할 수 있다.

> ▶ 주민 완전 이주 시까지 주민 통행로, 가로등, 보안등, CCTV 존치
> ▶ 공가 인접 도로의 가로등, 보안등, CCTV 제거 시 복구조치
> ▶ 외부인이 출입할 수 없는 철저한 가설 울타리 설치
> ▶ 공가의 출입구 및 창문 등 완전 밀폐 조치
> ▶ 조합 및 시공사 합동의 순찰조 편성 및 비상연락 체계 구축
> ▶ 관할 경찰서와 공조하여 주기적인 순찰 및 관리강화(위험지역 CCTV 설치)
> ▶ 공가 관리 부실조합에 대해 행정적 불이익 조치 강구
> ▶ 공가 발생 최소화를 위해 주민 조기 이주 장려

　　이로 인해 성북구 Y구역 주택재건축정비사업조합은 이러한 법규 준수를 위해 위 법규와 「성북구, 정비사업 구역 내, 공가관리」 종합대책(2010.04)을 근거로 공가관리 세부방침을 수립하였다. 그 내용은 공가 발생 즉시 관련기관(조합, 행정청, 관할경찰서)과의 관리체계를 구축하여 해당조합에 공가 발생신고를 의무화하고 현장 조사 후 공가 관리카드 작성하며, 안전사고 우려가 있는 건축물에 대해서는 소유자의 동의를 받아 사전철거하거나 즉각적인 조치를 위한 철거예산을 확보하는 등 적극적인 대응체계를 수립하는 것이다. 또한 조합에 대한 공가 관리지도와 범죄예방계획 수립을 의무화하여 집단 공가 발생구역에 대해서는 견고한 펜스 설치를 권고하며 발생된 공가에 대한 알림 표시 강화를 위한 식별표시를 부착함으로써 주변 거주자나 통행인에게 공가 발생사실을 알려 범죄예방에 대한 주의와 경각심을 주는 것이다.

　　성북구 Y구역의 경우 이미 정비사업구역 내 공가 등 범죄요소로 인한 우범지대화(강력범죄, 청소년 탈선) 우려가 있으며, 조합원 이주 시 공동화로 인해 안전 관련 기반시설(가로등 및 보안등)이 철거되며 노숙인, 부랑아 유입으로 인한 급속한 슬럼화와 주변지역의 열악한 주거환경 발생이 우려되는 상황이었다. 나아가 쓰레기 적치와 악취발생, 그리고 빈번한 소규모 화재로 안전 문제가 끊임없이 재기되는 실정이었다. 이에 조합에서는 <그림 6-8>과 같이 대상지에 대한 범죄위험 환경 현황 분석을 실시하였다. 이 지역의 면적은 건축면적(건폐율) 6,179.48㎡(22.67%)에 연면적 99,760.88㎡, 용적률 247.08%이며 제2종 일반주거지역이다. 이 구역의 대지현황 및 주택현황을 볼 때 대부분의 주택들이 노후화된 상태로 사업시행 인가 시 폐가 및 공가가 다수 발생할 확률이 높고, 협소하게 분포된 주택으로 인한 주변 음영지역 및 사각지대가 다수 분포하여 이주를 시작하면 구역 슬럼화로 인한 범죄발생 우려가 높은 것으로 파악되었으며, 특히 골목길 및 주택 사이에 폭이 좁아 범죄 및 두려움 발생 우려가 높고 이주 시작

그림 6-8   성북구 Y 구역 위성지도 및 현장주변 사진

사진 설명: 해당 구역의 단독 및 연립 주택, 골목길, 인근 중학교와 초등학교, 그리고 통학로

시에 공공가로에 대한 관리부재로 인해 시야 확보가 불량하며 사각지대가 다수 발생될 것으로 예상되었다. 또한 상대적으로 어린 학생들이 분포되어 있어 아동 성범죄 발생 우려가 있고, 밀집화되어 있는 주변 주거특성상 주변지역의 치안 불안이 야기될 것으로 예측되었다. 교육시설 및 통학로 분석 결과 주택재건축 정비사업지 200미터 이내에 3개 교육기관이 분포되어 있었으며, 특히 A학교는 사회복지 법인으로 정신지체 특수학교 교육기관으로서 특별한 보호 관찰을 요하고 비교적 연령분포가 낮은 유치원, 중학교, 특수학교가 분포되어 있어 범죄에 취약한 지구로 판단되었다.

이에 대한 셉테드 대책으로써 조합에서는 다음과 같이 크게 다섯 가지의 대안을 마련하였다. 이와 같이 셉테드 관련 근거 법조문은 범죄안전에 대해 지역주민과 조합, 행정관청, 관할 경찰이 같이 파트너십을 형성하여 고민하고 대책을 찾아내어 실천하는 데 있어서 중요한 역할을 한다는 것을 알 수 있다.

❶ 지역현황을 고려한 방범/보안등 CCTV 설치 계획 수립 계획안 ▸ CCTV 전문업체의 협의를 통한 최적안의 CCTV 배치계획 수립 ▸ 역촌 1 주택재건축 정비사업 CCTV 모니터링 운영계획안	
❷ 시건 장치 및 무단침입 경고문 사용에 따른 공가 관리 체계 구축	 
❸ 조경관리 및 폐 가구류, 폐기자재 수거, 슬럼화 방지대책 수립 ▸ CCTV나 보행자의 시선의 사각지대를 유발하는 조경 제거 대책 수립 ▸ 폐 가구 및 폐기자재의 지속적인 관리 수거를 통한 범죄요소발생 원천적으로 제거	 
❹ 민·관·공 협력순찰 방안 모색 (재개발 구역 '합동순찰'실시) ▸ 다양한 주체의 순찰 협력체계 구축 모색(주민, 조합, 행정청, 경찰청의 적극적인 범죄 예방 의지 필요)	
❺ 폐, 공가 관리계획 수립(폐, 공가 카드를 통한 지속적인 관리)	

CPTED 안전도시 조성의 첫 단계
: 범죄위험평가

section 01
개관

section 02
위험, 위험관리 및 위험평가

section 03
범죄위험평가 모델

section 04
평가모델에 의한 범죄위험평가의 실제

section 05
범죄위험평가의 유용성 및 주의점

개 관

2013년 1월 9일자로 국토해양부 '건축물 범죄예방설계 가이드라인'을 통해 최근 범죄가 많이 발생하거나 발생이 우려되는 단독주택, 공동주택(500세대 이상), 문화 및 집회시설, 교육연구시설, 노유자시설, 수련시설, 관광휴게시설, 편의점, 고시원·오피스텔에 대한 방범환경설계 지침을 발표하였고 급기야 2014년 4월 건축법 개정으로 그 지침이 법적 의무가 되기에 이르렀다. 그리고 2013.12.30.에 국토해양부에서 공원 조성을 계획할 때 반드시 범죄예방계획수립을 의무화하고, 도시공원의 범죄예방 안전 기준 마련을 주요 내용으로 하는 「도시공원 및 녹지 등에 관한 법률 시행규칙」이 개정되어 2014년 1월부터 시행되고 있다.

이러한 셉테드의 제도적 기반이 마련되어 가는 단계에서 시행규칙이나 실제 이러한 사업들이 경찰, 중앙부처 그리고 자치단체 단위에서 실천되기 위한 보다 구체화된 가이드라인과 매뉴얼 체계가 개발되고 제시되는 것이 시급한 상황이다. 더욱이 이러한 법제도화의 주요 내용에 CPTED에서 가장 중요한 단계이자 절차인 지역적 특성과 맥락으로서의 범죄위험평가 혹은 범죄영향평가 시스템을 포함하지 않고 있다. 이럴 경우 건축가나 조경설계 전문가의 설계자유도를 크게 제한하는 문제는 차치하더라도 비용효과적이고 적절한 CPTED 프로그램이나 사업의 기획과 계획이 이루어지기 힘들고 지역별, 시설별, 환경별 범죄 및 공포 관련 위험도나 위험의 특성을 고려하지 않은 채 다소 천편일률적인 도시설계나 건축물 디자인 지침만 적용하도록 강요하는 꼴이 될 공산이 크다.

'Context is Everything!'이라는 명제는 CPTED가 일률적으로 적용되는 것을 경계해야 한다는 격언으로서 세계적으로 CPTED 실무 분야에서는 가장 주의해야 하는 불문율로 자리 잡은 지 오래다. 따라서 영국, 미국, 네덜란드, 호주, 캐나다 등 CPTED를 체계화 및 제도화한 국가들은 예외 없이 CPTED 실행의 가장 중요한 첫 단계에서 범죄위험평가(crime risk assessment 또는 다른 이름으로 범죄영향평가[crime impact assessment])를 실시한다. 일정한 지역, 타운, 지구단위 등의 지리적 공간에서 CPTED를 추진하기 때문에 그 개발 또는 재생, 정비 사업을 추진하는 대상지가 갖고 있는 그 곳만의 특성, 그 중에서도 특히 범죄라는 위험이 갖고 있는 특성과 원인이 되는 각종 사회경제적, 물리적, 지리적, 장소적, 인구학적 환경 변수가 구체적으로 무엇이고 나아가 범죄라는 각종 사건(event)의 발생으로 인한 지역적 영향(consequences) 수준이 어느 정도인지에 따라서 CPTED 사업의 규모, 시기, 예산, 방법론 등 관련한 계획 내용이 크게 달라질 수 있기 때문에 가장 중요할 수밖에 없는 것이다.

역으로 생각해보면 충실하고 적절한 범죄위험평가 과정을 거치지 않고 CPTED의 기본 디자인 전략이나 기법들만 천편일률적으로 적용하려 한다면 CPTED가 정작 필요한 장소에 필요한 기법들이 제대로 적용되지 못하고 즉, 소위 가려운 곳을 긁어 주지 못하고 세금을 낭비하게 되는 비효율적인 행정이 이루어질 개연성이 크다. CPTED는 그 성격상 적지 않는 경제적 비용을 요구하기 때문에 초기에 충분한 분석과 평가가 없이 잘못 적용하게 되면 고비용 저효율 투자로 인해 비용효과성이 떨어져서 예산 낭비의 지적과 비난을 피하기 어려운 상황을 접하기 쉽다.

이는 범죄라는 사회경제적 비용을 저감하기 위해 도입하는 좋은 시스템이자 프로그램인 CPTED가 범죄를 제대로 저감시키지도 못하면서 도리어 사회경제적 비용 부담만을 가중시키는 결과를 초래하게 되는 것이다. 이러한 CPTED의 실패나 비효율을 방지하기 위하여 범죄위험평가는 초기 단계에서 최대한 종합적이고 체계적으로, 그리고 구체적으로 이루어져야 한다.

여기서는 이러한 CPTED 차원의 범죄위험평가의 개요와 방법론, 그리고 그 체계를 이해하기 위하여 위험에 대한 기본 개념, 위험관리 프로세스에서 위험평가의 위치와 역할, 범죄위험평가 모델, 평가모델에 의한 조사평가의 적용 예시 등을 설명하고 논하고자 한다.

---

section 02
위험, 위험관리 및 위험평가

1. 개요

O'Mally & Hutchinson(2008: 373–389) 등 세계적인 위험(Risk) 학자들은 많은 연구에서 위험이 1990년 중반 이후 범죄의 예방 및 통제에 있어서 세계적으로 3대 트랜드가 있는 것으로 확인해 주었다. 즉, '① 통계 및 회계(actuarial)에 기반한 예방 기술에의 의존 심화, ② 경찰과 정부의 수준을 벗어나는 수준에서 범죄예방에 대한 거버

넌스 네트워크(governance network)의 확장, ③ 기존의 억제, 교정, 사회학적·심리학적 범죄원인론 중심의 범죄예방 모델에서 상황적 기회 저감과 CPTED 등 디자인에 의한 범죄위험 저감 모델로의 전환'이라는 3대 경향이 명확히 드러난 것이다. 특히 통계 및 회계(actuarial)에 기반한 예방 기술에의 의존 심화 현상은 위험에 대한 계산 접근방식(risk calculation)으로서 전통적으로 '알려진 정량(known quantities)'적 위험평가 방식으로서 발생한 사건 빈도, 계측 가능한 손실 데이터, 관리가능성 등을 중심으로 접근한다(Park 외, 2012 재인용).

넓게는 한 지역에서의 빈도 높고 우려스러운 노상 범죄(street crime) 위협, 2005년 런던에서 발생한 7. 7 테러, 체르노빌 원자력 핵 유출사고와 같은 인적 재난 위협, 좁게는 한 주택가 주거공간에서 지속적으로 발생하는 침입절도나 차량 털이와 같은 생활침해 범죄라는 위험은 그로 인한 피해를 최소화하기 위해 사전, 즉시 또는 사후에 관리되어야 한다. 이런 차원에서 위험관리(risk management)는 하나의 기술이자 패러다임으로서 그 중요성이 날로 증가하고 있다(박현호, 2007).

이러한 맥락에서 여기서는 위험 및 위험관리의 개념과 위험과 관련한 다른 용어들에 대한 정의, 그리고 위험의 유형을 논하고 핵심 부분인 CPTED 적용을 위한 체계적 범죄위험평가의 개념과 과정, 유형과 기법 그리고 위험평가 및 기법의 선택에 영향을 미치는 요인을 설명하였다.[1]

2. 위험 및 위험관리의 이론적 배경

(1) 위험(Risk)의 개념

위험을 나타내는 용어들의 공통적인 의미는 손해(harm)나 손실(loss)이 발생할 가능성, 결과의 심각성(severity), 그리고 불확실성(uncertainty) 등을 의미하여 따라서 위험이란 '손해 혹은 손실을 초래 할 수 있는 위태로운 사건이 발생할 가능성'을 의미한다. 따라서 기본적으로 「위험(risk)＝사건이 발생할 확률(probability)×결과의 심각성(severity)」이란 단순한 방정식으로 해석될 수 있을 것이다(Hess, 2009).

위험(risk)의 보편적인 개념은 대부분 사람들에게 익숙한데 위험이란 발생시기와 그 정도 면에서 예측 가능한 위협(forseeable threats)을 말한다. 국제적인 기준인

---

1 제2절은 형사정책연구원의 협동연구(박경래 외, 2012)에 저자가 참여하여 집필한 부분을 수정, 보강, 편집, 요약, 재해석 등을 통하여 가공하였음을 밝힌다.

ISO[2] Guide 73 Risk management−Vocabulary(위험관리 용어), ISO 31000 위험관리, 호주의 AS/NZS 4360: 2004 Risk Management를 포함한 다양한 문헌에서 위험은 '많은 분야에서 사건의 발생 가능성(Likelihood: L)과 그 사건으로 인한 결과 또는 영향(Consequences: C)의 조합'으로 정의되고 있다(박현호, 2007).

그림 7-1 위험 = 발생가능성×결과(영향)

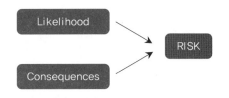

여기서 발생가능성(L)은 발생의 빈도(frequency)나 확률(probability)을 의미하며, 결과는 영향(impact)이라는 개념과 유사하다. 위험의 결과는 생명의 상실, 신체의 손상, 사실상의 손실, 생산의 차질, 판매기회의 감소, 명성(reputation) 또는 이미지(image)의 훼손, 상해, 법적 책임, 재산 피해 등을 포함한다(Hess, 2009). 물론 캐나다의 Q850과 같은 표준에서는 확률과 영향이라는 개념 외에 인식(perception)이라는 개념을 추가하여 위험을 설명하기도 하지만 이 두 가지 개념이 위험으로 보편적인 구성요소로 보고 있는 것으로 판단된다.

위험과 유사한 개념으로서 위태, 불확실성, 위기 등이 있다. 위태(hazard)란 예상되는 손해의 발생빈도나 강도가 높아질 수 있는 상황이나 사건을 의미하는데 예를 들어 잘못 설계된 계단에서는 위태한 상황(situation), 즉 위험요소에 직접 노출되는 것(잘못 설계된 계단을 이용하는 것)과 위태한 사건(event), 즉 위태로운 상황에 노출된 결과가 해를 주는 것(계단에서의 낙상)으로 구분될 수 있다. 또한 불확실성(uncertainty)이란 위험이 존재한다는 사실은 인식한다고 해도 언제, 어떻게, 어느 정도로 손해가 발생할지에 대해서는 정확히 예측하기가 힘들고 손해의 정도나 심각성에 대한 예측도

---

2 ISO는 모범적인 사회 시스템, 상품 및 서비스의 국제적 교환을 촉진하고, 지적, 과학적, 기술적, 경제적 활동 분야에서의 협력 증진을 위하여 세계의 표준화 및 관련 활동의 발전을 촉진시키는 국제기구로서 최근에는 사회적 책임(social responsibility), 사회안전(societal security), 에너지 경영시스템 등 시스템 표준 개발로 국제적 기여를 활발히 하고 있다.

쉽지 않은데 이러한 불확실성은 매우 주관적 경험으로서 지각의 크기는 각 개인의 위험에 대한 지식과 태도에 달려 있다. 한편 위험과 위기는 또 다른 차원에서 구분되는데 위험(risk)은 불확실한 상황에서 손해가 발생할 가능성을 의미한다면 위기(crisis)는 그 위험이 구체적인 현실로 나타난 것을 말한다. 즉, 위험은 사전예방을 강조하고, 위기는 사후대책을 강조하는 경향이 있다(박미은, 2010). 따라서 셉테드의 경우 범죄위협에 대한 사전예방의 성격이 강하므로 범죄위험이라는 용어가 적절하다고 볼 수 있을 것이다.

(2) 위험관리(Risk Management) 이론

1) 위험관리의 개념

전반적으로 위험관리는 각종 위협으로부터 조직, 기업, 사회를 보호하기 위해 이해관계인의 의사결정상의 신뢰성 있는 기준을 설립해주고, 효과적인 자원의 배분, 운영의 효율성을 제고하며, 사건·사고를 시의성 있게 대응 및 관리하며, 실수와 문제의 재발을 방지하기 위한 조직의 학습역량 및 회복력을 향상시키며, 전반적인 사회경제적 손실을 최소화(minimization)하기 위한 사회안전 경영시스템으로 이해될 수 있다(박현호, 2007b). 위험관리는 자산 보호, 손실 예방, 현대적인 조직들의 운영상의 생존, 사업 지속 등의 목적을 위한 기본적인 전제 조건과 같은 중요한 경영 또는 행정 환경의 유지 보존이라는 맥락에서 서로 관련성이 깊음을 강조하고 있다(Ortmeier, 2002).

위험관리와 관련된 국제적 표준으로는 ISO 31000 Risk management, ASNZS 4360 Risk management, 일본의 JIS Q 2001 Guidelines for development and implementation of risk management system, 캐나다 CAN/CSA Q850 Risk management: Guideline for decision—makers 등이 있다(Park 외, 2012). 이 중에서도 국제표준으로 가장 보편적으로 사용하는 것은 ISO 31000이다. 따라서 여기서는 주로 ISO 31000 위험관리 표준을 기준으로 위험관리 기법을 논하였다.

2) 위험관리의 과정

국제표준인 ISO 31000 Risk Management는 세계적인 위험전문가들이 다년간 연구와 논의를 거쳐 2009년에 제정된 국제표준으로서 모든 수준의 공공기관, 민간, 산업 조직들에게 적용 가능한 행정 및 경영시스템이다. ISO 31000에 의하면[3] 모든 수준의 조직에게 필요한 위험관리의 설계, 실행, 그리고 유지를 위한 일반적인 가이드라인을 제공한다.

　길거리 살인, 침입 강·절도와 같은 당장 다루어야 하고 범사회적으로 해결해야만 하는 범죄 현안 문제 등 각종 사회안전의 위협(threats) 요소들을 위험관리 차원에서 다루기 위해서는 <그림 7-2>와 같이 ISO 31000이 권장하는 원칙과 프레임워크, 그리고 프로세스를 준수해야 한다. 즉, 미래적으로 예측되는 위협에 대해 모든 의사결정 과정에서 중요한 요소로 고려하며, 최상의 정보에 기초하여 체계적, 구조적, 시의적으로 이를 분석하고, 여러 가지 사회경제적, 인구학적, 지역적 변수들을 검토하고, 투명하고 폭넓게, 역동적으로 위협요소 변화에 대응하며, 지속가능성 있게 위험을 관리해야 한다는 원칙 아래 위험관리의 프레임워크를 설계 및 실행하고, 이를 검토하면서 지속적으로 그 프레임워크를 발전시켜 나간다는 틀을 가지고, 위험관리 프로세스를 준수해야 한다(Park 외, 2012).

　위험관리 순서는 전반적인 기획 및 설계에 대한 사회적, 경제적, 정치적, 문화적, 지역적, 법적 환경과 맥락을 설정한 후, 범죄문제 등 위험을 발견 및 확인하고, 그러한 위험의 유형, 발생 빈도 및 가능성, 원인과 특성 및 규모, 위험의 긍정적/부정적 영향, 위험

그림 7-2 ISO 31000의 위험원칙, 틀, 프로세스 개념도

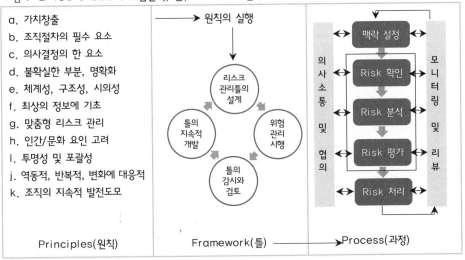

출처: ISO 31000 Risk Management

---

3 International Stnadard Organization (ISO) ISO 31000 catelogue. www.iso.org 참고

의 처리 방법 등에 대해 조사분석 및 평가한 후, 그러한 위험을 처리·대응(treatment)하는 방법을 결정하는 것이다(Park 외, 2012). 여기서 위험 처리의 방법은 회피, 전달, 경감, 제거, 전가, 공유 등 다양하다. 이때 그러한 과정에서 각 이해관계인 간의 의사소통 및 협의, 모니터링과 검토가 지속적으로 수반되어야 효과적인 위험관리가 가능하다.

3. 범죄 위험평가

(1) 위험평가와 범죄위험평가

위험관리의 과정에서 위험평가(risk assessment)는 위험의 영향을 제대로 이해하고 발생할 가능성을 파악하며 위험의 발생 가능성을 줄이기 위한 조치로서 위험이 미칠 영향을 예측할 수 있게 해주는 과정이다. ISO 31000에서는 위험평가란 '위험 확인, 위험 분석, 위험 측정의 전반적 프로세스(overall process of risk identification, risk analysis and risk evaluation)'라고 정의하고 있다.

따라서 위험평가에서 위험에 대한 계측을 통한 미래의 예측이라는 것은 위험을 관리하고 통제해야 하는 이해관계인들(또는 이해관계 기관들)이 한정된 인력, 예산, 장비 등 자원(resource)을 합리적이고 체계적으로 배분하고 활용하기 위한 의사결정을 지원하는 일종의 시스템이라고 볼 수 있겠다(Park 외, 2012 및 박경래 외, 2012).

가령 셉테드의 경우 한 지역에서 지속 발생하는 범죄라는 위험을 관리 및 통제하기 위해 한정된 자원(지자체 환경개선 예산과 인력 및 행정력, 경찰 순찰역량, 시민방범대 인력, 자원봉사 요소 등)을 투입해서 범죄 및 두려움 저감 효과를 높이기 위해 구체적인 범죄위험 요인에 대한 분석을 통해 현재 또는 미래 범죄위험의 특징과 수준을 최대한 정교하게 측정하고 평가해야 한다. 이를 통해 현재 또는 미래에 투입할 자원의 수준과 옵션들이 보다 경제적이고 합리적으로 선택될 수 있다.

따라서 CPTED의 첫 단계인 범죄위험평가는 범죄위험을 관리해야 하는 이해관계인들이 한정된 예산, 인력 등 자원을 합리적으로 배분하고 활용하기 위한 우선순위 의사결정을 돕는 '위험측정시스템'으로서 범죄와 두려움 등 범죄위험 정도(Crime Risk Level: CRL), 발생지점(Crime Generating Spots: CGS), 그리고 그 유발요인(Crime Generating Factors: CGF)이라는 3대 요소를 구체적이고 체계적으로 조사·분석하는 것이다.[4]

---

[4] 조영진·김서영·박현호(2017년 초 발간 예정) 효과적인 CPTED를 위한 범죄위험평가의 도구 및 항목, 치안정책연구 제30권 제3호.

그림 7-3 CPTED 범죄위험평가의 3대 요소

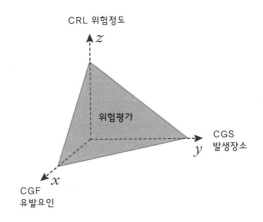

(2) 위험평가의 유형

활용 방식과 범죄 위험평가의 유형들에 따라서 적용되는 위험평가 지표들은 달라진다. 즉, ISO 31010 등 국제적인 기준에 따른 위험평가의 경우에는 범죄특성, 사회인구학적 특성, 물리적 특성 등 발생가능성 값과 사회경제적 영향 등 결과/영향 크기 값이 모두 필요한 접근방법이다. 반면 지역 경찰의 방범 프로그램에서 사용하는 위험평가에서는 주로 범죄 특성을 나타내는 지표들만으로 구성된 발생가능성 범주만으로 위험평가를 할 것이다. 나아가 지역공동체 방범 파트너십에서는 경찰 외에 자치단체 및 다른 공공기관 및 단체들이 참여하면서 범죄특성지표 외에 사회인구학적 지표, 경제적 지표, 그리고 물리적 지표 등도 위험평가에 반영하는 방식이 세계적인 경향으로 판단된다(예를 들면 영국의 Community Safety Partnership의 crime audit, 호주 NSW의 환경계획평가법에 의한 범죄영향평가, 미국의 문제지향경찰활동[POP] 전략의 SARA 모델 등).[5]

한편 학술연구를 위한 위험평가는 결과나 영향 값은 배제한 채 주로 사회경제적, 인구학적 지표와 물리적 또는 상황적 지표들만으로 위험평가가 이루어지고 이를 범죄특성이 되는 지표들과의 상관관계를 통계적으로 검증한다. 또한 전문회계기업 등에 의한 컨설팅 서비스 등 상업적인 활용을 위한 위험평가 접근방식이 있다. 이러한 위

---

5 박경래 외, 2012

험평가 분석 방법은 의뢰하는 고객의 니즈와 요구사항에 맞추어 지표들을 취사선택하여 분석하는 것이다.

(3) 위험평가의 기법

국제표준 ISO/IEC 31010 Risk management-Risk assessment techniques(위험관리-위험평가 기법)에 따르면 위험평가 기법은 다양하며 체크리스트, 리스크 매트릭스, 확률적 위험도 분석, 브레인스토밍, 인터뷰 등이 대표적이다.

위험평가 체크리스트는 기존의 위험평가의 결과 또는 과거 실패의 결과로서의 경험으로부터 수집되는 위험 요인들의 리스트이다. 또한 체크리스트 방법은 과거에 경험했던 위험의 원인, 요인, 대상, 유형 등을 수집하여 체계적으로 분류 및 정리하여 이를 기반으로 현재 또는 미래의 위험요인을 예측 및 인지하는 방법론으로 위험인지 및 예측 방법론으로 가장 보편적으로 활용되고 있다(김태환, 2000). ISO/IEC 31010 모델에 의한 체크리스트 기법의 과정은 먼저, 활동 및 작업의 범위를 규정하고, 그 범위에 대응하는 과거의 정보 데이터 관련 리스트를 작성한다. 이후 리스트에 있는 항목들의 값을 구하기 위한 관련 자료를 수집하여 분석하는 것이다(Park 외, 2012).[6]

그림 7-4 **위험평가 매트릭스**

Risk		Potential Consequences				
		Insignificant	Minor	Moderate	Major	Catastrophic
Likelihood	Rare	Low	Low	Moderate	High	High
	Unlikely	Low	Low	Moderate	High	Extreme
	Possible	Low	Moderate	High	Extreme	Extreme
	Likely	Moderate	High	High	Extreme	Extreme
	Almost Certain	High	High	Extreme	Extreme	Extreme

출처: ISO 31010 위험관리 - 위험평가 기법

6 체크리스트 기법의 장점은 리스트가 적절히 설계가 되면 매우 광범위한 변수와 요인들이 사용이 용이한 평가 시스템으로 조합 및 구축되며, 일상적인 문제나 쟁점 관련 변수들이 누락되지 않고 망각되지 않게 도와준다는 점이다. 그러나 위험의 발견이나 확인을 위한 상상력을 저해하고, 알려지지 않은 변수는 배제하고 오로지 알려진 위험 변수들만을 포함시키는 경향이 있으며, 고착화된 표에 체크 표시만 하도록 유도하고, 주로 관찰기법에 의존하여 보이지 않는 변수나 속성을 빠뜨릴 가능성도 있다는 점이 단점으로 지적된다(ISO/IEC 31010).

또한 ISO/IEC31010과 JIS Q 2001에서 제시하는 리스크 매트릭스(risk matrix: 결과 확률 매트릭스[Consequences/Probability matrix]라고도 함)가 위험분석에서 널리 활용된다. 즉, 위험의 크기(risk level)는 발생가능성(likelihood)과 영향(consequences)의 크기에 의해 결정된다는 점을 기초로 측정되는 정량적 방법이다. 5*5(25개 블록)의 매트릭스를 주로 사용하지만 3*3 또는 4*4 매트릭스도 흔하게 사용되고 있다. 각각의 블록 안에 있는 위험들은 같은 수준의 위험이라고 가정할 수 있다. 또 몇 개의 블록이 그룹핑될 수도 있음을 알 수 있다.

그러나 매트릭스 분석 방법도 순수 정성적인 매트릭스 방식와 순수 정량적인 매트릭스 방식, 그리고 하이브리드(hybrid) 매트릭스 방식으로 구분되는데, 정성적인 방식은 설명 또는 정성적인 척도로 블록을 정의하는 방법이고, 정량적인 방식은 양적인 척도로 블록을 정의하는 방법이다.

정량분석으로서 확률적 위험도 분석(Probabilistic Risk Analysis: PRA)도 많이 사용한다. 이는 불확실성을 야기하는 위험변수의 확률분포를 가정하여 결과변수의 확률분포와 누적확률분포를 통해 불확실성을 계량화하는 모형(US. DOT 1996)으로서 난수와 시뮬레이션으로 각종 리스크가 발생하는 상황을 분석하는 기법이다(김민수 외, 2009).

(4) 위험평가 및 기법의 선택에 영향을 미치는 요인

다만 위험평가는 분석하고자 하는 문제와 방법의 복잡성, 평가하려는 항목과 변수와 관련된 가용 정보와 데이터의 양과 질, 평가의 성격과 불확실성의 정도, 평가하는 전문가의 전문성 수준, 평가에 소요되는 시간 및 공간적 자원 한계, 정량적 분석의 용이성 등에 따라서 위험평가의 수준과 기법의 선택이 달라지게 된다(ISO/IEC 31010). 즉, 위험평가는 분석 대상인 문제가 간단하고 분석 방법이 체계적일수록, 평가 항목과 변수를 위한 자료의 양과 품질이 많고 좋을수록, 평가의 불확실성이 낮을수록, 평가자의 전문성이 높고 평가에 소요되는 시간 및 공간의 자원이 많을수록 정량적 분석이 용이할수록 보다 정확해지고 엄격해질 수 있다(Park 외, 2012).[7]

---

7 반대로 분석 대상인 문제가 복잡하고 분석 방법이 조잡할수록, 평가 항목과 변수를 위한 자료의 양과 품질이 부족하고 부실할수록, 평가의 불확실성이 높을수록, 평가자가 초보자이며 평가에 소요되는 시간이 부족하고 정량적 분석이 어려워 정성적인 분석에 의존할수록 보다 부정확해지고 부실해

section 03
범죄위험평가 모델

1. 범죄위험평가 모델링

(1) 평가 모델링 접근방법

범죄위험도 평가 모델은 다양하지만 크게 보면 2가지 차원에서 접근할 수 있을 것이다. 즉, 1차적으로는 미국의 CAP Index 지역 범죄위험 예측 프로그램 (http://capindex.com 참고)에서 제시하는 모델이다. CAP Index의 Crime Cast는 미국과 캐나다, 영국 등에서 각종 공식 지표 통계(범죄[FBI Uniform Crime Report, 지역경찰 자료, 고객손실보고서, 범죄자조사, 범죄피해자조사 등], 인구 및 인구유동성 자료, 교육통계 자료, 주택 자료, 경제 자료 등)들을 컴퓨터로 계측하여 거시적인 지역부터 매우 미시적인 장소별 범죄위험도 수준을 다양한 시간 단위(과거, 현재, 미래)로 평가 및 예측하여 제시해주는 서비스를 제공하고 있는 전문 기업이다.[8]

보다 정교한 범죄의 평가와 예측을 위해 범죄학자, 통계전문가, 지리학자, 보안 전문가 등이 모인 분석팀이 다양한 알고리즘을 개발하여 위험도를 평가하고 있다. Crime Cast의 위험평가 자료는 일반 기업, 보험사, 법원의 전문가 증언, 컨설팅 회사, 부동산, 사업보안기업, 리스크매니지먼트 사, 로펌 등에서 주로 활용한다고 소개되고

그림 7-5 Cap Index사의 범죄위험 평가 및 예측 모델

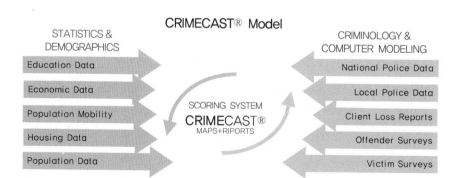

질 수 있기 때문에 평가를 위한 계획과 설계가 주의 깊고 적절하게 이루어져야 한다.
8 제3절은 형사정책연구원의 협동연구(박경래 외, 2012)에 저자가 참여하여 집필한 부분을 수정, 보강, 편집, 요약, 재해석 등을 통하여 가공하였음을 밝힌다.

있다(capindex.com).

Crime Cast의 범죄 위험평가 방법론은 발생가능성(L) 범주의 지표 값만을 분석 및 산출하고 이를 단순 합산하여 가중치를 부여하고 전국(주 또는 자치 카운티)의 평균 값 100을 기준으로 0~2,000까지의 위험도를 표출하는 방식이다. 예를 들어서 특정 가로의 위험값이 845일 경우 전국(구)보다 8.45배 더 위험하다고 측정 및 해석하는 방 식을 말한다. 따라서 0일 경우에 가장 안전하며 1,600의 경우 16배 더 위험한 것으로 해석된다.

그림 7-6 Cap Index에 의한 특정 공간의 범죄위험도 프리젠테이션

CRMECAST® Premium

1:3 Site Report Map
Tuesday, May 17, 2011

CAP Index, Inc.
St Louis Gateway Arch
351 Chestnut St
St Louis, MO 63102
Lat: 38,6251, Lon: _90.186

This Site's National GAP Index

695

Currnt Scores(2011)	National	State	County
CAP Index	695	952	237
Homicide	746	1011	230
Rape	534	621	290
Robbery	727	1019	235
Aggravated Assault	570	852	238
Crimes Against Persons	632	919	242
Burglary	358	355	161
Larceny	800	949	486
Motor Vehicle Theft	285	428	157
Crimes Against Property	642	765	360

CAP Index	National	State	County
Past-2000	651	791	204
Current-2011	695	952	237
Projected-2016	693	1039	271

CRIMECAST scores range from 0 to 2000 and indicate the risk of crime at a site compared to an average of 100. A score of 400 means that the risk is 4 times the average and a score of 50 means the risk is half the average.

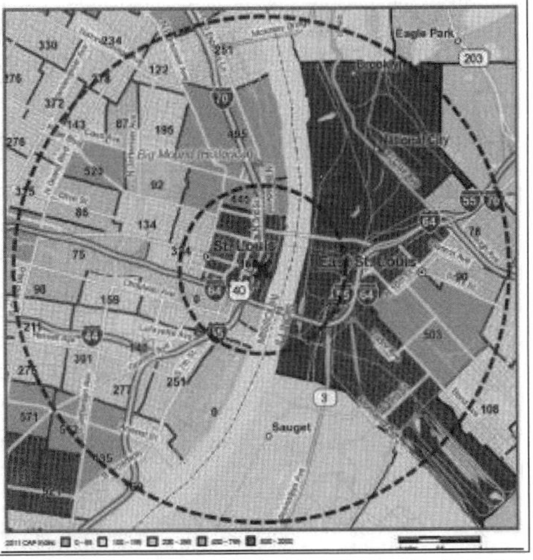

해설: 이 그림에서 위험평가값 결과는 세인트루이스 체스트넛 스트리트의 총 범죄위험도가 전국 평균 대비 6.95배, 주 평균 대비 9.52배, 카운티 평균 대비 2.37배 더 위험한 것으로 보이고 있다. 살인, 강 간, 강도 등 범죄 유형 별로도 상대적 위험도를 보여주고 있다.

2차적으로는 발생가능성(L)과 결과(C)의 값을 각각 측정한 후 리스크 매트릭스에 서 위험도 블록을 결정하는 방식으로 위험수준을 결정하는 것이다(<그림 7-7> 참 고). 최종적 위험도(RL)는 매우 위험(5), 위험(4), 보통(3), 안전(2), 매우 안전(1)으로 평 가되며 최종 평가된 위험 수준에 맞추어 범죄안전 또는 범죄예방 대책이 수립 및

그림 7-7 범죄 위험도 매트릭스

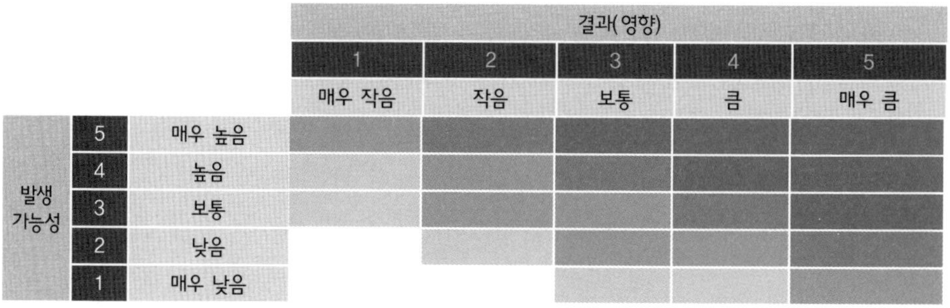

			결과(영향)				
			1	2	3	4	5
			매우 작음	작음	보통	큼	매우 큼
발생 가능성	5	매우 높음					
	4	높음					
	3	보통					
	2	낮음					
	1	매우 낮음					

그림 7-8 범죄위험도에 따른 대책

위험도	구분	평가	대책 수준
5		매우 위험	임시 예산 확보하여 최우선으로 대책 수립 및 시행
4		위험	해당 연도 예산 범위에서 우선적으로 대책 수립 및 시행
3		보통	단기 대책 수립, 시행
2		안전	중장기 대책 수립, 시행
1		매우 안전	단순히 검토 및 모니터링 지속

시행되어야 한다. 즉 범죄안전 대책 수준도 위험도에 대응하여 '① 임시 예산 확보하여 최우선으로 대책 수립 및 시행, ② 해당 연도 예산 범위에서 우선적으로 대책 수립 및 시행, ③ 단기 대책 수립 및 시행, ④ 중장기 대책 수립 및 시행, ⑤ 단순히 검토 및 모니터링 지속'의 순 등으로 이루어지는 방식이다(<그림 7-8> 참고).

(2) 평가 대상 범죄 유형

평가 대상 범죄는 셉테드에 관한 유럽표준 EN14383과 한국표준인 KS A 8800[9]에서 제시하는 길거리 범죄(street crime)가 주로 제시된다. 이 두 표준에 의하면 도시의 생활안전을 위협하는 길거리 범죄는 살인, 강도, 절도, 폭력(성폭행 포함), 방화, 유괴/납치, 파손(vandalism) 등 7대 범죄이다. 안심 요소 그리고 실질적 위험으로서의 범죄 두려움(fear) 지표의 경우에도 이와 같은 대표적인 주민 생활 침해형 범죄의 발생과 그로 인한 피해(자신이나 가족 등)에 대한 우려와 발생 가능성에 대한 인식을 조사한다.

9 유럽표준 ENV 14383-2와 UN의 국제범죄피해조사(ICVS)조사항목, 경찰청 5대 범죄, 형사정책연구원 한국범죄피해자조사 항목 등에서 다루는 대표적 생활안전 침해범죄를 근거로 재구성한 것이다.

2. 범죄 위험평가 체크리스트와 평가지표

(1) 체크리스트의 틀과 평가지표

한국형사정책연구원(KIC)의 2012년 연구(박경래 외)에서 주거지역 범죄위험평가 모델링을 통해 발생가능성(L) 값과 영향 크기(C) 값을 산출하기 위해서 발생가능성과 영향 크기를 결정하기 위한 지표들로 구성된 체크리스트를 완성하였다. 세부 평가지표들은 범죄학자, 경찰학자, 사회학자, 도시공학자, 보안전문가, 심리학자 등 다양한 전문가들이 참여한 연구팀에서 관련 문헌 분석과 브레인스토밍 등을 통하여 도출하였다.[10]

이렇게 도출된 최종 위험평가 체크리스트의 틀은 <표 7-1>과 같이 발생가능성 범주 아래 범죄특성 지표 4개, 사회인구학적 특성 지표 10개, 물리적/상황적 특성 지표 9개 등 23개 지표들로, 그리고 결과/영향 범주에서는 사회경제적 영향 지표 2개와 심리적 영향 지표 1개 등 3개 지표들로 모두 합하여 26개 지표들로 구성하였다.

구체적인 지표들의 평가기준과 측정 방법들은 이후에 연구 진행과정에서 세분화 및 구체화되었다. 예를 들면 물리적/상황적 특성 지표 중 감시 지표의 평가기준은 창호 면적 및 투과성, 보안등 연색성(백색등 비율) 및 등 간 간격, 담장 투과성, 골목길 복잡성으로 인한 가시성(상하좌우 굽은 정도), 가로시설물의 자연감시 방해 정도와 같이 CPTED의 여러 자연 감시 원리들과 관련한 설계나 관리 기준들과 조도계, 비율(%) 등의 측정방식에 의해 평가하였다. 이렇게 평가된 지표값이 개별 지표의 위험 값이 되는 것이다.

(2) 평가지표의 선정 방식

한국형사정책연구원 2012년 연구(박경래 외)에서는 사회해체이론, 일상활동이론, 상황적 범죄예방이론, 집합효율성이론, 범죄예방환경설계(CPTED) 이론과 CPTED의 국제적 표준인 EN14383 유럽표준 등 매우 다양한 이론과 관련 학술문헌들, 예를 들면 Wilcox et al.(2003), Hirschfield와 Bowers(1997) 등이 체크리스트 항목 설정에 활용되고 적용되었다. 전형적인 범죄위험도 평가지표인 범죄의 공식통계 자료에서부터

---

10 그리고 결과/영향(consequences)의 크기는 ISO 31010 위험평가 기법에서는 경제적 비용 외에 지역의 명성과 이미지, 신체적 손상, 지역 환경과 공동체에 미치는 장기적 영향, 법적 책임 관련한 영향 등 다양하게 제시하고 있는데 지역 명성과 이미지, 지역 공동체에 미치는 거시적, 장기적 영향과 법적 책임 요소들은 측정의 모호성 등이 있어서 제외시킬 수 있다.

표 7-1   범죄위험평가 세부 평가지표 체크리스트

대분류	중분류	소분류	지표 별 평가기준	위험값
발생가능성 (L)	범죄 특성 (4)	인구대비 범죄건수	지난 3년간의 6대 범죄 자료(경찰통계)	
		1만명당 관내 우범자 수	지구대/파출소 단위 우범자 수	
		인구대비 112신고 건수	형사사건 및 일반민원(교통사고, 분실 등)	
		피해경험률	표본집단 내 범죄피해 경험 응답자 비율	
	인구사회학적 특성 (8)	인구밀도	지역 면적 대비 인구주택총조사(2010) 인구 수	
		비경제활동 인구	인구주택총조사(2010) 중 15세 이상 인구 실업자 비율	
		인구 연령 분포	인구주택총조사(2010) 중 20세 미만 인구 및 60세 이상 인구	
		외국인비율	인구주택총조사(2010)의 외국인 인구 비율	
		가족 구성	인구주택총조사(2010)의 1인가구 비율	
		주거 안정성(5년 이상 거주)	인구주택총조사(2010)의 한 곳에서 5년 이상 거주 세대 비율	
		공동체 주민간 결집력 및 친숙도	이웃의 얼굴 인지, 이웃의 일상생활 인지 여부 이웃과의 공동체 생활 여부, 지역사회조직(반상회)참여	
		교육수준	인구주택총조사(2010)의 대졸 이상 인구 비율	
	물리적/ 상황적 특성 (8)	가디언십	인구 대비 경찰관 수, 방범인력(경찰관 제외) 수 공가(빈집) 비율, CCTV카메라 수	
		감시	담장 및 창호 면적 및 투과성 보안등 연색성(백색등 비율) 및 등 간 간격 골목길 복잡성으로 인한 가시성(상하좌우 굽은 정도) 가로시설물의 자연감시 방해 정도	
		접근통제	시설건물 주/부출입구 수, 차량용 차단기 설치 방범창 설치 여부 및 견고성 출입문 시정장치, 침입경보 및 출입 감시장치 등 저층부(1~2층) 각종 배관	
		활동성 촉진	통행인 수, 주변 공원 이용자 수	
		유지관리	쓰레기, 낙서 및 광고/전단지, 깨지거나 파손된 시설물 비율	
		부정적 토지이용	산업체총조사(2005) 중 숙박 및 음식점업체 비율	
		주택유형	인구주택총조사(2010) 아파트, 단독주택 비율 및 다세대 비율	
		지역의 노후도	인구주택총조사(2010) 중 1979년 이전 건축한 주택의 비율	
영향 (C)	사회경제적 영향 (2)	범죄예방 비용(경보기 구입등) 범죄피해 비용(실제 피해액)	표본지역 설문조사	
	심리적 영향 (1)	범죄 두려움	표본지역 설문조사	

범죄예방환경설계의 주요 지침 항목에 이르기까지 범죄학자, 경찰학자, 사회학자, 도시공학자, 보안전문가, 심리학자 등 다양한 전문가들이 참여하여 각 분야별 전문 지

식을 기반으로 체계적이고 10여 차례의 주기적인 연구팀 토론 회의와 연구 진행 과정에서 설립된 전문가 자문위원회의 자문 회의를 통해 지표 항목들을 결정하였다 (Park 외, 2012). 평가 지표는 최대한 객관적이고 정량적인 지표들만을 선정하고 지표값을 찾기 위한 자료 수집은 각종 정부공식 데이터, 인구센서스자료, 인터뷰 등에 의해 가능하도록 해야 한다. 그리고 특히 물리적 특성은 현장조사를 통해 수집되며 자료 수집이 곤란한 지표 항목은 표본지역 주민에 대한 설문조사(범죄피해조사)를 통해 수집할 수 있다.

(3) 종합적 CPTED 범죄위험평가의 도구

한국형사정책연구원의 3차 연도 위험성평가도구 연구에는 인구사회학적 분석, 현장조사, 심층면접이 모두 사용 되었으며, 1·2차 연도 연구에는 설문조사가 사용되었고 2·3차 연도 연구에는 공간분석이 사용되었다. 또한 범죄관련 통계를 활용하여 범죄자료 분석도 일부 이루어졌다고 할 수 있다. 서울시 재정비촉진사업에서는 현장조사를 사용하고, 경찰청 Geopros 고도화 사업에서는 여러 범죄정보시스템과 지리정보시스템(GIS)을 연계하여 범죄발생의 공간적 예측과 분석 정보를 제공함으로써 범죄수사와 예방활동에 도움이 되고 있다. 해당 사업에서는 인구학적 특성을 포함하는 범죄 데이터를 활용한다는 점에서 인구통계학적 분석도 일부 이루어진 것으로 판단된다. 영국 CIS는 범죄자료분석 및 현장조사, 호주 CRA는 범죄발생데이터, 미국의 Crimecast는 공식 지표 통계를 바탕으로 범죄위험평가 및 예측을 수행하는데, 그 중 일부로 인구통계학적 자료가 활용되었다. 유럽표준의 경우 범죄자료분석, 인터뷰, 현장조사를 사용하였으며, 물리·상황적 특성에 따라 작성한 체크리스트를 활용하여 점수산정 방식의 평가를 실시하였고, 대다수의 연구에서 이 방식이 사용되었다. 이상의 선행 범죄위험평가의 조사도구를 종합하면 평가도구의 전체적 범위는 인구통계학적 분석, 범죄자료분석, 공간분석, 현장조사, 설문조사, 인터뷰조사, 6가지로 요약할 수 있으며(<표 7-2> 참조), 이렇게 선정된 평가도구의 틀에 기초하여 위험평가를 수행하는 것이 보다 종합적이고도 포괄적이라고 할 수 있다.[11] 물론 모든 셉테드 사업에서 이러한 평가도구들을 모두 사용하여 위험평가를 적용할 수는 없으며 그래서도 안 될

---

11 조영진, 김서영, 박현호(2017년 초 발간 예정) 상게서 참조.

것이다. 다만 사업의 중대성(범죄와 두려움 문제의 심각성)과 규모, 평가를 위해 주어진
시간, 그리고 평가를 위한 예산 등 자원의 규모와 범위에 따라 이러한 도구들의 사용
범위도 결정되어야 할 것이다.

표 7-2　국내외 범죄위험평가 도구의 비교

분석 자료		분석 방법	인구통계 학적분석	범죄자료 분석	공간분석	현장조사	설문조사	인터뷰조사
국 내	한국 형사정책연 구원	1차연도	○	△	-	○	○	○
		2차연도	○	△	○	○	○	○
		3차연도	○	△	○	○	-	○
	서울시 재정비 촉진 사업		○	△	-	○	-	-
	경찰청 Geopros		△	○	○	-	-	-
국 외	영국 CIS		○	○	-	○	-	-
	호주 CRA		○	○	-	○	-	-
	미국 Crimecast		○	○	-	-	-	-
	유럽표준		-	○	-	○	-	○

평가모델에 의한 범죄위험평가의 실제

1. CPTED 대상 지역의 지표별 평가 예시

(1) 대상 지역의 평가점수 도출

　발생가능성 범주에 있는 범죄특성, 인구사회학적 특성, 물리적·상황적 특성의
총 23개 지표와 결과/영향 범주의 사회경제적·심리적 영향에 관한 3개 지표들은 각
각 3점 만점으로 부여하고 이에 따라 발생가능성(L)은 합계 69점 만점, 결과/영향은
합계 9점 만점으로 각각 계산하여 대상 주거지역(예를 들면 자치행정구)의 하위 장소들
과 공간들의 발생가능성 값과 결과/영향 값을 권역별로 각각의 최종 위험도 수준을
도출하는 방식을 취하면 된다. 물론 지표별로 상대적인 중요도에 있어서 전문가들마

다 인식이 차이가 있기 때문에 가중치를 적용하여 그 값들을 산출할 수도 있다.

어떤 방식으로든 결과적으로 해당 자치구 안에서 범죄위험도가 혹은 역으로 범죄안전도가 상대적으로 높은 지역, 장소, 공간, 시설 등이 구분되어 나올 것이며 이를 GIS프로그램과 연계시켜서 나타내보면 경찰의 CIMS(범죄정보관리시스템)에서 보여주는 범죄지도보다 훨씬 정교하고 합리적인 범죄위험도 지도를 보여줄 수 있다. 이때 최종 위험도 수준의 도출은 분석의 용의성이나 자료수집 가능성 등의 여건에 따라 발생가능성 값만을 도출하여 평가할 수도 있으며, 위험 매트릭스를 통해 결과/영향 값까지 적용한 위험도 평가도 보여줄 수 있다. 이 두 가지 접근방식 모두를 보고 판단하는 것이 가장 적절하다고 할 수 있겠다.

(2) 산출 위험도에 의한 위험 매트릭스 평가

위험 매트릭스를 활용하여 한 자치구에서 15개 지역을 대상으로 범죄위험도를 산출하기 위해 <표 7-3>과 같이 발생가능성 값과 결과 값이 지역별로 분석되었다고 가정하자.

표 7-3 발생가능성 범주와 결과 범주 각각의 지표 값의 합계

지역	A	B	C	D	E	F	G	H	J	K	L	M	N	O	P	Q
발생가능성 (likelihood) 합계	38.9	37.4	39.3	40.6	40.7	43.0	47.2	43.5	35.1	34.4	33.0	32.4	34.0	30.2	32.5	28.5
지역	A	B	C	D	E	F	G	H	J	K	L	M	N	O	P	Q
결과 (consequences) 합계	3	6	7	5	6	3	7	5	5	3	4	6	6	4	6	4

그럴 경우 결과적으로 <그림 7-9>와 같이 4개 지역은 '매우 위험' 수준으로, 2개 지역은 '위험' 수준으로, 4개 지역은 '보통' 수준으로, 3개 지역은 '안전' 수준으로, 3개 지역은 '매우 안전' 수준으로 범죄위험도가 최종 도출될 수 있다.

나아가 위험평가 지표들의 평가 과정에서 수집 및 분석된 자료와 내용들은 모두 위험 등급에 따른 해당 지역의 CPTED 관련 사업의 구체적 세부 전략과 실행 내용을 목록화하고 예산 등의 계획 수립에 많은 근거와 방향을 제공해줄 수 있다. 즉, 사회적 질병으로서의 범죄에 대해 제대로 아픈 부위와 그 원인을 진단해주어 개별적이고 세밀한 처방과 치료가 가능하도록 도와주는 도구가 되어 주는 것이다.

그림 7-9 지표값 합계에 의한 위험매트릭스 블록 정의

			결과/영향				
	구간값		3.00 ~ 3.79	3.80 ~ 4.59	4.60 ~ 5.39	5.40 ~ 6.19	6.20 ~ 7.00
	등급		1	2	3	4	5
	판정		매우 작음	작음	보통	큼	매우 큼
	구간 값	등급	판정					
발생 가능성	43.46 ~ 47.20	5	매우 높음			H		G
	39.72 ~ 43.45	4	높음	F		D	E	
	35.98 ~ 39.71	3	보통	A			B	C
	32.24 ~ 35.97	2	낮음	K	L	J	M, N, P	
	28.50 ~ 32.23	1	매우 낮음		O, Q			

2. 호주 NSW주의 범죄위험평가 사례

NSW주에서의 토지 개발은 '환경계획평가법(Environmental Planning & Assessment Act) 1979(NSW)'에 의해 규율되고 있다. 이 법은 많은 목표를 가지고 있는데, '토지의 정연하고 경제적인 사용 및 개발의 촉진과 조정(s5.a.ii)'이 포함된다. 이 목표를 이루기 위해 법은 「허가가 필요 없는 개발/허가가 필요한 개발/금지된 개발(Gurran, 2007, 242쪽)」과 같이 세 가지 방법으로 개발을 구별하고 있다.

허가가 필요한 개발은 허가관청에 개발 신청서의 제출을 요한다. 간결성을 위해 NSW주에는 크게 지방정부와 주정부라는 두 주요 허가관청이 존재한다. 152개의 지자체 의회들은 자신들의 관할 안에서의 다양한 개발들을 허가할 책임을 진다. 주정부는 전통적으로 주 전체에 의미를 가지는 개발에 대한 책임을 진다.

영국과 유사하게, 다양한 도시계획의 통제는 어떤 개발에 대한 허가가 내려지기 전에 충족되어야 하며 특히 반드시 충족되어져야만 하는 도시계획의 통제는 개발의 성격과 장소에 따라 가변적이다. 일반적으로 말해 환경계획평가법 상의 조건들이 충

족되어야 하며, 다양한 층의 도시설계 방침들의 요구사항들도 마찬 가지이다. 예를 들어, 주 환경계획지침(State Environmental Planning Policies: SEPPs), 지역환경지침(Local Environmental Policies: LEPs), 그리고 개발통제계획(Development Control Plans: DCPs)이 이러한 것들에 포함된다. 또한, 이러한 도시계획 및 설계의 통제들은 의도된 개발계획의 성격, 크기, 형태, 역할, 그리고 환경적 영향력에 대한 범위와 한계를 설정해준다.

특히 2001년 4월에는 환경계획평가법 제79c조(Section 79c of the Environmental Planning and Assessment Act)를 개정하여, 범죄위험영향(crime risk impact)을 고려하는 것을 의무화하였다. 도시개발 신청에 대한 허가여부를 결정함에 있어서 관계기관은 개발 신청과 관련하여 아래의 문제를 고려해야 한다. 특히, 개발에 따른 해당 지역의 자연적·인공적 환경에 대한 영향과 사회적·경제적 영향에 대한 평가가 이루어져야 함을 규정하고 있다. 이 규정의 범주는 우리나라의 사회·경제적 분야에서 포함하고 있지 않은 도시계획 및 개발에 대한 범죄영향평가를 포함하고 있다는 점에서 그 시사점을 찾을 수 있다(박현호와 강소영, 2010). 이 가이드라인은 '의회는 개발계획이 그 개발의 사용자와 지역사회에게 안전과 보안을 제공한다는 것을 담보할 의무를 지닌다'라고 권고하고 있다(DUAP, 2001년, 2쪽). 어떤 개발이 범죄 위험을 나타내는 경우, 가이드라인은 위원회 차원에서 '범죄위험을 최소화시키기 위한 개발의 수정 또는 범죄위험이 적절히 최소화될 수 없는 상태로 인한 개발의 취소'(DUAP, 2001년, 2쪽)라는 두 가지 결정을 정당화하기 위해 사용되어질 수 있다.

환경계획평가법 제79c조

(a) 아래와 관련된 법 규정
  (i) 모든 환경 계획 관련 정책들(국가, 주, 지역 환경정책 등)
  (ii) 허가 기관에 고지되었고 공청회 대상이 되는 환경정책 초안(단, 계획 초안이 무기한 연장되었거나, 통과되지 않았음을 담당 기관장이 허가기관에 알렸을 경우는 예외로 한다.)
  (iii) 모든 개발 통제 계획
  (iiia) Section 93F의 규정의 적용을 받는 모든 계획 합의서 또는 Section 93F의 규정에 따라 개발자가 제안을 한 계획 합의서 초안
  (iv) 개발과 관련하여 토지에 적용될 각종 규제(regulations)
(b) 개발에 따른 해당 지역의 자연적, 인공적 환경에 대한 영향과 사회적, 경제적 영향(the natural and built environments, and social and economic impacts in the locality)
(c) 개발지의 지속가능성
(d) 본 법과 규칙에 따른 모든 제출서류
(e) 공공의 이익

제79c조에 근거한 가이드라인은 도시계획 및 개발에 대한 범죄영향평가로 인해 도시계획자, 건축가, 범죄예방 운동가 그리고 설계자문위원들이 언제, 어디서, 어떻게 CPTED를 사용해야 하는지 결정하는 데 도움을 주고 있다. 우리나라에는 이에 대한 근거가 마련되어 있지 않지만, 호주와 뉴질랜드의 위험성 관리표준 'ANZS 4360 : 2003'에 의하여, 범죄 위험성 및 가능성 즉, 영향평가를 위해 물리적·사회적 환경을 구성하는 요소의 질적, 양적 수치 그리고 상황별 맞춤 형식의 범죄위험성 분석이 이루어지고 있다. 또한 가이드라인은 이후 범죄위험을 평가할 때 두 가지 주요 단계가 있다고 기술하고 있다. 즉, ⅰ) '그 지역의 범죄 위험 특성을 이해하라, 그리고 필요 시 ⅱ) 지역에 나타난 위험 수준에 상응하는 (CPTED) 전략을 적용하라(DUAP, 2001년, 3쪽).' 또한, '이 가이드라인은 지방의회들이 어떻게 지역 개발에 있어 범죄위험을 평가할 것인지에 대해 설명하고 있다. 하지만 이 가이드라인은 그 자체만으로는 지방의회들에게 어떻게 범죄위험평가를 하는 것인지 교육시키기에는 미흡하다. 어떻게 범죄위험평가를 수행하고 어떻게 CPTED를 적용할지 자세히 알기 위해서는, 지방의회의 기획자들이 인가된(강조) 교육코스에 참석해야만 한다(DUAP, 2001년, 3쪽).'라고 기술하고 있으므로 범죄위험평가의 전문성을 확보하기 위한 CPTED 관련 교육체계가 마련되어 있음을 알 수 있다.

이러한 CPTED 법제화의 영향으로 주의 모든 지역에서는 지방정부와 경찰, 기타 유관기관들 간의 협의체와 위원회들이 구성되어 체크리스트와 세부지침서를 마련하여 교육·훈련 및 실행을 하고 있다. 이러한 내용을 요약한 NSW 주의 범죄영향평가 체계의 개념도는 <그림 7-10>과 같다.

공식적인 범죄위험평가들은 범죄위험을 야기하는 모든 개발에 대해 요구되며, 이에는 '신규개발/재정비 쇼핑센터 또는 교통 인터체인지, 큰 단위의 주거지역 개발(20채 이상), 또는 쇼핑몰 내지 새로운 가구거리의 조성 등 공공장소의 개발/재개발(DUAP, 2001년, 2쪽)'이 포함된다. 가이드라인은 지방의회와 경찰이 지역의 자문 절차를 만드는 것을 장려하는데, 이 자문 절차는 개발에는 공식적 범죄위험평가가 요구되며 '보통의 경우, 범죄영향평가는 숙련된 지역 경찰과의 협조 속에 이루어져야 한다(DUAP, 2001년, 2쪽)'라고 규정하고 있다. 이 외에도 가이드라인은 또한 '개별적인 범죄위험평가를 수행할 시, 그 결과와 범죄의 가능성은 공식 범죄통계와 범죄다발지역 분석, 그리고 호주통계청의 사회 경제적 데이터 등에 의해 확인 및 측정되도록 한다(DUAP, 2001년, 3쪽)'라고 권고하고 있다. 사실상 이 권고는 범죄위험평가와 관련

그림 7-10 NSW주의 환경영향평가법 제79C조에 따른 범죄영향평가 체계도

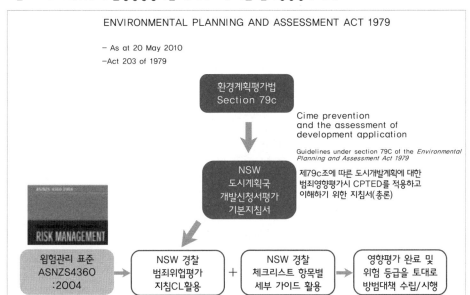

ENVIRONMENTAL PLANNING AND ASSESSMENT ACT 1979

- As at 20 May 2010
-Act 203 of 1979

환경계획평가법
Section 79c

Cime prevention
and the assessment of
development application

Guidelines under section 79C of the *Environmental Planning and Assessment Act 1979*

NSW
도시계획국
개발신청서평가
기본지침서

제79c조에 따른 도시개발계획에 대한
범죄영향평가시 CPTED를 적용하고
이해하기 위한 지침서(총론)

위험관리 표준
ASNZS4360
:2004

이 표준은 범죄영
향평가의 구체적
프로세스에 대한
기준을 제시해줌

NSW 경찰
범죄위협평가
지침CL활용

범죄영향평가의
범위, 절차, 방법
을 구체적으로 안
내하는 지침서를
활용하여 영향평
가를 실시(각론1)

+

NSW 경찰
체크리스트 항목별
세부 가이드 활용

경찰, 지자체 등
범죄영향평가 실
무자를 위한 세부
디자인 매뉴얼
(각론2)

영향평가 완료 및
위험 등급을 토대로
방범대책 수립/시행

출처: 박현호·강소영, 2010

되어 제공되는 전체적인 방향 제시이다. 가이드라인의 파트B는 범죄 기회 최소화를 위한 개발신청서 평가에 사용되도록 하고 있는데 네 가지 CPTED 원칙들의 개념 정의 및 사례들을 제공하고 있다(DUAP, 2001년, 4쪽). 이러한 원칙들에는 감시, 접근 통제, 영역성 강화, 공간 관리가 있다. 이러한 지침이 개발계획 신청서의 검토 중에 범죄위험이 고려되도록 담보하는 주요한 도구로서 작용하는 동안, 많은 지방의회들도 CPTED의 고려사항들에 특화된 개발통제계획(Development Control Plans: DCPs)을 만들어 왔다. 이 분야에서는, s79c 가이드라인뿐만 아니라 CPTED를 다룬 개발통제계획들도 눈여겨봐야 한다. 지방의회들에 의해 만들어진 많은 DCP들이 실제의 s79c 가이드라인보다 많은 내용을 다루고 있다.

NSW 주에서도 위험평가의 국제표준인 ISO31010과 ANZS 4360 : 2003 표준을 적용하여 CPTED사업을 위해서 경찰과 자치단체가 활용하는 위험평가 모델에서 발생

그림 7-11 호주 NSW에서 활용되는 범죄위험관리 체계

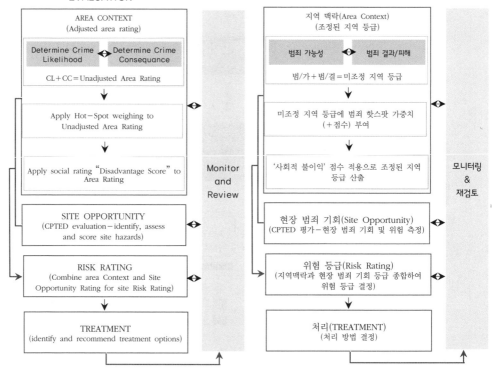

가능성과 결과/영향 범주를 적용하고 있다(McCamley, 2002). <그림 7-11>에서와 같이 지역 맥락(area context)과 현장의 범죄 기회를 점수화하여 범죄 위험등급(수준)이 결정되고 이에 대응하는 처리 혹은 대책이 수립 및 시행되는 것이 전체적인 범죄 위험관리의 시스템으로 해석 내지 이해될 수 있을 것이다.

호주 NSW의 CPTED 전략에서 위험평가(여기서는 CPTED 평가라 표현함) 결과를 적용할 경우에는 <그림 7-12>와 같이 좌측의 위험평가 결과로 확인된 위험수준에 따라서 다양한 CPTED 전략 옵션을 선택할 수 있다. 이때 위험수준이 상대적으로 낮은 곳에는 계획 단계에서 적용할 때 비용이 낮은 자연적인 CPTED 전략(조경, 창문 등 건축물 설계 등)이나 무급으로 봉사하는 자율방범대원들을 활용하고, 위험수준이 높아질수록 방범CCTV나 정규경찰관 등과 같은 전자기계적이고 고비용의 조직화된 전략을 사용하도록 권장하고 있다(박현호·강소영, 2010).

그림 7-12 평가된 위험 수준에 따른 다양한 셉테드 기법의 활용

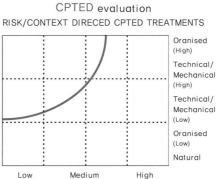

출처: NSW Police Force (2007) Crime Risk Assessment: Safer by Design, New South Wales, Australia

다만 여기서 주의해야 할 점은 위험평가 결과에 따른 범죄위험 관리 방식의 하나로서의 CPTED를 적용할 때에 비용대비 효과성(costs and benefits)을 충분하고 체계적으로 고려하여 이를 적용할 것을 강조하고 있다. 위험수준이 낮은데 고비용의 CPTED 전략을 적용할 경우 비용효과성이 매우 떨어지면서 세금 낭비로 이어질 수 있기 때문이라고 설명하고 있다.

요약해보면 위험평가는 위험수준을 결정해주고 그러한 위험을 관리 또는 처리해주기 위한 방법론적인 해를 도출해주기는 하지만 그 해결 방법은 각종 사회경제적 비

그림 7-13 위험평가 결과 적용 시 고려해야 하는 비용효과성

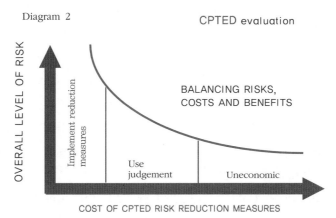

출처: NSW Police Force, 2007

용 문제가 수반되기 때문에 비용 대비 효과를 잘 계측하여 가장 비용효과성이 높은 선택을 해야 한다는 점을 알 수 있다.

3. 영국 Greater Manchester의 범죄영향평가제도

영국에서는 계획 허가를 구할 때, 많은 서류들이 자치단체 관련 부서에 제출되어야 하며 이것들은 각 자치단체들의 '유효성 체크리스트(validation checklist)'에 정리되어 있다. 계획 허가 서류들과 함께 구비되어야 하는 서류들에는 ① 국가적 요구사항들(requirements)과 ② 지역적 요구사항들이 포함된다. OPDM(2005b) 개요에 따르면 국가적 요구사항들은 다음과 같다.

'국가적 요구사항들은 권고 형태의 강제적 요구사항인데 여기에는 법에 의해 요구되는 사항들과 이 업무처리지침이 지역의 도시계획위원회에게 모든 경우에 요구해주길 권고하는 사항들도 포함된다.'(9쪽)

국가적 요구사항들에 더해, 유효성 체크리스트는 도시계획위원회가 자신의 관할지역에 특별히 맞는 지역적 요구사항들을 나열할 수 있도록 하고 있다. 만약 도시개발 신청자가 유효성 체크리스트에 나열된 어떤 정보(국가적 또는 지역적 요구를 불문하고)라도 제공하지 못할 경우 도시계획위원회는 그 개발신청을 불허할 수 있다.

Greater Manchester 광역권은 10개의 도시계획위원회(Bolton, Bury, Manchester, Oldham, Rochdale, Salford, Stockford, Tameside, Trafford, Wigan)로 구성되어 있다. 이 도시계획위원회들 각자에게, CPTED의 중요 요소들이 초기 설계 및 제안된 개발 계획안(주거지역, 상업지역, 또는 복합지구를 불문하고)에 적용되도록 시도하는 것은 중요한 고려사항이다. Greater Manchester 경찰청(이하 GMP)과 협력하에, 열 개의 도시계획위원회들은 대규모 개발계획의 신청 시에는 언제나 범죄영향평가(CIS)가 함께 이루어지도록 규정해 놓고 있다. 이러한 법제화는 각 도시계획위원회들의 유효성 체크리스트 속에 들어가 있는 지역적 요구사항들 중의 하나이다. CIS 제출을 하지 않을 경우 개발계획 신청은 무효로 될 수 있다.

범죄영향평가(CIS)는 GMP에 의해 2006년에 도입되었다. CIS의 목표는 도시 계획 및 설계의 초기 단계에서 개발계획안의 범죄 및 무질서 영향력을 찾아내고, 예측하고,

평가하고 그 범죄위험적 영향을 완화시키는데 있다. CIS는 Greater Manchester 지역 전역이 범죄와 무질서 경감에 영향을 미칠 수 있는 계획과 설계를 고려하도록 만들고 싶은 경찰의 범죄예방 및 지역안전 목적을 실현시켜주는 메커니즘이다. 그래서 CIS는 범죄예방 전문가들을 개발 컨셉트의 착안 및 디자인 단계에 연계시켜, 개발이 이루어질 경우 범죄와 무질서를 촉진시킬 수도 있는 잠재적으로 부정적인 설계 특징들을 찾아내는 것이 중요한 목표이다.

CIS는 '범죄영향평가서'로 불리는 한 문서의 형태로 성립되어지는 과정을 나타낸다. 비록 하나의 문서로 만들어져도, 궁극적으로 일련의 중요한 과정들의 결과물이다. 이러한 과정들에는 건축 계획들에 대한 검토와 관련된 설계 실무자들과의 의사소통이 포함되며 이러한 논의들을 거쳐서 의도된 범죄로부터 안전한 개발로의 유도가 가능해지는 것이다. CIS 문서는 이러한 과정의 일부를 포섭하고 있으며, 지역의 범죄 및 무질서에 대한 세부 현황 정보 등도 포함하고 있다. CIS 프로세스는 GMP와 Greater Manchester 지역 열 개의 도시계획위원회들이 도시와 건축의 계획 및 설계 단계에 CPTED의 원칙들을 포함시키기 위해 적용하는 가장 핵심적인 기제이다.

각각의 유효성 체크리스트 안에는 CIS를 요구하게 되는 개발의 종류를 설명하는 기준들이 들어가 있다. 이는 일반적으로 다음과 같다.

- 주택 개발(10채 또는 그 이상)
- 회사/산업/창고(총 500 평방미터 이상의 건평)
- 소매(총 500 평방미터 이상의 건평)
- 주민 시설(학교, 병원 등)
- 여가/오락
- 기타 상업용(뜨거운 음식 테이크아웃 등)
- 교통 인프라(전차역 등)

4. 영국의 범죄영향평가(CIS) vs. 호주의 범죄위험평가(CRA)

여기서는 Greater Manchester지역과 NSW주의 범죄영향평가(CIS) 및 범죄위험평가(CRA)의 탄생을 둘러싼 다양한 관련 내용들을 살펴볼 것이며, 이에는 누가 그러한 보고서 작성의 책임을 지는지, 문서에는 어떤 데이터와 정보가 들어가는지, 범죄 및 무질서의 관점에서 볼 때 제안된 개발계획의 잠재적 위험을 평가하기 위해 범죄통계가 활용이 되었는지 등이 포함된다.

(1) 범죄영향평가(CIS)와 범죄위험평가(CRA)의 작성 주체

Greater Manchester의 경우 지역의 도시계획위원회들에 제출되는 CIS의 대부분은 GMP DFSC에 의해 작성된다. GMP DFSC는 자신들을 'Greater Manchester 경찰 산하의 방범디자인 기구(www.designforsecurity.org)'라고 묘사하고 있다. 분명, 경찰이 범죄 및 범죄자에 대해 가지고 있는 전문지식들로 인해 범죄위험을 평가하는 서류 작성을 담당하는 것이 합리적이라고 판단한 것이다. 또한 경찰은 설계 및 계획 단계로부터 중립적으로 독립되어 있고, 신청된 도시 및 건축물 개발이 되든 안 되든 관심이 없으며 경찰의 가장 큰 관심은 개발이 될 경우 그 지역의 범죄 및 무질서에 미치게 되는 개발의 (부정적) 영향과 관련된 것들이다. 그래서 경찰은 사건이 발생하고 나서 거기에 대응하기보다는 초기에 범죄가 일어나는 시점부터 이를 예방하고자 노력하게 되는 것인데, 이는 경찰 창설의 근거가 되는 중요 원칙이라 할 것이다(Lentz & Chaires, 2007).

잉글랜드와 웨일즈 지방의 다른 경찰관서들과 달리, GMP에서 범죄예방디자인 관련 조언을 하는 이들은 정규 경찰관이 아니며 경찰 경력이 있는 이들도 아니다. 2013년 현재, 총 6명의 DFSC 컨설턴트가 GMP에 의해 고용되어 있으며, 이들은 GMP 본부에 배치되어 있다. 각 컨설턴트들은 건축환경과 관련된 업무(설계, 건축 등)를 하다 채용되었고 전혀 일선 경찰 경험이 없으며 이는 종종 비판의 소지가 되기도 한다. 왜냐 하면 잉글랜드와 웨일즈 지역의 대다수의 경찰관서들은 현직 경찰관이나 경찰 경력자가 방범디자인 자문 업무를 맡고 있기 때문이다. 그렇지만, 최근의 건축연락관(ALO)들에 대한 연구(Monchuk)에 의하면 역시 경험 있는 정규 경찰관이 하는 것이 가장 이상적이며 이러한 (계약직) 민간직원을 활용하는 이유는 임금이 저비용이므로 비용 절감 때문이라고 한다.

모든 도시계획위원회들이 범죄영향평가(CIS)와 설계기획 신청이 함께 이루어져야 한다고 규정하고 있지만 누가 범죄영향평가서를 작성해야 하는지에 대해서는 도시계획위원회들 간에 다소 차이가 있다. 예를 들어 Salford와 Rochdale 두 도시계획위원회들은, CIS는 반드시 GMP DFSC에 의해 이루어져야 한다고 규정하면서 다른 개인 및 기관에 의해 작성된 CIS는 수용되지 않을 것이라고 정하고 있다. Salford 지방의회의 유효성 체크리스트에 '귀하는 DFS와 접촉해야 하는데, DFS는 GMP의 일부로 범죄영향평가를 만들고 있습니다. 다른 사람 또는 기관에 의해 만들어진 CIS는 받아들여지지 않을 것입니다(Salford City Council, 2011년, 23쪽)'라고 완곡하게 표현하고 있다.

반면 몇개의 도시계획위원회들(Manchester, Oldham, Stockport, Trafford, Wigan)은 CIS를 작성할 수 있는 기관의 하나로서 GMP DFSC를 신청자들에게 안내하고 있는데, 반드시 DFSC가 문서를 작성해야만 한다고 규정하지는 않고 있다. 예를 들어, Stockport 지방의회의 유효성 체크리스트에 'CIS의 형식과 내용에 대한 세부사항들은 GMP DFSC로부터 얻을 수 있습니다(Stockport Council, 2011년, 13쪽)'라고 표현하고 있다(<그림 7-14> 참조).

그림 7-14 Stockport 의회 유효성 체크리스트 권고내용

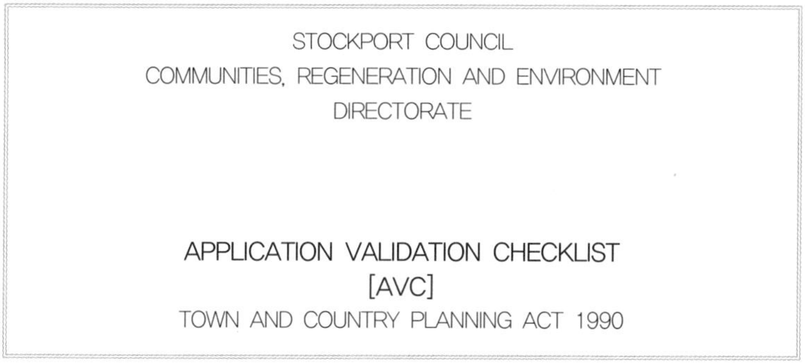

STOCKPORT COUNCIL
COMMUNITIES, REGENERATION AND ENVIRONMENT
DIRECTORATE

APPLICATION VALIDATION CHECKLIST
[AVC]
TOWN AND COUNTRY PLANNING ACT 1990

한편 다섯 개의 지방의회 중 하나인 Wigan은 CIS가 반드시 GMP DFSC에 의해 작성되어야 한다고 직접적으로 규정하지는 않으면서도 CIS의 작성자가 반드시 구비해야 하는 자격요건들을 '설계 과정으로부터 반드시 독립적일 것; 국립경찰발전기구(NPIA)를 통해 자격이 인증되어야 함; 범죄통계 원본에 대한 접근권한이 있을 것; 대테러부서 등의 경찰관들과 접촉이 가능할 것'라고 규정하고 있다. 따라서 이 도시계획위원회는 간접적이기는 하지만 GMP DFSC가 CIS를 작성하여야 한다고 규정하고 있다.

6.7 Crime Impact Assessment

UDP Review policy DCD 1.6 [Public Health, Safety and Security in Developments] requires that design of development should properly address the safety and security of people and property. Where new development raises significant issuer of public health, safety and security applications must be accompanied by a Crime Impact Statement [CIS]. For all major development applications defined by law a CIS must be submitted whilst other application categories will be assessed on a case by case basis. Major development includes the erection of 10 dwellings or more, 1,000 square metres or more floor-space. A complete list of major development can be found in Appendix 2.

Details of the from and content of a CIS can be obtained from the Greater Manchester Police Design For Security Unit,

그림 7-15 GMP DFSC의 범죄영향평가 보고서

Greater Manchester Police

designforsecurity
Crime Impact Statement
River Street, Manchester
Aparthotel

For GVA
Version A: 22nd June 2012

www.designforsecurity.org

　　다른 경찰 서비스들과 달리, GMP DFSC는 효과적 서비스 제공 담보를 위한 인력 유지를 위해 CIS보고서의 작성비용을 청구하고 있는데 GMP DFSC는 영리추구 조직은 아니고 CIS 작성으로 조성되는 기금은 인건비를 포함해 부서 업무를 유지하기 위해서만 쓰인다(Monchuk and Clancey, 2013). 범죄영향평가(CIS)에 들어가는 비용은 투명하며 GMP DFSC 웹사이트를 통해 언제나 확인할 수 있다. 일반적으로, 비용은 계획된 개발 규모에 따라 산출되어 진다. 예를 들어, 주거지역 개발에 대한 CIS는 가구당 30파운드로 청구되며, 100채의 주거지역 개발의 경우 CIS 비용은 3,000파운드가 된다. 최대 10,000파운드까지 청구된다. 유사한 비용청구 체계가 상업 및 복합지구 개발에도 쓰인다.

그림 7-16 범죄위험평가가 이루어진 개발들의 유형(건수, 총 33건)

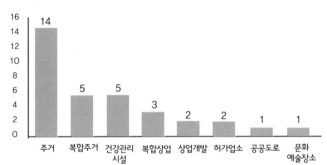

한편 New South Wales의 경우에는 Clancey 등(2011)이 NSW주의 33편의 범죄위험평가보고서 분석연구에 의하면[12] 범죄위험평가들이 이루어진 개발계획들은 상당히 다양한데 <그림 7-16>은 이 33건의 개발계획들의 공간환경에 대한 대략적인 설명을 제공한다.

이 같은 일반적 분류는 개발계획들의 다양성을 잘 보여주고 있다. 하지만, 개발의 규모, 범죄영향평가의 복잡성, 특정 개발에 대한 범죄위험평가 보고서를 작성하는 어려움 등은 쉽게 알 수 없는데 특정 장소 및 개발을 확실히 이해시켜줄 수 있는 자세한 정보 없이는, 각 개발의 규모와 성격이 천차만별이라고 말할 수밖에 없다. 주거개발 중 하나는 현존하는 공공주택 지구의 재개발을 구성하고 있으며, 복합용도 개발 중 하나는 수천 채의 아파트 단지와 연관 기반시설들이 들어설 도심부 재개발계획을 포함하고 있으며, 어떤 건강관리시설의 개발은 한 대형병원의 확장 및 부분적 재개발을 포함하고 있다.

보고서들을 분석하면서, Clancey 등(2011)은 범죄위험평가 보고서들이 서로 다른 컨설팅회사들(또는 소형업체)에 의해 만들어졌다는 것을 발견했는데 보고서의 규모와 배경은 다양했는데, 독립 컨설턴트부터 대형 부동산개발업체들까지 천차만별이었다. 24개의 서로 다른 회사들이 33개의 보고서들을 만들었다. 이 보고서들(33개 중 5개 차지)을 만드는데 연관된 3개의 자문회사들이 범죄예방에 특화되어 있었다. 대부분 소규모 업체였으며, 다른 범죄위험평가를 만든 회사들은 도시계획, 건축, 공학, 부동산개발 등의 전문성과 배경을 가지고 있었다.

---

12 이 보고서들은 2007년 1월 1일과 2010년 10월 31일 사이에 제출되어진 것들이고 NSW주 기획부처의 실시간 추적 시스템에 등록되었다(또한 http://majorprojects.planning.nsw.gov.au에 공개되었다).

Clancey 등(2011년)은 개발에 연관된 회사들과 독립되어 있는 회사나 기관에 의해 보고서가 작성되지 않고 5건의 보고서가 개발에 관련된 부동산 개발 회사들에 의해 작성되었다는 것을 발견하였고, 개발사로부터 독립적인 기관이 범죄위험평가를 수행하는 영국과 달리 호주 NSW의 사례에서는 개발사와 관련된 평가회사들이 위험평가를 수행하는 문제를 지적하면서 제도개선을 주장하였다.

(2) 보고서의 내용

Greater Manchester에서 범죄영향평가(CIS)라는 용어는 과정(Process)이라는 것과 보고서 문서화(documentation)라는 것 둘 다를 의미한다. 즉, CIS 문서는 개발계획 신청서에 대한 GMP DFSC의 평가를 문서화한 것이다. 이 문서는 경찰이 제안된 계획에 대해 검토 및 제언을 했고, 도시개발 신청자와 고려사항들에 대해 논의하는 기회를 가졌다는 과정 및 증거들을 상징적으로 보여주는 것이다. 개발 신청서와 함께 병행되며 도시계획위원회의 유효성 체크리스트의 요구사항들을 충족시키는 것이 CIS 문서인 것이다. 각 문서에 이름을 붙이기 때문에 GMP DFSC가 작성한 보고서를 검토함으로써 그 문서가 GMP DFSC에 의해 작성되었음이 확인된다. 비록 특정 도시개발에 대해 맞춤형으로 만들어지지만, CIS는 정형화된 구조를 따른다.

먼저, 각 문서는 GMP DFSC의 해당 도시개발에 대한 평가를 간략히 요약(executive summary)한 부분을 포함하고 있다. 개발계획 관련 의사결정을 할 때 기안자에 의해 검토되어야 하는 문서들이 굉장히 많기 때문에, 이것은 전체 CIS를 읽어야 할 기안자에게는 쉽지 않은 일이 될 것이다. 그래서 요약부분에서는 개발에 대한 위험평가 결과를 다음과 같이 분류하고 있다.

ⅰ. 제안은 원칙적으로 만족스럽지만, 소규모의 수정이 권고된다.
ⅱ. 제안은 CIS 내의 권고에 따르면 대체로 수용될 수 있다.
ⅲ. 중대한 내용상의 수정이 권고된다.

이 세 가지 유형은 보고서의 독자에게 도시개발계획에 대한 위험평가를 잘 보여준다. 요약부분 밑으로, CIS 보고서는 다음과 같은 항목으로 체계화된다.

> ▶ 시각적 조사(Visual Audit) – 범죄와 무질서 그리고/또는 범죄 유인요인/발생요인의 시각적 표지를 확인하기 위한 해당지역에 대한 검토
> ▶ 범죄 통계와 분석(Crime Statistics & Analysis) – 개발 관련 지역의 보고된 범죄 및 무질서에 대한 자세한 검토
> ▶ 위험 요인들(Risk Factors) – 개발 유형별 보안상 위험에 대한 검토
> ▶ 디자인 고려사항(Design Considerations) – Safer Places, Secured by Design 등 핵심 셉테드 문서에 대한 약식 검토
> ▶ 디자인 배치 및 평가(Design & Layout Appraisal) – 변화와 수정을 필요로 하는 지역 및 제안서의 긍정적인 면을 강조하는 계획안에 대한 자세한 검토
> ▶ 물리적 보안(Physical Security) – 제안된 개발에 요구될 수 있는 자세한 물리적 보안 기준 제공
> ▶ 외부적 특징(External Features) – 조경, 조명, CCTV 등에 관련된 조언
> ▶ 관리유지(Management & Maintenance) – 계획이 존속하는 동안 지속적 운영 및 유지가 요구되는 개발의 핵심 요소들에 대한 조언
> ▶ 건설(Construction) – 개발업자에게 건설단계의 개발부지에 대한 불법적 접근을 차단하도록 담보시키는 것

보고서의 길이는 개발의 종류와 규모에 따라, 그리고 자문가가 제시한 권고사항들의 범위에 따라 달라진다. 하지만 GMP DFSC와의 광범위한 현장 방문 및 관찰의 착수부터, CIS 보고서는 CIS 과정의 결과로 도출된 수정 권고사항들에 대해 모든 요소들을 포괄적으로 설명하지는 않는다. 이것을 잘 보여주는 예는 레저시설에 대해 제출된 한 CIS인데, 이 평가 초기의 계획은 레저시설에 연결된 지역의 주택개발지로 통하는 보도(pavement)가 포함되어 있었다. 부지에 대한 방문이 종료된 후, GMP DFSC 자문가는 계획된 보도가 위치 및 보도 주변 환경으로 인해 감시성이 부족하고 이로 인해 범죄와 무질서를 유발할 잠재적 공간이 될 수 있다고 지적하였다. 이러한 지적과 우려를 신청자에게 전하자마자, 신청자는 계획된 보도를 설계도에서 삭제해 버렸다. 계획은 수정되었으며 수정된 계획은 GMP DFSC 자문가에게 보내졌고 신청자가 계획을 성공적으로 수정하였기에 계획되었던 보도에 대한 지적사항은 CIS 보고서에서 논의되어지지 않았다.

New South Wales에서는 Clancey 등(2011년)에 의하면 GMP DFSC에 의해 작성된 대부분의 CIS 보고서와 달리, NSW주의 CRA들은 각기 다른 수많은 개인 및 회사들에 의해 작성되었다. 그래서 CIS와는 다르게, 표준화되거나 일관성 있는 구조는 CRA에 없었다. 표지, 내용, 첨부서 등이 모두 제각각 이었다. 부록 부분 또한 자주 포

함되어 있었다. 한 보고서에는 NSW주의 범죄통계 및 전체 범죄지도 보고서(약 40장)가 CRS 보고서에 모두 첨부되어 있었다. 보고서의 길이는 부록을 빼고 2~35페이지까지 다양했다. 이는 CRA 보고서의 길이가 다양하다는 것을 보여주고는 있으나, 개발의 종류 내지 복잡성은 고려되지 않고 있는데, 이러한 변수들은 보고서의 양과 수행된 분석의 질에 잠재적 영향을 미쳤다고 볼 수 있다.

또한 모든 보고서들이 일반적인 CPTED 정보를 포괄하고 있었다. 이 정보는 핵심 CPTED 원칙들에 대한 정의 및 설명을 포함하고 있으며, 일반적으로 NSW 가이드라인에서 다뤄진 네 가지 CPTED원칙들(감시, 접근통제, 영역성, 관리)로 국한되어 있다. 일부 사례의 경우, 보고서의 상당 부분이 이 개념들에 대한 설명으로 할애되었다. Clancey 등(2011년)이 지적한 적 있듯, 이러한 CPTED 개념들의 일부는 어떤 개발계획과는 관련성이 없거나, 범죄위험평가가 작성되는 시기에는 적합하지 않을 수 있다. 예를 들어, 공공도로 또는 공공지역 개발은 일반적으로 접근 통제 개념을 포함하지 않는다. 이러한 개발의 목적은 접근을 촉진하는 것이 될 것이고, NSW 가이드라인에 들어 있는 네 가지 CPTED 원칙들 중 하나를 적용하는 것은 과한 것이다. 게다가, NSW 가이드라인은 공간관리 전략에는 '활동성 강화, 공간의 청결성, 기물 파손 및 벽화의 신속한 보수, 수명을 다한 보도 및 차도 조명의 교체, 부식된 물건들의 제거 혹은 보수 등이 포함된다(DUAP, 2001년, 5쪽)'라고 규정하고 있다. 이러한 활동들의 대부분은 개발의 종료 이후 시작된다. 그래서 이러한 문제들을 해결하기 위해 개발의 종료 이후에 어떠한 논의가 있게 될지 예측하는 것은 가능하지 않다. 따라서 이런 경우 NSW 가이드라인에 들어 있는 네 가지 CPTED 원칙들 중 모든 개발에 적합한 원칙은 '감시'와 '영역성'뿐이다.[13] 이 점은 우리나라에서 향후 범죄위험평가가 제도화되어 보

13 많은 학자들이 CPTED에 대한 폭넓은 해석을 옹호해 왔다. Cozens 등(2005년)은 목표물 강화 및 CPTED의 핵심 요소로서의 이미지를 고려사항에 포함시키고 있으며, 반면 Saville과 Cleveland(1998년, 2008년)는 사회적 통합, 상호연결성, 공동체 특성, 최대 수용능력 등을 포함시켰다(이들은 2세대 CPTED로 알려져 있다). 여기에, Schneider와 Kitchen(2007년)은 공간 배치와 새로운 도시화도 범죄를 고려하는 데 필요한 개념이라고 제시하였다. 이러한 이론가들과 시각들은 (NSW 가이드라인에 쓰인 네 가지 개념들이 언급되어져 온) 1세대 CPTED는 지역 공동체와 커뮤니티를 디자인하는 데 있어 적절한 핵심 개념들을 잘 포착하지 못하고 있다는 공감대가 형성되어 있다. 이것은 1세대 CPTED 원칙들에 의한 것보다 보다 많은 이슈들이 고려되도록 하기 위해 가이드라인에 쓰인 핵심 개념들이 확장될 필요가 있다는 것을 의미한다. 호주의 다른 주 및 지역들에 적용된 CPTED 가이드라인은 보다 폭넓은 CPTED 요소들을 포함하고 있다. 예를 들어, 빅토리아 주의 가이드라인은 열 가지의 설계 요소들을 담고 있는데, 여기에는 도시 구조, 활동의 중심지, 빌딩 디자인, 공원 및 공지, 보도 및 자전거 도로, 대중교통, 주차공간, 공공시설, 조명, 신호 등이 포함된다(Victorian Department of

고서 문서화를 할 때에도 유념해야 할 부분이라고 생각된다.

(3) 범죄 데이터[14]

Greater Manchester의 경우 GMP DFSC에 의해 작성된 CIS는 자세하지만 익명화된 범죄 데이터를 포함하고 있으며, 제안된 개발의 적절한 변화를 정당화하는데 쓰이고 있다. GMP DFSC는 CIS와 그 권고사항들을 준비할 수 있게 해주는 범죄패턴분석을 수행하는 별도의 범죄분석가를 고용하고 있다. 범죄패턴분석은 제안된 개발지 주변 1평방킬로미터에서 CIS 작성 이전 12개월 동안 발생하여 GMP에 신고가 된 범죄에 대해 이루어지며 주거침입절도, 기타 침입절도, 손괴, 경상해, 단순 절도, 강도, 중상해, 자동차 등 이용 절도, 자동차 등의 절도, 자전거 절도 등의 범죄유형과 요일별, 시간대별, 범행 수법별 범죄유형의 신고 건수 등이 포함된다.

이에 대해 '경찰청의 구체적의 범죄 데이터베이스를 통해 확보해야 하는 상세한 범죄자료 말고 범죄위험평가가 현재 온라인 공간에서 쉽게 찾을 수 있는 일반적인 범

그림 7-17 **상업지역 개발을 위한 영향평가보고서 내의 범죄통계**

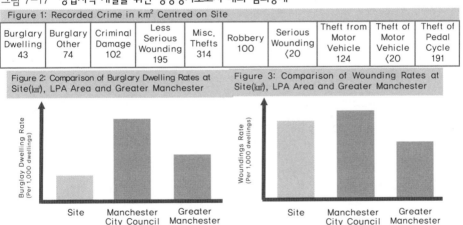

Figure 1: Recorded Crime in km² Centred on Site									
Burglary Dwelling 43	Burglary Other 74	Criminal Damage 102	Less Serious Wounding 195	Misc. Thefts 314	Robbery 100	Serious Wounding ⟨20	Theft from Motor Vehicle 124	Theft of Motor Vehicle ⟨20	Theft of Pedal Cycle 191

Figure 2: Comparison of Burglary Dwelling Rates at Site(㎢), LPA Area and Greater Manchester

Figure 3: Comparison of Wounding Rates at Site(㎢), LPA Area and Greater Manchester

출처: Greater Manchester Police (2012). 위는 개발지역 반경 1평방 킬로미터 내에서 발생한 주거(기타 건물)침입절도, 손괴, 상해, 폭행, 절도, 강도, 차량, 자전거 절도 등 범죄통계표이며 아래 그래프는 개발지와 맨체스터시 및 광역지역 간 침입절도 및 상해 범죄율을 막대 높이로 비교하고 있다.

Sustainability and Environment, 2005년).

14 제안된 개발의 범죄위험을 평가하는데 있어, 지역의 직면한 범죄관련 이슈들을 이해하는 것은 필수적이다. Clarke와 Eck(2003년)이 설명한대로, 범죄 예방을 위해 노력하는 이들이 특정 장소의 범죄 위험 수준을 범죄 발생 통계 데이터를 주의 깊게 평가하는 것은 매우 중요하다.

죄 데이터를 이용해서 이루어질 수는 없는 것인가?'라는 질문과 '아직 완성되지 않은 어떤 개발에서 범죄가 일어날지 아닐지의 위험을 평가 및 예측하는 데 있어 자세한 범죄 데이터가 얼마나 중요하단 말인가?'라는 질문이 자주 제기되었다. 이에 대해 Armitage 등(2010년)은 자세한 범죄 데이터에 접근하는 것은 주거시설과 범죄 사이의 연관성을 보다 깊이 분석하기 위해 필수적이라고 주장하였다. 그들의 잉글랜드 내 6개 지역 케이스에 대한 미시적 연구에서, 특정한 디자인 요소들이 범죄 및 무질서 발생을 촉진하는지 확인하기 위해 범죄수법별 데이터 및 지역의 입소문 정보와 함께, 경찰의 기록된 범죄 데이터를 검토하였다. 예를 들어, 그들의 심도 있는 분석은 적절치 않은 주차공간 배치는 이웃 간 다툼과 손괴범죄 피해를 초래했다는 점을 발견했다.

New South Wales에서 NSW주 가이드라인은 '개별 범죄위험평가를 작성 시, 범죄의 영향/결과(consequences)와 가능성(likelihood)은 범죄통계기록, 범죄다발지역 분석, 호주통계청의 사회경제 데이터를 사용하여 확인되고 측정된다(DUAP, 2001년, 3쪽)'라고 규정하고 있다. Clancey 등(2011년)의 연구에서, 범죄데이터는 33편의 전체 보고서 중 16편(48.5%)에서만 발견되었다. 어떤 보고서들은 NSW주 범죄통계연구국(Bureau of Crime Statistics and Research: BOCSAR)의 범죄지도 보고서 및 범죄다발지역 지도들로부터 복사한 범죄 지도들을 포함하고 있었다. 다른 보고서들도 역시 BOCSAR 웹사이트에서 다운받은 지방정부관할지역의 범죄통계표를 포함시켰다. NSW 가이드라인은 일반적으로 이해관계자와의 협의에 대해서는 특별한 언급이 없는 반면, 모든 개발에는 공식적인 범죄위험평가가 필요로 함을 명시하면서 지역의 협의 프로토콜을 위원회와 경찰이 만들며, 범죄위험평가는 훈련된 지역경찰과의 협력을 통해 작성하도록 권고하고 있다(DUAP, 2001년, 2쪽).

(4) 종합 비교분석

Greater Manchester 지역의 CIS 작성과정과 NSW주의 CRA 작성과정 사이에는 많은 유사점과 차이점이 분석되었으며 <표 7-4>와 <표 7-5>에 나타나 있다. 가장 큰 유사점이자 가장 중요한 점은 CIS와 CRA의 근본적 목적이 범죄 및 무질서가 건축환경 전문가들에 의해 새로운 도시개발의 디자인 단계부터 고려되는 메커니즘을 제공하는 것이라는 점이다. CIS와 CRA는 개발계획이 용이하게 수정될 수 있도록 셉테드와 범죄에 대한 고려가 도시계획 이전의 단계에서 이루어져야 함을 강조하고 있다.

표 7-4 Greater Manchester 지역과 New South Wales 주의 중요 유사점

	Greater Manchester (잉글랜드)	New South Wales (호주)
CIS/CRA의 목표	계획관련 결정이 내려지거나 합의가 만들어지기 전에 특정 개발 계획의 범죄 및 무질서 효과를 설계의 초기 단계에서 확인, 예측, 평가, 완화시키기 위해	개발계획의 적절한 평가를 통해 지방정부 등의 의회들이 범죄위험 확인 및 범죄기회 최소화하는 것을 돕기 위해
CIS/CRA를 얻는 비용	CIS를 얻기 위해서는 반드시 요금을 지불해야 한다. 한 보고서당 최소 500파운드, 최고 10,000파운드. 비용은 개발의 규모에 의해 좌우된다.	CIS를 얻기 위해서는 반드시 요금을 지불해야 한다. 하지만, CRA가 다양한 민간 컨설턴트들에 의해 작성되기 때문에 정확히 얼마인지는 불분명하다.

또 다른 유사점은 CIS와 CRA를 작성하는 데 비용이 청구된다는 점이다. CIS의 경우, 최하 500파운드에서 최고 10,000파운드에 이르는 표준 요금체계가 있다. NSW주에서는 표준 요금체계는 없는데 이는 CRA를 만드는 수많은 독립 컨설턴트들이 있기 때문이다.

CIS와 CRA 사이에는 많은 차이점들이 있다. NSW주에서는 CRA 보고서가 개발계획 신청서에 동반되는 것이 법적인 의무사항이다. 이것은 환경계획평가법 1979(NSW)에 설명되어 있다. 잉글랜드에서는 범죄위험평가가 반드시 개발계획 신청서에 동반되어야 한다는 법적 의무가 존재하지는 않다. 다만 도시계획위원회 유효성 체크리스트들에 포함되어 사실상 의무적인 경우가 많다.

Greater Manchester 전역에서 CIS는 GMP DFSC에 의해 작성된다. GMP DFSC는 개발계획 단계에서 완전히 독립되어 있으므로 시의 개발신청의 허가 여부에 대해서는 관심이 없다. 신청자가 구체적인 개발계획 신청서를 제출하기 전에 대략적인 개발제

표 7-5 Greater Manchester 지역과 New South Wales 주의 중요 차이점

	Greater Manchester (잉글랜드)	New South Wales (호주)
CIS/CRA 관련 요구사항	CIS의 제출은 법적 의무가 아니다. 그것은 지방 정부 차원의 요구사항이며 도시계획위원회 유효성 체크리스트들에 기술되어 있다.	CRA가 계획신청서와 수반되어야 한다는 법적 의무가 환경계획평가법 1979(NSW)에 규정되어 있다.
보고서 작성자	주로 CIS 작성자들은 GMP DFSC이다. 어떤 경우, 유효성 체크리스트가 다른 조직에 의해 작성된 CIS는 받아들여지지 않는다고 규정하고 있다. GMP DFSC는 설계 및 개발 절차로부터 독립되어 있고 과정 중의 어떤 기득권도 가지고 있지 않다.	CRA 작성은 한 조직만이 할 수 있는 것이 아니다. CRA는 다양한 독립 범죄예방 자문가들에 의해 작성되는데, 그들은 개발과정에 상업적 의도를 가지고 있다.
범죄 데이터	각 CIS보고서는 범죄수법 등 세부 범죄 데이터를 담고 있다. 이것은 지역경찰팀 등 다른 핵심 경찰 동료들로부터의 데이터에 의해 지지될 수 있다.	범죄 데이터는 CRA에 거의 쓰이지 않는다. 범죄 데이터는 세부적이지 않으며, 보통 지방정부관할 전체를 다룬다.

안서에 대하여 CIS 작업이 이루어지므로, 계획에 대한 허가가 내려지고 개발이 될 경우의 유일한 GMP DFSC의 관심사는 범죄예방이다. 따라서 DFSC는 개발계획안이 범죄 및 무질서에 영향을 미칠 것이라고 예측할 경우 제안서에 대해 상당히 비판적이 될 수밖에 없다. 영향평가 결과 '중대한 부분에 있어서의 수정이 요구됨'이라고 요약 부분에 적시함으로써 간접적으로 제출된 개발제안서를 제안자인 개발업자에게 전달할 수 있다. 그러나 NSW주의 CRA는 다양한 독립 컨설턴트 및 컨설팅 회사들에 의해 작성된다. 독립 컨설턴트들이 조언을 하는 계획들 속에는 상업적 이익이 내포되어 있기 때문에, 그들은 고객으로서의 개발업체를 만족시키고 다음 컨설팅 건을 확보하기 위해 개발계획에 다소 우호적일 수 있다는 비판이 있다.

　　범죄 데이터의 사용은 CIS의 중추적 요소이다. 개발계획이 제안된 지역의 범죄위험에 대한 특성을 제공하기 위해 문서에는 다양한 핵심 범죄 유형들과 관련된 데이터들이 포함된다. 이 데이터는 공통된 범죄수법 정보도 포함하고 있고, GMP DFSC의 담당자에 의해 제공된 세부 설계 관련 조언들을 정당화하고 뒷받침하기 위해 사용된다. GMP DFSC는 필요할 경우 보다 많은 정보를 얻기 위해 핵심적인 경찰 동료들과 소통한다. 하지만 NSW주에서는 범죄 데이터가 CRA 속의 권고사항들을 지지해주는 데 거의 사용되지 않으며, 주로 넓은 지역에 대한 범죄데이터로 구성되어 있어서 세부적인 범죄위험의 이해가 곤란하다는 평가를 받고 있다(Clancey, 2011b).

section 05
범죄위험평가의 유용성 및 주의점

　　체계적인 위험평가 체크리스트 측정을 통해, 예를 들면 학교폭력 등 학교 부지내 범죄예방을 위한 교과부·경찰청 등의 CPTED 협력사업 시 가용자원의 합리적 배분을 위한 근거를 제공할 수 있고 학교별로 확인된/예측된 위험도에 맞추어 CPTED 옵션/예산 투입할 수 있으며, 셉테드 세부지침 적용의 수준(필수, 권장, 선택)을 합리적으로 결정하도록 도울 수 있다. 범죄위험도에 대한 정보의 제공은 앞으로 안전행정부의 범죄지도를 포함한 생활안전지도 사업과 연계될 수 있다.

　　일부 지표(특히 셉테드 항목)의 측정 및 점수 산정 기준이 종종 모호해지므로 최대한 명확한 지표 및 측정 기준 설정이 중요하다. 또한 평가에서 물리적 환경 지표와 사회적 환경 지표 간 비율을 잘 고려하여 균형을 맞추어야 최종위험도 평가가 좀 더 정확해질 수 있다. 또한 위험평가는 주기적으로 실시하여 안전수준의 지속적 점검이 핵심이다. 범죄위험평가가 체계적일수록 CPTED의 성공가능성은 높아지며, 위험평가 과정이 부실하고 단편적일수록 CPTED의 실패 확률은 증가할 것이다.

더불어 위험평가는 건축계획 수립 이전 또는 최소한 직전 단계에 이루어져야 실질적 CPTED 적용이 가능하고 비용효과성이 증가하는 반면 계획 수립 완료 이후에는 위험평가 결과 반영이 (매우) 제한적이어서 형식적인 적용 또는 비용효과성이 떨어지기 쉽다. 따라서 범죄위험평가 과정이 법제화될수록 CPTED가 개발 계획/설계 단계에 적용될 가능성은 증가하고 CPTED가 보다 구체적으로 제도화되는 것도 용이해질 것이다.

정량적 분석만으로 위험평가를 하는 것은 상당히 위험한 발상이다. 현장에 가보면 정량적 지표나 숫자로 보이지 않는 아주 세부적인 특성이나 고유한 특성의 위험요소가 발견될 수 있기 때문에 계량적인 연구와 더불어 현장에 대한 시각적 조사(visual audit 또는 street profiling)가 필수적이다. 현장에서 거주하거나 근무하는 지구대, 파출소의 순찰팀 경찰관이나 지역주민, 상인, 경비원, 주차장 관리인, 행인 등에 대한 심층 인터뷰도 필요하다. 이 역시 계량적 분석이 전혀 발견할 수 없거나 매우 곤란한 범죄 위험요소들이나 특성들에 대한 정보를 자세하게 수집할 수 있기 때문이다. 예를 들면 저자가 서울의 A지역에서 서베이를 할 때 인구사회학적 지표, 경제적 지표, 물리적 지표를 정량평가했을 때 매우 위험도가 중간수준으로 나왔는데도 범죄율(특히 침입범죄)은 매우 높은 지역이 있었다. 왜 그런지 그 이유는 현장에 가서 관할 지구대의 한 경찰관을 통해서 알 수 있었다. 즉, A지역 인근에는 교도소 복역을 마치고 출소한 전과자들의 사회복귀를 돕기 위해 한 종교재단의 재활원이 있었는데 그 재활원의 많은 전과자들이 낙인 상태에서 재범의 고리를 끊지 못하고 수시로 자유시간에 나와서 침입범죄나 폭행 등의 범죄를 저지르고 있다는 것이다. 이와 같이 숨어 있는 범죄위험 특성들은 지역 경찰과 같이 범죄 문제를 직접 다루고 있는 사람들에 대한 면접조사가 필수적인 것이며 이러한 조사가 빠진 채 위험평가를 하는 경우 자칫 상당한 평가의 오류가 발생할 수 있다는 것을 유념해야 한다.

나아가 실제로 최근에 범죄가 발생한 장소에 대한 정보를 구하여 해당 장소에 가서 직접 프로파일링을 해보는 작업은 셉테드를 위한 범죄위험평가에서 가장 중요한 부분 중에 하나라고 할 수 있다. 범죄신고를 받거나 현장 출동하거나 순찰 중에 범행

현장을 포착한 경찰지구대 순찰팀의 활동은 이러한 측면에서 중요한데 경찰은 단순히 사건 처리에만 집중하기보다는 발생장소에 대해 셉테드 전문가와 함께 발생의 요인이나 원인으로 볼 수 있는 물리적, 상황적 환경 특성들을 위험평가 및 프로파일링하여 셉테드 차원의 해결책을 구체적으로 찾아내는 작업을 해야 최대한 현장의 실정에 맞는 적절한 셉테드를 실천하거나 실천에 실질적인 도움을 줄 수가 있다. 이러한 이유로 저자가 직접 면접조사한 미국, 영국, 호주, 일본 등 선진국의 셉테드 전문가들은 한결같이 특별한 사정이 없는 한 해당지역의 담당 경찰을 배제하고 그 지역 내의 셉테드 평가를 논해서는 안 된다고 주장하고 있다.

chpater 8

시설환경별 CPTED 적용 기준

section 01
CPTED의 일반적 원칙 및 기준

section 02
시설환경별 CPTED 지침

section 03
방범하드웨어의 성능 기준

제8장에서는 시스템으로서의 CPTED와 관련한 일반적 원칙 및 요소, 그리고 프로세스에 대한 설명을 기초로 각 시설환경별 셉테드의 계획, 설계, 관리의 기준 등 소프트웨어 측면을 설명하고 이어 하드웨어 면에서 창호 등 건축자재나 잠금장치 등 타깃하드닝(target hardening) 기법과 직접 관련한 제품들의 방범성능 기준에 대해 설명하고자 한다. 이 장에서 제시하는 기준들은 유럽표준(EN) 등 국제기준과 한국산업표준(KS), 그리고 국내외에 소개된 셉테드 지침 및 가이드라인들을 참고하였으며 논의 중에 그러한 지침이나 가이드의 내용을 비판적으로 분석하여 수정하거나 대안을 제시하기도 하였으며 저자의 개인적 의견을 상당 부분 추가하였다. 물론 앞 제3장 '표준 및 적합성 평가체계'에서 간단하게 언급하였으나 여기서는 그 세부적인 내용을 소개하고 분석하여 제시하고자 하는 것이다.

section 01
CPTED의 일반적 원칙 및 기준

영국, 덴마크, 프랑스 등은 90년대 중반부터 「도시계획·건축디자인을 통한 범죄예방」 프로세스 표준화를 추진하면서 유럽표준인 EN14383(도시계획과 건축디자인을 통한 범죄예방) 시리즈를 개발 및 제정해왔다. 이러한 셉테드 유럽표준은 세계에서 유일한 CPTED에 관한 국제적 기준으로 알려져 있다. 이렇게 세계적으로 유일한 국제적 기준인 유럽표준에 기반하여 개발, 제정된 KS A 8800: 2008 표준(국가표준인증종합정보센터 www.standard.go.kr 등에서 무료로 열람 가능함)은 셉테드가 장소(Where: 범죄문제가 있는 장소가 어디인지?), 문제(What: 어떠한 유형의 범죄나 무질서 문제인지?), 주체(Who: 누가 문제를 구체적으로 찾아내서 해결을 주도할 것인지?)라는 3가지 요소, 즉 3W에 대한 분석에서 시작되어야 한다고 명시하고 있다.

그림 8-1 KS A 8800 범죄예방 환경설계 – 기반표준

1. KS A 8800: 2008의 내용체계

KS A 8800: 2008은 신도시뿐만 아니라 구도시 지역의 계획, 설계, 관리 절차에 적용할 수 있다. 생활안전의 중대한 위협으로서의 범죄와, 범죄 발생 빈도와 직접적인 관계가 없더라도 심리적인 불안감과 두려움이 심각한 수준으로 이를 경감하는 것을 목표로 하는 정책, 절차 및 과정을 평가하기 위한 실천적 가이드라인을 제시한다. 지역의 범위는 주거지역, 개별 주택단지나 가로뿐만 아니라 시내 중심, 산업단지 혹은 공중의 사용을 위한 오픈 스페이스를 포함한다.

표 8-1 KS A 8800: 2008의 내용 체계

대범주	소범주	항목
적용 범위	적용 장소/시설	신규 환경
		기존 환경
	범죄 문제	범죄(crime)
		두려움(fear of crime)
전략 (15개)		계획(urban planning) 전략(4)
		설계(urban design) 전략(5)
		관리(management) 전략(6)
프로세스		지역별 CPTED사업의 절차 및 순서

2. CPTED의 범위 및 요소

복잡하고 수많은 변수와 이해관계자들이 존재할 수는 있지만, 이론적으로 CPTED에 대한 접근은 단순한데 다음 세 가지 질문에 대한 답에서부터 출발한다.

표 8-2 CPTED 적용 3대 요소

어디서(Where) 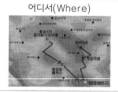	그 지역의 정확한 위치(좌표, 그리고/또는 경계의 설정, 그리고/또는 우편 번호 등을 통해)와 지역의 종류(기존 도시 지역이나 새롭게 개발 계획되는 지역을 모두 포함)의 확인
무엇을(What) 	기존 지역의 최우선적인 그리고 일반적인 범죄 문제의 확인, 혹은 새로 개발되는 지역에서 발생할 수도 있는 미래적 범죄 문제
누가(Who) 	범죄 문제를 보다 더 정확하게 확인하고, 더 깊이 분석 평가하여 범죄 문제를 경감 및 예방하기 위한 대책을 이행 및 실시하기 위해 관계되는 모든 이해관계자의 확인

구체적으로 보면 KS A 8800 표준은 도시 지역(urban area)과 도시계획 규모(urban planning scale) 차원에서 다음과 같이 3종의 지역과 구체적인 4종의 시설로 구분하였다. 단, 지역과 시설들은 복합적으로 나타날 수 있는데 주거지역은 대부분 학교와 청소년 시설, 상점과 작은 공원이 함께 들어서 있다. 이 7종의 장소는 주택법이나 건축법 등에서 정의하는 법적인 개념이라기보다는 일반인들이 상식적으로 이해될 수 있는 일반화된 용어로 표현된 것이다.

- 주거지역
- 상업지역
- 공업지역
- 학교/청소년 시설
- 쇼핑센터/소매점
- 공원
- 대중교통시설

　　또한 이러한 지역과 시설은 그 유형에 따라 범죄위험 분석에 있어서 <표 8-3>과 같이 신규 환경 조성과 기존 환경 개선으로 다시 구분된다. CPTED는 계획 및 설계 단계에서 적용되어야 비용효과성이 높은 것으로 알려져 있는바, 기존 환경보다는 신규 환경에 CPTED가 적용될 때 보다 많은 CPTED 원리와 선택사항들이 적용될 수 있다.

　　그 지역의 특성을 확인한 후 다음 단계는 이 지역에서 발생하는 범죄문제는 무엇인지(범죄분석) 또는 해당 지역에서 장래에 발생하게 될 범죄문제는 무엇이 될지(범죄영향평가)를 예측하는 것으로서 이를 '범죄위험평가(제7장 참고)'라고 통칭한다. 범죄

표 8-3　지역유형에 따른 CPTED 범죄위험 분석 방법

구분	신규 환경(new environment)	기존 환경(existing environment)
적용대상	새로운 환경에 대한 개발계획	기존 도시환경의 방범　인프라 개선
명칭	범죄영향평가(Crime Assessment)	범죄분석(Crime Review)
조사방법	새로운 환경에서의 범죄와 범죄공포의 특성은 기존의 범죄이론과, 유사한 다른 지역의 경험에서 추정하는 사전적 범죄위험예측 활동	공식범죄통계, 범죄피해조사, 주민설문조사, 관찰조사, 피해자 및 범죄자 면담조사 등의 방법에 의하여 현존하는 지역에서 행해지는 범죄에 대한 사후적 조사 활동
참고 그림		

범죄 유형

① 침입강도/침입절도(주거/상업건물) : 침입도 포함
② 파손(낙서, 쓰레기 무단투기 등 무질서 행위 포함)
③ 폭력
    ▶ 갈취/협박
    ▶ 폭행/강도(치상/치사)
    ▶ 상호폭행(싸움)
    ▶ 성폭행/성추행
④ 차량 범죄
    ▶ 차량 절도
    ▶ 차 내 물건/부품 절도
    ▶ 차량 파손/방화
⑤ 절도
    ▶ 상점 들치기
    ▶ 소매치기/날치기
    ▶ 공공기물 절도
⑥ 방화
⑦ 유괴, 납치
    ▶ 아동, 여성, 노약자 대상

참고 그림

문제는 7종의 범죄(crime)와 범죄공포(fear of crime)의 두 가지 범주로 나눠볼 수 있다. 이 중 도시의 생활안전을 위협하는 다음의 7가지의 형태의 범죄에 초점을 맞추어 구분한다.

범죄공포는 특정범죄의 피해자가 될 것으로 느끼는 감정을 뜻한다. 범죄공포는 얼마나 더 안전한가에 대한 설문조사(체감안전도 조사)를 통해 측정할 수 있다. 범죄공포를 야기하는 장소는 실제 범죄가 발생하는 장소일 필요는 없는데, 불안을 야기하는 장소를 다음의 3가지 유형으로 구분하고 있다. 다만 범죄의 공포는 모든 사람들에게 동등하게 주어지는 것이 아니라 특정 집단, 특히 취약계층, 즉 여성, 노인, 아동 등이 남성, 젊은 층에 비해 상대적으로 더 많은 공포를 느끼고 경험하는 것으로 조사되고 있다(박현호, 2009).

따라서 이러한 공포 유발 요소들에 대한 물리적인 변경과 관리는 도시행정에 있어서 점차 그 중요성을 더해간다고 할 수 있다(KS A 8800 부속서 C).

공포 유발 요소들이 만연한 장소(매춘, 마약 남용, 유흥·환락 지역)	
폐가 또는 관리가 잘 되지 않아 사람들이 이용하기를 불편해하고 접근하기를 매우 꺼리는 공간 및 장소	
도시 설계에 문제가 많은 장소(감시, 가시성, 구역배치의 부실)	

이러한 범죄 및 범죄공포 문제를 해소하고 경감하기 위해서는 공공, 민간, 산업 분야의 다양한 이해관계자들의 참여가 필수적이다. <표 8-4>는 참여 가능한 이해 관계자들의 예시이다.

표 8-4 CPTED 이해관계자의 분류

구분		단계	관계자	가능한 조치	규모
건축설계	1	일상적인 방범의식 고취 - 물리적인 변경은 없음	점유자, 관리자, 보안 담당자	일상적인 활동, 관리 절차, 사용/점유 패턴, 보안 인력배치의 변화	소규모 ↑
	2	방범장치 업그레이드	민간경비업체, 보안컨설턴트, 보안설비전문가, 건설사업자	보안 장비: 잠금 시스템, 경보기, CCTV, 등화시설, 접근 통제, 센서	
	3	건축물 개선 및 변경	건물주/점유자, 시설 관리자, 개발사업자, 건축가, 엔지니어, 건설사업자	내부 개조와 소규모 확장, 창문과 문 교체, 펜스와 게이트, 출구문 등	
	4	새로운 건물의 설계	건물주/입주예정자, 개발사업자, 건축가, 건설사업자	건물설계와 주변환경과의 관계	
도시설계	5	대규모의 개발 - 쇼핑센터, 주택 또는 산업 단지 개발	건축가, 개발사업자, 건설사업자, 임차인/입주민	건물군, 주차시설 등의 구획과 차량, 보행자 이동에 관한 계획	↓ 대규모
	6	공공장소에서 안전의 증진	도시 계획가, 관할 지방자치단체(대중교통, 공원 등), 지역 단체	공공 시설의 위치, 오픈 스페이스의 조경작업, 도로 조명시설	

7	지구단위 계획	도시 계획가, 개발사업자, 지역 단체, 지방의원, 지방자치 단체	점진적인 재개발과 도시 근린주구의 개선	

3. CPTED의 15대 실행전략

제2장 제2절 'CPTED의 이론 및 원리'에서 5대 원리와 일부 부가적인 원리(대체경로, 동선예측원 등)를 설명한 바 있다. 유럽표준과 한국표준인 KS A 8800에서는 위의 5대 원리를 포괄하면서도 더욱 범위가 넓은 15대 전략을 제시하고 있다. 이는 셉테드가 단순히 건축물의 설계에서 그치지 않고 도시의 계획 및 설계와 관리의 수준에서 보다 폭넓은 철학과 전략이 필요함을 증명하는 것이다.

이 표준에 제시된 CPTED 기법과 전략의 적절한 활용은 일정한 수준의 범죄예방 효과를 발휘할 수 있는 것으로 분석되었으며 도시계획가와 설계사들이 범죄의 원인(실업, 가난, 가정 붕괴, 마약, TV와 영화의 폭력성 등)에는 직접적인 영향을 미칠 수는 없지만 적절한 CPTED설계를 통해 범죄와 범죄공포를 경감할 수 있는 것으로 검증되어 왔다. <표 8-5>는 범주별 15대 전략들을 요약해서 보여주고 있다.

표 8-5 범주별 15대 CPTED 전략들

범주	15대 전략	설명
도시 계획	기존환경 계승	기존하던 사회적, 물리적 구조의 존중 및 반영
	활동성	시설물 및 환경요소의 기능과 미적 요소가 복합되도록 계획하여 이용자의 활동성과 활기 제고
	복합 사용	사회경제적 집단 간 혼합, 특정집단 고립의 최소화
	밀도	공격성과 긴장을 유발하는 초고밀(인구, 차량)의 지양. 초저밀로 인해 버려진 공간(不用공간) 방치의 최소화
도시 설계	가시성	건물이 전체적으로 개방적으로 설계됨
		개방적 조경 및 식재(교목 및 관목의 높이 유지)
		적절한 야간 조명(균제도, 조도, 연색성) 및 조명 간섭 요소 최소화
	접근성	범죄자의 접근제한(게이트, 펜스, 식재 등으로)
		보행루트 등의 명확하고 안전한 방향성(고립/함정공간 설계 지양)
		적절한 안내 표시체계(signage)
		안전한 보행 동선, 충분한 피신(대체) 루트(alternative route)

도시 관리	영역성	주차장 등 시설/공간 규모의 적절성(휴먼스케일)
		명백한 공적/사적 공간의 조닝(구획) 표시: 단차, 바닥패턴 변화, 식재, 상징적 문주 등으로 버퍼(buffer) 형성
	매력성	시설물의 첫 인상, 색, 재질, 조명, 소음, 냄새 등 미관과 매력 요소
	강건성	파손에 강한 가로시설물, 건축시설물 등
	대상물 강화/제거	강건한 재질의 방범창살/셔터/유리/잠금장치 설치
		절도/파손 피해 우려 시설물의 제거(눈에 안 띄게)
	감시	경찰의 순찰 수준
		자율방범대의 순찰 수준
		CCTV감시(비상벨 포함) 수준
	유지보수	청결 유지와 파손 시설의 신속한 보수 상태
	공공규칙	공공장소 흡연/음주/무질서 통제를 위한 규칙 및 단속
	취약집단 보호	청소년, 노숙자, 부랑자, 알콜중독자 쉼터 제공
	방범 경고/홍보	대중 범죄예방 캠페인/경고 메시지 및 행동 준칙 홍보안내(플랜카드, 안내홍보판 등)

이 중에서 위 셉테드의 기본 5대 원리와 차별화되는 전략 요소만 정리하면 다음과 같다.

(1) 기존 환경의 계승

사회 네트워크를 고려하고 다양한 연령 층 간에 비공식적 접촉과 교류를 진작한다. 기존 사회적 구조를 존중하고 계승하여 그러한 비공식적 범죄통제를 위한 기관 및 단체 간 협력 방범 파트너십을 고양한다.

그림 8-2 사회 네트워크 및 협력 방범파트너십

출처: European Commission (2007)

(2) 혼합, 복합 개발

다양한 주거유형들을 혼합하여 개발한다. 즉, 상업시설, 민간 주택, 공영주택, 1인 가구 주택들을 따로따로 배치하지 않고 섞어서 배치함으로써 다양한 인구들이 모여 살고 사회통합이 이루어지도록 배려한다.

그림 8-3 주거 및 상업업무 용도 간 복합개발 사례

출처: www.educate–sustainability.eu 및 pedshed.net/?p=84(Québec City)

(3) 적절한 밀도를 유지

너무 낮지도 않고 너무 높지도 않도록 도시의 인구와 주택의 밀도를 적절히 통제 및 조절한다. 이를 통해 도시민들의 토지사용의 빈도가 높아지고 버려지는 공간이 감소하며 이웃감과 근린에 대한 긍정적인 인식이 싹튼다.

그림 8-4 도시의 밀도(인구, 차량, 주택 등)

출처: European Commission (2007)

(4) 미관과 매력성을 유지

공공공간이 아름답고 친근하며 즐거운 기분을 주도록 설계한다. 심리적으로 불편감과 불안감을 주는 공간(지하보도 등)은 최소화한다. 또한 적절한 공공예술품이나 디자인을 통해 예술성과 안전감을 동시에 높여주는 노력을 한다.

그림 8-5 가로공간의 미관

출처: European Commission (2007)

그림 8-6 공공예술품 및 디자인

설명: 가로 디자인이 보호해주는 사람들이 있는 느낌을 주어 안전감을 제고한다.

(5) 쉽게 파손되지 않도록 하는 충분한 강건성

공공시설물이 쉽게 공격에 파손되지 않을 정도로의 강한 재질로 되어야 유지관리가 용이해진다. 그러면서도 미적인 아름다움을 유지해야 한다.

그림 8-7 가로공간의 강건성

출처: European Commission (2007)

(6) 공공규칙 제정

공원 등 공공장소에서 안전 유지를 위한 질서 관련 공공규칙을 제정하여 사용자들이 이를 준수하고 안전하게 보호되도록 한다. 국내의 예를 들면 강원도의회 사회문화위원회는 지난 16일 상임위에서 김동자(새누리·강릉) 의원이 대표발의한 '강원도 간접흡연피해방지 조례안'을 원안 의결했다. 조례안에 따르면 도지사가 지정한 금연구역에서 흡연 시에는 10만원 이하의 과태료를 부과하도록 했다. 이제 도심공원, 강릉 경포 해변과 버스정류장 등 공공장소에서의 흡연과 음주에 대한 규제가 대폭 강화된다.

그림 8-8 공공규칙과 규제에 의한 공공장소에서의 건전한 이용 유도

출처: European Commission (2007). 조선일보 2012.10.18.

(7) 특정 취약집단에 대한 배려

노인층, 노숙자, 가출 청소년 등을 위한 쉼터를 마련하고 그들과 대화를 통해 지원을 해준다. 노숙자나 가출 청소년들은 극도로 열악한 생활환경 탓에 사회에 대한 불만과 분노가 많아 살인, 방화 등 묻지마 범죄를 저지르는 등 범죄의 가해자[1]가 되거나 범죄 피해자가 되는 상황에 쉽게 노출되는 경향이 있다. 따라서 이들에 대한 체계적이고 지속적인 배려와 감시를 통해 그 위험을 관리해야 한다.

그림 8-9 노숙자와 그들을 위한 쉼터와 배려

출처: www.ohmynews.com

하지만 어떤 도시지역도 범죄와 반사회적 행위의 문제에서 자유롭지 못하므로 대부분의 도시 지역은 일정 수준의 전문적인 감시와 유지가 필요한 경우가 대부분인데, 이것은 관련 분야 전문가들을 활용하여 구체적인 관리전략의 방법들을 찾아낼 수 있다.

관리전략은 거주민과 방문객에 의한 자연적 감시와 주인의식을 함양하고 장려하고자 하며, 이런 전략은 주민들의 참여와 관심을 통해 이루어질 수도 있다. 관리전략은 특히 기존 지역에서 범죄문제를 해결하고자 할 때 중요한데, 기존 지역은 도시계획과 설계에 의한 CPTED의 실행이 다소 제한되어 있기 때문이다. 다만 신규 개발의 경우에도 지속적으로 효과적이며 완전한 수준의 도시안전을 확보하기 위해서는 적절한 관리전략이 필수적이다.

---

1 [충청투데이] 2012.09.07: 최근 천안지역에 노숙자들로 인한 범죄가 연이어 발생하고 있어 시민들이 불안에 떨고 있다. 특히 노숙자들은 역 주변은 물론, 재개발로 인한 봉명동 빈집, 인근 초등학교까지 들어가 각종 범죄를 일삼고 있어 경찰의 강력한 범죄 예방활동이 요구되고 있다.

위에서 제시한 모든 전략은 몇 가지 기법들을 통해 실행될 수 있다. 예를 들면, 접근성 전략은 도시구획 지침, 보행망, 교통망, 건물의 입구 배치 등을 통해 실현될 수 있다. 모든 전략이 모든 상황과 범죄에 효과적인 것은 아니며 각각의 전략들은 구체적인 상황 속에서만 도움이 되거나 구체적 형태의 범죄와 무질서를 예방할 수 있을 뿐이다. 따라서 일정한 환경 속에서 일정한 범죄 문제에 대한 기대효과의 수준에 따라서 각각의 전략들을 선택할 수 있다. 구체적인 기법으로 구성된 전략들은 장소, 시간, 예산 그리고 선호도에 따라 선택될 수 있다(KS A 8800).

이와 같이 CPTED의 전략의 활용은 유연성을 중시하고 있으며 보다 구체적인 기법의 활용은 더욱 큰 유연성과 장소, 구체적(site-specific) 접근방법을 강조하고 있는데 CPTED 프로그램을 수행하는 장소, 대상, 주체에 따라 매우 많은 변수와 차이가 발생하기 때문이다.

4. CPTED의 실행 프로세스

(1) 실행 프로세스의 기준

여기서는 모든 관계자를 참여시키고, 철저한 범죄위험평가(범죄분석 및 범죄영향평가)와 같은 필수적 예비 단계를 포함한 단계적 프로세스(step-by-step process)에 의해 이루어지는데 모든 관계자들이 책임감 있게 준수해야 할 절차의 프레임워크를 제시한다. 그러한 접근방법을 네트워킹(networking) 또는 파트너십(partnership) 거버넌스 접근이라고 할 수 있는데 관계자들의 일부 또는 전부는 신도시 건설, 리모델링, 또는 기존 도시의 개선이나 유지관리를 위한 정규 도시계획 및 관리 프로세스의 한 구성요소로 포함이 된다.

새로운 환경이나 기존의 환경에 대한 개발을 허가할 수 있는 권한의 주체를 책임기관(Responsible Body)이라 하며 주로 지방자치단체(서울시나 자치구)나 예외적으로 책임기관의 자격요건을 갖춘 여타 단체, 기관(한국토지주택공사 등), 법인에 지방자치단체가 계획허가 권한을 위임하여 책임을 부여하기도 한다. 책임기관은 범죄와 범죄공포를 경감하기 위해 도시계획을 수립하고 건축물을 설계한다. 이런 CPTED 계획을 신뢰성 있고 타당성 있게 수행하기 위해 책임기관는 다음과 같은 일을 수행한다.

> ▸ CPTED의 기준 정립
> ▸ 도시안전 정책의 수립
> ▸ 범죄를 포함한 도시안전 관련 기본 목표 수립
> ▸ 범죄위험평가(범죄분석과 범죄영향평가)의 실시
> ▸ CPTED 실행을 위한 인력과 예산의 확보

〈CPTED 사업을 추진한 책임기관인 서울시 사례〉

　　신도시를 위한 구체적인 건축이나 개발 계획을 세울 때, 또한 재건축·재개발을 수행하거나 기존의 환경을 재정비할 때, 책임기관은 계획하고 공표했던 도시안전 목표 기준치를 달성하기 위해 일련의 프로세스를 시작하는데 책임기관은 중립적 위치에 선 사람(CPTED 전문가)을 책임자(또는 커미셔너)로 지정하여 CPTED 프로세스가 충실하게 관리 및 운영될 수 있도록 도모할 수 있다.

　　책임기관(RB) 대표는 도시환경에서 범죄와 범죄공포를 경감하는 것을 목적으로 한 일련의 거시적인 사업계획을 수립해야 한다. 그리고 대상 도시지역에서 미래의 안전을 달성하기 위하여 관계자들의 참여를 통해 수립된 세부목표를 공표해야 한다. 또한 공표는 사업 진행과정의 조직화에 대한 일반적인 지침도 포함해야 한다. 예를 들면 각 단계별 마감시간, 문서 작업, 예산/인력, 기술적 지원, 그리고 관련 법규들을 포함한 지침을 말한다.

　　한편 범죄학자(및 경찰학자), CPTED 전문가, 보안전문가, 설계 및 계획, 재건축, 재정비, 유지관리 프로젝트에 관여된 관계자 조직들이 포함된 워킹그룹이 구성되고 나면 이 워킹그룹은 책임기관(RB)가 공표한 목표를 추구하고, 미시적인 계획을 수립, 집행한다. 워킹그룹은 워킹그룹에 참가할 수 없는 사회적 약자들과 범죄문제와 범죄에 대한 인식에 대해 공청회 등을 통해 논의하고 협의해야 한다.

　　워킹그룹의 형태는 주로 자치단체와 경찰이 CPTED 사업을 주도하는 핵심 공공기관이므로 설립 이후 전국적으로 지역 법질서 확립과 사회안전망 확보를 위한 다양

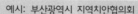

지역치안협의회

2008년 1월 현 이명박 정부의 주요 국정과제인 '법질서 확립'을 경찰청 차원에서 추진하기 위한 주요 정책과제로 '범죄와 무질서'에 대한 범정부적 공동대응과 중앙정부와 지방정부간 '새로운 협력모델' 창출, 그리고 지역안전 확보 및 지역사회 발전을 위한 주민의견 수렴과 이해협력을 확보하기 위한 지역종합 협의체 기구로 '지역치안협의회'가 '08년 4월 전국 광역 및 기초단체 단위에 설립되었다. 지역치안협의회는 현재 전국적으로 조직되어 자치단체별 조례, 규칙의 제정을 통해 법적 기반을 확보하고 있으며, '10. 8. 24일 현재 조례 제정 현황을 보면, 전체 238개 협의회 중 56개 기초자치단체에서 조례가 제정되어 23.5%의 제정률을 보이고 있다. 예를 들어 경기도 안양시는 2008년 7월 전국 최초로 '안양시 지역사회 안전을 위한 시민단체 참여 및 지원 조례(2008. 7. 8 조례 제2104호)'를 제정하였다. 동 조례는 범죄 예방을 위한 시책 발굴, 시민단체의 관련 활동 육성지원, 범죄예방 정보 공유, 범죄 피해자 사후 지원 등을 주요 내용으로 한다.

예시: 부산광역시 지역치안협의회

한 협력사업을 전개하고 있는 자치단체 별 지역치안협의회 등의 협의 기구를 통해 조직 편성하는 것이 비용효율적일 것이다.

CPTED 사업을 위한 워킹그룹의 주요 업무는 일상적인 도시계획 절차 안에서 CPTED 계획을 구체적으로 수립하며 범죄안전 환경 조성을 위한 건물 건축, 리모델링, 유지관리에서 방법과 절차를 수립하고 실행하는 것이다. 보안, 안전, 방범, 범죄와 범죄공포 분야의 전문가(예를 들면, 경찰관, 도시계획가, 보안 전문가 등)들이 이 워킹그룹에 직접 참여할 수도 있고 자문위원단으로 간접적인 참여를 통해 조언을 제공할 수도 있다.

워킹그룹은 계획서 작성을 할 때 다음의 사항들을 포함시켜야 한다.

▶ 범죄 및 두려움 경감 목표
▶ 기획, 조직 등 프로세스에서 취할 조치들
▶ 모든 참여자의 책임과 권한
▶ 진행 과정을 설립, 이행, 유지, 평가하는 데에 필요한 적절한
　기록의 유지

워킹그룹의 계획서는 사업공표를 한 책임기관의 인가를 받아야 한다. 또한 계획서에는 워킹그룹뿐만 아니라 책임기관의 의사결정을 도울 수 있는 모든 수준의 협의, 공청회, 보고서 관련 내용들이 포함되어야 한다.

그 다음 워킹그룹과 책임기관은 관계 기관 및 단체들과 유기적인 협력 체제를 구축하여 서로 긴밀한 연락을 취하고 정보를 교환하고 협업하며, 모든 관계자들을 포함하는 포용력 있는 계획을 수립한다. 워킹그룹은 기존의 범죄를 분석하거나, 특정 미래 환경에 대한 범죄영향평가를 해야 한다. 신·구 환경에 관계없이 GIS 소프트웨어를 활용한 범죄지도 작성(hot spot 또는 crime mapping), 범죄피해자 조사, 범죄자 면담 조사, 범죄조사 등 새로운 조사 분석 기법을 적용하고 사용하는 것이 권장되고 있다.

워킹그룹은 구체적인 범죄 경감의 세부목표 형식으로 추구할 사업방향을 좀 더 명확하게 정의해야 하고, 이러한 세부목표들의 달성 기간도 구체적으로 정해야 한다. 워킹그룹은 이러한 범죄 경감의 세부목표를 수치에 의해 계량적으로 설정해야 한다.

그림 8-10 신규 도시에 적용할 CPTED 프로파일링과 범죄 매핑

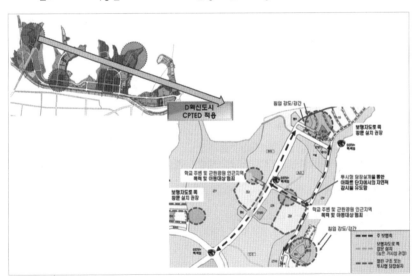

출처: 범죄과학연구소, 2009

그림 8-11 워킹그룹이 작성할 구체적인 CPTED 전략과 실시설계 가이드

출처: 범죄과학연구소, 2009

현실적인 기준점을 찾기 위해, 워킹그룹은 인근 또는 유사한 규모나 특성의 도시·지역·지방을 비교하여 얻어낸 범죄와 안전에 관련된 정보를 활용할 수 있다. 워킹그룹은 성과 목표를 개발 대상 지역과 비교해 보았을 때 '동일한', '최소 몇% 범죄와 두려움 지수가 경감된' 등으로 표시할 수 있다.

또한 워킹그룹은 SWOT 분석[2]에 기반하여 다음과 같은 내용을 담은 실무 계획 초안을 짜야 한다.

> ▸ 범죄문제에 대한 대비책이 없다면, 미래에 어떤 일이 발생할 것인지에 대하여 시나리오 작성 및 검토
> ▸ 세부목표가 달성되지 못할 가능성
> ▸ 2단계의 세부목표 달성 전략(15가지 전략)
> ▸ 추진할 구체적인 CPTED 기법들과 소요 비용
> ▸ 제안된 CPTED 기법의 기대효과 및 성과 평가

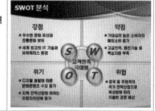

2 조직 및 기업의 내부 환경과 외부 환경을 분석하여 강점(strength), 약점(weakness), 기회(opportunity), 위협(threat) 요인을 규정하고 이를 토대로 경영 전략을 수립하는 기법으로, 미국의 경영컨설턴트인 알버트 험프리(Albert Humphrey)에 의해 고안되었다. SWOT 분석의 가장 큰 장점은 기업의 내·외부 환경 변화를 동시에 파악할 수 있다는 것이다. 기업의 내부 환경을 분석하여 강점과 약점을 찾아내며, 외부 환경 분석을 통해서는 기회와 위협을 찾아낸다. [네이버 지식백과]

워킹그룹은 책임기관들과 모든 관계자들에게 이러한 계획을 공표하며 책임기관은 어떤 전략과 대책을 선택하여 실행할 것인가에 대해 의사결정을 한다. 또한 책임기관은 워킹그룹이 그 CPTED 계획의 어떤 측면을 부각시켜야 할지를 결정할 수 있다. 이런 경우 워킹그룹은 책임기관의 결정에 따라 부가적인 작업을 수행해야 하고 책임기관은 이에 따라 새롭게 바꾼 방향·세부목표들을 제시할 수 있다.

즉, 절차의 진행이 2단계(방향/세부목표)로 다시 돌아가서 시작되는 것이다. 전략/대책에 관하여 한 번 최종결정을 내리면, 이 전략/대책은 모든 관계자들의 서명을 받거나 계약 또는 MOU를 체결한다(KS A 8800).

그림 8-12 범죄로부터 안전한 도시 만들기 MOU 체결식

출처: 연합뉴스 보도자료|2012.09.12

체결내용에서 기술된 CPTED 대책들을 실행하고 실행 여부 및 성과에 대해 모니터링, 감사(audit)와 피드백을 지속한다. 감사에서는 두 번째 단계에서 기술한 범죄 및 두려움 경감의 세부목표가 달성되었는지 여부를 조사하되 지난 번 감사 결과를 평가하는 것뿐만 아니라 감사 대상 프로세스와 지역의 중요성·상태도 고려하여 계획해야 한다.

감사 기준, 범위, 빈도와 방법들에 대해서도 정하고 감사 위원을 선정하며 감사를 수행하는 과정에 있어 객관성과 공정성을 확보해야 한다. 감사의 기획, 수행, 결과보고, 기록유지의 책임과 요건들은 모두 문서화되어야 한다(KS A 8800). 신도시 개발 후 범죄문제가 세부 목표들을 달성하지 못하거나, 구도시 개발에서 CPTED 적용 후에도 범죄문제가 여전히 해결되지 않은 경우(제2단계에서 기술한 방향/세부목표 참조) 책임

그림 8-13 CPTED 실행 프로세스 개념도

프로세스	범주	
책임기관(부산시/자치구)의 3W(Where, Who What) 검토 ↓ 책임기관의 사업계획 공표 ↓ 위킹그룹(WG) 구성 ↓ 위킹그룹의 계획서(목표 및 업무설정 등) 작성	준비 단계	
1단계 범죄분석 또는 범죄영향 평가 기존 환경 새로운 환경 (existing environment) (new environment) ↓ ↓ 범죄분석 범죄영향 평가 ↓ 위킹그룹: 범죄문제(범죄와 두려움)의 정의 ↓ 2단계 위킹그룹: CPTED사업 방향/세부 목표의 수립 ↓ 3단계 위킹그룹: CPTED사업 전략/방법 수립 ↓ 4단계 책임기관: CPTED 전략/방법의 검토 및 결정 이해관계자들: 계약 및 협정 ↓ 5단계 도시 (재)개발에서의 CPTED 실행	실행 단계	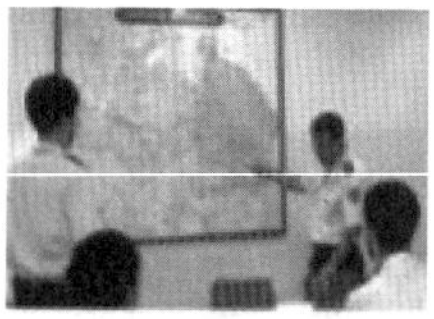 범죄피해조사 
6단계 모니터링/감사 ↓ 7단계 수정 및 피드백	검토 및 환류 단계	 회계감사

기관은 이런 상황의 재발을 막기 위해 범죄문제와 기법 간 불일치의 원인을 분석하는 피드백을 통해 적절한 개선조치를 강구해야 한다. 즉, 추가적인 CPTED 대책을 수립하는 등의 조치를 취한다(KS A 8800).

　서울시 균형발전본부에서 재정비촉진지구인 뉴타운지구에 셉테드를 적용하는 사업을 시행한 바 있는데, <그림 8-14>에서 좌측은 당시 균형발전본부의 CPTED 워

그림 8-14 서울시 뉴타운 CPTED 실행 프로세스

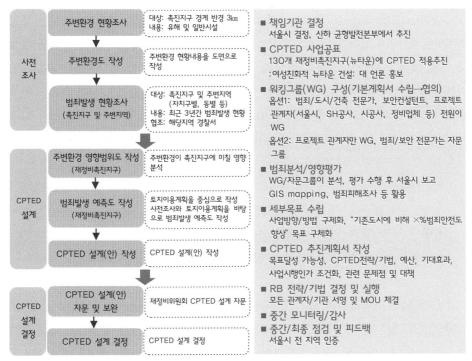

킹그룹이 제시한 CPTED 설계 프로세스이며 우측은 KS A 8800 표준을 적용한 프로세스를 예시하고 있다. 즉, 좌측의 절차는 우측의 전체 프로세스에서 1단계 범죄분석/영향평가, 3단계 CPTED 전략/방법 수립, 4단계 책임기관(서울시)의 검토 및 결정 부분에 해당한다고 볼 수 있다. 따라서 보다 공식적이고 종합적인 CPTED 프로세스가 완성되기 위해서는 분명한 책임기관이 결정되어 사업 목표가 공표되고 책임성 있는 워킹그룹이 구성되어 조사, 평가, 실행 후 감사와 피드백이 이루어지는 사이클이 지속되어야 할 것이며 1회성의 전시행정적인 접근방법은 지양해야 한다.

(2) 실행 로드맵과 프로세스의 실제

사업 프로세스와 함께 지역별로 셉테드의 중장기 사업 로드맵을 수립하는 것도 필수적이다. 중장기 비전을 갖고 셉테드 사업을 할 때 일시적이 아닌 지속가능성이 담보될 수 있기 때문이다. 이를 위해 저자가 셉테드 분야 책임연구자로 참여하여 경기도

시흥시에 제시한 셉테드 사업 로드맵과 체계, 실행 프로세스를 예로 들고자 한다.

　　먼저 로드맵(roadmap)은 앞으로의 계획이나 전략 등이 담긴 구상도·청사진 등을 의미하는데, 이는 고객의 니즈를 파악하여 목표를 정하고, 그것을 실현하기 위해 미래에 대한 예측을 바탕으로 하여 어떻게 목표를 달성할 것인지를 표나 그림 등으로 도식화한 것이다(권철신 외, 2003). 따라서 앞으로 시흥시가 범죄안전도시 CPTED 사업을 실행하고자 할 때 참고 및 활용할 수 있는 로드맵이 제시되어야 한다. 특히 먼저 시흥시의 셉테드 로드맵이나 비전 차원에서의 방향은 다음과 같이 표현될 수 있다.

- 국제적 기준에 부합하는 「범죄예방 환경설계」에 의한 안전도시 구축
- 민·관·학 파트너십에 의한 협력적 셉테드 사업 추진
- 단기, 중기, 장기 사업의 조화와 균형
- 시흥시 셉테드 성과의 국내 확산 및 해외 수범 사례로 시흥시 홍보

　　위와 같은 시흥시 셉테드 사업 비전을 달성하기 위해 시흥시가 구체적인 셉테드 실행 사업을 할 경우에 사업분야는 <그림 8-15>와 같이 구분해 볼 수 있을 것이다. 즉, 도시 내 범죄 및 불안감 제로화 사업, 신도시 셉테드 사업, 주민참여형 셉테드 사업, 범죄안전도시 인증 등으로 구분해 볼 수 있다.

　　또한 시흥시 셉테드 사업 로드맵의 틀(framework)은 크게 기간의 축과 셉테드 사업 요소의 축으로 구분될 수 있다. 단기 사업은 비물리적 요소(soft ware)와 물리적 요소(hard ware)로 구분될 수 있으며, 장기 사업도 비물리적 요소와 물리적요소로 나뉠 수 있다. 단기 사업은 1년 내외의 짧은 기간 동안에 실현이 가능한 사업 요소들로 구

그림 8-15　**시흥시 셉테드 사업분야**

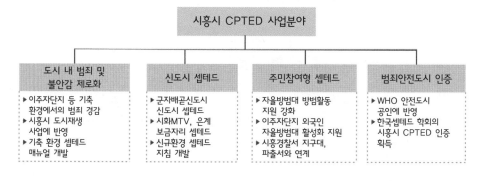

성되며 상대적으로 실천이 단기간 동안에 용이하고 가능하며 규모가 작은 공간/시설에 적용되거나 큰 예산이 소요되지 않는 사업들로 구성된다. 또한 갑작스런 지역의 퇴락이나 주거 환경 등의 악화로 시급하고 긴급하게 셉테드를 시행해야 하는 상황에서도 단기사업이 필요하다고 볼 수 있다. 중장기 사업은 단기간에 실현이 곤란하거나 불가능한 사업요소들로 구성되고 상대적으로 실천이 장기간에 걸쳐서 가능하며 규모가 큰 공간/시설에 적용되거나 다소 많은 예산이 소요되는 사업들이다.

1년 내외의 단기사업 중 비물리적 사업으로는 인식 제고를 위한 교육훈련, 세미나/워크샵 개최, 단기 셉테드 사업 예산 확보, 관련 협의체/운영위 구성 및 운영, 관련 사업에 셉테드 전문가 참여 및 자문 등이 있으며, 물리적 요소의 사업으로서는 자연적 감시 환경(공원 및 가로의 조명 및 조경 개선 등) 조성, 접근통제 환경 조성(주택단지의 차량 출입차단기 설치, 방범창호 설치 또는 개선 등), 영역성 확보 환경 조성(주택 지구와 공공 가로 간의 단차 확보 또는 바닥패턴 및 색채 구분 등), CCTV/보안등 등 관련 방범시설에 대한 단기적 개선, 범죄취약 환경 실태조사 등이 있다. 단기사업이 가능한 공간단위로는 생활가로, 연도형 가로, 골목길, 소공원, 어린이 공원 등이 있다.

2~3년이 소요되는 중기사업 중 비물리적 사업으로는 지역특성을 고려한 셉테드 로드맵 및 가이드라인 개발, 시와 구 공무원 및 경찰관 등 관계자 셉테드 교육훈련 프로그램 개발, 셉테드 관련 조례의 제정 또는 개정, 셉테드 사업의 성과 평가조사 등이 있으며, 물리적 범위의 사업요소로는 중간 규모 지구(예 : 거모동 1659-2 일원 주거환경관리사업 등)의 방범 환경/시설 구축, 범죄 취약 환경의 개선 시범사업 착수 및 성과 분석 등이 있다. 공간 단위로 보면 중기사업 대상은 소규모 주거단지나 상업지구, 중규모 도시공원 등이 있다.

4~5년 이상이 소요되는 장기사업 중 비물리적 사업으로는 중장기 셉테드 사업 예산의 확보, 셉테드 전담 공무원의 채용 또는 자체 전문가 양성과 확보, 지역 셉테드 관련 통계체계 구축 등이 있다. 하드웨어 사업으로는 군자배곧신도시와 같은 대단위 지구의 방범 환경 및 시설의 시공과 구축, 기축도시 범죄취약 환경의 전반적인 수선과 개선, 지속가능한 셉테드 환경체계의 구축, 지속적인 셉테드 시설물의 유지관리체계 확립 등이 있다. 장기사업 대상 단위로는 근린주구, 신도시, 뉴타운 개발과 대규모 도시공원 등이 있다.

시흥시에서 어떠한 유형의 셉테드 사업을 어디에 어떤 문제를 대상으로 시행할 것인지는 해당 자치단체의 주어진 예산, 주민의 인구학적 특성, 인력, 장비 등 지역의

표 8-6 시흥시 CPTED 사업 로드맵의 기본 틀

기간 \ 요소	비물리적 요소(S/W)	물리적 요소(H/W)	공간단위
단기 (1년 내외)	▸ 인식 제고를 위한 교육훈련, 세미나/워크샵 개최 ▸ 단기 셉테드 사업 예산 확보 ▸ 관련 협의체/운영위 구성 및 운영 ▸ 관련 사업에 셉테드 전문가 참여 및 자문 ▸ 이주자단지 외국인자율방범대 활성화 지원	▸ 자연적 감시 환경 조성 ▸ 접근통제 환경 조성 ▸ 영영성 확보 환경 조성 ▸ CCTV, 보안등 등 관련 방범 시설에 대한 단기적 개선 ▸ 범죄취약 환경 실태조사	▸ 생활가로 ▸ 골목길 ▸ 소공원 ▸ 어린이공원
중기 (2~3년)	▸ 시화공단 등 공단지역 셉테드 환경 조성 매뉴얼 개발 ▸ 정왕1동 이주자주택단지 셉테드 환경 조성 매뉴얼 개발 ▸ 지역특성 고려한 셉테드 로드맵 및 가이드라인 개발 ▸ 공무원 등 셉테드 교육훈련 프로그램 개발 ▸ 셉테드 조례 제/개정 ▸ 셉테드의 성과 평가조사	▸ 공단지역 셉테드 환경 조성 ▸ 정왕1동 이주자주택단지 셉테드 환경조성 매뉴얼 개발 ▸ 중간 규모 지구의 방범 환경/시설 구축 ▸ 범죄취약 환경의 개선 시범사업 착수 및 성과 분석	▸ 소규모 주거단지 ▸ 상업지구 ▸ 중규모 공원
장기 (4~5년 이상)	▸ 셉테드의 중장기 사업예산 확보 ▸ 셉테드 담당 인력 채용 또는 자체 전문가 양성 및 확보 ▸ 지역 셉테드 관련 통계관리체계 구축	▸ 대단위지구(시화MTV, 은계 보금자리) 등의 방범 환경/시설 구축 ▸ 범죄취약 환경의 전반적 개선 ▸ 지속가능한 셉테드 환경 구축 및 성과의 확산 ▸ 지속적인 셉테드 시설물의 유지관리	▸ 근리주구 ▸ 신도시, 뉴타운 개발 ▸ 대규모 근린공원

여건과 특성에 따라서 결정되어질 것이나 가급적 전체적인 셉테드의 체계를 완성하는 방향으로 사업이 종합적으로 추진되는 것이 바람직스럽다.

자치구 별로 마을 단위 셉테드 사업을 추진할 경우에 로드맵은 사업 기간에 관계없이 일정한 프로세스를 거쳐서 실천될 수 있다. 즉, 사업 운영은 유럽표준 EN14383과 한국표준 KS A 8800에서 제시하는 셉테드 표준 실행 프로세스(<표 8-7> 참고)가 제시하는 바와 같이 구체적으로 보면 먼저 구청 또는 동 단위에서 사업을 추진할 주체를 설정하고 셉테드 사업을 공표 및 홍보한다. 두 번째로는 각 구청의 가칭 생활안전과, 관할 경찰서 그리고 시흥안전도시구축팀이라는 워킹그룹(working group)을 조직하여 파트너십 체계를 형성하여 마을 범죄 취약요소를 조사하고 시흥 지역 범죄환경 실태를 조사함으로써 주민의 안전니즈를 반영하고자 노력한다. 사업기획단계에서의 주민, 특히 노인, 여성들의 참여를 독려하여 세부 사업 목표를 수립하고 목표 달성의 정량적/정성적 지표를 함께 작성한다.

표 8-7 시흥시 셉테드 사업 프로세스 로드맵

주요 업무	사업 운영	관련 조직	고려사항
▸ 사업을 추진할 주체를 설정 ▸ 셉테드 사업을 공표 및 홍보	사업주체 설정 및 사업 공표	▸ 시청 또는 구청 단위	▸ 사업기간(장단기) 고려 ▸ 물리적 요소와 비물리적 요소의 조화와 균형
▸ 마을 범죄 취약요소 조사 ▸ 마을 범죄환경 실태조사 ▸ 주민의 안전니즈 반영 ▸ 사업기획단계에서의 주민참여 ▸ 세부 목표 수립 및 목표 달성의 정량적/정성적 체크리스트 작성	사업기획	▸ 각 구청의(가칭) 생활안전과 ▸ 관할 경찰서 ▸ 시흥안전도시구축팀 (Working Group) 구성	▸ 향후 저항이나 반대를 최소화하기 위해 이해관계자의 참여를 최대화 ▸ 지적과 비판 요소에 대한 적극적 의견 수렴
▸ 사업 심의 및 협의 ▸ 범죄안전마을 사업 가이드라인 검토 및 협의	사업심의 및 협의	▸ (가칭)시흥안전마을 추진협의회	▸ 사업에 대한 주민 협의를 위한 공청회 개최
▸ 범죄안전마을 사업의 집행 ▸ 물리적/비물리적 사업 내용의 추진 ▸ 주민 전문가 육성	사업집행	▸ 시청 및 구청의 (가칭)생활안전과 ▸ 주민단체/기관 공동 ▸ 관할 경찰서	▸ 사업추진을 위한 인력, 예산, 장비, 시설 확보 방안 고려 ▸ 전문가 육성을 위한 강사 풀 구축 및 ▸ 교재 마련
▸ 범죄안전마을 사업 평가 ▸ 주민 안전만족도 조사 ▸ 공식 범죄통계 및 피해경험서베이 결과 분석 ▸ 우수 마을 시상	사업 평가	▸ 시청 및 구청 ▸ (가칭)시흥안전마을 추진협의회 ▸ 관할 경찰서	▸ 범죄피해와 두려움 조사의 절대적 필요성과 중요성에 대한 이해 ▸ 공식 통계의 단점과 범죄암수의 이해
▸ 차기 셉테드 사업에 평가 결과의 반영 ▸ 평가 결과에 의한 일정 사업 사이클(기간)의 설정 ▸ 범죄안전마을 사업 우수사례의 확산	사업 환류 및 개선	▸ 시청, 구청, 경찰서 ▸ 수범사례 제시할 중앙정부인 행정안전부	▸ 수범사례의 공유를 위한 웹사이트 구축을 통한 보급, 확산

　세 번째 단계에서는 가칭 시흥안전마을추진협의회를 구축하여 마을 단위 셉테드 사업을 심의 및 협의하되 범죄안전마을 사업 가이드라인도 검토하고 이를 여성/아동을 포함한 폭넓은 이해관계인들과 협의를 한다.

　네 번째 단계에서는 각 구청의 생활안전과, 주민단체 및 관계 기관, 관할 경찰서가 협력하여 범죄안전마을 사업을 집행하고, 물리적/비물리적 사업 내용을 추진하면서 교육훈련 서비스 제공을 통해 주민 전문가를 육성함으로써 사업 추진의 원활한 협력 분위기를 조성한다.

　다섯 번째 단계인 사업평가 단계에서는 시흥안전마을추진협의회, 관할 경찰서, 자치구 그리고 만약 가능하다면 서울시에 의뢰하여 해당 지역에서의 여성안전마을 사업을 평가하면서 주민 안전만족도를 조사하고 공식 범죄통계 및 피해 경험 서베이를 통해 그 성과를 분석한 후 성과가 우수한 마을에 대해서는 시상하고 사업 예산을 위한 보조금을 지급하는 방법이 있다.

　마지막으로 자치구, 경찰서, 서울시, 나아가 국토해양부나 행정안전부에서는 차기 셉테드 사업에 평가 결과를 반영하거나 평가 결과에 의한 일정 사업 사이클(기간)을 설정할 수 있으며 범죄안전마을 사업 우수사례를 시 전체 또는 전국 단위로 확산시켜 나갈 수 있다.

section 02
시설환경별 CPTED 지침

　이 지침들은 신도시 계획과 구도시 환경 개선 모두에 적용될 수 있는 포괄적인 기준들이다. 또 여기서는 각 지침 별 중요도를 저자의 판단에 따라 별표(★)로 표시하였다. 즉 그 중요도를 별표 3개는 필수지침(또는 비용효과성이 높은 지침), 별표 2개는 권장지침, 별표 1개는 선택지침으로 구분하였다. 이에 상응하여 범죄위험도와 CPTED 적용요소가 높은 지역은 중요도에 관계없이 가능한 한 모든 지침을, 범죄위험도와 CPTED 적용요소가 중간수준인 지역은 별표 2개 이상 지침 위주로, 범죄위험도와 CPTED 적용요소가 낮은 지역은 별표 3개 지침을 중심으로 적용하도록 구분하여 보았다. 통일성 있는 셉테드 지침의 틀을 유지하기 위하여 각 공간 요소 또는 셉테드 적용 요소별 지침은 동일하게 좌편에 삽화나 사진을, 우편에 부제와 지침, 그리고 중요도 별표, 하단에는 관련 문헌이나 근거를 제시하였다.

　다만 여기에서 제시된 지침들은 국내외의 모든 셉테드 지침들을 총망라하는 것이 아니라 저자 개인이 주도하여 연구개발하였거나 아이디어 차원에서 발굴한 내용들을 중심으로 간추린 지침들과 일부 국내외 사례들 중 우선순위에 드는 지침들만을 소개하고 있음을 밝힌다.

1. 주거시설

(1) 도입

주거시설은 크게 아파트 및 주상복합, 다가구/다세대/연립주택, 단독주택으로 구분하여 셉테드의 계획, 설계, 관리 기준을 제시할 수 있다. 일정한 지역에서 CPTED를 통해 범죄위험 관리를 하기 위해서는 무엇보다 범죄위험의 수준과 특징에 대한 정확한 평가분석이 요구된다. 위험분석의 구체적인 방법은 KS A 8810:2010 표준안을 참고한다. 하지만 개발 및 건설 사업 공정이 촉박하거나 단순히 시설 내 안전감 증진만을 목적으로 할 경우에는 여건에 따라 간략한 위험분석 절차만을 거쳐서 담당 도시계획가나 건축가가 이 표준의 디자인 요소만을 적용할 수도 있다. 그러나 가능한 한 실효성 있는 범죄예방환경설계를 위해 정교한 위험분석 절차를 거쳐 이 셉테드 요소를 적용하는 것이 바람직하다.

(2) 주거지역의 범죄위험평가

주거지역에서는 침입범죄가 거주민이 가장 우려하는 범죄이므로 이를 중심으로 살펴볼 때 주택의 방범 취약성을 감소시켜 보호수준을 제고하기 위해서는 주택 내 재산의 '잠재적 중요성'과 '잠재적 위험'이라는 두 가지 요소를 고려하여야 한다. 보호해야 할 재산의 잠재적 중요성에 대한 인식은 소유자에 따라 다르며, 범죄에 대한 공포와 관련이 있다. 잠재적 위험의 평가는 기회범이나 상습범이 당해 주택을 어떤 측면에서 매력적인 범행대상으로 여기는 지를 규명하는 것이다. 위험평가 분석은 이러한 두 가지 접근방법을 혼용하여 해당 지역의 주택에 필요한 범죄 방어수준을 밝히는 것이다. 다만, 위험평가 분석에서 각각의 질문에 대한 측정값은 고정된 것이 아니며 각 지역의 특성과 상황 등에 맞게 변화시킬 수 있다.

보호해야 할 재산의 '잠재적 중요성'은 보호하고자 하는 재산의 객관적, 주관적 중요성을 의미하며 '잠재적 위험'은 침입범죄자의 형태가 기회범인지 상습범인지와 그들이 사용 가능한 침입도구에 의해 결정될 수 있다. 절도범들은 기회적 절도범(기회범)과 상습/전문 절도범(상습범)으로 구분할 수 있다. 기회적 절도범들은 범행기회가 주어졌을 때 절도를 저지르는 범죄자들로, 접근이 쉽고 감시가 적으며 탈출로가 확보

표 8-8 주거시설 침입범죄 수법

구분	수법
건물의 구조를 악용	‣ 우수관이나 가스배관을 타고 베란다, 욕실, 주방 창 등으로 침입 ‣ 창문에 인접한 나뭇가지 등을 발판으로 삼아 침입하는 수법 ‣ 아파트 옥상에서 로프를 이용하여 고층 세대에 침입하는 수법
잠금장치를 물리력으로 열고 침입	‣ 노루발못뽑이(일명 빠루)나 장도리 등을 이용, 현관문을 강제로 뜯는 수법 ‣ 잠금장치 옆에 드릴로 구멍을 낸 뒤 철사를 넣어 안쪽에서 열림 버튼을 누르고 들어가는 수법
잠금장치를 기술적으로 열고 침입	‣ 기구나 장비 등을 이용해서 기술적으로 현관문 잠금장치를 여는 수법 ‣ 디지털잠금장치의 버튼부분에 특수스프레이를 뿌려 자주 누르는 번호를 알아낸 뒤 침입 하는 수법
빈집 유무 확인하고 침입	‣ 대낮 아파트 단지 등을 돌며 초인종을 눌러 본 뒤 아무도 없는 것을 확인하는 수법 ‣ 신문이나 우유가 현관문 앞에 쌓인 빈집을 주로 노리는 수법 ‣ 단독주택이나 연립, 아파트 저층 세대의 창문에 돌을 던져서 인기척을 확인하여 반응이 없는 경우 침입하는 수법
신분 사칭하여 침입	‣ 배달원, 검침원, 공무원 사칭하여 문을 열어주면 침입 후 강도로 돌변하는 수법

된 건물에 흥미를 느끼며 대부분의 주거지를 범행대상으로 하며, 적은 위험은 감수할 만한 것이라 생각한다. 이들의 범행을 용이하게 하는 환경은 조명이 어둡거나 아예 없는 경우, 보안시스템이 설치되지 않은 경우, 관리가 되지 않아 범죄자가 은폐·엄폐 가능한 공간이 존재하는 경우 등이다. 기회적 범죄는 주변에서 누군가가 지켜보거나 지켜볼 가능성이 있다고 판단될 때 상당히 줄어들 수 있다. 기회적 절도범은 침입을 위한 도구들을 소지하기 마련이지만, 범행현장에서 거주민들이 방치한 도구들을 사용하기도 한다. 이들은 주로 방범기능이 취약한 창과 출입문으로 침입하는데, 이러한 '접근의 용이성'은 제거되어야 한다.

상습 절도범들은 범죄를 저지르기 전에 정보 수집의 단계를 거친다. 이들은 특정 범행대상을 염두에 두고 있기 때문에, 침입 시 더욱 강하고 정교한 도구들을 사용할 것을 예상할 수 있으며, 경우에 따라서는 CCTV 등 보안장치들을 무력화시킬 수 있는 전문지식도 보유하고 있다.

국내에서 일반적으로 발생한 주거시설 침입범죄의 수법은 <표 8-8>과 같이 예시될 수 있다.

이러한 범죄수법들은 잠금장치와 방범CCTV 등에 의해 주거시설의 안전을 강화하는 것도 필요하지만 보다 근본적으로 잠금장치의 강도와 방범기능성을 강화하는 것이 중요하다는 것을 시사하고 있다.

또한 '잠재적 위험'의 분석에는 다음 4가지 요소가 가급적 포함되어야 한다.

- 장소와 물리적 환경
- 인적·사회적 환경 요인
- 건물의 용도
- 건물의 물리적 특성

물론 위험평가는 체크리스트 질문지 형태로 구조화하고 점수화 되어야 평가가 용이하다. <그림 8-16>과 같이 범죄위험도에 맞는 방어수준을 확인하여 그에 맞게 주거시설의 방범 환경이 구비되어야 적절한 범죄안전 수준을 확보할 수 있다. 확인된 잠재적 위험과 잠재적 중요성은 위험도를 결정해주며 그에 상응하는 방어등급이 확인될 수 있는데 <표 8-9>와 같이 위험도에 맞는 방어등급이 결정되고 나면 그 등급에 맞는 셉테드 반영 범위가 결정될 수 있을 것이다. 다음의 범죄위험도 및 방어등급 등은 유럽표준 CEN/TS 14383-3 주거시설 셉테드(Crime Prevention by Urban Planning-Dwellings)을 국내 활용을 위해 번역 및 편집하였다.

그림 8-16 범죄 방어등급 평가 표(예시)

잠재적 위험 수준 ↑	Level 3	2등급	4등급	5등급
	Level 2	2등급	3등급	4등급
	Level 1	1등급	2등급	3등급
		Level 1	Level 2	Level 3
		잠재적 중요성 수준 →		

표 8-9 범죄위험도에 따른 방어등급 및 셉테드 반영 범위

위험도	범죄방어등급	셉테드 반영 범위
매우 낮음	1등급	단순한 물리적 보호 방법
낮음	2등급	추가적인 물리적 보호방법이 요구됨
중간	3등급	추가적인 물리적 + 소규모의 전자적 보호방법이 요구됨
높음	4등급	광범위한 물리적 + 중간수준의 전자적 보호방법이 요구됨
매우 높음	5등급	광범위한 물리적 + 광범위한 전자적 보호방법이 요구됨

모든 요인에 연관된 위험과 각 섹션의 총계(잠재적 중요성, 잠재적 위험)는 최대값에 대한 백분율로 표현된다. 이것은 건물의 범죄 취약점을 규명하고, 상응하는 각 섹션의 최종결과는 3가지 단계로 표현된다.

다음은 단독주택/다세대/다가구 주택을 예를 들어 위험평가를 제시하고 있다.

---

a) 단독주택/다세대/다가구 주택
   ▸ 침입자의 유형: 기회적 범행
   ▸ 위치: 주도로와 가까운 주택
   ▸ 침입피해 경험: 있음
   ▸ 재산의 가치: 평균 중산층
   ▸ 방범시스템: 개 한 마리 있고, 경보장치 없음
   ▸ 1층 창문: 목재 프레임과 방범창살
   ▸ 위층의 창: 창살 없음
   ▸ 조명이 설치된 타일 지붕/지붕 창
   ▸ 침입시도에 대한 문의 저항력: 약함

b) <표 B.3>을 이용한 개인 주택의 위험 분석
   ▸ 잠재적 중요성 합계 = 37/102*100 = 37% = Level 2
   ▸ 잠재적 위험 합계 = 252/439*100 = 57% = Level 2

c) 필요 방어등급: 3등급

<표 8-10>은 단독주택·다세대·다가구·연립주택의 범죄위험평가 체크리스트를 예시적으로 요약해서 보여주고 있다.

표 8-10 범죄위험 평가 체크리스트 : 단독주택·다세대·다가구·연립주택(요약)

잠재적 중요성	점수	최대값	백분율
1. 자산의 객관적 중요성			
소계 1		45	
2. 자산의 주관적 중요성			
소계 2		37	
3. 침입자의 유형			
소계 3		20	
잠재적 중요성의 합계		102	%
Level 1. 25% 미만			
Level 2. 25~40%			

Level 3. 40% 초과

잠재적 위험성	점수	최대값	백분율
1. 장소 및 물리적 환경			
소계 1		81	%
2. 인적·사회적 환경요인			
소계 2		50	%
3. 건물의 사용			
소계 3		33	%
4. 건물의 물리적 특성			
4.1 별채		11	%
4.2 옥상		7	%
4.3 창		56	%
4.4 외문		46	%
소계 4		120	%
5. 주변 및 거주자 요소			
5.1 접근 통제		44	%
5.2 주택의 외양		52	%
5.3 귀중품 보호		29	%
소계 5		125	%
잠재적 위험의 합계		409	%

Level 1. 30% 미만	
Level 2. 30~60%	
Level 3. 60% 초과	

(3) 주거지역의 셉테드 지침

주거지역은 크게 아파트(주상복합), 단독주택·다세대·연립주택으로 구분된다. 주
거지역은 주거침입범죄 예방과 건물 경계부 혹은 관리소홀로 발생하는 시야의 사각지
대에서 발생할 수 있는 강력범죄 예방에 초점을 둔다. 주거지역에서는 범죄예방과 사
생활 보호 사이에서 충돌이 발생할 수 있으나 사생활을 과도하게 침해하지 않는 한도
내에서 계획을 세워야 한다.

1) 아파트

접근통제 면에서 아파트 단지의 출입구에 차량 출입차단기를 설치하고 감시초소 및 CCTV를 설치하여 출입하는 차량에 대해 통제하고 감시할 수 있어야 한다. 아파트 주동의 출입구에는 출입통제장치를 설치해야 하며 옥상, 계단 창문 등은 외부에서 열리지 않도록 잠금장치를 설정해야 한다.

아파트 단지 출입구에 단주나 상징물을 설치하면 영역성을 쉽게 확보할 수 있다. 차량 출입구 도로를 돌기형 블록 도로로 설계하면 통행 차량이 아파트의 영역에 들어섰음을 쉽게 알 수 있으며 시야를 가리지 않는 조경 및 조명을 활용하고 분수 등을 활용하여 쉽게 침입하기 힘든 공간이라는 인식을 잠재적 범죄자에게 심어주어야 한다.

1층을 필로티 형태로 설계하면 지상에서 일어나는 모든 일을 감시할 수 있으므로 지상의 사각지대가 사라지게 된다. 다만 필로티 하부의 음영지역은 적절한 조명을 유지해야 사각지대를 방지할 수 있다. 어린이 놀이터는 아파트의 주동 내부에 위치하여 아파트에서 자연스럽게 내려다볼 수 있어야 한다. 아파트 단지 내의 수목은 시야선을 가리는 범위 내에 위치해서는 안 된다. 계단, 로비 및 승강기는 내부를 들여다볼 수 있도록 개방형 구조로 설계해야 한다. 아파트 단지 내의 공용 시설물을 활용하여 활동성을 증대하면 감시자의 수가 많아지므로 자연스럽게 범죄 예방에 도움이 된다.

주상복합아파트의 경우에는 주거, 상업, 업무, 호텔, 전시 등 복합용도 건축물로 상업시설과 비슷한 성격을 지니고 있다. 유동인구 및 상주인구가 많아 공동화 현상이 나타나지 않고 감시자가 존재한다는 사실은 장점이지만 거주지에 불특정 다수인의 통행이 늘어났기 때문에 접근통제가 확실하게 되지 않을 경우에는 거주자를 상대로 침입절도를 비롯하여 유괴, 폭행, 강도 등이 발생할 가능성이 높다. 따라서 상업시설로 연결되는 승강기와 주거시설로 연결되는 승강기를 별도로 구분하여 운행하고, 상업시설에서 주거시설로 연결되는 통로는 거주자들만 출입할 수 있는 출입 통제장치를 설치한다. 단지 내 상업기능과 주거기능을 위한 차량동선을 분리하여 계획하며, 주거시설 전용 출입구와 계단을 만들어 범죄 발생 가능성을 최소화한다.

▼ 출입구

접근통제형 출입구

▸ 출입구는 영역성을 확보할 수 있도록 바닥재를 경계도로와 차별화를 두고 설치할 것을 권장한다(★★★)
▸ 출입구 및 부출입구, 보행자 전용 출입구 등의 단지 진입로 주변에는 번호판인식 차량차단기, CCTV 등 적절한 감시 및 접근통제장치를 설치한다(★★★)

▼ 조경

자연적 감시가 용이한 조경

▸ 수목은 시야를 가리지 않도록 수목의 성상에 따라 적절한 간격을 두고 식재하고 수목이 성장함에 따라 시야를 가릴 수 있으므로 과도한 밀집식재를 지양하도록 한다(★★)
▸ 관목과 교목의 수고가 시야를 가리지 않는 유형의 수목을 식재하거나 가지치기 등으로 관리한다(★★)

▼ 조명

야간 식별에 적절한 조도 및 연색성

▸ 단지 내부의 보행로 및 차량통로를 비추도록 빛의 범위를 제한하는 등기구(컷오프 배광방식), 눈부심 방지 조명을 설치한다. 이때 보행자 및 차량번호판 식별이 가능한 수준의 조도를 확보하여 자연감시 역량을 증대하면서 동시에 불안감을 감소시킬 수 있도록 설치한다(★★★)
▸ 연색성이 우수한 친환경 저에너지 조명광원 설치를 권장한다(★★)

▼ 건물디자인

필로티 및 가스배관

▸ 건물 하부의 구조는 가급적 필로티를 고려하여 1층 세대로의 불법적 접근 및 침입을 사전 차단한다(★)
▸ 주동하부에 필로티를 계획할 경우 시야가 차단되는 구석진 공간이 발생하지 않도록 계획한다. 단, 고립은폐구간은 비용효과성이 높은 반사경과 인체감지 센서 적용을 권장한다(★★)
▸ 창문을 단지 내 도로 쪽으로 설계하여 자연적 감시가 용이할 수 있도록 설계함을 권장한다(★★)
▸ 외부 침입의 주요통로로 활용되는 외부 배관은 창문 및 베란다와 적정 이격거리를 두어 배관을 설치함을 권장하고, 방범용 덮개로 덮는 등의 방법으로 범죄악용을 방지한다(★★★)

출처: 서울특별시 균형발전본부(2009)

원형기둥 디자인

▸ 건물의 기둥은 사각기둥 및 원형기둥을 적용할 수 있으며, 자연적 감시의 가시각을 최대화 하고 CCTV의 시야범위를 넓힐 수 있는 원형기둥의 설치를 권장한다(★★★)

출처: KS A 8800(2008)

▼ 옥상

비상문 자동개폐장치

▸ 아파트 등 공동주택의 옥상은 상시 개방 시 추락, 자살, 침입범죄의 수단이나 통로로 활용되거나 청소년범죄의 온상이 될 수 있는 반면, 상시 폐쇄할 경우에는 화재 시 비상 대피를 하지 못할 위험이 있다(또한 소방법에 저촉됨). 따라서 비상문 자동개폐장치를 적용하여 평소에는 폐쇄하되 재난 시 대피가 가능한 장치를 설치함을 권장한다(★★★)
▸ CCTV 감시장치를 설치하면 비상 상황에 대한 파악이 더욱 용이해진다(★)

해설: 자동개폐장치는 관련 소방법에 의거 한국소방검정공사 등 인증 제품만 사용해야 한다.

▼어린이놀이터

어린이 놀이터

▸ 놀이터의 구조물은 시야를 방해하는 차폐 구조를 피한다(★★)
▸ 놀이터와 가까운 지역에는 수목의 밀집식재를 지양하여 가시성을 확보할 것을 권장한다(★★)
▸ 자연적 감시가 곤란할 경우에는 세대내에서 항상 감시가 가능한 CCTV 등의 시스템을 설치할 것을 권장한다(★★)

해설: 상단 그림3에서 주동에서의 자연감시는 용이하나 놀이터에 차폐적 구조물의 배치는 피해야 한다. 하단 그림4에서는 Mom's zone 디자인으로 4계절 보호자의 관찰을 돕고 있다.

출처: NICP CPTED Advanced Course Manual(2008); KS A 8800(2008)

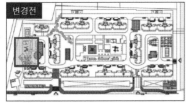

어린이 놀이터의 배치

▸ 주동에서 충분한 수준의 조망을 확보하고 자연감시 역량을 증대할 수 있도록 적합한 위치에 어린이 놀이터 등의 공간을 계획함을 권장한다(★★)
▸ 또한 차량과 보행자에 의한 관찰 기회를 최대화 하도록 배치한다(★★★)

해설: 그림5은 놀이터의 위치를 가시성이 떨어지는 외진 곳에서 주동 감시가 유리한 위치로 설계 변경한 사례(용인 역북지구)

---

3 그림 출처: http://blog.naver.com/21segistar?Redirect＝Log&logNo＝80072381695.
4 인천의 동부센트레빌 아파트 놀이터 사례.
5 그림 출처: http://blog.naver.com/21segistar?Redirect＝Log&logNo＝80072381695.

▼ 주동 창문

주동 비상계단 창문

▸ 아파트단지의 주동 창문은 전면부를 향해 설치하여, 단지 내 보행로의 상황확인을 용이하게 유도하고, 주동 비상계단의 창은 투명한 창을 설치하여 개방감 있게 설계하여, 고립·은폐된 공간을 최소화하여 입주민이 느끼는 범죄두려움을 저감시키고, 내부의 상황을 밖에서도 조망할 수 있도록 설계한다(★★★)

출처: KS A 8800(2008)

▼ 배치

단지 동배치

▸ 동 배치는 어린이 놀이터, 주차장 및 단지 내 쌈지공원의 자연적 감시가 용이하도록 N−S형 또는 ㄷ자형 구조로 배치를 권장한다(★★)

출처: 서울특별시 균형발전본부(2009)
그림출처: http://cafe.naver.com/ic114/240

▼ 단지 경계부

경계부 접근통제 및 경비실 배치

▸ 단지경계부에는 투시형 휀스나 생울타리 등으로 영역성을 확보한다(★★★)
▸ 가시성이 떨어지고 외진 경계는 경비초소를 배치한다(★★)
펜스 사이에는 '경비시스템 가동중'이라는 표지판을 설치한다(★)

▼단지 내 공공시설

개방형 공공시설

▸ 피트니스 센터 등 아파트단지내의 공공시설은 자연적 감시가 용이할 수 있도록 전면부를 가급적 투명소재의 강화유리창으로 설계한다(★★)
▸ 공공공간의 휴게시설을 개방적인 공간에 배치하여 자연감시성을 높여준다 (★★★)

출처: KS A 8800(2008)
그림출처: 인천 계양구

▼단지 내 상가

활동성 증대 및 경계부 구분

▸ 단지 내 상가는 활동성 증대를 통하여 잠재적 범행의 기회를 저감시킬 수 있도록 유도하고, 외부인이 아파트단지를 경유하지 않고 상가를 이용하도록 별도로 구획하여 공간적으로 외부와의 경계구간을 명확하게 구분하여 배치할 것을 권장한다(★★)

해설: 상가이용객을 가장한 범죄자가 단지에 쉽게 들어오지 못하도록 영역을 구분하는 것임
그림출처: 서울시 뉴타운 CPTED 지침 (2008)

▼주차장

지하주차장

▸ 차량의 통로와 더불어 주차면을 비추는 조명이 동시에 이루어질 때 충분한 수준의 조도6를 확보하고, 충분한 거리7에서 자연감시 역량을 증대하면서 동시에 불안감을 감소해준다(★★★)
▸ 조명은 바닥으로부터 85cm 높이에 있는 지점이 평균 100Lux 이상 되도록 하며, 연색성과 균제도가 높은 조명을 권장한다(★★)
▸ 지하주차장의 구조는 불필요한 벽과 사각공간을 최소화하도록 설계한다(★★★) 사각공간은 CCTV8 설치를 통해 최대한 감시한다(★★★)
가급적 가시각을 최대화하고 CCTV의 시야범위를 넓힐 수 있는 원형기둥의 설치를 고려한다(★)
▸ 기둥 및 벽면부에는 이용자의 안전감을 향상시키고 범행의 기회를 저감시킬 수 있도록 자체 경보음을 울리는 비상벨 설치를 권장한다(★★)
▸ 큰 단지의 지하주차장은 색채조닝을 통해서 주동의 구분이 용이하도록 계획한다 (★★)
▸ 여성전용주차공간을 마련한다(★★)

출처: KS A 8800(2008)

6 조명이 5lux 이하일 때 야간 범죄의 40%가 발생하며, 조명이 20lux 이상일 때는 야간범죄가 3%밖에

2) 단독주택, 다세대, 연립주택

단독 및 연립주택의 특성상 주택 단지 전체에 외부인의 접근을 통제하는 것은 불가능하기 때문에 각각의 주거 건물의 접근통제를 강화해야 한다. 개별 건물마다 출입구는 도로 쪽으로 향하게 하며 출입통제장치를 설치해야 한다. 단, 단독 연립주택의 배치를 닫힌 구조로 하고 출입구를 최소화하여 범죄자의 도주로를 차단하도록 하고 주택단지 외곽에는 투시형 울타리나 시야를 가리지 않는 낮은 조경시설을 활용하여 잠재적 범죄자의 접근을 차단한다.

빌라나 연립주택을 살펴보면 건물의 사유 영역이 어디서부터인지 애매하게 되어 있는 경우가 많다. 영역성이 확보되지 않은 건물은 범죄자의 입장에서는 영역성이 확보된 건물보다 훨씬 더 매력적인 건물이다. 건물 경계부에 투시형 담장을 설치하거나 낮은 울타리, 잔디 등의 시야를 가리지 않는 조경시설을 설치하면 영역성을 확보할 수 있다.

조경을 꾸미거나 영역성 확보를 위해 울타리를 설치할 때에는 시야를 가리지 않을 정도로 낮거나 투시형이어야 한다. 조명은 자연광과 유사한 백색등을 사용하며 건물 출입구 방향과 주차장 방향을 비추어야 한다. 단독·연립주택의 주차장은 지상주차장이 대부분이므로 외부에 노출되어 있는 만큼 차량 손괴나 차량털이범죄를 예방하기 위해서 주거지역 내부에서 감시가 가능한 곳에 위치하도록 한다.

건물들의 배치는 건물이 서로 마주보도록 하여 상호간 감시가 가능하도록 하고 건물 통로 및 계단은 도로를 향하여 전면 창문을 설치하여 공용공간에서 발생하는 범죄를 예방한다. 단독·연립주택의 뒤편이나 주택 간의 사이 빈 공간에 사각지대를 만드는 시설물은 가급적 피해야 한다.

단독·연립주택 1층과 2층 창문은 방범창 또는 전자식 방범장치를 설치하여 잠재적 범죄자의 범죄 욕구를 차단할 수 있도록 한다. 가스배관은 타고 오를 수 없도록 방범덮개로 덮고 창문과 일정거리 이상 거리를 두어야 한다.

발생하지 않았음 (참고: 어둑어둑한 저녁은 2lux, 맑은 날 아침은 18,000lux) (ACT Department of Urban Services & Planning and Land Management, 2000: 12).

7 Perth시의 기준에 따르면, 모든 시간대에서 이용자가 15m 거리에서 상대방의 얼굴을 알아볼 수 있도록 충분히 조명되어야 한다고 규정하고 있다 (Office of Crime Prevention & Office for Women's Policy, 2004: 9; Lismore City Council, 2000)

8 대학 주차장에 설치된 CCTV 한 대가 범죄건수를 66% 감소시켰다는 연구결과가 있다(Poyner, 1983)

▼ 출입구

주동출입구 접근통제

▸ 접근통제를 도모할 수 있도록 출입구에 출입통제장치 등의 방범
시설을 설치한다(★★★)
▸ 출입문은 파손에 강한 유리를 설치하며 방문객을 볼 수 있는 비
디오폰을 설치한다(★★★)

▼ 조경

자연적 감시 용이한 조경

▸ 시야를 가리지 않도록 수목의 성상에 따라 적절한 간격을 두고
식재하여야 하며, 관목의 경우는 화목류의 식재를 권장한다
(★★★)
▸ 수목은 성장함에 따라 시야를 가릴 수 있으므로 크게 성장하는
수목은 건물 및 경계부에서 적절하게 이격하여 식재하고 과도한
밀집식재를 지양하도록 한다(★★)

출처: 서울특별시 균형발전본부(2009); KS A 8800(2008)

▼ 조명

조도 및 조명 방향

▸ 조명은 적절한 연색성과 균제도를 유지하도록 설치한다
(★★★)
입구나 현관 쪽으로 조명을 배치하여 방문객이 외부에서 잘 보일
수 있도록 충분한 조도의 조명을 설치한다[9](★★★)
▸ 외부 침입자가 쉽게 인지될 수 있도록 개구부 주변에는 센서등
을 설치한다(★★)

---

9 Office of Crime Prevention & Office for Women's Policy, 2004.

▼ 건물디자인

접근통제 및 개방형 디자인

▸ 자연감시를 위해 건물디자인은 주동의 창문방향을 도로 방향으로 설계한다(★★)
▸ 외벽에 디딤판으로 활용할 수 있는 에어컨 실외기 등의 구조물 설치를 최소화한다(★★)
▸ 1층의 필로티 하부는 최대한 밝은 색으로 적용한다(★)

가스배관 덮개설치

▸ 외부에 노출된 배관은 배관을 타고 들어오는 주거침입절도 등의 범죄를 막기 위해 창문 및 베란다와 적정 이격거리를 두어 배관을 설치한다(★★★)
▸ 방범용 덮개로 덮는 등의 방법으로 범죄악용을 방지한다(★★★)

출처: KS A 8800(2008)

건물 배치

▸ 가급적 주택 간에 상호감시가 가능한 구조로 배치한다(★★)
▸ 건물에서 도로의 전망이 보이도록 하고 차폐녹지와 시설녹지를 적용할 경우 모퉁이와 사각이 최소화되도록 설계한다(★★)

▼창문

계단실 창문

▸ 계단실은 가급적 전면이 개방된 설계를 한다(★★★)
▸ 창문이 너무 작거나 폐쇄적인 계단실의 경우에는 1층 입구에 CCTV 를 설치한다(★★★)

방범창살 및 침입감지기

▸ 침입절도가 쉽게 발생할 수 있는 1층의 경우 침입방어 성능 인증을 받은 방범창살을 설치한다(★★★)
▸ 침입 방어 성능 인증 제품인 아닌 경우에는 침입감지기 등으로 보완한다(★★)

▼주택경계부

투시형 펜스

▸ 경계부는 영역성을 확보할 수 있도록 펜스나 생울타리 형태로 경계를 구분할 것을 권장한다(★★)
▸ 자연감시를 용이하게 할 수 있도록 수목은 시야를 가리지 않도록 수목의 성상에 따라 적절한 간격을 두고 식재한다(★★)

출처: KS A 8800(2008)

▼주차장

가시성 및 조명

▸ 주차공간에는 사각공간을 최소화하도록 설계하며 음영이 발생하는 곳은 충분한 조도의 조명을 설치한다(★★★)
▸ 주차면은 별도의 색으로 조닝을 구분하여 주차 시비를 방지한다(★★)
▸ 사각공간이 있는 곳에는 CCTV를 설치하여 감시한다(★★)

출처: KS A 8800(2008)

2. 상업/업무 시설

(1) 도입

중심 상업·업무지역은 주간뿐 아니라 야간에도 유동인구가 많아 인접지역으로 범죄를 전이시킬 위험이 있다. 이 지역은 도시 내의 모든 금융업무 수요자를 흡수하며 유흥, 문화 업소들이 위치하기 때문에 주간에는 날치기 및 강·절도에 취약하고 야간에는 폭행, 손괴, 강간 등 주취자가 일으키기 쉬운 강력범죄를 예방해야 한다.

상업·업무 시설의 CPTED는 범죄위험으로부터 사람과 재산을 보호하기 위해 주변 환경과 건물의 배치, 구조, 색상, 형태를 적절히 조화시키는 전반적인 활동을 말하며, 설계뿐만 아니라 건축물의 유지·관리까지 포함한다. 따라서 계획단계에서 범죄예방 전문가가 참여하여 범죄예방요소들을 설계에 반영시키고, 방범기능이 충분히 유지되도록 꾸준히 관리해야 한다.

(2) 상업·업무지역의 범죄위험평가

상업·업무지역에서의 위험분석을 위해서 최우선적으로 지역의 범죄현황을 파악하는 범죄분석이 실시되어야 한다. 여기서 말하는 범죄분석이란 개발 또는 정비 대상지역 주변에서 경찰에 신고된 범죄의 유형, 즉 언제, 어디서, 어떤 종류의 범죄가 발생하였고, 공격대상물이나 범죄피해자의 특징 등을 확인하는 것이며 범죄 빈발 지역(hot spot)을 확인하는 지도화(mapping) 작업을 통해 보완될 수 있다(KS A 8800 부속서 A 참고).

한편 신도시 건설과 같이 신개발을 할 때는 해당지역의 범죄기록이 존재하지 않거나 존재하더라도 파악할 수 있는 정보가 빈약하다. 이러한 경우 인근지역에 대한 범죄분석과 더불어, 개발 후 예상되는 밀도, 입지하게 될 시설, 교통망, 대중교통시설, 공원녹지의 위치 등을 파악하여 장래 어떠한 범죄와 반사회적 행동이 발생가능한지 범죄위험에 대한 예측평가를 해야 한다(KS A 8800 부속서 B 참고).

주의할 점은 지역의 위험 요인을 파악할 때, 범죄 기회에 영향을 미치는 요인들이 다른 변수로 인하여 지역특성과 직접적인 관계가 없을 수도 있다는 점이다. 예컨대, 분주한 두 번화가를 연결하는 길이 CPTED를 적용하려는 상업지역을 통과하는 경우, 상업지역에서 두 번화가가 어느 정도 떨어져 있더라도 두 지역을 연결하는 통로에서 많은 행인들의 자연감시로 인해 상업지역 내 범죄 위험성은 낮아질 수 있다.

이러한 맥락에서 상업업무시설의 위험수준을 평가를 하는 과정을 거치게 되는데 이 과정에서는 다음의 요소들이 고려되어야 한다.

- 영업의 유형
- 범죄의 매력성(예를 들면 상품, 현금, 영업/업무 데이터 등)
- 접근의 용이성(가로, 공지, 인접한 건물, 건물의 위/아래 층 등)
- 잠재적 도주로(도주로는 침입로와 다를 수 있음)
- 건축물 자체의 내재적 보안 수준
- 일반적인 사람들의 통행이나 경찰의 순찰에 의해 제공되는 감시성

또한 공간은 다음의 3가지 유형으로 나뉘어 고려되어야 한다. 단, 상업시설의 유형이 다양하여 a) 주변 공간이나 b) 대지 공간이 존재하지 않는 경우가 많다. 따라서

해당 상업·업무시설 CPTED를 계획 및 설계할 때 필요한 공간적 범위의 지침을 위주로 참고하면 된다.

- 주변 공간(Peripheral space): 일정 장소의 경계선 밖 토지
- 대지 공간(Perimetric space): 경계선과 건물 외벽 사이의 지역
- 내부 공간(Volumetric space): 건물 내부 공간

(3) 상업·업무시설의 셉테드 지침

상업시설의 경우 업무 종료 후 건물의 모든 출입구를 차단해야 하며 업무지역의 경우에는 1층에 감시초소를 두거나 출입자를 식별할 수 있는 CCTV를 설치하여 출입자를 통제해야 한다. 상업·업무시설의 주차장은 시설 이용자만이 출입할 수 있도록 출입통제장치를 설치해야 한다.

상업시설의 특성상 외부인의 출입을 유도해야 하므로 지나치게 영역성을 강조하여 시설 이용자가 건물 이용을 기피하게 되면 안 된다. 건물의 출입구 및 매장의 시작 부분은 바닥재를 차별화하는 방법을 사용하거나 건물 전면부에 볼라드 및 조형물을 설치하고 얕은 조경시설을 이용하여 영역성을 드러내도록 한다.

출입구의 코어홀은 직선형으로 설계하여 건물 내 시야의 사각지대가 생기지 않도록 하고 빛의 통일성을 확보하여 시야가 불편하지 않도록 해야 한다. 건물 내부의 조명은 백색등을 이용하여 최대한 자연광과 비슷하게 하고 반사판 및 밝은 색 내벽으로 조명의 밝기를 증가시킨다. 건물 출입구 및 승강기는 전면 유리를 이용해 내부가 항상 감시 가능하도록 하고 건물 경계부에 고립/은폐지역이 생기지 않도록 설계하고 물건 적재 및 간이 시설물 설치, 대형 입간판 설치, 대형 쓰레기 투기 등으로 인해 고립/은폐지역이 생겨서도 안 된다. 건물 1층에 차양막을 설치하면 보행자의 활동성을 증대하면 자연감시를 얻는 효과를 기대할 수 있다.

▼출입구

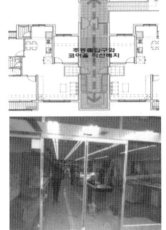

출입구 코어홀 직선배치

▸ 출입구는 영역성을 확보할 수 있도록 바닥재를 경계 도로와 차별화를 두고 시공함을 권장하며, 주동 승강기 전면부에 방범용 CCTV등의 방범시설을 설치하고, 건물경비인력을 로비에 상주시켜 범행의 기회를 저감시키도록 계획한다(★★)
▸ 가시성이 확보될 수 있도록 주출입구에 투명한 재료를 사용하여 개방감 있게 설계할 것을 권장한다(★★)

출처: KS A 8800(2008); 서울시균형발전본부(2008)

▼조경

조경 및 조형물

▸ 조경은 자연적감시를 용이하게 할 수 있도록 수목은 파고라 경계부에 식재하고, 시야를 가리지 않도록 수목의 성상에 따라 적절한 간격을 두고 식재하여야 하며, 관목의 경우는 화목류의 식재를 권장한다(★★)
▸ 수목은 성장함에 따라 시야를 가릴 수 있으므로 크게 성장하는 수목은 건물 및 경계부에서 적절하게 이격하여 식재하고 과도한 밀집식재를 지양하도록 한다(★★★)
▸ 조형물을 활용한 활동성 증대 및 자연적 감시역량을 증대한다(★★)

▼ 조명

저휘도 조명시설

▶ 균제도를 확보하고 저휘도 조명으로 글레어(눈부심)방지 조명을 설치한다(★★)
▶ 범죄심리를 진정/억제시키는 컬러조명을 설치하여 출입구 주변과 취약공간을 중심으로 상황에 따라 일부 적용을 고려한다(★★)

출처: NICP CPTED Advanced Course Manual(2008);
       KS A 8800(2008)

건물 내부 조명

▶ 상업지구 건물내의 조명은 상시조명을 유지하도록 하여 이용자들이 불안감을 느끼지 않도록 유지해야 한다(★★)
▶ 조명은 적절한 균제도와 연색성을 유지한다(★★)
▶ 에너지 절감차원에서 조명기기 내부반사판 이용을 권장한다(★★★)

▼ 건물디자인

개방형 디자인

▶ 건축물의 1층 전면부는 투명재료를 사용하고, 셔터의 경우에도 투시형을 설치한다(★★★)
▶ 출입구 및 승강기 전면부를 강화유리 및 합착유리 등을 적용하여 쉽게 파손되지 않도록 배치한다(★★★)
▶ 보행로와 차도로부터 내부를 충분히 관찰할 수 있고,[10] 건물내부에서도 외부인의 접근통제를 제한할 수 있도록 계획한다(★★)

출처: KS A 8800(2008)

---

[10] Office of the Deputy Prime Minister & Home Office, 2004: 35

창문 및 내부색채

▸ 유리로 된 천청(skylight)을 설치하여 자연채광을 이용하여 상가 내부의 조도를 밝게 한다(★)
▸ 내부를 밝은색 재료로 도색하여 빛의 반사가 잘 되게 한다(★★)

고립 및 은폐구역

▸ 건축물 설계 시 건물의 구조나 배치가 자연적 감시가 이루어지기 곤란하거나 불가능한 사각지대를 발생시키지 않도록 고립 및 은폐구간을 최소화시킬 수 있도록 계획한다(★★★)

출처: KS A 8800(2008)

▼건물경계부

건물 경계부

▸ 중심지역 및 일반상업지역의 건물의 1층은 지속적인 자연적 감시가 이루어질 수 있도록 테라스 및 차양 등을 활용하여 자연적 감시역량 증대11 및 활동성 증대를 도모할 수 있도록 계획함을 권장한다(★★★)

그림출처: NICP CPTED Advanced Course Manual(2008)

---

11 Office of the Deputy Prime Minister & Home Office, 2004: 35

▼ 표지판 및 간판

가시적 표지판 및 간판

▸ 방범안내(경고) 표지판은 가시성이 높은 보색컬러 적용을 권장한다(★★) 간판부(예:전면간판)에서 건물내부로의 침입요소(전면간판의 상부를 발판으로 삼은 건물내부로의 침입방지 목적)를 줄이기 위해 간판과 간판사이를 이격하여 설치할 것을 권장한다(★)

출처: KS A 8800(2008)

▼ 주차장

주차장 입구

▸ 상가건물 출입구에 자동출입차단기를 설치하여 진출입 차량에 대한 감시 및 관리를 강화한다(★★★)
▸ 출입구에 CCTV(번호판 인식 권장)를 설치하여 출입차량의 차종 및 색상, 번호판 식별이 가능하도록 계획한다(★★★)

주차장 디자인

▸ 상업지역 주차빌딩은 주차장 내부가 외부에서 잘 조망될 수 있도록 하여, 내부의 차량 및 차량물품 절도를 방지할 수 있도록 한다. 주차타워는 가급적 전층 투명 소재적용 혹은 개방형 구조로 설계하여 전층에서 내외부의 개방감을 주도록하여 자연적 감시가 용이하도록 시공함을 권장한다(★★★)

출처: KS A 8800(2008)

실외 주차장

▸ 실외주차장은 가시성을 최대한 높이고 개방감 있는 구조로 설계하여 주광을 최대한 활용하되 시설물의 도색은 밝고 안정감을 주는 밝은색 재료를 사용하여 외부에서 내부의 상황을 쉽게 조망할 수 있도록 계획함을 권장한다(★★★)

출처: KS A 8800(2008)

주차장 기둥

▸ 지하 및 지상 주차장의 기둥은 가시각을 최대화 하고 CCTV의 시야범위를 넓힐 수 있는 원형기둥의 설치를 고려한다(★)
기둥 및 벽면부에 경보음을 울리는 비상벨을 설치한다(★★)

출처: KS A 8800(2008)

여성 전용 주차공간

▸ 상업시설의 특성상 범행기회의 억제와 가시적 영역의 표식을 통한 인식을 제고하고, 주차장 이용 여성들의 안전감을 도모하기 위하여 여성전용주차 공간을 15% 이상 마련함을 권장한다(★★)
▸ 여성전용주차 공간은 분홍색 구획선과 여성 마크로 표시하며 주차관리원, 승강기에 인접한 곳에 두고 비상벨과 CCTV를 설치한다(★★)

출처: KS A 8800(2008)
출처: 서울시 여성이 행복한 도시 프로젝트
그림출처: 다음카페

▼주유소

접근통제 및 개방형 디자인

▸ 연색성과 균제도에 유리한 조명을 설치한다(★★)
▸ 이용자들의 편의를 고려하기 위해 개방형 구조일 수 밖에 없어 범죄에 취약한 주유소는 야간에 원거리에서도 시야를 확보할 수 있도록 조명시설의 효율성을 고려한 지붕이 높은 개방형 설계를 지향한다(★★)

그림출처: (상) 좌측 메탈램프보다 우측의 LED등이 더 선명하고 밝게 보임

▼편의점 등 판매시설

입지고려요소 및 자연감시증대

▸ 내부에서 보도와 도로에서의 움직임과 상황을 쉽게 관찰이 가능하도록 설계되어야 하며 자연감시를 방해하는 구조물은 최소화 한다(★★)
▸ 특히, 계산대 전면 유리쪽은 전단지 등으로 가시권에 지장을 주지 않도록 계획함을 권장한다(★★)
▸ 또한 상품진열은 창측으로의 배치를 금할 것을 권장한다(★★)
▸ 후미지거나 외진 곳의 입지를 피하고, 통행량이 많은 곳보다는 도보통행이 빈발하는 버스정류장 인근구역의 설치를 권장한다(★★)

출처: KS A 8800(2008)

▼기타

승강기

▸ 업무지역의 승강기의 경우 투명승강기를 설치하여 주변 감시를 용이하게 하거나 이용자의 불안감을 저감시키도록 view panel을 승강기 전면부 설치를 권장한다(★★★)
▸ 승강기 내부의 측면에 거울이나 천장 모서리 부분에 볼록거울을 설치하여 내부의 탑승자가 동승자를 확인할 수 있는 구조로 설치할 것을 권장한다(★★★)

3. 학교

(1) 도입

학교시설은 특성상 청소년들이 생활공간으로 이용하기 때문에 이용자의 대부분
은 초·중·고등학교의 학생들로서 교내외에서 발생하는 일반적인 범죄나 학생 간 폭
력 및 절도 등이 셉테드가 적용되어야 할 주요 위험요소이다. 학교는 통학하는 데 위
험하거나 장해가 되는 요인이 없어야 하며, 교통이 빈번한 도로·철도 등이 관통하지
않도록 한다. 초·중·고등학교는 보행자전용도로·자전거전용도로·공원 및 녹지축과
연계하여 설치한다. 또한 학교시설은 학교수업 시간이 종료된 이후 소속 학생 및 지
역주민들이 시설물을 이용하면서 발생할 수 있는 위험 및 범죄로부터 보호될 수 있는
다양한 유지·관리가 고려되어야 한다.

(2) 학교시설의 범죄위험평가

학교시설 이용 등으로 학생이 피해자인 대부분의 범죄는 교실과 복도/홀, 교실
뒤편의 후미진 곳, 등하교길, 화장실, 옥상 및 시야가 차단된 운동장 구석 등에서 방
과 후와 초저녁 사이에 가장 많이 발생하는 것으로 나타나고 있다(대검찰청 범죄통계,
2005; 형사정책연구원, 2010). 형사정책연구원 강은영 외(2010)의 연구에 의하면 학교 안
에서 '두렵다'라고 응답한 학생의 빈도가 가장 높은 장소는 '기타 후미진 곳'으로
11.6%의 학생이 두렵다고 응답하였으며, 다음으로는 '건물 옥상'(7.3%), '주차장'(6.8%),
'화장실/라커룸'(6.2%)의 순서로 두려워하는 학생의 빈도가 높은 것으로 나타났다.

학교는 많은 계층 및 어린이와 청소년이 주가 되어 학습, 운동, 편의, 휴식 등 다
양한 활동을 하도록 유도하여 지적 학습하는 환경이며, 이러한 환경을 더욱 활성화하
기 위해 CPTED를 적용한 안전한 환경설계가 수반되어야 한다. 이러한 안전한 환경설
계 없이 지적 학습 공간이 설계되면 쉽게 범죄나 비행의 공간이 형성되기 쉬우며, 교
내에서 발생할 수 있는 범죄에 빠르게 대처할 수 없다. 따라서 계획단계부터 범죄예
방 전문가가 참여하여, 범죄예방 설계요소들을 반영시키고, 방범시설이 방범효과를
발휘할 수 있게 지속적인 관리가 필요하다.

(3) 학교시설의 셉테드 지침

감시초소는 학교의 많은 지역들을 보다 명확하게 관찰할 수 있고, 가장 쉽게 접근할 수 있는 곳에 설치한다. 또한 이용시간 외에는 외부인의 출입을 제한한다는 안내문과 출입금지시설은 반드시 안내문과 함께 잠금장치를 한다. 통학로에 접한 도로에는 보도 난간을 설치하거나 주변지역과 고지차를 두어 분리하고, 돌기형 블록보도 포장 및 각종 안내표지 등을 이용하여 영역성을 확보한다. 투시형 담장을 설치하여 외부인의 접근을 통제하고 학교 영역성을 확보한다.

학교 건물은 도로에 접해 있어야 하며, 주변 시설물이 학교를 관찰할 수 있도록 주거시설이 학교를 둘러싼 형태로 배치해야 한다. 운동장에는 사람들이 많이 모이는 활동 유발시설(운동기구 및 놀이터 등)과 연계시켜서 자연적 감시가 항상 일어날 수 있도록 해야 하고 이용을 활성화하여 다양한 사람들이 다양한 시간대에 이용할 수 있도록 해야 한다. 또한 청소년의 비행 및 유괴를 예방하기 위하여 교내 사각지대와 학교 주변에 CCTV를 설치하여야 한다.

▼출입구

차량 및 보행자 주출입구

▸ 학교의 차량 및 보행자 출입구는 한 곳만 설치한다(★★★)
▸ 등하교 이외의 시간에는 항상 시건한다(★★★)
▸ 출입구에는 가시성 높은 경비실을 두고 출입자를 확인, 기록유지 및 통제한다(★★★)

주출입구의 접근통제 안내표시

▸ 학교의 출입구(학교정문 및 건물출입구)에 CCTV를 설치하고 별도의 통제실에서 수시로 모니터링한다(★★)
▸ 외부인이 경각심을 가지도록 학교의 출입구(학교정문)와 건물의 출입문에 감시활동 및 방범활동에 대한 표지를 부착한다(★★)

투명재료를 사용한 교사 출입문

▶ 건물출입구에 투명재질의 출입문(강화유리 등의 적용으로 안전요소를 고려해야 함)을 설치하여 외부인의 침입시 자연적 감시가 가능하도록 한다(★★★)
▶ 교사 출입문에는 자동개폐단말기를 설치하여 외부인의 출입을 제한한다 (★★★)

출처: KS A 8800(2008)

▼ 조경

개방형 조경계획

▶ 학교의 주출입구의 조명을 직선으로 낮은 수목으로 배치하여 자연적 감시가 가능하도록 하며 개방감을 확보한다. 또한 정돈된 모습으로 범죄유발을 차단한다 (★★★)
▶ 수목은 건물 및 경계부에서 적절하게 이격하여 식재하고 과도한 밀집식재를 지양하도록 한다(★★)
▶ 수목은 시야를 가리지 않도록 수목의 성상에 따라 적절한 간격을 두어 식재하여야 하며, 관목의 경우는 화목류의 식재를 권장한다(★★)

▼ 조명

조명시설물의 위치

▶ 범죄의 발생을 예방하기 위하여 학교의 사각지대에 연색성이 우수한 친환경 저에너지 조명광원 설치를 권장한다(★★)
▶ 출입구 주변과 취약공간에 범죄심리를 진정·억제시키는 조명광원을 설치할 것을 권장한다(★★)

▼ 건물디자인

개방형 디자인

▸ 건물의 디자인은 개방적으로 설계하여 학교 부지 및 건물 내외부에서의 폭력, 괴롭힘 등을 감시하고 방지하기 위하여 투명재료로 개방적으로 설계한다. 더불어 CCTV 설치로 범죄심리를 더욱 억제할 수 있다(★★★)
▸ 자연감시만으로 충분한 감시효과를 거둘 수 있는 경우에는 교내 CCTV 설치는 가급적 최소화한다(★★)

▼ 승강기

개방형구조

▸ 계단 및 승강기를 외부에서 감시할 수 있는 강화유리로 설치하여 자연적 감시의 기회를 증대시키기 위해 투명승강기 설치를 권장하고, 이용자의 불안감을 저감시키고 범죄자의 범죄가능성을 사전에 차단할 수 있도록 view panel을 승강기 전면부에 설치한다(★★★)

▼ 계단

계단실 전면부 강화유리

▸ 계단실을 가시성이 확보되어 자연적 감시가 가능하도록 투명하게 하고 폭력이나 파손행위에 방어하기 위해 인체감지 센서등12(PIR기반의 적외선센서) 설치를 권장한다(★★★)

출처: KS A 8800(2008)

---

12 ACT Department of Urban Services & Planning and Land Management, 2000: 14.

▼ 화장실

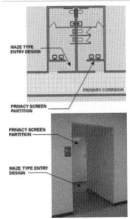

화장실

▸ 화장실은 그 내부에서 학생들 간의 은밀한 폭행 소리나 피해자의 음성이 쉽게 들릴 수 있도록 개방형으로 설계한다(★★★)
▸ 출입문을 설치한 경우에는 내부에서 비명소리 경보장치(scream alarm)를 설치한다(★★)

출처: FDE(2003) Florida Safe School Design Guidelines.

▼ 옥상

옥상출입구

▸ 학교의 옥상은 교내폭력 및 외부인의 침입시 감시의 사각지대가 될 가능성이 높으므로 출입을 통제하되 화재 등 재난발생시 대피장소로도 활용되어야 하므로 내부에서는 열리고 외부에서는 차단되는 자동개폐장치를 설치를 권장하고 인체감지 센서등(PIR기반의 적외선센서)을 설치하여 최소한의 조명을 확보한다(★★★)

▼ 경계부

개방형 펜스

▸ 학교 부지의 경계와 영역을 표시하는 투시형 펜스는 침입에 곤란하도록 충분한 높이(평균 성인의 키 이상)를 유지하고 방범 경고문 표지판을 부착하여 범죄심리를 억제한다(★★★)

경계부 보차분리

▸ 스쿨존 지역에는 어린이들이 도로로 뛰어나오지 못하도록 보차분리대(방호울타리)를 설치하며 교통사고를 방지하기 위하여 과속방지턱, 돌기형 블록 도로 등을 설치한다(★★★)

출처: KS A 8800(2008)

▼교내 주민이용시설

활동성 증대요소

▸ 학교 운동장은 야간에 범죄의 발생이 빈번할 가능성이 충분하므로 방과 후 이용률이 낮아 방치되지 않도록 각종 운동시설과 주민이용 편의시설을 설치하여 인근지역 주민들이 자연스럽게 접근하도록 한다. 다만 운동시설을 가지런히 배치하고 고립되지 않은 곳에 설치함을 권장한다(★★)

▼주차장

감시기능 강화

▸ 학교의 주차시설이 거의 모두 지상에 설치되는 점을 감안하여 주차장과 맞닿은 면에 위치한 벽면을 개방화시켜 자연적 감시가 이루어지도록 한다(★★★)
▸ 야간에 실내의 조명을 외부로 자연 투과시켜 에너지의 효율성을 높이면서 주차장에 대한 자연적 감시가 이루어질 수 있도록 한다(★★)
▸ 자연감시가 불리한 공간에는 CCTV를 설치하여 이를 보완한다(★★)

▼방범시설 및 기타

방범시설물 설치

▶ 학교건물 내 사각지대에 CCTV를 선별적으로 적용, 설치하여 범죄를 예방하고 출입문에 감시활동 및 방범활동에 대한 표지를 부착하여 외부인이 경각심을 가지도록 유도한다(★★)

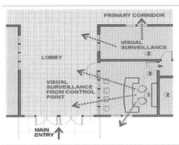

행정실

▶ 행정실은 외부 주차장 및 내부 출입인원을 상시 감시할 수 있도록 내부와 외부의 자연적 감시 기능을 높일 수 있는 창호를 설계해야 한다(★★)

출처: FDE(2003) Florida Safe School Design Guidelines.

외부창 방범창살

▶ 학생들의 추락방지와 절도범의 침입방지를 위하여 방범성능 인증을 받은 방범창살이나 방범형방충망 등을 설치한다(★★)

정원 관리

▶ 미관을 관리하기 위해 담장에 아름다운 벽화를 그려 넣고 화단을 가꿈으로써 학생들의 모교에 대한 자긍심과 주인의식을 높여준다(★★)

출처: FDE(2003) Florida Safe School Design Guidelines.

계단 하부

▶ 계단 아래에서 학생들이 숨어서 폭행이나 비행을 할 수 있으므로 불필요할 경우 이를 폐쇄한다(★★)

출처: FDE(2003) Florida Safe School Design Guidelines.

4. 공공시설(도로, 공원·녹지, 가로시설물)

(1) 도입

공공시설은 지역사회와 주민생활에 필수적인 시설인 반면, 누구나에게 공개되어 있는 시설이고, 일정 시간에는 사람들의 통행이 거의 없는 공간들임을 감안하여 CPTED 계획을 수립하여야 한다. 각 시설마다 활동이 많은 지역과 고립된 지역을 고려하여 보다 안전한 공간이 될 수 있도록 설계되어야 한다(한국도시설계학회, 2007: 98). 공공시설 용지의 특성상 해당 지역의 주거지와는 달리 유동인구와 통과차량의 비율이 높아, 오가는 행인에 대한 들치기, 날치기 범죄는 물론 조명의 사각지대 및 고립지역에서는 여성을 상대로 한 성추행 등 성범죄가 발생할 수 있다. 따라서 공원의 시설경계는 울타리나 투시형 담장으로 영역을 구분하고, 벤치는 개방공간에 가로등과 함께 설치, 감시가 용이한 위치에 어린이놀이터와 여성쉼터 등의 공간 배치, 취약 정류장에 CCTV 및 비상벨 설치 등의 설계지침이 고려되어야 한다.

(2) 공공시설의 범죄위험평가

대부분의 공공시설은 이용자의 접근이 용이하고 원활한 업무수행을 위하여 각종 교통수단과 연계되어 있어 교통이 혼잡한 상점가와 번화가에 인접하고 있다. 도로는 위치, 규모, 형상, 목적 등에 따라 다르지만, 차량과 사람이 타 지역보다 많은 곳이지만, 해당 지역의 주민이나 거주차량보다는 지역과 관련이 없는 유동인구와 통과교통의 비율이 높은 편으로 자연스러운 감시효과, 접근통제, 영역성 강화 등의 CPTED의 효율성을 떨어뜨리는 원인이 된다. 버스정류장, 지하철역 등에 가까운 도로나 상업지역에 있는 도로는 많은 사람이 오가기 때문에 범죄가 빈번한 공간이며, 오토바이, 자동차의 기동력을 이용한 날치기 범죄나 혼잡한 틈을 탄 소매치기 범죄에 대응하는 설계방안이 필요하다.

공원이나 녹지는 대부분 도시외곽지역이나 주택가와 인접한 공간에 위치하기 때문에 낮에는 지역주민과 어린이들이 모여 휴식과 산책, 운동 등을 즐기며 이용하나, 밤에는 이용이 많지 않은 한적한 공간이다. 또한 수목이 우거지고, 조경에 따라서는 낮은 언덕, 조형물 등이 설치되므로 시야거리가 짧으며, 식재가 많아 야간에는 시야선을 제한하고 조명을 저해한다. 더구나 10대 청소년 등 특정계층에 의해 점유될 경우, 이곳을 이용하는 다른 이용자가 실제 범죄가 일어나지 않더라도 범죄불안감을 느끼는 경우도 발생한다. 활동성 강화를 통해 자연감시성을 높여주어야 범죄가 예방될 수 있는 반면, 활동성이 약하여 감시 수준이 낮은 공원은 쉽게 범죄나 비행의 온상이 될 수 있다. 따라서 계획단계부터 범죄예방 전문가가 참여하여, 범죄예방 설계요소들을 반영시키고, 방범시설이 방범효과를 발휘할 수 있게 지속적인 관리가 필요하다. 일정한 지역에서 범죄예방환경설계를 통해 범죄위험 관리를 하기 위해서는 무엇보다 범죄위험의 수준과 특징에 대한 정확한 평가분석이 요구된다. 공원의 위험도를 평가하기 위해서는 관할 경찰과 협력하여 해당 공원 및 그 주변에서 발생한 범죄의 특성과 시·공간적 패턴에 대한 분석이 필요하다. 또한 공원 이용자의 인구사회학적 요소(연령, 성별, 인종 등)와 이용성(이용 빈도)에 대한 조사를 통해 보호할 대상의 특성을 파악해야 한다. 더불어 생활권 공원(소공원, 어린이공원, 근린공원)과 주제공원(역사공원, 문화공원, 수변공원, 묘지공원, 체육공원, 특별시·광역시 또는 도의 조례가 정하는 공원)의 특성에 대한 분석이 필요하다.

전신주, 안내표지판, 공중화장실, 버스정류장 등은 도시민의 편리한 생활에 도움이 되는 필수요소이나, 시민의 보행 장애물이 동시에 시야를 가리는 요소이며, 현란한 모양과 색채로 인하여 시야를 어지럽힐 수 있다.

(3) 공공시설의 셉테드 지침

1) 도로

노상 범죄를 방지하기 위해서는 접근통제와 영역성 확보가 중요한데 차량이 보도에 올라오지 못하도록 연석을 이용하여 보도와 차도를 분리하거나 볼라드, 방호울타리 등을 설치하여 날치기, 폭행의 잠재적 범죄자가 보도로 접근할 수 없도록 통제한다.

소규모 도로의 경우, 바닥포장 색이나 재질을 달리하거나 각종 안내표지 등을 이용하여 영역성을 강화한다. 지역 내로 진입하는 차와 진출하는 차를 녹화하는 CCTV를 설치하여 지역의 영역성을 확보하고 통행하는 차량을 통제할 수 있어야 한다.

자연감시도 중요한데 도로변의 수목, 입간판, 표지판, 가로등, 버스정류장 등은 시야를 가리지 않는 높이에 일정한 간격 이상으로 식재하고 투명한 재질로 설치하여 시야를 가리지 않아야 한다. 보행자의 시야를 확보하기 위해 교차점 외벽면을 후퇴하여 건축하도록 하면 범죄공포가 줄어든다. 또한 파고라 등을 설치하고 보행자 전용도로를 만들어 보행자를 끌어들이면 자연감시 수준이 높아져 범죄예방에 도움이 된다. 굴다리, 육교 등의 보행자전용도로는 백색 조명을 밝게 설치하고 직선으로 설계하여 자연감시 수준을 높인다.

도시철학적으로 볼때에는 '길거리에 차량교통이 적은 곳의 주민이 많은 곳의 주민보다 해당 지역에 3배의 친구와 2배의 지인을 갖는다(Natural Resources Defense Council, June 1994)'는 명제를 기억해야 할 것이다. 즉, 길거리에 보행자/자전거가 많아질수록 범죄를 감시하고 약자들을 보호할 기회가 증가한다. 자연감시는 기차−자동차−자전거−도보 순으로 증가한다. 즉 도보로 이동하는 주민이 많아질수록 자연감시가 증대되고 도보로 이동하면서 주민들 간에 접촉이 많아지면 지역 친밀도가 높아지며 지역참여도가 높아진다. 이를 통해 수상한 사람이 지역에 침입할 경우 주민들이 쉽게 주의를 기울이고 인식할 수 있다(NICP, 2008). 따라서 우리는 도시 안에서 보행 환경을 개선하여 길거리의 일반적인 시민들의 눈과 귀를 많이 확보하는 것이 보다 안전한 공공공간 환경을 조성하는 길이 된다는 점을 상기해야 한다.

▼ 조경

시야선 확보 및 식재 간격

▶ 수목은 시야를 가리지 않도록, 수목의 성상에 따라 적절한 간격을 두고 식재하여야 하며, 관목의 경우는 화목류의 식재를 권장한다(★★)
▶ 시야선 확보와 은폐를 곤란하게 하기 위하여 교목의 관리는 지하고의 높이를 적절한 간격(2m 이상 권장)으로하고, 관목은 키가 작은 것(1m 이내 권장)으로 하여 시야를 가리지 않도록 한다(★★★)
▶ 사각지대 및 은폐 공간이 생기지 않도록 수목은 형태와 크기 면에서 일관성 있게 유지하고 일정한 간격(3m 이상 권장)을 두고 식재하여 밀집식재가 되지 않도록 할 것을 권장한다(★★★)

출처: KS A 8800(2008)

▼가로등

보도 중심 및 보행자 조명

▶ 도로조명을 차도 중심에서 보도 중심으로 전환하거나 별도의 보행자 조명을 설치하고, 가로수 및 교목을 정비하여 그림자가 생기지 않도록 하며, 취약공간에 범죄심리를 진정억제시키는 조명광원을 설치한다 (★★★)

▶ 가로등은 잠재적 범죄의 기회를 저감시킬수 있도록 충분한 조도와 고립 및 은폐구간까지 고려하여 위치를 선정하고, 가로등 불빛을 막는 시설물을 설치하지 않아야 하며, 10m 내외의 사물의 식별 및 행동을 인지할 수 있는 조도를 유지하도록 계획한다(★★)

출처: 美 Tampa City 조례
그림출처: 경찰청(2005)

고(高)가시성 보안등

▶ 야간에 이용이 빈번한 자전거 도로 및 보행자 도로 구간에는 연색성이 좋아 천연색을 발하며 CCTV의 야간 활용도(색상 및 차량 번호판 인식도)를 높여주는 연색성이 우수한 조명광원 설치를 권장한다(★★★)

▶ 태양광 LED보안등과 같은 친환경 저탄소 조명을 권장한다(★★)

출처: KS A 8800(2008)
그림 출처(하단): media.daum.net

▼도로선형

차도와 인도의 분리

▶ 버스정류장이나 은행, ATM 주변 등 차량이나 오토바이 등을 이용한 범죄가 발생할 가능성이 많은 곳에는 차도와 인도를 분리하고, 차도와 인도 사이의 공간에는 보차분리대 등을 설치하거나, 차도에서 인도로 날치기 등의 범행이 발생하였을 시 완충지역 및 범죄회피공간 확보를 위하여 보도 폭을 일정한 거리 이상으로 하여 범죄회피공간이 확보되도록 계획함을 권장한다(★★)

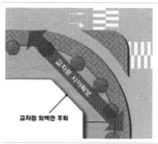

교차로 시야선 확보

▸ 보행자의 시야를 확보하기 위하여 교차로의 외벽면을 후퇴시켜 교차로에서 보행자의 가시권을 확보하여 위험상황에 대한 사전 대비가 가능하도록 계획함을 권장한다(★★★)

출처: KS A 8800 : 2008
그림출처: 서울특별시 균형발전본부(2009)

▼보행자 전용도로

보행자 전용도로

▸ 가능한 한 많은 보행자전용로를 배치하여 노상에서 범죄감시의 눈과 귀를 많이 확보한다(★★)
▸ 보행자도로 입구에 상징물을 설치하여 영역성을 강화시켜줌과 동시에 차로와 보행자 도로가 차별된 공간임을 인식시켜준다(★★)
▸ 보행자 전용도로 안내판을 설치하되 현위치, 대체루트, 주변시설, 출구방향, 비상전화 등을 안내한다(★★)

그림 출처: 목포시 하당신도심 중심상업도시 내 보행자전용도로
(newslink.media.daum.net)

보행자 전용도로 광장 및 벤치

▸ 보행자가 잠시 쉬어갈 수 있는 공간(예: 벤치 등)을 계획하여 보행자의 이용을 유도함으로써 활동성 증대를 통한 자연적 감시 기능을 최대화한다(★★)

보행자 전용도로

▶ 보행자도로의 중간부분에서 이용자가 불안을 느낄 때 쉽게 빠져나갈 수 있는 '대체통로(alternative routes)'가 없이 보행루트를 지나치게 길고 폐쇄적으로 설계하지 않도록 계획한다(★★★)

출처: KS A 8800 : 2008

▼지하도·굴다리·육교·교각하부

가시성이 높은 일자형 도로

▶ 지하도나 터널은 가능한 한 폭이 넓고 길이는 짧게 하여 입구에서 출구가 보이는 구조로 설계하고, 입구와 출구가 일직선이 아닌 경우에는 각 절점마다 위치를 안내하는 표지판 설치를 권장한다(★★)

출처: 서울특별시 균형발전본부(2009)

지하도 내 밝은 조명 및 공공예술 적용

▶ 지하도 내부는 밝은 색으로 마감하고, 시야가 차단되지 않도록 일직선으로 계획한다(★★)
▶ 보행자들이 안전감을 느낄 수 있도록 공공예술 디자인을 적용한다(★★)

그림출처: 천정에 별자리를 그려 넣은 지하도 갤러리화의 아산시 공공예술 프로젝트 사례(www.inews365.com)

터널 안 비상벨 및 응급전화기 설치

▶ 터널에는 비상벨, 볼록거울, 응급전화기와 눈에 잘 띄지 않는 사각지대에 CCTV를 설치한다(★★★)

출처: 서울특별시 균형발전본부(2009)

육교상단의 투명난간부

▸ 육교는 아래 보행로에서 육교 위를 쉽게 조망할 수 있도록 난간부분을 투명 강화플라스틱 재질로 설계하고, 육교 위에서 아래쪽 보행로 및 차도로의 투척 행위를 방지할 수 있도록 적정한 난간의 높이(1.5m 이상 권장)로 설계함을 권장한다(★★★)

굴다리 조명

▸ 굴다리(보행전용)는 보행자들이 불안감을 많이 느끼는 장소 중의 하나로 경관조명 요소와 연색성이 우수한 친환경 저에너지 조명광원 설치를 권장한 다. 입구에는 범죄심리를 진정억제시키는 조명광원을 설치한다(★★★)

교각 하부

▸ 주민의 이용이 빈번하지만 시각적 차폐와 음영이 발생하는 교각하부에 는 친환경 안전 조명(연색성이 우수한 친환경 저에너지 조명광원의 설치 를 권장), 스피커 내장 비상벨 등 방범장치의 설치를 권장한다(★★)
▸ 교량 정상으로 올라가 행하는 투신자살을 방지하기 위하여 난간에 볼 베어링 등의 안전장치를 설치할 것을 권장한다(★)

2) 공원 및 녹지 시설

공원이나 녹지가 증가한다고 하여 무조건 범죄율이 높아지거나 낮아지는 것은 아니다. 녹지가 적은 어린이 공원이나 소규모 공원 등은 범죄율 감소에 그다지 영향 을 미치지 않는다. 일정규모 이상의 공원이 고르게 분포해 있을 때 공원녹지의 범죄 감소효과가 가장 크다. 생활권 내에 녹지공간이 형성되었을 때에는 사람들의 야외활 동이 증가한다. 근처에 산책을 하러 가거나 앉아서 시간을 보내거나 친구를 만나거나 하면서 녹지를 중심으로 한 주변 생활권 내의 사람들의 생활패턴에 변화가 생기는 것이다. 이것은 자연스럽게 '거리의 눈'을 증가시키며 자연적 감시(natural surveillance)를 창출한다. 조깅, 산책, 데이트, 독서 등의 활동성이 공원녹지라는 공간을 중심으로 형성되면서 범죄를 자연스럽게 억제한다.

　　공원 주위의 카페나 레스토랑은 공원에서의 건전한 활동을 조성하는 상업시설이므로 장려되어야 한다. 단, 공원에 인접한 술집이나 유흥업소는 공원에서의 폭력 등 반사회적 행위를 유발하기 쉬우므로 가급적 피해야 한다.

　　공원이나 녹지는 시설물의 보호를 위하여 울타리를 두어 접근경로를 제한하거나 주변지역과 고지차를 두어 분리, 바닥포장 색이나 재질의 차이를 이용한 분리 혹은 각종 안내표지 등을 이용하여 접근을 제한한다. 차량의 출입은 지정된 출입구를 통해서만 가능하도록 통제하고 공원 외곽에는 볼라드를 설치하여 차량이 진입하지 못하도록 한다.

　　나무의 식재는 시야선(sightlines)을 가리지 않는 높이에 일정한 간격 이상으로 식재하여야 하며 시각적으로 투과되는 수종을 식재하는 것을 권장한다. 또한 고립/은폐가 가능한 공간을 만들지 않도록 꾸준히 유지 및 보수를 행하여야 한다. 보행로를 따라 지침에 설정된 수준 이상의 조명을 설치하고 주 활동 공간과 시설물 근처 또한 적정 조명을 설치하여야 한다.

　　또한 범죄가 빈번히 발생할 것으로 예측되는 장소에 CCTV를 설치하고 CCTV 녹화 사실을 홍보하는 표지판을 부착하여 범죄 욕구를 감소시킨다. 가로등이나 화장실 등 시설물에 일정한 간격을 두고 비상벨을 설치하여 위급할 때 시급히 도움을 구하고 이에 대한 적절한 대응이 이루어지도록 한다.

▼출입구

볼라드 이용한 공원 보행로 차량 통제

▸출입구에는 상징적 문주를 설치하거나 재질을 달리하여 영역성을 확보할 수 있도록 계획함을 권장한다(★★★)

▼조경

시야선을 고려한 식재

▶공원 교목의 관리는 지하고의 높이를 적절한 간격(2m 이상 권장)으로 하고, 관목은 키가 작은 것(1m 이내 권장)으로 하여 시야를 가리지 않도록 한다. 수목은 형태와 크기 면에서 일관성 있게 유지하고 일정한 간격(3m 이상 권장)을 두고 식재할 것을 권장한다(★★★)
▶시야를 가리는 조경이 불가피할 경우에는 사각지대와 고립공간을 중심으로 CCTV 설치를 권장한다(★★★)

출처: KS A 8800(2008); 서울특별시 균형발전본부(2009)

▼조명

적정한 높이의 보행자 조명

▶조명은 손에 닿지 않도록 충분한 높이에 설치하며, 보행자 중심의 조명이 이루어질 수 있도록 설치한다(★★)
▶야간활용도를 높이고 연색성이 우수한 친환경 저에너지 조명광원 설치를 권장한다(★★)
▶범죄 심리를 진정·억제시키는 조명광원(예: 청색 및 자주색 등)을 설치하여 주 출입구 주변과 취약공간을 중심으로 상황에 따른 일부 적용을 권장한다(★★)

출처: NICP CPTED Advanced Course Manual(2008); 파버비렌(1985)

▼표지판

불법부착물 제거 및 종합안내판 설치

▶불법 입간판, 방치된 포스터 등은 주기적으로 철거, 정비하여 도시미관을 유지하고 보행자의 시야를 확보한다(★★★)
▶공원입구에 종합안내판을 설치하여 위치 확인 및 공원의 전체적인 지리정보를 숙지하게 하여 보다 안전한 루트를 이용하도록 유도한다(★★★)

▼경계부

영역성 강화를 위한 투시형 펜스

▶ 중심상업지역과 접하는 공원의 경계부의 경우 투시형 펜스나 생울타리를 설치할 것을 권장한다(★★)

▶ 영역성 강화와 접근통제 및 자연적 감시의 기능을 최대화 하기 위해 필요한 곳에는 펜스 설치를 고려할 수 있다. 하얀색 펜스는 빛을 반사시켜 관찰자가 펜스 뒤에 있는 사물을 보기 힘들게 하지만 짙은색 펜스는 관찰자가 내외부의 상황을 인식함이 보다 용이한 특성이 있다. 따라서 하얀색 펜스는 통제와 프라이버시가 중요시 되는 장소에 적용할 수 있으며, 짙은색 펜스는 공적시설 및 공간에의 펜스 설치시 고려할 수 있다(★★)

그림출처: NSW Police Force (2007)

▼벤치 및 조형물

분리대 있는 벤치

▶ 공원 내 벤치는 조명이 없고 한적한 곳에서 부랑자 등이 장기간 잠을 자는 장소로 이용되지 않도록 위치를 선정하고, 가급적 분리대가 있는 벤치 설치를 권장한다. 단, 휴식 및 편안함 등의 기능과 가치가 조화를 이루도록 한다 (★★)

그림출처: http://blog.daum.net/hello_gico

공원 내 휴게공간(파고라 등)

▶ 공원 내 휴게시설은 시야가 개방되어 있어야 하며 벽을 만들 시에는 외부로부터 자연감시가 가능한 배치나 형태를 갖도록 한다(★★)

가시성을 고려한 벤치 위치

▸ 가로등은 벤치 및 조형물 위에 보이는 곳에 설치한다(★★★)
CCTV의 야간시인성을 높여주는 연색성이 우수한 친환경 저에너지 조명
광원 설치를 권장한다(★★)
▸ 벤치주변과 취약공간에 범죄심리를 진정 억제시키는 컬러의 조명광원을
일부 설치한다(★)

출처: NICP CPTED Advanced Course Manual(2008)

▼방범시설

공원 방범용 CCTV

▸ 고립지역과 범죄나 청소년비행이 빈번히 발생할 것으로 예측되는 장소에는 가
시적인 안내표지판과 함께 CCTV를 설치를 권장하되, 눈에 잘 띄도록 높은 곳
에 설치한다(★★)

출처: 범죄과학연구소(2009)

비상벨

▸ 공원 내 화장실, 시각적 폐쇄공간, 은폐 또는 고
립구간에 경광등 및 사이렌 등이 연동된 비상벨을
설치한다(★★★)

그림출처: www.hantoday.net

▼기타

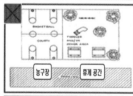

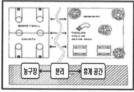

다양한 집단의 활동화 강화

▸ 공원에서는 다양한 집단의 다양한 활동이 함께 어울려 이루어져야 자연감시 기
능이 활성화된다. 야외 체육시설(농구, 배드민턴, 테니스장 등) 내에서 청소년들
의 폭력이나 위해요소(유괴 등)를 자연적으로 감시하기 위해 펜스 등 시설은 투시
형으로 설계할 것을 권장한다(★★)
▸ 주류판매를 하는 음식점 등 상업지구와 인접한 소공원에는 야간에 성폭력이나
강도를 예방하고 각종 범죄를 감시하기 위해 방범용 CCTV와 스피커가 내장된
비상벨의 설치를 권장한다(★★)

출처: 범죄과학연구소(2009)

3) 가로시설물

공공 예술품의 설치는 활동성을 높이고 영역성 강화를 돕는다. 그러나 가로에서 보행자의 시야를 방해하고 범행의 은신처가 되지 않도록 가로시설물은 개방형 시설이 되도록 해야 한다. 가로시설물에 대한 유지관리가 지속적으로 이루어져야 파손행위에 대한 범죄욕구가 줄어들고 시설물의 성능이 유지되어 범죄 예방효과를 유지할 수 있다.

▼ 옥외광고물

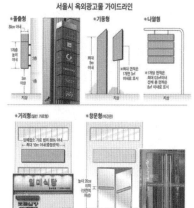

지주이용 간판

▶ 설치 위치는 가로나 보행로에 설치할 경우 보행자나 장소의 이용자들의 시각적 차단이 큰 위치를 피하고 불가피할 경우에는 투명한 재질을 사용하여 시야를 확보한다(★★★)

창문이용 간판

▶ 창문 내부에 대한 자연 감시가 방해받지 않도록 성인의 평균 눈높이보다 다소 낮거나 높은 위치에 표시한다(★★)

출처: 범죄과학연구소(2009)
그림출처: 서울시 옥외광고물 가이드라인 등

▼ CCTV

비용효과성 높은 CCTV

▶ 비용효과성을 높일 수 있다면 지능형(소리인식, 패턴인식, 자동신고, 자동트래킹 등) 영상감시 통합관제시스템 구성을 권장한다(★★)

그림출처: news.kbs.co.kr

촬영시야각 확보

▸ CCTV 주변의 수목이나 표지판, 현수막 등이 CCTV의 촬영 시야를 가리지 않도록 지속적인 유지관리를 한다(★★★)

출처: 범죄과학연구소(2009)

▼조형물(공공예술품 등)

공공예술품

▸ 공공예술품을 설치할 때에는 조형물로 인하여 은폐공간 이나 시야의 사각지대가 생기지 않는 위치에 설치함을 권장 한다(★)

출처: KS A 8800 : 2008

▼정류장

조명 및 방범용 CCTV

▸ 야간에도 정류장의 위치를 확인하고, 이용객의 안전과 편의를 위하여 가 로등에 추가하여 방범등을 설치한다(★★★)
▸ 가급적 인적이 드문 장소에는 정류장 설치를 피하되 불가피할 경우에는 CCTV 및 방범비상벨을 설치한다(★★)

출처: 범죄과학연구소(2009)

가시성 높은 정류장

▸ 정류장은 시각적, 심리적 개방감 확보가 가능하도록 투명한 재질3 (강화유리보다는 파손에 강한 폴리카보네이트)의 벽면을 설치하여 자연 감시가 원활하도록 해야 한다(★ ★★)
▸ 단, 유지가 용이하고 내구성이 있는 폴리카보네이트 재질을 적용한다(★★)
▸ 지나치게 큰 투명 재질(판유리 등)은 파괴심리를 자극하고 교체비용이 과다하게 발 생하므로 작은 재질을 여러 장 설치한다(★★★)

출처: 범죄과학연구소(2009)

---

13 Office of Crime Prevention & Office for Women's Policy(2004), SAFER DESIGN GUIDELINES STAGE 5, City of Perth, Western Australia 참고.

5. 대중교통시설

(1) 도입

대중교통시설은 많은 도시민들의 이동 수단으로서 '시민의 발'이라는 역할과 기능을 담당하고 있다. 특히 철도역, 지하철역, 버스터미널, 버스정류장, 주차장 등 대중교통시설에서 그릇된 계획, 설계, 관리 체계에 의하여 범죄가 빈발하고 이용자들로부터 높은 수준의 불안감을 야기하고 있는 실정이다. 이러한 안전한 환경설계 없이 대중교통 시설 및 공간이 설계되면 쉽게 범죄나 비행의 공간이 형성되기 쉬우며, 그러한 시설에서 발생할 수 있는 범죄에 빠르게 대처할 수 없다. 따라서 계획단계부터 범죄예방 전문가가 참여하여, 범죄예방 설계요소들을 반영시키고, 방범시설이 방범효과를 발휘할 수 있게 지속적인 관리가 필요하다.

(2) 대중교통시설의 범죄위험평가

대중교통시설의 위험도를 평가하기 위해서는 관할 경찰과 협력하여 해당 대중교통시설 및 그 주변에서 발생한 범죄의 특성과 시간 및 공간의 패턴에 대한 분석이 필요하다. 또한 대중교통시설 이용자의 인구사회학적 요소(연령, 성별 등)와 이용성(이용빈도)에 대한 조사를 통해 보호할 대상의 특성을 파악해야 한다.

(3) 대중교통시설의 셉테드 지침

대중교통시설이라는 환경에서 발생하는 범죄와 무질서 행위는 그 고유한 특징을 가진다. 따라서 대중교통시설만이 가지는 관련 범죄 위험요인들을 확인하고 이해하는 것이 중요하며, 대중교통시설들이 가지는 범죄위험 요인들을 중심으로 방범계획을 수립, CPTED기법을 바탕으로 환경을 디자인하고, 지속적인 유지·관리가 이루어져야 한다.

대중교통시설의 규모가 크다고 하여 무조건 범죄가 많이 발생하거나 전자경비시설이 많다고 하여 범죄가 사라지는 것은 아니다. 환경설계 단계에서 어떠한 고려를 했느냐에 따라 범죄 안전 수준을 좌우한다. 즉, 해당 시설 내에서 안전 인프라 관련 시설물을 적절히 계획, 설계, 그리고 관리함으로써 이용자들의 이동과 활동 및 인식을 자연스럽게 안전한 방향으로 유도할 수 있다. 특히 개방적인 배치와 설계를 통해 자연스럽게 이용자들 간 상호 감시 역량을 높여주어야 한다.

1) 주차시설(지상주차장/지하·복층 주차장)

▼주차시설

전자보안

- ▸ 주차장은 24시간 CCTV로 녹화 및 감시하고, CCTV는 가급적 감시의 사각지대가 최소화되도록 설치한다(★★★)
- ▸ 일정규모 이상의 주차장 CCTV는 지능형영상감시시스템(단순 동작감지 기능 포함)을 운영한다(★★)
- ▸ 이용자 특성에 따라 차량번호 인식기능을 적용하고 주차장 이용 차량에 대한 기록을 유지한다(★★)
- ▸ 주차장 기둥 등에 일정간격으로 비상벨(비상경광등 포함)과 양방향 인터콤을 설치 및 운영한다(★★★)
- ▸ 관할경찰서와의 핫라인 연락망 체계를 구축하여 운영한다(★★)

그림 설명(왼쪽부터): 여성전용주차구역 CCTV, 무인인식장치CCTV, 주차장 비상전화

주차구역

- ▸ 주차장 대지 및 시설 내의 공간에서 시각적 사각지대나 은신공간을 최소화하도록 계획 및 설계한다(★★★)
- ▸ 차량의 출입을 통제하기 위해 자동차단기(번호인식시스템 권장)를 설치 및 운영한다(★★)
- ▸ 차량 및 보행자 출입구의 위치는 자연감시가 용이하도록 설계한다(★★★)
- ▸ 장애인과 여성전용 주차면은 접근의 용이성과 자연감시가 원활한 출입구 주변에 배치한다(★★★)
- ▸ 지상주차장에는 자판기 등 상업요소를 배치하거나 공동시설을 운용하여 자연감시를 활성화한다(★★)
- ▸ 벽면, 기둥 등의 구조물은 가시성을 확보하도록 최대한 개방적으로 배치 및 설계한다(★★)
- ▸ 출입문, 계단, 승강기 등은 자연감시가 용이하도록 설계 및 배치한다(★★★)
- ▸ 주차장 내에 차량 과속방지시설을 설치하고 속도제한표시를 가시적으로 부착한다(★★★)
- ▸ 유료 주차장의 경우 무인정산기는 자연감시에 가장 유리한 위치에 배치하며, 추가적으로 CCTV를 설치하여 감시한다(★★★)

그림 설명(왼쪽부터): 번호판인식출입차단기, 주차장 과속방지턱, 제한속도표지, 가시적 무인정산기

유지관리

▸ 위기관리체계를 구축하고 관련 프로그램(범죄안전진단, 위험평가, 가상 시나리오 훈련 등)을 주기적으로 운영한다 (★★)
▸ 주차장 내/외부에서 발생한 범죄나 무질서 행위를 기록 유지한다(★★)
▸ 일정규모 이상의 주차장에서는 보안관제센터를 운영하고 보안인력을 상주 배치한다(★★★)
▸ 보안인력의 교대근무 및 순찰 시스템은 체계성(규칙성, 순찰 주기 등)을 갖추어 운영한다(★★★)
▸ 보안인력은 가급적 교육훈련, 업무 숙지, 자격요건 면에서 전문성을 최대한 유지한다(★★)
▸ 장기 주차 차량이나 방치 차량은 관계 기관에 신고하거나 조사하여 견인 조치하거나 주의하여 관리한다(★★★)
▸ 주차장 시설물은 훼손에 강한 재질로 설계하며, 최대한 청결을 유지한다(★★)

안내표지

▸ 안내표지는 낙서/훼손에 강한 도료와 파손/훼손에 강한 표지판을 사용하고 손괴된 표지판은 즉시 보수한다(★★★)
▸ 출구 등의 출입구는 시인성이 높은 표지판을 사용하여 이용자들이 방향을 인지하기 쉽도록 설치한다(★★★)
▸ 시인성 높은 표지를 이용하여 주차 위치와 주차공간을 쉽게 인지할 수 있도록 한다(★★★)
▸ 차량 방범 주의안내문을 일정간격마다 부착하여 이용자의 주의를 환기시키도록 한다(★★)
▸ 방범시설 이용 및 신고 연락처를 일정간격마다 부착한다(★★★)

그림 설명(왼쪽부터): 파손된 위치정보안내표지, 주차장 출입구안내표지판, 절도범 주의 경고판

조경 및 조명

▸ 교목은 시야를 방해하지 않도록 일정한 간격을 두고 식재하고, 유지/관리한다(★★★)
▸ 교목의 지하고는 일정 높이 이상으로 가지치기하여 관리한다(★★★)
▸ 관목은 일정 높이 이하로 식재하고, 유지/관리한다(★★★)
▸ 주변 나무로 인해 가로등이 방해되지 않도록 가로등 중심에서 일정간격을 두고 식재한다(★★★)
▸ 사각지대는 보안등을 설치하여 은신이 쉽게 눈에 띄게 한다(★★★)
▸ 취약지역 조명등은 소등되지 않도록 유지/관리한다(★★★)
▸ 조명은 가급적 연색성이 좋은 백색등으로 설치하되 각 공간마다 일정한 균제도를 유지한다(★★)
▸ 주차장 출입구 주변은 조명을 추가로 설치하여, 주변보다 밝게 유지한다(★★★)
▸ 조명은 간접조명 또는 컷오프 배광방식으로 설치한다(★★)

그림 설명(왼쪽부터): 시야를 가리지 않는 주차장 식재, 일정한 높이의 관목, 밝고 산뜻한 지하장의 조명

2) 지하철 및 철도 역사, 열차 객실

▼출입구/통로

유지관리

▸ 출입구는 훼손에 강한 재질을 사용하고, 출입구 주변은 항상 청결하게 유지관리 한다(★★★).

전자보안

▸ 출입구와 통로는 24시간 CCTV로 녹화 및 감시한다(★★★)
▸ CCTV는 입체적 설치를 통해 사각지대를 최소화하도록 한다(★★★)
▸ 일부 CCTV는 지능형영상감시시스템(단순 동작감지 기능 포함)을 운영한다(★★)
▸ 출입구 주변에 비상벨(비상경광등 포함)과 양방향 인터콤을 설치 및 운영한다(★★★)

조명

▸ 사각지대는 보안등을 설치하여 은신할 수 없도록 관리한다(★★★)
▸ 취약지역 보안등은 소등되지 않도록 지속적으로 유지/관리한다(★★★)
▸ 각 지역마다 일정한 균제도를 유지한다(★★)
▸ 조명은 가급적 백색등으로 설치한다(★★★)
▸ 출입구 주변은 조명을 추가로 설치하여, 주변보다 밝게 유지한다(★★★)
▸ 조명은 가급적 간접조명 또는 컷오프배광방식으로 설치한다(★★)

안내표지

▸ 안내표지는 낙서/훼손에 강한 도료와 파손/훼손에 강한 표지판을 사용하고 손괴된 표지판은 즉시 보수한다
(★★)
▸ 출구 등의 출입구는 시인성이 높은 표지판을 사용하여 이용자들이 방향을 인지하기 쉽도록 설치한다(★★★)
▸ 시인성 높은 표지를 이용하여 현재 위치와 공간을 인지하기 쉽도록 설치한다(★★★)
▸ 방범시설 이용 및 신고 연락처 안내문을 일정간격마다 설치한다(★★★)

그림 설명(번호순으로): 노숙자와 쓰레기로 인해 관리되지 않는 출입구(①), 출입구 주변(②), 출입구CCTV
(③), 불편사항 접수안내문(④), 비상구표시등(⑤), 밝은 통로(⑥), 일부 조명 사각지대(⑦)

▼대합실

시설

▸ 매표소, 역무실, 개찰구는 자연감시가 용이하고 가시성이 확보된 곳에 설치한다(★★★)
▸ 개찰구 주변에는 보안인력(역무원, 공익요원 등)을 배치한다(★★★)
▸ 개찰구 안과 밖은 구분(디자인, 조명 등)하여 설계한다(★★★)
▸ 개찰구, 무인발권기 등은 훼손에 강한 재질로 설치한다(★★)
▸ 휴게시설(벤치 등)은 눕기 곤란하도록 디자인한다(★★★)
▸ 승강기는 투명승강기, 뷰패널, 내부CCTV, 내부 전면거울 등을 설치하여 내부를 확인할 수 있도록 한다(★★)

▸ 매점과 상점은 자연감시가 용이하고 주변이 가시성이 확보된 곳에 설치한다(★★★)

보안정책

▸ 위기/재난 관리 체계를 구축하고 관련 프로그램(가상 시나리오 훈련 등)을 주기적으로 운영한다(★★)
▸ 시설물 내외부에서 발생한 범죄사고나 무질서 행위를 기록 유지한다(★★)
▸ 주기적으로 범죄위험을 포함한 안전진단과 평가조사를 실시한다(★★★)
▸ 일정지역(매표소, 개찰구 등)에 보안인력을 상주 배치한다(★★★)
▸ 보안인력의 교대근무 및 순찰 시스템은 체계성(규칙성, 순찰 주기 등)을 갖추어 운영한다(★★)
▸ 보안인력은 가급적 교육훈련, 업무 숙지, 자격요건 면에서 전문성을 최대한 유지한다(★★)

전자보안

▸ 대합실은 중앙관제센터를 구축하여 24시간 CCTV로 녹화 및 감시하며 CCTV는 입체적 설치를 통해 사각지대를 최소화하도록 설치하고 필요 시 일부 CCTV는 지능형영상감시시스템을 운영한다(★★★)
▸ 출입구 주변에 비상벨(비상경광등 포함)과 양방향 인터콤을 설치 및 운영한다(★★★)
▸ 화장실 입구에는 CCTV를 설치하고 내부 및 각 칸에는 비상벨(비상등, 인터컴 등)을 설치한다(★★)

조명

▸ 사각지대는 보안등을 설치하여 은신할 수 없도록 관리한다(★★★)
▸ 취약지역 보안등은 소등되지 않도록 유지/관리한다(★★★)
▸ 조명은 가급적 백색등으로 설치하되 각 지역마다 일정한 균제도를 유지한다(★★)
▸ 개찰구, 매표소, 무인시설물 주변은 조명을 추가로 설치하여, 주변보다 밝게 유지한다(★★★)

안내표지

▸ 안내표지는 낙서/훼손에 강한 도료와 파손/훼손에 강한 표지판을 사용하고 손괴된 표지판은 즉시 보수한다(★★)
▸ 출구 등의 출입구는 시인성이 높은 표지판을 사용하여 이용자들이 방향을 인지하기 쉽도록 설치한다(★★★)
▸ 시인성 높은 표지를 이용하여 현재 위치와 공간을 인지하기 쉽도록 설치한다(★★★)
▸ 방범시설 이용 및 신고 연락처 안내문을 일정간격마다 설치한다(★★★)

그림 설명(번호순으로) : 가시성 있는 무인충전기(①), 개찰구 안쪽에 설치되어 접근성 및 가시성이 떨어지는 역무실(②), 눕기 어려운 대합실 벤치(③), 개찰구 안과 밖을 시각적으로 구분(④), 개찰구 주변에 상주하지 않는 보안인력(⑤), 개찰구를 감시하는 CCTV(⑥), 비상전화(⑦), 화장실 입구에 설치된 CCTV(⑧), 여자화장실 칸마다 설치된 비상벨(⑨), 안전수칙안내판(⑩), 지하철경찰대 안내표지(⑪)

▼승강장 및 상점

가시성 및 전자보

▸ 승강기에는 뷰패널을 설치한다(★★)
▸ 상점은 자연감시가 유리한 곳에 배치한다(★★★)
▸ 승강기로 이동하는 루트에 사각지대를 최소화한다(★★★)

▸ 승강장에 일정간격으로 비상벨(비상경광등 포함)과 양방향 인터콤을 설치 및 운영한다(★★)
▸ 승강장은 CCTV를 설치하여 녹화 및 감시한다(★★★)
▸ 승객의 추락을 방지하기 위한 스크린 도어를 설치한다(★★★)

안내표지

▸ 안내표지는 낙서/훼손에 강한 도료와 파손/훼손에 강한 표지판을 사용하고, 손괴된 표지판은 즉시 보수한다(★★)
▸ 출구 등의 출입구는 시인성이 높은 표지판을 사용하여 이용자들이 방향을 인지하기 쉽도록 설치한다(★★★)
▸ 시인성 높은 표지를 이용하여 현재 위치와 공간을 인지하기 쉽도록 설치한다(★★★)
▸ 방범시설 이용 및 신고 연락처 안내문을 일정간격마다 설치한다(★★★)

그림 설명(왼쪽부터) : 뷰패널이 설치된 승강기, 승강기를 비추는 CCTV, 승강기 이동로 사각지대, 자연감시에 유리한 위치의 상점

▼ 열차 객실

전자보안

▸ 객차의 내부 전면과 후면에 CCTV를 설치한다(★★★)
▸ 비상벨과 승무원과 양방향 통신이 가능한 인터컴을 설치한다(★★★)

안내표지

▸ 객차 내 안내표지는 낙서/훼손에 강한 도료와 파손/훼손에 강한 표지판을 사용하고, 손괴된 표지판은 즉시 보수한다(★★)
▸ 시인성 높은 표지를 이용하여 현재 위치를 인지하기 쉽도록 설치한다(★★★)
▸ 방범시설 이용 및 신고 연락처 안내문을 일정간격마다 설치한다. 성추행 등 신고자가 자신의 객실확인을 용이하게 하기 위한 객실번호 표지를 설치한다(★★★)

유지관리

▸ 객실은 청결히 유지하고 객실의 재질은 훼손에 강한 시설물 구조로 설치한다(★★★)

조명

▸ 객실마다 일정한 균제도를 유지하고 조명은 가급적 백색등으로 설치한다(★★)
▸ 조명은 눈부심 방지 조명(간접조명 또는 컷오프 배광)을 권장한다(★★)

그림 설명(왼쪽부터): 객실 내 비상통화장치, 객실 내 CCTV, 객실 주의안내문, 객차번호안내표지

3) 버스 정류장, 터미널, 객실

▼ 정류장

전자보안시스템

▸ 각 정류장에 비상벨과 CCTV를 설치한다(★★★)

가시성

▸ 정류장은 편의점, 가판대, 경찰관서 등을 인접하여 배치한다(★★)
▸ 정류장 쉘터는 가시성이 확보된 구조로 계획/설계한다(★★★)
▸ 주변시설물과 조경에 의해 가시성이 방해되지 않도록 한다(★★★)

안내표지

▸ 안내표지는 낙서/훼손에 강한 도료와 파손/훼손에 강한 표지판을 사용하고, 손괴된 표지판은 즉시 보수한다(★★)
▸ 노선번호, 정류장정보 등은 시인성이 높은 표지판을 사용하여 이용자들이 인지하기 쉽도록 설치한다(★★★)
▸ 시인성 높은 표지를 이용하여 현재 위치와 공간을 인지하기 쉽도록 설치한다(★★★)
▸ 방범시설 이용 및 신고 연락처 안내문을 일정간격마다 설치한다(★★★)

유지관리

▸ 정류장은 청결히 유지하고 정류장 쉘터의 재질은 훼손에 강한 시설물 구조로 설치한다(★★★)

그림 설명(왼쪽부터): 반투명 버스안내표지, 일부 주요 환승정류장의 CCTV가 운영, 스티커로 되어 훼손에 취약한 안내표지, 훼손된 비상연락망

▼버스터미널 및 버스객실

버스터미널 대합실

▶ 위기/재난 관리 체계를 구축하고 관련 프로그램(가상 시나리오 훈련 등)을 주기적으로 운영한다(★★)
▶ 시설물 내외부에서 발생한 범죄사고나 무질서 행위를 기록 유지하고 주기적으로 범죄위험을 포함한 안전진단과 평가
  조사를 실시한다(★★)
▶ 일정지역(매표소, 개찰구, 중앙 홀 등)에 보안인력을 상주 배치한다(★★★)
▶ 보안인력의 교대근무 및 순찰 시스템은 체계성(규칙성, 순찰 주기 등)을 갖추어 운영한다(★★)
▶ 보안인력은 가급적 교육훈련, 업무 숙지, 자격요건 면에서 전문성을 최대한 유지한다(★★)
▶ 구획을 나누어 경비실을 설치하고 경비초소/관제실은 가시성이 확보되고 자연감시가 용이한 곳에 설치한다(★★)
▶ 사무실 및 관리실은 관계자 이외에 접근이 어려운 곳에 설치한다(★★)
▶ 다른 구역과 디자인, 조명 등을 통해 영역을 구분한다(★★★)
▶ 휴게시설(벤치 등)은 누울 수 없는 구조로 설계한다(★★★)

버스터미널 승강장

▶ 노선번호, 정류장정보 등은 시인성이 높은 표지판을 사용하여 이용자들이 인지하기 쉽도록 설치한다(★★★)
▶ 시인성 높은 표지를 이용하여 현재 위치와 공간을 인지하기 쉽도록 설치한다(★★★)

버스터미널 전자보안시스템

▶ 중앙관제센터를 구축하여 터미널에 24시간 CCTV로 녹화 및 감시하되 CCTV는 입체적 설치를 통해 사각지대를 최
  소화하도록 설치한다(★★★)
▶ 일부 CCTV는 지능형영상감시시스템(단순 동작감지 기능 포함)을 운영한다(★★)
▶ 터미널 내부에 일정한 간격으로 비상벨(비상경광등 포함)과 양방향 인터콤을 설치 및 운영한다(★★)
▶ 화장실 입구에 CCTV를 설치하고 화장실 내부 및 각 칸에 비상벨(비상등, 인터컴 등)을 설치한다(★★)

버스터미널 조명

▶ 사각지대는 보안등을 설치하여 은신할 수 없도록 관리한다(★★★)
▶ 취약지역 보안등은 소등되지 않도록 유지/관리한다(★★★)
▶ 각 지역마다 일정한 균제도를 유지하되 조명은 가급적 백색등으로 설치한다(★★)
▶ 출입구 주변은 조명을 추가로 설치하여, 주변보다 밝게 유지한다(★★★)

버스터미널 안내표지

▸ 안내표지는 낙서/훼손에 강한 도료와 파손/훼손에 강한 표지판을 사용하고 손괴된 표지판은 즉시 보수한다(★★)
▸ 출구 등의 출입구는 시인성이 높은 표지판을 사용하여 이용자들이 방향을 인지하기 쉽도록 설치한다(★★★)
▸ 시인성 높은 표지를 이용하여 현재 위치와 공간을 인지하기 쉽도록 설치한다(★★★)
▸ 방범시설 이용 및 신고 연락처 안내문을 일정간격마다 설치한다(★★★)

버스터미널 유지관리

▸ 출입구는 훼손에 강한 재질을 사용하고, 터미널은 항상 청결하게 유지관리 한다(★★★)

버스객실 방범

▸ 객차 외부(측면)와 내부 정면, 그리고 후면에 CCTV를 설치한다(★★★)
▸ CCTV 경고 표지판을 설치한다(★★★)
▸ 버스 내부는 훼손에 강한 재질과 구조로 설치한다(★★)
▸ 운전기사 보호용 스크린을 설치한다(★★)
▸ 통로측에 팔걸이를 설치하여 손님 간 충돌을 방지한다(★★)

그림 설명(번호순으로): 가시적 대합실(①), 공중전화 뒤 사각지대(②), 터미널 내 안내표지(③), 눕기 쉬운 벤치(④), 대합실의 간접조명(⑤), 가독성이 떨어지는 안내판(⑥), 광고판으로 가독성이 약한 방향표지(⑦), 승강장CCTV(⑧), 경비인력(⑨), 청결한 승강장(⑩), 버스 측면 CCTV(⑪), 객실 내 CCTV(⑫)

6. 공공기관

(1) 공공기관의 범죄위험평가

세종시나 각 지역의 혁신도시 공공기관용지는 주간에는 유동인구가 많고 불특정 다수가 방문하는 반면 야간에는 업무를 하지 않기 때문에 공동화 현상이 발생한다. 따라서 공공기관을 대상으로 하는 야간에 발생 가능한 범죄에 취약하다. 공공기관의 특성상 사회에 불만을 가지거나 국가 혹은 특정 공공기관에 불만을 가진 잠재적 범죄자가 분풀이의 목적으로 차량을 이용하여 공공기관에 돌진하거나 방화를 저지를 가능성이 있다. 공공기관이 업무 중인 주간에는 기관장·기관에 대한 불만을 가진 개인 혹은 집단이 기관의 내부 중요 업무시설에 침입하여 업무를 방해하거나 상해 및 손괴를 입힐 수 있다. 주간에 불특정 다수가 방문하기 때문에 감시의 소홀을 틈타 방문객의 물건을 절도하거나 공공기관의 물건을 절도하는 일이 발생하더라도 범인을 식별할 수 없다.

한편 대학 및 연구소 등의 경우에도 주간에는 활발한 활동이 이루어지나 야간에는 출입자의 통제를 하지 않아 불특정 다수가 출입하는 상태에서 유동인구의 수가 매우 적다. 그렇기 때문에 야간에 인구 밀도가 낮은 지역에서 발생할 수 있는 강도, 폭행, 강간 등의 범죄에 취약하다. 또한 연구시설 및 교육시설의 정보유출이나 고가의 시설물을 절도하는 사례가 발생할 수 있다.

(2) 공공기관의 셉테드 지침

공공기관은 외부인에게 개방되어 있는 공간이라는 인식 때문에 공공기관의 접근통제를 소홀히 해서는 안 된다. 대민업무를 하는 공간은 외부에서 접근성이 높은 바깥쪽에 배치하고 그 밖에 공공기관 종사자들이 개인 업무를 보거나 접근의 제한이 필요한 업무공간은 안쪽에 배치하여 개방되어 있는 곳과 접근을 통제해야 하는 곳의 구분을 명확히 해 주어야 한다. 또한 대민업무를 위한 공간에서 출입 통제공간으로 진입하지 못하도록 통제구역임을 명확히 알 수 있는 표지판과 통제장치를 설치해야 한다.

출입구의 개수는 최소화하고 출입구에는 경비초소나 전자식 방범시설들을 이용하여 출입자들을 감시할 수 있어야 한다. 차량을 이용한 돌진이나 테러를 예방하기위해 공공기관 주변에 차량진입을 막는 볼라드를 설치하고 차량 출입구에는 출입통제장치를 마련해야 한다.

공공기관은 공동이용의 성질을 지니고 있지만 범죄예방의 측면에서 볼 때 공공기관의 영역성을 확보하여 범죄욕구를 지닌 잠재적 범죄자가 대상을 탐색하거나 공동화된 공공기관 내에서 범행이 발생하지 않도록 해야 한다. 투시형 울타리를 사용하거나 잔디 등을 활용하여 영역성을 확실하게 부여할 수 있다. 볼라드에 조명을 결합하여 야간에 공공기관의 영역성을 강조하는 방법도 좋은 방법이다.

주간에는 공공기관 내부에서 외부를 감시할 수 있고 야간에는 공공기관 외부에서 내부를 감시할 수 있도록 공공기관의 저층 창문을 크게 설계한다. 자연감시 확보를 위해 울타리 및 조경시설은 사람의 시야를 가리지 않도록 설치해야 한다. 주차장은 내부를 밝은 색으로 도색하고 조명을 적절하게 배치하여 사각지대가 생기지 않도록 한다.

▼부지경계 및 출입구

가려진 출입구

▶ 주출입구는 보도와 도로에서 쉽게 관찰이 가능하도록 설계되어야 하며 불필요한 구조물에 의해 가려진 형태가 되어 자연적 감시를 방해해서는 안 된다(★★)

출처 : 범죄과학연구소(2009)

출입구 방호(볼라드 등)

▶ 공공건물을 보호하기 위해서 건물 주변 보도에 가변형 볼라드 및 탈착식 볼라드, 식재 또는 다른 장애물을 설치함으로써 영역성을 확보하고 차량 등을 이용한 공격행위를 방어할 수 있다(★★★)

출처: 미국 FEMA 426 (2003)[14]

▼표지판

출입통제 및 경계부

▶ 주출입구는 1개 내지 2개로 최소화하며 부득이 2개소를 설치할 경우에는 부출입구도 주출입구와 마찬가지로 출입통제장치를 적용하거나 가시성이 확보된 출입관리인 초소 또는 CCTV를 배치할 수 있다(★★★)
▶ 용지의 경계는 투시형 펜스를 설치하거나 생울타리 또는 잔디를 식재하여 용지의 영역을 분명하게 표시함으로써 취약시간대 침입범죄를 예방한다(★★★)

그림 출처: 세종청사의 투시형 울타리 및 출입통제 시설(media.daum.net)

▼조경

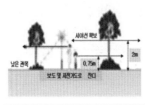

고(高)가시성 조경

▶ 수목은 시야를 가리지 않도록 수목의 성상에 따라 적절한 간격을 두고 식재하여야 하며, 관목의 경우는 화목류의 식재를 권장한다(★★)
▶ 수목은 성장함에 따라 시야를 가릴 수 있으므로 크게 성장하는 수목은 건물 및 경계부에서 적절하게 이격하여 식재하고 과도한 밀집식재를 지양하도록 한다(★★★)

출처: 경찰청(2005)

---

14 http://www.dhs.gov/xlibrary/assets/st/st−bips−06.pdf 참고.

▼ 건물 디자인

건물의 창문

▸ 건물 내부로부터 보도와 도로에서의 움직임과 상황이 쉽게 식별될 수 있도록 개방감 있는 규모와 크기로 창문을 배치함을 권장한다(★★)
▸ 단, 창은 쉽게 파손되지 않도록 강화유리나 합착유리 등을 적용하거나 방범필름을 부착할 수 있다(★)
▸ 보안성이 요구되는 공공건물의 경우에는 외부에서 내부로의 시각적 접근을 다소 제한되도록 반투명 재질의 필름 등의 소재를 적용함을 권장한다(★)

그림출처: 세종청사의 전면유리창(newslink.media.daum.net)

▼ 배치

부지 배치

▸ 가치와 위험수준이 높고 중요한 건물일수록 중간에 배치하고 상대적으로 덜 중요하거나 일상적인 대민 업무를 수행하는 건물은 바깥으로 배치하여 중요한 건물에의 접근을 통제하며 영역상의 위계를 확보한다(★★)

그림출처: 미국 FEMA 426 (2003)15

▼ 표지판

경계표지판

▸ 부지 경계 펜스나 울타리 곳곳에 '출입금지'를 알리는 표지판을 부착하여 영역성을 표시하고, 출입불가 사유를 기재하여 허용된 출입구만을 이용하도록 유도한다(★★★)

출처: 범죄과학연구소(2009)

▼ 주차장

주차장 입구

▸ 부지 주 출입구 이외에 주차장의 출입구에도 자동출입 차단장치를 설치하여 인가자 외의 차량의 출입을 방지한다(★★)
▸ 특히 중요시설이 밀집된 건물로 통하는 주차장의 경우에는 반드시 차단장치를 설치한다(★★★)

---

15 http://www.dhs.gov/xlibrary/assets/st/st−bips−06.pdf 참고.

안내 표시

▸ 지하주차장의 차량 이동, 보행자 통로, 비상계단, 비상버튼 위치 등 표시는 크고 가시성을 높게 유지한다(★★★)

여성 전용 주차공간

▸ 공공시설의 특성상 불특정 다수의 대중이 이용하며, 그에 따른 범행기회의 억제와 가시적 영역의 표식을 통한 인식제고, 주차장 이용 여성들의 안전감을 도모하기 위하여 여성전용주차 공간을 전체주차면적에서 15% 이상 마련할 것을 권장한다(★★)
▸ 여성전용주차 공간은 분홍색 구획선과 여성 마크로 표시하며 주차관리원, 승강기에 인접한 곳에 두고 비상벨과 CCTV를 설치한다(★★)

출처: KS A 8800(2008)
그림출처: 아시아경제, 연합뉴스

▼ 기타

친근한 디자인의 통제시설물

▸ 공공기관 주변에서는 감시, 접근통제와 영역성 확보를 위해 펜스와 CCTV를 설치할 경우에도 기관을 방문하는 주민들의 접근과 이용이 많은 장소에는 친근감과 편안함을 자아내는 디자인 적용을 권장한다(★★)

그림 출처: www.designagainstcrime.com

section 03
방범하드웨어의 성능 기준

1. 개관

국내에서 시민들이 겪는 대표적인 서민 침해형 범죄는 주거침입을 통해 발생하는 침입범죄(침입절도, 침입강도 등)인데, 이 중 침입절도는 주택·건조물·선박 따위에 침입하여 타인의 재물을 몰래 훔치는 것으로 2020년도 대검찰청 범죄백서의 통계에 의하면 지난 침입절도 발생건수는 2012년을 정점으로 꾸준히 증가하다가 2015년을 기준으로 대폭 감소하였으며 2019년 다시 약간 증가하고 있는 추세이다(<표 8-11>).

표 8-11 **침입절도의 발생건수(2006~2019)**

연도	공식 건수	암수 반영 건수	지수
2006	65,255	215,363	100
2007	72,911	240,630	112
2008	73,603	242,914	113
2009	81,036	267,446	124
2010	80,083	264,300	123
2011	77,335	255,231	118
2012	91,093	300,637	170
2013	87,069	287,356	163
2014	67,528	266,784	124
2015	53,645	245,877	114
2016	38,361	203,093	94
2017	27,922	183,787	85
2018	25,330	176,832	82
2019	23,332	186,987	87

출처: 대검찰청 범죄백서(2020). 암수 반영 건수는 형사정책연구원 피해조사(2013) 신고비율(30.3%) 적용.
*암수란 피해를 당하고 신고를 하지 않은 건수를 의미함

비록 전체적인 침입절도 발생건수가 줄어들고 있긴 하지만 2020년 형사정책연구원의 범죄피해조사에 따르면 주거 침입(11.7%) > 사기(9.9%) > 폭행(8.9%) > 성폭력(8.6%) > 절도(8.0%) > 강도(7.2%) > 괴롭힘(5.4%) > 손괴(4.7%) 순으로 높게 나타

났다. 이러한 우선순위는 폭력범죄와 재산범죄가 섞여 있는 것으로, 응답자가 범죄의 심각성이나 처벌의 중대성, 피해의 가능성 등 여러 요인을 고려하여 응답한 것으로 생각된다. 이처럼 범죄에 대한 두려움 중에서도 침입범죄에 대한 위협이 가장 높다는 것이 핵심이다.

한편 귀갓길 여성을 뒤쫓아 집에 침입하려는 장면이 담긴 이른바 '신림동 원룸 침입 사건(2019.05)' 이후 2년이 지났지만 주거침입 범죄는 오히려 늘었다. 최근에도 수원에서 여성 혼자 사는 빈 자취방에 이웃 남성이 몰래 침입한 사건이 발생하였으며, 경북지역에서도 주거침입 범죄가 증가하였고, 피해자의 절반 이상이 여성으로 분석되었다. 경찰청이 국감에 제출한 주거침입 범죄 관련 통계를 보면 경북의 경우 지난 2016년 544건에서 2020년 740건으로 36% 증가하였고, 같은 기간 여성 피해는 256건에서 412건으로 59% 증가하였다.[16]

더욱이 2012년 12월 경기개발연구원이 수도권 주민 1,808명을 대상으로 설문조사한 결과 가장 두려워하는 범죄는 침입범죄(25.7%)로 나왔다.[17] 계획적으로 도구 등을 준비하는 경향이 있는 전문 범죄꾼이건 상황적으로 우연히 범죄를 저지른 초범자이건, 주택이나 건축물로 침입하는 행위는 단지 절도에 그치지 않는다는 것이 문제의 핵심이다. 강간이나 강제추행 등 성폭력 범죄를 목적으로 침입하는 경우도 있지만, 단순한 빈집털이를 하려고 건축물에 침입했다가 여러 상황(빈집인 줄 알았는데 성인 남성이 있어서 물리적으로 방어를 해 오는 경우나 여성이 가벼운 옷차림으로 잠을 자고 있는 등)을 접함에 따라 공격성이 촉발되거나 연동되는 범죄심리 변화로 인하여 강도·강간·살인 등 강력범죄로 이어지는 경우가 적지 않기 때문이다. 실제로 경찰청 KICS 자료에 의하면 2012년도에 강간이나 성추행 사건 1만 9,649건 중 20%가 주거침입에 의해 발생하였다. 이는 상관성이 충분히 있음을 보여주는 증거이다. 한마디로 국민이 가장 빈번히 당하고 가장 두려워하는 범죄가 바로 침입범죄인 것이다. 연쇄살인범 정남규의 봉천동 주택 세 자매 살상사건이나 서진환의 주택가 주부 강간살인사건 등 많은 이목을 집중시킨 강력사건들도 침입범죄로 벌어졌다. 그리고 범인들은 범행 당시 도구도 없이 아주 쉽게 침입에 성공할 수 있었다.[18]

---

16 KBS NEWS(2021-10-20) 경북 주거침입 범죄 여성 피해 늘어
  https://news.kbs.co.kr/news/view.do?ncd=5304872&ref=A 참고.
17 세계일보(2013-10-14) 수도권 주민 "주거침입 가장 두려워" 경기개발硏 안전사회 의식조사
  www.segye.com 참고.
18 박현호, 「방범하드웨어의 침입범죄 저항성능 시험·인증 체계에 관한 모형 연구」, 『한국경호경비학회

국제표준인 ISO 31000을 근거로 이 침입범죄를 사회의 한 위험(risk)으로 규정할 때 발생 빈도(확률)와 그로 인한 여파(경제적 영향, 심리적 영향)가 모두 최고 수준인 최고 위험도(highest risk)를 나타낸다. 우리나라는 이러한 최고 수준의 위험에 대하여 적절히 평가하고 그 수준에 맞게 필요한 자원을 제대로 투입하여 빈도와 여파를 경감하여 왔는가? 필자는 절대 그렇지 않다고 단언한다. 핵심적인 자원 투입은 거의 없고 방향도 많이 틀렸다. 물론 그러한 침입범죄를 문제시하고 통제하려는 노력을 안 한 것은 아니지만, 그 접근방법이 전혀 문제를 경감시키지 못하였다.[19]

먼저 같은 기간 주택가 골목길을 위시로 한 길거리의 공공용 방범CCTV의 수(2002년 5대 → 2015년 15만대로 증가하여 세계에서 인구대비 공공감시카메라 수 최다국이 됨)는 기하급수적으로 증가하였고 그 성능도 갈수록 지능화하는 등 많이 개선되었다. 그런데 왜 침입을 감시하는 방범카메라가 많아졌고 천문학적인 예산을 쏟아 붓고 있는데도 침입범죄 피해는 줄지 않고 오히려 늘고 있을까? 그 이유는 간단하다. 영상감시는 현관문이나 창문을 통한 건물 안으로의 침입에 대해 간접적이고 심리적인 억제 효과는 있을지 몰라도 이를 직접적이고 물리적으로 방어할 수 있는 능력은 전혀 없기 때문이다. 워낙 영상감시에서 벗어난 사각지대는 많고, 특히 주택의 경우 침입구인 창문과 현관문은 사생활침해 문제로 공공 CCTV가 이를 감시할 수 없는 한계가 있으며, 혹시라도 CCTV를 모니터링하던 통제요원 이를 우연히 발견하거나 지능형카메라가 이를 자동으로 인식하여 경보신호를 보내더라도 경찰이나 경비원이 출동하는 데 걸리는 시간 동안 범인은 이미 범행을 마치고 도주한 뒤라 피해가 발생한 후의 시점이라는 한계가 있다. 침입방지를 위해서는 반드시 사람이 침입을 위해 통과하기 위해 맨손이나 도구로 틈이나 구멍을 만들지 못하게 하거나 어렵게 하는 타겟하드닝(target hardening)이 핵심인데 이것이 제대로 되지 못하고 있는 것이다.

특히 침입범죄 예방 장치의 효과성에 관한 최근 Tseloni et al. (2014, p. 1)[20]의 영국 내 전국범죄피해조사(British Crime Survey) 연구분석에 의하면 주택 침입방지를 위한 다양한 장치 중에서 창문과 현관문의 잠금장치(window and door locks)에 의한 타겟하드닝[21]이 가장 효과성과 비용효과성이 높은 것으로 나타났으며 침입경보장치(센서

지』 제36호, 2013, pp.255-292.
19 박현호(2016) 외국의 침입범죄 예방환경 조성을 위한 체계, 정책이슈 4, 건축과 도시공간. Vol 21.
20 Tseloni, A., Thompson, R., Grove, L., Tilley, N., & Farrell, G. (2014). The effectiveness of burglary security devices. Security Journal. 1(19).
21 보다 정확하게는 창호 잠금장치와 옥외조명(external lights) 또는 도어체인의 조합.

와 알람)는 타겟하드닝 장치가 없는 경우에는 진짜든 모조든 오히려 침입 피해를 다소 가중시키는 등 효과(및 비용효과)가 가장 낮은 것으로 확인되었다.[22] 충격적인 이 분석 결과는 창살 등 실효적인 방어시설이 없을 경우에는 경보장치(또는 경보시스템 스티커 표지)는 오히려 귀중품이 해당 주택에 존재한다는 것을 알리는 깃발(flag)과 같은 역할을 하며 저렴한 전자시그널재머(electronic signal jammer) 등으로 아마추어도 손쉽게 경보음을 중단시킬 수 있으며, 경보가 울려도 오경보가 대부분이라서 주위에서 별로 신경을 쓰지 않기 때문이다.

물론 국가별로 문화적으로 차이는 존재할 수 있겠지만 이런 상황에서 서울과 경기 등 자치단체에서 침입범죄에 취약한 주택을 위해 시행 중인 '홈방범'[23]이나 '우먼하우스 케어' 등의 범죄예방 사업은 시급한 개선이 요구된다고 할 수 있다. 즉, 창살, 잠금장치 등 타겟하드닝에 의한 기본적인 물리보안 조치를 하는 것이 가장 중요하고 최우선적인데 이러한 필수적인 요소를 배제한 사업이 갖는 여러 문제와 한계들 때문이다. 경보장치의 대표적 한계는 오경보에 따른 불편으로 또는 재택 시 종종 해제를 하기 때문에 침입에 쉽게 노출될 수 있기 때문이다. 게다가 저자가 경기도에서 일부 조사해 본 결과 신고 출동건수가 시행 후 약 2년간 거의 없었다는 점과 홈방범 서비스의 사용자들이 제기한 이 서비스의 문제점들[24]을 볼 때 그 실효성을 더욱 크게 의심케 하고 있다. 또한 창살처럼 한번 설치하면 더 이상 유지비가 들지 않는 방범하드웨어 타겟하드닝과 달리 경보장치는 매월 월정료를 지불해야 하는 등 장기적으로 볼 때 큰 비용이 발생한다는 것이다. 이러한 문제를 고려할 때 필수적이고 기본적인 창살 등 방범하드웨어에 의한 타겟하드닝 설치 후에 센서경보장치는 보조적으로 또는 선택

---

22 Burglar alarms and dummy alarms appear to increase risk of attempted burglary. The SPFs of dummy alarm for attempts and burglar alarm for any type of burglary are less than 1 implying a counter−productive effect: having just a burglar alarm and no other form of security confers less protection than no security at all. This is counter−intuitive but not without some plausible explanations. It is conceivable that a burglar alarm in a house with no other security features may flag the existence of valuables relative to other 'unsecured'properties. 이상 Tseloni et al. (2014)에서 인용.

23 경기도와 서울시에서 시행 중인 홈방범 서비스 사업은 출입문 등에 감지센서를 설치하여 침입 시 경보음이 울리면 비상벨과 유선 요청에 따라 보안요원이 출동하는 사업이다.

24 http://cafe.naver.com/2myloft/31823 "제일 문제인 곳이 창문인데... 문에만 달아주고 카드키를 새로 달아준다.. 차라리 돈을 좀 보태서.. 방범창을 단단한 것으로 가는게 낫겠다..", "실제 하고 있는데 취소할까 합니다.. 집에 애완동물이 있어서 동작 감지 안달고 현관문과 베란다 센서만 달았는데, 처음에 잘 셋팅하고 들락거리다가 너무 귀찮아서 방범 셋팅 안하고 지냅니다. 이사하면 이주비 5만 5천원 들고 약정 때문에 중간 해지하면 위약금 물어요. 잘 생각해보고 가입하세요" 등.

적으로 부가하는 옵션이 되어야 할 것이다.

물론 그 밖에 침입 예방 노력을 위해 부천시에서는 절도범이 다세대주택, 연립주택, 아파트의 도시가스 등 건물 외부 배관을 타고 침입할 수 없도록 하는 덮개형 배관 등을 설치할 수 있는 근거와 기준을 마련하는 건축 조례 개정을 추진하기로 하였다.25 또한 송파구에서는 다세대주택 등 소형주택을 신축할 때 범죄안전 시설 조치를 허가 조건으로 부여하였는데 바로 가스배관덮개 설치를 강제화한 것이다.26 그러나 이러한 침입 방지 시설들이 얼마나 적절히 침입피해를 줄여줄 수 있을지는 미지수이다. 침입 방어 성능에 대한 최소한의 기준이 전혀 없기 때문이다. 또한 신축 주택에 국한된 규정이라서 절대 다수의 기존 주택은 전혀 개선될 여지가 거의 없다.

또한 경찰에서 가스배관 등에 특수형광물질이나 기름을 발라보기도 하지만 단기간의 궁여지책일 뿐 몇 달 지나면 다 지워져서 새로 칠해야 할 뿐만 아니라 당장 열린 창문이나 허술한 창문을 열고 침입을 하는 데에는 전혀 지장이 되지 않는다. 저층에 사는 내 집 창문에 동네 인근 철물점에 대충 맡겨서 싸게 설치한 허술한 (속이 빈) 알루미늄 방범창살도 설치를 아예 안 한 것보다는 심정적으로 안도가 되지만 영 미덥지가 않다. 내 손으로 잡고 흔들어 봐도 너무 약하고 쉽게 빠질 것만 같기 때문이다. 이밖에도 아파트 셉테드(CPTED) 인증이 이루어지고, 지자체와 경찰은 물론 법무부까지 나서서 각종 셉테드 사업을 수백 개나 시행하면서 CCTV, 안전비상벨, 반사경, 표지판 설치, 담장 및 도로 도색, 벽화, LED 조명 개선 등에 수천억 원의 예산과 많은 행정력 등이 투입되고 있으나 침입범죄는 감소하지 않고 있는 것이다.

건축물에 대한 적절한 성능의 타겟하드닝이라는 알맹이가 빠진 이런 접근방식들은 이러한 이유들로 인해 제 아무리 대책을 세워도 주택 등 건축물(신축보다는 특히 낡은 기존 건물)의 침입범죄 피해 추세는 감소하기는커녕 증가세로 이어져 갈 뿐인 것이다. 국내에서 이 부분을 제대로 이해하고 있는 전문가가 극소수라는 점은 문제를 더 가중시키고 있다.

---

25 절도 등의 도시형 생활범죄가 늘어나고 있는 추세다. 그러나 이를 막기 위한 설비를 각 건물에 설치하려고 해도 관련 근거가 부족해 임의 설치 시 불법설비가 돼 시민들이 불편을 겪었다. 부천시는 올 상반기 중 건축물 범죄예방설비 설치 근거를 마련하기 위해 건축 조례 개정을 추진키로 했다. 또 조례 개정이 완료되는 시점보다 앞서 건물을 새로 지을 때에도 범죄예방설비를 설치할 수 있도록 건축 관계자에게 행정지도할 계획이다. "파이낸셜뉴스(2014-01-19) 부천, 범죄예방설비설치, 건축 조례 개정 추진" 참고.
26 아시아경제 (2011-10-18) 송파구, 소형 주택 신축시 담장 제거 등 조건 갖춰야.

이러한 문제를 해결하기 위해 영국, 네덜란드, 독일 등 유럽연합국들과 미국, 일본, 호주 등 선진국은 이미 수십 년 전부터 이에 대한 표준을 제정하여 침입방지를 위한 방범제품 성능의 시험과 인증체계를 유지 및 발전시켜 나가고 있다. 국내도 이러한 세계적인 흐름에 따라 표준화가 진행되어 왔다. 앞서 제3장 제2절 '표준 및 적합성 평가체계'에서 셉테드 관련 외국의 표준과 인증제도를 간단히 소개하였다. 여기서는 이를 심화하면서 침입범죄 방지를 위한 방범제품(하드웨어)의 성능 시험 및 인증시스템에 대하여 논하고자 한다.

2. 외국의 침입방지 하드웨어 성능 시험 및 인증 체계

문창호 건자재 등의 방범하드웨어 인증 분야의 국제적인 동향을 살펴보면, 영국의 SBD와 LPS 인증제도가 가장 먼저 시작을 하여 체계적으로 발달하였고, 국제사회에서도 영국이 주도함에 따라 우선 영국의 사례를 분석하고 이후 네덜란드, 일본, 호주, 미국의 인증체계를 살펴보기로 한다.

(1) 영국의 SBD인증과 LPS인증

제3장에서 소개한 영국의 Secured by Design(이하 SBD)는 영국 경찰의 공식적인 방범디자인 인증 제도이다. SBD는 1989년 런던과 남동부 지역의 경찰청 방범경찰관들 간의 회의에서 시작되었고, 제도의 핵심은 경찰이 공공주택 개발업자들이 그들의 방식을 바꾸도록 촉진하는 유일한 방법은 개발업자들에게 상업적인 혜택을 제공하는 것이라는 생각에서 출발하여 SBD는 개발업자들의 참여를 유도시키기 위한 각종 방법을 강구하였다(박현호, 2011).

범죄와 무질서법(Crime and Disorder Act) 1998과 지속가능한 주택 규정(Code for Sustainable Homes),27 정부 도시계획정책고시(Planning Policy Statement 1)에 의해 SBD 인증은 크게 활성화되었으며 방범하드웨어 제품의 경우에는 유럽표준 및 국가표준에 의한 공인시험소의 테스트를 통과한 품목에 한하여 SBD인증을 부여하고 있다. 인증 범위는 건축물의 계획, 설계, 관리의 시스템인증과 창, 유리 등 제품인증이 있으며 하

---

27 공공주택은 의무적으로 SBD 인증을 받아야 하고, 민간주택도 일부 SBD지침 준수는 사실상 의무화 하고 있다.

그림 8-17 영국 SBD 공식 인증마크 및 인증받은 방범기능 도어와 창

드웨어 제품이 시스템인증의 요구사항으로 되어 있다.

제품 성능인증도 제조사에서 신청하면 정부 공인시험소에서 유럽표준 EN1627
(문, 창, 셔터의 침입저항 시험-요구사항 및 등급), EN1628(문, 창, 셔터의 침입저항 시험-정
하중 재하 방법), EN1629(문, 창, 셔터의 침입저항 시험 – 정하중 재하 방법) 등 테스트장비
에 의한 시험기준과 국제표준인 ISO16936(시험원이 유리를 공격하는 형태에 의한 침입 저
항 시험 및 등급), EN1630(문, 창, 셔터의 침입저항 시험-시험원에 의한 방법) 등 시험원, 즉
사람의 육체적 물리력(맨손 또는 침입도구 사용)에 의한 시험기준에 의해 공인시험기관
이 샘플제품에 대한 성능(performance) 시험을 하여 통과해야 한다. 그와 동시에 모든
해당 제품이 그러한 높은 기준에 의해 일관성 있게 생산(production)되고 있음을 증명
할 수 있도록 수시로 품질경영시스템(quality management system) 심사를 받아 취득한
인증서(certificate)를 반드시 SBD마크 사용허가 신청서와 함께 제출해야 한다. 여기서
영국전역에 BSI, BBA, BRE, Chiltern Dynanics 등 12개의 성능 시험소가 있으며,
ACPO CPI가 요구사항(requirements)으로 규정한 제3자 인증을 위한 제품 성능과 생산
에 대한 인증기관은 BM TRADA, BRE Certification, BSI 등 9개가 있다.

제출된 신청 서류들은 CPI에서 다시 한 번 내부 심사를 하고 이를 통과한 제조
사는 해당 제품에 대해 마침내 SBD마크(로고) 사용 허가(license)를 받게 되는 시스템
이다. 따라서 SBD는 엄밀히 말하면 인증이라기보다는 경찰의 마크사용 인허가 프로
그램이다. 그러나 전체적으로 볼 때 방범제품의 성능과 생산에 대한 인증시스템으로
해석될 여지가 충분하기 때문에 여기서는 SBD인증이라는 표현도 같이 사용해도 무방
하다고 판단된다.

영국정부는 SBD제품의 활성화를 위해 인센티브 차원에서 지속가능한 주택 코드
(Code for Sustainable Homes)를 고시하여 주택을 건축할 때 문과 창 등에 SBD제품 설

치를 할 경우 지속가능주택 성능등급에서 2.2점이 추가되어 4성(star) 등급이 5성 등급을 받을 수 있게 함으로써 주택 분양에 유리하도록 유도하였다.

더욱이 건축법(Building Regulations) 상 승인문서 Q(Approved Document Q)는 2015년 10월부터 승인문서 Q의 안전 – 주거지항목에 주택의 안전에 대한 기준이 추가되어 주택의 침입 방지를 위해서 창문과 현관문은 일정 기준 이상의 침입 저항 및 방범 성능을 갖추어야 한다. 즉 이는 주거시설에 검증된 소방시설이 의무적으로 설치되어야 하는 것과 같은 자연스런 논리로서, 주택에 검증된 방범성능인증시설도 갖추어야 한다는 의미이다.[28]

그 밖에도 BRE Global에서 운영 중인 국제적 친환경건축물인증 BREEAM(브림)의 평가 지표로 SBD제품 적용이 포함시킴으로써 방범인증 제품의 보급과 확산에 도움을 주고 있다(BRE Filipa Fonte의 인터뷰 설명). 구체적인 친환경건축물인증 BREAM 평가 점수는 CPTED전문경찰의 자문을 기본설계(concept design) 이전에 받고 SBD인증 지침을 준수하면 1점을 부여하고 SBD주택 지침에 나오는 물리적 보안·방범 분야를 준수하면 2점을 부여받게 된다. 이때 신청주체인 시행사는 주택의 물리적 보안·방범 지침에서 창호의 침입저항 성능 표준에 적합한 방범제품을 적용해야만 그 점수를 확보하게 되는 것이다.

SBD 제품인증은 주기적으로 인증을 갱신토록 하여 지속적인 품질유지가 엄격하게 이루어지도록 사후 관리를 하고 있다.

한편 LPS인증이란 BRE Global 산하에 LPCB(손실방지인증위원회)에서 정부, 경찰, 기업과 함께 침입저항 성능등급 체계를 개발하여 도출된 단체표준인 LPS 1175(손실방

그림 8-18 영국 SBD 인허가를 위한 성능시험 장면

좌측은 기계식 유리제거 시험, 우측은 수동 유리제거 시험

---

28 http://www.planningportal.gov.uk/buildingregulations/approveddocuments/

지인증위원회 승인을 받기 위한 요구사항 및 시험 절차와 침입 도구 및 침입저항 건축자재 등의 리스트)에 의해 8등급으로 침입저항 수준을 구분하여 시험원이 도구를 사용한 시험을 통하여 문, 창문, 셔터, 잠금장치 등 하드웨어에 대한 침입저항 성능 인증을 하고 있다. 구체적인 시험 및 인증 항목은 다음과 같다.

- 침입자 감지 알람 시스템
- 주거, 상업용 방범 도어 및 방범 창
- 셔터, 방범격자, 방범 스크린, Access cover
- 전기장치의 침입저항
- 금고, ATM
- 저장시설과 방범캐비닛
- 접근 통제 장치
- 컴퓨터 등의 물리적 방범성능
- 재물 표시 시스템(property marking)

LPCB는 보안과 소방 분야에서 국제적인 명성을 가진 인증기구로도 알려져 있다. LPCB에서 제안한 LPS의 상당수가 BS, EN, IS 등 표준으로 채택된 바 있다. LPCB 인증 프로세스는 품질 기준에 부합되도록 법률가, 보험사, 디자이너, 제조업자, 설치 업자, 엔지니어, 과학자 등의 전문가 집단에 의한 제품의 분석평가와 테스트를 포함한다. 제품 인증은 BRE 등 세계적으로 알려진 시험소 및 연구소에 의한 테스트에 의해

그림 8-19 **침입공격 시험용 공구들과 시험체**

출처: 2010년 6월에 직접 BRE 현지 방문하여 촬영한 사진임

그림 8-20 영국 LPS인증 공식 인증마크와 인증된 방범창 및 셔터

이루어지며 규칙적이고 지속적인 심사에 의해 유지가 된다.

특히 LPS 1175의 성능 등급 기준은 8단계의 카테고리에 의해 드라이버처럼 가볍고 간단한 도구에서부터 전기드릴과 같이 강력하고 전력을 사용하는 도구까지 침입도구를 유형화하고 있으며 침입공격에 뚫리지 않고 견디는 시간을 1분에서 20분까지로 구분하여 등급화하고 있다.

침입공격 시험용 도구는 매우 다양한데 해머, 펜치, 노루발장도리, 니퍼, 드라이버, 전동드릴 등을 사용하여 침입공격을 테스트하게 된다. 문과 창문을 끼우고 시험을 하게 되는 틀에 해당하는 시험체는 BRE 시험소에 배치하여 시험원이 인증시험 신청을 의뢰한 관련 개별 제품에 대하여 실시한다.

시험은 BRE가 국가공인 시험기관이므로 자체 시험소에서 시험원에 의해서 맨몸 및 도구/장비를 이용하여 타격, 제거, 절단 등에 의해 저항시간 타이머 측정 방식에 의해 수행하고 있다. 사양요구자(specifier)의 요구에 따른 LPS 등급인증을 획득한 방범하드웨어 제품들은 주택, 정부, 은행, 상업시설, 학교, 경찰관서, 교통시설, 약국 등에 납품하여 설치가 되고 있다. 인증제품에는 마케팅 차원에서 LPCB인증마크를 부착할 수 있다.

표 8-12 하드웨어 성능시험에 의한 침입저항 등급

표준	하드웨어	침입 저항 등급	등급 측정기준	침입도구 및 수법
영국 국가표준 BS EN1627, 1628, 1629, 1630	창, 문, 방범창살, 셔터,	1~6등급 체계	하드웨어가 침입 가능한 구멍이 만들어질 때까지의 저항시간 3~15분	맨손, 드릴머신, 전기를 사용한 도구 등으로 분류
유럽표준 EN356	유리	1~8등급 체계	다양한 높이에서 투석, 해머/도끼 등 도구를 사용한 타격회수에 대한 저항력(하드웨어가	투석 및 도구 타격

			침입 가능한 구멍이 만들어질 때까지의)	
영국국가표준 BS PAS24	문, 창문, 창살, 샤시창, 실린더락	LPS1175의 약 2~3등급에 해당	맨손이나 간단한 도구에 의한 침입공격 저항 시간(하드웨어가 침입 가능한 구멍이 만들어 질 때까지의)	맨손으로 방범창 등의 하드 웨어를 타격하거나 제거
영국 단체표준 LPS1175	경보기, 문, 창문, 셔터, 잠금장치 등	1~8등급 체계	하드웨어가 침입 가능한 구멍이 만들어질 때 까지의 저항시간 1~20분	도구 카테고리는 A~G까지 다양 G로 갈수록 침입도구가 더 강력하고 전력을 사용
네덜란드 NEN 5096 및 NEN 5089	창, 문, 방범창살, 셔터,	1성(★)~3성 (★★★) 등급	1성 및 2성 등급은 3분 이상, 3성 등급은 5 분 이상 저항(하드웨어가 침입 가능한 구멍이 만들어질 때까지의)	맨손, 드릴머신, 전기를 사 용한 도구 등으로 분류

　　<표 8-12>는 유럽, 영국, 네덜란드의 하드웨어 침입 저항성능 등급, 등급 측 정기준, 침입도구 및 수법에 대한 비교표이다.[29] 전체적으로 보면 모두 저항성능 등급 을 갖고 있으며, 등급 측정 기준을 보면 침입 가능한 구멍이 만들어질 때까지의 해머 등 도구에 의한 타격 횟수가 기준인 유리를 제외하고는 모두 침입공격에 저항하는 시 간이 기준이다. 유리의 경우는 소음이 크게 동반하기 때문에 타격횟수가 시간보다 더 중요한 기준인 것으로 판단된다. 뒤에서 설명할 일본 기준의 경우에도 소음을 동반하 는 경우에 타격횟수가 기준으로 되어 있다는 점은 동일한 맥락으로 이해될 수 있다. 이 밖에 침입도구 및 수법에서 맨손부터 전기를 사용한 도구에 이르기까지 이를 카테 고리화한 점이 다소의 공통점으로 분석되었다.

　　LPS인증을 받은 제품은 Redbook이라는 책자에 목록으로 소개를 하여 정부 및 산 업계 등에 무료로 배포함으로써 방범성능 제품의 보급을 위해 노력하고 있다. Redbook 에는 해당 제품의 회사명(Fender Limited), 주소 및 연락처, 인증번호, 방범창문의 제품 명, 스타일, 성능등급(SR), 공격 면(attack face) 등 상세한 정보를 포함하고 있다.

(2) 네덜란드의 SKH/SKG 인증

　　영국과 마찬가지로 네덜란드에서도 제품 성능인증이 있는데 문, 창호 등 제품의 침입범죄 방범 성능인증인 SKG(도어셋, 창문, 창틀 품질시험센터) KOMO인증과 SKH(목 재제품품질시험센터) KOMO인증은 목재, PVC, 철재의 창, 샤시, 창살, 유리, 도어, 셔 터 등의 방범성능을 테스트한다. 여기서 KOMO인증(마크)이란 우리나라의 KC[30]인증

---

29 이러한 SBD제도의 실시효과에 대해서 Armitage는 SBD지역과 非SBD지역 두 군의 재건축 주택단지 로 나누어 실증연구한바, SBD인증 문창호 제품을 설치하여 재건축된 주택에서 전체적으로 범죄율 이 55%가 감소된 것으로 나타났다(박현호, 2011 참고).

과 유사한 네덜란드 국가통합 품질인증을 말한다.

주택법(Housing Act) 개정으로 아래와 같이 1999부터 모든 주택의 창, 도어는 3분 이상 침입공격에 뚫리지 않고 저항할 수 있는 방범성능 기준(NEN 5096) 준수를 의무적으로 요구하고 있어서 SKG/SKH KOMO인증 제품을 사용해야 한다(www.tuer-tor-report.com 참고).

Since January 1999 there is a legal building requirement (laid down in the "Bouwbesluit") that all reachable doors and windows in new houses in the Netherlands have to meet burglar resistance class 2 of NEN 5096.

또한 건축법(Dutch Building Decree, Bouwbesluit) 개정으로 2004년 이후에는 모든 신규 건물은 방범설계인증인 PKVW[31]기준에 의해 건축되어야 하는데(www.tuer-tor-report.com 참고) PKVW인증 평가기준에 SKG/SKH KOMO인증 문창호 및 관련 하드웨어를 사용하도록 하여 자연스럽게 방범성능 인증제품이 보급 및 확산되는 체계를 갖추고 있다(인증전문가 Jongejan의 설명).

제품 방범성능 품질인증인 KOMO획득을 위해 정부에서 공인한 SKG/SKH라는 시험기관에서 시험 업무를 맡고 있다. 영국의 SBD사례에서와 마찬가지로 문, 창호

그림 8-21 네덜란드의 SKG/SKH KOMO인증 마크와 성능/등급 인증서

출처: www.skg.nl

---

30 지식경제부·환경부·노동부 등 부처마다 다르게 사용하던 13개의 법정 강제인증마크를 통합한 단일 인증 마크이다. [네이버 지식백과] 국가통합인증마크 [Korea Certification Mark (KC Mark)] (두산백과)
31 영국의 SBD와 유사하게 이를 벤치마킹하여 네덜란드에서도 '경찰안전주택인증(Politie Keurmerk Veilig Wonen, 이하 PKVW)' 제도가 1994년에 시작되어 1996년부터는 전국적으로 확대 시행하고 있다.

그림 8-22 네덜란드 SKG/SKH 시험원에 의한 침입저항 성능시험 장면

출처: 네덜란드 인증전문가 Jongejan 제공 자료

등 제조사에서 신청하면 공인시험소인 SKG/SKH에서 유럽표준 EN 1627~1630과 국가표준인 NEN 5096 및 NEN 5089기준에 의한 엄격한 침입저항 테스트를 통과하고, 해당 제품의 지속적인 품질관리를 위한 품질경영시스템에 대한 심사를 통과해야만 KOMO 인증을 받아 인증마크를 부착할 수 있다. KOMO인증을 받은 하드웨어는 추가적인 심사를 통하여 CCV라는 독립적인 비영리법인을 통하여 PKVW제품으로 인정을 받아 이를 적용할 경우에 건축물의 PKVW인증의 요구사항에 해당하는 기준을 충족할 수 있다.

KOMO인증에서도 하드웨어의 침입저항 성능에 따른 등급이 1성(★)~3성(★★★) 등급으로 분류되어 있으며 1성 및 2성 등급은 3분 이상, 3성 등급은 5분 이상 침입공격에 저항성능을 보증함을 의미하는데 주택법 개정 이후 2성급이 최소 기준이 되고 있다. 인증은 새로운 수법에 의한 성능기준 변경으로 인해 주기적으로 갱신이 되어야 한다(Jongejan, 2008: 25-29). 보험사에서는 인증제품을 설치한 PKVW주택에 대해서는 관련 보험료를 할인하고 있다.

효과 면에서는 1995년도 하반기에 북네덜란드 신축지구에 두 번째 PKVW주택단지가 인증되었는데, 이 지역에서 1998년에 75% 이상이 다음에 이사할 경우에도 문창호 방범성능 KOMO하드웨어가 설치된 PKVW인증 주택으로 이사할 것이라고 응답하였고, 주택침입강도는 2%에서 0.1%로 획기적으로 감소한 것으로 나타나 제도의 효과가 긍정적인 것으로 확인되었다(박현호, 2011 재인용). 나아가 López 외(2010)의 PKVW주택의 거주민 1,967명에 대한 설문조사결과에 따르면 83%가 '매우 안전하게 느낀다'는 응답이 나와서 거주안전환경 만족도가 매우 높은 것으로 나왔다.

(3) 일본의 CP인증

1) CP인증 개관 및 관련규정

2000년 초반에 일본에서는 만능열쇠 이외의 공구(철사 같은)등을 사용하여 자물쇠 실린더 부분을 조작하여 키를 여는 수법인 소위 피킹에 의한 침입절도와 드라이버 등으로 구멍을 뚫어 철사 등으로 보조자물쇠를 비틀거나 돌려서 해정하는 수법 등 여러 침입수법에 의한 침입범죄 피해가 증가 추세를 보였다.[32] 이에 대비하여 탄생한 일본의 CP 인증은 네덜란드의 SKG KOMO와 같이 문, 창문, 셔터, 유리, 자물쇠 등의 건물부품 중에서도 특히 방범성능이 높은 건물 부품에 붙여져 있는 방범성능 인증마크이다(www.mlit.go.jp 참고).

2002년 11월 25일에 일본의 정부 3개 부처인 국토교통성(주택생산과)·경제산업성(주택산업재료부문)·경찰청(생활안전기획과 및 형사과)과 아래의 9개의 건물부품 민간단체인 유리·필름 단체(판유리협회, 일본윈도우필름산업협회), 셔터·도어·샷시 관련 단체(사단법인일본셔터도어협회, 사단법인일본샷시협회), 자물쇠 관련 단체(일본 록 공업협회, 재단법인전국방범협회연합회), 주택 관련 단체(재단법인배터리빙, 사단법인건축업협회)가 「방범성능이 높은 건물 부품의 개발 및 보급에 관한 관민합동회의」를 설치하고 건물로의 침입을 막기 위한 각 건물 부품의 기준 등에 대해서 검토를 거듭한 후 방범성능 시험에 관한 총칙으로 「건물부품의 방범성능 시험규칙」을, 품목별 각칙으로는 「건물부품의 방범성능 시험세칙」을 제정하여 방범성능 시험을 실시하였다. 시험에 통과한 유리, 필름, 셔터, 도어, 샷시 및 자물쇠는 부품별로 인증위원회를 개최하여 인증평가 후 인증 여부를 결정한다(재단법인 전국방범협회연합회 홈페이지 www.cbl.or.jp 참고). 나아가 이 후에 사단 법인일본손해보험협회가 부품별 보급촉진방안 검토위원회에 참여를 하면서 인증제품을 적용한 건축물에 대해서는 도난이나 범죄피해 보험료를 할인하고 있다고 한다(Sejawa의 설명). 관련 법규인 「건물부품의 방범 성능시험에 관한 규칙」으로서 방범성능시험 관련 시험의 실시 및 참여자(시험지도원 등), 시험상소와 시험제의 준비 및 설치, 시험방법과 시험결과의 판정, 재시험과 비용부담 등의 항목으로 구성되어 있으며, 내용이 상당히 세부적으로 규정되어 있는 점이 특징으로 참고할 만한 사례라

---

[32] 주택 등의 건물에 침입해 행해지는 범죄(침입 강도 및 침입 절도)는 2003년 337,942건 발생하여, 10년 전 1994년에 비해 8만 9,017건(35.8 %)으로 증가했다(방범성능이 높은 건물 부품의 개발·보급에 관한 민관 합동 회의, 2004).

그림 8-23   CP인증마크와 마크가 부착된 창문과 현관문

고 판단된다. 이외 문, 창호 등 각종 건물부품의 방범성능 시험세칙도 구체적으로 규정하고 있다.

이 규칙에 의한 성능시험을 거쳐 침입공격에 뚫리지 않고 5분 이상을 버티는 저항 성능이 있다고 평가된 건물 부품 17종류 3,227품목(2013년 5월 현재)을 공표(www.mlit.go.jp 참고)하고, 「방범성능이 높은 건물 부품」의 보급을 촉진하기 위해서 「공통 호칭(방범건물 부품)」과 <그림 8-23>과 같은 「공통 인증(CP마크)」를 제정하기로 한 것이다. 이후 2005년 9월에는 국토교통성에서 운영하는 「주택성능등급표시제도」의 평가지표에서 방범에 관한 사항으로 '개구부의 침입 방지대책'을 성능표시 사항으로 추가하게 되었다. 여기서 방범성능 표시사항이란 주택의 개구부를 외부에서 접근의 용이성에 따라 그룹화하고 각 그룹마다 그에 속하는 모든 개구부에 대한 침입을 방지하는 성능이 확인된 부품(민관합동회의 방범건물부품 목록에 게재된 제품)의 사용량을 표시하는 것을 말한다(건축연구소 Kimihiro Hino 박사의 인터뷰 설명).

2) 방범성능 기준

CP마크의 정의에 나오는 방범성능이란 「공구류 등의 침입 기구를 이용한 침입행위에 대해서 건물 부품이 가지는 저항력」으로 정의하며, 이를 평가하기 위한 방법으로 「시험원이 시험 도구를 이용해서 해당 부품에 대해서 테스트를 실시하여 그 행위를 완수할 때까지 시간을 계측하여 실시하는 것」이라고 정해놓고 있으며, 저항시간 기준은 5분으로 하고 있다.[33] 물론 이것이 모든 상황에서 침입자의 공격에 5분 이상

---

33 일본의 「(재)도시방범연구센터」의 연구결과에 의하면, 침입에 시간이 걸려 침입을 포기하는 시간에 대해 [2분]이라고 대답한 도둑이 약 17%, [2분을 넘어 5분 이내]라고 대답한 도둑은 약 51%로 도둑의 공격에 대해 선물 부품이 [5분]만 견디어낼 수 있다면 약 70%의 도둑이 침입을 포기한다는 것이 밝혀져 이 5분을 견딜 수 있는 것 등이 CP 마크에서 요구하는 방범성능의 기준으로 정했다. CP 인증의 요구사항 기준은 ① 소음의 발생을 가능한 한 피하는 침입시도에 대해서는 5분 이상 견뎌낼 것, "② 소

저항하는 것을 의미하는 것은 아니다. 예를 들어, 간선 도로 및 공장 부근 등 소음이 많이 발생하는 장소에서는 범죄자가 소음을 신경 쓰지 않고 공격이 가능하기도 하며 건물 주위 환경에 따라 침입자의 공격 내용이 변경될 수 있다. 이외에 공구의 크기나 범행도구의 성능, 범인의 숙련도와 체력, 인원 등 다양한 요인에 의해 침입을 방지 할 수 있는 저항 시간이 5분 미만이 될 수 있다는 점은 고려해야 한다.

구체적으로 CP 인증의 요구사항 기준은 『① 소음의 발생을 가능한 한 피하는 침입시도에 대해서는 5분 이상 견디어 낼 것, ② 소음의 발생을 허용하는 침입공격에 대해서는, 소음을 수반하는 공격 횟수 7회(총 공격시간 1분 이내)를 견뎌낼 것』이다. 여기서 소음 레벨은 「100dB(데시벨) 이하이며, 90dB를 넘은 횟수가 5회 미만인 것」이라고 규정하고 있다.[34] 유럽국가들의 표준과 비교할 때 침입 시 발생하는 소음 수준의 기준이 있다는 점이 차이점이다. 이는 도시방범연구센터의 관련 연구에서 침입범죄자들이 문창호에 대한 침입공격 시에 발생하는 소음에 다소 민감하여 소음이 과다 발생할 경우 범죄심리에 영향을 미친다(www.cbl.or.jp 참고)는 점을 고려한 수치다. 시험기관은 시험 장소는 경찰청 과학경찰연구소, 독립행정법인 건축연구소 또는 재단법인 배터리빙 츠쿠바 건축시험센터 외에도 시험위원회의 승인을 받은 신청자의 시험소나 기

그림 8-24 CP인증을 위한 침입저항 성능 테스트 장면

출처: 방범성능이 높은 건물 부품의 개발·보급에 관한 민관 합동 회의(2004): 좌에서 우로 창문, 셔터, 현관문 및 잠금장치에 대한 침입시험

음의 발생을 허용하는 침입공격에 대해서는, 소음을 수반하는 공격 횟수 7회(총공격 시간 1분 이내)를 견더낼 것"이다. [재단법인 전국방범협회연합회 홈페이지 www.cbl.or.jp 참고(박현호, 2011)]
34 소음 수준은 연구보고에서 "소음 측정기를 이용하여 측정 한 소음 레벨이 100데시벨을 초과하지 않고 100데시벨 이하이고 90데시벨을 초과횟수가 5회 미만이다"라는 점을 고려한 것이나 실제 범죄를 수법 면에서 보았을 때, ① 침입이 발견되는 것을 방지하기 위해 소음 발생을 최대한 피하는 수법과 ② 침입이 발견되는 것을 피하기 위해 큰 소음이 발생하더라도 최대한 빠르게 범행을 마치고 도주하는 것을 중시하는 수법(유리 타파 등)으로 크게 나뉜다. 이 점을 근거로 두 수법의 특징을 도입한 목표 저항 값을 방범성능의 기준으로 채용한 것이다(방범성능이 높은 건물 부품의 개발·보급에 관한 민관 합동 회의, 2004).

타 시험위원회가 인정한 시험 센터에서도 가능하다(방범성능이 높은 건물 부품의 개발·보급에 관한 민관 합동 회의, 2004). 일정 기간 경과 후 인증은 갱신을 신청하여야 하며, CP의 경우에는 침입 저항 성능에 대해 pass/fail만으로 인증을 결정하며 등급화는 하지 않은 것이 특징이다. 또한 침입범죄로 인해 부품이 파손 시에는 보험사의 피해보상 외에도 배터리빙 등 관련 단체에서 부품교체비용의 일부를 지원하고 있다고 한다(배터리빙 담당자의 설명).

이러한 방범 성능기준 및 시험과 관련하여 범죄의 수법은 계속 변화하고 발전하는 경향이 있기 때문에, 5분의 저항시간과 같이 설정한 방범성능기준은 새로운 수법의 출현이나 관련 기술 및 제품개발 등에 신속하게 대응하여 지속적으로 검토 수정하는 것이 필요하다.

3) 성능시험 관련

성능시험에 참여하는 시험원의 경우 건물 부품의 종류별로 경찰청, 국토교통성 및 건물 부속 제조자 협회가 추천하는 자로부터 시험원(특히 경찰관이 많이 지정됨)을 선정하고 선정된 시험원들에 의해 시험을 실시하고 있다. 방범 성능시험의 실시에 있어서 성능시험은 기본적으로 범죄자의 수법을 재현하는 방법을 활용할 수밖에 없어 시험원의 숙련도 등에 따라 시간에 큰 편차가 있는 것이 확인되었기 때문에 민관 합동 회의에서는 도구 사용 등에 대해 충분히 숙련한 자를 시험 위원으로 선정하고, 편차 큰 공격 방법은 여러 시험 위원에 의해 실시하는 등의 조치를 취하는 등 시험의 수준을 평준화하기 위한 방책을 강구해 왔다. 또한 침입절도범 수사에 오랜 경력이 있는 경찰 수사관을 "시험지도원"으로 지정하고 그 지도하에 시험을 실시하여 시험 수준이 일정하게 유지되도록 노력하고 있다(시험지도원 토미타 토시히코 전직 도범 형사 인터뷰 설명).

앞서 살펴본 건물부품의 방범성능 시험규칙에서 시험원에 대하여 규정한 것에 더하여 시험위원에 대한 별도의 세칙을 두어 숙련된 시험원들로 하여금 시험을 관리하도록 함으로써 성능시험의 안정성을 담보하고 있다. 아래는 시험위원의 기준에 관한 세칙을 정리한 것으로서, 일본의 시험위원 선정기준을 볼 때, 해당 방범제품 분야에 학문적, 실무적 전문성을 보유하고 있거나 방범 업무에 오랫동안 종사한 경찰관으로 방범하드웨어에 대한 전문성을 장기간 축적한 자가 시험위원으로 선정될 수 있다. 이러한 점은 우리나라에서도 참고할 만하다고 판단된다. 성능시험원들이 과학적인 지식만을 보유한 사람들로만 구성되는 것보다는 범죄에 대한 실무전문가도 함께 구성되는 것이 보다 타당하고 균형적인 시험을 실시하는 데 도움이 될 수 있는 것으로 생각되기 때문에, 10만명의 경찰관 중에서 절반에 가까운 많은 수의 경찰관이 종사하는 생활안전 분야 경찰관 중에서 방범하드웨어, CPTED 등 범죄예방 업무에 특화된 경찰관을 양성할 필요성이 존재하며 이를 위해 관련 교육과정 개설, 경찰관들의 보직관리 등에 대한 고려를 통해 경찰관들이 경륜과 전문성을 함께 쌓을 수 있는 대안 마련이 필요한 것으로 판단된다.

(일본) 시험위원의 기준에 관한 세칙

방범 성능이 높은 건물 부품의 개발 · 보급에 관한 관민합동회의

제1조(총칙)
이 세칙은 건물 부품의 방범 성능 시험에 관한 규칙(이하 "규칙"이라 한다) 제3조 제3항의 규정에 따라 시험 위원의 기준에 관한 기술적 특성을 결정한다.

제2조(일반시험원의 종류 등)
규칙 제3조 제2항 제3호에 규정하는 시험위원 (이하 "특수 능력 시험원"이라 한다.) 이외의 시험 위원을 말한다. 특수능력 시험원의 종류 및 담당 할 수 있는 시험의 종류는 별도로 정하며, 일반 시험위원은 특수 능력 시험 직원이 담당하는 시험 유형을 담당할 수 없다.

시험원 분류	시험대상	담당할 수 있는 시험
일반시험원	문	문 (A종)에 관한 시험
		문 (B종)에 관한 시험
		유리문에 관한 시험
		오르내림 내장 문에 대한 시험
		미닫이 문에 관한 시험
		오버 헤드 도어에 대한 시험
	자물쇠	자물쇠, 전기 자물쇠, 실린더에 대한 시험
	샷시	샷시에 관한 시험
	유리	유리에 대한 시험
	필름	필름에 대한 시험
	면 격자	면 격자에 관한 시험
	셔터	셔터 관한 시험
		창 셔터에 관한 시험
		중량 셔터 관한 시험
		경량 셔터 관한 시험
		셔터 스위치 박스에 관한 시험

제3조(특수능력 시험원의 종류 등)

특수 능력 시험 원의 종류 및 담당할 수 있는 시험의 종류는 다음 표와 같다.

시험원 분류	시험대상
특수능력 시험원	피킹 등
	전기 자물쇠

제4조 (일반시험원 기준)
일반시험원은 다음 중 하나에 해당하는 자이어야 한다.
① 문부 과학성이 실시하고 있는 체력 · 운동 능력 시험과 동등한 체력 · 운동 능력의 측정을 받은 후 이러한 측정치가 44세 이하의 체력 나이임을 확인받은 자이어야 한다.
② 시험위원회가 시행하는 다음에 열거하는 사항에 관한 강습을 수료한 자이어야 한다.
   1. 건물 부품의 기본 구조 및 방범 성능 (대략 2.5 시간)
   2. 침입 범죄의 실태와 건물 보안의 중요성 (대략 1 시간)
   3. 건물 방범에 관한 법령 기타 제도에 관한 지식 (대략 1.5 시간)

제5조 (특수능력 시험원 기준)
특수능력 시험원은 다음 중 하나에 해당하는 자이어야 한다.
① 제4조 2항 제2호의 강습을 수료 한 자이어야 한다.
② 특수능력 시험원의 종류에 따라 다음의 기준에 부합하는 자이어야 한다.

가. 특수능력 시험원(피킹 등)
   1. 정제에 관한 업무에 10년 이상 종사하고 피킹, 노출, 샘턴 돌리기 등의 기술에 대해 숙련되었다고 인정되는 자
   2. 방범에 관한 업무에 10년 이상 종사하고 자물쇠의 사양 · 구조 및 개정 수법에 대해 전문적인 지식을 가지고 있다고 인정되는 자
   3. 정제에 관한 업무에 종사하고 피킹, 노출, 드라이버 등의 기술에 대한 시험위원회가 실시하는 시험에 합격한 자

나. 특수능력 시험원(전기 자물쇠)
   1. 전기 · 전자 회로 관련 업무에 10년 이상 종사하고 해당 분야에 대한 전문적 지식을 가지고 있는 자
   2. 방범에 관한 업무에 10년 이상 종사하고 자물쇠의 사양 · 구조 및 개정 수법에 대해 전문적인 지식을 가지고 있다고 인정되는 자

4) CP인증의 성과와 관련 이슈

일본의 CP인증 제품의 보급에 따른 성과에 대해 中迫 由実(NAKASAKO Yum)이 지속적으로 연구를 진행하고 있고, 일본은 개구부에 CP부품을 적용하고 있는 방범우량맨션제도의 시행으로 일반맨션보다 범죄의 불안감이 적으며(방범우량맨션 (매우) 안심74.5% 〉 일반맨션 (매우) 안심 26.3%), 방범우량맨션은 일반맨션보다 자가 비율이 높은 것으로 분석되었다(安全ではまちづくり關係省庁協議會, 安全ではまちづくり, 2003).

(4) 호주의 국가표준 AS5039 인증

호주에서는 날씨가 무더운 경우가 많아 문과 창이 열려 있는 경우가 많고 문과 창의 보안수준이 높지 않아 침입범죄에 취약한 문제가 있어 방범문, 방범창에 대한 수요가 급증하였다. 그리하여 방범문과 방범창에 대한 성능기준에 대한 표준의 제정이 필요하게 되어(AS 5039), 2003년 3월에 뉴사우스웨일즈경찰청, 빅토리아경찰청, 웨스턴호주경찰청, 퀸즈랜드경찰청, 뉴사우스웨일즈주택국, 호주표준원, 모나쉬대학교, 웨스턴시드니대학교와 호주상공회의소, 그리고 건축부품 관련 민간전문단체들(알루미늄, 창문협회, 건축사협회, 주택산업협회, 호주보험협회, 락스미스협회, 방범창협회 등)이 「방범문 및 방범창살」 전문위원회(CS–023)를 구성하여 건축물, 특히 주택시설의 안전을 위해 방범문 및 방범창살 내부 재질 및 관련 하드웨어의 디자인 및 성능과 설치를 위한 요구사항 기준을 개발하고 표준을 제정하게 되었다.

그리하여 「AS 5039 Security screen doors and security window grilles(방범문 및 방범창살 내부 재질 및 관련 하드웨어의 디자인 및 성능)」, 「AS 5040 성능인증 제품의 설치에 관한 시방」이라는 국가표준이 제정되었는데, 또한 보다 상향된 침입저항 등급과 수준을 다루는 표준인 「AS 3555.1 건물부품 – 침입 저항 시험 및 등급」 등이 추가로 마련되어 있으며 이러한 국가표준에 따라 다양한 공인시험기관의 엄격한 성능 테스트를 통해 인증된 제품이 판매 및 설치되고 있다(www.saiglobal.com 참고). 이러한 표준에는 방범하드웨어의 재질, 방범하드웨어의 설치의 적정성 및 설치 강도 및 프레임 고정 등에 대한 기준 및 평가방법이 규정되어 있다.

AS 3555.1에 따르면 침입공격 저항시험은 공격수법 유형과 건물부품이 공격에 의해 뚫리는 데 소요되는 시간에 의해 측정된다. 이 표준에서 다루는 건물의 범위는

그림 8-25 방범하드웨어의 저항 성능, 등급 및 시방에 관한 호주 국가표준들

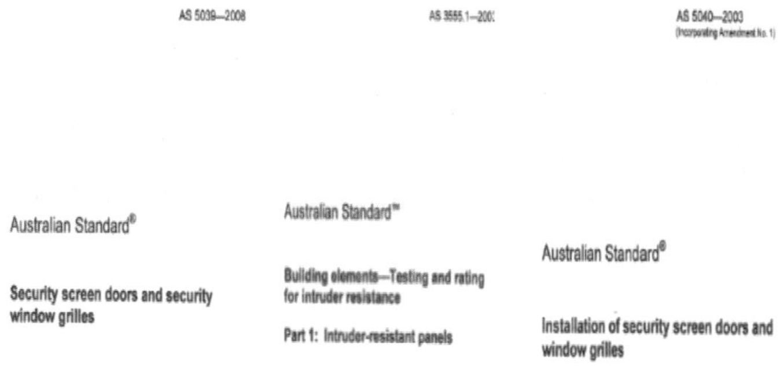

주택, 상업건물, 공공청사, 기관 등 포괄적이며 건물부품은 문, 창문, 스카이라이트(천창), 환기구, 마루바닥 등이다.

성능시험의 경우 동적 영향 시험(Dynamic impact test), 쇠막대를 이용한 시험(Jemmy test), 끌어당김 시험(Pull test), 절단 시험(Shear test) 등으로 구성되며 각 단계별 순차적으로 시험이 실시되어 합격/불합격 여부가 판단된다. 어느 한 시험이라도 통과하지 못할 경우 시험은 불합격으로 처리되며, 모든 시험을 통과해야 성능시험을 통과한 것으로 인정된다.

이러한 시험에 사용되는 침입도구는 「① 일반연장(common hand tools): 끌, 스크루드라이버, 커터, 해머, 도끼, 바 등(단, 길이 1.5미터, 무게 3.6kg을 초과하지 않아야 함), ② 전기 사용 도구(power tools), ③ 유압 잭이나 웨지(단, 힘은 2.5톤 이하), ④ 산소용접기」 등 3단계로 구분하고 있다. 공격 시험 레벨은 1~6레벨까지 다양한데, 1레벨의 경우 성인 1명이 일반연장을 휴대하여 침입공격하는 수준이고(one man using common hand tools), 3레벨은 1명이 전기 사용 도구와 일반연장을 휴대하여 공격하는 수준이며, 6레벨은 2명이 산소용접기와 일반연장을 사용하는 침입공격을 하는 수준이다. 침입을 위한 개구부 공격에 의해 유리, 창문, 문 등이 최소 620㎠ 이상의 구멍을 뚫어줄 때를 기준으로 하며 그 구멍은 ① 최소 너비가 15센티미터 이상의 직사각형, ② 직경 28센티미터의 원, ③ 빗변이 50센티미터 이상인 2등변 직삼각형 중에 하나가 형성되어 신체가 그 구멍으로 침입이 가능하면 된다.

AS3555.1표준에서도 위 6가지 공격유형에 따른 저항시간을 측정하는데 침입 가능한 구멍이 생길 때까지 10분 이상을 견디는 10분 등급과 5분 이상을 견디는 5분 등

그림 8-26   호주의 방범하드웨어 성능 시험표준 장면

출처: www.youtube.com Jemmy test AS 5039

급으로 구분된다(Tina Xanthos 경찰관의 인터뷰 설명).

AS5039표준 등의 특징은 충분한 방범성능을 갖춘 방범창살이라도 문과 창의 틀과 프레임 자체가 취약할 경우 적절한 침입 저항 성능을 발휘하는 데 한계가 많으므로 시공자는 반드시 현재시점의 도어나 창문의 프레임의 취약성을 평가하도록 하고 있다. 그리고 화재 시에는 대피가 쉽도록 침실의 한 쪽 창은 항상 키가 없어도 탈출이 가능하도록 강조하고 있다. 인증제품을 사용한 건축물에 대해서는 도난 및 피해 보험료를 할인해주고, AS5039인증 제품에는 별도의 인증마크가 존재하지는 않은 것으로 파악되었으며 인증 갱신에 관한 사항은 아직은 확인되고 있지 않지만 침입수법의 강화와 변화에 대응하기 위해 성능기준이 지속적으로 개정되므로 인증갱신이 있을 것으로 알려져 있다(NSW경찰 Tina Xanthos의 인터뷰 설명).

(5) 미국의 ASTM 등 인증

미국의 경우 현재 12개의 방범설비·설계기준들이 존재하는데 이 목록은 2008년 12월 말을 기준으로 파악된 것이다.

다만 위 기준들은 지침이나 가이드라인 수준이 대부분이며 공공·민간 건축물(Public & Private Sector Buildings) 등에 보편적으로 적용 가능한 방범표준규격안(Universal Codes & Standards)은 아직 존재하고 있지 않다. 그러나 그중에서도 2009년 12말 현재 미국 전역에서 방범표준등급으로 정식 인정받고 있는 규격은 미국재료시험학회인 ASTM (American Society for Testing and Materials)[35]과 UL(Underwriters Laboratories)[36] 기준이 대

---

35 ASTM은 1898년 발족된 세계 최대 규모 민간규격 제정기구이며 최근 ASTM International로 개칭되었다. ASTM 표준규격은 어디까지나 임의 규격에 속하나 해당 정부기관이 ASTM 기준을 소비자보호

표 8-13 미국 방범설비·설계기준 기본지침 현황(2008년 12월 말 기준)

> ▸ GSA 연방건물의 취약성 평가기준(Vulnerability Assessment of Federal Buildings, 1995)
> ▸ GSA 공공건물의 편의시설 기(Facilities Standards for Public Buildings, 2000)
> ▸ ISC 미 연방건물의 임대공간에 대한 보안기준(Security Standards for Leased Spaces(U.S. Federal Buildings)), 2004
> ▸ UFC 4-010-01 국방부의 최소 테러방지 기준(DOD Minimum Antiterror Standards, 2002)
> ▸ NIOSH 건물환경 보호 가이드라인(Guidance for Protecting Building Environments, 2002)
> ▸ 통일건축물보안규정(Uniform Building Security Code, 1997)
> ▸ ASTM 유리, 잠금장치, 도어 기준(F588 Glazing, F33 Locks, Doors)
> ▸ NFPA 730 구역 보안의 가이드라인(Guide for Premises Security, 2006)
> ▸ NFPA 731 건물 및 구역의 전자경비시스템 설치 기준(Standards for the installation of Electronic Premises Security Systems, 2006)
> ▸ INESNA RP20-98 주차공간의 조명 기준(Lighting for Parking, 1998)
> ▸ INESNA G 1-03 보안조명 가이드라인(Guidelines on Security Lighting, 2003)
> ▸ ASIS 리스크평가분석 가이드라인(Risk Assessment Guidelines, 2004)

출처: Atlas (2008)

표 8-14 창호 등 방범자재와 관련된 ASTM의 시험 기준(2008년 12월 말 기준)

> ▸ ASTM F 1233 Class 1창문의 강제 침입 저항능력 측정(measures a window's ability to resist forced entry)
> ▸ ASTM F 588-85 Grade 10창문 부품의 침입 저항 측정(measures a window's assemblies to resist intrusion)
> ▸ ASTM F 588-85 Appendix 2창문의 침입 저항능력 측정(measures a window's ability to resist impacts)
> ▸ ASTM F 842 Grade 10미닫이 유리문의 강제침입 저항력 측정(measures a sliding glass door's resistance to forced entry)
> ▸ ASTM F 476 Grade 10 / 30출입문과 측면조명등 강제침입 저항력 측정(measures doors and sidelights resistance to forced entry)

출처: Atlas, (2008)

규격으로 적용할 경우 법적 구속력이 수반된 강제적 규정으로 쓰이기도 한다. 비영리기구로 공업원료와 시험법의 표준화를 관장하는 기관이다. 재료의 용도 및 특성을 시험한 후 재료의 품질을 규격·표준화하여 Maker와 User가 보다 손쉽게 재료를 선정·취급할 수 있도록(increased confidence & reliable product comparisons) 유도한다. 금속, 도료, 플라스틱, 섬유, 석유화학, 건설, 에너지, 환경, 소비자용품, 의료기기, 컴퓨터 시스템, 전자제품 등 130개가 넘는 전문분야의 품질기준 및 시험법에 관한 합의를 도출하고 있으며, 현재까지 약 11,000여 종 이상의 규격이 제정되었다.

36 UL(Underwriters Laboratories): 美 시카고 일리노이주에 본사를 두고 있는 비영리 기관으로 기계류, 산업기기, 재료, 장치, 부품 등의 기능 및 안전성에 대한 평가테스트를 실시하고 각 평가항목별 안전등급을 책정한다. 현재는 기계류, 자동차 부품 등 광범위한 품목들을 대상으로 안전도 평가테스트를 실시하고 있으나 애초 회사의 설립취지가 '안전사고 예방'에 있는 만큼 화재감지기, 방범기기, 경보기, 방탄조끼와 같은 방범제품들도 중점적으로 취급하고 있다. 표준규격을 통과한 제품들에 한해 UL 인증 마크 부착 및 UL 리스트 등재를 허가하고 있으며, UL 리스트에 등록된 제품들은 등록자 코드(File Number), 제품 코드 등으로 분류되어 UL 발행서적 또는 UL 홈페이지에 열람 가능한 형태로 수록된다.

표적으로 꼽히고 있다.

이 중에서도 창호 등 방범자재와 관련된 ASTM의 시험 기준은 다음과 같다.

여기서 미국의 방범제품/설비 성능인증의 핵심은 UL이나 ASTM과 같은 대형 민간시험기관(일종의 민간단체)이 자율적으로 자체적인 시험기준과 인증체계를 갖추어서 보험요율산정과 함께 범죄 등 각종 위험과 손실을 경감해주고 보험료 할인을 통해 비용효과적으로 위험을 관리하도록 유도해준다는 점이다. 이에 대한 경찰 등 관의 개입은 전혀 없으며 엄격한 실험과 연구를 통해 표준을 개발 및 제정하고 이를 근거로 인증시스템을 구축 및 관리되고 있어서 시장논리에 의해 운영된다는 것을 알 수 있다.

(6) 해외 CPTED 인증체계 간 비교

위 외국사례들의 공통점은 첫째, 인증을 위한 관련 법(직·간접적)이나 적어도 규칙을 마련하고 있다는 점이다. 다만 네덜란드의 경우에는 주택법이나 건축법이 이러한 인증제품을 강제적으로 사용하도록 의무화하고 있다는 점이 다른 국가에 비해 특징이라고 할 수 있다. 더불어 일본은 법은 존재하지 않지만 규칙이나 세칙으로 이를 운영하고 있다.

둘째, 건물부품 등 하드웨어의 방범성능 및 디자인에 대한 상세한 시방이나 시험기준이 있다는 점이 공통이다. 또한 주택, 아파트, 상업시설 등 건축물에 대한 방범성능 인증의 중요한 평가기준에 창문, 도어, 잠금장치 등 하드웨어의 인증제품 사용이 중요한 요구사항으로 포함되어 있음으로 해서 건물과 건물부품 간의 방범성능에 있어서의 연계성이 존재한다는 점이다.

셋째, 엄격하고 객관적인 인증 운영이 담보될 수 있도록 주로 관에서 인정을 하고 인증기관과 시험기관에 대한 관리감독을 한다는 점이다. 민간부문인 하드웨어 제조사와 건설업자의 참여를 유도한다는 부분에서 인증제도가 공익성에서 벗어나 영리를 추구하는 방향으로 변질될 수 있다는 우려에서 엄격하게 비영리(non-profit) 공익사업으로 운영되고 있다는 점이다.

넷째, 일본을 제외하고는 인증은 주기적으로 갱신하도록 의무화하고 있으며 침입 저항 성능에 대한 등급제가 시행되고 있다는 점이다. 일본의 경우 등급제가 오히려 시장과 소비자에게 혼란을 야기할 수 있기 때문에 하지 않는 것으로 설명하고 있

표 8-15 각국의 하드웨어 방범 성능인증 체계 간 비교표(요약)

비교기준	영국 SBD 및 LPS	네덜란드 SKG/SKH	일본 CP	호주 AS	미국 ASTM 등
근거 법, 규칙 유무	○	○	○	△	△
관련 표준의 유무	○	○	○	○	○
건축물 방범성능 인증과의 연계성	○	○	○	N/A	N/A
공인시험기관 유무	○	○	○	○	○
전문 시험(지도)원의 성격	민간전문인	민간전문인	경찰관/민간인	민간전문인	민간전문인
인정/인증 분리 체계	○	○	○	×	×
인증기관의 성격	관 또는 민	민간	민관협의체	없음	민간
주기적 품질관리 (인증갱신 등) 여부	○	○	×	○	○
방범효과 검증	○	○	○	N/A	N/A
인증제품 사용 보험료 할인	○	○	○	○	○

주: ○(있음), ×(없음), △(간접적), N/A(확인 안 됨)

다. 다만 인증의 갱신은 기술의 변화나 더 강하고 새로운 범죄수법이 증대될 경우 필요에 의해서 의무적으로 갱신하고 있는 것이다.

다섯째, 인증시험원들은 대부분 교육훈련을 받고 경험이 있는 민간전문인이라는 점이다. 일본의 경우에는 독특하게 현직 경찰관들이 직접 시험원으로 활동하고 있는 특징을 보이고 있는데 이는 인증제도 도입 초기에 침입범죄 및 수법 수사 경험이 많은 경찰이 적극적으로 참여하고 있는 것으로 판단된다. 영국 또한 경찰이 직접 시험원으로 활동 하지는 않지만 인증사업을 주도하고 있는 점을 보면 이런 분야에는 경찰의 적극적 참여가 중요함을 알 수 있다.

여섯째, 대부분 관련 보험료 할인이 되고 있다는 점과 방범효과에 대한 검증이 다소 이루어져 소비자의 신뢰가 있음을 알 수 있다. 미국의 경우에는 시험기관에서 직접 보험요율을 산정하여 범죄피해 보험료의 할인율까지도 계산해줄 정도로 보험산업과 연계성이 강하다는 점이 특징이다.

일곱째, 영국과 네덜란드의 경우에는 제품의 성능 시험 평가와 함께 제조사 공장 등의 경영이 제대로 운영되고 있으며 지속적으로 성능품질을 유지할 수 있는지에 대한 품질경영시스템 심사도 하고 있는데 일본과 호주에서는 그런 절차는 생략되어 있다. 이는 엄격성과 관련 측면에서 보면 영국과 네덜란드의 인증이 더 우수한 것으로 판단된다.

그림 8-27   KS F 2637:2012 및 KS F 2638:2012

마지막으로 영국, 네덜란드 사례의 경우 모두 유럽연합의 모든 회원국들(유럽표준
CEN 회원국)에게 적용되는 유럽표준을 준용하여 시험제도가 운영되고 있는 점을 볼
때 27개 회원국 전체가 상호 무역을 위해서는 유사한 시험인증제도가 시행되어야 한
다는 점을 고려할 때 이것은 상당히 세계적 추세로 해석될 수 있다.37

<표 8-15>에서는 위 차이점과 공통점을 보다 간단하게 비교 제시하고 있다.

3. 국내의 침입방지 하드웨어 성능 시험 및 인증 체계

국내에서도 침입 방어 성능에 대한 표준화가 진행되어 왔다. 앞에서 살펴본 외국
의 침입 저항 시험 표준화 경향에 맞추어 2013년 이후 국가표준 2종과 단체표준 3종
을 제정한 바 있다. 국가표준(KS)으로 제정된 표준은 <그림 8-27>과 같이 KS F
2637:2012, 「문, 창, 셔터의 침입 저항 시험 방법-동하중 재하 시험」과 KS F
2638:2012, 「문, 창, 셔터의 침입 저항 시험 방법-정하중 재하 시험」이 전부이다. 문
제는 이 국가표준은 기계에 의한 테스트만 규정한 것이며 핵심인 시험원(사람)에 의한
테스트 내용이 누락된 반쪽 표준이다.

이에 따라 2012년도에 설립된 한국방범기술산업협회(www.sdtkorea.or.kr)38에서

---

37 실제로 http://www.winkhaus.de, http://www.holzforschung.at 등 사이트 기사에서 독일, 오스트리
아 등이 EN1627 표준에 의한 시험을 하고 있다는 기사를 쉽게 접할 수 있다.
38 한국방범기술산업협회는 방범기술과 제품의 표준을 개발하고 성능이 인증된 제품을 보급·확산하는
기관이다. 다양한 산업 분야의 실무자들과 표준전문가, 학자들이 관련 기술을 연구·축적하고 있으며

그림 8-28 국내 KCL 안전융합기술센터의 단체표준에 의한 침입방어 성능시험 장면

시험원에 의한 침입방지 성능 시험 방법에 대해 단체표준 제정을 추진하면서 기준이 마련되어 가고 있다. 단체표준이란 일반적으로 '생산자 모임인 협회·조합·학회 등 각종 단체가 생산업체와 이해관계자의 의견을 수렴해 자발적으로 제정하는 표준'[39]으로 개념 정의되며 산업표준화법에 의하면 '산업표준화와 관련된 단체 중 지식경제부령이 정하는 단체가 소비자를 보호하기 위하여 제정한 표준으로서 한국표준협회에서 운용하는 한국표준정보망(www.kssn.net)에 등록된 표준'을 말한다.

현재 국내 유일한 법정표준인 단체표준 제정을 통해 공인시험기관인 한국건설생활환경시험연구원(KCL)에서 방범시설 제품에 대한 성능시험을 시작하였고 방범기술산업협회의 인증제품이 출시되었다.[40] 2016년 6월에 처음 출시된 방범인증시설은 창문장금장치와 방범창살로서 국내에서는 테스트베드로 안산시에 최초로 시범사업을 실시하였으며 2018년 5월에는 충남 공주시에서 시행되었고, 2021년에는 인천광역시에서 큰 예산 규모로 시행 중에 있다. 자세한 내용은 다음 제4절에서 소개하였다. 국내 유일의 법정인증인 단체표준인증을 수행하고 있는 한국방범기술산업협회의 단체표준은 2021년 10월 기준 모두 4종으로서 다음과 같다.

39 2009 단체표준 총람, 한국표준협회.
40 특히 방범문에 대한 실험연구가 이루어졌는데 이에 대한 자세한 내용은 김효건, 문상철, 박윤규, 박현호(2014)를 참고하기 바란다.

- 방범창살(SPS-SDT0001-2056) 제정
- 방범문(SPS-SDT0002-2044) 제정
- 창호용잠금장치(SPS-SDT0005-2080) 개정
- 방범용 망창(SPS-SDT0004-****) 제정

나아가 2019년 7월 국토교통부장관 개정 고시에 의해 다음과 같이 확정되었다. 즉, 아파트 등 공동주택과 단독주택, 다세대주택, 연립주택 등 저층 주택, 문화 및 집회시설·교육연구시설·노유자시설·수련시설 창호는 침입방어 성능 인증시설을 갖추도록 의무사항을 규정으로 고시한 것이다.[41]

범죄예방 건축기준(방범성능인증시설 관련 부분만 발췌)

제10조(아파트에 대한 기준)
⑧ 세대 현관문 및 창문은 다음 각 호와 같이 계획하여야 한다.
1. 세대 창문에는 별표 1 제1호의 기준에 적합한 침입 방어 성능을 갖춘 제품과 잠금장치를 설치하여야 한다.
2. 세대 현관문은 별표 1 제2호의 기준에 적합한 침입 방어 성능을 갖춘 제품과 도어체인을 설치하되, 우유투입구 등 외부 침입에 이용될 수 있는 장치의 설치는 금지한다.
제11조(다가구주택, 다세대주택, 연립주택, 100세대 미만의 아파트, 오피스텔 등에 관한 사항) 다가구주택, 다세대주택, 연립주택, 아파트(100세대 미만) 및 오피스텔은 다음의 범죄예방 기준에 적합하도록 하여야 한다.
1. 세대 창호재는 별표 1의 제1호의 기준에 적합한 침입 방어성능을 갖춘 제품을 사용한다.
2. 세대 출입문은 별표 1의 제2호의 기준에 적합한 침입 방어 성능을 갖춘 제품의 설치를 권장한다.
제12조(문화 및 집회시설·교육연구시설·노유자시설·수련시설에 대한 기준) ① 출입구 등은 다음 각 호와 같이 계획하여야 한다.
2. 출입문, 창문 및 셔터는 별표 1의 기준에 적합한 침입 방어 성능을 갖춘 제품을 설치하여야 한다. 다만, 건축물의 로비 등에 설치하는 유리출입문은 제외한다.

그러나 이후 별표(부록 5 참조) 내용상 건축물 창호의 침입 방어 성능만을 제시하고 있고, 이의 준수여부를 확인할 수 있는 절차가 미비하여 여러 민원 발생이 이루어졌다. 따라서 국토교통부는 건축물 창호 침입 방어 성능기준 증명 항목을 신설하여 이를 확인할 수 있는 방법을 유연하고 선택적으로 제시하기 위한 개정안을 마련하였다.

---

41 저자가 가이드라인 및 고시 초안 개발에 자문위원으로 참여하여 침입 방어 성능 제품 사용의 중요성을 역설하였고 이에 그 내용이 가이드라인과 고시에 전반적으로 반영되었다.

다만 한국산업표준(KS)는 시험원에 의한 성능시험 인증이 없으며, 한국방범기술산업협회에서 단체표준을 일부 제정되었으나 많은 품목에서 완비되어 있지는 않으며, 이에 시험·검사기관의 시험 성적서, 단체표준 제품 인증서 제출을 통해 창호의 제작 또는 유통업체가 이를 창호의 침입방어 성능을 입증할 수 있도록 하였다. 고시 [별표 1] 개정 내용은 다음과 같다.

비고
1. 건축물 창호의 침입 방어 성능기준의 증명은 다음과 같다
  가. 「국가표준기본법」제23조에 따른 시험·검사기관의 시험 성적서
  나. 「산업표준화법」제15조에 따라 한국산업표준에 적합함을 인증받거나 같은 법 제27조에 따라
     단체표준인증을 받은 제품의 인증서

이러한 국토교통부의 현실적인 고민은 이해되지만 창호 관련 업체(창살이나 잠금장치)의 성능 확인서 제출만으로 성능기준을 증명한다는 고시안은 다소 위험스런 부분이 있다. 왜냐하면 제품의 시험이나 인증은 이해관계가 없는 독립적인 제3자에 의한 확인과 점검이 필수적인데 이럴 경우 업체 자체 시험에 의한 성능 확인서만 가지고는 그 진정성이 의심받을 수밖에 없으며 지속적인 제품의 품질 관리 및 유지에 대한 공식적인 점검이 불가능하기 때문이다. 최소한 공인시험기관의 시험 결과서를 갖추고 단체표준인증마크를 획득한 인증제품일 경우에 그러한 품질의 유지 및 관리가 원활할 수 있다. 따라서 방범기술산업협회와 같은 전문협회에서 조속히 관련 방범성능제품의 품목별 단체표준을 완성하고 인증제품도 다양하게 확보함으로써 공식적인 시험과 인증 절차를 갖추어 성능기준 증명이 이루어지도록 보다 엄격해질 필요가 있다고 판단된다.

앞으로 보다 실질적으로 범죄예방이라는 공적 사무를 담당하는 경찰청, 법무부, 국토교통부, 행정자치부, 국민안전처 등 정부기관의 이 분야에 대한 관심과 의지가 더 필요하다고 생각한다.[42] 소방 분야는 이미 오랫동안 법규을 마련하여 소방 관련 제품에 대한 시험 및 인증제도를 운영해 왔는데 향후 예정된 방범제품의 성능인증 시범사업이 국내에 사회안전시스템의 하나로서 한국형 방범인증의 제도화에 중요한 밑거름이 된다는 맥락에서 소방 분야의 인증체계를 벤치마킹하여 방범인증체계를 구축해 나

---

42 다행히 경찰청에서 '용인대학교 범죄과학연구소. (2013) 방범인증제 국내 도입 모형 개발 및 법제화, 경찰청 용역연구보고서'를 통한 법제화 연구가 시도된 바 있다.

가야 할 것이다.

4. 안산시 방범인증시설 타겟하드닝 셉테드 사례

앞서 저자는 기본적인 주택 방범을 위해서는 타겟하드닝이 최우선적이라고 강조했다. 여기서는 다행스럽게 2016년에 국내 최초로 취약주택에 타겟하드닝 셉테드 사업을 실시(저자는 이 시범사업의 기획, 설문, 성과분석 및 자문을 위해 참여함)하여 크게 성공함으로써 경찰청·중앙일보사가 공동주최한 「대한민국 범죄예방 대상」을 수상한 수범사례를 소개하고자 한다.

사단법인 한국방범기술산업협회는 협회 회원사, 경기도 안산시 상록경찰서, 안산시와 함께 2016년 7월에 상록구 지역 주거 환경을 안전하게 개선하는 시범사업을 진행했다. 침입범죄 취약주택에 방범창과 창호용 잠금장치 등 방범성능인증시설(제품)을 설치하는 것이 핵심이다. 안산시와 상록경찰서에서 지원 대상을 선정했는데 실제 범죄로 피해를 본 가구와 저소득층 약 50가구를 대상으로 했다. 이들 가구에 방범창(동양창호 깨끗한 창, 잘 막는 친구들 HIVE)과 창호용 잠금 장치(예스락)를 지원했다.

설치된 제품은 국가공인시험기관인 한국건설생활환경시험연구원의 공인시험을 거쳐 한국방범기술산업협회에서 성능 인증을 받은 제품이다. 이번 사업에선 업체들이

그림 8-29 설치 대상 가구 점검 및 시공 전후의 모습

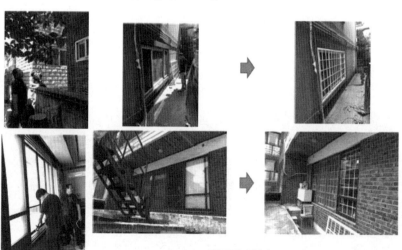

설치 가구 사전 점검   시공 전과 시공 후

가구를 직접 방문해 층수와 가스 배관 유무 등 주변 환경을 점검했다. 7월 19일~21일까지 3일간 대상 가구를 방문해 범죄 예방 진단을 통해 설치될 제품을 선정하고 치수를 측정했다. 맞춤 제작을 진행한 후 같은 달 27~28일 이틀간 방범 창살과 창호용 잠금장치를 설치했다.

이후 상록구에선 침입범죄율이 현격히 감소한 것으로 나타났다. 제품 설치 후인 7~11월 발생한 침입 절도 현황은 전년 같은 기간보다 44% 줄었다. 이번에 방범 제품을 설치한 가구에선 침입 범죄가 한 건도 발생하지 않았다. 용인대 범죄과학연구소(연구소장 박현호 교수) 설문 결과 주민들의 만족도가 높게 나타났다. 방범 제품을 설치한 가구를 대상으로 한 설문에서 안심도와 만족도 점수는 9.5점(10점 만점)으로 높았다. 설치 전 설문에서 최우선으로 추진돼야 할 안산시의 범죄예방사업은 CCTV(46.3%)가 창살·잠금장치 등 방범성능인증시설 설치(30.2%)보다 많았지만 이를 설치한 후에는 방범성능인증시설(56.2%)이 CCTV(43.8%)를 앞질렀다.[43] 주민들은 정작 공공장소 CCTV 설치도 좋지만 당장 자기가 사는 집이 침입범죄로부터 더 안전하기를 기대했던 것이다.

시범 사업에서 설치된 제품은 앞으로 휴가철 빈집털이와 성범죄가 목적인 범죄를 비롯해 각종 강력범죄를 예방하는 데 도움이 될 것으로 보인다. 국토교통부와 주

그림 8-30 실제 타겟하드닝 셉테드 추진과 관계기관 방문 논의

일본대사관 남바 총경 방문   국토부 관계자 방문

43 [출처: 중앙일보] [범죄예방 대상] 한국방범기술산업협회, 안산시 50여 가구에 방범창·잠금장치 지원 http://news.joins.com/article/21003698 참고

한일본 대사관 관계자 등이 제품을 설치하는 가구를 방문했다. 일본 대사관의 마사키 남바 총경은 "사업의 성과가 이어지면 일본에서 이번 시범사업을 모범사례로 인정할 수 있을 것"이라며 "기회가 된다면 일본에도 적용하고 싶다"고 기대했다. 이번 시범사업이 모범 사례로 인정되면 다른 지역에서도 관련 사업을 추진할 것으로 보인다. 방범 성능을 공인된 기관에서 인증받은 제품도 많이 보급될 전망이다. 국토부 관계자는 현재까지 주민 반응이 좋아 앞으로 범죄예방 관련 정책을 수립하는 데 많은 도움이 될 것으로 평가하였다.[44]

5. 공주시 방범인증시설 타겟하드닝 셉테드 사례

2018년 6월 공주경찰서, 공주시청, (사)한국방범기술산업협회가 협력하여 충청남도 공주시에 위치하여 있는 국립공주대학교 부근의 매산동길 일대의 학사길에 범죄예방시설을 투입하는 사업이 이루어졌다. 이전에는 방범인증시설 설치 사업이 한국방범기술산업협회와 방범인증시설 생산 업체들의 사적 기부사업으로만 소수 가구들이 혜택을 보았던데 반해 전국에서 최초로 지방자치단체의 예산으로 주민들의 개인 사유재산인 주거지에 방범시설을 설치하는 사업을 진행하게 되었다.

CPTED 기법인 안심 비상벨, 안심 거울, 휴게 공간, 환경 그래픽, 범죄예방시설 등을 설치하였는데 그 중에서도 대상 가구들에 대한 방범인증시설 설치는 총 4개 업체에서 방범 창살, 방범용 망창(방범 방충망), 창호용 잠금장치, 현관문 잠금장치의 4종이 투입되었으며 이는 단체표준을 근거로 공인시험기관인 한국건설생활환경시험연구원에서 성능시험을 통과하였고, 한국 방범기술산업협회를 통해 인증된 제품들을 사용하였다. 이러한 방범인증시설의 설치는 전 세대에 적용되는 것이 아니라 각 건물 층수에 따른 방범 안전 위험도 구분에 따라 설치하도록 기준을 정하였다.

현장 사업은 2018년 5월부터 10월 말까지 총 6개월간 실시되었고 각 개별 주택 타겟하드닝 사업과 동시에 매산동길 주변 경관 정비 및 방범 환경 조성을 위한 가로 정비(무너진 담벼락 정비 및 건물 사이 샛길 폐쇄 등), 공용 쓰레기장 설치, 마을 마당설치, CCTV 비상벨 설치 등도 함께 진행되었다.

---

44 [출처: 중앙일보] [범죄예방 대상] 한국방범기술산업협회, 안산시 50여 가구에 방범창·잠금장치 지원

표 8-16 공주시 사업에서 설치된 방범성능인증시설

	개선 전	개선 후
방범창살		
방범용 망창		
창호용 잠금장치		

  해당 지역에 제품 설치 후 침입범죄는 0건을 기록했으며 5대 범죄도 73% 대폭 감소하였다. 용인대 범죄과학연구소(연구소장 박현호 교수) 설문 결과 방범성능인증시설 설치지원사업 효과에 대한 인식이 개선되었다. 또한 거주지역과 주변 불안요소와 절도, 강간, 성폭행, 살인에 대한 두려움도 감소하였으며, 지역 경찰에 대한 신뢰도도 대폭 증가하여 방범성능인증시설에 의한 타겟하드닝 사업이 상당히 긍정적이었으며, 실질적, 심리적 위험 모두 감소되었다는 것을 확인할 수 있었다.

  위 사업을 통해 공주시는 공주경찰서와 유관기관, 주민과 적극적인 협업을 통해 2018년 충청권에서 유일하게 범죄를 예방하는 안전도시로 인정을 받았으며 경찰청과 중앙일보가 공동 주최한 2018년도 '제3회 대한민국 범죄예방대상' 시상식에서 공공기관 부문 대상을 수상하기도 하였다. 이는 범죄발생 다발지역이면서 여성범죄 취약지역인 신관동 매산동길에 대한 범죄예방 디자인(CPTED) 사업을 추진해 주민들의 범죄에 대한 불안감 해소와 범죄 발생률 감소 효과를 기대할 수 있게 했다고 보고하였다. 또한, 앞으로 신관동 번영2로, 신관동 흑수골길, 옥룡동 중골1길 3개 지역에 대해 2020년까지 지속적으로 범죄예방 디자인사업을 추진할 계획이다.

그림 8-31   경찰청장 및 공주시장 매산동길 치안현장 방문

※ 사업협의체 위원장인 박현호 교수가 민갑룡 경찰청장에게 사업 현장을 설명함

6. 침입방지 성능 인증 체계 제도화의 기대효과

침입방지 하드웨어 성능인증의 제도화는 향후 4대악 관련 범죄와 두려움의 경감에 적지 않은 효과를 거둘 수 있는 잠재력을 갖고 있다고 생각된다. 영국과 네덜란드의 사례를 봤을 때 SBD의 경우 50~90%의 범죄 감소 효과가 8년 이상 지속(요크셔, 스코틀랜드 사례)되었으며 특별한 풍선효과 징후 보이지 않았던 것으로 보고되었다(Armitage & Monchuk. 2009).

이를 근거로 우리나라에서도 방범 인증 제품을 적용한 주택/시설에서 범죄가 50~70% 가량 크게 감소할 수 있을 것으로 예측된다. 또한 방범 인증된 주택 등 시설물 이용자의 범죄 안전감이 70~80% 가량 향상될 것으로 기대된다.

무엇보다 막대한 범죄피해 비용(crime cost)을 줄일 수 있을 것으로 보인다. 2010 범죄백서에서 연간 침입범죄가 약 8만 건 발생하는 것으로 나왔는데, 형사정책연구원의 2010 전국범죄피해조사에 의하면 피해자의 실제 신고비율인 30.3%를 적용하여 환산하면 실제 침입범죄 피해 건수는 최하 264,026건(피해입고 신고 안 한 건수 포함)으로 추산된다. 범죄피해를 경제적 비용으로 환산하면 침입범죄 비용은 연간 약 1조 4,811억원/년(561만원[침입범죄 건당 피해액 3300파운드[45]×1700원]×264,026건)으로 추산할 수 있다. 이를 다시 형사정책연구원 피해통계로 환산할 때 2,002만 가구의 3%가 주거침입 관련 범죄 피해를 입었다고 응답하였으므로 연간 약 3조 3,693원(약 600,600가구

---

45 근거는 "ABI, "Securing the Nation − the case for safer homes, 2006"를 참고함.

그림 8-32 SBD주택의 범죄감소 효과의 지속성(1999~2007년)

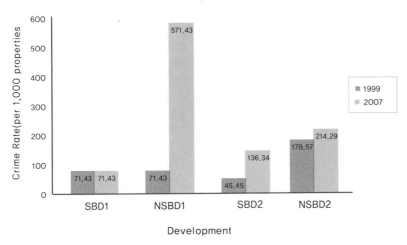

Sustainability of Crime Reduction(1999/2000–2007/2008)

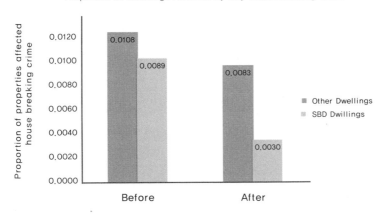

Proportion of Dwellings Affected by any Housebreaking Crime

설명: 위는 요크셔 실험 사례, 아래는 스코틀랜드 실험 사례

×561만원)의 피해액이 추산되어 나올 수 있다. 물론 추산이지만 실로 천문학적인 피해 수준인 것이다.

이에 대하여 연간 침입절도피해율(3%)에 방범인증시스템을 적용하여 25%를 감소시킬 경우 가구당 40,800원의 이익이 발생하고 전 가구로 환산하면 방범인증제품 구입 비용을 공제한 후에는 연간 약 8,400억 이익이 발생하고 50% 감소하게 되면 그

두 배인 1조 6천억원 가까운 비용 감소효과가 추산될 수 있다(ABI, 2006).

표 8-17 방범인증제도(SBD) 적용에 의한 방범의 경제적 이익 효과

영국 SBD인증의 방범효과를 근거로 환산하여 산출한 값	연간 침입절도 피해 확률 대비 인증제품 적용 시 가구당 이익(단위: 원)		
	3%	5%	7%
방범인증(SBD) 후 침입범죄 25% 감소	40,800	69,700	96,900
50% 감소	83,300	139,400	195,500
75% 감소	125,800	209,100	294,100

출처: ABI, (2006)

CPTED와 범죄과학의 미래

section 01
셉테드의 현실

section 02
셉테드 성공을 위한 전제조건
: 영역 간 네트워킹과 파트너십

section 03
바람직한 CPTED 미래를 위한 철학과 방향

제1장부터 제8장까지 범죄과학의 개념에 기초한 셉테드의 이해, 셉테드의 이론, 법규와 조례, 표준과 인증, 공공정책, 실제 적용사례, 방범 효과성, 한계와 문제점, 관련 법규의 이해, 범죄위험평가, 시설환경 별 적용 가이드라인 등에 대하여 상세하면서도 전반적으로 살펴보았다. 여기 제9장에서는 다시 범죄과학에 기초하여 셉테드를 논하면서 마무리를 하고자 한다. 이를 위해 셉테드의 학문적 그리고 실무적 현실과 실제의 모습 안에서 그 정체성을 다시 한 번 검토해보고, 셉테드라는 실용적 학문 분야가 성공하기 위하여 필요한 조건과 환경을 논하며, 마지막으로 셉테드가 지향해야 할 바람직한 철학과 방향을 살펴보고자 한다.

section 01
셉테드의 현실

1. 셉테드라는 학문 또는 실무 영역의 모호성: 건축/도시 vs. 범죄/경찰

셉테드가 어느 영역에 속하는 학문인가? 셉테드는 학문인가 아니면 단지 예술인가 기술인가? 셉테드는 범죄학, 특히 그 중에서도 환경범죄학의 영역인가? 아니면 경찰학(범죄예방론과 생활안전론)의 영역인가? 도시(공)학의 영역인가 건축디자인의 영역인가? 건축공학의 영역인가? 조명공학인가 조명예술인가? 조경디자인 영역인가? 이러한 질문들이 셉테드라는 분야에 쏟아질 수밖에 없는 이유는 셉테드가 그만큼 다양한 학문과 기술, 심지어 예술에 이르기까지 다양한 학문과 기술, 그리고 예술의 융합학문(convergence)이기 때문이다.

그런데 저자가 미국, 영국, 일본, 네덜란드나 다른 유럽국들의 셉테드 전문가들(경찰, 정부 및 지자체 공무원, 대학 교수, 연구소 전문연구원, 건축가, 도시계획가, 설계사, 시공회사 담당자 등)과 만나서 여러 이야기를 나누는 가운데 셉테드 영역이 비즈니스, 산업이나 학문 분야에서 그 규모나 경제적 이익이 커져갈수록 셉테드 관련 학문과 실무자나 연구자 등 소위 전문가들 간에 상호 갈등이나 비난 수준이 커지는 모습들을 확인할 수 있었다. 국내에서는 아직은 초기 단계라서 그런 모습들이 많이 보이지는 않지만 점차 셉테드 분야가 커져가고 있기 때문에 그러한 상호 갈등과 비난 등의 부정

표 9-1 셉테드 관련 영역별 학문 분야

셉테드 영역	예시	학문 분야	단계
범죄위험평가	발생가능성, 영향도, 위험도	범죄학, 경찰학, 위험관리	범죄분석 및 환경분석
도시계획	도로계획, 건물 배치 등	도시학, 도시공학, 도시설계	기본계획, 실시계획
건축설계	건물 창문의 넓이 등	건축디자인, 건축공학	기본설계, 실시설계
조경	식재계획, 수종(생울타리, 관목, 교목), 펜스	조경디자인	계획 및 설계
조명	조명의 유형, 가로등의 종류, 연색성, 조도, 휘도	조명공학, 조명디자인	계획 및 설계
공공예술 (public art)	공공예술품, 벤치 디자인, 벽화, 표지판디자인	공공디자인, 디자인공학, 색채예술	계획 및 설계
보안시설 및 보안시스템	비상벨, 경보시스템, 경광등, CCTV 등	IT(정보통신기술), 시스템통합(SI), 보안경영	계획 및 설계
유지 관리 및 인력경비	경비원 순찰 및 자율방범, 시설유지관리	경영학, 보안/시설 관리	관리

적 모습들이 생겨나고 커져갈 수 있다는 점에 대해서 관련 전문가와 이해관계자(stakeholders)들은 인식하고 주의해야 할 것이다. 물론 적절한 수준의 영역 간 경쟁은 발전의 원동력이 되기 때문에 오히려 권장할 수 있는 것이지만 갈등이 커져 갈 경우에는 서로 원색적인 비난의 수위가 증대되어 발전에 장애요인이 될 수 있기 때문에 위태로워질 수 있다. 범죄학자가 마치 건축가나 조경전문가 행세를 하는 것이 보기 좋지 않은 만큼 건축가나 조경디자이너가 마치 범죄학자나 범죄과학자처럼 행세를 하는 것 역시 바람직하지 않을 것이다.

즉 각각의 학문과 기술, 그리고 실무 영역을 존중하고 배려하면서 감성적이면서도 전략적인 협력 파트너십을 강화해 나가면서 같이 코워크(co-work)하는 모습이 가장 바람직스런 모습과 태도이다. 서로가 사적인 이익을 먼저 쟁취하기 위해 헤게모니 장악을 위해 쟁투하는 것을 최대한 피하고 선의의 공정한 경쟁을 하면서도 서로가 상대방 분야를 이해하고 존중하려는 자세가 국내에서 나아가 세계에서 셉테드라는 의미롭고 가치로운 분야가 바람직한 방향으로 발전해 나갈 것이라고 생각한다.

2. 셉테드는 어느 정부부처 소관인가?

2013년 박근혜 정부 출범 이후 2014년 1월 현재 여러 중앙정부 부처와 전국의 다양한 수준의 지방자치단체(시도 및 구청)에서 '범죄안전지도제작', '범죄안전', '아동과 여성의 안전수호', '범죄예방 디자인' 등 다양한 이름으로 셉테드 관련 사업들을 경쟁적으로 벌이고 있다. 셉테드를 연구하는 연구자의 한 사람으로서 바야흐로 한국이 셉테드의 전성기를 맞이하고 있다고 해도 과언이 아닐 듯싶다.

그 원인은 물론 특히 현 정부가 표방한 소위 '4대 사회악(가정폭력, 성폭력, 학교폭력, 불량식품)' 척결 정책이라고 볼 수 있으나 그만큼 우리 사회가 범죄 문제에 대해 무관심했다가 각종 언론과 방송의 집중 조명으로 인해 점점 많은 사람들이 강력 범죄사건들을 접하게 됨에 따라 나름대로 문제가 심각하다는 인식을 같이 하면서 그에 대한 대책의 하나로서 등장한 셉테드라는 개념을 매우 신선하고 가치롭게 느끼고 또 이를 적극적으로 수용하려는 사회적 경향이 강하게 자리 잡고 있기 때문이라고 생각된다.

그런데 셉테드라는 사업이 매우 다양한 중앙 및 지방 정부의 부처와 부서에 폭넓게 걸쳐 있기 때문에 2000년대 중후반부터 2014년 현재까지 셉테드 사업은 부서 간 혼란 요인이 되고 부처이기주의로 인한 갈등 요인으로 작용하고 있는 경향이 있다. 즉, 중앙정부의 경우 범죄예방이 주 책무 부처는 경찰청임에도 불구하고 셉테드는 크게 볼 때 신도시 조성과 같은 큰 규모의 사업에서부터 조그마한 마을 담장에 벽화를 그리는 사업에 이르기까지 도시계획, 도시설계, 건축물의 설계와 시공, 조경, 조명, 공공예술 등 경찰이 직접 실행할 수 없는 영역이 대부분이다. 그럼에도 불구하고 경찰이 셉테드에서 가장 중요한 관계기관일 수밖에 없는 이유가 있다. 그것은 경찰이 범죄 발생의 통계와 해당 지역에서 활동하는 범죄자와 우범자들에 대한 정보를 갖고 있으며, 관할 지역을 각종 순찰(112차량, 오토바이, 도보)이라는 발품을 통해 범죄위험 관련 환경 요소들을 가장 잘 알고 있기 때문이다. 따라서 경찰은 체계적인 위험평가와 함께 범죄환경을 면밀히 조사 분석을 하는 셉테드의 첫 단계에서 가장 중요한 역할을 적절히 해줄 수 있어야 할 것이다. 첫 단추가 제대로 꿰어져야 이후의 과정을 원만하고 합리적으로 풀어 갈 수 있기 때문이다. 그런 이유에서 영국 맨체스터 경찰의 지역 범죄영향평가 시스템과 호주의 범죄위험평가체계를 벤치마킹하여 관계기관과 긴밀히 협력하여 경찰청이 한국형 범죄위험평가시스템을 마련하는 것이 필요하다. 대부분 예산사업들인데 셉테드를 위한 첫 단계인 범죄위험평가의 체계성과 정교성이 떨어질수록 이후의 계획, 설계, 시공, 관리의 비용효과성은 떨어질 수밖에 없기 때문이다.

국내에서 셉테드가 제대로 시작된 2000년대 초반에는 셉테드가 어느 부처나 부서에 속하는 지에 대한 모호함 때문에 여러 혼란이 있었다. 대부분 경찰청의 사업 분야라고 하면서 거부하거나 모르는 척하는 경우가 많았다. 경찰청 내부에서조차 생활안전국에서는 혁신적인 사업이므로 기획부서에서 해야 할 일이라고 해석하곤 하였다. 지자체의 경우 도시경관디자인, 건축과, 공원과, 전기과, 재난관리과 등이 방범CCTV 사업에서부터 불거진 부서이기주의로 인해 서로 일을 떠넘기려는 태도가 많았다. 그러나 부서 간 칸막이 해소에 역점을 둔 현 정부3.0 패러다임 시행 이후 태도가 많이 개선되고 있는 것으로 판단된다. 기관 간 부처 간 부서 간 업무협약과 소통을 위해서 서로 많이 만나고 협의하는 경향이 강해지고 있음을 여러 셉테드 관련 행사나 자문회의 등에 참석하면서 저자가 점점 많이 목격할 수 있었다. 다만 지자체 부서에서 볼 때 초기에는 도시계획과 건축부서에서 이를 다루는 경향을 보이다가 최근에는 도시(경관)디자인 부서에서 셉테드 사업을 주로 시행하는 모습이 보이고 있다. 2012년도에 공원 범죄가 화두가 되면서는 서울시의 경우 푸른도시국과 같이 공원관리 부서에서 셉테드 사업을 담당하고 있으며 2013년에 4대 사회악 관련 성범죄와 여성안전을 강조하면서는 서울시에서 여성정책과에서 범죄로부터 여성의 안전 확보를 위한 마을조성 정책사업을 다룬 바 있다.

이 밖에도 여성가족부와 교육부의 여성 및 아동 범죄예방을 위한 안전지도 제작 사업이 진행되고 있다. 교과부에서는 학교안전지역(Safe Zone) 사업을 추진하고 있다. 부산에서는 검찰청도 셉테드 사업에 참여하고 있다.[1]

이런 점들을 볼 때 셉테드 특정 중앙 정부부처나 부서에 국한할 수 없으며 범죄의 유형과 세부적인 쟁점, 그리고 범죄안전의 목표나 방향에 따라서 다양한 부처와

---

1 부산일보(2013-10-24) "셉테드, 독창적이고 독특" 국감장서 의원들 칭찬릴레이. "검찰이 3년 전 여중생을 납치 살해한 '김길태 사건' 지역에 대해 셉테드(CPTED·범죄예방 환경디자인) 사업에 나섰다."; 국민일보(2013-10.-15) 부산지검, '김길태 사건' 지역에 범죄예방 환경디자인 사업 착수. 부산지검(검사장 김희관)은 법무부 범죄예방위원 부산지역협의회(회장 신정택), 사상구(구청장 송숙희) 등과 함께 강력범죄 발생 빈도가 높은 부산 덕포1동을 도시환경개선사업 대상지역으로 선정하고 '안전한 덕포동 만들기' 착공식을 가졌다고 15일 밝혔다. 검찰이 이 프로젝트에 참여할 '부산지킴이' 모집에 나선 결과 지금까지 대학생, 주부 등 130여 명이 지원하는 등 높은 관심을 보였다. 김오수 부산지검 제1차장검사는 "덕포동 사업을 추진해 성과를 분석 후 지역 현실에 맞는 맞춤형 환경개선 전략으로 발전시켜 내년에 2·3차 사업대상지를 선정하는 등 안전한 부산 만들기 프로젝트를 계속 추진할 계획"이라고 말했다.

부서가 이를 다룰 수 있는 것이다. 다만 보다 종합적인 셉테드 사업을 위해서는 부처와 부서 간 상호 공조와 파트너십이 중요하다는 점이다. 각각의 부서와 부처와 지역에서 각자의 창의적인 셉테드 사업을 추진하는 것은 바람직하지만 보다 체계적이고 종합적인 프로그램을 수립하여 시행하기 위해서는 제8장에서 제시한 KS A 8800에서 제시한 바와 같은 기준에 의해 범부처와 범부서, 그리고 민관협력의 접근방식을 최대한 활용하는 것이 효율적일 것이다.

3. 셉테드의 공공성과 상업성

2010년대 들어서 셉테드는 이른바 잘 팔리는 사업영역이 되었다. 대기업의 경비회사들이 셉테드라는 이름으로 사업 홍보를 하면서 중요한 컨설팅과 서비스 사업 분야가 되어 가고 있다. 관련 학회나 협회에서도 인증사업을 진행하고 있다. 국내 대형건설사들이 건설 불황의 타개책의 하나로서 그리고 여성 및 아동 범죄안전에 대한 큰 사회적 관심 정도에 부응하여 한국셉테드학회에 셉테드 디자인 인증과 시설 인증을 받기 위해 적지 않은 평가심사비를 납부하면서 다소 적극적으로 인증 신청을 하고 있다. 최근에는 지방 건설사까지 셉테드 인증을 획득하기 위해 신청하는 등 인증신청이 증가하고 있으며 인증을 획득한 건설사는 적극적으로 방송과 언론에 홍보하고 있다.

셉테드와 관련 산업의 발전을 위해 적절한 상업성은 중요하고 필요한 요소이기도 하다. 그러나 자칫 셉테드가 지나치게 상업화되는 것은 건전한 셉테드 개념의 확립과 발전에 저해 요소로 작용할 수 있기 때문에 상당히 주의해야 한다고 생각한다. 범죄로부터 시민을 보호하고 두려움을 낮춰서 삶의 질을 개선하는 사업들이 기업이나 특정 민간단체의 경제적 또는 상업적 이익을 위해 그 본질이 왜곡되거나 곡해되어 불필요하게 큰 사회적 비용이 낭비되는 일이 없도록 하는 것이 중요하기 때문이다. 셉테드의 기본적 개념은 범죄예방의 원리와 기술이 적절한 범죄위험평가나 영향평가를 거쳐서 도시나 건축물 또는 시설의 계획과 설계 단계에서 조기에 적용시킴으로써 범죄와 두려움을 경감시켜서 범죄로 인한 피해비용이나 예방비용과 비교해서 훨씬 많은 순이익을 발생시키자는 철학을 갖고 있다. 완공 후 구도시에 적용하는 것은 한계도 많고 비용이 훨씬 많이 소요되기 때문이다. 이렇게 셉테드는 전체적인 사회적 비용을 줄여보자는 취지가 강하다. 즉, 공공의 이익(public interest)을 지향하는 공공성이 강한 분야이기 때문에 선진국의 경우 대부분 경찰이나 지자체 등 공공기관에서 이를 주도하고 있는 것이 사실이다.

그런데 그러한 '아름다운' 취지에 역행하여 셉테드를 한낱 돈벌이의 대상이나 수단으로 여기고 접근하려는 의도나 생각은 우리 사회가 주의하고 경계해야 할 부분일 것이다. 물론 성공적이고 비용효과성이 높은 셉테드를 성취하는 데 기여한 전문가나 기업, 단체가 있다면 적절히 보상해주는 것은 인센티브로서 꼭 필요한 부분이다. 그러나 오히려 결과적으로 비용을 증대시키고 사적이고 개별적인 이익을 지향하는 경우가 있다면 이는 위험한 상황이고 방지를 위해 우리 사회와 정부가 함께 공동으로 노력해야 할 것이다.

section 02
셉테드 성공을 위한 전제조건: 영역 간 네트워킹과 파트너십

1. 거버넌스 이론과 파트너십

셉테드는 매우 다양한 기관과 영역이 관련되어 있다는 특성으로 인하여 기관, 단체, 주체 등 관계자 간 상호 네트워크 거버넌스와 파트너십을 구축하는 것이 성공에 중요한 요소이다. 이에 네트워크 거버넌스와 파트너십 시스템에 대하여 알아보기로 한다.

치안수요 증가에 따른 경찰의 업무범위가 확대되면서 지역사회 법질서 확립 및 치안 주체들과의 상호협조와 파트너십에 기반한 지역사회 중심 경찰활동(community-oriented policing)의 활성화를 통해 범죄예방 능력 강화와 지역안전(community safety)을 확보할 수 있는 문제해결식 접근(problem-solving approach)이 현재 한국 사회에서 강력히 요청되고 있다. 정부 3.0시대를 맞아 박근혜 정부의 정부운영방식 역시 기존의 '정부 주도·민간 순응, 정책 집행 중심, 부처 간 칸막이 행정에서 민관협치·소통'을 강조하고 국정과제의 성공적 추진을 위한 핵심 열쇠를 현장 중심, 국민체감 중심, 부처간 협업에 중점을 두고 정책평가 중심의 정부운영을 통해 국민의 정책체감도 제고를 유도하겠다는 방침을 지향하고 있다. 주지하다시피 정부 3.0은 개방·공유 및 소통·협력을 통해 투명하고 유능한 정부를 구현하고 국민 중심의 맞춤형 서비스 정부 실현을 목표로 하는 박근혜 정부의 국정기조 중 하나다. 즉, 민·관 협치 강화와 정부내 관련기관

간 칸막이를 없애는 협업·소통체계 및 공조체계 구축을 통한 미래지향적 행정 구현 및 공공서비스의 효율성 제고에 초점이 있다(이상수, 2013).

최근 시민참여와 공사 협력을 아우르는 개념으로 거버넌스(governance)가 강조되고 있는바, 가장 큰 특징이 '네트워크(network)'이다(이상수, 2013a). 네트워크는 비공식적이고 유동적인 존재로, 구성원의 빈번한 교체, 모호하게 규정된 권리·의무 관계 등을 특징으로 한다. 네트워크는 협력의 한 유형으로서 각각의 조직들이 조직적 자율성을 유지하면서 공유된 자원을 가지고 어떤 서비스나 프로그램을 제공하기 위하여 함께 결합하는 협력시스템이라고 할 수 있다. 일반적으로 네트워크는 행위자를 연결하는 관계를 의미하며 행위자란 구체적으로 사람이나 조직 및 시스템을, 그리고 관계란 상호행동을 의미한다. 한편, "거버넌스"라는 용어는 정부의 의미의 변화, 또는 공적인 업무의 수행방법의 변화를 지칭한다. 즉, '정부(government)'는 공식적인 권위에 근거한 활동을 지칭하는 반면, '거버넌스'는 공유된 목적에 의해 일어나는 활동을 의미한다. 거버넌스는 본래 통치·통할·관리·지배·제어 등을 뜻하며, 특정 개인이 소수 집단에 의해 결정된 정책에 강제력을 부여해 사회질서와 안정을 꾀하려는 통치행위 또는 지배구조를 일컫는 말로서 이념적으로는 자치와 대립된다. 그러나 현실의 정치에서는 아무리 강제의 측면이 강화된다 하더라도 끊임없이 각 개인에 의한 결정과정에의 참가가 수반되지 않을 수 없다. 일반적으로 말해서 자치와 통치, 자발성과 강제라는 대극적인 개념은 그 자체에서의 완결성을 가질 수 없다. 현실의 정치는 끊임없이 이 양극에의 지향을 내포하면서, 협조와 타협의 되풀이로 진행된다(이상수, 2013a).

셉테드는 싫든 좋든 범죄 문제를 다루는 방법론으로서 셉테드는 범죄를 다루는 경찰의 불가피하며 중요한 치안업무에 해당한다. 선진국들은 셉테드를 포함한 협력치안 파트너십의 강화를 위해 지속적으로 노력하고 있으며 이를 체계화하고 법제화하고 있다. 치안 파트너십의 접근 방식은 매우 다양한데 보다 공식적인 차원에서는 '법 제정을 통한 방법', '지역의 자치조례를 통한 방식', 그리고 '유관 기관 간 사무협약과 공식적 상설 협의기구 설치 등에 의한 접근방법' 등으로 구분해볼 수 있다. 이 중에서도 영국의 '범죄와무질서법(Crime and Disorder Act)'이 가장 강력한 형태의 의무적 치안협력 파트너십의 법규화 사례인데 국내에서도 경찰청에서 2013년 10월에 지역치안협력에 관한 법률(안)을 마련하여 법규화를 추진하고 있다. 앞서 소개한 지자체 단위로 제정된 셉테드 관련 자치조례들도 셉테드 활성화를 위해 이를 의무화하고 있는데 그 조례들은 경찰이나 다른 관계기관들이 협력을 제대로 하지 않아도 제재나 강제할 수 있는 수단이 없는 선언적 규정들로 구성되어 있다. 경찰청이 추진하는 법률안은 관련된 모든 공공기관이 의무적으로 협력사업에 참여하고 각자가 가진 자원(예산, 인력, 시설 및 장비)을 제공해야 하고 이행하지 않으면 제재 규정에 의해 불이익을 주도록 되어 있어서 보다 심도 있게 셉테드 관련 협력사업을 추진하는 근거를 제공하게 될 것으로 기대된다. 또한 자치조례가 작성되기 위한 법적 근거(모법)로서의 역할도 할 수 있을 것으로 판단된다.

Ericson & Haggerty(1997)의 '위험사회의 치안(policing the risk society)' 논리 또한 네트워킹을 통한 치안협력체제의 필요불가결성을 강조한다. Ericson과 Haggerty는 현대 사회의 경찰은 범죄와 무질서라는 위험사회의 위험 관리를 위한 '중추적인 지식 브로커(pivotal brokers of knowledge)'로서 각종 기술적 감시(surveillance)를 통해 지역의 치안정보를 수집하고, 정보를 교환하며, 지역사회 각 구성 요소와 의사소통에 주력한다고 강조한다. 여기서 경찰은 범죄(와 그 원인)에 대해 거의 영향을 미치지 못하며, 이에 영향을 줄 수 있는 지역사회의 구성요소들에게 개방적으로 접근하고 이를 조정하여 범죄에 대한 간접적 통제를 하기 때문에 지역사회 협력치안의 중요성이 크게 강조된다(박현호, 2007: 39). 이러한 점도 범죄라는 지역사회의 위험을 효과적으로 관리하기 위해서는 경찰의 역할이 제대로 이루어져야 할 것이다.

2. 셉테드를 위한 치안 협력 파트너십

교육부 2013년 5월 국정과제 선정 및 민관 T/F를 운영하면서 국정과제(76.1)로 학교 반경 200m 이내 학생안전지역(Safe Zone) 지정하였다. 민관 T/F는 관계부처(교육부, 보건복지부, 안전행정부, 식품의약품안전처, 경찰청)와 민간전문가 T/F를 운영하고 있다. 이를 통해 시범사업을 2014년도에 시작하는데 <표 9-2>에서 참여하는 민간단체를 보여주고 있다.

부산시에서는 2013년 7월에 부산광역시, 부산광역시 교육청, 부산지방검찰청, 부산지방경찰청 등 4개 기관이 「안전한 부산 만들기」사업을 위한 업무협약(MOU)를 체결하여 시민안전 위해요소의 제거 및 예방을 위한 기관별 협력체계를 구축하고 실천의지를 천명하였다. 나아가 동년 11월에는 부산광역시, 부산광역시 교육청, 부산지방검찰청, 부산지방경찰청, 부산디자인센터, 범죄예방부산지역협의회, 시민사회단체 등 관계기관 및 단체 등이 「도시안전디자인포럼」을 구성하여 셉테드 시범사업의 지역

표 9-2 교과부 학생안전지역 시범사업 선정 현황

구분	경기도 부천시	전북 군산시	전남 강진군
안전영역	교통	교통/범죄/환경	교통/범죄/식품/환경
대상 학교수	초/중/고 3개교	59교(관내 초등학교)	초/중/고 9개교
사업특징	학교 밀집지역	5개 지역 구분 구도심/신도심/농어촌/공단/도서	읍/면지역 구분 (읍 7교/면 2교)
참여기관	시청/교육청/경찰서	시청/교육청/경찰서	군청/교육청/경찰서
민간참여	녹색어머니, 맘 폴리스	학부모 단체 시민단체 주민자치위원회	군내 모든 민간단체
기존사업 연계	스쿨존, 워킹 스쿨버스 보행지킴이, 방범 CCTV	학교안전관련 인력 학교 CCTV 교체사업 도시시설/환경개선사업	4대 영역 안전사업/인력
총 사업비(천원) (특교 비중)	330,000 (61%)	823,875 (24%)	220,000 (91%)

그림 9-1 「안전한 부산 만들기」 사업을 위한 업무협약(MOU)

및 대상 선정, 현황·문제분석, 디자인적 해결방안, 단계적 실행계획, 주민커뮤니티 강화프로그램 개발 등을 논의하고 있다.

위와 같이 셉테드와 관련하여 다양한 사업에서 다양한 주체들이 협력기구를 조직하여 파트너십을 발휘하고 있다. 그러나 셉테드 사업을 위하여 기관 간의 상호 소모적인 경쟁과 비효율적인 협력을 하는 것을 방지하기 위해서는 앞서 설명한 '지역치안협력에 관한 법률' 등이 조속히 마련되어 협력체 기관들 간의 업무를 효율적으로 조율하고 조정하여 참여자들의 에너지 소모와 자원 낭비를 최소화해야 할 것이다.

3. 지역 간 셉테드 Good Practice의 공유

지자체별로 셉테드 사업이 증가하는 추세에 맞추어 각종 세미나나 심포지움을 통해 수범사례들을 상호 공유하여 불필요한 시행착오를 줄여나가야 한다. 한국셉테드 학회(KCA)에서는 학술세미나에서 셉테드 사업을 수행하고 있는 서울시, 부산시, 경기 도를 초대하여 사업들을 소개하는 세션을 마련하여 상호 사례를 공유하는 기회를 제 공하였는데 좋은 예에 해당한다고 볼 수 있다.[2] 앞으로 국내에서는 보다 많은 자치단 체와 마을 등 다양한 단위에서 여러 가지 창의적인 방식과 절차로 셉테드를 실천하면 서 경험을 축적해 나갈 것으로 예상된다. 그러한 개별적인 소중한 경험들이 한 지역 이나 장소에만 국한하여 성공하거나 발전해 나가는 것은 국가적인 차원에서는 바람직 하지 못하다. 특히 수도권이나 대도시에만 국한한 셉테드의 적용과 발전은 자칫 정치 적인 문제마저 야기할 수도 있는 일이다. 지역적인 소외감을 유발할 수 있기 때문이 다. 따라서 관련 정부부처인 안전행정부나 경찰청, 국토교통부 등에서는 이러한 수범 사례에 대한 자료를 수집하여 전국에 배포하거나 심포지움과 관련 교육원을 통해서 교육시켜서 그 내용과 정보를 공유해 나가야 할 것이다. 미국이나 영국, 호주 등에서 는 종종 협회 또는 학회 차원의 세미나나 심포지움을 통해 여러 지역의 셉테드 관련 전문가들이 모여서 사례를 공유하고 장단점과 발전방향에 대해 진지하게 토론함으로 써 셉테드 실천에 따른 비용부담 및 한계, 그리고 단점을 극복하는 데 서로 도움을 주 고받는다. 이제 우리나라에서도 셉테드 실천 사례가 점차 전국적으로 증가 추세에 있 는 점을 감안할 때 이러한 사례의 공유와 논의의 장이 보다 많이 그리고 자주 필요할 것으로 생각된다.

section 03
바람직한 CPTED 미래를 위한 철학과 방향

1. CCTV가 필요 없는 마을 환경 조성

저자가 2013년 3월에 일본 지바현의 가나데노모리 '방범타운'을 방문했을 때 그 마을의 범죄안전환경 조성의 철학과 방향을 확인한 바 있다. 가나데노모리 방범타운

---

2 한국셉테드학회에서는 2013년 11월 8일에 '도시 안전을 위한 지차체의 노력과 성과'라는 대주제의 추계학술세미나를 개최하여 3개 자치단체를 초대하여 지역별 셉테드 실행 사례를 발표하여 정보를 공유하는 자리를 마련한 바 있다.

은 平成19년 7월 27일(2007년 7월 27일)에 착공하여 平成26년(2014년)에 완공 예정으로 상당 부분 공사가 진행된 상태였다. 규모는 치바현 나라시노시 1, 6, 7번지에 35ha에 약 7,000명의 인구가 거주하는 것을 계획하여 조성된 것으로서 이 방범타운 조성의 배경은 방범환경설계 지침에 따라 마을의 부가가치를 높이는 안전하고 살기 좋은 주거단지를 만드는 것이었다. 이 가나데노모리 방범타운 조성의 기본 틀은 3가지 포인트로 압축되었다. 바로 공공공간의 정비강화, 민간주택 방범설계 지침서 개발, 그리고 주민 방범활동 지침 개발이다. 여기서 설계지침서에 따른 방범타운설계 매뉴얼은 개별 주택을 위한 방범디자인과 마을 전체를 위한 방범디자인을 다루고 있다. 무엇보다 방범타운 조성의 방향과 목표는 '카메라가 필요 없는 범죄안전 마을 조성'이다.

이것은 우리나라에서 이웃 간에 서로 잘 알고 지내며 유대가 매우 강했던 농경사회의 전형적인 마을공동체에서나 가능한 이상향으로 인식될 수 있는 부분이다. 그러나 도시화와 산업화로 인해 대도시로의 빠른 인구집중과 이로 인한 이웃관계의 몰락, 익명사회의 강화, 범죄와 반사회적 행위의 증가 등 범죄와 범죄 공포로 인한 상처받은 도시공동체의 문제를 생각할 때 이를 치유하고 회복할 수 있는 길은 그 문제의 원인에 기초한 처방에 그 답이 있다고 볼 수 있다. 즉, 도시철학적으로 볼 때 우리는 범죄로부터의 철저한 안전을 확보하기 위하여 푸코(Foucault)의 페놉티콘과 같은 거대한 감시체제하에서 서로가 서로를 영구적으로 의심하고 불신하면서 살아갈 것인가? 아니면 그러한 감시체제를 극복할 수 있는 바람직한 대안을 찾아나갈 것인가? 하는 갈림길에서 진지한 검토가 필요한 시기를 맞았다고 생각된다. CCTV카메라는 편리한 방범 도구일 수도 있지만 한편으로는 빅브라더(Big Brother) 감시사회와 불신사회의 상징물로 여겨지기도 한다. 따라서 그러한 접근방법이 절대 필요한 상황이 아니라면 가급적 기계적인 감시장치 설치를 최소화하고 자연적인 셉테드 방식을 최대화하는 것이 바람직한 방향으로 볼 수 있을 것이다. 즉, 마을 조성의 계획 및 설계 단계에 최대한 자연적 감시와 자연적 접근통제, 영역성 등의 원리를 적용하여 카메라의 숫자를 최소화하거나 제로화함으로써 실제로 많은 CCTV카메라를 설치하여 운영하는 것만큼 또는 그 이상의 충분한 범죄안전 효과를 가져 올 수만 있다면 비용효과성이 크면서도 보다 바람직하고 자연친화적인 셉테드의 실현이 가능해질 것이라 생각한다. CCTV가 필요 없는 안전한 방범타운은 매우 이상적이라서 실현이 불가능한 것처럼 보이기는 하지만 최소한 그 목표와 방향은 올바르다는 점에 많은 셉테드 관계자들이 공감할 것으로 보인다.

이는 물론 방범카메라 무용론을 주장하는 것은 결코 아니다. 여전히 CCTV가 없이는 범죄위험 관리가 잘 안 되는 구도시 또는 신도시의 장소와 마을이 존재하고 있다. 더욱이 형사법에서 증거재판주의가 강화되는 추세에서 범죄자의 범죄행위와 관련된 확실한 물리적 증거(종종 증거능력이라 표현된)가 없으면 강력범죄자라도 처벌되지 않고 방면되어 나와 또다시 사회에 큰 위협 요소가 된다는 점, 그리고 범죄의 흉포화와 지능화로 경찰의 치안활동이 더욱 도전을 받고 있는 작금의 현실을 감안할 때, CCTV를 완전 배제하자는 주장은 어불성설이다. 그럼에도 불구하고 우리는 현재 영상감시 기술에의 지나친 의존현상을 재고해 보고 다양한 대안을 발굴할 필요가 있다는 것을 강조하고 싶다.

2. 2세대 셉테드가 강조하는 공동체 회복과 주민 간 유대

이것은 위에서 CCTV가 필요 없는 방범타운 조성이라는 방향에 긴밀하게 연결되는 부분이다. 즉, 지역주민 공동체의 회복과 이웃 간 유대 강화는 범죄라는 도시와 사회 문제에 대한 근본적인 해결책 중의 하나라는 점을 유념해야 할 것이다. 2세대 CPTED(Saville & Cleveland, 1997) 이론이 제시하는 것처럼 환경의 물리적인 변화만으로 범죄 혹은 범죄공포를 감소시키고자 하는 접근방식으로는 지역사회의 범죄 안전 문제를 개선하는 데에 한계가 있기 때문에 환경의 물리적 변화를 넘어 지역공동체의 사회적 유대(cohesion)와 공동체 의식(sense of community)의 고양을 통하여 비공식적인 범죄통제를 유도하는 것이 필요하다. 이를 위해 고전주의적인 범죄기회이론과 합리적 선택에 기초한 범죄자 모형과 같은 범죄인(offender) 중심의 접근은 물론, 보다 폭넓은 사회적 발전 프로그램의 요소인 주민 참여 행정, 청소년 활동 장려, 도시민들의 모임 공간 확대 등을 추가시킬 필요가 있다. 이를 통하여 지역사회 내에서의 사회적·경제적·정치적인 상호작용을 활성화되어 보다 효과적이고 민주적인 정책 및 제도가 될 것이다.

다만 새로운 유형의 안전 디자인 전략들은 그러한 주민참여와 자위방범활동, 도시민 간의 교류를 활성화하는 데 큰 도움을 줄 수 있음을 확인하는 사례들이 점차 증대되고 있다. 서울시 마포구 염리동의 경우 마을 안전도 개선을 위한 셉테드 사업에 주민들의 참여와 헌신이 절실히 필요했었는데 기업에서 페인트와 방범CCTV를 기증하였고 추가적인 예산이 없어서 주민들이 사는 집 담장에 자신들이 직접 페인트 칠을 해야 하는 상황에서 주민들이 공감하고 직접 페인트칠을 하고 더 나아가 방범순찰활동도 자율적으로 조를 짜서 하는 변화된 모습을 보이기 시작하였다. 그러면서 오랫동안 서로 잘 모르는 이웃주민들끼리 대화를 나누기 시작하고 교류의 터전을 마련하게 되었다고 한다(서울시, 2013). 물론 이러한 주민들 간의 결속과 유대가 활성화되는 것은 여러 주체가 설득과 협의라는 과정을 거치지 않으면 쉽게 이루어지기 어려울 것 같다. 먼저 이러한 사업에 대한 필요성과 중요성을 인식하는 정치적인 철학이 바탕이 되어 지자체, 경찰 등 공공기관에서 이 사업을 추진할 수 있는 기반을 갖추어야 한다. 즉 예산을 편성하고 담당 부서를 지정하여 사업을 기획하고 주민들의 동의를 구하는 등 관공서의 노력만으로는 부족하므로 예산이 부족한 부분은 기업이나 단체 등에서 후원하고 대상 지역의 주민들이 적절히 참여할 수 있도록 담당 공무원들이 주민들을 적극적으로 설득해서 공감하고 따를 때 사업이 제대로 실현될 수 있는 것이다.

따라서 2세대 셉테드의 방식은 크게 2가지로 볼 수 있다고 생각되는데, 그것은 주민들의 순수하게 자발적인 방식에 의한 셉테드 프로그램과 관이나 제3자의 개입을 통한 셉테드 프로그램이다. 그러나 어떤 방식이든 물리적인 환경의 미화나 개선이라는 하드웨어적인 요소를 완전히 배제한 2세대 셉테드는 더 이상 셉테드라고 표현하긴 힘들 것으로 생각된다. 물론 셉테드를 실천하기 위한 과정에서 존재하는 주민들과의 협의와 논의, 주민들에 대한 상담과 설득 등 소프트웨어적인 요소들은 당연히 셉테드 실현에 필요한 요소들이다. 그렇지만 CPTED에서의 환경(Environment)이 물리적 환경 외에 사회적 환경도 포함하는 폭넓은 개념으로서 세계적으로 합의되지 않는 한 순수한 청소년 상담과 같은 요소들은 범죄사회학이나 심리학 등 다른 학문이나 실무의 영역과 지나치게 중복이 되어 혼란을 초래할 수 있다. 따라서 2세대 셉테드의 경우라도 사회적 유대와 주민 교류의 강화라는 방향이 조금이라도 물리적 환경 개선에 연계되거나 기초해서 해석되고 개념정의되어야 그러한 혼란을 최소화할 수 있을 것이라고 생각한다. 더욱이 사회적 환경(social environment)을 다루는 전통적인 범죄예방론에서 물리적 환경(physical environment)을 개선하는 범죄예방론으로의 전환이 CPTED라고 용어정의한 Ray Jeffery의 의도와는 너무 다른 방향으로 갈 수 있기 때문이다.

따라서 1세대 셉테드와 2세대 셉테드의 구분은 바로 주민 참여와 주민 주도라는 요소이며 2세대 셉테드의 장점은 주민이라는 소비자/고객 지향의 맞춤형 방식이라는 점으로서 소비자의 수요에 부응하는 접근방식이 그러한 요소가 상대적으로 부족한 1세대 셉테드에 비하여 더 나은 성과와 관계자 만족도를 창출할 수 있는 것이다.

그림 9-2 주민공동체의 셉테드에의 참여

출처: 좌측은 서울시(2013), 우측은 moera9507.tistory.com(부산시)

3. 상식과 아이디어의 승리

최근 교육부를 통해서 학교 셉테드 시범사업을 추진한 바 있는데 면접조사한 교육개발원의 담당 연구원에 의하면 그 사업의 추진 과정에서 소위 셉테드 전문가집단이 시범사업 대상 학교를 방문하여 자문회의를 통해 학교 담장 설치를 통한 접근통제에 대한 여러 가지 아이디어 제안을 한 바 있다고 한다. 그런데 재미있는 부분은 최종적으로 가장 합리적인 아이디어를 발굴해 낸 것은 셉테드 전문가가 아닌 학교 선생님들이었다. 즉, 과거 정부의 담장허물기 사업에 따라 없어진 학교 담장을 다시 세우는 것에 대해 지역주민들의 반감이 많았는데 그럼에도 불구하고 셉테드 차원에서 접근통제 요소를 적용해야만 하는 딜레마의 상황에서 학교 내 교사들이 수차례 아이디어 회의를 통하여 짜낸 대안은 1미터 폭의 낮은 장미 생울타리 설치였다.

윈윈의 결과를 도출한 이유는 주민들도 낮고 아름다운 장미울타리에 대해서는 특별히 반대할 명분이 없었고 오히려 미관이 개선되는 것이므로 환영하였고, 다만 1미터의 폭을 유지함으로써 뛰어넘어 침입하는 것은 매우 곤란하도록 계획하여 접근통제가 자연스럽게 반영될 수 있었던 것이다. 철제 펜스보다 훨씬 저렴하며 미관도 더 아름답고 많은 이해관계자들이 수용하는 안을 도출해 낸 것은 범죄과학자나 건축사, 조경사와 같은 전문가가 아닌 현업에 종사하는 학교 교사들이었던 것이다. 또 다른 사례는 <그림 9-3>과 같이 매우 단순하지만 상식적인 학교 교장실이나 교무실, 또는 교실의 셉테드 디자인 모습이다. 광폭의 매우 개방적 유리창을 설치하여 학생, 교사, 교장 사이에 칸막이가 사라지는 효과를 유발함으로써 상호 신뢰와 돌봄의 미학과 기능이 조성되는 환경이라 할 것이다.

그림 9-3 인천시 장서초등학교의 유리벽 설치로 가시성이 높은 교장실

출처: 2021년 미국/한국 범죄학 공동학술대회 자료집(2021. 10.22 줌 컨퍼런스)

이 단적인 예가 시사하는 것은 단지 학교에만 이러한 아이디어의 발굴과 적용이 가능한 것이 아니고 모든 공간환경에 적용될 수 있으며 현업의 직접적인 이해관계인들이 가장 적절하고 합리적이며 경제적인 셉테드 해결안을 찾아낼 수 있음을 반증한다. 여기서 전문가들은 그러한 아이디어를 직접 찾아내 주기보다는 도출을 하도록 자극하고 독려하는 촉매제 역할을 하는 것이다. 따라서 앞으로는 셉테드 관련 전문가에게만 아이디어를 의지하고 기대는 것보다는 셉테드의 성패를 결정하는 요소로서 현장의 관계인들의 해결책에 대한 관심, 참여, 의지가 더욱더 요구된다 할 수 있다.

4. 미래 범죄과학의 역할

제1장에서 범죄과학의 개념과 범위에 대하여 논하였듯이 셉테드는 학회나 학계에서 학문적인 접근을 하기 위해서는 '셉테드학'이라는 용어보다는 범죄과학이라는 용어가 더 적절할 것으로 보인다. 셉테드는 범죄과학이라는 보다 기초적이고 본질적

인 학문의 한 응용학적 용어와 분야로 이해한다면 더 쉽게 납득될 수 있을 것이다. 왜 냐하면 CPTED는 1971년에 미국의 Ray Jeffery라는 범죄사회학자가 저술한 책의 제목 이며 그는 사회적 환경에만 집중하던 당시의 사회학자와 범죄학자들의 범죄대책에의 접근방법을 비판하는 차원에서 물리적 환경 개선이라는 방범대책을 강조하면서 그 용 어를 제시하고 탄생시킨 것인데 이것이 하나의 학문으로 이해되기에는 너무 그 체계 와 근거가 부족하기 때문이다. 따라서 우리는 범죄과학의 틀과 철학 안에서 셉테드를 논해야 할 것이다.

그러면서도 중요한 것은 범죄과학이 공학, 디자인, 생태학, 물리학, 범죄학, 커뮤 니케이션, 인공지능 등 다양한 과학과 기술을 기초로 범죄의 탐지와 예방 역량을 강 화하고 사람들의 안전감을 높여주는 학문이기 때문에 엄격한 가설설정을 통하여 실험 하여 검증된 접근방법을 활용해야 한다는 것이다. 또한 범죄과학은 범죄의 현실적인 본질에 대해 실질적인 설명이 가능해야 하고, 범죄예방에 가시적인 기여가 되어야 하 며 범죄자에 대한 수사와 체포를 통한 사법정의 실현에도 도움을 주면서 동시에 실질 적으로 범죄와 두려움을 줄여주어야 할 것이다. 이것이 셉테드라는 개념이 범죄과학 이라는 적절한 우산 아래에서 더욱 건전하고 바람직한 방향으로 진화하고 발전해 나 가는 중요한 초석이 될 것이라고 믿는다.

참고문헌

1. 국내 문헌

2009 단체표준 총람, 한국표준협회

강은영 외(2010), 범죄예방을 위한 환경설계 제도화 방안(3): 학교 및 학교주변 범죄예방을 중심으로, 한국형사정책연구원.

경찰청(2005), 「환경설계를 통한 범죄예방(CPTED) 방안」, 서울: 대한피엔디

경찰청(2008), 환경설계를 통한 범죄예방 방안 연구, 경찰청 국외훈련(캐나다 필지방경찰청) 결과보고서

국토해양부(2010), 건축물 테러예방 설계가이드라인

권철신, 박준호, 장동훈(2003) 로드맵의 표현방식과 작성절차에 대한 이론적 고찰, 한국경영과학회/대한산업공학회 2003 춘계공동학술대회

김동복, 김성환(2010) 적극적 시민참여활동을 위한 Third Party Policing의 도입방안, 한국콘텐츠학회, 한국콘텐츠학회논문지 10(12)

김태균(2011), '여성이 안전한 도시, 서울'. 동작구 여성정책포럼 자료집. 동작구청.

김태환2000), 위험성평가 방법 개론에 관한 연구, 한국화재소방학회, 한국화재소방학회지, 제1권 제3호, page(s): 2−5

김흥순(2007), "非性別的 도시의 모색: 도시환경요소가 주는 잠재적 범죄위협에 대한 여성인식의 고찰."「국토계획」. 42(1)

대검찰청(2005), 범죄통계

대검찰청(2015), 범죄분석

박경래, 김수동, 최성락, 이종한(2010), 범죄 및 형사정책에 대한 법경제학적 접근(2) −범죄의 사회적 비용 추계, 한국형사정책연구원 연구총서.

박경래, 최인섭, 강용길, 박현호, 박성훈(2012), 범죄유발 지역 공간에 대한 위험성 평가도구 개발 적용 및 정책대안에 관한 연구. 1, 한국형사정책연구원 연구총서

박미은(2010), 사회복지 위험관리의 이해, 집문당

박현호(2007), 한국적 '환경설계를 통한 범죄예방(CPTED)'의 기술적, 제도적 발전방향 연구. '경찰과 사회'. 경찰대학. 대한문화사

_____(2007b), 안전관리론, 대한피엔디, 서울.

_____(2007a), 자치경찰제도 도입에 따른 한국의 일선 경찰서비스 개선 방안 연구 − 일선 경찰관 설문조사 분석을 중심으로, 「한국경찰연구」. 6(1): 35−78.

_____(2009), 근거이론에 기초한 환경설계를 통한 범죄예방(CPTED) 표준화의 질적 연구: CPTED 유럽표준의 분석과 국내 표준화의 발전방향을 중심으로, 한국공안행정학회보, 제34호

_____(2011), 한국의 CPTED 인증체계 발전방안 연구, 경찰학연구, 제11권 제2호 통권 제26호.

_____(2013), 방범하드웨어의 침입범죄 저항성능 시험·인증 체계에 관한 모형 연구, 한국경호경비학회지, 제36호, 255-292

_____(2016) 외국의 침입범죄 예방환경 조성을 위한 체계, 정책이슈 4, 건축과 도시공간. Vol 21.

범죄과학연구소(2016) 대형마트 주차장 시설진단 척도 및 인정기준 연구, 경찰청 용역연구보고서

박현호, 강소영(2010), CPTED 활성화를 위한 범죄영향평가의 법제화 방안: 한국 환경영향평가법과 호주 환경계획평가법(EPAA)의 비교법적 고찰. 한국공안행정학회보. 제39호. 77-111.

박현호, 강용길, 정진성(2010), 범죄예방론, 경찰대학. pp. 45-47.

박현호, 황영선, 김동근(2011), WDQ분석을 통한 CCTV의 범죄전이 연구 - 광명시 사례 중심으로, 한국경찰연구 제9권 제1호.

방범성능이 높은 건물 부품의 개발·보급에 관한 민관 합동 회의(2004), 방범 성능이 높은 건물 부품의 개발·보급의 앞으로의 방향「防犯性能の高い建物部品の開発·普及の今後の在り方」

범죄과학연구소[용인대학교 산학협력단](2011), 범죄예방 환경 조성을 위한 방범자재 표준화 및 보급확산, 지식경제 기술혁신사업 중간보고서.

범죄과학연구소[용인대학교 산학협력단](2009), 혁신도시 범죄예방환경설계(CPTED) 최종 보고서, 국토해양부, 한국토지공사, 대한주택공사.

법무연수원(2012), 범죄백서

서울시(2008), 서울여성백서, 여성정책과.

서울시(2013), 범죄예방 디자인 프로젝트, 대주제 '여성과 아동이 안전한 사회를 위한 CPTED 및 범죄예방', 한국셉테드학회 추계학술세미나 발표자료집, 2013. 11. 7

서울특별시 균형발전본부(2009), 서울시 재정비촉진 사업 "범죄예방환경설계(CPTED)" 지침. 서울시.

신의기, 박경래, 정영오, 김걸, 박현호, 홍경구(2008), 범죄예방을 위한 환경설계의 제도화 방안(Ⅰ), 연구총서, 형사정책연구원, p. 59.

용인대학교 범죄과학연구소(2013), 방범인증제 국내 도입 모형 개발 및 법제화, 경찰청 용역연구보고서

유제설(2010), 법과학대학원 도입에 관한 연구, 사회과학연구 제16권 제2호. p. 360.

윤혁경, 건축법·조례 해설(2007), 기문당

이민식, 박현호, 환경설계를 통한 방범프로그램(CPTED)의 효과분석 연구, 치안논총 제24집, 2008, pp.263-392.

이상수(2013) 사회안전망 구축을 위한 치안협력 네트워크의 활성화 방안, 국회 박성효 의원실 주최 토론회 발표자료집, 2013, 6. 20.

_____(2013a), 위례신도시 지역안전협력 거버넌스 확립, 어떻게 할 것인가? 한국행정학회, 경찰발전연구회와 토지주택연구원 공동세미나 발표자료집, 2013, 6. 20.

조영진, 김서영, 박현호(2016) 효과적인 CPTED를 위한 범죄위험평가의 도구 및 항목, 치안정책연구 제30권 제3호.

치안정책연구소(2016) 2016 치안전망, 국립경찰대학

파버비렌(1985), 색채심리, 동국출판사

표창원(2003), CPTED(환경설계를 통한 범죄예방)이론과 premises liability(장소 소유·관리자의 법적 책임)에 대한 고찰, 한국경찰연구 제1권 제2호, pp. 81−100

한국도시설계학회(2007), 행정중심복합도시 지구단위계획수립 및 통합이미지 형성을 위한 총괄관리 용역 상세계획: 안전한 도시 조성계획 보고서

한국행정연구원(2009), 안전도시 도입 필요성 및 향후 추진방안. 안전한 나라, 안전도시 정책 세미나 자료집.

행정안전부(2010), 안전도시사업 운영 설명서. 안전도시정책국

황정연(2007), "[특별기고] 재난관리 시스템 표준화"「파이낸셜뉴스」, 7. 23: 12.

KS A 8800(2008) 범죄예방환경설계(CPTED)−기반표준, 지식경제부 기술표준원

2. 해외 문헌

ABI, "Securing the Nation − the case for safer homes", 2006, p.23.

ACPO Secured by Design (2010) New Homes. London: ACPO Secured by Design.

ACT Department of Urban Services & Planning and Land Management (2000), 「Crime Prevention and Urban Design Resource Manual」, Australia, p12

AGIS − Action Safepolis 2006−2007 Planning Urban Design and Management for Crime Prevention Handbook

Ainsworth, P.B. (2002) Psychology and Policing, London: Willan Publishing

An Evaluation of the Secured by Design Initiative in Gwent, South Wales(미발간 내부자료).

Armitage, R. & Monchuk, L. (2009) Re-evaluating Secured by Design (SBD) Housing In West Yorkshire, A PROJECT IN PARTNERSHIP WITH WEST YORKSHIRE POLICE AND ACPO SBD

Armitage, R. (2006) 'Predicting and Preventing: Developing a Risk Assessment Mechanism for Residential Housing' Crime Prevention and Community Safety: An International Journal. 8(3) pp.137−149.

Armitage, R., Colquhoun, I., Ekblom, P., Monchuk, L., Pease, K. and Rogerson, M. (2010) Residential Design and Crime Final Report. Huddersfield: University of Huddersfield.

Armitage, R., Monchuk, L. and Rogerson, M. (2011) 'It Looks Good, but What is it Like to Live There? Exploring the Impact of Innovative Housing Design on Crime' European Journal on Criminal Policy and Research, 17 (1), pp. 29−54.

Atlas R. (2008) 21st Century Security and CPTED, CRC Press

Beaton, A., Cook, M., Kavanagh, M. And Herrington, C. (2000) 'The Psychological Impact of Burglary' Psychology, Crime and Law, 6, (1) pp. 33−43.

Beck, U. (1992) Risk Society: Towards a New Modernity. New Delhi: Sage Publications.

Brand, S. & Price, R. (2000) The economic and social costs of crime, Home Office Research Study 217.

Brown, B. and Harris, P. (1989) 'Residential Burglary Victimization: Reactions to the Invasion of Primary Territory' Journal of Environmental Psychology, 9, pp. 119 – 132.

Buerger ME & Green Mazerolle L 1998. Third party policing: a theoretical analysis of an emerging trend. Justice quarterly 15(2): 301 – – 328

Buerger ME & Green Mazerolle L 1998. Third party policing: a theoretical analysis of an emerging trend. Justice quarterly 15(2): 301 – – 328

Burrel, J. & Fischer, S (2007) Angell Town, Brixton Addressing the specific challenges of postwar estates, AJ conference proceeding, London

Cetnum Criminaliteitspreventie Velligheld(CCV), The Police Marque Secured Housing, Alg Presentatie PKVW, 2011.

Cheong, J. (2008) Neighborhood Disorder, Dilapidated Housing, and Crime: Multilevel Analysis within a Midsized Midwestern City Context. Dissertation, Ph. D. Michigan State University.

City of Kitchener(2010) Implementing CPTED in the Site Plan Process, NICP CPTED Training Conference, November 9 – 11, Crown Plaza San Antonio Riverwalk San Antonio, Texas.

City of Kitchner Urban Design Manual 7.0 CPTED.

City of Melbourne·Victoria Police, Melbourne Car Park Accreditation Scheme, 2009. www.melbourne.vic.gov.au

Clancey, G (2011b) 'Are we Still 'Flying Blind'? Crime Data and Local Crime Prevention in New South Wales'. Current Issues in Criminal Justice. 22(3) pp. 491 – 500.

Clancey, G, Lee, M and Fisher, D (2011) 'Do Crime Risk Assessment Reports Measure Crime Risks?' Current Issues in Criminal Justice. 23(2) pp. 235 – 254.

Clancey, G. (2011a) 'Crime Risk Assessments in NSW'. European Journal on Criminal Policy and Research 17(1) pp. 55 – 67.

Clarke, R. & Eck, J. (2003) Become a Problem Solving Crime Analyst in 55 small steps. London: Jill Dando Institute of Crime Science.

Clarke, R. (1992) Situational Crime Prevention, New York: Harrow and Hest

Clarke, R.V.G. (2001) Crime Prevention Through Environmental Design. Paper presented on EU conference in Sündsvall, Sweden.

Coleman, A. (1985) Utopia on Trial. London: Hilary Shipman.

Colquhoun, I.(2004)Design Out Crime, creating safe and sustainable communities, UniversityofHull.Hull.

Cornish. D. & R. V. Clarke, (2003). "Opportunities, precipitators and criminal decisions: A reply to Wortley's critique of situational crime prevention" In M. Smith & C.B. Cornish(Eds.) "Theory for situational crime prevention", Crime prevention studies, Vol.

16, Monsey, NY and Cullompton, Devon, UK: Criminal Justice Press: pp. 41−96.

Cornish. D., & R. V. Clarke, (1987), "Understanding crime displacement: An application of rational choice theory." Criminology vol 25 no. 4: pp. 933−948.

Corrective Services NSW (2010) Annual Report 2009−2010. Sydney.

Council of Europe's Congress of Local and Regional Authorities of Europe (CLRAE; 1997)

Cozens, P., Saville, G. and Hillier, D. (2005) 'Crime Prevention through Environmental Design (CPTED): A review and modern bibliography. Property Management. 23(5) pp. 328−356.

Crowe, T.D(2000), Crime Prevention Through Environmental Design, MA, Butterworth−Heinemann

DCLG (2009) World Class Places: The Government's Strategy for improving quality of place. London: DCLG.

DCLG (2012) National Planning Policy Framework. London: DCLG.

Department of Urban Affairs and Planning (DUAP) (2001) Crime prevention and the assessment of development applications: Guidelines under section 79c of the Environmental Planning and Assessment Act 1979 (NSW). Sydney: DUAP.

Eck, J. E. & Weisburd, D. (1995) Crime Places in Crime Theory. In J. Eck & D. Weisburd (Eds.), Crime and Place. Monsey, NY: Criminal Justice Press and Police Executive Research Forum

European Commission (2007) Planning urban design and management for crime prevention handbook, Directorate−General Justice, Freedom and Security

Farrell & Pease(2009) The Carbon Cost of Crime and Its Implications, Research Report by Jill Dando Institute of Crime Science.

FDE(2003). Florida Safe School Design Guidelines. Florida Department of Education.

Federal Department of Town and Country Planning, Ministry of Housing and Local Government Malaysia(2010) Safe City Booklet.

Gamman, L. & Pascoe, T. (2004) Design Out Crime? Using Practice−based Models of the Design Process, Crime Prevention and Community Safety: An International Journal, 6 (4), pp 9−18

Gill, M. (ed.) (2003) CCTV, Perpetuity Press, Leichester.

Glasgow Housing Association: Evaluation of Secured by Design Installations in GHA Communities, 2005.

Greater Manchester Police (2012) Crime Impact Statement: River Street, Manchester, Aparthotel, Design For Security Consultancy (DFSC)

Gurran, N. (2007) Australian Urban Land Use Planning: Introducing Statutory Planning Practice in New South Wales, Sydney: Sydney University Press.

Harada, Y., S. Yonezato, M. Suzuki, T. Shimada, S. Era, and T. Saito (2004). Examining Crime Prevention Effects of CCTV in Japan. Paper presented at the American Society of Criminology Annual Meeting, Nov. 17−20, Nashville, Tennessee.

Hess, K. M. (2009) Introduction to Private Security (5th ed.), Wadsworth Sengage Learning, p. 121.

Hess, M. K. (2009) Introduction to Private Security (5th ed.), Wadsworth Cengage Learning.

HM Treasury (2010) Spending Review 2010. London: HMSO.

HMSO (1998) Crime and Disorder Act 1998. London: HMSO.

Home Office, An Evaluation of Secured by Design in West Yorkshire, 2000.

Howard, P. (2006) The Offender Assessment System: An evaluation of the second pilot (Home Office Research Findings 278)

[online]Available at: http://www.homeoffice.gov.uk/rds/pdfs06/r278.pdf[Accessed 01 September 2012].

Hsu, C−I.; Caputi, P. & Byrne, M.K. (2009) 'The Level of Service Inventory − Revised (LSI−R): A Useful Risk Assessment Measure for Australian offenders?' Criminal Justice and Behavior. 36 (7), pp. 728−740.

ISO 31000 Risk Management

Jeffery, C. Ray. (1971). Crime Prevention Through Environmental Design. Beverly Hills, CA: Sage Publications.

Johnston, L. and Shearing, C. (2003) Governing Security, London: Routledge

Jongejan, Armando, Urban Planning in the Residential Environment using The Dutch 'Police Label Secure Housing, Amsterdam, the Netherlands 14th edition. 2008: 4−6.

Kitchen, T & Morton, C. (2005) Crime Prevention and the British Planning System: Operational relationships between planners and the police. Planning Practice and Research. 20 (4), pp. 419−431.

Laycock, G (2005), "Definging crime Science", in Crime Science: New approaches to preventing and detecting crime, Smith, M. J. and Tilley, N. (ed.) Willan Publishing,

Leanne Monchuk, (2011) "The way forward in designing out crime? Greater Manchester police design for security consultancy", Safer Communities, Vol. 10 Iss: 3, pp.31 − 40.

Lentz, S.A., and Chaires, R.H., (2007) The Invention of Peel's Principles: A Study of Policing 'Textbook' history. Journal of Criminal Justice, 35, 69−79.

Lismore City Council(2000), 「Development Control Plan No. 43 − Crime Prevention Through Environmental Design」

Ló pez, M., Veenstra, C., van der Eijk, E. and Seuren, E. (2010) Een veilige wijk, een veilig gevoel? Den Haag: RCM − advies/Experian Nederland.

Local Housing Delivery Group (2012) A review of local standards for the delivery of new homes.

[online] Available at: http://www.local.gov.uk/c/document_library/get_file?uuid=af9c09aa−4dfa−4811−

Maguire, M. (1980) 'The impact of burglary upon victims' British Journal of Criminology, 20, pp. 261−275.

Malone, K. (2001) 'Children, youth and sustainable cities' (editorial special issue), Local Environment, 6 (1): 5-12.

McCamley, P. (2002) Minimising Subjectivity: A new Risk Assessment Model for CPTED, The CPTED Journal, vol 1 (1).

Merry, S. F. (1981). Defensible Space Undefended: Social Factors in Crime Prevention through Environmental Design. Urban Affairs Quarterly, 16: 397−422

Miller, Ted R., Mark A. Cohen, and Brian Wiersema. 1996. Victim costs and consequences: A new look. Research Report. NCJ 155282. Washington, D.C.: U.S. Department of Justice, National Institute of Justice

Minnery, J. R. & Lim, B. (2005) Measuring Crime Prevention through Environmental Design, Journal of Architectural and Planning Research, Vol. 22, No. 4, 330−338.

Moffat, R. (1983) 'Crime prevention through environmental design − a management perspective' ,Canadian Journal of Criminology, Vol. 25 No. 4, pp. 19−31

Monchuk, L (forthcoming) Mainstreaming Designing out Crime? Assessing the impact of Greater Manchester Police Design for Security Consultancy. Huddersfield: University of Huddersfield.

Monchuk, L. and Clancey, G. (2013) 'A Comparative Analysis of Crime Risk Assessments and their Application in Greater Manchester and New South Wales', Built Environment, 39 (1), pp. 74−91. ISSN 02637960

Monchuk, Leanne and Clancey, Garner (2013) A Comparative Analysis of Crime Risk Assessments and their Application in Greater Manchester and New South Wales. Built Environment, 39 (1). pp. 74−91

National Crime Prevention Institute(1986) Understanding Crime Prevention. Louisville, KY: National Crime Prevention Institute, School of Justice Administration, University of Louisville.

NCPC (2003) Crime Prevention Through Environmental Design − Guidebook, National Crime Prevention Council, Singapore.

New South Wales Government (2012) Population Estimates. [online] Available at: http://www.business.nsw.gov.au/invest−in−nsw/about−nsw/people−skills−and−education/population−estimates

NICP CPTED Advanced Course Manual(2008)

NICP CPTED Advanced Course Manual(2008). CPTED Advanced Course 중 New Urbanism 파트.

NSW Police Force (2007) Crime Risk Assessment: Safer by Design, New South Wales, Australia

O'Malley, P. (2010) Crime and risk. Los Angeles: Sage Publications.

ODPM (2004) Safer Places − The Planning System and Crime Prevention. London: HMSO.

ODPM (2005a) Planning Policy Statement 1: Delivering Sustainable Development. London: HMSO.

ODPM (2005b) Best Practice Guidance on the Validation of Planning Applications. London: HMSO.

Office of Crime Prevention & Office for Women's Policy (2004), 「Safer Design Guidelines Stage5」, City of Perth, Australia, p9

Office of the Deputy Prime Minister & Home Office (2004), 「Safer Places − The Planning system and Crime Prevention」, UK, p11

O''Malley, P., & Hutchinson, S. (2007). Reinventing prevention. Why did 'crime prevention' develop so late? British Journal of Criminology, 47(3), 373−−389.

Ortmeier, P.J. (2002) Security Management : An introduction. NJ : Prentice Hall

Park, Hyeonho, Kyeongrae Park, Seung Yup Baek(2012) Risk assessment of Street Crime for Systematic Crime Reduction, Asian Criminological Society 4th Annual Conference, Seoul.

Paul van Soomeren (2008) Tackling crime and fear of crime by urban planning and architectural design, International CPTED Conference, Seoul, Korea.

Pawson, R. and Tilley. N., "What Works in Evaluation Research?" British Journal of Criminology. Vol 3. No. 3. pp291−306, 1994.

Pease, K. & Gill, M. (2011) Home security and place design: some evidence and its policy implications. Leicester: Perpetuity Group.

Porteus, J. (1977) Environment and Behavior. Reading, MA: Addison Wesley.

Poyner, Barry (1983), 「Design Against Crime: Beyond Defensible Space」, Butterworths, London.

Roman & Farrell,(2002) "Cost−Benefit Analysis for Crime Prevention: Opportunity Costs, Routine Savings and Crime Externalities", Crime Prevention Studies, volume 14, pp.56−57.

Safe Growth and CPTED in Saskatoon (2010), Crime Prevention Through Environmental Design Guidelines

Safe Growth and CPTED in Saskatoon (2010), Crime Prevention Through Environmental Design Guidelines: An Illustrated Guide to Safer Development in Our Community. City of Saskatoon.

Salford City Council (2011) Salford City Council Validation Checklist. [online] Available at: http://www.salford.gov.uk/d/Validation_Checklist.pdf [Accessed 01 September 2012].

Sansone, C.; C. C. Morf, A. T. Panter (2003). The Sage Handbook of Methods in Social Psychology. Sage.

Saville, G. & Cleveland, G. (1998) Second generation CPTED: An antidote to the social Y2K virus of urban design. Paper presented to the 3rd International CPTED Association Conference. Washington DC, 14−16 December.

Saville, G. & Cleveland, G. (2008) Second−generation CPTED: The Rise and Fall of Opportunity Theory. In: Atlas (ed.) 21st Century Security and CPTED: Designing for Critical Infrastructure, Protection and Crime Prevention. Florida: Taylor and Francis.

Saville, G. and Cleveland, G. (1997a). Generation CPTED: An Antidoteto the Social Y2K Virus of Urban Design. Paper presented at the 2nd Annual International CPTED Conference, Orlando, Florida, December 3−5 [www.cpted.net].

Saville, Greg & Gerry Cleveland. 1997. 2ND GENERATION CPTED: An Antidote to the Social Y2K Virus of Urban Design

Schneider, R. H. & Kitchen, T. (2007) Crime Prevention and the Built Environment. London: Routledge

Sherman, L. W. & Weisburd, D. (1995). General Deterrent Effects of Police Patrol in Crime Hot Spots: A Randomized, Controlled Trial. Justice Quarterly, 12: 625−648

Simon, J. (2007) Governing through Crime: how the war on crime transformed American democracy and created a culture of fear. Oxford: Oxford University Press.

Smith, M. J. and Tilley, N. (2005), Crime Science: New approaches to preventing and detecting crime, Willan Publishing: London.

Stefanie Fischer & John Burrell(2007) Angell Town, Brixton Addressing the specific challenges of postwar estates, Archtect's Journal Conference 'Designing Safer Environments', London, 13th November 2007.

Stockport Council (2011) Application Validation Checklist. [online] Available at:

Strutton(2010) CPTED in the United Kingdom − Is the UK getting it right?, 한국셉테드학회 창립 기념 학술대회, 3월 18일 서울코엑스.

Tameside Council (2011) List of Required Information for Planning Applications. [online] Available at: http://www.tameside.gov.uk/planning/consultation/locallistplanningapplications [Accessed 01 September 2012].

Thomspon, A.P. and Putnins, A.L. (2003) 'Risk−need assessment inventories for juvenile offenders in Australia', Psychiatry, Psychology and Law, Vol. 10, No. 2: 324−333.

Tseloni, A., Thompson, R., Grove, L., Tilley, N., & Farrell, G. (2014). The effectiveness of burglary security devices. Security Journal. 1(19).

UNICRI(2011) Improving Urban Security through Environmental Design: New Energy for Urban Security.

Victorian Department of Sustainability and Environment (2005) Safer Design Guidelines for Victoria. Melbourne: Department of Sustainability and Environment.

Walklate, S & Mythen, G. (2011) 'Beyond risk theory: Experiential knowledge and 'knowing otherwise'' Criminology and Criminal Justice. 11 (2), pp. 99−113.

Williams, F. P. & McShane, M. D. (2003). Criminological Theory. Upper Saddle River, NJ: Pearson Prentice Hall

Wilson J and Kelling G 1982 The Police and Neighbourhood Safety. 'Broken Windows'. The Atlantic Monthly. Volume 3, pp29−38.

Winchester, S & Jackson, H. (1982) Residential Burglary: The Limits of Prevention, Home Office Research Study Number 74. London: Home Office.

Wootton, A., Marselle, M., Davey, C., Armitage, R., & Monchuk, L. (2009) NPCPS:

Implementation Planning Research Project. Salford: Design Against Crime Solution Centre, Salford University.

Yang Xiaowen (2006) 'Exploring the Influence of Environmental Features on Residential Burglary Using Spatial−Temporal Pattern Analysis

安全ではまちづくり關係省庁協議會, 安全ではまちづくり, 2003

3. 참고 웹사이트

[과학용어사전] http://www.scienceall.com
[국가표준종합정보센터] www.standard.go.kr, 2008. 12. 24.
http://www.saskatoon.ca
http://blog.naver.com/21segistar?Redirect=Log&logNo=80072381695
http://blog.naver.com/21segistar?Redirect=Log&logNo=80072381695
http://cafe.naver.com/ic114/240
http://cafe.naver.com/safetymap.cafe?iframe_url=/ArticleRead.nhn%3Farticleid=62&
http://en.wikipedia.org/wiki/Building_code
http://en.wikipedia.org/wiki/Operations_research.
http://majorprojects.planning.nsw.gov.au
http://terms.naver.com/entry.nhn?docId=499768
http://urban.seoul.go.kr
http://www.abi.org.uk/BookShop/ResearchReports/Securing%20the%20Nation%20July%202020
    06.pdf
http://www.business.nsw.gov.au/invest−in−nsw/about−nsw/people−skills−and−educat
    ion/populationestimates [Accessed 26 September 2012]
http://www.cen.eu/cen/Sectors/TechnicalCommitteesWorkshops/CENTechnicalCommittees/
    Pages/TC
http://www.cityofseatac.com/mcode/ordinances/03−1033.htm
http://www.hg−times.com/news/articleView.html?idxno=22427
http://www.holzforschung.at
http://www.jdi.ucl.ac.uk/about/crime_science/index.php
http://www.kab.or.kr
http://www.kitchener.ca
http://www.mltm.go.kr
http://www.ncpc.gov.sg/pdf/CPTED%20Guidebook.pdf
http://www.northamptonshire.gov.uk/NR/rdonlyres/B6A8E7D9−0522−4B36−80EE−6991
    D43E0650   /0/SPGFinalFullyAdoptedFeb04.pdf
http://www.northumbria.ac.uk/?view=CourseDetail&code=UUSCRIM1&page=module&mo
    d=GE0253
http://www.odpm.gov.uk/embedded_object.asp?id=1144724
http://www.police.nsw.gov.au/community_issues/crime_prevention/safer_by_design

http://www.politiekeurmerk.nl/downloads

http://www.publicbroadcasting.net/wuky/news/news.newsmain/article/1/0/1703661/
    UKY.Local.News/Lexington.Police.Want.Buildings.to.be.

http://www.saiglobal.com/PDFTemp/Previews/OSH/as/as5000/5000/5039－2008.pdf

http://www.saiglobal.com/PDFTemp/Previews/OSH/as/as5000/5000/5039－2008.pdf

http://www.security－int.com/companies/loss－prevention－certification－board－lpcb.asp

http://www.skg.nl/en/certification/skg－komo－quality－mark.html

http://www.smartgrowthvermont.org/toolbox/tools/overlaydistricts/

http://www.spacesyntax.org/

http://www.stockport.gov.uk/2013/2994/developmentcontrol/31015/validationchecklist2011
    [Accessed 01 September 2012].

http://www.tuer－tor－report.com/index.php?mact＝News,cntnt01,print,0&cntnt01articleid
    ＝258&cntnt01showtemplate＝false&cntnt01returnid＝322

http://www.veilig－ontwerp－beheer.nl/netwerk/e－doca

http://www.welfarenews.net

http://www.welfarenews.net/news/articleView.html?idxno＝28086

http://www.winkhaus.de

International Stnadard Organization (ISO) ISO 31000 catelogue

http://www.iso.org/iso/catalogue_detail.htm?csnumber＝43170 참고

Secured.By.Design

www.cbl.or.jp

www.designagainstcrime.com

www.mlit.go.jp

www.saskatoon.ca/DEPARTMENTS/City%20Clerks%20Office/Civic%20Policies/Documents/A
    09－034.pdf

www.saskatoon.ca/DEPARTMENTS/City%20Clerks%20Office/Civic%20Policies/Documents/A
    09－034.pdf

www.securedbydesign.com/pdfs/SbD_Focus_Corporate.pdf

www.segye.com

www.tuer－tor－report.com/index.php?mact＝News,cntnt01,print,0&cntnt01articleid＝258&c
    ntnt01

사이버경찰청 www.police.go.kr

재단법인 전국방범협회연합회 홈페이지 www.cbl.or.jp/info/221.html.

부록

1. 건축물의 범죄예방설계 가이드라인

2. 부산광역시 범죄예방 도시디자인 조례

3. 경기도 범죄예방을 위한 환경디자인 조례

4. 부산광역시 범죄예방환경설계(CPTED)
   가이드라인

5. 범죄예방 건축기준 고시

6. 범죄예방 기본법안
   (권성동의원 대표발의)
7. 범죄예방 기반 조성에 관한 법률안
   (윤재옥 의원 대표발의)

[부록 1]

건축물의 범죄예방설계 가이드라인

Ⅰ. 총칙

1. 목적

이 가이드라인은 『건축법』 제23조의 규정에 의해 건축물에 대한 설계기준을 정하여 각종 범죄로부터 안전한 생활환경 조성을 유도하는 것을 목적으로 한다.

2. 적용대상

2.1. 단독, 다가구, 다세대주택 : 시장·군수·구청장이 저층주거 밀집지역으로 인정하는 곳에서 신축 또는 개보수, 리모델링하는 경우

2.2. 공동주택 : 500세대 이상 단지

2.3. 일반 건축물 중 다음 용도에 해당하는 시설 : 문화 및 집회시설(동·식물원은 제외한다), 교육연구시설, 노유자시설, 수련시설, 관광휴게시설로서 건축심의 대상 건축물

2.4. 편의점 : 24시간 영업을 하는 편의점

2.5. 기타 : 고시원, 오피스텔 등

3. 적용범위

3.1. 이 가이드라인은 공동주택이나 개별 건축물의 신축에 대한 범죄예방 설계기준의 방향과 원칙을 제시한 것으로 특별한 경우를 제외하고는 이에 따를 것을 권장한다.

3.2. 이 가이드라인은 지역특성이나 빈발범죄 유형 등에 따라 차등하여 적용할수 있으며, 세부사항은 본 가이드라인을 준수하여 지방자치단체나 사업 주체가 별도로 정할 수 있다.

3.3. 이 가이드라인은 중앙행정기관 및 지방자치단체의 장이 건축 공사의 입찰·발주, 용역, 설계평가, 건축물의 성능평가 및 건축위원회의 심의를 할 때 활용할 수 있다.

4. 용어의 정의

4.1. "환경설계를 통한 범죄예방"이라 함은 적절한 건축설계나 도시계획 등을 통해 대상지역의 방어적 공간특성을 높여 범죄가 발생할 기회를 줄이고, 지역 주민들이 안전감을 느끼도록 하여 궁극적으로는 삶의 질을 향상시키는 종합적인 범죄예방 전략을 말한다.

4.2. "범죄위험평가"란 일정한 지역에서 범죄 관련 위험 요소들을 확인하고 분석하며 환경 변화가 범죄에 미칠 영향을 구체적으로 예측하는 과정을 말한다.

4.3. "자연적 감시"라 함은 도로 등의 공적 공간에 대해 시각적 접근과 시각적 노출이 최대화되도록 건축물 배치, 조경식재, 조명 등을 통하여 조절하는 것을 말한다.

4.4. "접근통제"라 함은 입·출구, 울타리, 조경, 조명 등 시설물을 적절히 배치하여 사람들이 보호공간에 들어오고 나가는 것을 통제하는 것을 말한다.

4.5. "영역성"이라 함은 어떤 지역에 대해 지역주민들이 자유롭게 사용함으로써 그들의 권리를 주장할 수 있는 가상의 영역을 의미하며, 이는 조경, 조명, 표지, 보도 형태, 울타리 등을 이용하여 일정 지역에 대한 소유권을 표시하는 것을 말한다.

4.6. "활동의 활성화"라 함은 일정 지역에 주민 사용을 증진시키기 위하여 공원을 배치하거나 다양한 상가를 유치하는 것을 말한다.

4.7. "범죄 불안감"라 함은 범죄 피해의 위험성이나 심각성으로 야기되는 부정적인 정서적 반응을 말한다.

Ⅱ. 일반적 범죄예방 설계기준

5. 범죄예방 설계기준 적용 사전검토사항

5.1. 설계기준은 해당 지역의 주요 범죄유형과 특성에 적합하도록 적용하여야 한다.

5.2. 해당 지역에서 주로 발생하는 범죄의 분석과 발생이 예측되는 범죄는 무엇인지 등 범죄위험평가를 할 것을 권장한다.

5.3. 해당지역의 범죄유형 분석 및 설계기준을 적용하는 데 있어 관련 분야 전문가 참여를 고려하여야 한다.

6. 영역성 확보를 위한 설계기준

6.1. 공적인 장소와 사적인 장소 간 공간의 위계를 명확히 계획하여 공간의 성격을 명확하게 인지할 수 있도록 설계하여야 한다.

공적 공간과 사적 공간 사이에 전이공간 설치

6.2. 외부와의 경계부나 출입구는 포장이나 색채의 차별화, 바닥레벨의 변화, 상징물, 조명 등을 설치하여 공간의 전이를 명확하게 인지하고 영역의식을 발휘할 수 있도록 하여야 한다.

6.3. 위치 정보나 지역의 용도 등을 명확하게 하기 위하여 안내판 설치, 색채·재료·조명계획으로 이미지 강화 방안을 고려하여야 한다.

7. 접근통제를 위한 설계기준

7.1. 보행로는 자연적 감시가 확보될 수 있도록 계획되어야 한다.

7.2. 출입구는 통제와 인지가 용이하도록 상징물, 조경, 조명, 안내판 등의 사용을 고려하여야 한다.

주동 출입구에 문주 등 상징물 사용 사례	주동 출입구 시야 차단 사례

7.3. 건축물의 외벽은 범죄자의 침입이 용이한 시설이 설치되지 않도록 하여야 한다.

외벽 주위 수공간 설치로 접근 통제 사례

8. 활동의 활성화를 위한 설계기준

8.1. 외부공간의 이용이 활성화 될 수 있도록 각종 시설(운동시설, 상점, 휴게시설, 놀이터, 출입구)과 연계를 고려하여야 한다.

8.2. 커뮤니티가 증진되도록 시설의 종류와 배치를 고려하여야 한다.

8.3. 유해용도의 영향을 최소화하기 위한 계획을 고려하여야 한다.

9. 조경에 대한 설계기준

9.1. 수목의 식재로 사각지대나 고립지대가 생기지 않도록 수목의 간격을 적정하게 유지하여야 한다.

9.2. 건축물과 일정한 간격을 두고 식재하여 창문을 가리거나 나무를 타고 건축물 내로 침입할 수 없도록 하여야 한다.

10. 조명에 대한 설계기준

10.1. 보행자의 통행이 많은 지역은 사물에 대한 인식을 쉽게 하기 위하여 눈부심 방지(glare-free) 등(燈)을 설치하되 색채의 표현과 구분이 가능한 것을 사용해야 한다.

10.2. 높은 조도의 조명보다 낮은 조도의 조명을 많이 설치하여 그림자가 생기지 않도록 하고 과도한 눈부심을 줄여야 한다.

10.3. 유입 공간, 표지판, 출·입구는 충분한 조명시설을 설치하여 사람들을 인도하여야 한다.

Ⅲ. 공동주택 설계기준

11. 단지 출입구

11.1. 출입구는 영역의 위계가 명확하도록 계획한다.

영역의 위계가 명확한 출입구 설계

11.2. 출입구는 자연 감시가 쉬운 곳에 설치하며, 출입구 개수는 감시가 가능한 범위에서 적정하도록 계획한다.

11.3. 출입구의 조명은 출입구와 출입구 주변에 연속적으로 설치한다.

12. 담장

12.1. 사각지대 또는 고립지대가 생기지 않도록 계획한다.

12.2. 자연 감시가 가능하도록 투시형 담장 또는 조경 등을 설치한다.

| 조경식재와 난간을 결합한 투시형 담장 | 간선도로에 인접한 투시형 담장 |
| 담장에 부착된 단지 형상물 | 조경석재로 구성된 담장 |

12.3. 울타리를 설치하는 경우에는 수고 1~1.5미터 이내인 밀생 수종·사계절 수종을 일정한 간격으로 식재한다.

13. 부대시설

13.1. 부대시설은 주민 활동을 고려하여 접근과 감시가 용이한 곳에 설치한다.

| 주동에서 접근과 감시가 용이한 곳에 배치 | 주민휴게시설과 인접한 놀이터 |

13.2. 어린이놀이터는 사람의 통행이 많은 곳, 주동 출입구 주변, 각 세대에서 볼 수 있는 곳에 배치하며, 어린이놀이터 주변에 경비실을 설치하거나 폐쇄회로 텔레비전을 설치한다.

| 자연적 감시가 용이한 놀이터 사례 | 조경 등으로 자연적 감시가 어려운 놀이터 사례 |

14. 경비실

14.1. 경비실은 감시가 필요한 각 방향으로 조망이 가능하여야 하며, 시야 확보에 지장이 없는 구조로 계획한다.

경비실의 단지 중앙배치 설계도면

14.2. 경비실 주변의 시설과 조경은 경비실내에서 외부를 조망할 때 시야를 차단하지 않도록 한다.

| 주변 장애물로 감시가 곤란한 사례 | 3면 이상 투시형 구조로 감시가 용이한 사례 |

14.3. 경비실에 고립지역에 대한 방범 모니터링 시스템을 구축한다.

| 경비원의 모니터링 | 24시간 모니터링 시스템 |

15. 주차장

15.1. 지하주차장에는 자연 채광과 시야 확보가 용이하도록 썬큰, 천창 등의 설치를 권장한다.

| 주민공동시설과 연계된 주차장 | 썬큰과 연계된 주차장 |

15.2. 지하주차장의 주차구획은 기둥과 벽면은 가시권을 늘리고 사각지대가 생기지 않도록 배치한다.

| 주동 및 경비실 감시가 용이한 주차공간-1 | 주동 및 경비실 감시가 용이한 주차공간-2 |

15.3. 지하주차장의 감시를 위한 폐쇄회로 텔레비전을 설치하는 경우에는 차로와 함께 주차구획 부분도 감시할 수 있도록 설치한다.

15.4. 지하주차장의 차로와 통로에는 경비실과 연결된 비상벨을 25미터 이내 마다 시각적으로 명확하게 인지될 수 있도록 계획한다.

| 주요지점 비상벨 | 주차정보 확인과 비상벨기능이 추가된 방범시설 |

15.5. 방문자 차량에 대한 확인이 용이하도록 거주자 주차장과 방문자 주차장을 구별하여 계획하는 것을 고려한다.

| 별도의 서비스 차량 주차 공간 | 방문객 전용 주차장 |

15.6. 지하 최상층, 출입구 근접지역에 여성전용 주차장 설치를 권장한다.

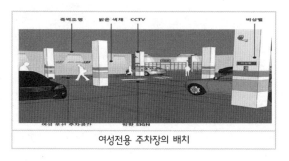

여성전용 주차장의 배치

15.7. 지하주차장 조명은 눈부심 방지(glare-free) 조명을 계획한다.

조명을 이용한 안내 표지판

밝은 색상으로 채색된 지하주차장

16. 조경

16.1. 조경은 시야 확보가 가능하여 사람의 출입에 대한 자연 감시가 가능하고 숨을 공간이 없도록 계획한다.

보행로 전방시야를 고려한 조경식재-1

보행로 전방시야를 고려한 조경식재-2

16.2. 주거 침입에 이용되지 않도록 건물과 나뭇가지가 1.5미터 이상 떨어지도록 식재한다.

주동주변 가시성을 고려한 식재조경

저층세대 프라이버시 보호를 위한 시설

17. 주동 출입구

17.1. 주동 출입구는 영역성이 강화되도록 색채계획, 조명, 문주 등의 설치를 고려하여 계획한다.

17.2. 주동 출입문은 자연적 감시가 가능하도록 계획한다.

주동 출입구와 연계된 휴게공간	필로티를 통한 연계공간 시선연결 증가

17.3. 주동 출입구에는 주변보다 밝은 조명을 설치하여 야간에 식별이 용이하도록 하고, 출입구 주변에도 조명을 설치한다.

18. 승강기 · 복도 · 계단 등

18.1. 주동 출입구 외부에서 승강기 출입구가 보이도록 계획한다.

주동 출입구와 내부 홀의 직선배치

18.2. 피난 승강기 이외 승강기는 내부가 보이는 승강기를 권장한다.

승강기 폐쇄형 출입문	승강기 투시형 출입문

18.3. 계단실, 승강기내, 승강기실에 폐쇄회로 텔레비전 설치를 고려한다.

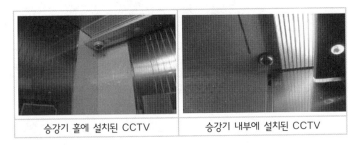

승강기 홀에 설치된 CCTV	승강기 내부에 설치된 CCTV

18.4. 계단실은 외부공간 및 마주보는 세대에서 자연적인 감시가 가능하도록 창호를 설치한다.

18.5. 옥상 비상구에는 폐쇄회로 텔레비전을 설치하고, 화재 발생 시 자동풀림 잠금장치를 설치한다.

19. 세대 내부

19.1. 세대 현관문(경첩, 문, 잠금장치)은 침입 방어 성능을 갖춘 인증제품을 설치하고, 신문·우유투입구 등은 설치하지 않도록 하되 부득하게 설치한 경우에는 출입문을 열 수 없는 구조로 계획한다.

19.2. 세대 창문의 방범창·안전잠금장치는 일정한 침입 방어 성능을 갖춘 인증제품을 설치하고, 화재 발생시를 대비하여 밖으로 열릴 수 있는 구조로 한다.

19.3. 외벽, 특히 저층부의 외벽은 침입을 용이하게 하는 요소가 제거될 수 있도록 계획한다.

20. 옥외 배관

20.1. 건물 외벽에 설비시설을 설치하는 경우에는 창문 등 개구부와 1.5미터 이상 이격거리를 두어 설치하는 것을 권장한다.

20.2. 옥외 배관은 사람들의 통행이 많은 보행로, 도로변, 인접 세대에서 조망이 가능한 방향에 설치하는 것을 권장하며, 배관을 타고 오를 수 없는 구조로 한다.

덮개를 설치한 배관	배관타기를 방어하는 가시형 부착물
가스배관 옥내 설치 사례	침입방지 설치가 부착된 배관

Ⅳ. 단독, 다가구, 다세대주택 설계기준

21. 주택주변

21.1. 공적공간과 사적공간의 영역 위계가 명확하도록 계획한다.

22. 출입구 및 창문

22.1. 대문·현관 등 출입문은 도로 또는 통행로에서 직접 볼 수 있도록 계획한다.

22.2. 출입문은 경첩, 문, 잠금장치 등이 일정한 침입 방어 성능을 갖춘 인증제품을 설치한다.

22.3. 창문 앞에는 시야를 차단하는 장애물을 계획하지 않는다.

22.4. 창틀, 유리, 방범창, 안전잠금장치 등 창호재는 일정한 침입 방어성능을 갖춘 인증제품을 사용하고, 화재 발생시를 대비하여 밖으로 열릴 수 있도록 구조로 하여야 한다.

23. 옥외 배관 등

23.1. 주택 외벽에 설비시설을 설치하고자 하는 경우에는 창문 등 개구부와 1.5미터 이상 이격거리를 두어 설치하고, 옥외 배관은 배관을 타고 오를 수 없는 구조로 한다.

23.2. 전기·가스·수도 등 검침용 기기는 주택 외부에 설치하여 세대 내에서 검침할 수 없는 구조로 계획한다.

23.3. 주택에 부속된 창고·차고는 발코니·창문 등에서 2미터 이상 이격하여 계획한다.

24. 조명

24.1. 주택의 좌우측면이나 뒤편의 사각지역에도 보안등을 설치한다.

24.2. 출입문으로 가는 통로에는 유도등 등의 설치를 권장한다.

V. 문화 및 집회·교육연구·노유자·수련·관광휴게시설 설계기준

25. 출입구 등

25.1. 출입구가 건물 외벽에서 안쪽으로 후퇴된 알코브형으로 계획될 경우에는 둔각으로 계획한다.

25.2. 상업용 또는 업무용 건축물의 셔터, 출입문 및 창문은 일정한 침입 방어 성능을 갖춘 인증제품을 설치하고, 화재 발생시를 대비하여 밖으로 열릴 수 있는 구조로 한다.

26. 주차장

26.1. 지하주차장의 주차구획은 기둥과 벽면은 가시권을 늘리고 사각지대가 생기지 않도록 배치한다.

26.2. 지하주차장의 차로와 함께 주차구획 부분도 감시할 수 있도록 폐쇄회로 텔레비전을 설치한다.

26.3. 지하주차장에는 경비실과 연결된 비상벨을 설치하되 차로 또는 통로에 25미터 이내마다 일정간격으로 설치하며, 비상벨의 위치는 시각적으로 명확하게 인지될 수 있도록 계획한다.

27. 조명

27.1. 지하주차장의 조명은 눈부심 방지(glare—free) 조명을 설치한다.

27.2. 10미터 거리에서 야간에 상대방의 얼굴을 인식할 수 있을 정도의 조도를 확보한다.

27.3. 주차장이나 주차장 진·출입로의 벽이나 천장에는 반사용 페인트 등의 사용을 고려하여야 한다.

VI. 편의점 설계기준

28. 주변·외벽

28.1. 건물(점포) 정면은 가로 막힘이 없어야 하고, 시야가 확보되도록 배치하여야 한다.

29. 창문 등

29.1. 창문이나 출입구는 내·외부로의 시선을 감소시키는 필름, 광고물 등을 부착하지 않도록 한다.

29.2. 카운터는 가급적 외부 시야가 확보되도록 계획한다.

30. 부대시설

30.1. 출입구 및 카운터 주변에 범인의 신원을 확인할 수 있는 폐쇄회로 텔레비전 시스템을 계획하고, 폐쇄회로 텔레비전 표지판을 출입구 및 카운터에 설치한다.

30.2. 카운터에서 관할 경찰서 등에 통보 가능한 무음 경보시스템 설비의 설치를 권장한다.

Ⅶ. 준주택(고시원, 오피스텔 등) 설계기준

31.1. 출입구에는 무인출입통제시스템을 설치하거나, 경비실을 설치하여 허가받지 않은 출입을 통제하여야 한다.

31.2. 출입구마다 폐쇄회로 텔레비전 시스템을 설치하는 것을 권장한다.

31.3. 출입문과 창문은 외부 침입 방어 성능을 갖춘 인증제품을 설치하되, 주변 환경과 조화를 이루는 미적요소를 갖추어야 한다.

31.4. 다른 용도와 복합으로 건축하는 경우는 다른 용도로부터의 출입을 통제할 수 있도록 전용출입구 설치를 권장한다. 오피스텔의 전용출입구에 관하여는 오피스텔 건축기준(국토해양부고시)에 따른다.

[부록 2]

부산광역시 범죄예방 도시디자인 조례

소관 도시경관담당관
제정 2013. 10. 30 조례 제4950호

제1조(목적) 이 조례는 시민들이 각종 범죄로부터 안전한 도시환경에서 생활할 수 있도록 건축물 및 도시공간에 범죄예방 도시디자인을 적용하는 데 필요한 사항을 규정함을 목적으로 한다.

제2조(정의) 이 조례에서 사용하는 용어의 뜻은 다음과 같다.

1. "범죄예방 도시디자인"이란 시민의 안전을 위협하는 범죄를 사전에 차단하거나 감소시키기 위하여 건축물 및 도시공간을 범죄에 방어적인 구조로 변경·개선하는 것을 말한다.

2. "공공기관"이란 부산광역시(이하 "시"라 한다) 및 「지방공기업법」에 따라 시가 설립한 공사·공단을 말한다.

제3조(기본원칙) 범죄예방 도시디자인의 기본원칙은 다음 각 호와 같다.

1. 자연적 감시가 가능하도록 건축물 및 도시공간을 배치하고, 조경 또는 조명 등을 통하여 부족한 부분을 보완한다.

2. 건축물 및 도시공간의 출입구, 울타리, 조경 및 조명 등을 적절히 배치하여 접근통제가 가능하도록 한다.

3. 도시공간을 지역주민이 자유롭게 사용하거나 점유할 수 있게 하는 등 영역성을 강화한다.

4. 지역주민의 교류 증대를 통한 활동성 강화를 위하여 복지시설, 공원, 휴게시설, 상가 등을 유치 또는 배치한다.

5. 건축물 및 도시공간의 지속적인 유지·관리를 통하여 쾌적한 환경을 조성한다.

제4조(책무) ① 시는 범죄예방 도시디자인 추진을 위하여 필요한 제도와 여건을 조성하고 이를 위한 시책 추진 및 예산을 확보하여야 한다.

② 시는 공공기관, 구·군 및 기업 등에 제6조에 따른 범죄예방 도시디자인에 대한 기준 준수 및 관련 시책에 참여하도록 권장하여야 한다.

제5조(기본계획의 수립·시행 등) ① 부산광역시장(이하 "시장"이라 한다)은 안전한 도시환경 조성을 위하여 다음 각 호의 사항이 포함된 부산광역시 범죄예방 도시디자인 기본계획(이하 "기본계획"이라 한다)을 5년마다 수립·시행하여야 한다.

1. 기본계획의 목표와 방향

2. 제7조에 따른 범죄예방 도시디자인 추진사업에 관한 사항

3. 범죄예방 도시디자인 추진을 위한 재원 조달에 관한 사항

4. 그 밖에 범죄예방 도시디자인 추진을 위하여 필요한 사항

② 시장은 기본계획을 효율적으로 추진하기 위하여 시행계획을 해마다 수립·시행하여야 한다.

③ 시장은 제1항에 따른 기본계획 및 제2항에 따른 시행계획을 효율적으로 수립·시행하기 위하여 범죄예방 도시디자인의 현황 및 실태 등에 대한 조사를 실시할 수 있다.

제6조(범죄예방 도시디자인에 대한 기준) ① 시장은 범죄예방 도시디자인에 대한 기준을 정할 수 있다.

② 제1항에 따른 기준은 부산광역시보 및 시 인터넷 홈페이지에 공고하여야 한다.

제7조(범죄예방 도시디자인 추진사업) 시장은 범죄예방 도시디자인 추진을 위하여 다음 각 호의 사업을 추진할 수 있다.

1. 기본계획에 따른 연차별 개선사업

2. 신도시조성사업, 도심재생사업, 각종 공공시설 설치 및 환경개선사업과 병행한 안전시범마을 조성사업

3. 범죄위험도 저감을 위한 범죄예방 도시디자인 인증시스템 구축사업

4. 범죄예방 도시디자인 기술연구를 통한 지식기반 구축 및 활용을 위한 범죄예

방 도시디자인 연구실 설치사업

　5. 범죄예방 관련 산업 확대를 통한 지역경제 활성화를 위한 도시안전디자인 박람회 개최 사업

　6. 그 밖에 시장이 필요하다고 인정하는 사업

　제8조(범죄예방 도시디자인 위원회의 설치) ① 시장은 범죄예방 도시디자인 추진을 위한 다음 각 호의 사항을 심의하기 위하여 부산광역시 범죄예방 도시디자인 위원회(이하 "위원회"라 한다)를 둔다.

　1. 제5조에 따른 기본계획의 수립·변경에 관한 사항

　2. 제6조에 따른 범죄예방 도시디자인에 대한 기준의 수립·변경 및 적용에 관한 사항

　3. 범죄예방 도시디자인 추진을 위한 제도 개선에 관한 사항

　4. 그 밖에 사업 추진을 위하여 위원장이 필요하다고 인정하는 사항

　② 제1항에 따른 위원회가 심의할 사항에 대해서는 「부산광역시 도시디자인 조례」에 따른 부산광역시도시디자인위원회가 심의한다. 이 경우 부산광역시도시디자인위원회는 제1항에 따른 위원회로 본다.

　제9조(협력체계 구축) 시장은 범죄예방 도시디자인 추진을 위하여 부산광역시교육청, 부산지방검찰청, 부산지방경찰청 등과 상시적인 협력체계를 구축하여야 한다.

　제10조(위탁) ① 시장은 제7조에 따른 범죄예방 도시디자인 추진사업을 효율적으로 추진하기 위하여 사무의 일부를 관련 업무를 수행하는 비영리법인이나 비영리민간단체에 위탁할 수 있다.

　② 제1항에 따라 사무를 위탁하는 경우 필요한 경비를 예산의 범위에서 지원할 수 있다.

　③ 제1항에 따라 사무를 위탁하는 경우 이 조례에서 정하지 아니한 사항은 「부산광역시 민간위탁 기본 조례」를 따른다.

　제11조(교육 및 홍보) ① 시장은 공공기관, 시가 출자·출연하거나 보조금을 교부하는 기관·단체·법인 등에 범죄예방 도시디자인 추진을 위한 교육을 실시하도록 노

력하여야 한다.

② 시장은 범죄예방 도시디자인 추진사업을 위하여 우수사례 등을 부산광역시보 또는 시 인터넷 홈페이지 등을 통하여 홍보할 수 있다.

제12조(포상) 시장은 범죄예방 도시디자인 추진에 기여한 공적이 뚜렷한 기관 · 단체 또는 개인에게 「부산광역시 포상 조례」에 따라 포상할 수 있다.

부칙

제1조(시행일) 이 조례는 2014년 1월 1일부터 시행한다.
제2조(다른 조례의 개정) 부산광역시 도시디자인 조례 일부를 다음과 같이 개정한다.
제15조제2항제7호를 제8호로 하고, 같은 항에 제7호를 다음과 같이 신설한다.
7. 「부산광역시 범죄예방 도시디자인 조례」 제8조제1항 각 호에 관한 사항

[부록 3]

경기도 범죄예방을 위한 환경디자인 조례

소관부서: 기획조정실 정책기획관 디자인담당관
(제정) 2013-11-11 조례 제4640호

제1조(목적)

이 조례는 경기도의 모든 도민이 범죄로부터 안전한 환경에서 생활할 수 있도록 범죄예방 환경 디자인을 공간과 건축물에 적용하고 관리하는 데 필요한 사항을 규정함을 목적으로 한다.

제2조(용어의 정의)

이 조례에서 사용하는 뜻은 다음 각 호와 같다.

1. "범죄예방 환경 디자인"이란 도민의 안전을 위협하는 범죄를 사전에 차단하거나 감소시키기 위하여 공간과 건축물을 범죄 방어적인 구조로 변경함으로써 범죄유발 공간을 최소화하기 위한 디자인을 말한다.

2. "범죄예방 환경 디자인 기준"이란 범죄예방 환경 디자인 기본원칙을 구현하기 위한 방안을 구체화시켜 제시한 지침을 말한다.

3. "공공기관"이란 「경기도 공공기관 경영평가 등에 관한 조례」 제2조제1호에 해당하는 기관을 말한다.

제3조(적용범위)

① 다음 각 호에 사업에 대하여 이 조례를 우선 적용하도록 노력하여야 한다.

1. 경기도(이하 "도"라 한다) 및 도내 시·군이 시행하는 건축 또는 공간 조성 사업

2. 도 및 도내 소속 시·군이 위탁하여 운영하는 건축물 또는 공간 3. 도 및 도내 시·군의 재정이 전부 또는 일부 지원되는 건축물 또는 공간

4. 그 밖에 도 및 도내 시·군, 공공기관에서 시행하는 신도시 및 도심재개발사업, 주거환경개선사업, 각종 공공시설물 설치 및 환경개선사업 등

② 도지사는 「경기도 건축 조례」 제5조에 따른 건축위원회와 「경기도 도시계획 조례」 제7조에 따른 도시계획위원회의 심의대상 사업에 제7조의 기준이 적용될 수 있도록 노력하여야 한다.

제4조(범죄예방 환경 디자인의 기본원칙)

범죄예방 환경 디자인의 기본원칙은 다음 각 호와 같다.

1. 자연적 감시가 가능하도록 건물이나 조경 등을 배치하여야 한다.

2. 접근통제가 가능하도록 입구 또는 출구, 울타리, 조경 및 조명 등 시설물을 적절히 배치하여야 한다.

3. 영역성을 강화하여 지역주민들이 자유롭게 사용하거나 점유할 수 있도록 하여야 한다.

4. 활용성이 증대되도록 공원, 상가 등을 유치 또는 배치하여 시민의 자연스런 감시와 안전감을 형성하도록 하여야 한다.

5. 유지 및 관리를 통하여 쾌적한 환경을 조성하여야 한다.

제5조(기본책무)

경기도지사(이하 "도지사"라 한다)는 범죄예방 환경 디자인의 적용을 통한 안전한 생활환경을 조성하기 위하여 다음 각 호의 기본책무를 수행한다.

1. 범죄예방 환경 디자인 사업의 추진과 확산(홍보)

2. 범죄예방 환경 디자인 사업을 위한 관계기관, 각종 개발사업자 등의 참여와 협력

3. 범죄예방 환경 디자인 사업을 위한 주민참여와 협력유도

4. 범죄예방 환경 디자인을 위한 각종 사업에 대하여 기술적 지원이나 예산의 범위에서의 지원 등

5. 그 밖에 범죄로부터 안전한 환경 조성에 필요한 사항

제6조(종합계획의 수립)

① 도지사는 범죄예방 환경 디자인 종합계획을 수립하여 도민들이 범죄로부터 안전하게 생활할 수 있는 환경을 조성하도록 노력하여야 한다.

② 제1항의 종합계획은 여건 등의 변화에 따라 필요하다고 인정되는 경우 변경할 수 있다.

③ 제1항에 따른 종합계획의 수립 및 제2항에 따른 종합계획의 변경이 있는 경우 이를 경기도보에 공고하여야 한다.

제7조(범죄예방 환경 디자인 기준)

① 도지사는 범죄예방 디자인의 가이드라인(이하"기준"이라 한다)을 지침으로 정할 수 있다.

② 제1항에 따른 범죄예방 환경 디자인 기준은 경기도보에 공고하여야 한다.

제8조(범죄예방 환경 디자인 심의위원회 구성·운영)

① 도지사는 범죄예방 환경 디자인 조성을 위한 다음 각 호의 자문 또는 심의를 위하여 경기도 범죄예방 환경 디자인 심의위원회(이하 "심의위원회"라 한다)를 둘 수 있다.

1. 범죄예방 환경 디자인 종합계획에 심의
2. 범죄예방 환경 디자인 기준에 대한 심의
3. 범죄예방 환경 디자인 사업에 대한 각종 자문 등
4. 범죄예방 환경 디자인 공모사업 등에 대한 심의

② 심의위원회의 기능은 「경기도 공공디자인 조례」 제9조의 경기도 공공디자인 위원회가 대행한다.

③ 기타 심의위원회의 구성·운영을 위하여 필요한 사항은 심의위원회 구성·운영에 관한 규칙으로 정한다.

제9조(관계기관 등의 협조)

도지사는 범죄예방 환경 조성사업의 원활한 추진을 위하여 도내 시장·군수, 공공기관의 장, 개발사업자, 유관기관 등에게 자체 범죄예방 환경 디자인 종합계획 수립이나 설계 등을 실시하도록 요청할 수 있다.

제10조(범죄예방 환경 디자인 대상사업 등의 협의)

① 도의 각 부서의 장은 제3조제1항 각 호에 해당하는 범죄예방 환경 디자인 대상에 대한 사업계획을 수립한 때에는 도의 디자인 업무를 총괄하는 부서의 장(이하 "총괄부서의 장"이라 한다)과 협의하여야 한다

② 공공기관의 장은 제3조제1항제4호에 해당하는 범죄예방 환경 디자인 대상에 대한 사업계획을 수립한 때에는 도지사에게 이를 통보하여야 한다.

③ 도지사와 총괄부서의 장은 필요한 경우 도의 각 부서의 장 또는 공공기관의 장에게 범죄예방 환경 디자인 대상 사업에 대한 시정·권고 등을 요청할 수 있다.

제11조(시행규칙)

이 조례의 시행에 필요한 사항은 규칙으로 정한다.

부칙 <2013.11.11.>

이 조례는 2013년 12월 1일부터 시행한다.

[부록 4]

부산광역시 범죄예방환경설계(CPTED) 가이드라인

I. 총칙

1. 목적

이 가이드라인은 시민이 편안하고 쾌적하게 생활할 수 있도록 각종 범죄로부터 안전한 주거환경을 조성하는 것을 목적으로 한다.

2. 적용대상

2.1. 아파트단지
① 신축 아파트단지
② 리모델링단지
③ 노후 아파트단지에 대한 재생사업을 하는 경우
④ 아파트단지 내외의 가로 및 주차장, 공원 및 녹지, 어린이 놀이터 등을 정비하는 경우
2.2. 단독, 다가구, 다세대주택 등으로 구성된 주거단지
① 단독, 다가구, 다세대주택 등의 주거단지를 새로이 조성하는 경우
② 단독, 다가구, 다세대주택 등에 대한 재생사업을 하는 경우
③ 주거단지 내외의 가로 및 주차장, 공원 및 녹지, 어린이 놀이터 등을 정비하는 경우

3. 적용범위

이 가이드라인은 신규 주거단지뿐만 아니라 기존 낙후 주거단지의 계획 및 설계

절차에 적용할 수 있다.

3.1. 이 가이드라인은 신규 주거단지 또는 기존의 주거단지 각종 사업계획시 범죄예방 환경설계 기준의 방향과 원칙을 제시한 것으로 특별한 경우를 제외하고는 이에 따를 것을 권장한다.

3.2. 이 가이드라인은 부산광역시 도시디자인위원회 심의기준으로 활용한다.

3.3. 이 가이드라인은 지역특성이나 주거형식의 유형, 빈발범죄의 유형 등에 따라 차등하여 적용할 수 있으며, 세부사항은 본 가이드라인을 참고하여 부산광역시 유관부서 및 16개 구·군 등 관계기관에서 별도로 정할 수 있다.

4. 용어의 정의

4.1. "범죄예방환경설계"란 주거 및 도시공간을 범죄의 위험으로부터 예방하고 보호하기 위하여 방어적 공간설계를 하는 것을 의미하며, 이를 통해 범죄가 발생할 기회를 줄여 지역주민들의 삶의 질을 향상시키는 종합적인 계획을 말한다.

4.2. "자연감시"는 외부로부터의 침입자를 지속적으로 감시하는 설계 개념으로 도로, 주차장, 놀이터 등의 공적공간에 대해 시각적 노출을 최대화시켜 주민에 의한 감시와 보호가 이루어지도록 건축물 및 시설을 배치하는 방어적 공간 설계를 의미한다. 조경 또는 조명 등을 통하여 부족한 부분을 보완한다.

4.3. "접근통제"는 사람들의 출입을 선택적으로 조절하여 범죄기회를 줄일 목적으로 하는 설계개념이다. 이를 위해 건축물 또는 시설물의 입·출구, 울타리, 조경, 조명 등 시설물을 적절히 배치하는 공간 및 시설계획을 말한다.

4.4. "영역성"은 잠재적인 범죄인에게 영역감을 인식시켜 범죄를 사전에 예방하는 개념으로, 조경, 담장, 표지, 바닥의 재질 및 색상 등의 다양한 방법을 사용하여 표현할 수 있다.

4.5. "활동의 활성화"는 지역주민들이 함께 어울릴 수 있는 환경이나 상황을 조성함으로써 범죄기회를 사전에 차단하는 설계 개념으로 일정 지역에 지역주민의 교류 증대를 위한 주민복지시설, 공원 및 휴게시설, 상가 등을 계획해 주어 주민 간의 다양한 활동과 교류가 이루어지도록 하여 범죄를 사전에 예방하는 것을 말한다.

4.6. "명료성 강화"는 주민이 공간 및 시설을 사용함에 있어 불편함이 없도록 올바른 정보를 제공하는 계획을 말한다.

4.7. "유지관리"는 시설물 또는 구조물이 처음 만들어졌을 때와 같이 깨끗하고 지속적으로 관리됨으로써 범죄를 예방하는 설계 개념으로, 주민이 공간 및 시설을 사용함에 있어 안전하고 쾌적한 생활환경이 지속되도록 계획하는 것을 말한다.

Ⅱ. 일반적 범죄예방 설계기준

1. 범죄예방 설계기준 적용 사전검토사항

1.1. 해당 지역 및 특정 공간에서 주로 발생하는 범죄유형의 분석을 통하여 예측되는 범죄가 무엇인지 파악하고, 이를 예방하기 위해 어떠한 공간계획이 가장 적합할 것인지를 판단하여야 한다.

1.2. 해당지역의 범죄유형 분석 및 평가 그리고 그에 대응하는 설계기준을 적용하는 데 있어 관련 분야 전문가의 참여를 적극적으로 고려하여야 한다.

2. 자연감시를 위한 설계기준

2.1. 건물의 현관이나 주차공간의 경우 주변에 시야를 방해하는 사각지대가 발생하지 않도록 계획하고, 충분한 조명과 방범시설을 계획한다.

2.2. 건물 출입구, 승강기 홀, 계단 홀, 외부와 면한 창문 및 계단 등은 개방형 구조로 디자인한다.

2.3 건물과 건물사이의 이격 공간 등에서 사각지대가 생기지 않도록 한다.

2.4. 보행로는 주민에 의한 자연적 감시와 보호가 이루어질 수 있도록 계획한다.

2.5. 야간에 가시성을 극대화하기 위해서는 조명은 적절한 조도와 간격을 유지해야 한다. 특히, 주택가 골목, 주차장, 공원, 놀이터 등 공공장소의 조명설계는 충분한 조도를 유지할 수 있도록 하여 사전에 범죄 유발 요인을 감소시키도록 해야 한다.

2.6. 수목의 식재로 인하여 숨을 장소나 관리의 사각지대가 생기지 않도록 한다.

2.7. 주택가 도로 주변에 소매점, 편의점과 같은 상업시설을 배치하여 주민에 의한 자연적인 감시가 이뤄지도록 한다.

2.8. 주택가 막다른 골목은 시점에서 종점이 한눈에 보이도록 가급적 일직선으로

계획한다.

2.9. 주거단지의 모든 도로와 골목은 충분한 시야를 확보할 수 있도록 계획하며
사각지대가 없도록 한다.

3. 영역성 확보를 위한 설계기준

3.1. 공적공간과 사적공간 간의 위계를 명확히 하여 사용자가 공간의 성격을 확
실하게 인지할 수 있도록 개별 공간의 영역성을 확보하는 설계를 하여야 한다.

3.2. 외부와의 경계부나 출입구는 가로 바닥재의 재질, 색채, 포장상태 등을 차별
화하고 상징물, 조명 등을 설치하여 시각, 촉각, 청각 등을 통해 공간의 전이를 명확
하게 인지하고 영역의식을 발휘할 수 있도록 하여야 한다.

3.3. 지역의 특성 및 성격 등을 명확하게 하기 위하여 안내판 설치, 색채·재료·
조명계획으로 공간의 정체성을 확보할 수 있는 이미지 강화 방안을 고려하여야 한다.

3.4. 영역성을 강화시키기 위해 울타리, 각종 표지판, 조경 식재 등을 적극적으로
사용한다.

3.5. 야간에 공적공간과 사적공간을 쉽게 구분할 수 있도록 영역성 확보에 유익
한 조경 및 조명계획을 한다.

3.6. 주택주변 또는 골목의 자투리 공간은 쌈지공원이나 화단 등을 조성하여 영
역성을 강화한다.

3.7. 건축물의 형태(외관), 재료 및 색채 등을 통일하여 영역성을 확보한다.

4. 접근통제를 위한 설계기준

4.1. 주택단지 또는 주동의 출입구는 통제와 인지가 용이하도록 계획한다.

4.2. 건축물의 외벽은 범죄자의 침입이 용이한 시설이 설치되지 않도록 계획한다.

4.3. 사적영역으로의 접근을 통제하기 위해 울타리나 투시형 담장, 수목 등의 조
경시설을 계획한다.

4.4. 외부인의 자유로운 출입과 침입을 통제하기 위해 적절한 상징물 및 시설을
계획한다.

4.5. 건물의 출입구는 주변보다 밝게 하여 야간에도 식별이 용이하도록 계획한다.

　　4.6. 건축물의 외벽에 불가피하게 시설물을 설치할 경우에는 주거 침입에 이용되지 않도록 방범시설과 함께 설치한다.

　　4.7. 외부와 면한 문이나 창문에는 파손이나 훼손이 어려운 재질의 방범창을 설치하여 침입 시도시 일정시간 버틸 수 있도록 한다.

　　4.8. 주택과 주택사이에 형성되는 이격공간에는 외부인 출입을 통제할 수 있는 시설을 설치한다.

5. 활동의 활성화를 위한 설계기준

　　5.1. 사람들의 이용이 활성화될 수 있도록 외부공간과 각종 시설(부대시설 및 복리시설, 근린생활시설)을 디자인하고 시설물과 각각의 공간과의 유기적인 연계를 고려하여 계획한다.

　　5.2. 이용자들의 커뮤니티가 증진되도록 시설의 특성 및 기능을 고려하여 배치한다.

　　5.3. 골목길에 주민들이 함께 이용할 수 있는 공간 및 시설을 배치하여 주민들의 커뮤니티가 증진되도록 유도한다.

6. 유지관리를 위한 설계기준

　　6.1. 공공공간 또는 공공시설물이 최초 계획된 의도대로 지속적으로 이용될 수 있도록 유지관리가 손쉬운 디자인을 한다.

　　6.2. 유지관리의 미흡과 소홀로 발생되는 안전사고를 사전에 방지하고 최소화하기 위한 효율적인 관리방안을 계획한다.

　　6.3. 내구성이 강한 재료의 사용을 통해 파손 및 훼손을 미연에 방지하도록 계획한다.

Ⅲ. 아파트단지 설계기준

1. 단지외부 공간

1.1. 단지 출입구

① 주출입구는 쉽게 알아볼 수 있도록 영역의 위계가 명확하도록 계획한다.

② 주출입구의 조명은 충분한 조도를 확보하도록 한다.

③ 출입구와 연결되는 차도와 보도의 조명은 충분히 밝게 설치한다.

④ 주출입구의 위치는 단지에 접한 도로와 주변여건 등을 감안하여 자연감시가 쉽고 이용자의 편리성이 뛰어난 곳으로 선정한다.

1.2. 공원 및 녹지

① 시야 확보가 가능하여 사람의 출입에 대한 자연 감시가 가능하고 숨을 공간이 없도록 계획한다.

② 수목의 식재로 인해 외벽에 면한 창문을 가리거나, 사각지대 또는 고립지대가 생기지 않도록 수목의 간격을 적정하게 유지한다.

③ 주거 침입에 이용되지 않도록 건축물과 충분한 이격거리를 두고 식재하여 나무를 타고 건축물내로 침입할 수 없도록 한다.

2. 부대시설

2.1. 주 차 장

① 주차장은 접근통제시설(경비실, 차단기)이나 보안설비(CCTV, 비상벨 등)를 설치하도록 한다.

② 방문자 차량에 대한 확인이 용이하도록 거주자 주차장과 방문자 주차장을 구별하여 계획하는 것을 권장한다.

③ 지하주차장에는 자연 채광과 시야 확보가 용이하도록 썬큰, 천창 등의 설치를 권장한다.

④ 지하주차장의 주차구획은 기둥으로 인한 사각지대가 생기지 않도록 계획한다.

⑤ 지하주차장에 CCTV를 설치하는 경우 진입차로와 주차구획을 모두 감시할 수 있도록 설치한다.

⑥ 지하주차장의 차로와 통로에는 경비실과 연결된 비상벨을 설치하며, 시각적으로 명확하게 인지될 수 있도록 계획한다.

⑦ 지하주차장의 경우 출입구 인접지역에 여성전용 주차장 설치를 권장한다.

⑧ 지하주차장 조명은 충분한 조도를 유지하도록 하며, 눈부심 방지(glare-free) 조명을 계획한다.

⑨ 지하주차장 출입구 주위는 자연적 감시가 가능하도록 조경수 식재를 지양하고, 보행로에서 지하 주차장 출입구가 보이도록 계획한다.

2.2. 경비실(관리사무소)

① 경비실은 단지 전체를 조망할 수 있는 곳에 위치하여야 하며, 외부인의 눈에 띄는 곳에 위치하여야 한다.

② 경비실은 필요시 각 방향으로 조망이 가능하여야 하며, 경비실 주변의 시설과 조경은 시야확보에 지장이 없는 구조로 계획한다.

③ 경비실에 통합 방범 모니터링 시스템 구축을 권장한다.

2.3. 담   장

① 주민에 의한 감시와 보호가 가능하도록 하며, 시각적으로 사각지대 또는 고립지대가 생기지 않도록 계획한다.

② 주민에 의한 자연 감시가 가능하도록 투시형담장 또는 키작은 관목 등의 조경수로 계획한다.

③ 울타리를 설치하는 경우에는 수고가 낮은 밀생 수종 또는 사계절 수종을 조밀하게 식재한다.

④ 적절한 간격으로 조명을 설치하고 조도는 충분히 밝게 계획한다.

2.4. 옥외배관

① 건물 외벽에 설비시설(가스배관 등)을 설치하는 경우에는 창문 등 개구부와 충분한 이격거리를 두어 외부인이 침입에 이용되지 않도록 계획한다.

② 건물외부의 옥외 배관은 사람들의 통행이 많은 보행로, 도로변, 인접 세대에서 조망이 가능한 방향에 설치하도록 하여 주민들에 의한 자연감시와 보호가 이루어지도록 한다.

2.5. 승강기

① 주동 현관 입구에서 승강기 출입구가 보이도록 계획한다.

② 피난 승강기 이외 승강기는 내부가 보이는 승강기를 권장한다.

③ 승강기 내부에는 CCTV를 설치한다.

④ 승강기 홀과 승강기 홀과 접한 복도, 계단실은 충분한 조도를 유지할 수 있도록 계획한다.

3. 복리시설

3.1. 어린이 놀이터

① 어린이 놀이터는 사람의 통행이 많은 곳, 주동 출입구 주변, 각 세대에서 볼 수 있는 곳에 배치하여 주민에 의한 보호와 감시가 이루어지도록 한다.

② 어린이 놀이터에 울타리 설치 시 투시형 담장 또는 키 작은 관목류를 사용하여 자연감시가 이루어지도록 한다.

3.2. 유치원(보육시설)

① 단지 내 유치원(보육시설 포함)의 출입구는 외부로부터 감시 가능하도록 계획한다.

② 단지 내 유치원(보육시설 포함)은 아파트 단지 출입구를 통하여 출입하도록 계획한다.

③ 시야확보를 통해 주민에 의한 자연적 감시가 이루어질 수 있도록 계획한다.

④ 유치원에 부속된 놀이터의 경우 주민에 의한 자연적 감시가 이루어질 수 있도록 낮은 담장 또는 투시형 담장을 설치한다.

3.3 주민운동시설

① 운동시설은 단지 주민들이 쉽게 찾을 수 있는 곳에 설치하며, 주민에 의한 자연적 감시가 가능한 곳에 배치한다.

② 주민운동 및 휴게공간에 담장을 설치하는 경우 범죄행동을 가리거나 시야차단이 되지 않도록 낮은 담장 또는 투시형 담장을 설치한다.

4. 주 동

4.1. 주동 출입구

① 주동 출입구는 쉽게 알아볼 수 있도록 영역성을 강화시키는 계획을 한다.

② 각 주동의 출입구는 인접 아파트 주호에서 조망 가능하도록 계획하여 주민에

의한 자연적 감시가 가능하도록 한다.

③ 주동 출입구는 주변보다 밝은 조명을 설치하여 야간에 식별이 용이하도록 한다.

④ 주동 출입구로 향하는 보행로 부분에는 사각지대(건물, 조경, 시설물 등에 의한)가 없도록 하며, 외진 공간을 거쳐서 진입하지 않도록 계획한다.

4.2. 복도·계단

① 각 층 계단실, 복도에 CCTV 설치를 고려한다.

② 계단실은 외부 공간 및 마주보는 세대에서 자연적인 감시가 가능하도록 외부로 면한 창호를 설치한다.

③ 복도식 아파트의 경우 복도에 안전, 피난, 경고 안내판, 비상벨을 설치한다.

④ 복도식 아파트의 복도를 굴곡 없이 직선으로 계획한다.

4.3. 세대 내부

① 세대 현관문(경첩, 문, 잠금장치)은 침입 방어 성능을 갖춘 인증제품을 설치하고, 신문·우유투입구 등은 설치하지 않도록 하되 부득이하게 설치하는 경우에는 출입문을 외부에서 열 수 없는 구조로 계획한다.

② 세대 내의 외부로 면한 창문은 일정한 침입 방어 성능을 갖춘 인증제품을 설치하고, 화재 발생시를 대비하여 밖으로 열릴 수 있는 구조로 한다.

③ 외벽, 특히 저층부의 외벽은 침입을 용이하게 하는 요소(가스배관, 창 등)의 설계 시 방어적 설계 개념을 도입한다.

5. 기   타

5.1. 자전거 보관소

① 자전거 보관대는 주동 주출입구 주변에 설치하여 주민에 의한 감시와 보호 아래 있게 한다.

② 지하에 자전거 보관소를 설치할 경우 출입구 부근에 투시형으로 하여 주민에 의한 보호감시가 이루어지도록 계획한다.

③ 조명시설을 통해 야간에도 자연적 감시가 될 수 있도록 계획한다.

5.2. 분리수거장

① 분리수거장은 주동 주출입구 주변 및 시선의 방해가 없는 곳에 설치하여 주

민에 의한 자연적 감시가 이루어지도록 계획한다.

② 분리수거장은 투시형 또는 키작은 관목으로 계획하여 주민들의 통행로에서 시야가 확보될 수 있도록 계획한다.

③ 분리수거장의 형태 및 재료는 유지관리가 원활히 이루어질 수 있는 것으로 계획한다.

Ⅳ. 단독, 다가구, 다세대주택 등으로 구성된 주거단지 설계기준

1. 주택주변

1-1. 공적공간과 사적공간의 영역 위계가 명확하도록 계획한다.

1-2. 주택주변 또는 골목길의 자투리 공간은 영역성 강화와 활용성 증대를 위해서 공원이나 화단 등을 조성하는 것을 권장한다.

1-3. 주택주변은 야간에 사각지역이 생기지 않도록 충분한 조도를 갖는 보안등을 설치한다.

1-4. 주택의 적절한 배치를 통해 주민에 의한 자연적 감시가 이루어질 수 있도록 계획한다.

1-5. 빈집이나 폐가는 주민휴게공간이나 감시초소 등으로 정비하여 잠재적 범죄의 가능성을 차단한다.

2. 출입구 및 창문

2-1. 대문·현관 등 건물의 출입구는 도로 또는 통행로에서 직접 볼 수 있도록 시야가 확보되는 계획을 한다.

2-2. 주거침입 범죄의 주경로가 되는 출입문, 외부로 면한 창 등은 일정 수준의 방범성능을 갖춘 인증제품을 사용하고, 화재 발생시를 대비하여 밖으로 열릴 수 있는 구조로 한다.

2-3. 외기에 면한 창문 앞에는 시야를 차단하는 장애물을 설치하지 않는다.

2-4. 골목길에 면한 외벽창문은 파손이나 훼손이 어려운 재질의 방범창을 설치

하고, 측벽에 노출된 가스배관은 타고 오르거나 침입 도구로 활용되지 못하도록 방범
시설을 설치한다.

3. 옥외 배관 등

3-1. 주택 외벽에 시설을 설치하고자 하는 경우에는 창문 등 개구부와 충분한
이격거리를 두어 설치하고, 타고 오를 수 없는 구조로 한다.

3-2. 전기·가스·수도 등 검침용 기기는 외부에 설치하여 세대 내에서 검침할
수 없는 구조로 계획한다.

3-3. 주택에 부속된 창고·차고는 발코니·창문 등에서 충분한 이격거리를 두어
외부로부터의 침입에 안전하도록 계획한다.

4. 조   명

4-1. 주택가 골목 등의 보행자의 통행이 많은 지역은 사각지역이 생기지 않도록
충분한 조도를 갖는 보안등을 설치한다.

4-2. 출입문으로 가는 통로에는 키가 낮은 유도등의 설치를 권장한다.

4-3. 가로등의 경우 높은 조도의 조명보다 낮은 조도의 조명을 많이 설치하여
일정 수준 이상의 균일한 조도를 확보하고 과도한 눈부심을 줄여야 한다.

4-4. 출입구 및 창문 등 범죄자의 침입이 가능한 곳에 부분조명을 설치하여 야
간에도 사람의 식별이 가능하도록 한다.

5. 담   장

5-1. 투시형 담장 또는 낮은 높이의 담장을 설치하고, 필요시 담장 허물기를 적
용한다.

5-2. 담장이나 벽면 등에는 지역 이미지와 환경적 특징을 고려한 밝은 분위기의
도색을 권장한다.

6. 골목길

6-1. 골목길에는 보행자를 위한 충분한 조명시설을 설치한다.

6-2. 골목길은 보행자에게 충분한 전방시야가 확보되도록 계획하며, 고립된 공간으로 연결되지 않도록 가급적 직선으로 계획한다.

6-3. 방범용 CCTV 주변에는 충분한 조도를 유지할 수 있도록 가로등을 설치하며, 시민이 보행 중에 쉽게 인지할 수 있도록 디자인한다.

6-4. 골목길 내의 전봇대나 담장, 출입문 주변에는 위치안내표지판을 설치한다.

6-5. 골목길 내의 자투리 공간 등에는 주민들이 함께 이용할 수 있는 휴게시설 또는 주민 운동시설을 설치하여 활성화를 유도한다.

7. 주 차 장

7-1. 주택가의 주차장은 주민에 의한 자연감시가 이루어지고 사각지대가 발생하지 않도록 계획한다.

7-2. 바닥의 재질과 디자인을 달리하여 공간의 영역성이 명확히 구분되도록 계획한다.

7-3. 충분한 조도를 확보할 수 있는 조명계획을 통해 야간에도 안전하게 이용할 수 있도록 한다.

[부록 5]

범죄예방 건축기준 고시

[시행 2019. 7. 31.] [국토교통부고시 제2019-394호, 2019. 7. 24., 일부개정.]

국토교통부(녹색건축과), 044-201-4753

제1장 총칙

제1조(목적) 이 기준은 「건축법」 제53조의2 및 「건축법 시행령」 제61조의3에 따라 범죄를 예방하고 안전한 생활환경을 조성하기 위하여 건축물, 건축설비 및 대지에 대한 범죄예방 기준을 정함을 목적으로 한다.

제2조(용어의 정의) 이 기준에서 사용하는 용어의 정의는 다음과 같다.

1. "자연적 감시"란 도로 등 공공 공간에 대하여 시각적인 접근과 노출이 최대화 되도록 건축물의 배치, 조경, 조명 등을 통하여 감시를 강화하는 것을 말한다.

2. "접근통제"란 출입문, 담장, 울타리, 조경, 안내판, 방범시설 등(이하 "접근통제시설"이라 한다)을 설치하여 외부인의 진·출입을 통제하는 것을 말한다.

3. "영역성 확보"란 공간배치와 시설물 설치를 통해 공적공간과 사적공간의 소유권 및 관리와 책임 범위를 명확히 하는 것을 말한다.

4. "활동의 활성화"란 일정한 지역에 대한 자연적 감시를 강화하기 위하여 대상공간 이용을 활성화 시킬 수 있는 시설물 및 공간 계획을 하는 것을 말한다.

5. "건축주"란 「건축법」 제2조제1항제12호에 따른 건축주를 말한다.

6. "설계자"란 「건축법」 제2조제1항제13호에 따른 설계자를 말한다.

제3조(적용대상) ① 이 기준을 적용하여야 하는 건축물은 다음 각 호의 어느 하나에 해당하는 건축물을 말한다.

1. 「건축법 시행령」(이하 "영"이라 한다) 별표 1 제2호의 공동주택(다세대주택, 연립주택, 아파트)

2. 영 별표 1 제3호가목의 제1종근린생활시설(일용품 판매점)

3. 영 별표 1 제4호거목의 제2종근린생활시설(다중생활시설)

4. 영 별표 1 제5호의 문화 및 집회시설(동·식물원을 제외한다)

5. 영 별표 1 제10호의 교육연구시설(연구소, 도서관을 제외한다.)

6. 영 별표 1 제11호의 노유자시설

7. 영 별표 1 제12호의 수련시설

8. 영 별표 1 제14호나목2)의 업무시설(오피스텔)

9. 영 별표 1 제15호다목의 숙박시설(다중생활시설)

10. 영 별표 1 제1호의 단독주택(다가구주택)

② 삭제

제2장 범죄예방 공통기준

제4조(접근통제의 기준) ① 보행로는 자연적 감시가 강화되도록 계획되어야 한다. 다만, 구역적 특성상 자연적 감시 기준을 적용하기 어려운 경우에는 영상정보처리기기, 반사경 등 자연적 감시를 대체할 수 있는 시설을 설치하여야 한다.

② 대지 및 건축물의 출입구는 접근통제시설을 설치하여 자연적으로 통제하고, 경계 부분을 인지할 수 있도록 하여야 한다.

③ 건축물의 외벽에 범죄자의 침입을 용이하게 하는 시설은 설치하지 않아야 한다.

제5조(영역성 확보의 기준) ① 공적(公的) 공간과 사적(私的) 공간의 위계(位階)를 명확하게 인지할 수 있도록 설계하여야 한다.

② 공간의 경계 부분은 바닥에 단(段)을 두거나 바닥의 재료나 색채를 달리하거나 공간 구분을 명확하게 인지할 수 있도록 안내판, 보도, 담장 등을 설치하여야 한다.

제6조(활동의 활성화 기준) ① 외부 공간에 설치하는 운동시설, 휴게시설, 놀이터 등의 시설(이하 "외부시설"이라 한다)은 상호 연계하여 이용할 수 있도록 계획하여야 한다.

② 지역 공동체(커뮤니티)가 증진되도록 지역 특성에 맞는 적정한 외부시설을 선정하여 배치하여야 한다.

제7조(조경 기준) ① 수목은 사각지대나 고립지대가 발생하지 않도록 식재하여야 한다.

② 건축물과 일정한 거리를 두고 수목을 식재하여 창문을 가리거나 나무를 타고 건축물 내부로 범죄자가 침입할 수 없도록 하여야 한다.

제8조(조명 기준) ① 출입구, 대지경계로부터 건축물 출입구까지 이르는 진입로 및 표지판에는 충분한 조명시설을 계획하여야 한다.

② 보행자의 통행이 많은 구역은 사물의 식별이 쉽도록 적정하게 조명을 설치하여야 한다.

③ 조명은 색채의 표현과 구분이 가능한 것을 사용해야 하며, 빛이 제공되는 범위와 각도를 조정하여 눈부심 현상을 줄여야 한다.

제9조(영상정보처리기기 안내판의 설치) ① 이 기준에 따라 영상정보처리기기를 설치하는 경우에는 「개인정보보호법」 제25조제4항에 따라 안내판을 설치하여야 한다.

② 제1항에 따른 안내판은 주·야간에 쉽게 식별할 수 있도록 계획하여야 한다.

제3장 건축물의 용도별 범죄예방 기준

제10조(100세대 이상 아파트에 대한 기준) ① 대지의 출입구는 다음 각 호의 사항을 고려하여 계획하여야 한다.

1. 출입구는 영역의 위계(位階)가 명확하도록 계획하여야 한다.

2. 출입구는 자연적 감시가 쉬운 곳에 설치하며, 출입구 수는 효율적인 관리가 가능한 범위에서 적정하게 계획하여야 한다.

3. 조명은 출입구와 출입구 주변에 연속적으로 설치하여야 한다.

② 담장은 다음 각 호에 따라 계획하여야 한다.

1. 사각지대 또는 고립지대가 생기지 않도록 계획하여야 한다.

2. 자연적 감시를 위하여 투시형으로 계획하여야 한다.

3. 울타리용 조경수를 설치하는 경우에는 수고 1미터에서 1.5미터 이내인 밀생 수종을 일정한 간격으로 식재하여야 한다.

③ 부대시설 및 복리시설은 다음 각 호와 같이 계획하여야 한다.

1. 부대시설 및 복리시설은 주민 활동을 고려하여 접근과 자연적 감시가 용이한 곳에 설치하여야 한다.

2. 어린이놀이터는 사람의 통행이 많은 곳이나 건축물의 출입구 주변 또는 각 세

대에서 조망할 수 있는 곳에 배치하고, 주변에 경비실을 설치하거나 영상정보처리기기를 설치하여야 한다.

④ 경비실 등은 다음 각 호와 같이 계획하여야 한다.

1. 경비실은 필요한 각 방향으로 조망이 가능한 구조로 계획하여야 한다.

2. 경비실 주변의 조경 등은 시야를 차단하지 않도록 계획하여야 한다.

3. 경비실 또는 관리사무소에 고립지역을 상시 관망할 수 있는 영상정보처리기기 시스템을 설치하여야 한다.

4. 경비실·관리사무소 또는 단지 공용공간에 무인 택배보관함의 설치를 권장한다.

⑤ 주차장은 다음 각 호와 같이 계획하여야 한다.

1. 주차구역은 사각지대가 생기지 않도록 하여야 한다.

2. 주차장 내부 감시를 위한 영상정보처리기기 및 조명은 「주차장법 시행규칙」에 따른다.

3. 차로와 통로 및 출입구의 기둥 또는 벽에는 경비실 또는 관리사무소와 연결된 비상벨을 25미터 이내 마다 설치하고, 비상벨을 설치한 기둥(벽)의 도색을 차별화하여 시각적으로 명확하게 인지될 수 있도록 하여야 한다.

4. 여성전용 주차구획은 출입구 인접지역에 설치를 권장한다.

⑥ 조경은 주거 침입에 이용되지 않도록 식재하여야 한다.

⑦ 건축물의 출입구는 다음 각 호와 같이 계획하여야 한다.

1. 출입구는 접근통제시설을 설치하여 접근통제가 용이하도록 계획하여야 한다.

2. 출입구는 자연적 감시를 할 수 있도록 하되, 여건상 불가피한 경우 반사경 등 대체 시설을 설치하여야 한다.

3. 출입구에는 주변보다 밝은 조명을 설치하여 야간에 식별이 용이하도록 하여야 한다.

4. 출입구에는 영상정보처리기기 설치를 권장한다.

⑧ 세대 현관문 및 창문은 다음 각 호와 같이 계획하여야 한다.

1. 세대 창문에는 별표 1 제1호의 기준에 적합한 침입 방어 성능을 갖춘 제품과 잠금장치를 설치하여야 한다.

2. 세대 현관문은 별표 1 제2호의 기준에 적합한 침입 방어 성능을 갖춘 제품과 도어체인을 설치하되, 우유투입구 등 외부 침입에 이용될 수 있는 장치의 설치는 금

지한다.

⑨ 승강기·복도 및 계단 등은 다음 각 호와 같이 계획하여야 한다.

1. 지하층(주차장과 연결된 경우에 한한다) 및 1층 승강장, 옥상 출입구, 승강기 내부에는 영상정보처리기기를 설치하여야 한다.

2. 계단실에는 외부공간에서 자연적 감시가 가능하도록 창호를 설치하고, 계단실에 영상정보처리기기를 1개소 이상 설치하여야 한다.

⑩ 건축물의 외벽은 침입에 이용될 수 있는 요소가 최소화되도록 계획하고, 외벽에 수직 배관이나 냉난방 설비 등을 설치하는 경우에는 지표면에서 지상 2층으로 또는 옥상에서 최상층으로 배관 등을 타고 오르거나 내려올 수 없는 구조로 하여야 한다.

⑪ 건축물의 측면이나 뒷면, 정원, 사각지대 및 주차장에는 사물을 식별할 수 있는 적정한 조명을 설치하되, 여건상 불가피한 경우 반사경 등 대체 시설을 설치하여야 한다.

⑫ 전기·가스·수도 등 검침용 기기는 세대 외부에 설치한다. 다만, 외부에서 사용량을 검침할 수 있는 경우에는 그러하지 아니한다.

⑬ 세대 창문에 방범시설을 설치하는 경우에는 화재 발생 시 피난에 용이한 개폐가 가능한 구조로 설치하는 것을 권장한다.

제11조(다가구주택, 다세대주택, 연립주택, 100세대 미만의 아파트, 오피스텔 등에 관한 사항) 다가구주택, 다세대주택, 연립주택, 아파트(100세대 미만) 및 오피스텔은 다음의 범죄예방 기준에 적합하도록 하여야 한다.

1. 세대 창호재는 별표 1의 제1호의 기준에 적합한 침입 방어성능을 갖춘 제품을 사용한다.

2. 세대 출입문은 별표 1의 제2호의 기준에 적합한 침입 방어 성능을 갖춘 제품의 설치를 권장한다.

3. 건축물 출입구는 자연적 감시를 위하여 가급적 도로 또는 통행로에서 볼 수 있는 위치에 계획하되, 부득이 도로나 통행로에서 보이지 않는 위치에 설치하는 경우에 반사경, 거울 등의 대체시설 설치를 권장한다.

4. 건축물의 외벽은 침입에 이용될 수 있는 요소가 최소화되도록 계획하고, 외벽에 수직 배관이나 냉난방 설비 등을 설치하는 경우에는 지표면에서 지상 2층으로 또는 옥상에서 최상층으로 배관 등을 타고 오르거나 내려올 수 없는 구조로 하여야 한

다.

5. 건축물의 측면이나 뒤면, 출입문, 정원, 사각지대 및 주차장에는 사물을 식별할 수 있는 적정한 조명 또는 반사경을 설치한다.

6. 전기·가스·수도 등 검침용 기기는 세대 외부에 설치하는 것을 권장한다. 다만, 외부에서 사용량을 검침할 수 있는 경우에는 그러하지 아니한다.

7. 담장은 사각지대 또는 고립지대가 생기지 않도록 계획하여야 한다.

8. 주차구역은 사각지대가 생기지 않도록 하고, 주차장 내부 감시를 위한 영상정보처리기기 및 조명은 「주차장법 시행규칙」에 따른다.

9. 건축물의 출입구, 지하층(주차장과 연결된 경우에 한한다), 1층 승강장, 옥상 출입구, 승강기 내부에는 영상정보처리기기 설치를 권장한다.

10. 계단실에는 외부공간에서 자연적 감시가 가능하도록 창호 설치를 권장한다.

11. 세대 창문에 방범시설을 설치하는 경우에는 화재 발생 시 피난에 용이한 개폐가 가능한 구조로 설치하는 것을 권장한다.

12. 단독주택(다가구주택을 제외한다)은 제1호부터 제11호까지의 규정 적용을 권장한다.

제12조(문화 및 집회시설·교육연구시설·노유자시설·수련시설에 대한 기준) ① 출입구 등은 다음 각 호와 같이 계획하여야 한다.

1. 출입구는 자연적 감시를 고려하고 사각지대가 형성되지 않도록 계획하여야 한다.

2. 출입문, 창문 및 셔터는 별표 1의 기준에 적합한 침입 방어 성능을 갖춘 제품을 설치하여야 한다. 다만, 건축물의 로비 등에 설치하는 유리출입문은 제외한다.

② 주차장의 계획에 대하여는 제10조제5항을 준용한다.

③ 차도와 보행로가 함께 있는 보행로에는 보행자등을 설치하여야 한다.

제13조(일용품 소매점에 대한 기준) ① 영 별표 1 제3호의 제1종 근린생활시설 중 24시간 일용품을 판매하는 소매점에 대하여 적용한다.

② 출입문 또는 창문은 내부 또는 외부로의 시선을 감소시키는 필름이나 광고물 등을 부착하지 않도록 권장한다.

③ 출입구 및 카운터 주변에 영상정보처리기기를 설치하여야 한다.

④ 카운터는 배치계획상 불가피한 경우를 제외하고 외부에서 상시 볼 수 있는 위치에 배치하고 경비실, 관리사무소, 관할 경찰서 등과 직접 연결된 비상연락시설을

설치하여야 한다.

제14조(다중생활시설에 대한 기준) ① 출입구에는 출입자 통제 시스템이나 경비실을 설치하여 허가받지 않은 출입자를 통제하여야 한다.

② 건축물의 출입구에 영상정보처리기기를 설치한다.

③ 다른 용도와 복합으로 건축하는 경우에는 다른 용도로부터의 출입을 통제할 수 있도록 전용출입구의 설치를 권장한다. 다만, 오피스텔과 복합으로 건축하는 경우 오피스텔 건축기준(국토교통부고시)에 따른다.

제15조(재검토기한) 국토교통부장관은「훈령·예규 등의 발령 및 관리에 관한 규정」(대통령 훈령 제334호)에 따라 이 고시에 대하여 2018년 7월 1일 기준으로 매3년이 되는 시점(매 3년째의 6월 30일까지를 말한다)마다 그 타당성을 검토하여 개선 등의 조치를 하여야 한다.

－부칙 <제2019－394호, 2019. 7. 24.>

제1조(시행일)이 고시는 2019년 7월 31일부터 시행한다.

제2조(적용례)이 기준은 시행 후「건축법」제11조에 따라 건축허가를 신청하거나「건축법」제14조에 따라 건축신고를 하는 경우 또는「주택법」제15조에 따라 주택사업계획의 승인을 신청하는 경우부터 적용한다. 다만,「건축법」제4조의2에 따른 건축위원회의 심의 대상인 경우에는「건축법」제4조의2에 따른 건축위원회의 심의를 신청하는 경우부터 적용한다.

[부록 6]

범죄예방 기본법안
(권성동의원 대표발의)

의 안 번 호	3414

발의연월일 : 2016. 11. 9.

발 의 자 : 권성동 · 신상진 · 경대수 · 정갑윤 ·
　　　　　　곽상도 · 박덕흠 · 김진태 · 이종명 ·
　　　　　　이진복 · 전희경 의원(10인)

제안이유

　　최근 여성 대상 강력범죄 및 동기 없는 범죄가 잇따라 발생하면서 여성 등 사회적 약자에 대한 범죄를 근절할 수 있도록 사회안전망을 강화해야 한다는 국민들의 요구가 높아지고 있음.

　　이에 각 부처 및 지방자치단체 별로 범죄에 취약한 환경 개선, 강력범죄 처벌 및 재범방지대책 강화, 피해자 지원 강화 등 다양한 대책을 강구하고 있으나, 이를 총괄하여 범죄예방정책을 추진할 컨트롤 타워가 없어 체계적 · 지속적으로 범죄예방 정책을 추진해 나가기 어려운 상황임.

　　특히, 오늘날 사회가 다변화되고 여러 사회 병리적 현상을 반영하는 다양한 범죄가 발생하고 있어 개별 기관 차원에서의 대응만으로는 범죄예방정책이 효과를 거두기 어려운 상황으로, 범정부적인 차원에서 지속적으로 주요 범죄의 실태를 분석하고 관계 기관의 협력 하에 실효성 있는 대책을 마련해 나가야 할 필요성이 증대되고 있음.

　　이에, 범죄예방에 관한 기본법을 제정하여 범죄예방에 관한 국가 및 지방자치단체의 기본적인 책무와 범죄예방정책에 관한 기본원칙을 규정하고,

　　법질서 확립과 범죄예방 등 법무행정을 담당하는 중앙행정기관인 법무부가 주관하여 범죄예방정책 기본계획을 수립 · 시행하도록 하되, 국무총리를 위원장으로 하는 범죄예방정책위원회의 심의를 거치도록 하여 관계 부처의 참여와 협조 하에 범정부적인 차원에서 범죄예방정책을 추진하도록 하는 한편,

범죄예방 교육 및 홍보, 범죄예방 환경개선사업, 범죄예방 자원봉사단체의 활성화 등 범죄예방을 위한 국가와 지방자치단체의 구체적 책무를 규정함으로써,

범정부 차원의 종합적이고 체계적인 범죄예방정책 추진체계를 마련하여 범죄로부터 국민을 보호하고 범죄 없는 안전한 사회를 구현하려는 것임.

주요내용

가. 범죄예방의 정의(안 제2조)

범죄예방이란 국민의 생명·신체·재산에 대한 각종 범죄의 발생을 미연에 방지하기 위한 모든 활동으로, 범죄자 교화·개선 프로그램 운영, 범죄예방시스템 구축, 범죄예방 환경개선사업 실시 등을 의미함.

나. 범죄예방에 관한 국가 및 지방자치단체 등의 책무(안 제3조)

1) 국가 및 지방자치단체는 범죄예방에 관한 종합적·체계적 정책 수립·시행하고 관련 기관이나 단체에 대한 재정 지원 등 조치를 취함

2) 공공기관은 범죄예방에 관한 국가 및 지방자치단체의 정책에 적극 협조하여야 함.

다. 범죄예방정책의 기본원칙(안 제4조)

국가 및 지방자치단체가 범죄예방정책 수립·시행 시 고려해야 할 기본원칙으로 지역별 균등성, 재원 마련 노력, 범죄예방 관련 자료 표준화 및 공유, 국가·지방자치단체 간 및 공공부문·민간부문 간의 협력 등을 제시함.

라. 범죄예방정책 기본계획 수립(안 제6조)

1) 법무부장관은 관계 중앙행정기관의 장과 협의하여 종합적·체계적인 범죄예방 기본계획을 3년마다 수립함.

2) 범죄예방 기본계획에는 범죄예방정책의 추진 목표 및 기본 방향, 주요 정책의 개요, 연구·교육·홍보, 범죄예방과 관련된 정보체계의 구축 등에 관한 사항을 포함함.

마. 범죄예방정책 연도별 시행계획 수립(안 제7조)

법무부장관, 관계 중앙행정기관의 장과 시·도지사는 기본계획에 따라 연도별 시행계획을 수립·시행하고, 추진실적 및 시행계획을 매년 1월 말일까지 법무부장관에게 제출하도록 함.

바. 범죄예방정책위원회 설치 및 기능(안 제9조)

1) 중앙정부 차원에서의 추진조직 구축을 위해 국무총리를 위원장으로 하는 범죄예방정책위원회를 설치하고 심의·조정 기능을 부여함.

2) 범죄예방정책에 관한 기본계획 수립·시행, 정책 평가·조정, 중앙행정기관과 지방자치단체 간의 업무 협조·협력 등에 관한 사항을 심의함.

사. 범죄예방정책위원회 구성 및 운영(안 제10조)

1) 국무총리를 위원장, 법무부장관을 부위원장으로 하고, 관계 부처의 장관 등 25명 이내의 위원으로 구성함.

2) 위원회는 범죄예방정책의 이행확인 등을 위하여 필요한 업무를 관련 전문기관 또는 단체에 위탁할 수 있으며, 효율적인 업무수행을 위해 위원회에 분야별 전문위원회를 둘 수 있음.

아. 범죄예방실무협의체 설치 및 운영(안 제11조)

1) 법무부 소속으로 범죄예방실무협의체를 설치하여 범죄예방정책의 기본계획 수립·시행의 구체적 방안, 국가·지방자치단체 간 업무 협조, 연구·교육·홍보 등에 관한 사항을 협의함.

2) 협의체는 관계 중앙행정기관 및 지방자치단체 소속 공무원과 공공기관의 장이 추천하는 범죄예방 업무 관련 담당자, 범죄예방 분야에 학식과 경험이 풍부한 자로 구성함.

자. 범죄예방 실태조사(안 제13조)

1) 법무부장관은 3년마다 범죄예방활동 현황, 범죄예방정책 추진 상황 등 종합실태를 조사하여 그 결과를 공표하고, 기본계획과 시행계획에 반영함.

2) 실태조사를 위하여 관계 기관·법인·단체·시설의 장에게 필요한 자료의 제출 또는 의견 진술을 요청할 수 있음.

차. 범죄발생 통계 작성·관리 및 공개(안 제14조)

1) 검찰, 경찰, 법원 등 형사사법기관은 각각 범죄통계를 작성·관리하고 있으나, 통계 작성·관리에 관한 명확한 법적 근거 및 기준이 부재함.

2) 형사사법기관은 정확한 지역별·유형별 범죄통계를 작성·관리하고, 법무부장관은 각 통계를 통합하여 관리할 의무 규정을 마련함.

3) 법무부장관은 범죄예방 활동이나 학술 연구 등에 활용할 수 있도록 범죄통계 공개가 가능하도록 규정함.

카. 범죄예방 교육 및 홍보(안 제15조 및 제16조)

국가 및 지방자치단체는 지역 특성에 맞는 범죄예방 교육을 실시하고, 범죄예방 활동에 대한 국민들의 참여를 활성화시키기 위하여 필요한 홍보를 적극적으로 실시하도록 함.

타. 범죄예방 환경개선사업(안 제17조)

국가 및 지방자치단체는 범죄예방 환경개선사업을 행정적·재정적으로 지원하고 상호 협력하는 한편, 범죄취약지역을 파악하여 범죄취약지역을 중심으로 범죄예방 환경개선사업을 추진하도록 함.

파. 범죄예방 자원봉사단체의 활성화 및 포상(안 제18조 및 제19조)

국가 및 지방자치단체는 범죄예방 자원봉사단체가 활성화되도록 지원하여 국민들의 자발적 참여 여건을 조성하고 범죄예방 활동 공로자에 대하여 포상할 수 있도록 함.

[부록 7]

범죄예방 기반 조성에 관한 법률안
(윤재옥 의원 대표발의)

의 안 번 호	1241

발의연월일 : 2016 7. 27.

발 의 자 : 윤재옥·강석호·황영철

이우현·박덕흠·함진규

이헌승·이철우·김석기

홍철호 의원(10인)

제안이유

　　최근 여성 등 사회적 약자 상대 강력범죄가 지속적으로 언론에 부각됨으로써 범죄예방활동 강화에 대한 국민적 관심과 요구가 높아지고 있음.

　　실제 국민들은 범죄에 대한 문제를 국가안보나 자연재해, 경제적 위험과 같은 문제보다 더욱 심각하게 인식하고 있는데, 2014년 실시한 통계청 사회조사에서 국민들은 사회의 여러 가지 불안요인 중 '범죄에 대한 불안감'을 가장 크게 느끼는 것으로 조사된 것도 이와 같은 경향을 반영한 것임.

　　범죄 문제는 단순한 사회문제를 넘어서 국가경제에 미치는 영향 또한 지대함. 형사정책연구원에서 실시한 '2008년 범죄의 사회적 비용 추계 보고서'를 참조하면 매년 범죄로 인해 158조원에 달하는 막대한 사회경제적 비용이 손실되는 것으로 조사됨.

　　범죄에 대응하는 패러다임은 사후 검거 위주의 경찰활동에서 사전 예방활동으로 변화하는 추세에 있으며, 경찰 뿐 아니라 국가기관, 지방자치단체, 공공기관, 사회단체 및 지역주민 등 모든 사회주체의 범죄예방활동에 대한 참여가 가속화되고 있음.

　　특히, 범죄예방디자인(CPTED: Crime Prevention Through Environmental Design)을 통해 범죄의 기회를 사전에 차단하는 범죄예방 환경개선 사업이 범죄예방의 새로운 대안으로 주목받고 있으며, 여러 정부부처 및 지방자치단체에서 개별적 사업을 진행하고 있음.

하지만, 일각에서는 범죄예방디자인(CPTED)이 모든 지역과 공간, 범죄에 유효한 만병통치약으로 오해해 지역특성과 체계적 전략 없이 무분별하게 도입하는 등 일부 문제점을 야기하기도 함. 구체적으로 범죄예방디자인(CPTED)이 자치단체장의 관심에 따라 1회성, 인기 위주의 사업으로 치부되어 실제 범죄예방 효과보다는 벽화·CCTV 등 가시적 환경개선에만 초점을 두는가 하면, 자치단체의 재정여건에 따라 사업지역·규모가 편중되어 꼭 필요한 저소득층 거주지역이 소외되는 등 범죄예방환경에 있어서도 '빈익빈 부익부' 현상이 나타나고 있는 실정임. 또한, 범죄예방 주무기관인 경찰과의 연계가 부족하여 범죄예방디자인(CPTED)이 제대로 된 효과를 달성하는 데 한계가 있음.

효과적인 범죄예방정책을 추진하기 위해서는 먼저 지역의 특성과 범죄위험요소에 대한 면밀한 진단이 선행된 후 이에 대한 맞춤형 정책수립과 집행이 이루어지는 체계의 확립이 선행되어야 함. 또한, 지역의 여러 범죄예방주체의 참여와 협조를 제도화할 수 있는 협의체가 필요하며, 범죄예방적 관점에서 다기관 협의체를 선도할 수 있는 경찰의 주도적 역할도 요구됨. 범죄예방디자인(CPTED) 사업이 실효성을 갖기 위해서는 사전에 면밀한 범죄예방진단이 이루어져야 하며, 이에 맞는 범죄예방디자인(CPTED)이 설계되고 경찰활동과 체계적으로 연계되어야 할 필요성이 있음. 이후에도 지속적인 사후관리와 평가가 이루어지는 전반적인 범죄예방디자인(CPTED) 시스템이 정착되어야 함.

이에 본 법안은 경찰을 비롯한 모든 국가기관·자치단체·지역주민 등이 범죄예방에 대한 책무를 가지고, 범죄위험지역에 대한 환경개선 및 협업적 범죄예방활동에 참여함으로써 모든 국민이 더욱 안전하고 편안한 삶을 영위할 수 있는 기반을 조성하는 데 그 목적이 있음.

주요내용

가. 범죄예방, 범죄예방디자인, 범죄예방디자인 사업, 범죄예방진단, 범죄예방 강화구역이란 용어를 정의함(안 제2조).

나. 범죄예방에 대한 국가와 지방자치단체, 국민의 책무를 규정함(안 제3조 및 제4조).

다. 지방경찰청장 및 경찰서장은 관할 지역의 범죄취약지역에 대한 범죄예방진단을 실시할 수 있으며, 그 결과를 해당 지방자치단체장 및 시설·건물주에게 통보하여야 함(안 제5조).

라. 지방자치단체장은 범죄예방을 위한 범죄예방디자인 시책을 마련하여야 함(안 제6조).

마. 지방경찰청장은 범죄 발생 우려가 높아 특별한 범죄예방대책이 필요한 지역을 범죄예방 강화구역으로 지정하고, 경찰력 증원 등 강화된 범죄예방대책을 시행하여야 함(안 제7조 및 제8조).

바. 범죄예방디자인 정책의 전문적 추진을 위해 경찰청에 자문기구를 둘 수 있으며, 자치단체장은 지역의 범죄예방정책의 효과적 추진을 위해 범죄예방디자인협의체를 둘 수 있음(안 제9조).

사. 경찰청장은 각종 범죄통계, 범죄위험지도, 범죄위험지수 등 범죄예방정보자료를 체계적으로 관리하고, 이를 적절하게 공개하여 모든 범죄예방주체들이 효과적 범죄예방활동을 할 수 있도록 지원하여야 함(안 제10조 및 제11조).

아. 테러·연쇄범죄 등 각종 범죄·위해가 발생할 우려가 있는 경우 신속히 주변인에게 전파, 피해를 사전에 예방할 수 있는 체계를 구축함(안 제12조).

자. 범죄예방디자인 사업의 활성화를 위해 경찰이 인증제도를 운영할 수 있으며, 인증사업의 전문적 추진을 위해 범죄예방디자인센터를 설립함(안 제13조부터 제15조까지).

차. 범죄예방 교육 및 연구·개발을 활성화하고, 자율방범대 등 범죄예방자원봉사단체에 행정적·재정적 지원할 수 있도록 함(안 제16조부터 제18조까지).

찾아보기(영문)

A

accessiblity 37
accreditation 71
action research 172
Action SAFEPOLIS 66
alternative routes 39
area context 242
AS 3555.1 362
AS5039 362
Association of British Insurers 161
Australian Standard 74

B

Barrier Free 172
BBC 8
Better Living 73
Big Brother 390
BRE Global 350
BREEAM 350
Broken window theory 35
burglary 37
by-stander effect 19

C

CAP Index 230
CEN/TC325 66
certification 71
City of Saskatoon Administrative Policy 86
CLRAE 180
Code for Sustainable Homes 49
cohesion 391
Collective Efficacy Theory 20
Community Safety Partnership 227
Congress for a New Urbanism 179
Conjunction of Criminal Opportunity 35

connectivity 37
Consequences 223
Context is Everything 220
convergenc 380
costs and benefits 243
CPTED Guid ebook 88
CPTED Review Committee 87
Crime and Disorder Act 51
Crime Cast 230
crime cost 162
crime impact assessment 220
crime mapping 275
Crime Pattern Theory 31
crime risk assessment 220
crime science 6
Crime & Disorder Act 1998 49

D

dark figure of crime 168
defensible space theory 28
demarcation 38
Design Against Crime 27
Design Against Crime: DAC 106
Design Council 106
design disadvantages 29
Design Review Ordinance 54
Designing Out Crime 26
displacement 153

E

Eastern Kentucky University 74
EN14383 260
entrapment spot 40
environmental criminology 28
environmental determinist 26

environmental possibilism 26
environmental probabilism 26
EU Justice and Home Affairs and the EU 86
European Standard 60
European Urban Charter 180

F
forensic science 12
Foresight Programme 10

G
gated community 173
Geographic Profiling 32
GMP DFSC 246
Good Practice 388
Greater Manchester 244
green policy 170

H
Hartford 102
Home Office 72
hot spot 275

I
ISO 31000 Risk management 224
ISO/IEC 31010 Risk management−Risk
    assessment techniques 228
ISO9000 181

J
Jill Dando 8
JIS Q 2001 229

K
Kelvin Grove Urban Village 111
Kitchner 106
KS A 8800 168, 260
KS A 8801 68
KS F 2637 368
KS F 2638 368

L
LED 18
Likelihood 223
Loss Prevention Certification Board 69
Loss Prevention Standard 69
LPS 1175 350, 352

M
maintenance and management 39
mechanical design approach 119
Mechanism 173
medical sociology 16
Melbourne Car Park Accreditation Scheme
    74
Movement predictor 40
mura 104

N
National Crime Prevention Institute 103
natural design approach 119
neighborhood watch 29
net prevention benefit 168
New South Wales(NSW) 21, 238

O
Ontario Planning Act 56
openness 172
Operational Research: OR 8
Overlay District 100

P
Paul Van Soomeren 108
permeability 37
photogrammetry 22
PKVW 58, 108
Planning Policy Statement 52
Premises Security Liability 54
Problem−Oriented Policing 29
profiler 21
public art 111

public design approach   120
public interest   384

R

Rational Choice Theory   33
realistic evaluation   173
risk management   172, 222
Routine Activity Theory   30

S

Safe Growth and CPTED in Saskatoon, 2010
    103
Safer by Design   21
Scene of Crime Officer(SOCO)   21
Scene of Crime Officers Resource Manual   22
2nd Generation   20
Section 79c of the Environmental Planning
    and Assessment Act   57
Secured by Design   72
Securing the Nation   161
sense of community   391
Situational Crime Prevention Theory   30
SKG/SKH KOMO   354
Socially Responsible Design   27
space syntax   154

specifier   352
stakeholders   381
State Environmental Planning Policies   239
street profiling   257
Sustainability   180
SWOT   276

T

Tampa   100
target hardening   40
territoriality   38
Third Party Policing: TPP   190
3W   260

U

UCL   7
uncertainty   222

V

Victim Surplus   160

W

Weighted Displacement Quotient: WDQ   155
West Tampa   101
working group   282

찾아보기(국문)

ㄱ

가이드라인 83
가장자리 32
갇힌 커뮤니티 173
강서구 126
개방성 172
거버넌스 386
건물부품의 방범 성능시험에 관한 규칙 356
건물부품의 방범성능 시험규칙 74
건조환경 26
건축물 방범설계 가이드라인 210
건축물 테러예방 설계가이드라인 207
건축물의 범죄예방 197
건축법 58, 182, 187
건축법 개정 197
결과 또는 영향 223
경기도 건축 조례 203
경기도 범죄예방을 위한 환경 디자인 조례 203
경기도지사 안전마을 128
경영과학 8
계단실 312
공간분석 프로그램 154
공공규칙 270
공공기관 338
공공디자인 설계기법 120
공공시설의 범죄위험평가 316
공공예술 111
공공의 이익 384
공동체 의식 391
공법 182
공원 및 녹지 시설 322
공적 공간 38
공진중학교 126
과학수사 20

관제센터 90
교육매뉴얼 93
교차점 32
교통정온화 104
국가범죄예방위원회 87
국가표준화 67
국제표준 60
국토기본법시행령 191, 194
국토의 계획 및 이용에 관한 법률 시행령 192
균형발전본부 278
근린감시 프로그램 29
기계적 설계기법 119
기존 환경 263
기존 환경의 계승 267
기질 34
기회 15
기회의 결합 35
기회조건 34
깨어진 창문 이론 35

ㄴ

네트워크 386
뉴어바니즘 172, 179
뉴타운 CPTED 96
뉴타운지구 278

ㄷ

단독주택, 다세대, 연립주택 296
단체표준 69
담론분석 7
대상물의 강화 40
대중교통시설 329
대체적 경로 39
도시 및 주거환경 정비법 190

도시계획법　183
도시공원 및 녹지 등에 관한 법률 시행규칙　220
도시공원법 시행규칙　195
도시기본계획　193
도시위험 지표　4
도시재정비 및 주거환경정비법　191
도시재정비 촉진 특별법　190, 193
동선(動線)예측원　40
동작구　97
디자인위원회　106
디자인인증　81, 83

ㄹ
로드맵의 틀　280
리스크 매트릭스　229

ㅁ
메커니즘　173
무장애　172
문제지향경찰활동　29
뮤럴　104
미국의 ASTM　364

ㅂ
반공적 공간　38
발생 가능성　223
방관자효과　19
방범CCTV　90
방범기능 설계　106
방범안전주차장 인증제도　74
방범우량맨션 인증　112
방범우량맨션표준인증규정　73
방범협회연합회　73
방어공간이론　28
배곧신도시　83
100대 국정과제　88
범죄 안전도시　90
범죄 예방에 대한 UN의 가이드라인　179
범죄 유형　264

범죄경제학　160
범죄공포　264
범죄과학　6
범죄과학연구소　9, 67, 275
범죄분석요원　21
범죄비용　162
범죄생태학　28
범죄성　15
범죄안전도시 모델　91
범죄영향평가(CIS)　220, 244
범죄영향평가검토서　53
범죄예방　12
범죄예방환경설계 매뉴얼　88
범죄와무질서법　51
범죄위험도　187
범죄위험도 평가 모델　230
범죄위험평가　220
범죄전이가중치　153
범죄전이값　155
범죄지도 작성　275
범죄패턴이론　9
범죄학　6
범죄현장수사관　21
범행결정요소　33
법과학　12
법적 소송　54
보험통계적 접근방법　4
부산광역시 범죄예방 도시디자인 조례　199
부산시 셉테드　127
부산시 셉테드 가이드라인　127
불확실성　222
비상문 자동개폐장치　292
비용대비 효과성　243
빅브라더　390

ㅅ
사법　182
사스카툰시　86
사실주의적 평가연구　173
사양요구자　352

사적 공간 38
사진측량 22
사회적 유대 391
사회적으로 책임성 있는 디자인 27
살고 싶은 도시만들기 182
상업·업무지역 301, 302
상황적 범죄예방 30
서울시 뉴타운 122
서울시 여행 프로젝트 95
서울시 재정비촉진조례 199
설계 평가 조례 54
설계적 결점 29
성능 기준 343
Safe City 프로젝트 114
셉테드 기본 원리 36
CPTED의 2세대 20
CPTED 이해관계자 265
셉테드심의위원회 87
셉테드 조명 54
셉테드학 394
소금길 사업 124
소금지킴이 124
손실방지 38
손실방지인증위원회 69
순예방이익 168
숨어있는 건축법 182
승강기 308
시설인증 81, 83
시스템표준 60
CP인증 356
시험위원 360
신규 환경 263
실행 프로세스 272
실행연구 172
실행전략 266
싱가포르 87
CCTV가 필요 없는 마을 389

ㅇ

아노미 28

아동·여성보호 지역 안전망 구축 97
아동안전지도 92
안심하며 살 수 있는 안전한 나라 만들기 88
안전게이트 128
안전도시사업 90
안전지도 사업 94
안전한 부산 만들기 협약 127
암수범죄 168
어린이 놀이터 293
억제 10
ANZS 4360 : 2003 표준 241
LH공사 현상설계지침서 개정 209
LPS인증 350
여성가족부 93
여성이 행복한 도시 프로젝트 95
여성 전용 주차공간 307
여행 프로젝트 95
연결성 37
영역성 38
예지 프로그램 10
옥외광고물 327
온타리오 도시계획법 56
완충구역 156
울산광역시의 셉테드 조례 204
워킹그룹 282
원형기둥 292
위험관리 38, 172, 222
위험사회의 치안 387
유럽도시헌장 180
유럽표준 60, 66, 260
UN 공공행정상 97
유지 및 관리 39
융합학문 7, 380
의료사회학 16
2세대 CPTED 20
EN14383 시리즈 68
EN표준 69
이해관계자 381
인정 71
인증 71

일본 지바현 가나데노모리 방범타운 389
일본방범설비협회 73
일상활동이론 9

ㅈ

자연적 설계기법 119
재난·안전정책 100대 세부과제들 89
저감 17
저탄소 169
저탄소 정책 170
적절한 밀도 268
전략 261
전이현상 153
접근성 37
제3자 경찰활동 190
제품(하드웨어) 표준 60
주거지역 범죄통제 프로젝트 102
주상복합아파트 290
주택법 1999 58
주택성능등급 인정 및 관리기준 207
중랑구 99
중장기 사업 로드맵 279
지도 편집제작 매뉴얼 93
지리적 프로파일링 32
지속가능성 180
지속가능한 신도시 계획 기준 206
지속가능한 주택코드 49
지식베이스 11
GIS 소프트웨어 275
지역 맥락 242
지하주차장 295
집합효율성 20

ㅊ

책임기관(RB) 273
천안시·아산시 91
체크리스트 233
체포 10
출입구 코어홀 303
친환경건축물인증 350

침입절도 37
침입절도의 발생건수 343
침투성 37

ㅋ

KOMO인증 198
쿠알라룸푸르시 114
키치너시 56

ㅌ

탐지 10
투시형 펜스 299
특정 취약집단 271
TC325의 유럽표준 181

ㅍ

평가지표 234
표준매뉴얼 92
표준화 7, 59
풍선효과 153
프로세스 261
피해자 잉여 160
필로티 290

ㅎ

학교시설 309
한국방범기술산업협회 368
한국산업규격 60
한국셉테드학회 5, 81
함정지역 40
합리적 선택이론 9
행로 32
행복도시 117
혁신도시 119
현실주의 15
협력 파트너십 387
호주의 국가표준 362
혼합, 복합 개발 268
환경가능론 26
환경개연론 26

환경결정론자 26
환경계획지침 239
환경계획평가법 238

환경계획평가법 제79c조 57
환경범죄학 28

박 현 호

학력

▸ 국립경찰대학 행정학과 졸업
▸ 영국 Portsmouth 대학교, ICJS 형사사법학 석사(CPTED 및 산업보안)
▸ 영국 Portsmouth 대학교, ICJS 범죄학 박사(범죄과학 . CPTED)

경력

▸ (현) 용인대학교 경찰행정학과 교수
▸ (현) 용인대학교 범죄과학연구소(www.crimescience.kr) 소장
▸ (현) 한국셉테드학회 부회장
▸ (현) 한국방범기술산업협회 자문교수
▸ (현) 국제CPTED학회(ICA) 정회원
▸ (현) 미국산업보안협회(ASIS) 정회원
▸ (현) 영국 범죄예방디자인협회(DOCA) 정회원
▸ (현) 한국경찰연구학회 및 한국산업보안학회 이사
▸ (현) 대한건축학회 . 대한국토도시계획학회 정회원
▸ (현) 아시아경찰학회(AAPS) 이사 . 정회원
▸ (현) 부산시 CPTED사업 기획 및 자문 위원 역임
▸ (현) 산업통상부 '범죄예방 환경설계 국가표준화' 연구책임자
▸ (현) 경찰청 방범인증제 모형 및 법안 개발 연구책임자 및 자문위원
  ▸ 경찰청, 지방경찰청, 경찰서 수사 및 방범 부서 근무
  ▸ 경찰종합학교 생활안전학과 교수
  ▸ 국립경찰대학 경찰학과 교수
  ▸ 경찰청 범죄지리 프로파일링 시스템 개발 위원
  ▸ 건설교통부 VC-10 주공 도시재생사업단 CPTED 분야 위원
  ▸ 세종시 설계자문위원(도시범죄예방, CPTED)
  ▸ 정보통신부 UCN 방범지수 개발 자문
  ▸ 부천시 . 경찰청 CPTED 합동프로젝트 연구위원
  ▸ 광교신도시 U-City 설계 자문위원
  ▸ 한국형사정책연구원 CPTED연구사업 시리즈 공동연구자
  ▸ 혁신도시 CPTED 지구단위계획 지침 연구책임자
  ▸ 미국 FBI 아카데미 연수
  ▸ 미국 NICP, CPTED Professional Training Course 수료
  ▸ 영국 NPIA, Designing Out Crime Course 수료
  ▸ 호주 New South Wales, Safer By Design Training Course 참여

저서

▸ 범죄예방론
▸ 안전관리론(Security Management)
▸ 형사사법연구방법론(공역)
▸ 민간보안론(공역)
▸ 비교경찰론(공저)
▸ 비교시큐리티제도론(공저)

연구논문

▸ 효과적인 CPTED를 위한 범죄위험평가의 도구 및 항목
▸ 주거지역 소규모 보행로의 물리적 환경을 대상으로 한 범죄 위험도 평가 체크리스트에 관한 기초 연구
▸ 주거침입범죄 방지를 위한 방범문 하드웨어의 성능기준 제정에 관한 연구
▸ 방범하드웨어의 침입범죄 저항성능 시험.인증 체계에 관한 모형 연구
▸ CCTV 관제시스템 통합이 경찰업무 효율성에 미치는 영향 연구
▸ WDQ분석을 통한 CCTV의 범죄전이 연구 – 광명시 사례
▸ 한국의 CPTED 인증체계 발전방안 연구
▸ CPTED활성화를 위한 범죄영향평가의 법제화 방안: 한국 환경영향평가법과
▸ 호주 환경계획평가법(EPAA)의 비교법적 고찰
▸ CPTED 설계요소에 대한 공동주택주민의 만족도 인식: CPTED 적용수준별 집단과 거주기간, 범죄예방노력의 교호작용효과
▸ 근거이론에 기초한 환경설계를 통한 범죄예방(CPTED) 표준화의 질적 연구
▸ 범죄예방환경설계(CPTED) 국가표준 KS A 8800의 경찰학적 고찰
▸ 환경설계를 통한 범죄예방(CPTED)의 한국적 도입을 위한 예비적 고찰
▸ 한국적 환경설계를 통한 범죄예방의 제도적 고찰
▸ 가두 방범 CCTV의 과학적 운영 방안: 영국의 CCTV 범죄영향평가를 기초로
▸ Implication of Section 17 of the Crime and Disorder Act 1998 for the Promotion of "Designing Out Crime": A Case Study for Portsmouth City(석사 논문)
▸ Defensible Parking Facilities for High−rise Housing: A Study of South Korea(박사 논문)
▸ Comparative analysis of Defensible Space in CPTED housing and non−CPTED housing, International Journal of Law, Crime and Justice. (SSCI)
▸ Measuring the crime displacement and diffusion of benefit effects of open−street CCTV in South Korea, International Journal of Law, Crime and Justice. (SSCI)
▸ Designing out crime in South Korea: Qualitative analysis of contemporary CPTED−related issues, Asia Pacific Journal of Police & Criminal Justice, Vol. 8, No. 2.
▸ Security officers and the policing of private space in South Korea: profile, powers and occupational hazards, Policing and Society, Vol. 19, No. 3. (SSCI)

제 3 판
범죄예방환경설계 CPTED와 범죄과학

초판발행	2014년 8월 30일
제3판발행	2022년 2월 25일
지은이	박현호
펴낸이	안종만·안상준
편 집	양수정
기획/마케팅	장규식
표지디자인	이학영
제 작	고철민·조영환
펴낸곳	(주) **박영사**
	서울특별시 금천구 가산디지털2로 53, 210호(가산동, 한라시그마밸리)
	등록 1959. 3. 11. 제300-1959-1호(倫)
전 화	02)733-6771
f a x	02)736-4818
e-mail	pys@pybook.co.kr
homepage	www.pybook.co.kr
ISBN	979-11-303-1487-7 93350

copyright©박현호, 2022, Printed in Korea

* 파본은 구입하신 곳에서 교환해 드립니다. 본서의 무단복제행위를 금합니다.
* 저자와 협의하여 인지첩부를 생략합니다.

정 가   30,000원